Über den Verfasser

Eli Sagan, geboren in New Jersey, Hochschulabsolvent von Harvard, lehrte am Sarah Lawrence College und am New England Conservatory of Music. Heute ist er Gastprofessor für Soziologie an der University of California in Berkeley; er lebt mit seiner Familie in Englewood, New Jersey. – Er schrieb zwei weitere Bücher: «Cannibalism: Human Aggression and the Cultural Form» und «A Psychoanalytic Study of Violence in Ancient Greek Culture».

Eli Sagan

Tyrannei
und Herrschaft

Die Wurzeln von Individualismus,
Despotismus und modernem Staat
Hawaii – Tahiti – Buganda

Aus dem Amerikanischen
von Hans-Joachim Maass

rowohlts enzyklopädie

rowohlts enzyklopädie

Herausgegeben von Burghard König

Dieses Buch ist dem Andenken von Otto Isakower
gewidmet, dem ich – neben anderen Dingen – einen tiefen
Respekt für die Wechselwirkung zwischen Psyche
und Gesellschaft verdanke.

Deutsche Erstausgabe
Veröffentlicht im Rowohlt Taschenbuch Verlag GmbH,
Reinbek bei Hamburg, Juli 1987
Copyright © 1987 by Rowohlt Taschenbuch Verlag GmbH,
Reinbek bei Hamburg
Umschlaggestaltung Werner Rebhuhn
Die Originalausgabe erschien 1985 unter dem Titel
«At The Dawn of Tyranny. The Origins of Individualism,
Political Oppression, and the State».
Copyright © 1985 by Eli Sagan
This translation published by arrangement with Alfred A. Knopf, Inc.
Satz Times (Linotron 202)
Gesamtherstellung Clausen & Bosse, Leck
Printed in Germany
2680-ISBN 3 499 55443 7

Inhalt

IV Das Sippensystem, der Staat und die Anfänge der Tyrannei

V Der Staat als Kunstwerk

VI Psyche und Gesellschaft

Cherubino
und die Gräfin

Das folgende ist wahr und nicht erfunden; es ist Geschichte und nicht Legende.

Prinzessin Luwedde war die Nichte Mutesas, des Königs von Buganda (1856–1884). Mutesa hatte sie dem Premierminister Mukasa als Belohnung für dessen gute Dienste zur Frau gegeben. Sie hatten zwei Kinder.[1]

Eincs Tages, wie es bei den weiblichen Mitgliedern der königlichen Familie Sitte war, stattete Prinzessin Luwedde der Prinzessin Zansanze, einem ranghöheren Mitglied der Familie, einen Besuch ab. Luwedde sah, daß die Gesellschaft von Kalemba unterhalten wurde, einem jungen Mann von angenehmem Äußeren, der die Anwesenden mit Harfenmusik erfreute. Die Jugend, seine Jugend, die Harfe, der Gesang des jungen Mannes, das alles war für die nur zu menschliche Prinzessin zuviel, «mochte sie auch die Ehefrau des Premierministers sein». Sie entwickelte gefährliche Gefühle der Zuneigung zu Kalemba. Sie hielt ihn für den bezauberndsten jungen Mann, den sie je gesehen hatte.

Puritanische Zurückhaltung war Prinzessin Luwedde unbekannt. Sie gestand Prinzessin Zansanze ihre Sehnsucht und ihre Begierde ein. Prinzessin Zansanze versicherte ihrer Cousine, sie würde es arrangieren, daß die beiden Liebenden sich ungestört treffen könnten. Von Kalembas Gefühlen wissen wir nichts, aber vermutlich konnte er ein solches Angebot einer Frau von hohem Rang nicht ablehnen, und er muß von vornherein um die Risiken und den Lohn so schönen Gesangs und Harfenspiels gewußt haben.

Mehrere Tage später begab sich Prinzessin Zansanze mit sieben anderen Frauen und dem jungen Kalemba, der als Frau verkleidet war, zum Haus der Prinzessin Luwedde in den Wohnbezirk des Premierministers. Jeder der Besucher hatte ein Päckchen mit Lebensmitteln bei sich, was nach außen hin der Zweck des Besuches war. Überglücklich über den Erfolg der Kriegslist, zog sich Lady Mukasa mit Kalemba in ihre Hütte zurück und verkündete dem Premierminister, sie habe ihre ‹Periode› bekommen und wünsche, von ihren nächtlichen Pflichten als Ehefrau entbunden zu werden. Mukasa, der keinen Grund hatte, der Prinzessin zu mißtrauen, beschäftigte sich mit Staatsangelegenheiten und tröstete sich mit einer anderen seiner Frauen, während Kalemba und Luwedde mehrere Tage miteinander verbrachten, an denen sie den Unterschied zwischen Tag und Nacht verwischten.

Kalemba aus dem Wohnbezirk des Premierministers hinauszuschmuggeln war schwieriger, als ihn hineinzuschmuggeln. Die Verschwörer heckten den Plan aus, Mukasas Haus nachts in Brand zu stecken, wobei sie davon ausgingen, daß es Kalemba in der Verwirrung gelingen würde, sich in Sicherheit zu bringen. Luwedde legte selbst das Feuer, und wie erwartet kam es zu großer Aufregung. Einer der Gefolgsleute des Premierministers schlug jedoch vor, die Tore verschlossen zu halten, so daß man dem Brandstifter eine Falle stellen und ihn finden konnte. Kalemba hielt sich weiterhin sorgfältig in Luweddes Haus versteckt, aber das Problem seiner Flucht blieb ungelöst.

Luwedde entschied, es gebe nur eine Möglichkeit, Kalemba unbemerkt hinauszubringen: Man müsse die gleiche Kriegslist, die ihn hineingebracht hatte, umkehren. So schickte sie eine ihrer jungen Dienerinnen zu Zansanze, um alles zu arrangieren, und als Vorwand gab sie an, man müsse ihr die Nachricht vom Feuer im Wohnbezirk des Premierministers überbringen.

Mukasa selbst saß gerade in seiner Audienzhalle und spielte denen, die von ihm abhängig waren, die Rolle des ‹kleinen Königs› vor, als er Namukundi entdeckte, die Botin, die von Zansanze zurückgekehrt war, nachdem sie Luweddes Botschaft überbracht hatte. Wir wissen nicht, warum der Premierminister Verdacht geschöpft haben sollte; wahrscheinlich hatte das Feuer ihn so mißtrauisch gemacht, daß er überall Verrat witterte. Jedenfalls fragte er das junge Mädchen aus und weigerte sich, ihr zu glauben, als sie ihre erfundene Geschichte heruntersagte, um ihren Botengang zu erklären. Er drohte, sie zu schlagen, falls sie nicht die Wahrheit sage, und entlockte ihr dann die vollständige Saga von Kalemba und Luwedde.

Es wurde eine sofortige Durchsuchung angeordnet. Luweddes Haus wurde abgerissen. Nachdem man das meiste Gras entfernt hatte, fand man den Harfenspieler, der sich unter der letzten dünnen Schicht versteckt hatte. Kalemba und Luwedde wurden zum Premierminister gebracht. Er war von Anhängern umgeben, die jedem Urteil zustimmen würden, wie es auch ausfiel.

Lady Mukasa gestand ihren Fehltritt ein, versicherte, sie sei angesichts der außergewöhnlichen Schönheit des jungen Mannes hilflos gewesen, und bat um Gnade. Kalemba jedoch warf sich in die arrogante Pose des Eroberers, der selbst erobert worden ist. Er versicherte, er sei sich des eingegangenen Risikos vollkommen bewußt gewesen und sei bereit, die Konsequenzen zu tragen.

Kalembas Arroganz brachte Mukasa in Wut. Er befahl, dem jungen

Mann den Kopf abzuschlagen und Luwedde zu überreichen. Man solle ihren Kopf und ihre Kleidung mit seinem Blut beschmieren. Es gab kein Gericht, vor dem man gegen ein solches Urteil des Premierministers ein Rechtsmittel einlegen konnte. Seine Scharfrichter vollstreckten das Urteil.

In der königlichen Stadt Bugandas gab es keine Möglichkeit, dem König solche Neuigkeiten vorzuenthalten, und Mutesa erfuhr sofort davon. Er schickte einen seiner wichtigsten Gouverneure zu Mukasa und verlangte, man solle die Prinzessin zu ihm schicken, damit er, der König, sie selbst bestrafen könne. Der Premierminister wurde so sehr von seiner Grausamkeit verzehrt, daß er zunächst darauf bestand, Luwedde solle den Kopf ihres Liebhabers zu Mutesa mitnehmen. Seine Untergebenen und Berater warnten ihn jedoch davor, und da niemand fünfzehn Jahre lang Premierminister eines Königs bleibt, ohne ein großes Maß an Weisheit zu besitzen, gab Mukasa nach und ließ den Rat seiner Mitarbeiter über seinen Zorn siegen.

Über und über mit dem Blut ihres Liebhabers besudelt, wurde die Prinzessin von Kaddu zu Mutesa gebracht, der erzürnt war, daß Mukasa das Paar nicht zu ihm geschickt hatte, nachdem er ihre Schuld festgestellt hatte. Was hat der Premierminister sich nur dabei gedacht, fragte sich Mutesa laut. Es war ein Akt der Rebellion gegen den König. Hatte Mukasa etwa vor, Mutesa abzusetzen und den Thron zu usurpieren?

Zum Teil schauspielerte Mutesa nur. Alle Premierminister waren bürgerlicher Herkunft und nicht königlichen Geblüts. Noch nie in der Geschichte Bugandas hatte ein Premierminister den Thron begehrt. Aber so ließ Mutesa Mukasa wissen, daß es für Macht und Arroganz des Premierministers Grenzen gab.

Mukasa schluckte seinen Zorn herunter. Wiederum auf Rat seiner Gefolgsleute ließ er dem König zusammen mit seinem tiefsten Bedauern Geschenke überbringen. Der König ließ Mukasa übermitteln, er habe ihm vergeben.

Von Prinzessin Luwedde hören wir nichts mehr.

Eine Einführung

Als John Hanning Speke im Jahre 1862 und Henry Morton Stanley im Jahr 1875 das alte Königreich Buganda an der Nordwestecke des Victoriasees in Ostafrika betraten, entdeckte jeder von ihnen, wonach er gesucht hatte: Speke vermutete richtig, und Stanley bestätigte es, daß der Victoriasee die Quelle des Nils ist. Was sie dort ebenfalls vorfanden, dreizehnhundert Kilometer im Innern des ‹dunklen Afrikas›, war eine außergewöhnliche und faszinierende Gesellschaft, eine Gesellschaft, die unabhängig von ‹fortgeschritteneren› Kulturen zu einem komplexen, hochentwickelten Königreich geworden war. Obwohl Buganda keine Schriftsprache besaß, was für uns zum Kennzeichen der Zivilisation geworden ist, hatte das Land dennoch eine erstaunliche Vielfalt sozialer und kultureller Einrichtungen entwickelt, die wir normalerweise nur mit einer Kultur für vereinbar halten, die über das geschriebene Wort verfügt. Ein autoritärer Monarch, der einer aristokratischen Gesellschaftsstruktur aus Gouverneuren, Sub-Gouverneuren, Sub-Sub-Gouverneuren sowie Tausenden von kleinen Bürokraten vorstand, herrschte über eine Million Menschen. Die Politik war so hochentwickelt und komplex wie die irgendeiner englischen Stadtgemeinde des 19. Jahrhunderts. Der Staat verfügte über ein vollständig ausgebautes Rechtssystem, das aus einer Hierarchie von Gerichtshöfen bestand, an die sich jeder Bürger wenden konnte. Die Arbeitsteilung war so weit fortgeschritten, daß viele Menschen nicht mehr als Bauern arbeiteten, sondern ihren Lebensunterhalt als Steuereinnehmer, Armeeoffiziere, Dichter, Trommler, Fischer, Baumeister und Scharfrichter der Tausende von Menschen verdienten, die jedes Jahr als Menschenopfer in den Tod geschickt wurden. Die Schichtung der Gesellschaft nach wirtschaftlichen und politischen Gesichtspunkten hatte einen solchen Umfang erreicht, daß man durchaus von gesellschaftlichen Klassen sprechen kann. Die englischen Forschungsreisenden fanden bald heraus, daß sie in dieser hochentwickelten Gesellschaft nicht mehr abfällig von ‹schwarzen Afrikanern› sprechen konnten.

Der Unterschied zwischen diesem alten Königreich und den Stammesgesellschaften, durch die Stanley und Speke auf dem Weg nach Uganda gekommen waren, war greifbar. Diese Stämme besaßen keine Regierung, wie wir den Begriff verstehen – es gab keine Polizei, keine Gerichtshöfe, keine Gefängnisse; keine Gouverneure, keine Könige, keine Steuereinnehmer. Ihnen fehlten Schulen, stehende Heere, eine organisierte Priesterschaft sowie eine breite Arbeitsteilung. Es gab keine sozialen Klassen, keine Schichtung der Gesellschaft. In scharfem Gegensatz zum Königreich Buganda konnte sich in den Stammesgesellschaften keine politische Tyrannei entwickeln. Es gab keinen Staat.

Seit den Forschungsreisen Stanleys haben wir mit Hilfe der Anthropologie ungeheuer viel über primitive Stammesgesellschaften gelernt. Wir wissen, daß solche Gesellschaften, obwohl ihnen ein Staat fehlt, nicht in sozialem Chaos lebten. Das System des Sippenverbandes – mit seinem hochstrukturierten Familiengefühl – war in der primitiven Gesellschaft der wichtigste Mechanismus sozialer Kontrolle, und es funktionierte so gut, daß die verwickelte Maschinerie von Regierung und Verwaltung, die unsere Gesellschaft (der das Sippensystem fremd ist) kennt, gar nicht notwendig war. Die höchste politische Macht in einer primitiven Gesellschaft gehörte einem Geschlecht oder einem Dorfältesten, aber diese politischen Führer hatten keine wirkliche Macht, ihren Willen durchzusetzen; alle ihre Funktionen waren ungeregelt, flexibel und unstrukturiert. Geschlecht oder Dorfältester waren so etwas wie ein nicht-autoritärer Familienvater – endlose Palaver und nicht rohe Gewalt waren das Mittel, mit denen Kontrolle ausgeübt wurde, falls dies überhaupt möglich war.

In ähnlicher Weise hielten Sitten und Gebräuche sowie deren Macht, noch verstärkt durch den unerbittlichen Druck der Sippe, die Ordnung aufrecht. Es gab kein Gesetz, wie wir den Begriff verstehen. Das bedeutet jedoch nicht, daß ein straffälliger einzelner die Freiheit besaß, zu stehlen, zu vergewaltigen oder zu morden. Die Strafe für solche Verbrechen folgte so rasch und war so sicher wie in jeder anderen Gesellschaft, aber das Instrument der Strafe war immer die Sippe des Opfers. So wurde Mord zum Beispiel durch die Sippe des Opfers gerächt, entweder an dem Täter selbst oder an jemandem aus *seiner* Sippe. Die Sippe fühlte sich psychologisch immer genauso als Opfer wie der Betroffene selbst. Was wir als Verbrechen gegen die Gesellschaft bezeichnen würden, wurde als Verbrechen gegen die Sippe aufgefaßt.

In der primitiven Gesellschaft gab es keine Schichtung nach wirtschaftlichen Gesichtspunkten, keine sozialen Klassen. Obwohl es einige wenige prestigeträchtige Positionen gab, fehlte ihnen die Möglichkeit, andere zu unterdrücken. Die Vorstellung, daß erwachsene Männer andere erwachsene Männer der gleichen Gesellschaft unterdrücken sollten, war unbekannt. Tyrannei von Männern über Frauen und von älteren Menschen gegenüber jungen (sexuelle sowie generationsbedingte Tyrannei) gab es jedoch, und sie schwankte von Kultur zu Kultur an Umfang und Qualität. Die primitive Gesellschaft war nur für erwachsene Männer ‹egalitär›.

Das Fehlen einer komplexen Arbeitsteilung bedeutete, daß die primitive Gesellschaft weder ein stehendes Heer noch Berufsoffiziere besaß. An Kriegen, von denen es genug gab, beteiligten sich fast alle erwachsenen Männer, wenn es soweit war. Das Töten, der Raub von Vieh oder Sklaven, das Vertreiben anderer von einem bestimmten Territorium – all dies war ein wichtiger Bestandteil des gesellschaftlichen Lebens in den meisten primitiven Gesellschaften; aber es gab keine Eroberung anderer Völker, keine Herrschaft über eine andere Gruppe, der erlaubt wurde, auf ihrem Land zu verbleiben. Primitive Völker, die nicht über sich selbst ‹herrschten›, wie wir es verstehen, konnten sich auch nicht vorstellen, wie sie andere beherrschen sollten.

Primitive Gesellschaften unterscheiden sich in zwei wichtigen Dingen deutlich von Königreichen wie dem alten Buganda, in denen es keine Schriftsprache gab. Zunächst war die primitive Einstellung gegenüber Verkörperungen dessen, was wir ‹Individualität› nennen würden, kühl, wenn nicht sogar offen feindselig. Ein Mann, der sich über andere Männer zu erheben trachtete, ob in politischer, religiöser oder wirtschaftlicher Hinsicht, wurde mit Groll oder Haß behandelt. Zweitens zeigte das religiöse Leben in der primitiven Gesellschaft einen starken Hang zur Magie. Die Götter waren den meisten primitiven Gesellschaften recht gleichgültig, Priester gab es kaum und ebensowenig eine organisierte Priesterschaft. Der charakteristische Funktionär der religiösen Welt war der Schamane, der im Grunde ein Magier war. Hexerei und nicht eine moralistische Religion bewegte die Welt.

Das Leben, das Speke und Stanley im alten Uganda vorfanden, war völlig anders als das in einer primitiven Gesellschaft. Und dennoch waren Buganda und andere afrikanische Monarchien nicht wie die Gesellschaften beschaffen, die wir archaische Zivilisationen nennen – die hochentwickelten, über eine Literatur verfügenden, pluralistischen Reiche des alten Mesopotamien, Ägypten, Indien, China, Mexiko und Peru. Die archaische Zivilisation repräsentierte einen weit komplexeren Grad an sozialer Evolution als die primitive Gesellschaft. Wenn man sich von der relativ einfachen primitiven Welt in die archaische hineinversetzt – in das Ägypten der vierten und fünften Dynastie oder in die aufblühende Gesellschaft unter Sargon oder Hammurabi in Mesopotamien –, begibt man sich nicht nur auf einen anderen Kontinent, sondern fast in eine andere Welt. Alles, was uns in der primitiven Gesellschaft zu ‹fehlen› scheint, ist hier, in der archaischen Gesellschaft, voll vibrierendem Leben – ob nun zum Guten oder zum Bösen. Ein absoluter König herrscht über eine Gesellschaft von mehreren Millionen Menschen; er kann sogar ein Reich gründen, indem er fremde Völker erobert, unterwirft und beherrscht. Der Monarch regiert von der Spitze einer ausgedehnten bürokratischen, aristokratischen und unterdrückenden, pyramidenförmigen Gesellschaftsstruktur aus: Höflinge, Gouverneure, Sub-Gouverneure, Steuereinnehmer, Richter, Polizeibeamte und Gefängnisaufseher unterstehen seinem Befehl. Das gesamte komplexe Netz dessen, was wir ‹Regierung› nennen, ist voll ausgebildet. Ein erblicher Adel herrscht über die einfachen Leute. Die Welt ist voller Reicher und Armer, Unterdrücker und Unterdrückter, einer tyrannischen Politik und gelegentlichen schwachen Rufen nach Gerechtigkeit. Eine organisierte Priesterschaft, die im Dienst mächtiger Götter steht, spielt im religiösen und politischen Leben der Gesellschaft eine entscheidende Rolle und belegt die vagen Anfänge eines bewußten moralischen Lebens.

Wenn wir Stanleys und Spekes Beschreibungen des alten Buganda lesen, fragen wir uns sofort, was für eine Art Gesellschaft das gewesen ist. Welches Stadium der sozialen Evolution hatte es auf seine unabhängige Art erreicht? In welcher evolutionären Beziehung stand ein solches Stadium der Gesellschaft zu den primitiven und den archaischen Gesellschaften? Weder Stanley noch Speke – noch auch die Kultur, in der sie lebten – besaßen das theoretische Rüstzeug, das sie in die Lage versetzt hätte, über verschiedene Stufen in der Evolution der Gesellschaft nachzudenken. Die theoretische Struktur, die zur Beantwortung solcher Fragen nötig ist – und die überhaupt erst solche Fragen ermöglicht –, ist erst seit gut hundert Jahren ins Blickfeld geraten.

Die Jahre 1850 bis 1950 brachten den Beginn der neuen Disziplinen Anthropologie und Archäologie und sahen sie zu voller Reife heranwachsen. Die Entdeckung und Deutung der Welten primitiver Völker und der großen archaischen Zivilisationen Ägyptens, Mesopotamiens und der Ägäis erlaubten der historischen Vorstellungskraft einen Quantensprung. Zuvor hatte die Geschichte – die in Wahrheit das Gefühl der Völker für die Vergangenheit ist – erst in biblischen Zeiten und im klassischen Griechenland und Rom begonnen. Anthropologie und Archäologie haben die menschliche Geschichte um eine Million Jahre erweitert.

Als die Welt des Zuñi-Indianers, des Nuers, des Buschmanns, des Kwakiutl, des australischen Ureinwohners sowie des Bewohners der Trobriand-Inseln zum Bestandteil der Vorstellungskraft von Menschen geworden waren, die über die Natur der menschlichen Kultur nachdachten; als Geschichte, Literatur, Recht und Kunst der Sumerer, Babylonier, Assyrer, Ägypter, Minoer und der Mykener verfügbar geworden waren, begannen sich einige Erforscher der Weltgeschichte und der Kultur vor allem in England zu fragen, in welcher Beziehung diese neuentdeckten Regionen zu den bisher bekannten frühesten Kulturen standen, nämlich zu Israel, Griechenland und Rom. In den letzten Jahren des 19. Jahrhunderts und den ersten Jahren des 20. Jahrhunderts begannen britische Anthropologen, Bibelgelehrte und Klassik-Forscher – Männer wie Frazer, Cornford, Robertson-Smith, Gilbert Murray –, ein evolutionäres und entwicklungsmäßiges Schema der menschlichen Kulturgeschichte zu entwickeln, das von einer kontinuierlichen Entwicklungslinie ausging, die von primitiver zu archaischer Zivilisation bis in klassische und biblische Zeiten zurückreichte. Die Arbeit war lückenhaft und unvollständig und blieb es auch, als das evolutionäre und entwicklungsmäßige Denken in Kulturfragen in den zwanziger Jahren fast völlig aus der intellektuellen Mode kam. In den nächsten vierzig Jahren verfolgten nur ein paar einsame Seelen diesen Gedankengang weiter, mit Ausnahme marxistischer Historiker, die einer entwicklungsmäßigen Betrachtung der Gesellschaft verhaftet waren und noch sind. Zu den wenigen gehörten Julian Steward auf dem Feld der Anthropologie, der Soziologe Talcott Parsons, der Klassizist E. R. Dodds sowie der Archäologe Henri Frankfort.

Zwei aus diesen Bemühungen erwachsene Arbeiten – Henri Frankforts Buch *The Intellectual Adventure of Ancient Man*[1], das 1946 veröffentlicht wurde, sowie ein Essay von Roberth Bellah (der seine Laufbahn als Student von Parsons begann) mit dem Titel «Religious Evolution»[2], das 1964 erschien – unterstützen eine evolutionär-entwicklungsmäßige Betrachtung von Geschichte und Kultur. Beide Arbeiten verstehen eine solche Entwicklung als ein Durchlaufen bestimmter, klar umrissener Stadien, und beide stellen sich die ersten beiden Stadien als die primitive Gesellschaft und die archaische Zivilisation vor.

Als ich über dieses Problem nachzudenken begann, kam mir die Situation unmöglich vor. Wenn man sich eine typische primitive Gesellschaft vor Augen führt, etwa die der Zuñi oder der Nuer am Weißen Nil, und dann an die großen Königreiche der archaischen Zivilisation denkt, scheint es unmöglich, daß irgendeine Kultur den Sprung von den Nuern zum frühen dynastischen Ägypten auf einen Schlag bewältigt haben könnte. Zu welcher revolutionären Veränderung eine Gesellschaft auch fähig gewesen sein mag, so viel kultureller Grund kann nicht in einer einzigen kulturellen Revolution überquert worden sein. Ich hatte das Gefühl, daß zwischen der primitiven und der archaischen Gesellschaft noch ein gesellschaftliches Stadium fehlte, eine Zwischenstufe, die der primitiven Gesellschaft ein Ende setzte und durch annehmbare revolutionäre Veänderung zu den Anfängen der archaischen Zivilisation geführt hatte.

Nachdem ich mich einmal entschlossen hatte, nach einem solchen Stadium Ausschau zu halten, erwies es sich als bemerkenswert leicht auffindbar. Die traditionellen Gesellschaften von Ost-, West- und Südafrika sowie Polynesiens lieferten buchstäblich Dutzende von Beispielen zentralisierter, hierarchisch gegliederter, tyrannischer Staaten (wenngleich ohne Schriftsprache), die während des 18. und 19. Jahrhunderts auf einem hohen Entwicklungsstand funktionierten: Benin, Dahomey, Zulu, Bunyoro, Buganda, Hawaii, Tahiti, Tonga. Diese Staaten hörten erst dann auf zu existieren, als sie mit den Gesellschaften Europas und Nordamerikas in Berührung kamen. Der Staat Buganda, in dem ein absoluter Monarch mit Hilfe von fast fünfzigtausend Beamten über eine Million Menschen herrschte, in dem Steuern auf organisierter Grundlage eingetrieben wurden, in dem dreißigtausend Soldaten ins Feld geführt werden konnten und in dem der König einer komplexen hierarchischen Gesellschaft vorstand, war keine primitive Gesellschaft, obwohl ihr eine Schriftsprache fehlte. Ganz im Gegenteil: Staaten wie das alte Buganda waren das Endprodukt einer der wichtigsten, schwierigsten, revolutionärsten kulturellen Veränderungen, die es je gegeben hat – der radikalen und permanenten Verwandlung von primitiver Gesellschaft und Kultur. In solchen alten Königreichen ist der Staat, wie wir ihn kennen, in unserer Welt zum erstenmal in Erscheinung getreten. Daß das frühe dynastische Ägypten sich aus einer Gesellschaft entwickelte, die dem alten Buganda ähnlich war, und nicht aus einer primitiven Gesellschaft, scheint eine höchst glaubwürdige Hypothese zu sein.

Nachdem ich mich in das umfangreiche historische Material über Königreiche ohne Schriftsprache vertieft hatte, fand ich schnell heraus, daß viele Forscher in den letzten dreißig Jahren an den Problemen der frühen Evolution der Gesellschaft von einem theoretischen Ausgangspunkt aus gearbeitet haben. Fast alle von ihnen hatten eine anthropologische Ausbildung (beispielsweise Fried, Service, Claessen[3]). Ich habe von diesen Autoren viel gelernt, obwohl meine Auffassung von sozialer Evolution sich radikal von ihrer unterscheidet.

Ich nenne das von alten Königreichen wie Buganda und Hawaii repräsentierte Stadium sozialer und kultureller Entwicklung eine ‹komplexe Gesellschaft›, weil das Wort ‹primitiv›, wenn man es wissenschaftlich exakt benutzt und nicht in der Absicht, Menschen zu diskriminieren, ‹einfach› bedeutet. Die primitiven Gesellschaften *waren* einfach im Vergleich zu den komplexen Gesellschaften, die sich aus ihnen entwickelten. Wenn wir bei der Beschreibung einfacher, stammes- oder sippenmäßig organisierter Gesellschaften weiterhin den Begriff ‹primitiv› verwenden, scheint es angemessen zu sein, all jene Formen der Gesellschaft, die zwischen der primitiven und archaischen Zivilisation existiert haben, als ‹komplex› zu bezeichnen. Das Hauptanliegen dieses Buches ist es, die komplexe Gesellschaft zu beschreiben, zu analysieren und vor den Augen des Lesers erstehen zu lassen.

Wie es unter solchen Umständen immer geschieht, läßt sich eine besondere Gesellschaftsform weiteranalysieren, wenn man sie erst einmal isoliert hat. Die komplexe Gesellschaft selbst scheint drei klare Stadien durchlaufen zu haben: das Häuptlingtum, die frühe Monarchie und die komplexe Monarchie. Das Häuptlingtum ist dabei das erste Stadium der komplexen Gesellschaft, das aus der primitiven Grundform entstanden ist. Beide Stadien der Monarchie insgesamt nenne ich ‹eine fortgeschrittene komplexe Gesellschaft›, und diese Gesellschaften sind der wirkliche Gegenstand dieses Buches, obwohl ich auch einige Zeit bei den Häuptlingtümern verweilen werde.

Die große Leistung der komplexen Gesellschaft war die Schaffung von nicht-sippenmäßig bestimmten Formen des sozialen Zusammenhalts. Loyalität dem König gegenüber und Furcht vor seiner Macht, andere zu unterdrücken, sind Erscheinungsformen, die über das Sippensystem hinausgehen. Die Verbindung zwischen dem Zusammenbruch des Sippensystems und dem Aufkommen des Staates war so eng, daß man den Staat nach meinem Dafürhalten als die Form der Gesellschaft definieren kann, bei der nicht-sippenhafte Formen des sozialen Zusammenhalts ebenso wichtig sind wie der Sippenverband. Warum nur ein tyrannischer Monarch die Macht hatte, das Sippensystem zu stürzen, ist eine der grundlegenden Fragen dieses Buches.

Das Ableben des Sippensystems sowie die Errichtung politischer Strukturen, in denen der Sippenverband keine Rolle mehr spielte, war keineswegs ein ruhiger und rationaler Prozeß. Die Aufgabe der Sicherheit des Sippenverbands, was eine der schwierigsten Aufgaben gewesen sein kann, die sich Menschen je gestellt haben, war eine Trennung, die Angst mit sich brachte, und eine Zunahme von Angst bringt eine Zunahme von Aggression mit sich. Jede Gesellschaft, die sich in einer Situation zunehmender Angst befindet, wird nach Möglichkeiten suchen, der Aggressivität ein Ventil zu verschaffen, um sich so gegen diese Furcht zu schützen. Es ist eine bemerkenswerte Entdeckung, zu wie vielen *identischen* Mitteln verschiedene komplexe Gesellschaften griffen, als sie versuchten, mit der durch den Zusammenbruch des Sippensystems entstandenen Angst fertig zu werden. Die Ähnlichkeit der verschiedenen uns bekannten komplexen Gesellschaften ist auffallend.

Gerade die Ähnlichkeit kultureller und gesellschaftlicher Formen legitimiert die Vorstellung, daß die Gesellschaften zu einem besonderen und einzigartigen Stadium menschlicher sozialer Entwicklung gehören. So besaß beispielsweise *jede* fortgeschrittene komplexe Gesellschaft eine zentralisierte Monarchie, eine politische Bürokratie, eine systematisierte Form der Steuereintreibung, eine organisierte Priesterschaft sowie ein hierarchisch geordnetes Gesellschaftssystem. Diese Institutionen, die in der menschlichen Geschichte eine so große Rolle gespielt haben, haben ihren Ursprung in diesem Stadium der gesellschaftlichen Entwicklung, nicht im archaischen. Ferner finden wir bei allen komplexen Gesellschaften voll entwickelte, reiche Kulturen voller imaginativer, differenzierter kultureller Ausdrucksformen. Die Individualität, die wir so hochschätzen und die es in der primitiven Gesellschaft noch nicht gab, hatte ihren Ursprung in der komplexen. Epik, Märchen, Berufsdichter und das Theater – hier hatten sie ihren Ursprung. Was wiederum so auffallend ist, ist die Tatsache, daß *alle* fortgeschrittenen komplexen Gesellschaften an diesen Vergnügungen teilhatten.

Selbst bei bestimmten kleineren, aber wichtigen kulturellen Erscheinungsformen stößt man immer und immer wieder auf die Tatsache, daß Kulturen, die durch den halben Globus voneinander getrennt sind, sich auf exakt die gleiche Art von ihren primitiven Vorgängern differenziert haben. Männliche Homosexualität und Bisexualität spielten in den meisten fortgeschrittenen komplexen Gesellschaften eine wichtige Rolle. Königlicher Inzest, bei dem der König seine Halbschwester oder seine leibliche Schwester heiratet, war eine weit verbreitete ritualisierte Erscheinung. Prostitution, Ehebruch, sexueller Exhibitionismus sowie zwanghaftes Spielen hatten in eben diesen Gesellschaften ihren ersten, aber durchaus nicht ihren letzten Auftritt.

Eine der großen Freuden beim Studium der komplexen Gesellschaft ist die Entdeckung, daß deren Menschen zu den attraktivsten gehörten, die je diese Erde geziert haben, wenn man sie von einem menschlichen Standpunkt aus beobachtet. Wenn man die Beschreibungen der Menschen liest, die im alten Buganda oder im alten Polynesien lebten, muß man schon Bilder aus der italienischen Renaissance oder dem Athen des 5. Jahrhunderts v. Chr. bemühen, um ähnlich energische, mitfühlende Menschen zu finden, die so voll all der Möglichkeiten und Komplexitäten des menschlichen Daseins sind. Von Captain Cook im Pazifik bis zu Henry Morton Stanley in Afrika waren viele der ersten Europäer, die diese Gesellschaften zu Gesicht bekamen, aus gutem Grund entzückt von den Menschen, die sie dort vorfanden. So bezaubernd und anziehend sie auch waren, so umfassend und aufregend ihre Kultur auch sein mochte, eine unübersehbare Tatsache verlangt nach Erklärung: Viele sehr wichtige Aspekte der dunklen Seite des menschlichen Lebens sind in den komplexen Gesellschaften ebenfalls zum erstenmal aufgetreten. Die primitive Gesellschaft hatte keine tiefgreifenden Klassenunterschiede, besaß keine tyrannische Monarchie oder Aristokratie, die den Menschen ihre Lebenschancen hätte rauben können. Arme Menschen, aristokratische Tyrannei, schwere politische Unterdrückung – all das haben wir von der fortgeschrittenen komplexen Gesellschaft geerbt. Auffälligerweise waren Menschenopfer die charakteristische Ausdrucksform ritueller Aggression in fast jeder dieser Gesellschaften. In der primitiven Gesellschaft hat es sie nicht gegeben. Die archaische Zivilisation praktizierte nur selten ein solches Ritual. In den komplexen Gesellschaften wie Uganda jedoch wurden jedes Jahr Hunderte und Tausende umgebracht. Dieses Buch unternimmt den sehr ernsthaften Versuch, die Frage zu beantworten, warum alle diese inhumanen Erscheinungen erst dann auftreten, wenn die primitive Gesellschaft gestürzt worden ist.

Diese Geschichte der komplexen Gesellschaft wird in erster Linie unter Verwendung von Daten aus drei repräsentativen Kulturen erzählt werden: dem alten Buganda im Nordwesten des Victoriasees in Ostafrika, dem alten polynesischen Tahiti, einer der Gesellschaftsinseln im Pazifik, und dem alten Hawaii, ebenfalls einer polynesischen Kultur im Pazifik. Ich habe nicht vor, meine Argumentation auf diese Daten zu beschränken, weil es in diesem Buch um die komplexe Gesellschaft insgesamt geht, und folglich werde ich auch Informationen aus anderen komplexen Gesellschaften nach Belieben heranziehen. Mir geht es um diese Gesellschaften in ihrer traditionellen Form, bevor sie durch die Berührung mit der europäischen und amerikanischen Kultur verändert wurden. Was Tahiti und Hawaii betrifft, begann dieser Kontakt in der zweiten Hälfte des 18. Jahrhunderts; in Buganda stand die traditionelle Gesellschaft noch 1875 in voller Blüte.

Dieses Buch ist sowohl Geschichtsschreibung wie eine soziologische Studie. Geschichtsschreibung ist es insoweit, als eines seiner Hauptziele darin besteht zu beschreiben, wie es war, in einer solchen Gesellschaft zu leben: was es bedeutete, Premierminister zu sein oder die Ehefrau eines Premierministers, König von Buganda, ein Page am Hof des hawaiischen Monarchen, ein Wanderschauspieler, ein berühmter Krieger oder ein armer Kleinbauer im Hinterland. Es ist auch eine soziologische Studie, indem es den Versuch unternimmt, Fragen nach der Natur der Gesellschaft und kultureller Entwicklung überhaupt auf theoretisch möglichst tiefgründige Weise zu beantworten. Warum waren Menschenopfer die charakteristische Erscheinungsform der Aggressivität in der komplexen Gesellschaft? Welche Beziehung besteht zwischen der Zerstörung des primitiven Systems des Sippenverbandes und den Anfängen von Tyrannei und Staat? Warum entschlossen sich die Menschen, nachdem sie rund zwei Millionen Jahre auf dieser Erde gelebt hatten, Könige zu erschaffen und Adlige und Steuereinnehmer? Warum – und das ist die Kernfrage – zerstörten unsere Vorfahren die primitive Welt und erschufen die komplexe Gesellschaft, was letztlich die archaische Zivilisation möglich machte?

In meinen Augen lassen sich diese und andere wichtige Fragen nur dann beantworten, wenn wir die Beziehung zwischen der Entwicklung der individuellen menschlichen Psyche und der Entwicklung von Gesellschaft und Kultur verstehen. Es wäre keine überraschende Entdeckung, daß die Stadien des Fortschritts der Psyche intim und untrennbar mit den Stadien der gesellschaftlichen Entwicklung verwoben sind. Die Erhellung dieser Verbindungen ist das eigentliche Ziel dieses Buches.

I

Das alte Buganda und seine Verwandlung

Mutesa, König von Uganda, schreitet in der typischen Haltung der kabakas

1

Die Perle Afrikas

Der britische Forschungsreisende John Hanning Speke war der erste Vertreter der christlichen Kultur, der das alte Königreich Buganda betrat. Man schrieb das Jahr 1862; Speke war auf der Suche nach der Quelle des Nils. Obwohl Speke in der Erforschung Afrikas kein Neuling war, da er es zuvor schon zweimal bereist hatte, brauchte er sechzehn Monate, um die gut dreizehnhundert Kilometer von Sansibar vor der Ostküste Afrikas zu Mutesas Hauptstadt zu Fuß zurückzulegen. Diese isolierte Lage Bugandas erlaubte es dieser alten Gesellschaft, sich bis etwa 1880 zu erhalten, als zunächst christliche Missionare und islamischer Einfluß, danach britische Kolonialinteressen der traditionellen Kultur ein Ende machten.

Vor Spekes Ankunft hatte es einige oberflächliche Kontakte zwischen Buganda und arabischen Händlern gegeben, die von Sansibar aus operierten. Uns ist mündlich auch überliefert, daß Handelsgüter wie etwa Tassen und Teller schon um 1780 im Königspalast zu finden waren. Es ist so gut wie sicher, daß arabische Händler Buganda in den 1850er Jahren bereisten, und manche Umstände lassen den zwingenden Schluß zu, daß es schon in den 1830er und 1840er Jahren Kontakte gab. Selbst wenn man von diesen gelegentlichen Handelsverbindungen absieht: Was Speke 1862 vorfand, war eine hochentwickelte komplexe Gesellschaft, die sich über einen Zeitraum von vier- bis fünfhundert Jahren ohne jeden nennenswerten Kontakt zu fortgeschritteneren Gesellschaften oder solchen mit einer Schriftsprache entwickelt hatte.

In den zwölf Jahren nach Spekes Abreise tauchte in Buganda kein Angehöriger der europäischen Kultur auf. Der islamische Einfluß begann jedoch, das Land zu verändern, und in den 1860er Jahren liebäugelte Mutesa ernsthaft mit dem Islam. Als Henry Morton Stanley 1875 ankam, war die alte Gesellschaft als solche noch intakt, aber es lagen Veränderungen in der Luft, und Mutesa war nicht mehr der schlichte Provinzkönig, mit dem Speke es zu tun gehabt hatte.

Stanley schickte sein berühmtes Telegramm nach England, in dem er berichtete, Mutesa habe um die Entsendung christlicher Missionare nach Buganda ersucht. Die Reaktion erfolgte prompt. 1877 befanden sich die ersten protestantischen Missionare im Land. 1879 kam eine katholische Mission an. Die Baganda wurden mit unglaublicher Geschwindigkeit bekehrt. 1886 war die Bedrohung der traditionellen Gesellschaft durch das Christentum so groß geworden, daß der dieser Entwicklung mißgünstig gegenüberstehende König, Mwanga, Sohn und Nachfolger Mutesas, zwei- oder dreihundert Märtyrer verbrennen ließ. Die Bekehrungen zum Islam hielten mit dieser Entwicklung Schritt. 1888, rund zehn Jahre nach der Ankunft der ersten christlichen Missionare, trieben die frisch konvertierten Moslems, Protestanten und Katholiken den König mit vereinten Kräften aus dem Land.

Die Baganda erwiesen sich des Vorbilds ihrer europäischen und arabischen Lehrer würdig und brachen dann eigene Religionskriege vom Zaun. Zunächst triumphierte der Islam, und die Christen sowohl der englischen (protestantischen) wie französischen (katholischen) Fraktion wurden ins Exil gezwungen. Dann kehrten sie zurück und schlugen die Moslems mit Hilfe der Waffen, die britische Händler geliefert hatten. Mit diesem Sieg nicht zufrieden, bekämpften die englischen und französischen Christen auch noch einander. Um diese Zeit befanden sich schon britische Soldaten im Land, und die französisch-katholische Fraktion hatte keine Erfolgschancen mehr. Man schrieb das Jahr 1892.

Zwei Jahre später errichteten die Briten das Protektorat Uganda. 1900 erließ der englische Hochkommissar ein Besiedlungsprogramm, bei dem alles Land dem Privateigentum freigegeben wurde. Hauptnutznießer dieser Regelung waren die fast dreitausend Angehörigen der Aristokratie, in der Hauptsache Christen, die den König als wichtigste politische Kraft des Landes ersetzt hatten. Man hatte Mwanga abgesetzt und seinen vierjährigen Sohn zum König ausgerufen. Die an seiner Stelle herrschenden Regenten waren mit dem jungen König nicht verwandt, sondern die Anführer der seit kurzem landbesitzenden Aristokratie. Die alte Gesellschaft Bugandas hatte aufgehört zu existieren.

‹Uganda› war der Name der Sansibaris für Buganda. Das von den Briten geschaffene Protektorat Uganda, aus dem später der durch tragische Unruhen erschütterte Staat Uganda wurde, bestand aus mehreren alten Königreichen, von denen Buganda nur eines war. Innerhalb dieser britischen Erfindung mit ihren willkürlichen Grenzen lebten auch verschiedene Völker, die nicht zu Königreichen gehörten – Menschen, die in primitiven Stammesgesellschaften oder in frühen komplexen Gesellschaften lebten, die von Häuptlingen ‹regiert› wurden. Für das Protektorat Uganda und in der Folgezeit für den unabhängigen Staat Uganda wurde es im 20. Jahrhundert zu einer der wichtigsten politischen Fragen, wie die Beziehung zwischen Buganda und den anderen Völkern innerhalb dieser politischen Einheit aussehen sollte.

Das Land heißt ‹Buganda›; das Volk sind die ‹Baganda›; eine Person ist ein ‹Muganda›; die Sprache heißt ‹Luganda›. Luganda gehört zur großen

Familie der Bantu-Sprachen. Die Bantu-Völker – diejenigen, die eine Bantu-Sprache sprechen – sind ebenso wie die Indo-Europäer und die Semiten eines der Völker der Weltgeschichte gewesen, die eine große zivilisatorische Leistung vollbracht haben. Sie brachen vermutlich von einem kleinen Gebiet auf, eroberten und besiedelten danach den größten Teil Afrikas südlich der Sahara. Um die Mitte des 19. Jahrhunderts konnte man die Bantu-Völker in jedem Stadium kultureller Entwicklung finden, von primitiven Stammesgesellschaften bis zu großen Königreichen. Um 1850 lebte kein Bantu-Volk mehr ohne Landwirtschaft oder Haustiere, und kein Bantu hatte bislang einen archaischen Staat wie Ägypten oder Sumer geschaffen. Die Eroberung des Kontinents durch christliche und islamische Kulturen bedeutete natürlich, daß kein Bantu-Volk je die Chance erhielt, einen solchen Staat zu errichten. Die fast völlige Isolation des Königreichs Buganda bis 1860 und die relative Isolation von 1860 bis 1880 sind für den mit der Natur hochentwickelter komplexer Gesellschaften vertrauten Forscher ein ungeheurer Glücksfall. In der letzten Hälfte des 19. Jahrhunderts schrieb so gut wie jeder Europäer, der nach Afrika ging, ein Buch. Zunächst waren es Forschungsreisende und dann Missionare. Als Ergebnis der literarischen Bemühungen von Speke, Stanley und der frühesten Missionare war Mutesa, der *Kabaka* (König) von Buganda, für den belesenen Engländer des Jahres 1885 eine vertraute Gestalt.

Die Geschichtsschreibung Bugandas konnte sich glücklich schätzen, daß einer der Missionare, die das Land in der zweiten Hälfte des 19. Jahrhunderts bereisten, Reverend John Roscoe, von der neuen Wissenschaft der Anthropologie gefesselt war. Roscoe war ein Freund J. G. Frazers, des großen britischen Anthropologen, und dieser beriet ihn, wie er bei seiner Untersuchung der bugandischen Gesellschaft vorgehen sollte. Mit Hilfe Apolo Kagwas, des Premierministers und Regenten des Königs, befragte Roscoe viele ältere Menschen, die einen guten Teil ihres Lebens in der alten traditionellen Gesellschaft verbracht hatten. Ein Mensch von sechzig Jahren, der 1895 von Roscoe befragt wurde, war also 1835 geboren worden, einundzwanzig Jahre, bevor Mutesa König wurde. Roscoes 1911 veröffentlichtes Buch *The Baganda* ist bis heute einer der wichtigsten Berichte über eine komplexe Gesellschaft, die wir besitzen.

Die Reaktion der Baganda auf den Kontakt mit Christentum und Islam war außerordentlich positiv, und die Baganda überließen es durchaus nicht völlig den Anthropologen und Imperialisten, die Geschichte ihres Landes zu schreiben. Angefangen mit Apolo Kagwa selbst machte sich eine Gruppe von bugandischen Historikern, von denen die meisten vor der Zeit der großen Konversionen zum Christentum und zum Islam geboren waren, an die Arbeit, über ihr Land geschichtliche Werke zu verfassen.

Das Ergebnis all dieser Bemühungen: Wir wissen weit mehr über das alte Königreich Buganda als beispielsweise über die ersten Dynastien

Ägyptens oder über das Athen des 6. Jahrhunderts v. Chr. Noch immer herrscht die weitverbreitete Ansicht – und sie wird auch unseren Kindern in der Grundschule beigebracht –, daß ‹Geschichte›, was in Wahrheit ‹unsere Geschichte› bedeutet, mit Ägypten und Mesopotamien beginnt, daß alles, was davor liegt, in irgendeiner Form ‹prähistorisch› sei und daher von geringerer Bedeutung. Im Verlauf dieses Buches werden wir erkennen, daß die Geschichte der großen Königreiche komplexer Gesellschaften ebensosehr ‹unsere Geschichte› ist wie irgend etwas sonst, was Menschen je widerfahren ist. Um nur ein Beispiel zu nehmen: Der große Prozeß der Entwicklung zu der nicht vom Sippenverband bestimmten Politik, nach deren Regeln wir heute leben und sterben, war die Schöpfung jenes Stadiums der Gesellschaft. Wir wissen so gut wie nichts über die Gesellschaften vor der Zeit des alten Ägypten und des alten Sumer. Aus dem Beispiel des alten Buganda können wir lernen, wie es gewesen ist, in solch einer ‹prähistorischen› Zeit zu leben.

Buganda war ein zentralisierter, bürokratischer, hierarchischer Staat, der von einem autokratischen König regiert wurde, dem *kabaka*. Theoretisch gab es kein höheres Gesetz als die Wünsche des Königs, und niemanden, den der König um Rat fragen mußte. Eine derart absolute Selbstherrschaft gibt es jedoch nur im Traum. In der Realität mußte sich der König von Buganda durchaus über die politische Macht Sorgen machen, die es jenseits seines Einflußbereichs gab, und er war ebensosehr durch sein Regierungssystem gebunden, wie es Ludwig XIV., Napoleon und Josef Stalin durch ihre waren.

Das Land war in zehn Provinzen aufgeteilt, und die zehn Provinzgouverneure bildeten zusammen mit dem Premierminister des Königs ein politisches Gegengewicht gegen den Herrscher. Ein Provinzgouverneur herrschte nur mit Einwilligung des Königs, aber kein König hat je die Unzufriedenheit einer großen Mehrheit seiner Gouverneure überlebt. Jeder Gouverneur war in seiner Provinz eine Miniatur-Ausgabe des Königs, und ihm waren wiederum Sub-Gouverneure unterstellt, die ihrerseits Untergebene hatten. Politische Macht und Autorität wurden von oben nach unten ausgeübt. Steuern, Zwangsarbeit und Dienst in der Armee wurden von unten nach oben geleistet.

So war das politische Staatssystem beschaffen, das die Erfindung der komplexen Kultur gewesen ist. Das ältere System des Sippenverbands und der Clans blieb jedoch neben den neueren Strukturen erhalten. Es gab in Buganda zwischen dreißig und vierzig Clans, die eigene Begräbnisstätten und Heiligtümer besaßen, die eine bestimmte, wenn auch sehr lose Kontrolle über Landbesitz ausübten, und jedem Clan standen ein Oberhaupt sowie Oberhäupter mehrerer Untergruppen des Clans vor. Das Clan-System war ebenfalls hierarchisch gegliedert und baute sich aus kleinen Sippenverbänden auf, die immer größer und größer wurden. Ein Groß-Clan konnte bis zu dreißig- oder vierzigtausend Menschen umfassen. Zwischen Staat und Clan-System herrschte eine wichtige politische und psychologische Spannung, die wir uns später im einzelnen näher ansehen werden.

Nicht jede komplexe Gesellschaft war eine zentralisierte Monarchie. Ebensowenig wie die politische Entwicklung den Übergang von primitiven Gesellschaften wie etwa den Nuern oder den Zuñi bis zum dynastischen Ägypten in einem Sprung bewältigen konnte – und dies auch nie getan hat –, ließ sich die soziale Distanz primitiver Gesellschaften zu zentralisierten Monarchien in einem Stadium bewältigen. Dazu war sie zu groß. Zentralisierte Monarchien stellen das *End*produkt der Entwicklung komplexer Gesellschaften dar. Zwischen primitiven Stammesgesellschaften und zentralisierten Monarchien muß es das Zwischenstadium des Häuptlingtums geben, und so kann man von der Entwicklung komplexer Gesellschaften von Häuptlingtümern über frühe Monarchien bis hin zu komplexen Monarchien sprechen. Aus dem Afrika des 19. Jahrhunderts kennen wir viele Völker in jedem Stadium dieses Entwicklungsprozesses.

Wir wissen nicht, wann Buganda den Übergang vom Häuptlingtum zur frühen Monarchie und von dort zur komplexen Monarchie vollzog. Wir besitzen eine recht vollständige, mündlich überlieferte Geschichte der ‹Könige› von Buganda, die bis etwa zum Jahr 1300 zurückzureichen scheint; aber wir können nicht feststellen, ob einige der ‹Könige› bloß Häuptlinge gewesen sind. Man kann von der durch die mündlich überlieferte Geschichte einigermaßen erhärteten Annahme ausgehen, daß der zentralisierte Staat Buganda, wie er im 19. Jahrhundert bekannt war, seit fünfhundert Jahren im Entstehen begriffen war und daß es nach dem Jahr 1600 zu einer stetigen Expansion des Königreichs gekommen ist.[1]

Buganda war nicht das einzige zentralisierte Königreich im Gebiet des Victoriasees. Ruanda war ein mächtiger, zentralisierter Staat südlich von Buganda, obwohl die beiden nur sehr wenig Kontakt miteinander hatten. Ankole, Karague und Burundi waren Staaten mit geringerer Macht und Zentralisierung. In den zwei- oder dreihundert Jahren vor der Thronbesteigung Mutesas war Bunyoro der Staat, der Buganda die politische Kontrolle über die Region am stärksten streitig machte. Buganda ging aus diesem Kampf um die Vorherrschaft vor allem deshalb als Sieger hervor, weil sein politisches System besser funktionierte, sich als flexibler erwies und über mehr militärische Macht verfügte. Zu der Zeit, als Speke sich in Buganda aufhielt, konnte der Nachbarstaat Bunyoro, der zwar noch immer wichtig war, dem Land jedoch nicht mehr die Vorherrschaft streitig machen.

Wir, die wir inmitten des Kalten Krieges leben – jener letzten Entwicklungsstufe der westlichen Politik –, gehen von der Annahme aus, daß es im Leben der Menschen eine wichtige Frage sei, genau bestimmen zu können, welcher Staat eine Vorherrschaft besitze. Es ist eine interessante Feststellung, daß Angehörige primitiver Gesellschaften weder Staaten besaßen noch unsere Vorstellung von Vorherrschaft kannten. Eine Haltung, die wir bei allen Völkern für unvermeidlich halten – für ein Ergebnis der universalen ‹menschlichen Natur› –, muß aber durchaus nicht seit ewigen Zeiten bestanden haben, sie kann sogar von Gesellschaften auf einer bestimmten Entwicklungsstufe erst erfunden, entdeckt oder geschaffen worden sein. Daß wir uns noch immer um die politische Vorherrschaft Gedanken machen, und zwar so, wie es das alte Bunyoro und das alte Buganda taten, heißt nur, daß diese Haltung zählebig ist, und nicht, daß sie der menschlichen Rasse im Blut liegt. Die Bunyoro und die Baganda töteten einander, um den Preis der Vorherrschaft zu gewinnen; die meisten von uns sind bereit, das gleiche zu tun. Aber es ist nicht immer so gewesen, und vielleicht wird uns diese Praxis eines Tages nicht mehr heimsuchen.

Die Fruchtbarkeit des Bodens, das Klima und das System der landwirtschaftlichen Produktion waren in Buganda so beschaffen, daß die Männer sich praktisch überhaupt nicht mit der Lebensmittelerzeugung beschäftigten. Frauen stellten die Arbeitskräfte in der Landwirtschaft, und die Männer waren damit frei für den Bau von Häusern und Straßen, für die Rodung von Land, zum Angeln, Schlafen, Sprechen, Rauchen, Jagen, ferner dazu, sich mit Politik zu beschäftigen und einen Staat zu gründen. Bananen oder Paradiesfeigen waren die Grundnahrungsmittel, und Bananen bereiten im richtigen Klima bemerkenswert wenig Arbeit. Bananen konnte man in Buganda vierzig Jahre lang auf denselben Böden pflanzen, ohne daß die Erträge sanken. Sie standen also immer zur Verfügung, erforderten sehr wenig Arbeit und wurden ganzjährig geerntet.

Das Klima Bugandas ist für Bananen perfekt geeignet: Die Temperaturen sinken nie unter zehn Grad Celsius und steigen nie über vierzig Grad; das Land besitzt einen gleichmäßig verteilten Niederschlag; und es gibt keine besondere Trockenzeit.[2]

Bunyoro war nicht mit einem solchen für den Bananenanbau geeigneten Klima gesegnet und mußte sich mehr auf die Getreideerzeugung verlassen, die zur Gewinnung der gleichen Zahl von Kalorien erheblich mehr Arbeit macht. Daraus darf man jedoch nicht den Schluß ziehen, daß es der Klimaunterschied war, der zu dem relativen Erfolg Bugandas beigetragen hat. Im benachbarten Busoga, auf der anderen Seite des Nils, wuchsen die Bananen sogar noch besser als in Buganda; aber die Basoga entwickelten nie einen zentralisierten Staat, sondern schufen auf ihrer höchsten Entwicklungsstufe nur mehrere starke Häuptlingtümer.[3] Keine Erklärung der äußeren Gegebenheiten wird je genügen, um den Geist eines Volkes als eine grundlegende Tatsache der menschlichen Geschichte und Entwicklung auszuschließen. Jeder Mensch, der Buganda im 19. und frühen 20. Jahrhundert mit offenen Augen betrachtete, sah sich sofort von der Vitalität, dem Eifer, der Intelligenz, der lebensfrohen

Grundeinstellung der Baganda eingenommen und durch das, was sie geleistet hatten. Zunächst gaben die Briten ihnen den Namen ‹die Chinesen Afrikas›, bis sich die politische Lage im Fernen Osten änderte und man die Baganda als ‹die Japaner Afrikas› bezeichnete. In den Augen der Engländer der Kolonialzeit bedeutete das ein hohes Kompliment. Es war der junge Winston Churchill, der das Land ‹die Perle Afrikas› nannte.

Die Baganda lebten nicht in Dörfern, sondern in vereinzelten Hütten und Gehöften, die gleichmäßig über das Land verteilt waren. Die Hauptstadt des Königs mit ihren dreißig- bis vierzigtausend Menschen war die einzige Stadt: Hier lebten alle Angehörigen der politischen Hierarchie und der Bürokratie, die Diener des Königs, der Hofstaat, Schauspieler und Gaukler, Handwerker, Konkubinen und Ehefrauen.

Das von Mutesa regierte Königreich lag halbmondförmig an der Nordwestecke des Victoriasees; es umfaßte rund sechzehntausend Quadratkilometer. Bemerkenswert ist der Umstand, daß Mutesa über eine Million Menschen herrschte. Er hatte die Macht, dreißigtausend Krieger auf einmal ins Feld zu führen, denen eine Marine von weiteren fünfzehntausend Soldaten zur Seite stand. Dabei muß man bedenken, daß die Bevölkerung Englands unter der Herrschaft Heinrichs VIII. nur drei Millionen Menschen betrug. Wie sich bei einer etwas sorgfältigeren Betrachtung der Entwicklung politischer Systeme herausstellen wird, wirtd das System des Sippenverbandes in primitiven Gesellschaften mit zunehmender Bevölkerung immer unhandlicher, um als einzige Einheit zu funktionieren, und es kommt zu einer Zersplitterung und Aufspaltung. In einigen primitiven Gesellschaften geschieht dies schon, wenn der Verband nicht mehr als dreihundert Menschen erreicht hat. Daß ein einzelner Mann über eine Million Menschen herrschen konnte, war eine bemerkenswerte Leistung, welche die Schaffung vieler neuer politischer Formen erforderte, eine Leistung, deren Entwicklung Hunderte von Jahren brauchte, eine Leistung, dier ein Volk mit einem Wunsch nach einem solchen Staat voraussetzte. Die Schaffung eines solchen Staates war jedoch auch eine Leistung voller Spannung, Konflikt und Angst: Die Ziele der komplexen Gesellschaft wurden nur unter großen psychologischen Kosten erreicht. Wir dürfen den Mut der Baganda bewundern, die bereit waren, jedes notwendige Risiko auf sich zu nehmen, um diese politische Revolution ins Werk zu setzen, auch wenn wir das Urteil darüber aufschieben, ob die Menschheit besser damit fährt, die primitive Welt gestürzt zu haben, oder ob es ihr zum Nachteil gereicht.

Die Ankunft von Spekes Expedition in Mutesas Palast in Uganda

Mutesa inspiziert seine Truppen

2

Leben und Zeit von Premierminister Mukasa, Teil I

Als König Suna 1856 starb, erfolgte der Übergang der Herrschaft auf seinen Sohn Mutesa ohne große politische Unruhen, obwohl Mutesa noch jung und unerfahren war. Die Macht der Monarchie hielt. Die politische Kontinuität war in der Gesellschaft Bugandas erkennbar zu einem Wert geworden.

Um die Zeit von Mutesas Machtantritt war Mukasa Page am Königshof. Sein Vater war einer der zehn großen Provinzgouverneure unter Kabaka Suna gewesen und hatte die große südliche Grenzprovinz Buddu regiert. Das war für Mukasa eine große Hilfe, als er die politische Bühne betrat – der König war wegen der Position von Mukasas Vater geneigt, dessen Sohn mit Wohlwollen zu betrachten, und begierig, dem jungen Mann eine Gelegenheit zur Bewährung zu geben; jedoch konnte die Tatsache allein, daß sein Vater eine führende Position einnahm, Mukasa nicht automatisch ein hohes Amt sichern. Das mußte er schon selbst erringen. Die Situation ähnelte bestimmten Umständen in unserer Gesellschaft: Ein Mann mit dem Namen Taft, der sich um den Senatssitz für Ohio bemüht, fängt nicht an dem gleichen Punkt an wie die anderen Kandidaten, aber sein Wahlsieg ist dennoch nicht sicher; der Name allein wird ihn nicht automatisch an die Spitze bringen.

Die Baganda hatten das ausgeklügelte System entwickelt, junge Männer von zu Hause wegzuschicken, um sie nicht allein von ihren Eltern erziehen zu lassen. Wir kennen diese Sitte auch aus dem alten Hawaii. Ein Onkel oder irgendein anderer Verwandter, vor allem, wenn er ein politisches Amt innehatte, war für eine ehrgeizige Familie die perfekte Wahl. Viele junge Männer wurden an den Hof des *kabaka* geschickt, um Pagen zu werden und dort das verfeinerte Leben kennenzulernen. Mukasa wurde seiner Mutter vermutlich im Alter von fünf oder sechs Jahren weggenommen und fortgeschickt, um von einem weit weg vom Elternhaus lebenden Verwandten angemessen erzogen zu werden. Im Alter von etwa zwölf Jahren wird er sein Leben als Page am Königshof begonnen haben.[1]

Für junge Menschen war die Situation am Königshof nicht einfach. Der *kabaka* hatte eine Vielzahl von Ehefrauen und Hunderte von Kindern. Jeder königliche Prinz war ein potentieller Monarch; die Mütter der Prinzen förderten die Aussichten ihrer Söhne nach Kräften; die Rivalität der Prinzen und der Mütter von Prinzen untereinander war heftig. Aus diesem Grund war es unwahrscheinlich, daß die Söhne des *kabaka* freundlich miteinander umgingen, und die jungen Pagen bei Hofe entwickelten ganz natürliche Beziehungen der Freundschaft und der Gefolgschaft zu verschiedenen jungen Leuten der königlichen Familie. Für einen ehrgeizigen jungen Bürgerlichen war es ein höchst glücklicher Zufall, wenn er der Gefährte eines königlichen Prinzen wurde.

Mukasa war ein attraktiver Junge, besaß eine offenkundige Intelligenz ebensosehr wie «schöne weiße Zähne, blitzende Augen und ein allgemein gutes Aussehen».[2] Wir wissen nicht, wie nahe Mukasa Mutesa stand, bevor dieser Monarch wurde; aber schon nach dessen Machtantritt bedachte Mutesa ihn mit einer großen Vertrauensstellung: Er ernannte ihn zum Wächter der königlichen Toilette. Die Baganda hatten unabhängig von der restlichen Welt den Abort erfunden. Keine Tatsache des Lebens in Buganda brachte seinen Bewohnern von den ersten englischen Forschungsreisenden größeres Lob ein als diese Erfindung. Für einen Pagen war es eine erstklassige Beförderung, mit der Sorge für den königlichen Abort betraut zu werden.

So wie er sich auch später entschlossen zeigte, jede Aufgabe nach besten Kräften zu lösen, zeichnete sich Mukasa auch hier aus, und die Belohnung war seine Beförderung zum Rang eines *mutongole*, zum Mitglied eines Elitecorps, das nur dem König verantwortlich war. Dieses Corps von *batongole* (Plural von *mutongole*) verschaffte dem König ein politisches Gegengewicht gegen die Macht der zehn Provinzgouverneure, die für die absolute Herrschaft des *kabaka* eine potentielle Bedrohung darstellten. Ein *mutongole*, der über keine große Provinz herrschte, hatte auch weniger Gelegenheit, eine eigene, örtlich begrenzte Quelle politischer Macht zu schaffen; er war daher abhängiger vom *kabaka*, und man konnte sich darauf verlassen, daß er für den König kämpfen würde, falls dieser von einem oder mehreren der Provinzgouverneure herausgefordert werden sollte.

Eine Ernennung zum Leibwächter des Königs wie die Mukasas wurde vom *kabaka* persönlich ausgesprochen. Der König mochte zwar nicht alles kontrollieren können, was außerhalb seiner Hauptstadt vorging; aber innerhalb der Stadt kam es zu keiner kleineren oder größeren politischen Entscheidung ohne Wissen und Zustimmung des *kabaka*. Mukasa wurde die besondere Ehre verliehen, ein doppelläufiges Gewehr zu tragen. Als Merkmal einer noch größeren Auszeichnung wurde ihm der Zugang zu etwas Schießpulver und ein paar Gewehrkugeln gewährt. Gewehre waren knapp, Schießpulver und Gewehrkugeln jedoch noch knapper. Viele trugen ihre Gewehre nur, um damit zu prahlen, da sie nicht über die Mittel verfügten, von ihnen Gebrauch zu machen. Obwohl es sich nicht gehörte, allzuviel Stolz an den Tag zu legen, begann Mukasa, anders zu schreiten, nachdem er *mutongole* geworden war.

Der Monarch schickte ständig Botschaften und Boten in alle Teile seines Reiches, wobei er meist königliche Befehle übermittelte. Manchmal mußte sich der Bote auch vergewissern, ob irgendein besonderer Befehl ausgeführt worden war. Dazu mußte der Bote oft Soldaten mitnehmen, um sicherzustellen, daß die Wünsche des Königs ausgeführt wurden. Für einen jungen Pagen oder demütigen *mutongole* ergab sich die erste Gelegenheit zur Beförderung oft, wenn man ihn für eine solche Aufgabe auswählte. Der König und die anderen Machthaber waren sich sehr wohl bewußt, ob der Auftrag gut ausgeführt worden war. Es war eine politisch mobile Gesellschaft: Erfolg erzeugte noch mehr Erfolg; ein Fehlschlag bedeutete meist das Ende der Karriere.

Wir wissen nicht, mit welchem besonderen Auftrag Mukasa das erste Mal losgeschickt wurde; aber da er der Held dieser Saga ist, sind wir nicht überrascht zu erfahren, daß er seine Aufgabe so gut erledigte, daß es dem König gefiel, ihn wieder hinauszuschicken, diesmal mit einer bewaffneten Streitmacht. Jetzt konnte Mukasa seine Führungsqualitäten voll unter Beweis stellen – und dies in einer Gesellschaft, die machttrunken war, so wie junge Leute betrunken werden, wenn sie zum erstenmal Wein kosten. Nachdem er das Kommando übernommen hatte, wurde Mukasas Rücken «fest und gerade wie der Stab seines Speers, und ein ungewöhnlich strenger Gesichtsausdruck hatte irgendwie das sanfte Lächeln ersetzt, das sein Antlitz bis dahin geziert hatte».[3] Die Wahrheit des Satzes ‹Ein Mann wächst mit seiner Aufgabe› ist von fortgeschrittenen komplexen Gesellschaften zu uns gekommen. Mukasa wußte, daß er bei einem solchen Auftrag zu einem Ersatzkönig wurde. Er bellte seine Befehle, bestrafte jede Verletzung der Disziplin schwer; seine Soldaten eilten zu ihm, wenn er sie rief, und riefen: «*Kabaka*, sieh uns an.»

Die Baganda hatten eine klare Vorstellung von den Grundsätzen, die einer stabilen Verwaltung zugrunde liegen, von denen einer der wichtigsten das Vorhandensein von genügend Ämtern auf allen Ebenen ist, damit diejenigen, die sich gut führten, auf eine frühe Beförderung hoffen durften. Die Effizienz eines solchen Systems erleidet schwere Rückschläge, wenn die, welche begierig sind, ‹ihren Weg zu machen›, keine Möglichkeit dazu sehen. In Buganda konnte man sich jedoch auf rasche Beförderungen verlassen.

Mukasas Sorgfalt wurde mit einem höheren Amt und größerer Verantwortung belohnt, als er die Position eines *kawuta* erlangte: des Aufsehers über die Köche und Lebensmittellieferanten im Palast des *kabaka*. Als Mutesa zwei hochgestellte Beamte für die ehrenvolle Aufgabe auswählte, die sterblichen Überreste seines Vaters Kabaka Suna umzubetten und zu einem neuen Begräbnis zu bringen, widerfuhr Mukasa die Ehre, ausgewählt zu werden.[4]

Mukasas Furchtlosigkeit und seine Befähigung zu einer militärischen Führungsaufgabe wurden periodisch auf die Probe gestellt, seitdem der *kabaka* ihn beauftragt hatte, verschiedene Beutezüge zu leiten. Raubzüge zu den Nachbarvölkern mit dem Ziel, Elfenbein, Rinder, Kinder und Frauen zu erbeuten, waren für die Wirtschaft Bugandas so wichtig, daß einige Beobachter sie zum bedeutendsten Wirtschaftszweig des Landes erklärt haben. Die Beute aus solchen Überfällen halfen dem *kabaka*, die Belohnungen zu gewähren, die er seinen wichtigsten Untergebenen schuldete. Beute schmierte die politische Maschinerie.

Diejenigen in unserer Gesellschaft, die große Vermögensunterschiede unter den Angehörigen derselben Gesellschaft für einen unvermeidlichen Bestandteil menschlicher Beziehungen halten, werden vielleicht beunruhigt sein zu entdecken, daß dies nicht immer so gewesen ist. In Gruppengesellschaften, der ersten Form einer menschlichen Gesellschaft, die uns bekannt ist, gab es praktisch keine Vermögensunterschiede. In primitiven Gesellschaften waren die Diskrepanzen größer, jedoch nicht von großer Bedeutung. Die in komplexen Gesellschaften entwickelte Macht und Vielfalt erlaubten zum erstenmal die Akkumulation von großem Reichtum. Das komplexe politische System bestimmte nicht, daß dieser Reichtum mehr oder weniger gleichmäßig zu verteilen sei, sondern daß einige Menschen erheblich wohlhabender sein sollten als die übrigen. Reichtum fiel denjenigen zu, die das politische System kontrollierten.

In Buganda wurde Reichtum am Grundbesitz und an der Zahl der Menschen gemessen, die jemand unter sich hatte, sowie durch den Besitz von Vieh und Sklaven. Sklaven holte man sich meist bei Beutezügen gegen benachbarte Stammesgesellschaften oder Häuptlingtümer, die keine Möglichkeit besaßen, gegen das mächtige Königreich Buganda zurückzuschlagen. Mukasa wurde schon bald zu einer wichtigen Person in diesem Beutesystem und führte solche Raubzüge an; der wohlwollende *kabaka* überhäufte ihn mit Ehren, Land, Sklaven und Vieh. Mukasa war bei Hofe offenkundig ein großer Mann geworden, und sein Ehrgeiz, eine der höchsten Positionen zu erreichen – die eines Provinzgouverneurs –, wurde schon bald befriedigt.

Jedes Amt in Buganda hatte einen Namen, der vom Amtsträger bei der Übernahme des Amts angenommen wurde. Als Mukasa zum Beispiel Gouverneur von Buddu wurde, der Provinz, in der sein Vater den gleichen Posten innegehabt hatte, kannte man ihn weder unter dem Namen Mukasa, Gouverneur von Buddu, noch als Gouverneur Mukasa, sondern er hieß jetzt *pokino*. In dem politischen System der USA etwa ist dieses Recht nur einigen wenigen vorbehalten: dem Präsidenten, dem Vizepräsidenten, dem Obersten Bundesrichter; anders als unsere Gouverneure, Bürgermeister, Senatoren brauchen nur sie keinen geographischen Zusatz, damit man sie identifizieren kann. In Buganda war die Welt jedoch noch jung, und jeder, der es geschafft hatte, hatte das Recht auf seinen eigenen individuellen Titel. Der *pokino* selbst verfügte über eine Hierarchie von fünfundzwanzig wichtigen Untergebenen, von denen jeder Beamte einen mit dem Amt verbundenen Titel führte.

Zu irgendeinem Zeitpunkt beleidigte der *pokino* Mutesa; wir wissen nichts von der Natur der Beleidigung, aber wenn ein Provinzgouverneur seinen Reichtum allzu offen zur Schau trug, wurde er vom König oft ausgeplündert. Wenn es um die Macht ging, schätzte der *kabaka* keine Rivalen, und der geraubte Reichtum würde sich in den Schatullen des Königs angenehm auswirken; tatsächlich hat etwa Heinrich VIII. gegenüber Kardinal Wolsey ähnlich gefühlt und gehandelt. Das Vergehen des *pokino* kann dieser Art gewesen sein, vielleicht ist es auch eine offene Rebellion gewesen: die Weigerung, dem *kabaka* den gewohnten Anteil an der Beute aus einem Raubzug zu geben, oder die Mißachtung eines Befehls.* Wie dem auch sei: Die Tage des amtierenden *pokino* waren gezählt, und Mutesa entschied, daß Mukasa der perfekte Nachfolger sei.

Als der *kabaka* ihn zu sich rief, fiel Mukasa zu Boden, um den Befehl des Königs entgegenzunehmen. «Nimm dir Männer und iß Land und Namen *pokinos* auf, denn der alte *pokino* hat mich vergessen.» Nachdem er das besondere «Ich danke dir» gerufen hatte, das die Baganda nach einer Belohnung durch den König sprachen, rieb Mukasa die Wangen im Staub, sprang dann aber auf, ergriff seinen Speer, hielt ihn in einer drohenden Position und rief aus: «Auf Befehl des *kabaka* werde ich *pokino* aufessen... Mukasa wird *pokino* werden. *Kabaka*, sieh mich an!»[5] Mit Hilfe einer bewaffneten Streitmacht riß der neue *pokino* Name, Ländereien und Autorität des alten *pokino* an sich. Das System funktionierte; obwohl der Amtsträger gewechselt hatte, blieben Amts- und Machtstruktur erhalten.

Mukasa hatte jetzt eine der stärksten Machtpositionen in der Gesellschaft von Buganda erreicht. Er herrschte in einem Distrikt, der fast zweitausendfünfhundert Quadratkilometer umfaßte, über einhunderttausend Menschen. Eine Hierarchie von fünfundzwanzig untergebenen Offizieren erkannte ihn als Herrn an. Die Zahl seiner weiblichen Sklaven ging in die Hunderte; er besaß Tausende junger Sklaven und Rinder. Er hielt hof, sprach Recht, gewährte Geschenke, zu seinem persönlichen Haushalt gehörten Hunderte von Menschen. Nur dem *kabaka* war er zur Ehrerbietung verpflichtet. Der König und der Premierminister des Königs waren die einzigen Menschen in der ganzen Welt, die mächtiger waren als er.

Diese Art politischer Macht hatte es nicht immer gegeben. Sie ist eine menschliche Erfindung – ebensosehr wie Pfeil und Bogen oder das Rad oder die Landwirtschaft oder die Wasserstoffbombe. Kein Zuñi, Kwakiutl oder Nuer hat je einen Mann zu solcher Macht erhoben. Wir wissen zwar,

---

* John Rowe meint, die Verleihung von Macht an Mukasa könne ein Ergebnis von Mutesas Wunsch gewesen sein, jüngere Gouverneure um sich zu haben, die er selbst ernannt hatte.

wann in der Geschichte der Entwicklung der menschlichen Gesellschaft (in fortgeschrittenen komplexen Gesellschaften) diese Idee und diese Realität der Macht erfunden wurde, aber wir wissen nicht *warum*. Anders als bei technischen Erfindungen, denen eine bestimmte Logik innezuwohnen scheint, erschließen sich uns die Gründe für die Erfindung sozialer Erscheinungen wie etwa des Königtums oder einer umfassenden politischen Hierarchie nicht so leicht. Es wäre äußerst wertvoll zu wissen, was Menschen dazu treibt, politisch auf eine neue Art miteinander umzugehen. Eine der Prämissen dieses Buches besteht darin, daß die Rückschau auf die Zeit, in der diese neuen Erscheinungen entstanden sind, vielleicht die Antwort liefern kann.

Wenn man in Begriffen kultureller Zeit denkt statt in Begriffen der tatsächlichen historischen Zeit, ist der politische Boß von Chicago, der Gouverneure und Kongreßabgeordnete machen und vernichten kann, der Macht an sich zieht und dann verteilt, unserem Helden Mukasa ähnlicher als dieser einem Sippenältesten in einer Stammesgesellschaft wie den Nuern. Diese Unterscheidung ist ein Maßstab der von den komplexen Gesellschaften bewirkten Revolution.

Alle Erfindungen rosten, wenn sie nicht genutzt werden. Es genügte Mukasa nicht, in der Hauptstadt des *pokino* zu sitzen und all seine Macht zu spüren. Es genügte auch Mutesa nicht, selbstzufrieden dazusitzen und sich darüber zu freuen, was für einen starken, effizienten und couragierten Untergebenen er hatte. Macht muß ausgeübt werden, um Macht zu sein. Wie die Sexualität in der Vorstellung Freuds braucht auch die Macht ein *Objekt*, auf das sie sich richten kann.

Das Land Usongora lag westlich von Buganda. Es besaß reiche Viehbestände, wurde aber nicht von einem König beherrscht, und so war es bestens geeignet, Mukasa zu einem Beutezug hinzuschicken, und so lautete auch der Befehl. *Pokinos* eigene Truppen wurden durch Krieger aus anderen Provinzen verstärkt, obwohl die Gouverneure dieser Provinzen nicht an der Expedition teilnahmen. Eine so große Streitmacht war nötig, weil die Route nach Usongora recht nahe am Territorium Bunyoros lag. Die Banyoro, die Hauptrivalen der Baganda um die politische Vorherrschaft im Gebiet des Victoriasees, unternahmen selbst auch solche Beutezüge. Bei der Rückkehr der Baganda aus Usongora bestand also durchaus die Möglichkeit, daß die Banyoro sich entschließen könnten, die Räuber zu berauben.

Pokino Mukasa war im Vollbesitz seiner Kraft und für jede Aufgabe geeignet. Usongora wurde ausgeplündert; die Heimreise provozierte einen Hinterhalt der Banyoro, die vollständig aufgerieben wurden.

Kein Cäsar oder Pompejus kann größeren Stolz und ein größeres Selbstbewußtsein empfunden haben als Pokino Mukasa an dem Tag, an dem sein Triumph gefeiert wurde. Der *kabaka* setzte den Zeitpunkt fest und empfing *pokino* und dessen Krieger in vollem Ornat, hinter sich sein

Harem mit dreihundert Frauen, seine Gouverneure und andere Untergebene, die je nach Rangordnung rechts und links von ihm saßen; seine Musketiere hielten Wache, seine Trommler und Musiker erfüllten die Luft mit ihrer Vorstellung vom Sieg.

Pokino trat vor und warf sich dem *kabaka* zu Füßen. Mit seinen dichtgedrängt stehenden Kriegern hinter sich erzählte er die Geschichte seiner Abenteuer in Usongora. Wir dürfen davon ausgehen, daß die dabei überstandenen Gefahren sowie das Geschick, mit dem sie gemeistert worden waren, im Verlauf des Berichts leicht übertrieben wurden; aber Glorifizierung war letztlich der Grund dafür, daß sie alle hier waren.

Große Gefäße mit *pombé* (einem aus Bananen hergestellten alkoholischen Getränk) standen vor dem König. «Trink, wenn du wagst», sagte der *kabaka*, nachdem er *pokinos* Bericht gehört hat. *Pokino* erhebt sich, tritt zu den Gefäßen vor, taucht eine Kelle in eins von ihnen, füllt sie, hebt die Kelle hoch, wendet sich seinen Kriegern zu und ruft, so laut er kann: «Bin ich würdig oder nicht?» – «Du bist würdig!» rufen sie zurück. Er fragt von neuem; wieder die gleiche Antwort. Er trinkt das *pombé*, läßt sich wieder zu Boden fallen, um dem Herrscher zu danken, und zieht sich aus dem Vordergrund zurück, damit die anderen die gleiche Prozedur durchlaufen können. Die meisten werden für würdig befunden und mit ihrem Anteil an der Beute belohnt. Einige werden wegen ihres fehlenden Muts getadelt, erhalten nicht die Zustimmung der Truppen, dürfen nicht trinken und werden zur Hinrichtung geführt.[6]

Mutesa war durch *pokinos* Erfolg so gerührt, daß er ihm eine königliche Trommel verehrte, eine *serukoma*. In Buganda hatten wichtige Trommeln ebenso wie wichtige Leute besondere Namen. Diese Trommel hatte Mutesa von seiner Mutter erhalten. Die Königin-Mutter war in Buganda eine Person mit politischer Macht, und zu der Trommel gehörte ein Landgut, dem ein *mutongole* mit mehreren Untergebenen vorstand. Trommel, Landgut, *mutongole* und das dazugehörige Personal wurden Mukasa mit dieser einen Geste des *kabaka* übergeben.[7]

Mukasas großer Erfolg entsprang seiner Fähigkeit, die in Buganda geltenden Normen und Regeln zu beherrschen. Täuschung und Grausamkeit standen da nicht an letzter Stelle. Nach dem Tode des Königs von Ankole, das an die Provinz Buddu angrenzte, brach zwischen zwei Thronanwärtern, Mukwenda und Makumbi, ein Erbfolgekrieg aus. Mukwenda folgte einer Praxis, die viele Staaten ihre Freiheit gekostet hat, und bat um die Hilfe des benachbarten Buganda. Mutesa hatte nicht den Wunsch, Ankole zu annektieren, würde sich dessen König aber gern verpflichtet sehen und befahl *pokino* daher, alles Nötige zu tun, um den Sieg Mukwendas zu sichern.

Pokino zog mit seinen Truppen zur Grenze und ließ Makumbi die Meldung zukommen, seine wahre Absicht sei, ihm Hilfe zu bringen. *Pokino* informierte Makumbi; zum Beweis dafür wolle er ihm Blutsbrüderschaft geloben – was ein höchst feierlicher Akt war. *Pokino* war so überzeugend, daß Makumbi mit seinen führenden Offizieren in das bugandische Feldlager kam, um den Vertrag zu besiegeln. *Pokino* nahm sie alle gefangen, ließ siebzig hohe Würdenträger hinrichten, darunter zwanzig Angehörige der königlichen Familie [8], und informierte Mutesa und Mukwenda gelassen, die Mission sei ausgeführt. Es ist kein Wunder, daß ein Mann, der das Wertsystem einer isländischen Saga so perfekt beherrschte, seiner Frau den abgetrennten Kopf ihres Liebhabers hatte überbringen lassen.

Anpassungsfähigkeit war eine andere wichtige Tugend in Buganda, und als Mutesa Mitte der 1860er Jahre zum Islam konvertierte, tat es ihm Mukasa schnell nach und wurde zu einem der ersten moslemischen ‹Vorleser›. Wer in Buganda zu einer anderen Religion übertrat, mußte auch lesen lernen; denn diese beiden Tugenden waren untrennbar miteinander verbunden, weil der Betreffende sowohl Lesen wie Religion lehrte. Indem er Mutesa auf seinem Weg in Richtung ‹Modernisierung› folgte, hatte Mukasa noch den zusätzlichen Vorteil, daß er genauso alt war wie der König und zudem dessen Zukunftsperspektiven teilte. Viele der älteren Gouverneure verabscheuten das Interesse des *kabaka* für nicht-traditionelle Ideen. Mukasa war einer dieser hellen jungen Männer, die, wenn ihre Zeit gekommen ist, alte Männer nicht nur der Macht wegen beiseite schieben, sondern auch, weil sie vage, aber dennoch sehr real irgendwelchen Ideen verpflichtet sind.[9]

Jetzt mußte Pokino Mukasa, der Favorit des *kabaka*, auf der politischen Pyramide nur noch eine Stufe erklimmen: das Amt des *katikiro* oder ‹Premierministers›, wie die Engländer es übersetzt haben. Die Ähnlichkeit mit dem englischen Amt ist jedoch gering, da es in Buganda keine politischen Parteien gab. Der *katikiro* war in Wahrheit der erste Minister des Königs und daher eher so etwas wie der Wesir eines Sultans als das Pendant eines englischen Premiers.

Die Art von Macht, die zu einem großen, zentralisierten Staat gehört, birgt eine Gefahr in sich: Sie übt auf viele eine enorme Anziehungskraft aus. Da sie aus natürlichen Gründen begrenzt ist, kann der Kampf um die Macht (zu einem Teil der Grund dafür, daß es überhaupt Macht gibt) die Stabilität des Staates und letztlich den Staat selbst zerstören. Kein König herrscht über eine Million Menschen, ohne daß ihm starke Gouverneure und Untergebene zur Seite stehen. Was soll diese Anführer davon abhalten, dem König sein Recht auf Herrschaft streitig zu machen? Keine Gesellschaft der Menschheitsgeschichte hat je eine dauerhafte Lösung dieses Problems gefunden. In fortgeschrittenen komplexen Gesellschaften hat man im Amt des Premierministers eines Königs eine Teillösung gefunden. Es wurde immer von einem Mann ausgeübt, der *nicht* königlichen Geblüts war, der den Thron nicht erben konnte. In der Geschichte Bugandas wurden zwar viele Könige mit Gewalt gestürzt, aber kein *katikiro* ist je König geworden. Das Amt des *katikiro* hatte einen gewaltigen stabilisierenden Einfluß auf das politische Leben in Buganda, vor allem in der kritischen Zeit, die dem Tod des *kabaka* folgte. Der amtierende *katikiro* spielte bei der Auswahl und Legitimierung des neuen *kabaka* eine entscheidende Rolle.

Der ehrgeizige Mukasa mußte die zwei üblichen Hürden nehmen: Das Amt mußte vakant werden, und der *pokino* mußte seine Rivalen aus dem Feld schlagen, da er in der politischen Hierarchie nicht der einzige grausame, zu jeder Täuschung bereite, anpassungsfähige und intelligente junge Mann war. Als Mukasa vom *kawuta* zum *pokino* befördert worden war, erhielt ein cleverer junger Mann namens Ntwatwa das Amt, das Mukasa soeben freigemacht hatte. Ntwatwa war ebenfalls ein hervorragender moslemischer Vorleser, ein Mann von großem Talent, den der *kabaka* sehr schätzte.

Und dann war da noch Tebukoza, ein brillanter Vorleser, einer der besten arabischen Gelehrten bei Hofe. Er hatte die Aufmerksamkeit der Hauptstadt zunächst als berühmter Ringer auf sich gezogen. Um die Bedeutung des Ringens in fortgeschrittenen komplexen Gesellschaften zu verstehen, müssen wir uns an die *Odyssee* und die hohe Wertschätzung erinnern, die das Ringen und andere Sportarten in dem dort dargestellten aristokratischen Leben besaßen, und außer Betracht lassen, wie unsere heutige Zeit Berufsringer einschätzt. Eine der auffallendsten Ähnlichkeiten zwischen dem alten Buganda, Hawaii und Tahiti besteht darin, daß das Ringen und Ringer in allen drei Kulturen in hohem Ansehen standen.

Zur Belohnung für sein Lesen und Ringen vertraute der *kabaka* Tebukoza ein hohes Amt an und schickte ihn auf einen Raubzug, der sehr erfolgreich wurde, setzte ihn dann in delikaten diplomatischen Missionen ein, die sich auch gegen die ägyptische Armee richteten, die damals am Nil entlang nach Süden zog und Buganda zu überrennen drohte.[10]

Trotz all dem ist Mukasa der Held dieser Geschichte, und ihm gehörte der Preis. Seine Geduld wurde auch nicht auf eine ernsthafte Probe gestellt. Vier oder fünf Jahre, nachdem Mukasa *pokino* geworden war, konnte der amtierende *katikiro* der Versuchung nicht widerstehen, den *kabaka* herauszufordern und für sich zu behalten, was ein Vorrecht des Königs war: Aus der Beute eines Raubzugs suchte sich der Premierminister einige der schönsten Sklavinnen aus, bevor der *kabaka* seine Wahl getroffen hatte. In der Hauptstadt gab es immer Leute, die dem *kabaka* so etwas hinterbrachten; politische Intrigen und üble Nachrede, ob wahr oder nicht, waren Hauptbeschäftigungen der Menschen. Der *katikiro* wurde aus dem Amt gejagt. Mukasa wurde jetzt diese höchste Machtposition angeboten. Man schrieb das Jahr 1874.[11]

3

Leben und Zeit von Premierminister Mukasa, Teil II

Als er das Amt des *katikiro* übernahm, wurde Mukasa vom *kabaka* wieder mit Ehren überschüttet. Der König schickte Hunderte von Sklaven zum Wohnbezirk Mukasas, die ihm dienen sollten; vier enge Verwandte Mutesas wurden dem *katikiro* als Ehefrauen gegeben und dazu noch eine der Töchter des Königs versprochen. Mukasa wurde sogar erlaubt, Gouverneur von Buddu zu bleiben. Man nannte ihn *kalyabugatte*, «Er, der eine Verbindung von Ämtern gegessen hat».[1]

Es war für den König riskant, jemanden so hoch aufsteigen zu lassen, aber Mutesa war ein ausgekochter Politiker und beherrschte das *kabaka*-Spiel des Ausspielens mehrerer politischer Fraktionen gegeneinander perfekt. Damit verhinderte er, daß eine Fraktion so stark wurde, daß sie die Herrschaft des Königs in Frage stellen konnte. Es spricht für die Stabilität des politischen Systems in Buganda und die Sicherheit Mutesas in seinem Amt sowie für sein Urteilsvermögen, daß er einen *katikiro* so weit erheben konnte und dabei nicht fürchten mußte, daß sich die ungewöhnliche Macht des Premierministers gegen ihn richtete. Mutesas Urteil traf zu; Mukasa hat ihn nie betrogen.

Unter normalen Umständen hätte sich ein fähiger *katikiro* auf Jahre eines angenehmen und wenig arbeitsreichen Umgangs mit der Macht gefreut, aber die Zeiten waren alles andere als normal. Buganda stand vor radikalen Veränderungen, wie sie kaum ein anderer Staat in so kurzer Zeit hat verarbeiten müssen. Kräfte von außen waren dabei, Buganda zu revolutionieren. Arnold Toynbee erklärt einen großen Teil der Weltgeschichte durch die Anwendung des Konzepts von ‹Herausforderung und Reaktion›. Im Fall Bugandas ist es tatsächlich hilfreich, über die vielschichtige und zustimmende Reaktion auf den Kontakt mit dem Islam und dem Christentum nachzudenken, die diese Gesellschaft gezeigt hat. Der Zusammenbruch des Sippensystems, die Errichtung des Staates, die Erschaffung neuer Formen in Gesellschaft und Kultur – all dies vermittelte den Baganda eine positive Einstellung zur *Veränderung*: Was die haben und wir nicht, ist vielleicht besser als das, was wir haben. Und das betraf nicht nur Gewehre, obwohl das Land sie bitter nötig hatte. Ein zufriedenstellenderes geistiges Leben, ein etwas aufregenderes intellektuelles Dasein sowie eine große Zahl materieller Dinge wurden den Baganda von den Abgesandten der größeren Außenwelt versprochen. Die Baganda wollten alles.

In einer solchen Zeit Premierminister zu bleiben war keine leichte Aufgabe. Mutesa war unglaublich neugierig und hatte einen großen Appetit auf Veränderungen. Sein Vater, König Suna, hatte in der Nähe des königlichen Palasts einen Zoo unterhalten, in dem jedes ungewöhnliche Tier aufgenommen wurde, das man im Königreich gefangen hatte. Wenn man Speke oder Stanley liest, stellt man unwillkürlich fest, daß Mutesa ihnen die gleiche Neugier entgegenbrachte wie sie ihm. Mutesa hatte keine Angst davor, etwas Neues zu probieren.

Mutesas Flirt mit dem Islam dauerte schon fast zehn Jahre, als Stanley 1875 in Buganda eintraf. Mutesa und Stanley mochten sich auf Anhieb; beide waren energisch, neugierig, autoritär, couragiert. Als Stanley den Islam zu attackieren und die Tugenden des Christentums zu loben begann, ließ Mutesa sich erweichen und meinte, vielleicht sollten die Baganda den christlichen Glauben annehmen. Mukasa hielt es für richtig, Einwände zu erheben: Er schlug vor, man solle die Häuptlinge selbst entscheiden lassen, statt einfach den Islam aufzugeben. Wir wissen nicht, was den *katikiro* veranlaßt hatte, so zu sprechen. Vielleicht hatte er Angst, die arabischen Händler aus Sansibar zu beleidigen, die für das Land so wichtig waren; vielleicht fühlte er sich aber auch dem Geist des Islam aufrichtig verbunden. Es könnte aber auch sein, daß er Stanley die Aufmerksamkeit und Geneigtheit Mutesas neidete. Vermutlich haben alle drei Motive eine Rolle gespielt. Wie dem auch sei: Er schwamm gegen den Strom, und als mehrere wichtige Führer ihre Bereitschaft verkündeten, Mutesa zu folgen, den Islam aufzugeben und Christen zu werden, spürte Mukasa, daß es Zeit zum Rückzug war, und verkündete, auch er sei dieser Überzeugung. Die Begeisterung des *kabaka* für das Christentum schwand jedoch mit Stanleys Abreise dahin, und bis auf weiteres blieb der Einfluß des Islam bei Hof erhalten. [2]

Wie es unter solchen Umständen immer geschieht, brachte die wechselseitige Beziehung mit der Außenwelt nicht nur Vorteile. So brachte der Kontakt mit ‹fortgeschrittenen› Kulturen unter anderem auch den Tripper ins Land. Mutesa litt jahrelang an der Krankheit, und 1876 hatte er einen schweren Anfall, der ihn für die letzten acht Jahre seines Lebens ans Bett fesselte. Diese Schwäche machte ihn äußerst anfällig für Verschwörungen gegen den Thron durch rivalisierende Fraktionen. Premierminister Mukasa füllte dieses Vakuum aus – er handelte im Namen des Königs, ersetzte ihn aber nicht – und erhielt so Mutesas Macht, sein eigenes Amt sowie die Stabilität des Staates. Mutesa zeigte dem *katikiro* nicht nur seine Dankbarkeit, sondern auch, daß er ihn brauchte, als er 1881 mit ihm Blutsbrüderschaft schloß. [3]

Obwohl dieses Arrangement die Funktionsfähigkeit der Regierung bis zu Mutesas Tod 1884 bewahrte, war die zentralisierte Struktur jedoch durch die Krankheit des *kabaka* geschwächt. Der Staat Buganda existierte nur als Folge der Monarchie. Sollte der König etwa dekretieren, daß kein Provinzgouverneur mit den Arabern aus Sansibar Handel treiben dürfe, weil dies das alleinige Privileg des Königs sei, gab es keinen Staatsanwalt und kein Justizministerium, um die Durchsetzung eines solchen Erlasses zu erwirken. Öffentliche Bekanntmachung und Durchsetzung solcher Befehle war die persönliche Aufgabe des *kabaka*. Und Furcht vor dem *kabaka* war ein wichtiger Bestandteil der Durchsetzung von Dekreten und der Aufrechterhaltung des zentralisierten Staates. Diese Furcht war aber nicht nur die rationale Furcht, die dem Recht des Königs entsprang, Eigentum und Leben eines Untertanen zu nehmen, sondern gleichrangig daneben eine irrationale Furcht, das Gefühl, daß es psychologisch gefährlich sei, das zu tun, was der *kabaka* verboten hatte. Wie stark ein *katikiro* auch sein mochte, wieviel wirkliche Macht er auch besaß, anderen das Leben zu nehmen, niemand fürchtete ihn so sehr wie er selbst den *kabaka*. Die Provinzgouverneure, die von Mutesas Krankheit wußten, machten auch weiterhin mit den Händlern aus Sansibar Geschäfte und trotzten so dem Edikt des Königs. *Katikiro* Mukasa handelte genauso.[4]

Etwa ein Jahr nach dem Ausbruch von Mutesas kritischer Krankheit, Ende 1877, kamen die ersten englischen Missionare in Buganda an, ein direktes Ergebnis von Stanleys Besuch. Diese wenigen und englische Protestanten wie französische Katholiken, die später folgten, nahmen einen dramatischen Einfluß auf die Gesellschaft. Das persönliche Verhalten der einzelnen Missionare beeinflußte das politische System Bugandas außerordentlich. Premierminister Mukasa hatte nicht nur mit den einander widerstreitenden Kräften der traditionellen Politik zu tun, sondern auch mit diesem neuen Phänomen. Unter den ersten englischen Missionaren war Alexander Mackay der intelligenteste, einfallsreichste, mutigste, jähzornigste und schwierigste. Er gewann Mutesas Zuneigung, nicht zuletzt, weil er ein geschickter Mechaniker war und einen großen Teil seiner Zeit damit zubrachte, defekte Gewehre zu reparieren. Mackays Geist war jedoch genauso rastlos tätig wie seine Hände. Er hatte die Vorstellung, daß man Mutesa zum Christentum bekehren und dieser dann ein ‹christlicher Bismarck› werden solle, der die gesamte Region um den Victoriasee herum zu einem einzigen mächtigen, göttlichen Staat vereinigt. Als ersten Schritt dazu überzeugte Mackay den *kabaka*, er solle zunächst Ukererere erobern, ein Königreich am Südufer des Victoriasees. Mackay erbot sich, die Expedition zu begleiten, um deren Erfolgschancen zu erhöhen.

Katikiro Mukasa, der als Außenminister keine Konkurrenz wünschte, ärgerte sich über Mackays Einmischung in Fragen der Macht. Er nahm sich vor, diesen religiösen Rivalen im Auge zu behalten, und bot ihm persönlich an, die Expedition zu befehligen. Mackay entschloß sich jedoch, nicht den Militärgeistlichen zu spielen, und Mukasa, der keinen Grund mehr hatte, zu diesem Krieg aufzubrechen, gab das Kommando an den ursprünglich vorgesehenen General zurück.[5] Niemand wußte besser als der *katikiro*, wie die bugandische Spielart der Realpolitik zu betreiben war. Später würde der Premierminister zwar den revolutionären Kräften der Gesellschaft weichen müssen, aber erst dann, wenn es schon gar nicht mehr auf die Fähigkeit ankam, diese traditionelle Art politischen Wettbewerbs zu bestehen.

1879 sah sich Buganda an einem kritischen Wendepunkt. Es war nicht mehr möglich, die Dinge so zu bewahren, wie sie gewesen waren; radikale Veränderungen waren unvermeidlich. Es hat den Anschein, daß Mutesa dies verstand, obwohl er zu alt, zu krank oder zu verwirrt war, um selbst eine klare Entscheidung zu treffen. Mutesa boten sich vier grundlegende Alternativen: am Islam festzuhalten, Christ zu werden, die überlieferte Religion mit ihren Göttern, Priestern und Riten zu bewahren oder jeden selbst entscheiden zu lassen. Mutesa änderte mehrmals seinen Kurs und starb, ohne eine klare, bleibende Entscheidung gefällt zu haben. Wie immer in solchen Situationen sind die Gründe dafür, daß ein bestimmter Machthaber eine bestimmte Position einnimmt, vielschichtiger Natur. Dabei kann alles mögliche zugrunde liegen, angefangen bei hehren Prinzipien bis zu zynischem Eigeninteresse. Mukasa war eine Art Mensch, die es nie nötig gehabt hatte, seine unmittelbaren Interessen zugunsten hoher Prinzipien aufzugeben. Er war entschlossen, sich nicht allzuweit von der Meinung Mutesas zu entfernen, egal wie viele Richtungsänderungen das mit sich bringen würde. Sein einziger grundlegender, klar umgrenzter Ehrgeiz bestand darin, Mutesas *katikiro* zu bleiben, und um das zu erreichen, war er entschlossen, alles Nötige zu tun.

Die konservativen Kräfte – die sich für den Erhalt der traditionellen Religion einsetzten – scharten sich um die Königin-Mutter. Zu dieser Gruppe gehörten Menschen von ernsthaftem Glauben, die das Gefühl hatten, die neuen Religionen seien für die Gesellschaft wie für sie selbst schlecht, aber auch politische Opportunisten, die gegenwärtig ‹out› waren und um jeden Preis wieder ‹in› sein wollten. Für sie alle war Katikiro Mukasa das Hauptangriffsziel, weil er Mutesa bei dessen religiösen Experimenten unterstützt hatte und weil seine Beseitigung all jenen, die momentan kein Amt innehatten, viele politische Möglichkeiten eröffnen würde. Im Jahre 1879 überzeugte diese konservative Fraktion Mutesa, daß es notwendig sei, einen führenden Gott, den See-Gott Mukasa, anzurufen, der ihn von seiner akuten Krankheit heilen werde. Die Priester des Gottes, die für ihre Gottheit sprachen, wurden von den Konservativen angewiesen, Mutesa die Botschaft zu überbringen, daß er nur geheilt werde, wenn Katikiro Mukasa und andere aus ihren Ämtern entfernt würden.

Diese Proklamation erfolgte jedoch nie. Wir wissen nicht, ob der Premierminister die Priester erreichte, bevor sie sprechen konnten, oder ob sich die Priester unabhängig davon einig geworden waren, daß es keinen Sinn hatte, die Feindschaft des *katikiro* auf sich zu ziehen. Der fragliche Gott verlangte die Wiederherstellung einiger traditioneller politischer Arrangements, an denen sich Mutesa versündigt hatte; Mutesa fügte sich – wurde aber nicht geheilt. An diesem Punkt endete die kurze Blütezeit der Konservativen, und Mutesa, Mukasa und die Gesellschaft insgesamt kehrten zu ihrem früheren Zustand der beständigen Unentschlossenheit zurück.[6]

In Mutesas letztem Lebensjahr tauschte Katikiro Mukasa sein Gouverneursamt über die Provinz Buddu, die weit von der Hauptstadt entfernt lag, gegen das über die nahegelegene Provinz Kyaggwe aus, weil er in der Nähe des offensichtlich sterbenden *kabaka* bleiben wollte. Im Oktober 1884 befand sich der *katikiro* auf einer Inspektionsreise durch seine neue Provinz, als ihm Geheimboten die Nachricht vom Tod des Königs überbrachten. Er kehrte durch den herbstlichen Regen in die Hauptstadt zurück, nicht wissend, wie das Volk auf das Ableben des Königs reagieren würde. Als er zu dem königlichen Wohnbezirk eilte und sich nicht einmal die Zeit nahm, seine beschmutzte Kleidung zu wechseln, fand er alle ruhig. Die Menschen befanden sich eher im Schockzustand als in einem Zustand der Hysterie.

Zwei Tage später hatten der *katikiro* und seine Partei den achtzehnjährigen Sohn Mutesas, Mwanga, zum neuen *kabaka* ausersehen. Dessen Thronfolge wurde nicht ernsthaft in Frage gestellt; es kam nicht zur Anarchie. Mukasa blieb natürlich *katikiro*.[7] Das politische System Bugandas hatte damit nach dem Tod eines seiner größten und am längsten regierenden Monarchen seine Stärke bewiesen. Zu dieser Zeit hätten nur sehr wenige voraussagen können, daß Kabaka Mwanga nach nur vier Jahren von den Anhängern Christi und Allahs aus Buganda vertrieben wird.

Von 1884 bis 1888, von der Thronbesteigung Mwangas bis zu seinem ersten Exil, beschleunigte sich das Tempo der Ereignisse in Buganda erheblich. Während die traditionelle bugandische Politik vier grundlegende Machtquellen besessen hatte – den König, die Provinzgouverneure, den Premierminister und die Clans –, fügte die neue Situation fünf weitere Machtgrundlagen hinzu: die zum Islam konvertierten Baganda, die bugandischen Christen, die arabischen Händler aus Sansibar sowie die protestantischen Missionare aus England und die katholischen Missionare aus Frankreich. Die uns vorliegenden Quellen enthüllen nicht, wie Mukasa zu diesen traditionellen und modernen Machtstrukturen stand. Wir wissen nichts über seine Motive und auch nichts darüber, was für eine Art Buganda er sich wünschte, falls er die Macht besessen hätte, nach eigenem Gutdünken zu entscheiden. Von dem, was auf der Hand liegt, abgesehen – daß er an der Macht zu bleiben wünschte und zu jedem Mittel greifen würde, um das zu gewährleisten –, kennen wir nur das, was Mukasa tat, und wissen nichts von der Mehrdeutigkeit seiner Absichten, die alle politisch tätigen Menschen treibt.

Kabaka Mwanga war ein unattraktiver Mensch: egozentrisch, ohne Führungsqualitäten, launisch, narzißtisch. Er war entschieden nicht der Mann, in einer kritischen Zeit eine Nation zu führen. Innerhalb von drei Monaten nach seiner Thronbesteigung hatte er sich so hoffnungslos mit dem *katikiro* überworfen, daß Mukasa sich mit anderen hochgestellten Politikern zu einer Verschwörung zusammentat. Die Männer wollten Mwanga umbringen und durch seinen Bruder Kalema ersetzen. Der Anschlag wurde auf Ende Februar 1885 festgesetzt, als Mwanga die Feierlichkeiten zur Fertigstellung des neuerrichteten Grabmals seines Vaters Mutesa besuchen wollte.

Die Verschwörung wurde von Joseph Mukasa aufgedeckt, einem führenden katholischen Konvertiten, der die Information an die Königin-Mutter weitergab. Mwanga hielt sich den Feierlichkeiten fern und stellte den Premierminister drei Tage später zur Rede. Der *katikiro* beteuerte seine Loyalität, weinte wie ein Kind und überzeugte den leicht zu beeindruckenden Mwanga, daß er mit der Verschwörung nichts zu tun habe. Mwanga überließ es Mukasa, die Verschwörer zu bestrafen. Der Premierminister ging nachsichtig mit seinen ehemaligen Mitverschwörern um: Niemand wurde hingerichtet, auch wenn er siebzehn Leute aus ihren Ämtern entfernen ließ.

Mwanga belohnte diejenigen, deren Loyalität ihn gerettet hatte, indem er mehrere Katholiken und Protestanten in Vertrauensstellungen erhob. Er gab auch zu verstehen, daß Joseph Mukasa und Andrew Kaggwa, zwei katholische Konvertiten, eines Tages die Ämter des *katikiro* und des Oberkommandierenden der Armee erhalten würden.[8] Mwanga hätte wissen müssen, daß Katikiro Mukasa nicht der Mensch war, dem man mit etwas drohte, was eines Tages passieren könne. Weder Joseph Mukasa noch Andrew Kaggwa überlebten die große Christenverfolgung des Jahres 1886, vor allem deshalb nicht, weil Premierminister Mukasa fortan ein großes Interesse an ihrer Zukunft zeigte.

Angesichts der Möglichkeit des Übertritts zu einer modernen Religion taten weder Mutesa noch Mwanga das, was andere Könige unter ähnlichen Umständen getan haben: nämlich die Religion anzunehmen, ihren Untertanen die Bekehrung aufzuzwingen und die neue Religion als ein Mittel zur Stärkung der Monarchie und des Nationalgefühls zu benutzen. Chlodwig, der Frankenkönig des späten 5. Jahrhunderts, mehrere angelsächsische Könige im England des 7. und 8. Jahrhunderts sowie Pomare II., der erste Monarch eines vereinten Tahiti, hatten alle auf diese Weise reagiert. Mutesa und Mwanga blieben vermutlich zum Teil unentschlossen, weil sie unter drei Religionen wählen konnten: dem Islam, dem Katholizismus und dem Protestantismus. Ohne Zweifel gab es auch andere

Überlegungen, aber darüber können wir nur spekulieren, weil keiner der beiden *kabakas* Gründe für sein Handeln genannt hat. Alle drei Religionen verlangten bestimmte Opfer, welche die Könige nur ungern auf sich genommen hätten: Der Islam verlangte die Beschneidung, und das Christentum bestimmte, daß man nur eine Ehefrau haben dürfe. Mutesa sagte einmal zu Mackay, daß er alle seine Frauen verstoßen würde, wenn Königin Victoria ihm eine ihrer Töchter zur Frau geben würde. Bei Mwanga spielte eine besonders wichtige Rolle, daß das Christentum gegenüber homosexuellen Praktiken eine streng ablehnende Haltung einnahm.

Trotz der Untätigkeit der Herrscher gingen die Übertritte zu allen drei Religionen, vor allem der jungen Männer am Hof, in den früheren 1880er Jahren in schnellem Tempo weiter. Die *kabakas* konnten nicht ignorieren, was da vor sich ging, obwohl sie sich weigerten, die Entwicklung durch Annahme einer der Religionen zu steuern. Das Ergebnis war eine akute Verwirrung, vor allem auf seiten Mwangas, gegenüber den Konvertiten und deren Glauben. 1885, im selben Jahr, in dem Mwanga die Katholiken Joseph Mukasa und Andrew Kaggwa lobte, wurden die ersten protestantischen Märtyrer auf Befehl des *kabaka* und auf den Rat von Katikiro Mukasa hingerichtet.

Diese Hinrichtungen waren der Endpunkt einer Reihe von Ereignissen. Begonnen hatte es damit, daß der englische Missionar Mackay, für den der *katikiro* keine Liebe hegte, sich entschloß, die Missionsstation am Südufer des Victoriasees in seinem Boot zu besuchen. Niemand konnte Buganda ohne Zustimmung des *kabaka* betreten oder verlassen, und Mackay suchte offiziell um die Erlaubnis nach. Mwanga, der erst seit wenigen Monaten auf dem Thron war, erteilte sie, und zum Schutz Mackays bot er an, den Missionar von einem seiner Abgesandten begleiten zu lassen. Der hitzköpfige Mackay weigerte sich, weil er irrtümlich annahm, der *kabaka* wolle ihn überwachen lassen. Mwanga widerrief die Erlaubnis nicht, informierte jedoch seinen Premierminister von Mackays Weigerung. Mukasa machte sich Mwangas verletzte Eitelkeit zunutze und überredete ihn, ein Dekret zu erlassen, demzufolge alle Baganda im Dienst von Ausländern verhaftet werden sollten. Er hielt dies für die beste Möglichkeit, Mackays Arroganz beizukommen.

Mackay und ein zweiter Missionar, Robert Ashe, die den neuen Erlaß vergessen hatten, machten sich mit fünf Baganda-Jungen auf den Weg zum Seeufer. Die Gruppe wurde von Soldaten abgefangen und in die Hauptstadt zurückgebracht, wo den Missionaren nach einer stürmischen Sitzung beim *katikiro* erlaubt wurde, zu ihrer Missionsstation zurückzukehren. Die fünf Jungen jedoch wurden unter dem Vorwurf festgenommen, sie hätten das Land verlassen wollen. In jener Nacht wurde noch ein weiterer Missionsjunge festgenommen, ebenso eine Frau namens Sarah Nalwanga, der man vorwarf, sie habe einige der königlichen Prinzessinnen das Christentum gelehrt – was noch nie für strafbar erklärt worden war. Am nächsten Tag ließen die Missionare Mwanga einen Ballen Stoff überbringen, womit sie die Entlassung des in der Nacht festgenommenen Jungen erreichten. Alle anderen wurden zu dem Hinrichtungsplatz Mpima-erebera gebracht. Hier ließ man die beiden jüngsten Knaben frei, und Sarah Nalwanga kehrte ins Gefängnis zurück; aber die drei übrigen wurden nach den üblichen Foltern getötet.

Wie sehr Mukasa auch die Beseitigung allen christlichen Einflusses in Buganda gewünscht haben mag – viele seiner Handlungen deuten darauf hin –, so erkannte er doch an, daß das Christentum eine wachsende Macht war, und er war nicht der Mensch, der seine Zukunftschancen nicht einzuschätzen verstand. Nach der Hinrichtung der protestantischen Märtyrer kehrten die französischen katholischen Missionare, die das Land vor ein paar Jahren verlassen hatten, nach Buganda zurück. Pater Lourdel schrieb an das Oberhaupt seines Ordens:

> Einige Häuptlinge stehen uns feindselig gegenüber, vor allem der Kanzler (*katikiro*). Vor unserer Rückkehr hatte er den Tod der weißen Männer verlangt oder zumindest derjenigen, die ihren Anweisungen folgten. Drei Männer, welche die englische Missionsstation oft besucht hatten, wurden auf seinen Befehl hin ergriffen und lebendig verbrannt. Unsere Rückkehr hat seinen Zorn erregt. Erst nachdem ich ihm dreimal vor seinem Wohnbezirk meine Aufwartung gemacht hatte, erklärte er sich bereit, mich zu empfangen. Er hat sich nicht einmal für das Geschenk bedankt, das ich ihm geschickt hatte. Da er jedoch erkannt hat, daß wir bei Mwanga in hoher Gunst stehen, hat er sich herabgelassen, weniger mürrisch zu erscheinen. Gestern schickte er uns einen Ochsen, um uns zu zeigen, daß er jedenfalls im Augenblick nicht den Wunsch habe, unser Feind zu sein.[9]

Selbst zu Beginn des Jahres 1886, als Mwangas Haß auf die Christen unkontrollierbar geworden war, hatte Mukasa nicht vor, sich jemanden zum Feind zu machen, der eines Tages an die Macht gelangen konnte. Mwanga hatte seinem obersten Scharfrichter, Mukajanga, befohlen, Mackay zu töten, sobald dieser sein Missionsboot, wie gewohnt, in den Hafen in der Nähe der Hauptstadt bringt. Der *katikiro* hatte Mackay gewarnt, er solle sich fernhalten, und der Engländer hielt sich viele Wochen diskret auf dem Gelände der Missionsstation auf, bis die Gefahr sich verringert hatte.[10]

Trotz all seiner Verschlagenheit, Besonnenheit, Doppelzüngigkeit und seiner Fähigkeit, Dinge zu manipulieren, konnte jedoch nicht einmal Katikiro Mukasa die Explosion unter Kontrolle bringen, die Buganda 1886 erschütterte – eine Krise, die das bevorstehende Ende des traditionellen Staates ankündigte.

4

Das Blut der Märtyrer
Teil I: Mutesa

Wären da nicht diese Dinge gewesen,
hätte ich mein Leben zu Ende leben können,
mich an den Straßenecken mit spöttischen Männern
    unterhalten können.
Ich hätte sterben können, unbemerkt, unbekannt,
    ein Versager.
Jetzt sind wir keine Versager.
Dies ist unsere Karriere und unser Triumph. Nie
in unserem reichen Leben hätten wir hoffen können,
für Toleranz, Gerechtigkeit, für das Verständnis des
    Menschen
für den Menschen soviel zu tun,
wie wir es jetzt zufällig tun.

Unsere Worte, unser Leben, unsere Schmerzen – nichts!
Man nimmt uns unser Leben – das Leben eines guten
    Schuhmachers und eines armen Fischhändlers –
das ist alles! Dieser letzte Moment gehört uns –
diese Agonie ist unser Triumph.[1]

Bartolomeo Vanzetti, den seine Mitwelt dazu verdammt hatte, die Rolle eines Opfers auf sich zu nehmen, verwandelte sich mit Hilfe dieser Worte in einen ruhmreichen Märtyrer.

Stellen wir uns ein Märchen vor, dessen Helden zweieiige Zwillinge sind; sie haben die gleiche Haarfarbe, den gleichen Teint, sind gleich groß und haben den gleichen Körperbau; aber ein Zwilling ist häßlich und der andere schön. Das Menschenopfer ist der häßliche Zwilling und das Märtyrertum der Zwilling von strahlender Schönheit. Beide wurden von derselben Mutter geboren, der häßliche als erster. Der schöne Zwilling soll das Heil- und Gegenmittel gegen den anderen sein, dessen Antlitz abstoßend ist, aber er hat uns nur vorübergehende Erleichterung gebracht. Vanzettis Märtyrertum hat das Bedürfnis der Gesellschaft nach Menschenopfern nicht beendet.

Menschenopfer und Märtyrertum haben wie diese Zwillinge viele Attribute gemeinsam: In beiden Fällen stirbt jemand.

In beiden Fällen sind die ‹Mächte›, die nach einem solchen Tod verlangen, böse, aber ihr böser Appetit muß befriedigt werden. Beim Menschenopfer ist die ‹Macht› irgendein unbestimmter, namenloser, feindseliger Kosmos. Das Märtyrertum hat mit realen Mächten dieser Welt zu tun, die den gleichen Appetit auf Tod haben.

In beiden Fällen sterben Menschen oder werden getötet, damit etwas leben kann, was größer ist als sie selbst. Das Menschenopfer bewahrt das Leben des Königs oder die Stabilität der Gesellschaft. Das Märtyrertum erhöht die Ziele von Wahrheit, Gerechtigkeit und menschlicher Liebe.

In beiden Fällen ist ein gesteigertes Gefühl für die Dramatik entscheidend für die Form. Das Menschenopfer erfolgt normalerweise unter hochdramatischen Umständen; das gleiche trifft für das Märtyrertum zu. Der Tod Jesu, sowohl Opfer wie Märtyrer, hat eine immense dramatische Kraft. Märtyrer neigen zur Selbstdramatisierung; sie sagen Dinge von großer Kraft; biblische Wortgewalt oder die eines Shakespeare können ihre Rede schmücken.

Dennoch sind diese Zwillinge nicht identisch. Worum es bei einem Menschenopfer auch gehen mag, es hat nichts mit dem Fortschritt der menschlichen Moral zu tun, während das Märtyrertum vom Märtyrer selbst immer bewußt erlebt wird und absichtlich einer höheren Wahrheit dient, einer größeren Gerechtigkeit, einer tieferen Liebe. Es geht dabei nicht nur um Moral, sondern auch um die *Erweiterung* der Moral, weil erkannt wird, daß die vorhandene Moral für die menschlichen Bedürfnisse nicht ausreicht. Beim Menschenopfer stirbt das Opfer nicht freiwillig. Beim Märtyrertum bleibt die Idee erhalten, es bestehe eine Wahlmöglichkeit; der Märtyrer ist mit seinem Tod auf die eine oder andere Art einverstanden. Auch Vanzetti, der gewiß nicht freiwillig starb, akzeptiert seinen Tod, als es ihm gelungen ist, ihn in ein Märtyrertum zu verwandeln: «Unser Leben... nichts!» Und hierin liegt der große Widerspruch im Märtyrertum. Auf der einen Seite ist es die größte Tat, die ein Mensch vollbringen kann: das eigene Leben für die Moral hinzugeben. Und doch ist es ein freiwilliger Tod; es hat unvermeidlich etwas mit dem Selbstmord und dessen psychologischen Mechanismen zu tun.

Der echte Selbstmörder identifiziert sich mit denen, die ihm vermeintlich nach dem Leben trachten, indem er ihre vermuteten feindseligen Absichten erfüllt. Er straft aber auch seine Verfolger, indem er weit über das hinausgeht, was sie ihm vielleicht tatsächlich haben antun wollen, und tötet sich selbst, wobei er sich vorstellt, wie ‹leid› es ‹denen› tun wird. Ähnlich identifiziert sich auch der Märtyrer mit den Aggressoren, wenn er seinen von ihnen geplanten Tod akzeptiert. Er bestraft sie jedoch auch und triumphiert mit der Anklage über sie, die durch sein Sterben impliziert wird, daß ihre Immoralität diese Katastrophe verursacht habe, daß sein Tod ihm Unsterblichkeit bringen werde, während seine Verfolger sterben würden und vergessen werden: «Aber Saccos Name», sagte Vanzetti, «wird in den Herzen der Menschen und in ihrer Dankbarkeit leben, wenn Katzmanns Knochen und auch Ihre längst in alle Winde zerstreut sein werden...»

Trotz der Moralität, trotz des Triumphes kann sich das Märtyrertum nie ganz vom Selbstmord befreien. Es ist nicht in der Lage, das aggressive Bedürfnis nach einem Opfer umzuwandeln – es kann sich niemals selbst von seinem Zwilling befreien.

Das moderne Boston ist vom alten Buganda vielleicht nicht so weit entfernt, wie es den Anschein hat. Sacco, Vanzetti, die christlichen Märtyrer in Buganda – allen war es bestimmt, zu Opfern zu werden, deren Tod die Gesellschaft reinigen würde. Alle verwandelten sich selbst in glorreiche Märtyrer für die Wahrheit, die Liebe, die Gerechtigkeit. Im Fall Bugandas scheint es eine annehmbare Hypothese zu sein, daß der Gedanke, sie seien Märtyrer, den zum Christentum Bekehrten nicht nur deshalb so leicht fiel, weil die christliche Geschichte den großen Wert des Christentums belegt hatte, sondern auch, weil sie in einer mit den verschiedenen Formen von Menschenopfern durchdrungenen Gesellschaft lebten.

Diese Behauptung wird auch durch die Tatsache gestützt, daß die von Mutesa verfolgten und später hingerichteten Pagen, die verurteilt worden waren, weil sie der islamischen Religion gefolgt waren, sich exakt so verhielten, wie es die christlichen Märtyrer zehn Jahre später taten. Der Islam selbst hat keine Tradition des friedlichen Märtyrertums wie die christliche Kirche, so daß diese frühen moslemischen Märtyrer den Impuls zum Märtyrertum innerhalb ihrer eigenen Gesellschaft gefunden haben müssen. Vieles von dem, was dem Christentum in Buganda widerfuhr, wurde dort durch die Erfahrung des Islam vorgeprägt. Diese Geschichte beginnt unter der Herrschaft von Mutesas Vater, Kabaka Suna II. (etwa 1824 bis 1856).

Die ersten arabischen Händler kamen vermutlich in den achtzehnhundertdreißiger Jahren nach Buganda, um 1840 lebten dort schon viele Händler aus Sansibar. Neben ihren Handelsgütern hatten sie auch ihren islamischen Glauben mitgebracht. Für die meisten war der Islam die gewöhnliche Kombination aus ritueller Observanz und Magie, wie es Religion überhaupt für die überwiegende Mehrheit der Menschen in der Geschichte gewesen ist. Nur für eine Minderheit war die hohe ethische Qualität dieser großen Weltreligion ein wichtiges Anliegen. Ein solcher Händler war Ahmed bin Ibrahim. Nachdem er das Vertrauen des *kabaka* gewonnen hatte, fühlte Ahmed sich sicher genug, den König wegen des anscheinend willkürlichen Hinschlachtens von Menschen zu tadeln, das bei Hofe weiterging. «Bei einer Gelegenheit stand er auf und sagte Suna, sowohl er wie seine Opfer seien von Allah gleich erschaffen worden, daß er allein Allah sein Königreich verdanke und daß es daher vor Allah eine Todsünde sei, diejenigen zu töten, die dieser erschaffen habe.» Suna, in jeder Beziehung der Vater Mutesas, steckte den Tadel ein, der seinen Respekt und seine Neugier geweckt hatte. In der Folgezeit kam es zwischen Suna und Ahmed zu mehreren Gesprächen; aber als der Händler wieder an die Küste zurückkehrte, ließ Sunas Interesse für die neue Religion nach.[2]

Durch einen uns unbekannten Prozeß wurde Mutesa nach und nach zu seiner eigenen Spielart des Islam bekehrt. Dies geschah in den ersten zehn Jahren seiner Herrschaft. Er führte nach islamischen Gesetzen einen neuen offiziellen Kalender ein, verkündete, daß es für jeden seiner Untertanen strafbar sei, ihn anders als auf arabische Weise und mit arabischen Worten zu grüßen[3], ließ bei Hof eine große Moschee errichten sowie mehrere kleine auf dem Land, ließ bei Hof den Koran erläutern[4] und hielt zehn Jahre lang den Ramadan ein (den rituellen Fastenmonat).[5] In keinem ostafrikanischen Königreich hat es etwas Vergleichbares gegeben.

Eine Zeitlang sah es aus, als wäre es Mutesa ernst damit, dem Land eine neue Religion zu geben – ‹ernst› heißt in Buganda natürlich, daß diejenigen, die sich nicht fügten, hingerichtet würden. Ein Dutzend seiner Untertanen wurden auch hingerichtet, weil sie versäumt hatten, ihn auf die neue Weise zu grüßen.[6] Während eines Ramadan-Monats, etwa um 1875, gab der *kabaka* Befehl, eine große Zahl von ‹Ungläubigen› festzunehmen. Zweihundert von ihnen wurden ermordet, «weil sie sich geweigert hatten, die vom König befohlene Religion anzunehmen». Diese Aktion zeigte sofort Wirkung. Zehntausende bekannten sich zu dem neuen Glauben, und in Dörfern außerhalb der Hauptstadt wurden viele Moscheen errichtet.[7]

Bevor Mutesa diese Massenhinrichtung anordnete, hatte er es mit milderen Maßnahmen versucht. Während des Ramadan schickte er Inspektoren aufs Land, um die Einhaltung der Fastenzeit zu überwachen, die einen Gläubigen verpflichtet, von Sonnenaufgang bis Sonnenuntergang nichts zu essen. Ein berüchtigter Inspektor namens Kakoloboto war selbst unfähig, dieses Opfer zu bringen. Man erwischte ihn dabei, wie er einen kleinen Kürbis und andere Lebensmittel aß, die er am Körper versteckt hatte. Er wurde vom *kabaka* schwer bestraft, und der Satz: «Du bist Kakoloboto!» wurde danach zum geflügelten Wort, mit dem man jeden Heuchler tadelte.

Wäre Mutesa diesem Kurs treu geblieben, hätte er sich weiterhin an den Glauben, die Observanz und die erzwungene Bekehrung seines Volkes gehalten, wäre die Geschichte Bugandas anders verlaufen; aber irgendwann um 1877 wurde Mutesa zum offenen Gegner des Islam und machte viele moslemische Gläubige zu Opfern und Märtyrern. Wir wissen nicht, warum es dazu gekommen ist. Vielleicht war es mit ein Ergebnis von Stanleys Besuch, oder es waren Mutesa inzwischen eigene Zweifel gekommen. Nur eines wissen wir genau: daß Mutesas Recht, den Islam nach eigenem Gutdünken zu definieren, ernsthaft in Frage gestellt wurde. Anfangs hatte er noch das Gefühl gehabt, er habe alles unter totaler Kontrolle: daß die Bekehrung so rasch oder so langsam vonstatten gehen würde, wie er es wünschte, daß er entscheiden würde, welche religiösen Bestimmungen eingehalten werden sollten und welche nicht, und daß er jedem sagen könnte, was Islam in Wahrheit bedeute. Er entdeckte, daß er sich geirrt hatte.

Ein entscheidender Faktor bei der Veränderung war die Ankunft von Arabern aus Sansibar, die einer anderen Glaubensrichtung des Islam anhingen. Sie neigten dazu, in ihrem Glauben sehr flexibel zu sein. Als der englische General Gordon, der den Sultan von Ägypten vertrat und ägyptische Truppen befehligte, am Nil entlang nach Süden vorrückte und davon träumte, Buganda zu annektieren und es der ägyptischen Krone einzuverleiben, strömten Moslems aus dem Norden in Mutesas Land. Den Baganda waren sie alle als ‹Türken› bekannt. Viele dieser Türken waren entschlossen, Mutesas Spielart des Islam zu verändern. Sie fanden heraus, daß die Moscheen in Buganda westwärts zeigten statt nach Osten. Sie überredeten Mutesa zur Einberufung eines Treffens, bei dem sie die Moslems anwiesen, niemals Fleisch zu essen, das von einer unbeschnittenen Person geschlachtet worden war, und einem solchen Menschen niemals zu erlauben, beim Gebet die Gemeinde zu leiten. Da für die Baganda jede körperliche Verstümmelung seit jeher undenkbar gewesen war, hatte Mutesa sich geweigert, sich beschneiden zu lassen. Ham Mukasa, der bugandische Historiker, erzählt, welche Konsequenzen das Auftreten dieser neuen Türken hatte:

Jeder weiß, daß der Kabaka beim Lubiri (der Gemeindeversammlung) die Gebete anführte. Die Türken sagten, diese Angelegenheit sei entscheidend wichtig. Der Koran verbiete Unbeschnittenen, das Gebet zu leiten; und dieses Gesetz solle auch beim Lubiri befolgt werden. ‹Warum›, fragten sie, ‹folgt der Kabaka nicht dem Text des Buches?› Die Pagen antworteten, der Kabaka erkenne außer seiner eigenen Autorität keine andere an, und alle Baganda seien ihm untertan. Er habe in seinem Palast und in seiner Moschee absolute Autorität, und niemand könne verhindern, daß er die Gebete leite. Die Türken beharrten darauf, daß Moslems die religiösen Gesetze befolgen müßten. ‹In Staatsangelegenheiten ist der Kabaka die oberste Autorität; in religiösen Dingen jedoch ist das anders.› Von dieser Zeit an begannen die Moslems, den Gebeten beim Lubiri fernzubleiben, und fingen an, außerhalb der Moschee unter richtiger Leitung zu beten, und sie weigerten sich, von Nicht-Moslems geschlachtete Tiere zu essen.[8]

Diese Konfrontation führte zu etwas, was sich in weniger als zehn Jahren mit den christlichen Konvertiten wiederholen würde; es waren die jungen Pagen am Königshof, die der Macht des *kabaka* trotzten und auf religiöser Reinheit bestanden. Trotz des bugandischen Sprichworts, daß «die Ohren, die nicht ihrem Meister gehorchen, den Boden düngen»[9], wurden die islamischen jungen Leute in Verhalten und Handeln arrogant und provokativ. Ob bewußt oder nicht, sie hatten sich auf einen Weg begeben, der Leben und Tod von Märtyrern bedeutet:

«Mudduawulira, ißt du nicht länger Fleisch, das in diesem Palast geschlachtet worden ist?» verlangte Kabaka Mutesa zu wissen, der König von Buganda. «Nein, mein König», lautete die kühne Antwort. «Wenn ich das Tier selbst töte, wirst du das Fleisch dann essen, da ich es geschlachtet habe?» – «Nein, mein König, ich würde es nicht essen, auch wenn du das Tier selbst getötet hast, ich kann es nicht essen.» – «Warum nicht?» – «Wegen der Religion, die uns auferlegt ist und der ich folge, wie uns im Koran gelehrt wird, um so mehr, als du als ‹Salongo› weißt...»[10]

Noch nie hatte jemand in diesem Ton zum *kabaka* gesprochen, so unerhört, daß Mutesa nicht sofort zornig reagierte, obwohl er des Islams allmählich überdrüssig wurde: «Er las nicht mehr mit Vergnügen vor, weil er sah, daß seine Diener ihn in Fragen der Religion verachteten, wenn er ihnen Unterricht gab.»[11]

Die Pagen setzten ihre kritischen Angriffe fort, und es kam noch zu weiteren Zwischenfällen wie dem mit Mudduawulira. Die Provinzgouverneure und andere hohe Würdenträger, die die neue Religion fürchteten, drängten Mutesa immer öfter zur Vergeltung. Schließlich schlug er zu. In der Hauptstadt wurden etwa siebzig junge Moslems hingerichtet; weitere zwei- bis dreihundert entkamen mit den Sansibaris an die Küste. Ham Mukasa sagt, daß im ganzen Land insgesamt eintausend Menschen wegen ihres Glaubens hingerichtet oder ins Exil getrieben wurden.[12] Dieser christliche Historiker zollt den Opfern hohe Anerkennung: «Die Moslems, die damals für ihre Religion starben, waren sehr tapfer, genau wie die Christen in Namugongo.»[13]

Trotz all dieser Schwierigkeiten wandte sich Mutesas suchender Geist jedoch nicht wieder der traditionellen Religion zu. Kurze Zeit nach dem Tod der moslemischen Märtyrer verließen einige von Gordons Truppen, die sich in Buganda aufgehalten hatten, das Land und nahmen die islamischen Lehrer mit, die die religiöse Kontroverse entfacht hatten. Mutesa schrieb an Gordon und bat darum, man möge ihm erlauben, einen von ihnen namens Shaykh zu behalten, der zwar ein Fürsprecher islamischer Orthodoxie sei, aber doch der einzige Mann, mit dem er, Mutesa, die großen Fragen des islamischen Glaubens gern diskutiert habe.[14] So befriedigte Mutesa auch weiterhin seinen Appetit auf die moderne Welt, auch wenn er unfähig war, die in seinem Land gärende Unruhe zu unterdrücken.

5

Das Blut der Märtyrer
Teil II: Mwanga

Am selben Tag wurde Kagwa (Apolo) mit einem anderen jungen Mann zum König zitiert; es folgte eine stürmische Szene. Der König griff aus einem Impuls unkontrollierbarer Wut heraus den anderen jungen Mann mit einem Speer an und fügte ihm eine schreckliche, klaffende Wunde zu. Die Scharfrichter trugen den jungen Mann rasch weg und ermordeten ihn. Dann wandte sich der König an Apolo: ‹Bist du ein Vorleser (Christ)?› rief er aus, vor Leidenschaft bebend. ‹*Nsoma, Mukamawange* (ich lese, mein König)›, lautete die tapfere Antwort. ‹Dann werde ich dir das Lesen beibringen!› rief der zornige König und verletzte auch ihn mit dem Speer, nahm dann den hölzernen Schaft und zerbrach ihn auf dem Rücken Apolos. Schließlich sagte er ihm, vor Erschöpfung atemlos, da sein Zorn sich offenbar verbraucht hatte, er solle sich fortscheren. Und Kagwas Leben war gerettet, und ihm wurde nichts mehr getan.[1]

Alexandro Namfumbambi, der uns durch seinen Wankelmut oft Schwierigkeiten machte, ging auf die Nachricht hin, daß man seine Mitchristen festgenommen hatte, kühn zum Königshof, und als die Scharfrichter fragten, ob sich in seinem Wohnbezirk irgendwelche Vorleser versteckten, entgegnete er: ‹Ich bin selbst ein Christ›, worauf er sofort festgenommen und zum Gefangenen gemacht wurde.[2]

‹Wir haben dem König gedient›, sagten sie, ‹wenn wir fliehen, wird er sagen, wir hätten gegen ihn revoltiert. Laßt uns fest bleiben. Wenn unser Herr uns töten will, soll er es tun; wir werden auf jeden Fall für die Religion Gottes sterben.›[3]

Das Christentum hat uns das Gleichnis vom Samenkorn gegeben, das entweder auf unfruchtbaren oder auf fruchtbaren Boden fällt. Das große Aufblühen des Christentums in fortgeschrittenen komplexen Gesellschaften war möglich, weil es dort auf enorm fruchtbaren Boden fiel. Die hebräisch-christlichen Vorstellungen von Frömmigkeit und Liebe zu und von Gott wurden in Hawaii, Tahiti und Buganda so positiv aufgenommen, wie es sich nicht einmal die optimistischsten Missionare hätten vorstellen können.*

John Papa Ii, ein bedeutender Historiker des traditionellen Hawaii, der als frommer Christ starb, erzählt von seiner Kindheit in heidnischer Zeit. Er war von Natur aus religiös und zeigte schon als Kind großes Interesse an rituellen Fragen, was dazu führte, daß sein Vater ihn an den ‹Morgen des Gottes Kane› oft zum Altar mitnahm (am 26. des hawaiischen Monats), um diesem Gott zu dienen, dessen Priestern und Riten. Ii erzählt, wie er einmal von seiner Mutter mit einer Gruppe kleinerer Jungen unter seiner Führung weggeschickt wurde, um mit Netzen zu fischen. Bevor die Jungen nach Hause zurückkehrten, teilte Ii den Fang: Zunächst suchte er die Fischer aus, die als Opfergaben für die männlichen und weiblichen Götter geeignet waren, dann gab er jedem Jungen seinen Anteil und nahm sich schließlich seinen eigenen. Als er zu Hause ankam, zählte seine Mutter die Fische und bat ihn, einige als Opfergaben zur Seite zu legen. «Das habe ich schon getan», verkündete der Junge. «Meine Begleiter haben auch ihre Anteile bekommen, und das hier gehört uns.»[4] Wir können uns vorstellen, daß ein derart aufgeweckter Junge von seiner Mutter nicht getadelt wurde.

Als er älter wurde, begleitete er oft die Priester Kanes und machte sich am Altar und bei der Vorbereitung von Opfergaben nützlich.[5] Man darf wohl davon ausgehen, daß Ii bei einem Fortbestand der traditionellen Gesellschaft Priester geworden wäre. Statt dessen wurde er Christ, der sich sehr für die Kirche einsetzte, ein Mann, der sich der Innenpolitik zuwandte und eine Geschichte seines Volkes schrieb. Er war einer jener geistig gesunden, fürsorglichen Charaktere, die in guten Zeiten zum Zuge kommen.

In Buganda erzählte der Konvertit Kalemba dem katholischen Missionar Pater Livinhac die Geschichte seines persönlichen Strebens:

---

* Obwohl es in diesem Teil des Buches um Buganda geht, habe ich das Gefühl, daß Vergleichsmaterial aus Hawaii und Tahiti den hier vorgelegten Gedanken an dieser Stelle noch größeres Gewicht verleiht, vor allem, da viele der hier aufgeworfenen Fragen mit komplexen Gesellschaften insgesamt zu tun haben und nicht nur mit Buganda.

‹Mein Vater›, sagte er, ‹hatte immer geglaubt, die Baganda seien nicht im Besitz der Wahrheit, die er in seinem Herzen suchte. Das hatte er mir gegenüber oft erwähnt, und vor seinem Tod sagte er mir, eines Tages würden Männer kommen, um uns den rechten Weg zu weisen. Diese Worte machten einen tiefen Eindruck auf mich, und wann immer die Ankunft eines Fremden gemeldet wurde, beobachtete ich ihn und versuchte, mit ihm in Berührung zu kommen, weil ich mir sagte, hier ist vielleicht der Mann, den mein Vater angekündigt hat.

So pflegte ich etwa Umgang mit den Arabern, die unter der Herrschaft König Sunas zum erstenmal ins Land kamen. Ihr Glaube schien mir unserem Aberglauben überlegen zu sein. Ich erhielt Unterricht in Islam und nahm zusammen mit einer Reihe von Baganda ihre Religion an. Mutesa selbst, der dem Sultan von Sansibar gefallen wollte, von dessen Macht und Reichtum er übertriebene Schilderungen gehört hatte, erklärte, auch er wolle Moslem werden. Es wurde Befehl gegeben, in allen Provinzen Moscheen zu bauen. Eine kurze Zeit lang sah es aus, als wollte das ganze Land die Religion des falschen Propheten annehmen, aber Mutesa hatte eine extreme Abneigung gegen die Beschneidung. Folglich änderte er urplötzlich seine Meinung und gab Befehl, all diejenigen hinzurichten, die Moslems geworden waren ... Mir gelang es zusammen mit wenigen anderen, meinen Übertritt geheimzuhalten, und so hielt man mich auch weiterhin für einen Freund unserer Götter; insgeheim jedoch blieb ich immer den Geboten des Islam treu.

Das war der Stand der Dinge bei der Ankunft der Protestanten. Mutesa nahm sie sehr gut auf; er ließ ihre Bücher öffentlich vorlesen und schien sich ihrer Religion zuzuwenden, von der er erklärte, sie sei der der Araber weit überlegen. Ich fragte mich, ob ich nicht einen Fehler gemacht hatte und ob die Neuankömmlinge vielleicht nicht doch die wahren Sendboten Gottes seien. Ich besuchte sie oft und nahm an ihrem Unterricht teil. Ich hatte das Gefühl, daß ihr Unterricht besser war als der meiner ersten Meister. Ich gab darum den Islam auf, ohne aber den Wunsch zu äußern, getauft zu werden.

Mehrere Monate waren vergangen, als Pater (Livinhac) im Land eintraf. Mein Meister, Mackay, erklärte mir eindringlich, daß die jetzt angekommenen weißen Männer nicht im Besitz der Wahrheit seien. Er nannte ihre Religion ‹die Anbetung der Frauen›; sie verehrten, wie er sagte, die Jungfrau Maria. Er gab mir auch den Rat, ihnen sorgfältig aus dem Weg zu gehen. Ich hielt mich daher von dir fern und hätte vermutlich nie dein Haus betreten, wenn mein Häuptling mir nicht befohlen hätte, den Bau eines deiner Häuser zu überwachen. Aber Gott zeigte mir seine Liebe. Als ich dich das erste Mal aus der Nähe sah, war ich tief beeindruckt. Trotzdem beobachtete ich dich auch weiterhin sorgfältig bei deinen Gebeten und beim Umgang mit Menschen. Als ich dann deine Güte erkannte, sagte ich mir: Wie können Menschen, die so gut zu sein scheinen, Sendboten des Teufels sein?

Ich sprach mit einigen, die sich in eurem Glauben hatten unterweisen lassen, und fragte sie über eure Glaubenslehre aus. Sie erzählten mir das genaue Gegenteil dessen, was Mackay mir versichert hatte. Danach drängte es mich sehr, persönlich an deinem Katechismusunterricht teilzunehmen. Gott erwies mir die Gnade zu begreifen, daß ihr die Wahrheit lehrtet und tatsächlich die Männer Gottes wart, von denen mein Vater gesprochen hatte. Seitdem habe ich nie auch nur den leichtesten Zweifel über die Wahrheit eurer Religion gehabt, und ich bin wirklich glücklich.›[6]

Obwohl alle Missionarsberichte über solche Erfahrungen zweifellos übertrieben sind, scheinen sie doch ein Körnchen Wahrheit zu enthalten. John Papa Ii erzählt von seiner eigenen Erfahrung, und es ist unwahrscheinlich, daß Kalembas Bericht über die messianischen Erwartungen seines Vaters von Livinhac erfunden worden ist. Wahr scheint zu sein, daß bestimmte Menschen in diesen – wie in allen – Gesellschaften eine tiefreligiöse Einstellung zur Wirklichkeit besaßen und daß die große moralische Botschaft der christlichen Religion mit ihren eigenen Sehnsüchten übereinstimmte. Da war etwa die alte Frau im Kongo, die, nachdem sie einen Missionar hatte predigen hören, aufstand und ausrief: «Da haben wir's! Ich habe es im Herzen immer gewußt, daß es einen solchen Gott gibt!»[7] Wir wissen nicht, wie groß oder klein eine solche Gruppe in einer komplexen Gesellschaft war; sie war jedenfalls groß genug, um die Reaktion dieser besonderen Kulturen auf das Christentum zu beeinflussen.

Eine der rührendsten Geschichten stammt aus Tahiti. Bruder Nott las gerade einer Gruppe von Tahitianern aus dem Johannes-Evangelium vor, und als er den sechzehnten Vers des dritten Kapitels beendet hatte, unterbrach ihn ein Zuhörer: «Was für Worte liest du da? Was für Töne höre ich da? Laß mich diese Worte noch einmal hören.» Bruder Nott las den Vers ein zweites Mal: «Denn also hat Gott die Welt geliebt, daß er seinen eingebornen Sohn gab, auf daß alle, die an ihn glauben, nicht verloren werden, sondern das ewige Leben haben.» Der Tahitianer stand auf: «Ist das wahr? Kann das wahr sein? Gott liebt die Welt, wenn die Welt ihn nicht liebt! Gott hat die Welt *so* geliebt, daß er seinen Sohn sterben läßt, damit der Mensch nicht stirbt! Kann das wahr sein?» Bruder Nott las den Vers noch ein drittes Mal und verkündete, daß jeder, der an Gott glaube, nicht untergehen, sondern nach dem Tod glücklich werden würde. Der verwirrte Tahitianer brach in Tränen aus, zitterte und verließ die Versammlung, um mit seinen Gefühlen allein zu sein.[8]

Für empfindsame Menschen war der Übergang zu einem neuen Glauben nicht immer leicht. Eine der Tugenden, die zur Frömmigkeit gehören, ist die Loyalität, und manchen Menschen machte ihr Wunsch nach einem Religionswechsel schwer zu schaffen, weil er eine Illoyalität gegenüber dem bedeutete, was sie früher geglaubt hatten. Manche, wie Häuptling Sebuta in Buganda, konnten sich nie entscheiden. Die katholische Mission bemühte sich jahrelang, seine Seele zu gewinnen, jedoch ohne Erfolg. Sebuta erkannte zwar den Wert der neuen Lehren, konnte es aber nicht über sich bringen, sich taufen zu lassen und den alten Göttern abzuschwören. Als Sebuta erkrankte und im Sterben lag, machte der Priester einen letzten Versuch, ihn zu ‹retten›. Bei seinem siebzehnten Besuch fand der katholische Pater ihn noch immer am Leben, obwohl er am Vorabend schon deliriert hatte. Es war jedoch klar, daß Sebuta im Sterben lag. Der Priester wies alle anderen aus dem Raum und gab dem sterbenden Mann Riechsalz und erweckte ihn so für etwa eine Minute zum Bewußtsein. Der Priester sprach über Jesus und Maria. Aber selbst im Angesicht des Todes konnte Sebuta seinen Konflikt nicht lösen: «Jesus, den liebe ich nicht. Ich werde zur Hölle fahren!»[9]

Eine noch kompliziertere Situation aus Treue, Ambivalenz und Bekehrung finden wir bei einem alten Mann auf der Insel Huahiné, einer der Gesellschaftsinseln. Dieser Mann war der letzte heidnische Priester des Kriegsgottes Oro gewesen und hatte zum höheren Ruhm seines Gottes viele Menschenopfer empfangen. Nachdem die Bekehrung zum Christentum so weit fortgeschritten war, daß die politische Führung Huahinés entschied, daß niemand am Sabbat arbeiten dürfe, lehnte sich dieser Priester auf und arbeitete in seinem Garten, wann immer es ihm gefiel. An einem Sonntagmorgen arbeitete er wie immer – ‹in Mißachtung des Tages› – im Garten, kehrte ins Haus zurück und erblindete. In Panik rief er aus: «Ich bin ein toter Mann – ein toter Mann.» Seine Nachbarn kamen ihm zu Hilfe, entdeckten, daß er noch am Leben war, aber sein Augenlicht verloren hatte. Er kam sofort zu dem gleichen Schluß wie alle anderen: daß seine Erblindung auf der Mißachtung des Sabbats beruhte. «Er warf sich in den Staub, klagte über seine Sünden, gestand sie, schwor der Götzenanbetung ab und nahm die Religion an, die auf der Insel schon über fast jedes Herz triumphiert hatte, mit Ausnahme seines eigenen...»[10] Nach einiger Zeit konnte er wieder sehen.

Einige Jahre nach dieser bemerkenswerten Bekehrung erhielt die Insel Huahiné Besuch von einer Delegation der London Missionary Society. Die Missionare lernten den ehemaligen heidnischen Priester kennen, hörten von seiner Geschichte und baten ihn, ihnen noch einmal die Riten zu zeigen, die er früher für den Gott Oro vollzogen habe. Sie wollten unbedingt ihre Neugier befriedigen. Der alte Mann wußte nicht, was er mehr fürchten sollte, die alten oder die neuen Herren der Insel, und stimmte der Bitte nur zögernd zu. Er ging mit langsamen Schritten zu dem alten Heiligtum und wollte gerade eines der alten Gebete an Oro sprechen, als er entdeckte, daß er es nicht tun konnte: «Furcht überkam ihn und ein Zittern, das alle seine Knochen erbeben ließ...» Er sprang von seinem Podest herunter und rief aus: «Ich wage es nicht – ich wage es nicht.» In sichtbarer Todesfurcht flüchtete er.[11]

Diese beiden Geschichten erhellen die wichtige Tatsache, daß der Treue zu Sitte und Religion, zu Göttern, Heimat, Familie sowie zur eigenen Vergangenheit eine ungeheure Kraft zugrunde liegt. In vielen Fällen können solche Bindungen nur mit großer psychologischer Gewalt gebrochen werden. Die Religion eines Mannes zu verändern kann sich als so schwer erweisen wie die Abtrennung seines Arms von seinem Körper. Wir werden später über den Zusammenbruch des Sippensystems sprechen. Es ist jedoch hilfreich, schon hier festzuhalten, was für ein psychisches Trauma eine solche grundlegende Veränderung mit sich bringt.

Ich hörte auch die Geschichte von Walukagas Gefangennahme. Als sie kamen, um ihn zu ergreifen, entfloh seine Frau Hannah, eine höchst intelligente Frau und fähige Vorleserin, mit dem Rest des Haushalts. Er aber blieb standhaft und wurde festgenommen.

Er wartete auf einen entscheidenden Grund, und der sah so aus: Man verdächtigte die Christen der Illoyalität und des Aufruhrs. Jetzt wollten die bekanntesten von ihnen aber nicht weglaufen oder sich verstecken, um diesem Verdacht nicht noch Nahrung zu geben. Sie riefen die Gesetze ihres Landes an und waren bereit, ‹Kuwoza musango› um ein gerichtliches Urteil zu bitten. Es waren dieser Geist und dieses Vertrauen in die Gerechtigkeit ihrer Sache, welche die Herrscher so verwirrten und die Christen im Land zu einer solchen Macht werden ließen.[12]

Während Mackay die Kinder impfte, kam Kiwube zu ihm und sagte:... ‹Mein Freund, ich möchte getauft werden.› Das war zu dieser Zeit ein ganz außergewöhnlicher Wunsch. Sein Lehrer, Munyaga, war soeben auf schreckliche Weise ermordet worden.[13]

Tabu und Hoomanakii

Die Polynesier, wie wir später noch ausführlicher sehen werden, hatten einen Hang zur Philosophie. Sie fanden großen Gefallen an Wörtern mit einer Vielzahl symbolischer Obertöne. Sie haben unsere Sprache um die Begriffe ‹Tabu› und ‹Mana› bereichert, die zweifellos besser geeignet sind, eine bestimmte Art von Verbot oder eine bestimmte Art, über Macht zu denken, zu beschreiben, als dies in unserer eigenen Sprache möglich ist. Als die neue Religion sich nach und nach etablierte, war es für die Polynesier nur natürlich, zwischen deren Symbolen und denen der traditionellen Religionen bestimmte philosophische Verbindungen herzustellen.

Die Idee des Tabus durchdrang alle polynesischen Gesellschaften. Bestimmte Personen, bestimmte Handlungen, bestimmte Lebensmittel waren verboten. In Hawaii verbot ein grundlegendes Tabu sogar, daß Männer und Frauen gemeinsam aßen. Im Jahre 1819 jedoch, noch bevor irgendein christlicher Missionar die Inseln betreten hatte, hatten die Hawaiianer alle Tabus offiziell abgeschafft – eine außergewöhnliche Leistung. Bei der Ankunft der Christen war die kritische Durchleuchtung des Begriffs Tabu schon zu einem Teil der hawaiischen Weltsicht geworden. Die Verbindung zwischen dem Sabbat und den alten Methoden des Verbietens wurde von den Hawaiianern sofort hergestellt, und der Sonntag wurde einfach *la tabu* genannt, der verbotene Tag.[14] Als katholische Priester, auf Bekehrungen versessen, auf den Inseln ankamen und ihren Anhängern geboten, an bestimmten Tagen kein Fleisch zu essen, wurden sie von der protestantischen Opposition sofort beschuldigt: «Das ist eine andere Form von Tabu.»[15]

Die erste katholische Messe auf Hawaii wurde 1827 gelesen, sieben Jahre nach Ankunft der Protestanten. Zu dieser Zeit hatte sich schon der größte Teil des Hochadels bekehren lassen. Die protestantischen Missionare waren militante Gegner ihrer neuen Rivalen, und die Katholiken hatten keine Chance. Eine der Hauptwaffen der Protestanten gegen die römische Kirche war die Beschuldigung, der Katholizismus sei ein Rückschritt in primitive Zeiten. *Hoomanakii* war das hawaiische Wort für Götzendienst. Es setzt sich zusammen aus *hoomana* (jemandem übernatürliche Kräfte zuschreiben) und *kii* (Abbild, Vorrichtung, Bild oder Darstellung). Als die Priester ihren ersten Gottesdienst abhielten und sich dabei vor Bildern und Kruzifixen verneigten, riefen die Hawaiianer aus: «*Das ist hoomanakii.*»[16] Einige hohe Würdenträger, die entweder von ihrem Gewissen, ihren protestantischen Lehrern oder beidem getrieben wurden, gingen in ihrer Kritik noch weiter und verkündeten, «bei dieser neuen Religion gehe es nur um die Verehrung von Bildern, der Knochen toter Männer und einem Tabu bei Fleisch!»[17]

Als er sah, daß die Verfolgung immer grausamer wurde und einen immer größeren Umfang annahm, riet Mbwa uns, den Jüngsten der Gemeinde, zu fliehen, damit wir am Leben blieben und das Evangelium auch nach dem Verschwinden unserer Mitgläubigen verbreiten könnten. Aber da wir befürchteten, wir könnten durch unser Weglaufen Christus verleugnen, mißachteten wir den Rat unseres Freundes und zogen es vor zu bleiben, wo wir waren und zusammen mit unseren Mitgläubigen zu sterben.

Da wir uns endgültig weigerten, unseren Zufluchtsort zu verlassen, entschied Mbwa, man solle uns allein lassen; wir sollten uns aber aus der Apostelgeschichte vorlesen, wenn wir nicht beteten, damit Verfolgung und Gefangennahme der frühen Christen uns bei unseren Schwierigkeiten Geduld und Trost gebe.[18]

‹Dann gab Mukajanga jedem von uns ein kleines Gefäß mit Bananenwein, da es bei den Baganda Sitte war, jedem Todeskandidaten Bananenwein zu servieren. James Buzabaliawo (der vermutlich an die Weigerung seines Herrn in Golgatha dachte) lehnte es ab zu trinken.›[19]

Das Blutbad in Buganda 1886

Kabaka Mwanga war bisexuell und zog Knaben Frauen vor. Er konnte von Glück sagen, daß das, wonach ihn gelüstete, am Hof reichlich vorhanden war: schöne, fröhliche junge Männer in der Spätpubertät, die immer guter Laune waren. Da so viele junge Pagen in der königlichen Hauptstadt lebten, brauchte Mwanga zur Befriedigung seiner Begierden nicht weit zu reisen, und er nahm viele der Pagen mit ins Bett. Die Missionare erzählten den jungen Männern, das sei eine Sünde, was einige veranlaßte, die Einladungen des Königs abzulehnen. Mwanga tötete sie, weil sie an ihrem Glauben festhielten.

Das Pagencorps am Hof des *kabaka* war eine wichtige Kaderschmiede der bugandischen Gesellschaft. Hier wurden die intelligentesten und vielversprechendsten jungen Männer an die bugandische Politik herangeführt, da niemand einen unbegabten Jungen zum Pagen erziehen ließ. Die künftigen Führer der Gesellschaft wurden aus ihren Reihen ausgewählt. Für den einzelnen jungen Mann bestand bei Hof die beste Gelegenheit, das System einzuüben und die Bündnisse zu schließen, die ihm ein Leben lang nützen konnten.

Man hatte die Pagen im kritischen Alter der Adoleszenz ihren Familien weggenommen und in eine Welt geschickt, die ganz anders war als der enge Verband der Sippe, in dem sie aufgewachsen waren. Es kann also nicht überraschen, daß sie eine starke Loyalität zueinander entwickelten und für eine Religion empfänglich waren, die den Idealismus predigte und unter ihren Mitgliedern ein Gefühl der Teilhabe und der Gemeinschaft betonte – eine Religion, deren Begründer gesagt hatte: «Wer Vater oder Mutter mehr liebt als mich, der ist mein nicht wert.»[20] Diese schon von ihren Eltern im Stich gelassenen besten und intelligentesten jungen Männer brauchten nichts mehr aufzugeben, um die großen psychologischen Wohltaten des Christentums zu erlangen – nichts mit Ausnahme der Zustimmung des *kabakas*. Andere, die keine Pagen waren, drängte es auch zum Christentum; dennoch läßt sich sagen, daß das Christentum im Buganda des 19. Jahrhunderts nie eine große Kraft geworden wäre, wenn diese jungen Männer sich nicht hätten bekehren lassen.

Obwohl bei dem von Mwanga angeordneten Blutbad sexuelle Motive mitgespielt hatten, waren die wirklichen Gründe kaum anders als die Mutesas bei der Verfolgung der Moslems zehn Jahre zuvor. Wie sein Vater weigerte sich auch Mwanga, sich zu einer der drei modernen Religionen bekehren zu lassen, und führte sein Land so in eine kulturelle Revolution. Keiner der beiden *kabakas* konnte jedoch die vielen anderen davon abhalten, sich bekehren zu lassen, und die Übertritte zum Islam, zum Katholizismus, zum Protestantismus höhlten die traditionelle Loyalität der Baganda zu ihrem *kabaka* in erschreckendem Maße aus. Dies war die Kernfrage, nicht das Essen von Fleisch oder die Beschneidung, wie es bei Mutesa der Fall gewesen zu sein schien, oder sexuelle Unterwerfung wie im Fall Mwangas. Das Wort des *kabaka* war kein kategorischer psychologischer Imperativ mehr.

Angesichts eines radikalen Machtverlusts, angetrieben von einem unerbittlichen Premierminister, der für neue Ideen keinerlei Sympathien hegte, tat Mwanga, was man hätte vorhersehen können: Er bekam einen ungeheuren Wutanfall und ließ seinen Zorn an denen aus, die er nicht länger kontrollieren konnte. Er ließ zweihundert Konvertiten töten, Protestanten wie Katholiken.

Jedoch konnte nicht einmal diese Aktion seine Macht wiederherstellen. Die Hinrichtung der Märtyrer und die Tapferkeit, mit der sie in den Tod gegangen waren, steigerte in den Augen der Baganda nur die Anziehungskraft des Christentums. Gleich wichtig war jedoch, daß die Leidenschaft der jungen Leute unter den älteren, etablierteren Angehörigen der Gesellschaft auf Sympathie stieß. So weigerte sich beispielsweise die Königin-Mutter, ihre Hofdamen den Scharfrichtern ihres Sohns auszuliefern, und so wurden sie vor dem Verbrennen gerettet.[21] Kabaka Mwanga und Katikiro Mukasa hatten offensichtlich die Kontrolle über das Land verloren.

Als er sah, daß man viele seiner Glaubensgenossen schon fortgebracht und wegen ihres Glaubens getötet hatte, und als er fürchtete, er könnte seine Chance verlieren, ging Buza aus eigenem Antrieb zu den Scharfrichtern des Königs und gab an, auch er sei einer der gesuchten Konvertiten. Die Nachricht, daß er sich selbst gestellt hatte, wurde dem König überbracht, und dieser gab Befehl, den Gefangenen zu ihm zu bringen.

‹Bist du, James Buza, der Lehrer der christlichen Konvertiten?› wollte der König wissen. Worauf der Gefangene erwiderte, er werde seinem Herrn sehr dankbar sein, wenn er ihn in ein so hohes Amt beriefe. König Mwanga geriet bei dieser Antwort in Zorn und sagte seinen Zuhörern, da der Gefangene es gewagt habe, ihm sowohl religiöse Anweisungen wie Befehle zu geben, ihm, dem König von Buganda, und da er mit solcher Aufsässigkeit geantwortet habe, gebe es für ihn keine andere Strafe als den Tod. Darauf dankte Buza seinem Herrn um so mehr für die große Ehre, die er ihm dadurch erwiesen habe, daß er ihm den Titel eines Anführers der christlichen Konvertiten verliehen habe, ferner, weil er ihn für würdig erachte, für seine Religion zu sterben.* Anschließend wurde der Gefangene weggeführt und hingerichtet.[22]

Die Herausforderung der heidnischen Götter

Bei der großen Konfrontation zwischen Christentum und Heidentum hat sich eine Szene oft wiederholt: Ein Mann oder eine Frau – beide Anhänger des neuen Gottes – verletzt ein Tabu der alten Götter und beweist deren Machtlosigkeit, wenn dem Sakrileg keine Strafe folgt. Der angelsächsische Missionar Willibrord fällte am Ende des 7. Jahrhunderts mit eigener Hand die große heilige Eiche der heidnischen Friesen. Der hochdramatische Effekt dieser Tat beschleunigte die Bekehrung zu dem neuen Gott erheblich.

In Buganda, Hawaii und Tahiti wurden die heidnischen Götter von den in der traditionellen Gesellschaft aufgewachsenen und mit der traditionellen Furcht vor diesen Gottheiten behafteten Menschen mutig herausgefordert. Kapiolani, eine hochgeborene Prinzessin von Hawaii, entschloß sich im Dezember 1824, den Zauber des Glaubens an die Göttin Pele zu brechen, die unter anderem die Göttin des Vulkans war. Sie schlug

---

* In der traditionellen Gesellschaft bedankten sich Gefangene für ein Urteil immer beim *kabaka*, auch wenn es ein Todesurteil war[23] – eine verblüffende Bestätigung dafür, daß die Psychologie des Märtyrertums ein Grundbestandteil des Wertsystems der Gesellschaft war.

die Ermahnungen ihres Mannes und ihrer Freunde in den Wind, unternahm eine zweihundertdreißig Kilometer lange Reise, meist zu Fuß, wobei sie unterwegs den Krater des Kilauea besuchte. Als sie sich dem großen Krater näherte, begegnete sie der Priesterin Peles, die sie ermahnte, nicht weiterzugehen. «‹Wer bist du?› wollte Kapiolani wissen. ‹Jemand, in dem die Göttin wohnt›», lautete die Antwort.

Dann kam es zu einem Wortgefecht, ähnlich den großen Rätsel- oder Aphorismenwettbewerben, die uns aus Folklore und Mythologie Polynesiens sowie vieler anderer Kulturen bekannt sind. Die Priesterin zitierte einen heiligen Brief, den sie von der Göttin empfangen habe; Kapiolani zitierte Passage um Passage aus der Bibel und «erläuterte Charakter und Macht des wahren Gottes». Die Priesterin gab sich geschlagen und ließ durch das in solchen Fällen übliche Signal ihre Niederlage erkennen: Sie verstummte. Anschließend bekannte sie, die Göttin habe sie verlassen.

Da sie die Probe mit der Priesterin bestanden hatte, konnte Kapiolani den Weg zum Krater fortsetzen. Unterwegs begegnete sie zu ihrer Überraschung Mr. Goodrich, einem amerikanischen Missionar, der sich hierherbegeben hatte, um sie zum Krater zu begleiten. Er übermittelte ihr das Bedauern eines anderen Missionars, Mr. Ruggles, der ebenfalls habe mitkommen wollen, seit sechs Monaten jedoch leider keine Schuhe mehr habe.

Am Ostrand des Kraters wurde für Kapiolani eine Hütte errichtet, in der sie die Nacht verbrachte. Am nächsten Morgen führte sie ihre achthundertfünfzig Begleiter hundertsiebzig Meter zum ‹Schwarzen Felsvorsprung› hinunter, von wo man einen guten Blick auf das feurig brodelnde Innere des Vulkans hatte. Kapiolani aß die Pele geweihten Beeren und warf Steine direkt in die Öffnung des Kraters: «Jehovah ist mein Gott. Er hat dieses Feuer entfacht. Ich fürchte Pele nicht. Wenn ich durch ihren Zorn vernichtet werden sollte, dann könnt ihr Pele fürchten; wenn ich aber Jehovah vertraue und er mich bewahrt, wenn ich gegen Peles Tabus verstoße, dann müßt ihr ihm allein dienen und ihn fürchten...» Als die Göttin durch Untätigkeit ihre Hilflosigkeit zeigte, knieten die Gläubigen zu Ehren des Schöpfers nieder und erhoben die Stimmen und sangen, Ihn zu loben.[24]

Mukajanga, der die lebenden Fackeln zu zählen und zu inspizieren hatte, die seine Helfer auf dem Scheiterhaufen festgebunden hatten, erkannte unter ihnen seinen Sohn, Mbaga Tuzinde. Dieser sprach ebenso wie seine Glaubensgenossen mit einem feierlichen und ruhigen Gesichtsausdruck seine Gebete. Seinem Vater schnürte sich das Herz zusammen, als er an die kommenden Qualen dachte. Er ließ den Jungen losbinden und nahm ihn beiseite. Mbaga, dessen Hände noch immer auf dem Rücken gefesselt waren, kniete vor seinem Vater nieder, der ihm noch einmal ins Gewissen redete. «Mach dieser Dummheit ein Ende!

Laß diesen europäischen Unsinn im Feuer brennen und komm mit mir zum Kabaka. Er wird dich auf meine Bitte hin begnadigen.» – «Vergib mir, Vater», erwiderte der Junge, «aber beten ist kein Verbrechen. Ich habe nicht den Wunsch, den Dienst an Jesus aufzugeben, und bin glücklich, für Ihn, meinen König, sterben zu dürfen.»

«Aber ich will nicht», protestierte Mukajanga, «daß du stirbst. Ich will dich verstecken. Und, bitte, gib mir zuliebe diese Religion auf.»

«Vater, der Kabaka hat befohlen, mich zu verbrennen. Er ist dein Herr, und du kannst mich nicht schützen.»

«Was für ein Wahnsinn ist das», rief Mukajanga aus, «der dich dazu treibt, mir das Herz zu brechen?»

Der alte Mann bewunderte unwillkürlich die Entschlossenheit all dieser christlichen Pagen und Soldaten. Er war bestürzt, und es brach ihm fast das Herz, daß er seinen aufsässigen, aber geliebten Sohn den Flammen überantworten mußte. Aus Mitleid und um ihm das Leiden zu ersparen, befahl er seinen Helfern, den Jungen mit einem Keulenschlag in den Nacken zu töten und seinen leblosen Körper in die Flammen zu werfen. Sie nahmen ihn beiseite und taten es. Er war sofort tot. Ich habe alle diese Dinge mit eigenen Augen gesehen.[25]

Christlicher Enthusiasmus

Es gibt wunderbare und seltene Momente der Geschichte, in denen eine große Zahl von Menschen das Beste in sich wachgerufen haben, um sich mit großer Begeisterung und Emphase über die triviale Enge des menschlichen Daseins zu erheben. In der Vergangenheit hat es das meist in Zeiten politischer oder religiöser Revolutionen gegeben, gelegentlich bei beiden. Die italienische Renaissance des 15. und 16. Jahrhunderts war insofern ungewöhnlich, als ihre Triebkräfte in erster Linie *nicht* moralischer Natur waren; sie hatte keine fundamentale Änderung von Religion oder Politik zum Ziel. Die Periode der revolutionären Veränderung in Buganda – von 1888 bis 1900 – folgte dem gewohnten Muster großer politischer und religiöser Umwälzungen und setzte bei vielen Menschen ungeheure Energiereserven frei.

Kein Sozialwissenschaftler hat je erklären können, warum diese Perioden so kurz sind. Max Webers These, charismatische Herrschaft verwandle sich in bürokratische Herrschaft, ist wahr – und traurig. Aber auch Weber konnte nicht erklären, warum das so sein muß und warum es so rasch geschieht. In dieser Hinsicht war Buganda keine Ausnahme: Die Revolutionsführer wurden im 20. Jahrhundert zu großen Bürokraten.

Die Baganda waren zunächst von religiöser Inbrunst besessen. Um 1893 «wurden die Missionare auf der Straße ständig von Menschen angehalten, die mit Büchern in der Hand aus ihren Häusern rannten, um nach dem Sinn unverständlicher Passagen zu fragen. Was war eine Weinkelter? Wie weit war es von Jerusalem nach Jericho? Worin bestand der Reichtum Kapernaums? Die verwirrten Kirchenmänner mußten nach Hause schreiben und um die Zusendung von Nachschlagewerken und Kommentaren bitten.»[26] In Hawaii ereigneten sich ähnliche Dinge. Die frisch Bekehrten bestürmten ihre Pastoren nach dem Gottesdienst mit Fragen oder weckten sie mitten in der Nacht, um über ihre Gefühle und Gedanken sowie über «beunruhigende Fragen der christlichen Lehre zu sprechen».[27]

Die Baganda wurden bald selbst zu Missionaren und widmeten sich der Aufgabe, ihr eigenes Volk zu bekehren. Nur fünfzehn Jahre nach der Ankunft der ersten europäischen Missionare schickte die christliche Gemeinde Bugandas zweihundertsechzig Wanderprediger zu fünfundachtzig Missionsstationen, von denen zwanzig jenseits der Grenze Bugandas lagen. Für manche dieser frisch Bekehrten war das ein beträchtliches Opfer und ein Verzicht auf erhebliche weltliche Macht und Autorität. Apolo Kieuebulaya, ein Mann von beachtlicher persönlicher Frömmigkeit und Hingabe, wurde ‹Apostel der Pygmäen›, ein leuchtendes Beispiel für viele nachfolgende Generationen.[28]

Bei einigen politischen Führern erinnert uns die Kombination aus starkem Ehrgeiz und festem Glauben, sie seien von Gott berufen worden, an Kaiser Konstantin oder Oliver Cromwell. Apolo Kagwa, der große christliche General, hervorragende bugandische Historiker und erster christlicher *katikiro* (eine Position, die er mehr als fünfundzwanzig Jahre innehatte), sagt über seine Rolle in den Religionskriegen zwischen Moslems, Protestanten und Katholiken, die nach dem Sturz Mwangas im Jahre 1888 ausbrachen: «Aber der Autor dieses Buches und Stanislaus Mugwanya kämpften zu Pferde; denn wir verachteten die, gegen die wir kämpften. Sie waren christliche Renegaten, die für die bösen Sitten und Gebräuche der Vergangenheit kämpften. Als wir sahen, daß sie vor Gott geflohen waren, konnten wir sie nicht mehr fürchten. Gott erhob unsere Gedanken, denn unsere Feinde schossen überall um uns herum, und obwohl wir auf unseren Pferden deutlich zu sehen waren, konnten sie uns nicht treffen. Da wußten wir, daß Gott auf unserer Seite kämpfte.»[29]

Die christliche Begeisterung schaffte es vorübergehend sogar, die Regeln der Kriegführung zu verändern. Bis dahin war es überall in Ostafrika üblich gewesen, den geschlagenen Feind auszuplündern. Eine Schlacht zu gewinnen und keine Beute zu machen, das war etwas Unerhörtes. Als die christlichen Streitkräfte nach der Niederlage gegen die Moslems 1888 ihren Weg zurück aus dem Exil erkämpften, gelang es ihnen zunächst, die ganze Grenzprovinz Buddu zu erobern. Anders als jeder erwartet hatte, machten sie keine Beute, raubten «nicht einmal eine Nadel oder auch nur... ein Hühnerei». Der bugandische Historiker Zimbe fährt fort: «Wir schenkten allen Bauern Buddus die Freiheit, weil wir darauf verzichteten, sie zu berauben, und da ging ihnen auf, daß wir der wahren Religion Christi folgten... Im Gegensatz zu den Moslems, welche die Völker ausplünderten und sie all ihres Eigentums beraubten...»[30]

Kurz nachdem König Pomare II. Christ geworden war, geschah auf Tahiti genau das gleiche. Nach einer entscheidenden Schlacht des Krieges, der am Ende die Einigung der Insel brachte, waren die siegreichen Truppen Pomares wie üblich bereit, ihre Gegner auszuplündern und umzubringen. «Pomare näherte sich und rief: Aus, *Atira*! Es ist genug!»[31] Daraufhin hörte das Plündern auf.

1893 ließen in Buganda vierzig Häuptlinge freiwillig ihre Sklaven frei.[32]

In Buganda erlaubte es die traditionelle Gesellschaft jedem Mann, so viele Ehefrauen zu haben, wie er sich beschaffen konnte. Sie erledigten die gesamte Feldarbeit. Nachdem die Äcker einmal gerodet worden waren, ließ sich dort kein Mann mehr blicken. Die zum Christentum Bekehrten mußten alle Frauen bis auf eine aufgeben, und manche, wie etwa der hohe Würdenträger Matthias Mulumba, fingen sogar an, selbst bei der Feldarbeit zu helfen: «Gebeugt, dem Beispiel Christi folgend, (und) sich der Handarbeit nicht schämend».[33] Als es den Engländern im 20. Jahrhundert gelang, den Anbau von Baumwolle einzuführen – eines schnellwachsenden und leichtverkäuflichen Produkts –, waren es die Männer, die nach Jahrhunderten des Abscheus vor solcher Arbeit auf den Feldern arbeiteten.

Die christliche Wohltätigkeit erntete jedoch nicht immer Zustimmung. Auf der Insel Borabora in der Nähe von Tahiti hatte man den unverbesserlichen Kriminellen, welche die meisten Diebstähle und Überfälle begingen, den beliebten Schimpfnamen *tuta auri* oder ‹rostige Eisen› gegeben. Diese Bezeichnung erregte den Zorn dieser Tagediebe, und aus christlicher Sorge um diese weniger Glücklichen hielten die Menschen Boraboras ein großes öffentliches Treffen ab, bei dem beschlossen wurde, solche Leute künftig nicht mehr ‹rostige Eisen› zu nennen, sondern *feia aroha*, ‹Menschen, mit denen man Mitleid haben muß›. Während das Treffen noch andauerte, machten sich einige der ‹rostigen Eisen, mit denen man Mitleid haben muß› im Haus eines der Hauptredner der Versammlung über den Backofen her, stahlen das Schweinefleisch und die Brotfrüchte, die darin garten, und überließen den Redner und seine Familie der Wohltätigkeit anderer.[34]

Es ist traurig zu sehen, wie schnell christliche Frömmigkeit und christliche Begeisterung christlicher Heuchelei weichen. In Hawaii wandten die meisten Christen kurze Zeit nach der Bekehrung den Hauptteil ihrer Energie den Versuchen zu, die Schnapsläden im Hafen zu schließen und der auf den Schiffen üblichen Prostitution ein Ende zu bereiten. Ein geschmackloser Viktorianismus legte sich über das hawaiische Leben der Mittel- und Oberschicht und erstickte alles, was an charismatischer Energie noch vorhanden war.

Nachdem sie nach einem zweistündigen Marsch von Munyonyo am Haus seines Bruders Bosa vorbeikamen, rief (Bruno) aus: ‹Bosa, Bosa, Bosa! Bring mir etwas Bananenwein!› Bosa goß etwas Wein in eine Schüssel und brachte ihn zu Bruno hinaus, der von einem Scharfrichter bewacht wurde. Als sich die Brüder gegenüberstanden, sagte Bruno: ‹Wie du siehst, Bosa, führen sie uns zur Hinrichtung; wir fahren aber (in den Himmel), um für euch Plätze freizuhalten. Ein Brunnen mit vielen Quellen trocknet nie aus. Wenn wir nicht mehr da sind, werden andere nachkommen.› Bosa erwiderte: ‹Hier ist der Bananenwein, um den du gebeten hast.› Dann sah Bruno seinem Bruder ins Gesicht, fixierte ihn einen Moment und lehnte den Wein ab. Er wandte sich dem Scharfrichter zu und sagte: ‹Laßt uns weitergehen.›[35]

Märtyrertum, Idealismus und Selbstmord

Diese beiden Märtyrergeschichten, die von Mukajanga und seinem Sohn Mbaga sowie die der Brüder Bruno und Bosa, sind recht aufschlußreich. Bei beiden wird das gewöhnliche Pathos des Märtyrertums durch die Tatsache gesteigert, daß es innerhalb einer *Familie* zu diesem schrecklichen Loyalitätskonflikt kommt. Wie Aristoteles beobachtet hat, ereignen sich die bedauerlichsten Tragödien, wenn Vater gegen Sohn steht, Bruder gegen Bruder: Es sind Familientragödien.[36]

Tragödie und Märtyrertum hängen eng zusammen. Das Märtyrertum ist die christliche Form der Tragödie, die Tragödie die weltliche Form des Märtyrertums. Bei beiden kommt es zu Trauer und Tod, weil diejenigen, die legitime Macht ausüben, ungerecht sind. Bei beiden stehen die Opfer für die gerechte Sache.[37] Sowohl Tragödie wie Märtyrertum hängen eng mit den primitiveren religiösen Formen des Menschenopfers zusammen.

Diese Dinge sind so eng miteinander verbunden, daß man Christus mit Recht eine tragische Gestalt nennen kann, einen Märtyrer, ein Opfer. Und obwohl Prometheus nicht für alle tragischen Helden Griechenlands steht, ist auch er ein Märtyrer und ein Opfer, aber ebensosehr ein tragischer Held, da sein Leiden zu einer Hilfe für die Menschheit wurde.[38]

Alle Märtyrer vermitteln das Gefühl, sie seien betrogen worden. Sie handeln, als hätte man ihnen irgendwie Gerechtigkeit versprochen, als hätten sie aber statt dessen eine Verletzung ihrer Rechte erlebt, als hätte man ihnen irgendwo Liebe versprochen und dafür den Tod gegeben. Sie wollen diejenigen, die an der Macht sind, nicht nur in etwas Böses verwandeln, sondern zu Betrügern machen: diejenigen, die gute Taten versprechen und sich dann als Tyrannen erweisen. Sogar Christus rief am Kreuz aus, sein Vater habe ihn verlassen. Das ist bemerkenswert, weil nichts in der Passionsgeschichte darauf hindeutet, daß Gott Christus versprochen hatte, nicht leiden zu müssen. Nichts in der Passionsgeschichte läßt erkennen, daß Christus nicht schon vorher alles wußte, was geschehen würde. Warum ruft Christus dann aus, Gott habe ihn verlassen, wenn das Gefühl des Betrogenseins nicht untrennbar mit dem Märtyrertum verbunden wäre?

Diese Atmosphäre des Betrugs hat auch etwas mit einem weiteren Aspekt von Familien-Märtyrertum zu tun: mit der Intensität von Liebe und Haß bei den Opfern. Das Kind Mbaga liebt Gott so innig, daß es bereit ist, für diese Liebe zu sterben; aber ebenso stark ist der Haß, den Mbaga für seinen Vater empfindet, ein durch die überwältigende Hingabe an Gott unterdrückter und verborgener Haß. Mbaga ist bereit zu sterben, weil das Sterben diese beiden Leidenschaften zugleich befriedigen wird. Nichts könnte seinen Vater tiefer verletzen und ihm zugleich beweisen, wie sehr er, Mbaga, Gott liebt.

Bei Bruno ist es das gleiche. Er will seinen Bruder Bosa nicht aus der Verantwortung entlassen. Bosa ist zwar nicht der Anlaß zu Brunos Tod; aber Bruno besteht darauf, eine Situation zu schaffen, in der Bosa ihn verleugnen muß. Hätte Bruno lediglich um Wein und ein bißchen Mitleid gebeten, hätte Bosa das gewähren können; aber Bruno bestand auf weit mehr: Er wollte von Bosa hören: «Ja, du hast recht» oder: «Ich werde dir in den Tod folgen.» Und als Bosa nichts dergleichen sagte, spie ihm Bruno durch seine Weigerung, den Wein zu trinken, symbolisch ins Gesicht. Der nicht getrunkene Wein sollte sich bei Bosa in eine große Bürde aus Schuld und Reue verwandeln.

Diese seltsame Verbindung von intensivem, scheinbarem Idealismus und von Liebe einerseits, einem gewaltigen Zorn andererseits gibt es auch in unserer heutigen Welt bei einem Phänomen, das etwas mit Märtyrertum zu tun hat: beim Terrorismus der extremen Linken. Terroristen sind keine gewöhnlichen Kriminellen, obwohl auch sie nichts anderes tun als die meisten Verbrecher; aber sie geben vor, im Interesse eines Ideals zu handeln. So sprechen sie oft von großer Liebe zu anderen. Wenn das erklärte Ziel des Terrorismus die Unabhängigkeit eines Landes oder die Errichtung einer egalitären Gesellschaft ist, wird das Gefühl der Brüderlichkeit und Schwesterlichkeit bei einer Vielzahl von Menschen zu einem erklärten Ideal, ebenso wie bei den Märtyrern Bugandas, deren Liebe zu Christus und ihren Mitmärtyrern ihnen den Tod brachte. Es gibt jedoch auch Unterschiede. Der Terrorist kann nicht leben, ohne andere Menschen zu töten oder zumindest den Tod anderer in Kauf zu nehmen. Terroristen haben einen ungeheuren Zorn in sich. Und für viele von ihnen wird das Leben zu einem Mittel des Selbstmords: durch Haft oder Hinrichtung, Unfälle mit eigenen Bomben oder durch Verwundungen bei bewaffneten Angriffen. Nur wenige erreichen ein hohes Alter.

Dieses Syndrom von Idealismus, Liebe, Zorn und Selbstmord hängt eng mit der Zeit der Spätadoleszenz zusammen – genauer mit der Zeit zwischen Adoleszenz und frühem Erwachsensein. Studentenunruhen und -revolten, intensiver politischer Idealismus, rücksichtsloses persönliches Verhalten, Anorexia nervosa (dieser Fast-Selbstmord) sowie der Selbstmord selbst sind sämtlich charakteristische Erscheinungen dieses Lebensalters. Und der Zorn, den man bei so vielen dieser Erscheinungsformen feststellen kann, erhält durch das Gefühl des Betrogenseins weitere Nahrung.

Die Pagen Bugandas waren perfekt geeignete Kandidaten für Bekehrung und Märtyrertum. Sie hatten das richtige Alter. Das Gefühl des Betrogenseins stellte sich bei ihnen leicht ein, weil man sie von zu Hause weggeschickt hatte. Die Gesellschaft, in der sie lebten, war gerade dabei, das Sippensystem abzuschaffen und neue Formen des politischen Zusammenhalts einzuführen – eine Zeit des sozialen Übergangs und des Aufruhrs, die nie leicht ist –, und sie befanden sich im Schnittpunkt dieser Umwandlung. Der *kabaka*, der ihr neuer Vater sein, der ihre Eltern ersetzen sollte, betrog sie tatsächlich, als er sich weigerte, den Idealismus ihres Glaubenswechsels zu unterstützen. Sie fühlten sich auch von ihren Eltern betrogen, und in der Realität durch den *kabaka* im Stich gelassen; man ließ sie mit der idealisierten Liebe zu Christus und Jehovah allein. Wie beim Selbstmord, aber doch anders als beim Selbstmord, von Zorn und Liebe verzehrt, gingen sie magisch in den Tod.

6

Leben und Zeit von Premierminister Mukasa, Teil III

Der anglikanische Bischof Hannington durchquerte 1885 auf seinem Weg nach Buganda das spätere Kenia. Hannington, der die anglikanischen Missionsstationen in Buganda besuchen wollte, ging davon aus, er sei willkommen. Er wollte das Land von Busoga aus betreten, dem nordöstlichen Nachbarn Bugandas. Das war ein Fehler. In der Überlieferung der Baganda war davon die Rede, daß ein fremder, zerstörerischer Feind ihr Land von dort betreten würde. Diese Überlieferung fiel in Mwangas hysterischer Natur auf fruchtbaren Boden und brachte ihn im Verein mit seiner wachsenden Feindseligkeit gegenüber dem Christentum dazu, den Bischof in Busoga umbringen zu lassen.

Nach dem Mord fürchtete Mwanga die Rache irgendwelcher übernatürlicher Kräfte sowie die der höchst realen englischen Soldaten. Da er sowohl die Kontrolle über sein Land wie über sich selbst verloren hatte, ließ der *kabaka* seinen Zorn an den bekehrten Christen aus. Der erste Märtyrer des Blutbads von 1886 wurde derselbe Joseph Mukasa, dessen Informationen die Ermordung Mwangas vor knapp einem Jahr verhindert hatten. Mwanga hatte vorhergesagt, Joseph Mukasa werde eines Tages *katikiro* werden, aber Loyalität gegenüber einzelnen oder Idealen gehörte nicht zu den Tugenden des Königs.

Joseph wurde festgenommen und ins Haus des *kabaka* gebracht. Der *katikiro* war ebenfalls anwesend. Mwanga ließ seinen Zorn an dem Konvertiten aus: Er habe den weißen Männern Staatsgeheimnisse verraten und Obstruktion betrieben; er habe den *kabaka* beleidigt, indem er sagte, es sei falsch, den Bischof zu töten, und daß Mutesa so etwas nie getan hätte; er habe versucht, den König zu vergiften, als er Pater Lourdel um Medizin für den *kabaka* bat; man habe ihm verboten, diese Religion des weißen Mannes anzunehmen, er habe es aber dennoch getan und sei dabei sogar so weit gegangen, den Dienern des *kabaka* bei Hofe Religionsunterricht zu geben und sie gegen ihn aufzuwiegeln: «Sie tun nicht mehr, was ich ihnen sage.»[1]

Katikiro Mukasa stimmte in die Beschuldigungen ein und machte sich Mwangas Wahn zunutze. «Da er versucht hat, dich zu vergiften, ist es offenkundig, daß wir einen Hexenmeister vor uns haben. Da er dich also töten wollte, laß ihn vor dir die Wohnung des Todes betreten. Übergib ihn mir, und ich werde dich von ihm befreien.» Der Premierminister rief die Scharfrichter herein, die ständig vor der Tür des *kabaka* Wache hielten, und sie fesselten den Gefangenen sofort. «Du hast mich gerettet!» rief der *kabaka* aus. «Jetzt wird es nie mehr zwei *kabakas* an diesem Hof geben... Dies ist der Mann, der mich immer unterrichten wollte und mir den Rat gab, mein Amulett wegzuwerfen!»[2]

Auf Befehl des Königs führte man Joseph Mukasa hinaus, um ihn zu verbrennen: «Er darf die Nacht nicht überleben», lautete die letzte Anweisung von Katikiro Mukasa.[3] Der oberste Scharfrichter jedoch, Mukajanga, kannte den Wankelmut des *kabaka* nur zu gut. In der Vergangenheit hatte er sich bei der Ausführung ähnlicher Befehle oft viel Zeit gelassen und war dafür mit dem Dank des Herrschers belohnt worden, wenn dieser sich eines anderen besann und den Verurteilten begnadigte. In diesem Fall würde höchstwahrscheinlich etwas Ähnliches geschehen, denn das Opfer war immerhin ein enger Verbündeter des *kabaka* gewesen.

Mukajanga ließ sich also bei der Vorbereitung des Scheiterhaufens Zeit, und als seine Männer bei der Arbeit waren, sah er tatsächlich einen Boten den Hügel herunterkommen. Mukajanga, der die gewohnte Begnadigung erwartete, erfuhr mit Bestürzung, daß der Bote ein Todesengel war und kein Sendbote der Gnade. Es war ein Bote des Premierministers, der die sofortige Verbrennung des Mannes verlangte.[4] Mukajanga konnte sich einem solchen Befehl des *katikiro* nicht widersetzen, und so wurde Joseph Mukasa zum ersten katholischen Märtyrer Bugandas. Als die Flammen des Scheiterhaufens schon erstarben, traf ein zweiter Bote ein, diesmal vom *kabaka*, der Befehl gab, man solle Joseph nicht töten, sondern ins Gefängnis werfen. Wieder einmal hatte der verschlagene, sadistische *katikiro* seinen unreifen, hysterischen Herrn ausmanövriert.

Grausamkeit und Sadismus des Premierministers verstärkten sich noch im Verlauf der weiteren Ereignisse. Er wurde älter, und das Alter ist für manche Menschen eine Zeit, in der sie ihrer Aggressivität freien Lauf lassen. Da sich um ihn herum alles veränderte, mag er die Notwendigkeit gefühlt haben, die alten Werte zu erhalten, und seine Art Grausamkeit war im traditionellen Buganda wahrhaftig ein Wert gewesen. Diese Brutalität kann aber auch ein Ergebnis des Umstandes gewesen sein, daß er ebenso wie Mutesa und Mwanga darum wußte, daß er die Dinge nicht mehr unter Kontrolle hatte, daß die etablierten Methoden der Machtausübung nicht mehr wirksam waren. Als er fühlte, wie ihm die Macht immer mehr entglitt, muß er angesichts seiner bevorstehenden Machtlosigkeit in den ausgestochenen Augen und verstümmelten Armen seiner Opfer so etwas wie eine vorübergehende Erleichterung empfunden haben.

Katikiro Mukasa schreckte nicht einmal davor zurück, Angehörige der königlichen Familie zu verurteilen. Prinzessin Muggale, eine Schwester Mwangas, hatte mit dem Wissen aller eine Affäre mit dem jungen Bwami gehabt. Sogar Mwanga hatte von dem Verhältnis gewußt und darüber Scherze gemacht. Solange man das Paar nie in flagranti erwischte, brauchte offiziell nichts unternommen zu werden. Eines Tages entdeckte man die beiden jedoch, und dem Hof wurde Bericht erstattet. Muggale wurde zwar vergeben, aber Mackay zufolge erst dann, nachdem Mwanga sie schwer verprügelt hatte. Bwami war ein ernsterer Fall, da die Todesstrafe die in solchen Fällen übliche Konsequenz war. Mwanga wollte ihm zwar vergeben, aber Katikiro Mukasa bestand auf schwerer Bestrafung, setzte sich durch und ließ dem jungen Mann die Augen ausstechen.[5]

Als Mwangas Zorn über die zum Christentum Bekehrten ausbrach, war der Premierminister die treibende Kraft – er bedrängte den König und stellte sicher, daß der *kabaka* sich nicht anders besann, ließ eigenmächtig Hinrichtungen anordnen und sorgte allgemein dafür, daß die jeweils verhängte Strafe immer der Tod war und nicht Gefängnis oder Prügelstrafe. Ironischerweise war Mwafu, der Sohn des *katikiro*, der unmittelbare Anlaß für die Verfolgungen gewesen.

«Als Mwafu, der Sohn Kanzler Mukasas, an den Königshof kam, war er ein hübscher Junge. Schon bald faßte der *kabaka* Zuneigung zu ihm und beging mit ihm Sodomie», berichtete ein Baganda-Häuptling.[6] Mwafu jedoch begann, sich mit Religion zu beschäftigen, und zeigte sich den Bedürfnissen des *kabaka* gegenüber immer weniger aufgeschlossen. Eines Tages fiel Mwanga auf, daß Mwafu nicht einmal bei Hof seinen Dienst versah, was von ihm verlangt wurde. Über sein Fehlen erzürnt, schickte Mwanga eine Patrouille los, um den Jungen festzunehmen. Man fand ihn und brachte ihn zum *kabaka*:

«Woher kommst du? Sag mir genau, wo du gewesen bist, und keine Lügen!»

«Ich bin bei Ssebuggwawo gewesen», erwiderte der junge Mann.

«Was habt ihr getan?»

«Er hat mich in Religion unterrichtet.»

«So ist das!» rief der *kabaka* und schlug den Jungen mit der Hand. «Ssebuggwawo ist derjenige, der dich gegen mich aufbringt und dich immer zu Kisule mitnimmt, um dir Religionsunterricht zu geben! Hat dein Vater dich hergeschickt, um mir zu dienen oder damit du die Religion der weißen Männer lernst?»

Dann wandte sich Mwanga Ssebuggwawo zu.

«Ist Mwafu bei dir gewesen?»

«Ja», erwiderte Ssebuggwawo.

«Was hast du mit ihm gemacht?»

«Ich habe ihm Religionsunterricht gegeben.»

Der *kabaka* wandte sich wieder Mwafu zu und sagte zornig: «Es ist also wahr! Du beschäftigst dich auch jetzt mit Religion, nicht wahr?»

«Ja, ich studiere Religion.»

Außer sich vor Zorn schrie Mwanga Ssebuggwawo an: «Und du nimmst immerzu den Sohn meines Vasallen in Kisules Haus mit, um ihm Religionsunterricht zu geben! Hast du nicht gehört, daß ich den Religionsunterricht verboten habe?»

«Ja, ich habe ihn in der christlichen Religion unterwiesen», entgegnete Ssebuggwawo.

«Du bist also für den Versuch verantwortlich, ihn zu bekehren?»

«Ja, ich bin es, der ihn unterrichtet...»[7]

Bei diesen Worten bekam Mwanga einen Tobsuchtsanfall. Er prügelte auf Ssebuggwawo ein und rief, die Scharfrichter sollten kommen und ihn wegbringen. Ssebuggwawo wurde am nächsten Morgen getötet. Mwafu, der unter dem Schutz seines Vaters stand, wurde vor dem Tod gerettet.[8]

Da die Zahl der Opfer immer größer wurde, konnte Mwanga nicht alle Urteile selbst aussprechen, so daß der *katikiro* bei bestimmten Konvertiten sein privates Urteil fällte. Matthias Mulumba war kein Page, sondern ein reifer Mann. Man brachte ihn zum Premierminister: «Warum betest du?» fragte der *katikiro*. «Was hat dich dazu gebracht, dich, einen Mann von gutem Ruf, in deinem Alter die Religion des weißen Mannes anzunehmen?»

Mulumba erwiderte: «Ich praktiziere diese Religion, weil ich es will.» Mukasa gab jedoch nicht die Hoffnung auf, ihn zum Zorn zu reizen: «Man hat mir gesagt, du hättest alle deine Frauen weggeschickt. Du kochst also dein eigenes Essen, nehme ich an?» Mulumba ließ den *katikiro* wissen, er könne ihm zwar das Leben nehmen, aber seine Seele gehöre ihm: «Hat man mich zu dir gebracht, weil ich dünn bin oder weil ich die Religion ausübe?»[9]

Wenige Tage nach Mulumbas Hinrichtung erfuhr Mukasa, daß das Opfer von seinem, Mukasas, Onkel Magatto adoptiert und aufgezogen worden und daher ein Verwandter war. So gut, wie es ein solcher Mann vermag, drückte Mukasa sein Bedauern über das Geschehene aus. «Wenn ich das gewußt hätte, hätte ich ihn nicht zum Tode verurteilt, sondern in meinen Haushalt aufgenommen und ihm die Aufsicht über all meine Güter übertragen; denn ich weiß, daß religiöse Menschen nicht stehlen!» Das war nicht einfach so dahingesagt: Der *katikiro* befahl seinem Bruder, Mulumbas Witwe auf dem Familiengut unterzubringen und zu versorgen.[10]

Diese Reaktion auf Mulumbas Tod ist eine von nur wenigen Gelegenheiten, bei denen wir einen Mukasa erleben, der menschlicher ist als der rachsüchtige politische Intrigant, als der er normalerweise erscheint. Eine andere Gelegenheit ergab sich kurze Zeit nach dem Ausbruch der Christenverfolgung. Viele Pagen wurden am Hof gefangengehalten; die Frage war nur, ob man sie hinrichten sollte oder nicht. Pater Lourdel, der zum Palast gegangen war, um sich für ihr Leben einzusetzen, war auf dem Nachhauseweg, als er zufällig dem *katikiro* begegnete. Mukasa behandelte Lourdel mit übertriebener Höflichkeit, als sie den Hügel hinuntergingen. Lourdel, der nicht wußte, woher der Gnadenerweis zu erlangen war, flehte den Premierminister an. Verbannt die Missionare, sagte er, aber richtet nicht die jungen Christen hin. Der *katikiro* von Buganda wies ihn zurecht: «Wir töten unsere eigenen Kinder und nicht eure. Was euch betrifft, so seid ihr unsere Gäste; wir werden euch nicht verjagen. Unterrichtet uns, soviel ihr wollt; aber wir werden ebenso viele töten, wie ihr unterrichtet.»[11]

Der mit diesem Tadel noch nicht zufriedengestellte Premierminister konnte sich einen letzten Verweis nicht verkneifen: «Ihr Männer Gottes wißt viele Dinge, aber ihr habt nicht gewußt, was heute geschehen würde.»[12] Unbewußt sprach Mukasa auch zu sich selbst. Er hatte nicht gewußt, was mit seinem Land geschieht, und er konnte auch nicht wissen, was selbst die nächste Zukunft bringt. Im Moment war er noch an der Macht, aber vielleicht nur noch für diesen Tag.

Wenn er mit jemandem ein Hühnchen zu rupfen hatte, schreckte Mukasa buchstäblich vor nichts zurück. Wie wir uns erinnern, hatte Mwanga mehr als ein Jahr vor dem Blutbad von 1886 Joseph Mukasa und Andrew Kaggwa, den beiden katholischen Konvertiten, eine leuchtende Zukunft vorhergesagt und sie gepriesen. Joseph Mukasa war vom Premierminister inzwischen schon beseitigt worden. Als der Terror allmählich immer mehr Opfer forderte, fiel auch Andrew Kaggwa dem *katikiro* in die Hände. Der Premierminister befahl den Scharfrichtern, ihn zu töten, und da er wieder einmal befürchtete, der *kabaka* könne sich anders besinnen, fügte er hinzu: «Bringt es schnell hinter euch und bringt mir seinen Arm zum Beweis dafür, daß ihr eure Arbeit getan habt.» Der *katikiro* erkannte unbewußt die kannibalistische Natur des verlangten Beweises an, indem er hinzufügte: «Ich werde keine Speise anrühren, bis ich ihn gesehen habe.»[13]

Die Scharfrichter wußten nicht, was sie tun sollten. Sie erinnerten sich, daß Mwangas Begnadigung bei Joseph Mukasa zu spät gekommen war. Wenn sie die Hinrichtung verzögerten und Andrew Kaggwa vom *kabaka* begnadigt werden sollte, würden sie eine große Belohnung erhalten. Man durfte den Zorn des *katikiro* jedoch nicht über eine bestimmte Grenze hinaus auf die Probe stellen. Das Opfer, das begierig war, zum Märtyrer zu werden, half ihnen bei der Entscheidung: «Warum führt ihr nicht unsere Befehle aus? Ich befürchte, daß ein Zögern euch in ernste Schwierigkeiten bringen wird. Falls euer Herr euch befohlen hätte, ihm ein Rehkitz zu servieren, würdet ihr ihn dann warten lassen? Ihr würdet sofort losgehen und es töten. Nun, er wünscht meinen Arm, und er kann nicht essen, bis er ihn bekommt. Bringt ihn ohne Verzögerung zu ihm!»[14]

Was für eine außergewöhnliche Vielfalt, welch ein Gegensatz und welche Entschlossenheit menschlicher Motive vereinigen sich in dieser einen Aussage: mehr noch in dem einen Ausdruck «unsere Befehle». Menschenopfer, Opfergaben, Kannibalismus, Bereitschaft zu sterben, Loyalität, Identifikation mit dem Aggressor, Idealismus, Haß, Selbstmord, Liebe. Wie vielschichtig ist doch die Irrationalität des menschlichen Daseins!

Der *katikiro* sorgte sich um sein Abendessen. Er brauchte nicht lange zu warten, «denn nach wenigen Minuten erschien der Torhüter des Kanzlers wieder und trug Kaggwas blutenden Arm, den man an der Schulter abgetrennt hatte und der an einer Fleischfaser hing, herein».[15]

Trotz all seiner Exzesse hatte Mukasa nicht seine politische Weisheit verloren, im Gegensatz zu Mwanga, der sich vollständig von seinen Launen beherrschen ließ. Nach dem großen Blutbad und nachdem mehrere Monate ohne Hinrichtungen vergangen waren, wurde Mwanga ruhelos. Als einer seiner christlichen Pagen sein Mißfallen erregt hatte, ließ er diesen sowie eine Reihe anderer festnehmen. Um diese Zeit jedoch hatte der *katikiro* genug. Da er wußte, daß das Land mit Mwanga und dessen hysterischen Ausbrüchen zunehmend unzufrieden war, warnte Mukasa den *kabaka*, die Nachbarländer würden erfahren, daß die Baganda alle ihre jungen Männer umbrächten und sich so selbst schutzlos machten und zu Angriffen geradezu einluden. Mwanga hörte auf ihn und befolgte den Rat.[16]

Mukasa war jedoch nicht mächtig genug, die allgegenwärtige Unfähigkeit Mwangas auszugleichen. Da die Unzufriedenheit wuchs, versuchte Mwanga sie dadurch zu überwinden, daß er den Moslems und den Christen immer stärkeren Widerstand entgegenbrachte, wobei ihm entging, daß ihn dieser Kurs fast völlig von Anhängern entblößen würde. Im September 1888 heckte Mwanga einen Plan aus, das Land von den höchsten christlichen Konvertiten zu befreien, eine Aktion, die zum Scheitern verurteilt war. Katikiro Mukasa ließ seinen jungen *kabaka* schließlich im Stich, warnte die Christen vor der Intrige[17], stimmte mit der Moslem-Partei darin überein, daß Mwanga abgesetzt werden müsse, ging zum Palast und zitierte ein bugandisches Sprichwort, das besagt: «Der Hund, den du füttest, wird deine Hand beißen», und sagte dem *kabaka* dann, er solle auf den Lubaya-Hügel auf der anderen Seite des Wegs blicken. Der Hügel war mit aufständischen Soldaten bedeckt. Der *katikiro* zog sich zurück, und da er sich wie immer eine Hintertür offenhielt, ließ er einen Sohn zurück, der für den König kämpfen sollte.[18] Als einer von Mwangas Pagen getötet wurde, gab der König auf und flüchtete zum See. Das war das Ende des Kampfes. Die moslemischen, protestantischen und katholischen Kräfte beherrschten fortan das Land.

Die erste Tat der neuen Herren bestand darin, die wichtigen Häuptlingtümer und Gouverneursämter unter sich aufzuteilen. Zuvor mußten sie jedoch noch das Problem Katikiro Mukasa lösen. Hier gab es keine Meinungsverschiedenheiten. Sie fällten einstimmig die Entscheidung, daß er gehen müsse. Man schlug ihm die Bitte ab, noch ein paar Tage im Amt zu bleiben, damit er seine Geschäfte ordnen könne. Sie schickten ihn in den Ruhestand, nach Kasubi, an den Ort, in dem das Grab seines alten Herrn und Meisters Mutesa stand.[19]

Die Aristokratie Bugandas war noch nicht in der Lage, das Land ohne einen *kabaka* zu regieren – es kam niemandem in den Sinn, das Königtum aufzugeben –, und Kiwewa, ein Bruder Mwangas, wurde zum neuen König ausersehen. Schon bald jedoch machten sich bei den siegreichen Rebellen die verschiedenen Fraktionen bemerkbar. Die Araber aus Sansibar, die mit den Moslems von Uganda ein natürliches Bündnis eingegangen waren, waren über den neuen *kabaka* nicht glücklich, ebensowenig mit dem neuen *katikiro*, einem Christen.[20] Kiwewa, der in der Politik keinerlei Erfahrung hatte, mußte sich auf den Rat des amtierenden *katikiro* verlassen und konsultierte oft sogar den abgesetzten Mukasa. Mukasa gab dem jungen *kabaka* den Rat, sich gegenüber den Moslems nicht allzu kompromißbereit zu zeigen. Diese Taktik erwies sich jedoch als Rohrkrepierer; die Moslems erhoben sich wieder zu einer Revolte und wählten einen anderen Bruder Mwangas, Kalema, zum *kabaka*. Da er aus der Hauptstadt fliehen mußte, machte sich Kiwewa sofort auf den Weg, um an der Seite Mukasas an Mutesas Grab Asyl zu finden. Der verschlagene alte *katikiro* im Ruhestand hatte keinerlei Bedenken, jemanden fallenzulassen, dessen Stern gesunken war. Mukasa und seine Gefolgsleute trieben Kiwewa und sein Gefolge vom Grabmal weg, wobei sie fünf Menschen töteten.[21]

Kalema war zum Islam übergetreten, hatte sich bereit erklärt, sich beschneiden zu lassen, und wurde zum Instrument der Moslem-Fraktion. Mukasa konnte es selbst an seinem Ruhesitz nicht lassen, Intrigen zu spinnen, die ihn vielleicht an die Macht zurückbrächten, und machte sogar Mwanga Avancen, der jetzt südlich des Victoriasees im Exil lebte. Kalema erfuhr von diesen Verhandlungen und schickte dem ehemaligen *katikiro* Mörder ins Haus: «Als die Todesboten kamen, benahm er sich sehr würdig und nahm den Tod mit größtem Mut auf sich. Er sah, daß ein Mord geplant war, und leistete keinen Widerstand. Er wurde erschossen, und man warf seinen Leichnam in eines der Häuser, das anschließend in Brand gesetzt wurde, so daß alles, was an ihm sterblich war, in Flammen aufging.»[22]

Die Kraft von Mukasas Charakter hatte auf viele Europäer tiefen Eindruck gemacht. Emin Pascha nannte ihn den einzigen Gentleman Bugandas. Der englische Missionar Robert Ashe, der Mukasas natürlicher Feind hätte sein können, hielt ihn für bemerkenswert wohlerzogen und höflich. «Er besaß», schreibt Ashe, «eine erstaunliche Einsicht in den menschlichen Charakter... Wenn er sich nicht von der grausamen Leidenschaft der Rache hinwegtragen ließ, konnte er eine staatsmännische Weltsicht an den Tag legen.»

«Dieser Mann», sagte Ashe, «war einer der bemerkenswertesten Afrikaner, denen ich je begegnet bin.»[23]

II

Das alte Polynesien:
Tonga, Tahiti, Hawaii

Ein Tänzer aus Hawaii

7

Die Schönheiten Tongas

Finow I., ein kraftvoller militärischer und politischer Führer, schmiedete in der zweiten Hälfte des 18. Jahrhunderts die verschiedenen Häuptlingtümer von Vavau (einer der Tonga-Inseln im polynesischen Pazifik) zu einer zentralisierten Monarchie zusammen, erfreute sich auf Vavau und anderen Inseln der Tonga-Gruppe mehrere Jahre großer militärischer und politischer Macht und starb.

Sein Sohn, Finow II., folgte ihm auf den Thron. Dieser Finow war einer der bemerkenswertesten Herrscher einer fortgeschrittenen komplexen Gesellschaft, die uns bekannt sind. Er war ein ‹Monarch mit zivilisatorischen Fähigkeiten› und hatte Energie und Mut seines Vaters geerbt. Auf den Feldern der Kunst, des Handwerks und der friedlichen Verfolgung einer geordneten Politik setzte er beide Eigenschaften ein. Zu diesem Ziel und vor allem, um die Möglichkeiten eines Krieges auszuschalten, entschloß sich Finow II., die Verbindung zwischen Vavau und anderen Inseln der Tonga-Gruppe zu kappen. Er wünschte vor allem ein Ende des Umgangs mit dem Volk der Haapai-Inseln, da der Kontakt der beiden Inseln besonders eng gewesen war.

Haapai schickte alljährlich einen Tribut zu Finows Insel Vavau. Als das Kanu in diesem Jahr mit den Geschenken ankam, sagte der neue König Finow dem verantwortlichen Edelmann, dies sei seine letzte Reise dieser Art; niemand von Haapai dürfe Vavau je wieder besuchen.

Ein letzter diplomatischer Vorgang mußte mit Hilfe dieses Kanus noch geregelt werden. Finow I. war mit Máfi Hábe verheiratet gewesen, der Tochter von Tooi Bolotoo, einem der Hauptherrscher auf der Insel Haapai. Nach dem Tode ihres Mannes hatte Máfi Hábe den Wunsch geäußert, in das Haus ihres Vaters zurückzukehren, und Finow II. hatte Tooi Bolotoo dies zugesagt. Máfi Hábe wurde angewiesen, sich selbst und ihr Gefolge für die Abreise mit diesem letzten Tribut-Kanu bereitzumachen.

Das Problem bestand darin, daß Máfi Hábe als Hauptfrau des Königs eine große Zahl von Dienerinnen gehabt hatte, «von denen viele zu den schönsten Frauen»[1] auf Vavau gehörten. Wie zu erwarten, hatten viele der jungen Männer aus der Umgebung Finows sich mit diesen Hofdamen eingelassen, und andere hegten die Hoffnung, dies in Zukunft zu tun. Da die Máfi Hábe gewährte Erlaubnis zur Abreise gewohnheitsgemäß auch die Genehmigung einschloß, sämtliche Dienerinnen mitzunehmen, und da diese sehr an ihrer Herrin hingen, würde es bei einem normalen Verlauf der Dinge zu einer ernsthaften Verringerung der Heiratschancen und der sexuellen Möglichkeiten auf der Insel kommen. Finow befürchtete sogar, daß einige seiner unzufriedenen jungen Männer sich unter diesen Umständen versucht fühlen könnten, den Frauen zu folgen.

Ein offenes Vorgehen schien die beste Taktik zu sein. Finow ließ Máfi Hábe kommen, setzte sie von seinem Problem in Kenntnis und verriet ihr, daß er sich ‹bei ihrer Abreise› etwas einfallen lassen werde, um die jungen Frauen von der Abreise abzuhalten. Máfi Hábe erhob keine Einwände; sie hatte nicht vor, auf großem Fuß zu leben, und freute sich eher auf ein ruhiges Leben mit ihrem Vater. Sie brauchte nur zwei Dienerinnen; die übrigen könnten auf Vavau bleiben.

Obwohl er Máfi Hábes Zustimmung eingeholt hatte, wußte Finow, daß ihre Dienerinnen nicht damit einverstanden sein würden, zurückgelassen und von ihrer Herrin verlassen zu werden; man würde sie mit Gewalt zurückhalten müssen. Da Finow das gewaltsame Zurückhalten der jungen Frauen nicht als Ausdruck seines autoritären Handelns erscheinen lassen wollte, bat er William Mariner um Hilfe, den Chronisten dieses Ereignisses. Mariner, ein Engländer, hatte einen Schiffbruch und ein anschließendes Massaker an der Besatzung zur Zeit König Finows I. überlebt und war im Lauf der Zeit Ratgeber beider Könige Finow geworden, die ihm volles Vertrauen schenkten. Mariner hatte nicht nur ein Gewehr, sondern wußte auch damit umzugehen – ein unschätzbarer politischer Vorteil. Finow II. wies Mariner an, wie er in dieser delikaten Situation vorgehen solle.

Als das Kanu zur Abfahrt bereit war, wurde die Witwe Máfi Hábe an den Strand getragen; sofort folgten ihr die beiden zu ihrer Begleitung ausersehenen Dienerinnen. Die restlichen jungen Frauen gingen dann ebenfalls auf das Kanu zu, fanden den Weg aber durch Mr. Mariner versperrt, der die vorderste Frau ergriff, sie ins Wasser warf und die anderen warnte, er werde sie mit seiner geladenen Muskete erschießen, falls sie Máfi Hábe zu folgen versuchten. Mariner rief den männlichen Dienern Finows, die angewiesen worden waren, sich an den Strand zu setzen, zu, ihm zu Hilfe zu kommen. Er gab sich verblüfft, trieb sie an, ihm zu helfen, und wunderte sich, daß sie die Frauen ziehen lassen wollten, zu deren Schutz sie im Kampf so oft ihr Leben riskiert hatten. Die jungen Krieger sprangen auf, eilten Mariner zu Hilfe und hielten die Frauen, die ein lautes Geschrei erhoben, gewaltsam zurück. In diesem Augenblick erschien Finow auf der Szene und erkundigte sich unschuldig nach dem Grund für ihre Betrübnis. Togi (wie die Inselbewohner Mariner nannten) habe sie mit Gewalt daran gehindert, ihrer geliebten Herrin zu folgen, berichteten sie, und Finows Gefolgsleute hätten ihm grausam Hilfe geleistet.

In diesem Moment sprach einer der eloquenteren von Finows Wacht-posten offenbar wie verabredet den König an: «Wir haben uns alle bereit erklärt, eher das Leben zu lassen, als zu erlauben, daß diese Frauen, für die wir so oft gekämpft haben, uns für immer verlassen. Es ist denkbar, daß wir schon bald vom Volk Haapais angegriffen werden. Und sollen wir hinnehmen, daß einige unserer besten Frauen zu den Männern überlau-fen, die schon bald unsere Feinde sein werden? Diese Frauen, deren An-blick und deren Andenken unsere Herzen in Zeiten der Gefahr so oft erfreut haben, die uns befähigt haben, den tapfersten und wildesten Fein-den zu widerstehen und sie in die Flucht zu schlagen? Wenn unsere Frauen weggeschickt werden sollen, dann schick im Namen der Götter auch unsere Gewehre weg, das Pulver, all unsere Speere und unsere Keu-len, unsere Bogen und Pfeile und jede andere Verteidigungswaffe: Mit der Abreise der Frauen wird auch unser Lebenswille aufhören, denn dann bleibt uns nichts mehr, was einer Verteidigung wert wäre, und wenn wir keinen Grund mehr haben, uns selbst zu verteidigen, kommt es kaum noch darauf an, wie wir sterben.»

Finow konnte sich diesem beredten Gefühlsausbruch nur beugen und erklärte dem für das Kanu verantwortlichen haapaiischen Edelmann, er sei leider gezwungen, ohne die Dienerinnen der verwitweten Königin ab-zureisen. Finow sagte ihm ferner, kein Kanu aus Haapai solle sich je wie-der Vavau nähern; denn das würde als feindselige Handlung gewertet werden und entsprechende Gegenmaßnahmen auslösen.

Bevor das Kanu in See stach, baten die Frauen Finow, er möge ihnen erlauben, sich angemessen von ihrer Herrin zu verabschieden. Finow stimmte zu. Máfi Hábe kehrte an den Strand zurück, und volle zwei Stun-den hörte man dort lautes Klagen und Jammern, während die Männer von Vavau ungeduldig darauf warteten, daß das Kanu endlich ablegte.

8

Die verzauberten Inseln

Die polynesischen Völker, die höchstwahrscheinlich in den Jahren um 1000 n. Chr. aus Ostasien kamen, besiedelten die meisten bewohnbaren Inseln des zentralen Pazifik. Das Gebiet der polynesischen Besiedlung umfaßt ein riesiges Dreieck, dessen Spitze die Hawaii-Inseln im Nordwesten bilden und das im Südosten von der Osterinsel und im Südwesten von Neuseeland begrenzt wird.

Die Entfernungen zwischen den Inseln sind gewaltig, die Landmassen dagegen mit Ausnahme Neuseelands recht klein. Die Seiten des polynesischen Dreiecks sind sechstausendfünfhundert und achttausend Kilometer lang. Die Insel Tahiti ist nur sechshundertfünfzig Quadratkilometer groß; Hawaii, die größte polynesische Insel mit Ausnahme Neuseelands, umfaßt nur sechstausendfünfhundert Quadratkilometer. Wie wir uns erinnern, war das Königreich Buganda sechzehntausend Quadratkilometer groß.

Die Worte ‹Polynesier›, ‹Semiten› und ‹Bantu› bezeichnen sowohl eine Sprachenfamilie wie die Völker, die diese Sprachen sprechen. Die Polynesisch sprechenden Völker hatten zwar bestimmte körperliche Merkmale gemeinsam, aber es wäre verfehlt, über diese Feststellung hinauszugehen und von ‹Rassenmerkmalen› zu sprechen. Es gab bei allen polynesischen Völkern zwar viele gemeinsame kulturelle Wertvorstellungen und Formen, aber die Anthropologen haben auch Jahre damit zugebracht, sich über deren Allgemeingültigkeit zu streiten. Immerhin stellte man genügend Gemeinsamkeiten fest, um mit Recht von einer alten polynesischen Gesellschaft oder einer alten polynesischen Religion sprechen zu können. Bei der Bantu-Gesellschaft in Afrika haben alle Versuche zu solchen Verallgemeinerungen kaum etwas gebracht. Es kann sein, daß die relative Isolation der polynesischen Inseln die Ähnlichkeiten der verschiedenen polynesischen Kulturen bis zu ihrer ersten Begegnung mit der christlichen Gesellschaft Mitte des 18. Jahrhunderts hat bewahren helfen.

Was die politische Entwicklung betrifft – die Schaffung einer zentralisierten Monarchie und eines zentralisierten Staates –, gibt es unter den fast zwanzig alten polynesischen Gesellschaften, die wir kennen, große Unterschiede. Diese Gesellschaften lassen sich auf einer aufsteigenden

Linie der politischen Entwicklung einordnen, und das haben mehrere Forscher auch getan. Irving Goldman hat sie in drei Kategorien eingeordnet: traditionell, offen, schichtförmig.[1] In der ersten Kategorie finden wir unter anderem die Maori Neuseelands und die Tikopier. Man sollte jedoch beachten, daß auch diese am wenigsten entwickelten polynesischen Gesellschaften ‹nicht primitiv› genannt werden dürfen, daß alle polynesischen Gesellschaften komplex waren. Obwohl es bei den Maori und den Tikopiern keine Monarchien gab, war das Häuptlingtum eine wichtige politische Organisationsform.

Wenn wir uns Goldmans schichtförmige Gesellschaften ansehen (Hawaii, Tahiti, Tonga), entdecken wir monarchische Institutionen und zentralisierte Staaten – das, was wir fortgeschrittene komplexe Gesellschaften nennen. Zum Zeitpunkt des Kontakts mit der amerikanischen und europäischen Kultur hatte jedoch keine polynesische Gesellschaft den gleichen Grad von zentralisiertem Königtum wie das alte Buganda erreicht. In der Zeit der Berührung mit Europäern und Amerikanern wurden solche zentralisierten Staaten auf den Hawaii-Inseln und auf Tahiti gerade erst geschaffen. Wir werden nie wissen, ob die alten polynesischen Gesellschaften diesen Schritt ohne die Anregung durch den Kontakt mit Ausländern geschafft hätten; aber uns liegen Hinweise darauf vor, daß es vor allem auf den Hawaii-Inseln eine unmißverständlich in diese Richtung deutende Entwicklung gab.

Uns beschäftigen hier hauptsächlich die Hawaii-Inseln und Tahiti. Die Insel Hawaii hat einer Gruppe von vier großen Inseln den Namen gegeben – Hawaii (sechstausendfünfhundert Quadratkilometer), Maui (elfhundert Quadratkilometer), Oahu (neunhundertsechzig Quadratkilometer) und Kauai (achthundertachtzig Quadratkilometer). Dazu gehören noch mehrere kleine Inseln, die insgesamt ein Kulturgebiet bildeten. In früherer Zeit standen sämtliche Inseln politisch miteinander in Verbindung.

Tahiti war eine von mehreren wichtigen Inseln der Gruppe der Gesellschaftsinseln. Wie Hawaii bildeten sie ein einziges Kulturgebiet; aber über Tahiti wissen wir soviel mehr, daß man von Tahiti allein sprechen kann.

Die Tonga-Inseln besaßen ebenfalls monarchische Institutionen und bildeten eine fortgeschrittene komplexe Gesellschaft. Wir werden uns zwar nicht auf die Tonga-Inseln konzentrieren, jedoch auf ein bemerkenswertes Buch zurückgreifen, William Mariners *An Account of the Natives of the Tonga Islands* (Ein Bericht über die Eingeborenen der Tonga-Inseln). Es handelt sich um denselben Mariner, von dem wir gerade den Bericht über die Frauen von Vavau gelesen haben. Dieser einzige Überlebende eines Schiffbruchs und eines von den Tonga-Bewohnern an der Besatzung verübten Massakers wurde ein wichtiger Untergebener des Königs, überlebte die wichtigen Regierungszeiten von Finow I. und Finow II., kehrte nach England zurück und schrieb einen außerordentlichen Bericht über seinen Aufenthalt in Tonga, einen Bericht aus der Zeit, als die alte Gesellschaft noch keinen Kontakt mit dem Westen gehabt hatte und noch unverfälscht war.

Auf Hawaii und Tahiti haben auch andere unter ähnlichen Umständen wie Mariner gelebt. Auf Tahiti u. a. auch die Meuterer von Captain Blighs Schiff *Bounty*; aber da keiner dieser Männer über seine Erfahrungen geschrieben hat, ist Mariners Bericht die einzige Quelle, die uns eine Vorstellung von der alten polynesischen Gesellschaft vermitteln kann.

Tahiti

Tahiti wurde 1767 von Christen ‹entdeckt›, als Wallis' Schiff dort vor Anker ging.[2] Kurz danach landete Bougainville dort, 1768, und Cook 1769 auf seiner ersten Fahrt. In den dreißig Jahren zwischen der Entdeckung durch Wallis und der Ankunft der ersten englischen Missionare im Jahre 1797 gab es immer wieder, wenn auch nur gelegentlich, Besuche europäischer und amerikanischer Schiffe. Diese zauberhafte Insel gewann in Europa rasch den Ruf eines Gartens Eden und eines sexuellen Paradieses. Die Dichter der französischen Romantik verliebten sich in die Berichte über diese edlen, schönen, sexuell ungezähmten kupferhäutigen Menschen. Wie bei allen Mythen entsprach auch hier nicht alles der Wahrheit.

Wie in Buganda war das Land äußerst fruchtbar und brachte mühelos den wirtschaftlichen Überfluß hervor, der vielen Menschen eine gewisse Muße ermöglichte, um sich der Politik und der Kunst zuwenden zu können. Die politische Entwicklung hinkte jedoch hinter Buganda und Hawaii her; es war noch keinem König gelungen, eine Hegemonie über die ganze Insel Tahiti zu errichten, die der Vorherrschaft eines Königs über alle Gesellschaftsinseln hätte vorausgehen können.

Tahiti sieht aus wie eine auf der Seite liegende Acht; eine größere und eine kleinere Halbinsel werden durch eine Landenge verbunden. Zu der Zeit von Wallis' Besuch im Jahre 1767 hatte sich die politische Lage auf der kleineren Halbinsel unter einem einzigen Monarchen stabilisiert. Die größere Halbinsel jedoch bestand aus sieben oder acht größeren politischen Einheiten, von denen einige mehr oder weniger zentralisiert waren. Diese politische Zentralisierung reichte von starken Häuptlingtümern bis zu Monarchien mit einer bestimmten Kontrolle durch den König. Die verschiedenen Staaten befanden sich ständig im Kriegszustand miteinander, aber das Ziel dieser Kriege schien nicht die Schaffung einer einzigen herrschenden Monarchie zu sein.

In unserem nationalistischen Zeitalter betrachten wir die Geschichte der Einigung Frankreichs oder Italiens mit dem Gefühl, als hätte es gar nicht anders sein können, und neigen zu der Annahme, es sei irgendwie unordentlich, instabil, ja sogar unmoralisch, wenn mehrere nicht-vereinigte Staaten dieselbe Sprache und dieselbe Kultur besitzen, daß dies eine Lage sei, die den allgemeinen menschlichen Drang zum Nationalstaat verhindere. Darin liegt ein Körnchen Wahrheit, und es ist eine der Aufgaben dieses Buches, zu untersuchen, wieviel Wahrheit und was für eine Art von Wahrheit darin verborgen ist. Es steht auch außer Frage, daß die Völker des alten Buganda und Tahitis diese Ansicht teilten.

In Afrika und Polynesien jedoch konnten fünfzig oder sechzig Häuptlingtümer und Königtümer, in denen die gleiche Sprache gesprochen wurde, nur in einem Kulturgebiet existieren – wie durch das Beispiel Busogas verdeutlicht wird, dem Nachbarstaat Bugandas –, anscheinend ohne daß es irgendeinen kraftvollen Drang zur Einigung des Landes unter einem politischen Oberhaupt gab.

In Tahiti erfolgte diese Einigung erst 1815 unter König Pomare II., der drei Jahre vorher zum Christentum übergetreten war. Pomares Heimatstaat hatte zu der Zeit von Wallis' Besuch nicht zu den mächtigsten gehört; er lag aber in der Nähe des besten Hafens der Insel, was Pomare I. dazu veranlaßt hatte, mit den dort zu Besuch liegenden Schiffen Verbindung aufzunehmen. Die Kapitäne dieser Schiffe blieben hingegen nie sehr lange auf einer der Inseln, auch wenn sie ausführlich über ihre Erfahrungen schrieben; keiner von ihnen hat jedoch eine Beschreibung Hawaiis oder Tahitis liefern können, wie wir sie etwa von Speke oder Stanley aus Buganda kennen. Ein großer Teil ihrer Informationen war unkorrekt. Viele der Engländer beschrieben Pomare I. als König der gesamten Insel, eine totale Verkennung der politischen Realität.

Im Lauf der Zeit machten jedoch englische Kanonen aus den englischen Mißverständnissen eine Realität, und englische Kanoniere – einmal assistierten sogar die Meuterer der *Bounty* den beiden Pomares bei ihren Inselkriegen. Die Bekehrung Pomares zum Christentum fünfzehn Jahre nach Ankunft der Missionare erwies sich auch bei seinen politischen Bestrebungen als hilfreich. Unabhängig von den großen politischen Veränderungen und trotz anfänglich nur geringer Fortschritte und großer Schwierigkeiten faßte das Christentum beim Volk Fuß und wurde daher zu einem einigenden Prinzip. Wir wissen nicht, ob die Bekehrung Pomares ernsthaftem Glauben entsprang oder ob er vielmehr die politischen Vorteile im Auge hatte, die sich daraus ziehen ließen. In diesem Fall hätte er klar erkannt, daß Tahiti eine Einigung verdiente.

Die politische Einigung Tahitis war nicht allein das Werk äußerer Kräfte; es muß auch innerhalb der tahitischen Gesellschaft etwas gegeben haben, was diese besondere Reaktion auf die durch den Kontakt mit der westlichen Welt ausgelöste Herausforderung ermöglichte. Dabei hat natürlich der ohnehin schon erreichte politische Entwicklungsstand bei dieser Entscheidung eine wichtige Rolle gespielt.

Die Hawaii-Inseln wurden elf Jahre später als Tahiti von Euroäern entdeckt, nämlich als Cook auf seiner dritten und letzten Reise 1878 dort
vor Anker ging.[3] Der Prozeß der Staatsbildung war dort bedeutend weiter fortgeschritten als in Tahiti. Bei Cooks Ankunft wurden drei der vier
großen Inseln von einzelnen Monarchen regiert, und die vierte, Kauai,
befand sich in einem nur vorübergehenden Zustand der Instabilität und
kehrte innerhalb weniger Jahre unter die Herrschaft eines einzigen
Königs zurück.

Mehr noch: Das politische System trieb offenkundig auf die mögliche
Einigung der gesamten Inselgruppe unter Führung eines Monarchen zu.
Der Herrscher von Hawaii beispielsweise hatte schon einen Teil von Maui
erobert. Er hatte wiederholte, wenn auch erfolglose Anstrengungen unternommen, die ganze Insel zu erobern, und der König von Maui hatte
vergeblich versucht, ihn aus der unterworfenen Region zu vertreiben.

Nach dem Besuch Cooks kam es zu einer raschen politischen Veränderung. Als der König von Oahu starb, erwies sich die Nachfolge als instabil, und der König von Maui nutzte die Situation und unterwarf die ganze
Insel. Seinem Bruder war es gelungen, in Kauai wieder eine Zentralregierung zu errichten und ein Bündnis mit Maui einzugehen. Der König von
Maui herrschte jetzt über alle Inseln der Gruppe mit Ausnahme Hawaiis.

1786 sah es aus, als würde das geeinte Königtum dem Haus Maui zufal-
len. Auf Hawaii, der einzigen unabhängigen Insel, war der König gestorben, und der zentralisierte Staat zerfiel in drei kleinere, über die je ein
König herrschte. Es schien, als könnte niemand das regierende Haus von
Maui herausfordern. Zu dieser Zeit erschien jedoch ein Mann von einzigartigen Fähigkeiten und mit politischem Genie auf der Bildfläche. Kamehameha I., der weises staatsmännisches Verhalten mit der unerbittlichen
Grausamkeit verband, die alle Eroberer-Herrscher der Geschichte ausgezeichnet hat, wurde zunächst Herrscher über eine der Regionen Hawaiis, dann über die ganze Insel; danach eroberte er Maui und Oahu und
unterwarf schließlich auch Kauai. Als er 1819 starb, hatte er nicht nur die
Hawaii-Inseln vereinigt, sondern auch eine Dynastie geschaffen, die viele
Jahre lang für stabile Herrschaftsverhältnisse sorgte. Nach der Gründung
durch Kamehameha war die Einheit des hawaiischen Staats nie ernsthaft
bedroht.

In den Jahren der Herrschaft Kamehamehas legten viele englische,
amerikanische, französische und russische Schiffe in Hawaii an, um dort
Proviant und Vorräte an Bord zu nehmen. Kamehameha selbst rüstete ein
Schiff mit Sandelholz für den Handel mit den Chinesen aus. Das Reich,
das Kamehameha seinem Sohn hinterließ, war eine hochentwickelte
Monarchie. Die kulturelle Entwicklung dieser Jahre war sehr eindrucksvoll: Als die ersten Missionare 1819 an Land gingen, entdeckten sie, daß

der neue König, Liholiho, unabhängig von der Botschaft ‹des wahren Gottes› die Tabus abgeschafft hatte, welche die alte Gesellschaft so belastet hatten. Die Aufgabe der Missionare wurde dadurch erheblich vereinfacht, daß sie sich plötzlich in einem Land ‹ohne Religion› befanden.

Über das alte Hawaii und Tahiti werden wir nie soviel wissen wie über Buganda. Um 1825 hatten die traditionellen polynesischen Gesellschaften aufgehört, als solche zu existieren – achtzig Jahre, bevor sich in Buganda das gleiche ereignete. Und genau in diesen achtzig Jahren entstand die Wissenschaft der Anthropologie und erlebte in dieser Zeit ihre erste große Blüte. 1850 gab es noch keine großen Anthropologen, kein waches Gefühl dafür, welche Fragen man zu stellen hatte oder wonach man Ausschau halten mußte, es gab noch kein Heer von Studenten, die begierig darauf warteten, sich durch die Erforschung ‹jungfräulicher› Gesellschaften einen Namen zu machen, keine wissenschaftlichen Publikationen, die auf Nachrichten aus der Welt der Primitiven warteten. Und die Missionare drängte es – anders als in Buganda – insgesamt nicht, soviel wie möglich über die alte Gesellschaft festzuhalten und der Nachwelt zu überliefern. Selbst wenn der Wunsch vorhanden gewesen wäre, hätte es an der theoretischen Möglichkeit gefehlt; niemand hätte für Hawaii und Tahiti tun können, was Roscoe für Buganda getan hat. Darum hat die Arbeit von Reverend Ellis und Reverend Orsmond große Bedeutung für uns, schon deshalb, weil sie alles ist, was wir besitzen.

In den 1830er, 1840er und 1850er Jahren begannen Bewohner beider Kulturen – sowohl eingeborener wie naturalisierter –, Erinnerungen an die traditionelle Gesellschaft zu sammeln und zu Papier zu bringen, und diese Arbeiten sind eine erstrangige historische Quelle.

Vermutlich für immer verloren ist dagegen ein wirkliches Verständnis des Sippensystems oder der Beziehung dieses Systems zum Staatssystem der zentralisierten Monarchie. Wir wissen auch sehr wenig darüber, wie die verschiedenen Monarchien funktionierten – wie groß oder wie mächtig die Hierarchie war, wie die Thronfolge geregelt war, wie die Kämpfe zwischen königlichen Prinzen oder zwischen König und Gouverneuren ausgingen.

Dennoch, in einem wichtigen Punkt wissen wir über die polynesische Gesellschaft mehr als über Buganda, nämlich auf dem Gebiet der Künste – über Dichtkunst, Tanz, Theater, Märchen, Ethik, Rätsel und Sprichwörter. Buganda und die zentralisierten polynesischen Gesellschaften waren zwar alle fortgeschrittene komplexe Gesellschaften, aber jede besaß auch eine kulturelle Eigenart.

Buganda besaß die größten Tugenden Roms: eine politische und militärische Organisation, die hierarchische Kapazität zur Expansion, ein entwickeltes Rechtssystem, die Fähigkeit, begabte Untertanen für alle Bereiche der politischen Macht auszubilden, sowie eine religiöse Verehrung für den Staat. Hawaii und Tahiti besaßen die Tugenden des antiken Hellas: ein subtiles, einfallsreiches, komplexes religiöses Leben; Dichtkunst, Theater und Tanz nahmen eine zentrale Stellung ein und waren keine Randerscheinungen; eine Literatur, die von keinem anderen Volk ohne Schriftsprache übertroffen wurde; sowie eine Anmut im persönlichen Verhalten, welche die ersten europäischen Besucher in Erstaunen versetzte.

Die Vorstellung, daß sich eine Gesellschaft schrittweise entwickelt, daß alle Gesellschaften in dem gleichen Entwicklungsstadium bestimmte Weltsichten gemeinsam haben, sollte den Gedanken der Individualität jeder Kultur nicht ausschließen. Clyde Kluckhohn hat gesagt, daß jede Gesellschaft auf bestimmte Art wie *alle* anderen Gesellschaften sei; daß jede Gesellschaft auf eine bestimmte Art wie *manche* anderen Gesellschaften sei; und daß jede Gesellschaft auf bestimmte Art wie *keine* andere sei. Alle kapitalistischen Gesellschaften haben bestimmte, entscheidende Attribute gemeinsam, besitzen daneben aber eine eigene Individualität. Ähnlich waren allen fortgeschrittenen komplexen Gesellschaften bestimmte grundlegende Charakteristika gemeinsam, aber das Leben im alten Buganda war dennoch alles andere als identisch mit dem Leben im alten Hawaii und in Tahiti. Es gibt kein Gesetz der menschlichen Entwicklung, das Vielfalt ausschließt.

*Terreeoboo, König von Hawaii, auf dem Weg zu Captain Cook,
um Geschenke zu überbringen*

*Ein rituelles Opfer auf den Hawaii-Inseln,
bei dem Cook anwesend ist*

9

Die Arioi

Sich kleiden, tanzen, singen, unser sichres Entzücken,
Am Tage zu schlemmen und baden und sich nachts
durch Liebe berücken.

So lautet Alexander Popes Tribut an die Phäaker, die Odysseus schließlich nach Hause brachten. Georg Forster zitierte es auf seiner Reise mit
Cook zu den Gesellschaftsinseln, weil er in Geschichte oder Kunst nach
einem Vorbild zum Verständnis der Arioi suchte, der wichtigsten Vereinigung umherreisender Künstler auf den Inseln.

In einem historisch belegten Fall kamen siebenhundert von ihnen in
sechzig oder siebzig Kanus von Huahiné nach Raiatea (zwei der Gesellschaftsinseln). Der Leiter der Vereinigung befand sich an Bord des größten Kanus, Wimpel flatterten im Wind, Trommeln und Flöten kündeten
die Ankunft der Künstler an, deren Körper mit phantastischen Farben
bemalt, deren Haar eingeölt, deren Körper und Haare mit Blumen geschmückt waren. Bei manchen dieser Besuche führten die Arioi einen
Tanz vor oder ein Possenspiel, oder sie musizierten im Kanu, als es sich
dem Strand näherte, während die Brandung sich an dem Riff brach und
die Menge am Strand sich von dem Schauspiel gefangennehmen ließ.[1]

Mark Twain und andere haben über die explosive Wirkung auf die Vorstellungskraft geschrieben, welche die Zirkusparade in einer amerikanischen Kleinstadt ausübte. In einer Kultur ohne Zeitungen, Zeitschriften,
Bücher, Fotos, Plattenspieler, Radios, Fernseher oder Kinos muß diese
Aufregung durch einen Besuch der Arioi noch zehnmal größer gewesen
sein. Für ihre Aufführungen stand das größte Haus bereit – entweder das
des örtlichen Königs oder eines anderen Angehörigen der Arioi-Gesellschaft auf dieser Insel. Sie blieben manchmal sechs oder sieben Tage und
Nächte in einem Distrikt. (Für die Aufführungen war kein Sonnenlicht
nötig – das Haus wurde durch offenes Feuer und Wachskerzen aus Nüssen
erleuchtet.) Wenn das Haus groß genug war, errichtete man drei Bühnen,
je eine links und rechts und eine in der Mitte. Gelegentlich fanden Vorführungen auf allen drei Bühnen gleichzeitig statt. Auf einer hohen Platt-
form an einer Seite des Hauses hatte man für die obersten Arioi beiderlei

Geschlechts Stühle aufgestellt. Sie standen den Riten vor. Die Angehörigen der königlichen Familie des Bezirks hatten Ehrenplätze, während die Zuschauer sich überall niederließen, auf dem Rasen, im Haus, in den Bäumen. Den Zuschauern wurde so viel Vergnügen geboten, daß es hieß, «selbst die Grillen schrien bei diesen Vorführungen vor Freude».[2]

Selbst für eine sexuell freizügige Gesellschaft war dies eine Zeit gesteigerter Lebenslust. Erregung ist ansteckend. Unter den Arioi gab es vier- oder fünfmal mehr Männer als Frauen; da ein erfülltes Sexualleben zu den Grundwerten der Arioi gehörte, wurde jungen Frauen aus der Gegend eine vorübergehende Mitgliedschaft in der Gesellschaft ermöglicht. Wenn die Arioi eine bestimmte Insel bereisten, blieben einige der jungen Frauen während der gesamten Tournee bei der Gruppe. Wir dürfen davon ausgehen, daß einige sich versucht fühlten, nie mehr nach Hause zurückzukehren.

Leider haben wir nicht annähernd soviel Kenntnis von dem Inhalt der Vorführungen, wie uns lieb wäre. Es gab Musik: Die Instrumente waren Trommeln und Pfeifen; gesungen wurde entweder solo oder im Chor, aber es gab auch beides. Alle polynesischen Völker waren verrückt nach Tanz; man konnte allein, zu zweit oder zu viert tanzen; aber ein komplizierter Gruppentanz mit oder ohne Anführer machte auf die englischen Offiziere, die an diesen Aufführungen teilnahmen, den allergrößten Eindruck.

Bei Schauspielen wurde der Dialog entweder von den Schauspielern gesprochen oder von einem Erzähler, während die Akteure ihre Rollen pantomimisch interpretierten. Hauptthemen dieser Dramen waren Legenden und Epen, aber auch Märchen. Wir wissen nicht, ob für die Aufführungen neue Geschichten erfunden wurden oder nicht, aber die politische Satire sowie lokale Nachrichten waren jeweils auf dem neuesten Stand. Weder der König noch der heiligste Priester konnte sicher sein, auf der Bühne nicht mit all seinen Schwächen porträtiert zu werden. Das war eine Art Narrenfreiheit, wie wir sie politischen Karikaturisten einräumen. Ein Humor, der manchmal nicht sehr subtil war, war Grundbestandteil dieser Aufführungen.

Und dann gab es noch das, was die englischen Missionare gern ‹unaussprechliche Greuel› nannten.[3] Für den Franzosen Moerenhout waren die Greuel jedoch durchaus nicht unaussprechlich, und wir erfahren, daß es in den Dramen nicht nur um Geschichte und Mythen ging. Die Liebe und die Details der körperlichen Liebe wurden ohne Scheu vorgeführt, und «junge Männer und Frauen brachten ihr Dankopfer an die Göttin der Liebe sogar vor dem Publikum dar». Solchen Szenen gingen Gesänge und Tänze voraus, wobei die Gesänge «meist um die Freuden der Sinnlichkeit kreisten, die mit äußerster Offenheit und Leidenschaft dargestellt wurden», während die Tänze sich durch «alles auszeichneten, was der sinnliche Einfallsreichtum der Akteure an Laszivität nur hervorbringen konnte».[4] Es ist ein bemerkenswerter Kommentar zu den Anfängen des Klassenstatus in einer Gesellschaft, wenn wir erfahren, daß nur die Arioi aus der Unterschicht bei solchen Szenen in Aktion traten. Die Vorstellung, daß die niedrigeren Klassen sexuell weniger gehemmt sind und für solche Darstellungen besser geeignet, ist offensichtlich keine Erfindung unserer Zeit.

Bei den Arioi ging die Zurschaustellung des Sex in einem sozialen Kontext noch weiter als diese Aufführungen. Die «schönen Dienerinnen», diese «Töchter aus dem Volke», die die Arioi auf ihren Tourneen begleiteten, schliefen nachts mit den Schauspielern, aber am Tage boten sie sich wahllos an: «Unzucht, unsere Ware ist Hurerei», riefen sie aus.[5] Der Urheber dieses Textes (ein Christ) verwendet das Wort «Prostitution», obwohl er mit keinem Wort von Bezahlung oder einer Gegenleistung spricht. Es ist nicht klar, daß hier tatsächlich Prostitution im Gegensatz zu allgemeiner Freizügigkeit vorlag. Wie Georg Forster mit seinem Pope-Zitat versuchte auch Reverend Orsmond, der Urheber dieses Textes, bei einem ihm unverständlichen Phänomen auf etwas zurückzugreifen, was er zuvor gesehen oder worüber er nachgedacht hatte. So kam in seinen Augen die Prostitution dieser Art zügelloser Sexualität am nächsten.

Eines ist klar: Dieses Verhalten bezweckte die Entprivatisierung des Sex. Die Schauspieler reisten von Ort zu Ort und unternahmen gelegentlich eine Rundreise durch ganz Tahiti, während die Dienerinnen der Arioi, die mit «Blumenkränzen geschmückt waren, sich mit duftendem Öl eingerieben und mit Karmin geschminkt hatten», bei der Ankunft in einem neuen Dorf ausriefen: «Hurerei! Hurerei! Hurerei!»[6]

Wenn wir verstehen wollen, was damals geschah, sind Vergleiche mit dem Berlin der 20er Jahre oder den ‹Nahkampfzonen› unserer Großstädte wohl unangemessen. Dieser Bericht und andere Beschreibungen des sexuellen Theaters in Tahiti signalisieren gute Laune und Übermut, die der Pornographie fremd sind. Als es bei uns in den 60er Jahren zu einer Liberalisierung der Sexualität kam, erlebte das Musical *Hair* am Broadway seine Uraufführung. Dabei tauchten auf einer ‹klassischen› Bühne zum erstenmal Nackte beider Geschlechter auf. Die Sexualität wurde in diesem Stück mit Übermut vorgeführt, mit einem Gefühl des Ausbruchs aus den gewohnten beschränkten Denkkategorien. An einer Stelle des Stücks schlenderten die Schauspieler durch den Zuschauerraum und sangen: «Fellatio! Cunnilingus! Masturbation!» Vielleicht waren auch die Arioi mit ihren Rufen «Hurerei!» solche Verkünder einer befreiten Sexualität. Vielleicht waren wie bei uns die Experimentierlust, die Vielfalt und die Flexibilität die neue Ordnung. Und vielleicht waren diese sexuellen Aufführungen auch das einzige illustrierte Sex-Handbuch, das es in einer Gesellschaft ohne gedruckte Bücher geben konnte – vielleicht zogen es die Arioi auch nur vor, derlei Unterricht in einem sozialen Kontext abzuhalten und nicht in der Abgeschiedenheit des Privatlebens.

Es ist sehr gut vorstellbar, daß das Verlangen nach öffentlichem Sex eng mit dem Zusammenbruch des Sippensystems zusammenhing, daß das Zerbrechen der engen Familienbande die Suche nach einer gesellschaftlichen – und von der Gesellschaft gebilligten – sexuellen Erfahrung erlaubte oder notwendig machte. Die Arioi-Gesellschaft war ein freiwilliger Zusammenschluß, und in der Geschichte der menschlichen Gesellschaft haben freiwillige Zusammenschlüsse immer dann eine enorme Rolle gespielt, wenn viele Menschen aus ihrem gewohnten familiären und sonstigen Umfeld aufbrechen und an Orten leben, an denen ihre Eltern nie gelebt haben. Im Europa des 11. und 12. Jahrhunderts kam es zu einer Neubelebung der Städte und des städtischen Lebens, nachdem der Kontinent fünf- oder sechshundert Jahre im ‹dunklen Zeitalter› gelebt hatte. Die neuen Bewohner dieser Städte kamen vom Land, wo ihre Vorfahren jahrhundertelang gelebt hatten. Niemand unternimmt einen solchen Aufbruch ohne große psychologische Kosten; eine Methode zur Verringerung dieser Kosten ist die Schaffung familienähnlicher Zusammenschlüsse, die den zurückgelassenen Sippenverband ersetzen können. Die Gilden der wiederaufstrebenden Städte Europas erfüllten diese Funktion, so wie es in den Vereinigten Staaten all die ethnischen Bünde taten und noch tun, in denen sich viele Einwanderer zusammenfanden. So boten die Freimaurer im 18. Jahrhundert all denen, die sich von der die Familie schützenden Kirche getrennt hatten, einen ähnlichen Trost. Wir müssen uns fragen, inwieweit eine Trennung von ererbten Lebensumständen ohne solche Zusammenschlüsse überhaupt möglich ist.

Den Beginn dieser Vereinigungen finden wir in primitiven Gesellschaften, wo sie sowohl freiwilliger wie unfreiwilliger Natur waren. Viele primitive Gesellschaften hatten Zusammenschlüsse von Tänzern oder Hexenmeistern, von Kannibalen oder Medizinmännern, bei denen die Mitgliedschaft freiwillig war; man wurde meist auf eigene Initiative hin und normalerweise mit einer feierlichen Einführungszeremonie aufgenommen. Es mochte zwar einen Unterschied machen, ob man einen Vater oder Bruder in dieser Gesellschaft hatte oder gehabt hatte; aber am signifikantesten ist die Tatsache, daß die Mitgliedschaft *nicht* auf Verwandtschaft beruhte. In der primitiven Gesellschaft beruhte so gut wie alle politische und gesellschaftliche Tätigkeit auf dem Sippenverband: Die Menschen beteten zusammen, arbeiteten zusammen, feierten zusammen und kämpften zusammen als Angehörige einer Sippe. Freiwillige Vereinigungen markierten den Beginn von politischem und gesellschaftlichem Handeln auf einer nicht durch die Sippe begründeten Grundlage.

In manchen primitiven Gesellschaften und in vielen frühen komplexen Gesellschaften, vor allem in Afrika, finden wir das Phänomen der Altersgruppen. Dabei werden etwa alle Jungen eines Stammes, die zwölf bis sechzehn Jahre alt sind, in der gleichen Gruppe untergebracht und alle zur selben Zeit initiiert; sie bleiben ihr Leben lang in dieser Gruppe. Wenn sie zu Kriegern herangereift sind, kämpfen sie in den Reihen von Angehörigen ihrer Altersgruppe und nicht mit anderen Dorfbewohnern oder mit den anderen Angehörigen ihres Clans. Es kommt vor, daß man ihnen die Heirat erst in einem bestimmten Alter erlaubt, und bestimmte politische Verantwortlichkeiten, etwa das Amt eines Ratgebers oder eine führende politische Position, können den Mitgliedern einer Altersgruppe erst relativ spät gewährt werden. Auch hier liegt der entscheidende Hinweis auf die Entwicklung der Gesellschaft wieder darin, daß diese Altersgruppen dem Sippenverband *ähnlich*, aber doch kein Sippenverband *sind*; sie sind eine Abwandlung des Sippensystems, das dem Menschen dessen Überwindung erlaubt. Ohne solche nicht auf der Sippe beruhenden Formen des sozialen Zusammenhalts wäre der Staat, wie wir ihn kennen, undenkbar.

Die Arioi waren ein freiwilliger Zusammenschluß; aber er existierte in einer Gesellschaft, die aus dem Sippensystem hervorgegangen war und sich dem Erhalt der sozialen Klassen sowie der Bedeutung des sozialen Status verpflichtet fühlte. Man erlaubte Angehörigen der Unterschicht die Mitgliedschaft bei den Arioi[7], aber sie konnten in der Hierarchie nur eine bestimmte Stufe erklimmen. Und wir haben schon festgestellt, daß die Darsteller der Sex-Darbietungen aus ihren Reihen stammten.[8] Den formalen und rituellen Aspekten der Aufführungen standen Angehörige der Oberschicht vor. Wenn eine hochgestellte Persönlichkeit die Aufnahme wünschte, so genügte ein Wort an einen der anderen Aristokraten, womit die üblichen Aufnahme- und Initiationsriten entfielen, so wie bei uns viele ‹exklusive› Clubs auf Aufnahmeprozeduren verzichten, wenn ein hochgestelltes Mitglied der Geldaristokratie diese Aufnahme wünscht.

Der gewöhnliche Kandidat mußte zeigen, daß er von dem Gott Oro besessen war, der auf den Gesellschaftsinseln zur Zeit des Kontakts mit dem Westen der wichtigste Gott und zudem der Schutzpatron der Arioi war. Bei einer Aufführung einer örtlichen Abteilung des Bundes mußte der Bewerber sein Gesicht rot färben, gelbe Blätter an der Hüfte befestigen, seine Augen bedecken, sein Haar ölen und mit Blumen bekränzen. Er lief dann auf das Tanzpodium, wo er wie verrückt tobte, heulte und raste, um glaubhaft zu machen, daß er von dem Gott besessen war. Zwischendurch mußte er sich immer wieder dem Tanz oder der Schauspielerei anschließen, um so seine Fähigkeiten in diesen Künsten zu demonstrieren. Wenn alles gutging, nannte der hochrangigste anwesende Arioi seinen Namen, klopfte ihm auf die Schulter und sagte ihm: «Du bist einer von uns, komm her.»[9]

Eine der großen Funktionen freiwilliger Zusammenschlüsse (bei den Gilden oder den Freimaurern etwa) ist die Beerdigung ihrer Mitglieder.

Wenn ein Arioi starb, wurde die Verantwortung für sein Begräbnis nicht ausschließlich seiner Verwandtschaft überlassen; bei den Beerdigungsriten spielten die Arioi eine signifikante Rolle. Sie schritten unter lautem Wehklagen zum Haus des Verstorbenen, brachten Geschenke für die Familie mit und bereiteten ein Essen vor. Dann hielten sie eine Nachtwache, in deren Verlauf sie den Geist des Verstorbenen aufriefen, in den Körper zurückzukehren. Nach zwei oder drei Tagen wurde der Leichnam zum Tempel Oros gebracht, wo der Hohepriester des Gottes für den Toten beschwörende Gebete sprach. Schließlich wurde der Leichnam auf dem Tempelgelände beerdigt.

Wir alle neigen dazu, die meisten Ideen, Formen und Wertvorstellungen, nach denen wir leben, für Allgemeingut aller Menschen zu halten, als hätte es sie immer gegeben und als seien sie das Ergebnis einer unveränderten ‹menschlichen Natur›. Wir akzeptieren bereitwillig die Vorstellung, daß es in unserem Leben eine öffentliche und eine private Sphäre gebe; wir können leicht mit dem Brauch leben, daß berühmte oder mächtige Menschen in einer öffentlichen Zeremonie beerdigt und solche, die ein im Kern privates Leben geführt haben, nur von ihren Familien und Freunden zu Grabe getragen werden. Es fällt uns aber schwer zu begreifen, daß es die öffentliche Sphäre nicht immer gegeben hat, daß sie eine menschliche Erfindung ist. In der primitiven Gesellschaft waren Beerdigungsriten allein Sache der Sippe. Die öffentlichen Beerdigungen, die wir in komplexen Gesellschaften beobachten können, resultieren aus Erfindung und Entwicklung des Begriffs ‹Öffentlichkeit›. Von großer Bedeutung ist die Antwort auf die Frage, warum die Menschen eine Öffentlichkeit erfanden, warum sie nicht damit zufrieden waren, allein mit ihrer Sippe zu leben, und wie Nutzen und Kosten dieser Abkehr vom Sippenverband aussahen.

Einige Begleitumstände der Besuche der Arioi lenken die Aufmerksamkeit auf etwas, was ein besonderes Merkmal fortgeschrittener komplexer Gesellschaften zu sein scheint: die legitime (das heißt die gesetzlich erlaubte) Ausplünderung eines Teils der Gesellschaft durch einen anderen. «Wenn eine Gruppe von Arioi in einer Region ankam, schickte der Häuptling seine Diener zu den besten Plantagen der Gegend, um die Arioi täglich verschwenderisch zu versorgen; diese Plantagen wurden ohne viel Federlesens all der Dinge beraubt, die nützlich zu sein schienen. Solche gesetzlosen Raubzüge wurden jeden Tag wiederholt, solange die Arioi in der Region blieben; und wenn sie abreisten, boten die Gärten oft ein Bild der Verwüstung, das den Schuldigen eine furchtbare Rache eingebracht hätte, wäre da nicht der Einfluß der Häuptlinge gewesen.»[10]

Das kommt uns seltsam vor. Warum erhob der König nicht einfach eine Sondersteuer und schickte seine Männer aus, um sie einzutreiben? Warum wurden sie zu Plünderern und nicht zu Steuereintreibern? Obwohl diese Fragen nicht leicht zu beantworten sind, scheint bei diesen

Vorfällen doch so etwas wie ungehemmte Aggression zutage getreten zu sein. Unverhüllte Herrschsucht und folglich auch aggressive Befriedigung wurden einem gesetzmäßigen Vorgehen vorgezogen.

Man darf keineswegs davon ausgehen, daß dies eine Besonderheit Tahitis war. In Buganda etwa wurde von jedem, der im Auftrag des Königs reiste, erwartet, daß er seine Truppen durch Plünderung der Regionen ernährte, durch die er zog. Nachdem Speke nach Buganda gekommen war und sich in der Hauptstadt niedergelassen hatte, beklagte er sich bei Mutesa, seine Männer hätten nicht genug zu essen. Mutesa konnte die Beschwerde nicht verstehen; denn er ging davon aus, daß sich Spekes Männer als Gäste des Königs auf den Bauernhöfen des Umlands kostenlos bedienten.

Bei Arioi ging das Raubprivileg noch weiter. Der tapfere Captain Bligh schreibt in seinem Logbuch: «Die Erree-oys begannen auch, ihre Rolle zu spielen, die darin bestand, jeder Frau die Kleidung zu rauben, falls diese den Versuch lohnte. Diese Leute haben anscheinend die Macht und das Recht, wann immer sie Kleidung benötigen, sie jeder Frau wegzunehmen, die ihnen über den Weg läuft, und jetzt sah ich mit eigenen Augen, wie sie bei vielen Angehörigen des weiblichen Geschlechts diese Plünderungen vornahmen. Als ich an einer Gruppe von Erree-oys vorbeikam, schleiften sie gerade eine junge Frau über den Erdboden, die an ihren Kleidern festhielt und sich dagegen wehrte, sie sich wegnehmen zu lassen, denn Verteidigung ist erlaubt. Die Kleidung war von bester Qualität, und sie hatte sie so geordnet, daß ich auf die Gewalttätigkeit aufmerksam werden mußte, die diese Männer an den Tag legten, und als die Frau bemerkte, daß mir der Vorfall aufgefallen war, streckte sie die Hand aus, um meine Hilfe zu erbitten, und kaum hatte ich sie gewährt, ließen sie schon von ihr ab, und nach ihrer Befreiung bedankte sie sich bei mir, und ich sah sie nie mehr wieder.»[11]

Blighs Beschreibung liest sich, als wäre es um eine vorgetäuschte Vergewaltigung gegangen. Eine mögliche Erklärung dieses Verhaltens: In einer früheren, gewalttätigeren Zeit könnte es das Privileg der Arioi gewesen sein, jede Frau, die sie unterwegs allein antrafen, sexuell zu attakkieren. In manchen primitiven Gesellschaften durfte eine außerhalb des Dorfes einsam dahingehende Frau ‹rechtmäßig› vergewaltigt werden. Da das Wegnehmen der Kleidung eine Vorstufe der sexuellen Besitzergreifung ist, könnte es durchaus ein Ritual gewesen sein, die Entkleidung auch dann noch zu erlauben, nachdem die tatsächliche Schändung verboten worden war. Der gewaltsame Raub der Kleidung ist ein offenkundiger sexueller Angriff auf das Opfer und läßt sich leicht als Schatten eines früheren, brutaleren Vorgehens deuten.

Die Arioi töteten auch fast jedes Kind, das ihnen geboren wurde. Die meisten Arioi wollten keine Eltern werden. Das war ein religiöses Gebot. Sie waren verpflichtet, ihre Kinder zu töten, eine Art nachträglicher Enthaltsamkeit. Vielleicht hängt alle Enthaltsamkeit mit Kindesmord zusammen – eine irrationale Ansicht, die aber dennoch sehr wohl wahr sein kann. Da die Enthaltsamkeit selbst irrational ist, wäre auch ihre mögliche Erklärung nicht überraschend.

Zwanghafter Kindesmord – und seine Beziehung zur Enthaltsamkeit – wird im Mythos vom Beginn der Gesellschaft bestätigt. Die beiden Brüder, welche die Gesellschaft der Arioi gründeten, wurden zu Göttern und Königen gemacht und lebten enthaltsam. Folglich hatten sie keine Kinder und bestimmten, daß auch ihre Anhänger keine Nachkommenschaft haben dürften; aber es war ihnen offensichtlich klar, daß es von den Anhängern zuviel verlangt gewesen wäre, sich jeglicher Sexualität zu enthalten. So wurden Zügellosigkeit und Kindesmord den Arioi zur Gewohnheit.[12] Wenn ein Novize initiiert wurde, mußte er die absolute Befolgung aller Befehle des Arioi-Häuptlings geloben und feierlich versprechen, keines seiner möglichen Kinder am Leben zu lassen.[13]

Man muß den Arioi jedoch zugute halten, daß Kindesmord in Tahiti weit verbreitet war, eine Tatsache, der wir uns später noch zuwenden werden. In den Quellen herrscht auch keine Einigkeit darüber, ob auch von den Arioi der *Oberschicht* die Tötung ihrer Kinder verlangt wurde. Teuira Henry sagt, daß «Kinder von vornehmster Herkunft als Abkömmlinge von Göttern angesehen und verschont wurden, damit sie die Titel ihrer Eltern erben konnten». Moerenhout behauptet, daß ein hochgestellter Adliger den Erstgeborenen und der Häuptling eines Arioi-Bündnisses alle männlichen Nachkommen mit Ausnahme des Erstgeborenen am Leben ließ.[14] Die Angaben sind nicht sehr vollständig: Wir wissen nicht, ob Mutter wie Vater adlig sein mußten; es ist auch nicht klar, ob man bei der üblichen sexuellen Freizügigkeit der Arioi sicher sein konnte, wer der Vater war, es sei denn, in der Oberschicht herrschte eine stärkere Neigung zu dauerhaften Zweierbeziehungen als in der Unterschicht.

Wenn der Kindesmord bei den Arioi etwas mit Enthaltsamkeit zu tun hat, so folgt daraus, daß es auch zwischen dem Gebot der Enthaltsamkeit bei Erwachsenen und dem Wunsch, die Nachkommenschaft zu töten, eine Verbindung geben kann. In diesem Fall ist interessant, daß zwei Beobachter – einer im 18. und einer im 20. Jahrhundert – den gleichen Schluß gezogen haben. Georg Forster, der an Cooks Reise teilnahm, schrieb über die Arioi, «wir haben durchaus Grund zu der Annahme, daß sie ursprünglich in ständiger Enthaltsamkeit leben mußten. Da dieses Gesetz den natürlichen Impulsen zu sehr zuwiderläuft, die in diesem Klima zudem ungewöhnlich stark sein müssen, übertraten sie es; sie bewahrten aber die Absicht der vorgeschriebenen Abstinenz, indem sie ihre unglücklichen Kinder gleich nach der Geburt erstickten.»[15] Und J. C. Beaglehole, der Herausgeber von Cooks Tagebüchern, bemerkte 1955: «Ihre Praxis des Kindesmords ist vielleicht das Gegenstück zum geweihten, zölibatären Leben in sexuell gehemmteren Kultursystemen.»[16]

In einer Version der Geschichte des Königs Ödipus von Theben erfahren wir, daß seine Eltern, Laius und Iokaste, jahrelang zusammenlebten, ohne daß sie ein Kind bekamen. Laius befragt das Orakel von Delphi nach einem Heilmittel und erfährt, daß, falls er einen Sohn bekommt, dieser ihn töten werde. Laius' Reaktion auf diese Prophetie: Er wird enthaltsam und hält sich von jeder Vereinigung mit seiner Frau fern. Eines Nachts jedoch, durch übermäßige Erregung überwältigt, zeugt er einen Sohn. Um die Erfüllung der Vorhersage unmöglich zu machen, wird das Kind unmittelbar nach der Geburt den Elementen ausgesetzt, damit es stirbt.[17] Den Rest der Geschichte kennen wir. Hier ist nur wichtig, daß der Mythos eine Bestätigung dafür liefert, daß der Fehlschlag der *Enthaltsamkeit* den *Kindesmord* notwendig macht.

Wir mögen diese Verknüpfung seltsam finden. Aber wieviel seltsamer – aus großer zeitlicher Ferne betrachtet – ist die Vorstellung des heiligen Paulus, daß ein Mensch edler und heiliger, zu einem moralischen Führer der Gemeinde werde, wenn er sich zwei der größten menschlichen Freuden versagt. Was ist das für eine Art Gott, der die Enthaltsamkeit zu einer der höchsten menschlichen Tugenden erhebt und den Menschen dadurch das Glück verweigert, Sex und Kinder zu haben? Gewiß kein rationaler Gott. Alle großen religiösen Vorstellungen enthalten eine tiefe Logik, aber es ist die Logik des Unterdrückten und nicht dessen, was sich Ausdruck verschafft – die Logik des Irrationalen, nicht des Rationalen.

Auch unter den Arioi gab es einige, die nicht für immer in diesem adoleszenten Paradies bleiben konnten: Der Drang zum Erwachsenwerden trieb auch sie. Als sie sich entschlossen, ihre Kinder am Leben zu lassen, wurden sie aus der Gemeinschaft ausgestoßen. Sie durften sich nicht mehr unter den orthodoxen Arioi aufhalten, sondern sich nur noch mit denen zusammentun, die sich ebenfalls für die Elternschaft entschieden hatten. «Sie betraten nicht mehr den Raum-der-führenden-Schauspieler-in-dem-das-Tuch-und-wurden-geteilt.* Er hatte zu den führenden Arioi gehört, war jetzt aber entstellt. Man hatte ihm seinen roten Lendenschurz genommen und das heilige Schwein. Er betrat nicht mehr die hohe Tribüne, auf der die Namen derer genannt wurden... denen das heilige Schwein und der Lendenschurz gehörten. Wenn es einem gesagt wird, darf man die Tribüne nicht mehr betreten. Er weinte, Schleim strömte ihm aus der Nase, er zog sich beschämt zurück, wusch sein duftendes Öl und die rote Farbe ab und schloß sich früheren Schauspielern an, die ebenfalls ausgestoßen worden waren, weil sie Familien hatten.»[18]

Wie der alternde Prospero schwört er seiner Magie ab, um einem wirklichen Kind ein wirklicher Vater zu sein.

---

* Dieser Satz ergibt zugegebenermaßen keinen Sinn, aber er lautet so. Da er jedoch einigermaßen verständlich ist, wenn auch nicht klar, habe ich ihn hier eingefügt.

10

Finow, Vater und Sohn

Die drei größten Tonga-Inseln – Tongatapu, Haapai und Vavau – entwikkelten sich zu Zentren politischer Macht. Traditionsgemäß gebührte die politische und religiöse Vorherrschaft Tongatapu. Dort residierte der Tuitonga, die wichtigste religiöse Persönlichkeit der Inseln, eher ein heiliger König als ein Hohepriester. Der weltliche König von Tongatapu besaß gewöhnlich die stärkste politische Macht der Inselgruppe. Ende des 18. Jahrhunderts änderte sich alles. Der zentralisierte Staat Tongatapu brach zusammen. Der Tuitonga mußte seinen Wohnsitz nach Vavau verlegen, und diese Insel übernahm die politische Führung des Kulturgebiets. All das ereignete sich ohne jeden Kontakt mit amerikanischen oder europäischen Gesellschaften.

Vor dieser politischen Umwälzung war Toogoo Ahoo König von Tongatapu, dem Haapai und Vavau tributpflichtig waren und der seine Grausamkeit auch jenseits der Grenzen dieser freizügigen Gesellschaft spüren ließ. So ließ er zwölf seiner Köche den linken Arm abtrennen, «allein zu dem Ziel, die Einzigartigkeit seiner Stellung durch diesen ungewöhnlichen Beweis seiner Autorität zu demonstrieren».[1]

Toobo Nuha, ein großer Häuptling und Bruder Finows, des Herrn von Haapai, konnte die Tyrannei Toogoo Ahoos nicht länger ertragen und beschloß, den König zu ermorden oder bei dem Versuch zu sterben. Er gewann Finow für den Plan. Eines Abends machten die beiden Häuptlinge und ihre Gefolgsleute Toogoo Ahoo ihre Aufwartung, erwiesen ihm die gewöhnlichen Ehren und überbrachten ihm Geschenke, Cava-Wurzeln (die zur Herstellung eines alkoholischen Getränks verwendet wurden), ein Schwein sowie mehrere Körbe mit Yamswurzeln. Nachdem Lebensmittel und Getränke verteilt worden waren, zogen sich alle für die Nacht zurück, doch Toobo Nuha, Finow und deren Leibwächter kehrten gegen Mitternacht zurück. Finow und seine Soldaten hielten vor der Hütte des Königs Wache, während Toobo Nuha sie «mit seiner Axt bewaffnet und vor Rachsucht brennend betrat. Während er weiterging, lagen auf beiden Seiten die Ehefrauen und Lieblingsmätressen des Königs, die makellosen Schönheiten Tongas, mit dem Aroma von Sandelholz parfümiert, von Girlanden mit den frischesten Blumen bekränzt...»

Dieser Anblick konnte Toobo Nuha nicht erweichen, der den König tief schlafend vorfand. Da er ihn nicht unwissend sterben lassen wollte, schlug ihm Toobo Nuha mit der Hand ins Gesicht. Der König schreckte aus dem Schlaf hoch. «Ich bin's, Toobo Nuha, der dich schlägt», verkündete der Tyrannenmörder und versetzte ihm einen fürchterlichen Hieb mit der Axt. Dann packte Toobo Nuha den dreijährigen Sohn des Königs, den er noch für seine politischen Machenschaften brauchte, und flüchtete aus der Hütte. Finow und seine Soldaten stürmten in die Hütte und brachten die anderen, die vor Schrecken aufschrien, für immer zum Schweigen.[2]

Wie die Ermordung Cäsars brachte auch der Tod Toogoo Ahoos keine Lösung der politisch strittigen Fragen, die erst durch einen Bürgerkrieg zwischen den Verschwörern und den loyalen Anhängern des toten Monarchen geregelt wurden. Die Entscheidung fiel in einer der größten Schlachten der Geschichte Tongas. Tooi Hala Fatai führte die Loyalisten an, während der Königsmörder Toobo Nuha mit der tatkräftigen Hilfe seines Bruders Finow die Rebellen befehligte.

Die Kriegführung auf den Tongainseln war nicht das Ergebnis strategischer Überlegungen von Befehlshabern, die selbst vom Kampf freigestellt waren. Im Getümmel herrschte ein allgemeines Durcheinander, es war ein Kampf jeder gegen jeden. Einzelne Krieger von herausragender Tapferkeit zeichneten sich aus und waren für die Frage von Sieg oder Niederlage entscheidend. Am Ende des Tages wußte jeder Mann, wie viele Feinde er getötet hatte. Achilles hätte sich auf diesem Schlachtfeld zu Hause gefühlt.

Am Vorabend des großen Gefechts wurde Tooi Hala Fatai, der Häuptling der Loyalisten, plötzlich krank. Sein Zustand verschlechterte sich von Stunde zu Stunde. Da er befürchtete zu sterben, bestand er darauf, daß die Schlacht am nächsten Morgen so früh wie möglich beginnen sollte, um auf dem Schlachtfeld den Heldentod finden zu können. Sein Wunsch wurde erfüllt; die Armeen trafen aufeinander: «Die Ebenen Tongas hatten vielleicht noch nie eine so furchtbare Schlacht erlebt.»[3] Der Rebellenhäuptling Toobo Nuha war unbesiegbar; sein «unwiderstehlicher Arm vollbrachte wahre Wunder an Tapferkeit; wenn er stand, stand er wie ein Felsen – wenn er lief, dann lief er mit dem Ungestüm eines Orkans; er erhob seine schwerfällige Keule nur, um seinem Opfer den Tod zu bringen; und als er vorstürmte, schritt er über die Leichen gefallener Häuptlinge hinweg».[4]

Auf einem anderen Teil des Schlachtfelds sorgte der schwerkranke Krieger Tooi Hala Fatai dafür, daß er nicht allein diese Erde verließ. Als er schließlich nicht mehr weiterkämpfen konnte, stürzte er sich mit letzter Energie «in das dickste Schlachtgetümmel und fiel, von Speeren durchbohrt, den Keulen seiner Gegner zum Opfer».[5]

Unser Chronist, der offizielle Geschichtsschreiber des Hauses Finow, gibt sein Bestes, um diesen in einem höchst heldenhaften Licht erscheinen zu lassen; aber seine Prosa enthüllt, daß Finow noch nicht die Höhe seiner Kraft erreicht hatte. Dieser Tag gehörte dem sterbenden Tooi Hala Fatai und dem Eroberer Toobo Nuha. Der Rebellenhäuptling, so wird berichtet, erschlug mit eigener Hand vierzig Krieger. Toobo Nuhas Wildheit und der Tod ihrer Häuptlinge versetzten die Loyalisten in Panik. Sie stoben in alle Richtungen auseinander. Das Königtum Tongatapu gehörte nun Toobo Nuha.[6]

Er starb kurze Zeit nach der Eroberung der Insel und hinterließ weder Sohn noch Bruder, die ihm hätten nachfolgen können. Finow war nicht in der Position, das Amt des Königs auf sich zu nehmen, weil er auf seiner eigenen Insel politische Verpflichtungen hatte. Mehrere entfernte Verwandte machten Ansprüche auf den Thron geltend; aber da niemand sich durchsetzen konnte, kam es zu inneren Zwistigkeiten. Die Insel wurde in zwölf oder dreizehn Kleinstaaten aufgeteilt, von denen jeder eine Festung besaß und auf der eigenen Unabhängigkeit beharrte.[7] Wir sehen, wie zerbrechlich und abhängig von der Führung durch einen einzelnen der zentralisierte Staat in komplexen Gesellschaften war. Die Auflösung hing immer wie ein Damokles-Schwert über diesen Gemeinwesen. Obwohl der zentralisierte Staat eine Erfindung fortgeschrittener komplexer Gesellschaften ist, ist ein stabiler Staat, dem kaum die Möglichkeit der Auflösung droht, eine weitere, gleichermaßen schwierige Leistung, die von den meisten komplexen Gesellschaften nicht zu erbringen war.

Mit dem Ende des Staates Tongatapu verlagerte sich das politische Schwergewicht auf Finow und die Inseln Haapai und Vavau. Finow, der als Häuptling von Haapai begonnen hatte, eroberte Vavau, gründete dort seine Hauptstadt und setzte einen anderen als Häuptling von Haapai ein, der ihm tributpflichtig war. Später machte sich Finow das politische Chaos auf Tongatapu zunutze und verlegte auch die Residenz des heiligen Königs Tuitonga nach Vavau. Finow wurde zum mächtigsten Mann der Tonga-Inseln, der sie jetzt zu einem zentralisierten Staat vereinigte. Wenn Finow zwei oder drei einflußreiche Könige gefolgt wären, und wenn die traditionelle Gesellschaft Tongas durch Kräfte von außen nicht ernsthaft gestört worden wäre, hätte vielleicht der Staat Tonga die Einigkeit und Stabilität vieler afrikanischer Königreiche erlangt. Finows Sohn und Nachfolger jedoch wollte kein Reich gründen, und die Außenwelt ließ die Gesellschaft von Tonga nicht in Ruhe.

Trotz all seiner Leistungen sind es nicht die militärischen und politischen Fähigkeiten Finows, die ihn für uns anziehend machen – wir finden diese Qualitäten in fortgeschrittenen komplexen Gesellschaften auch bei vielen anderen –, sondern vielmehr sein Humanismus. Er war ein Held – und zugleich ein Humanist. Mehr hatte auch ein Odysseus nicht zu bieten.

Mariner berichtet, daß, nachdem er die Tonga-Sprache erlernte, sich viele junge Krieger um ihn geschart hätten, vor allem jene, die sich an der

Eroberung seines Schiffs beteiligten und ihn nach dem Gebrauch bestimmter Gegenstände befragten, die sie auf dem Schiff erbeuteten, und daß sie geprahlt hätten, wie schwierig es war, sie an sich zu bringen. Sie hörten nicht auf, sich darüber zu verbreiten, wer wen getötet und wie ein bestimmter Mann vor dem Tod noch gezuckt habe, wie tief einige der Engländer vor dem Sterben gestöhnt hätten. «Als Finow zufällig vorbeikam und diese Unterhaltung mithörte, befahl er ihnen, nicht mehr über eine Angelegenheit zu sprechen, die Mr. Mariner unangenehm sein müsse; daß das Schicksal seiner Gefährten ein zu ernstes Thema sei, um so leichthin darüber zu sprechen. Worauf einige der Häuptlinge erwiderten: ‹Aber er macht sich doch keine Gedanken darüber, denn keiner von ihnen war sein Verwandter.› – ‹Obwohl keiner von ihnen sein Verwandter war›, beharrte Finow, ‹waren sie doch seine Landsleute.›»[8]

Wir, die wir noch immer im Zeitalter des Nationalismus leben und unsere einstigen Gefühle gegenüber der Sippe auf unsere Landsleute übertragen haben, können mühelos begreifen, was Mariner gefühlt haben muß und wovon Finow gesprochen hat. Daß der in einer sippenmäßig organisierten Gesellschaft aufgewachsene Finow, in der man die Vorstellung von einem Staat kaum kannte, diese Verbindung so leicht erkennen konnte, zeigt uns, welche Vorstellungskraft und Einsicht er besaß.

Wir sprechen über Offenheit von Gefühlen und Ideen. Das Gefühl des Pathos beispielsweise ist für alle große epische Dichtkunst unerläßlich. In Homers *Ilias* reift dieses Gefühl, weil wir für beide Parteien des Krieges Mitgefühl aufbringen. Homer selbst entschied sich auch nicht für eine der beiden Seiten. Obwohl die eine Fraktion «Danaer» oder «Achäer» genannt wird und die andere «Trojaner», sprechen beide Parteien die gleiche Sprache, verehren die gleichen Götter, habe identische Gefühle gegenüber der Familie und besitzen die gleiche Kultur. Obwohl die Kombattanten aus verschiedenen Ländern kommen, töten diese Krieger Menschen, die genauso sind wie sie selbst. Nach menschlichen Begriffen handelt es sich um einen Bürgerkrieg.

Als Finow die Insel Vavau eroberte, war das Land politisch geteilt. Er führte die eine Seite zum Sieg und beherrschte später die ganze Insel. In einer der Schlachten dieses Bürgerkriegs näherten sich Finows Streitkräfte einer Festung. Ein Hagel von Pfeilen regnete auf sie herab, aber Finow griff nicht sofort an. Er schickte einen hohen Offizier vor, um einen Waffenstillstand zu erbitten, «damit jede Seite Gelegenheit hat, sich von den Freunden und Verwandten zu verabschieden, die auf der Gegenseite stehen könnten». Die Bitte wurde erfüllt. Viele Männer strömten aus der Festung, um sich von Angehörigen ihrer Sippe zu verabschieden: «Hier kam es zu einer bewegenden Szene; auf beiden Seiten wurden viele Tränen vergossen, und es kam zu mancher letzten Umarmung.»[9] Als der alte Priamus in der *Ilias* von Achilles einen Waffenstillstand erbittet, um seinen großen Sohn Hektor zu begraben, fragt Achilles Priamus, wie lange

Zeit er brauche. Der Vater erklärt detailliert den Zeitplan der Beisetzung: «Dann am zehnten bestatteten wir und fei'rten das Gastmahl, häuften ihm drauf am elften den Ehrenhügel des Grabes; aber den zwölften Tag, dann kämpfen wir, wenn es ja sein muß.»[10] Eingedenk all ihrer Humanität wurden der König von Troja und der König von Vavau von dem gleichen ‹Muß› getrieben.

Wenn man die Chroniken König Finows I. liest, erzeugt die Erinnerung an das griechische Epos und die griechische Legende manchen ‹Schock des Wiedererkennens›. Bei der Lektüre des folgenden Berichts kommen einem *Die Frauen Trojas* in den Sinn: Finows Aufstieg zu politischer Vorherrschaft erfolgte nicht ohne die üblichen Verzögerungen derer, die er unterworfen hatte. Als man eine Verschwörung gegen ihn aufdeckte, wurden sämtliche Beteiligte festgenommen und hingerichtet. Die Witwen dieser verhinderten Mörder baten Finow um die Erlaubnis, ihre verstorbenen Männer unter den üblichen Riten zu beerdigen, «was der König bereitwillig gewährte». Nowfaho, einer der Anführer der Verschwörung, hatte seiner Frau vor der Hinrichtung eine Botschaft schicken lassen, in der er ihr seine tiefe Zuneigung gestand. Als sie diese Worte hörte, «schien sie sehr bewegt zu sein, denn obwohl sie kaum weinte, verriet ihre Haltung einige Anzeichen heftiger innerer Rührung...» Sie zog sich in ihr Haus zurück, bewaffnete sich mit einem Speer und einer Keule und machte sich auf den Weg, um auch die anderen Witwen für ihren Plan zu gewinnen, sich dadurch an Finow zu rächen, daß sie möglichst viele seiner Frauen und Häuptlinge töteten. Dieser polynesischen Hekuba schloß sich jedoch keine der anderen Frauen an, und so mußte sie den Plan aufgeben. Finow erfuhr natürlich von dem gescheiterten Vorhaben, hatte aber keine weitere Rache nötig: «Als er von ihrer Absicht hörte... lobte er und billigte sie, da sie nicht nur eine verdienstvolle Tapferkeit offenbare, sondern auch einen überzeugenden Beweis, daß ihre Zuneigung für ihren verstorbenen Ehemann groß und wahrhaftig gewesen war.»[11]

Der große epische Held liebt das Gespräch fast so sehr wie das Töten. In der *Ilias* beispielsweise hat es den Anschein, daß diesen beiden Beschäftigungen gleich viel Raum gegeben wird. Es überrascht uns nicht, wenn wir erfahren, daß Finow ein großer Redner war:

> Als Finow seine Ansprache an das Volk von Vavau hielt, schienen die *mataboole* (die Angehörigen der höheren Klasse) und Krieger, die sich um sein Kanu scharten (unter denen auch Mr. Mariner zu finden war), sehr gerührt, und manche vergossen Tränen; denn seine Überzeugungskraft war so groß, daß er bei der Verteidigung seiner Sache als der Würdigste, Unschuldigste und als derjenige erschien, dem die größte Ungerechtigkeit widerfahren war: Die wichtigeren Häuptlinge

und alten *mataboole* von Vavau blieben bei diesem Bericht in der Festung, weil sie sich fürchteten, seine Argumente anzuhören; sie fürchteten, durch die Macht seiner Beredsamkeit dahin gebracht zu werden, das für wahr zu halten, was unwahr war, und auch, daß sie die jungen und ungestümen Krieger zu einem Fehler verleiten könnten, indem sie sie davon überzeugten, daß es vernünftig und gerecht sei, was er sagte.[12]

Finow benutzte die polynesische Institution des *fono* – mit dem die führenden Persönlichkeiten sich öffentlich zur Diskussion der Probleme des Tages zusammenfanden –, um seine Untertanen darüber aufzuklären, wie sie sich verhalten sollten. Wie Fidel Castro in Kuba, mit seinen vier- und fünfstündigen Ansprachen, muß er das Gefühl gehabt haben, er könne die Gesellschaft durch die Macht seiner Stimme verwandeln. So kam es in Tonga beispielsweise oft vor, daß junge *mataboole* Frauen belästigten, denen sie auf der Straße begegneten. Wenn die Frauen sich bei ihren Ehemännern beschwerten, brachten diese die Angelegenheit den älteren *mataboole* zur Kenntnis. Der König berief dann ein *fono* ein, an dem all diese jungen Bravados teilnehmen mußten, redete ihnen ins Gewissen und sagte, wie unmöglich ihr Verhalten gewesen sei, und befahl ihnen, sich künftig solcher Taten zu enthalten. Man hat das Gefühl, obwohl es nicht ausdrücklich gesagt wird, daß diese Vorstellung ebenso wirksam war wie die meisten Gardinenpredigten.

Finow I., König von Vavau, Tributherr von Haapai, dem seine jetzige Macht noch nicht genügte, warf immer wieder ein begieriges Auge auf die unabhängige Insel Tongatapu. Dort hatte eine gewisse Stabilität eingesetzt; die Tage der großen Kriege waren vorüber, und nur gelegentlich – wenn auch immer wieder – verhinderten Raubzüge der verschiedenen Kleinstaaten gegeneinander, daß die Speere verrosteten. Allmählich gewannen einige kleine Königreiche eine gewisse Vorherrschaft über die anderen. Hihifo war so ein Provinzkönigtum, und sein Herrscher hatte sich einen großen Ruf als Ausbilder von Jagdfalken erworben. Ein besonderer Vogel, den der Monarch schon lange besaß, verfügte über so ungewöhnliche Fähigkeiten, daß Besucher Hihifos von nichts anderem mehr sprechen konnten. Dieser Vogel war «der Neid jedes Häuptlings, der ihn gesehen hatte».[13]

Finow, der selbst ein leidenschaftlicher Falkner war, hatte den Vogel noch nie gesehen, aber dessen Ruf begann in seinem Innern zu nagen. Allmählich dachte er an nichts anderes mehr: Er mußte diesen Vogel haben. Er schickte einen seiner Minister mit ein paar Geschenken und der Bitte nach Hihifo, der Herr des Landes möge die Sehnsucht des Königs von Vavau erfüllen. Der Häuptling erklärte, der Vogel sei für sein Weiterleben notwendig; aber er freue sich, dem großen König von Vavau zwei andere Vögel zu schicken, die ihm sicher gefallen würden. «Finow nahm das Geschenk an, aber die Verweigerung des Vogels, der ihm so sehr am Herzen lag, machte ihm schwer zu schaffen.»[14]

Am nächsten Morgen jedoch beschloß er, die beiden geschenkten Vögel auszuprobieren. Ihre Leistungen waren ungewöhnlich; aber das befriedigte Finow nicht, sondern machte ihn nur noch entschlossener, den berühmten Vogel an sich zu bringen. Wieder schickte er einen seiner Kämmerer los, diesmal mit noch üppigeren Geschenken: «Zähnen von Seepferden, Kugeln, Äxten, einem Spiegel, mehreren eisernen Pfeilen... und einem Mühlstein, alles Dinge, die von europäischen Schiffen stammten», daneben noch viele feine Matten und eine große Menge Cava-Früchte.[15]

Wir erfahren nicht, ob die Drohung zur selben Zeit wie die Geschenke überbracht wurde oder ob die Feinheiten der Tonga-Diplomatie schon so weit entwickelt waren, daß eine solche Drohung nicht ausgesprochen werden mußte. Wie dem auch sei: Diesmal weigerte sich der Herrscher von Hihifo nicht. Er «antwortete nach einiger Überlegung, da er den Vogel selbst nicht mehr nutzen könne, da seine Zeit so sehr durch ständigen Krieg mit seinen Nachbarn ausgefüllt sei und da *es mit dem Charakter eines Häuptlings nicht vereinbar sei*, einem anderen Häuptling vorzuenthalten, wofür er selbst keine Verwendung mehr habe, werde er den Vogel sofort Finow überlassen, obwohl er ihn sehr hoch schätze und er ihm immense Sorge abverlangt und Mühe gemacht habe». Finow war entzückt, aber der Vogel wurde seinem spektakulären Ruf nicht gerecht. Finow wurde des Sports überdrüssig, und seine Begeisterung war dahin.[16]

Jedes intensive menschliche Gefühl, ob der Befriedigung oder der Entsagung, war für Finow von Interesse. Auf der Insel Vavau lebte ein berühmter Eremit namens Tootawi. Tootawi erlebte die gleiche Ironie der Geschichte wie die berühmten christlichen Eremiten Ägyptens im 3. und 4. Jahrhundert: Erst ihr totaler Rückzug aus der Welt begründete ihren Ruf, und die Welt wollte sie in ihrer Isolation unbedingt aufsuchen. Nachdem Finow die Insel erobert hatte, «hatte er den lebhaften Wunsch, diesen berühmten Einsiedler»[17] kennenzulernen.

Obwohl Tootawi das Leben des Heiligen Antonius völlig unbekannt war, wußte er, wie sich ein Eremit verhalten mußte, und empfing den neuen weltlichen Herrn von Vavau, wie er jeden anderen empfangen hätte, nämlich mit leicht unterkühlter Verachtung. Finow ließ sich dadurch jedoch nicht abschrecken, sondern tat, als wüßte er genau, daß das Leben keines Eremiten ohne einen geschickten Verführer vollständig sei, eine Rolle, die er zu spielen gedachte. Der Monarch «sprach freundlich mit (Tootawi); er fragte ihn, ob es etwas gebe, was seine Lage angenehmer machen könnte, und bot ihm alles an, was ihn zur Rückkehr in die Nähe der Menschen bewegen könne...» Tootawi wollte davon natürlich nichts wissen: «Kanus, Häuser und Plantagen bedeuteten ihm nicht das geringste; auch ein Gespräch hatte für ihn keinerlei Zauber, und die Annehmlichkeiten des Lebens bedeuteten ihm nichts.»[18]

Finow spielte dann aus, was er für seine Trumpfkarte hielt: Ob Tootawi nicht unter seinen Dienerinnen eine Frau aussuchen wolle? Das, entgegnete der Einsiedler, wünsche er am allerwenigsten. Der König blieb hartnäckig und drängte Tootawi, etwas zu nehmen, irgend etwas von den vielen Besitztümern des Königs, und wir wissen, wie verführerisch Finows Eloquenz sein konnte. Indem er ein wenig nachgab, setzte sich der Einsiedler am Ende durch – er nahm nur ein kleines Kleidungsstück, und das war alles.

Finow reiste ab, nachdem er seine Bewunderung zum Ausdruck gebracht und sein zuvor erlassenes Edikt bestätigt hatte, daß die Einsamkeit des Eremiten von jedermann respektiert werden solle.[19]

Wenn er nicht gerade über Mord, Eroberung, politische Herrschaft, die Gefühle der Menschen, Eremiten und über Vögel nachdachte, dachte Finow wie viele von uns an Gott – genauer, an die Götter und an diejenigen, die in ihrem Namen zu sprechen behaupteten. Er war der Vertreter eines Phänomens, dem wir in vielen komplexen Gesellschaften begegnen – eine politische Persönlichkeit von starkem Willen, die weder an die Götter glaubt noch die Priester fürchtet. «Seine Verachtung für die Religion war in der Tat fast sprichwörtlich, und bei dieser Gelegenheit fragten sich die Menschen oft, warum er im Krieg so erfolgreich war.» Vor der Invasion Vavaus hatten die Priester versucht, Finow mit der Information von seinem Vorhaben abzubringen, die Götter wünschten eine Versöhnung mit dem Volk von Vavau. Finow nahm jedoch nur dann den Rat der Priester an, wenn er «sich mit seiner eigenen Meinung in Übereinstimmung bringen ließ».[20] Gegen den Widerstand der Priester ordnete er die Invasion an.

Finows Atheismus hinderte ihn jedoch nicht daran, sich gelegentlich als vom Geist eines ehemaligen Königs von Tongatapu besessen zu halten. Mariner gegenüber äußerte er oft, daß er die Existenz der Götter bezweifle und er die Menschen für Narren halte, die das glaubten, was die Priester ihnen erzählten. Als Mariner etwas vorlaut fragte, wie Finow diesen Glauben mit seiner Überzeugung in Einklang bringe, vom Geist des toten Königs besessen zu sein, wich der Monarch vorsichtig aus: «Gewiß ... vielleicht gibt es Götter; aber was die Priester uns von ihrer Macht über die Menschen erzählen, halte ich alles für falsch.»

In komplexen Gesellschaften war man allgemein der Meinung, man könne von einer berühmten Persönlichkeit aus der Vergangenheit besessen sein. Mariner erzählt uns dazu eine bemerkenswerte Geschichte von Finows Sohn und Erben, der ihm als Finow II. auf dem Thron folgte. Diese Geschichte erinnert an unsere eigene literarische und mythische Vergangenheit. Schon vielen ist aufgefallen, daß zwei der eindrucksvollsten Erzählungen der westlichen Literatur – Orest und Hamlet – beachtliche Ähnlichkeiten aufweisen: In beiden Fällen ist ein König von einem engen Angehörigen ermordet worden, der Sohn des Königs ist verpflichtet, den Mord an jemandem zu rächen, der natürlich auch ein Verwandter ist. In beiden Fällen spielt der Geist des toten Vaters eine entscheidende Rolle. In *Hamlet* erscheint er leibhaftig; *Orest* muß den Geist seines Vaters beschwören, bevor er seine Mutter tötet.

Was Finow II. betrifft, so war sein Vater zwar ein König gewesen, aber er war zusammen mit Toobo Nuha der Mörder eines größeren Königs gewesen und nicht selbst einem Mord zum Opfer gefallen. Als Finow II. zu einem jungen Häuptling herangewachsen war, wurde er gelegentlich vom Geist Toogoo Ahoos besessen, des vormaligen Königs von Tongatapu, der von seinem Vater und seinem Onkel ermordet worden war.

Diese Besessenheit hatte jedoch keine tragischen Folgen; denn selbst wenn der Geist Toogoo Ahoos Finow II. gedrängt haben sollte, den Mord an Toogoo Ahoo zu rächen, so ließ der Sohn des Königs nichts davon verlauten. Mariner, der mit dem jungen Mann eng befreundet war, fragte den Prinzen, wie er sich fühle, wenn der Geist des toten Königs über ihn komme. Dieser entgegnete, daß er «überall eine glühende Hitze spüre, daß er sich ruhelos und unbehaglich fühle und nichts von seiner eigenen Identität bemerke, aber daß er eine andere Seele zu haben glaube als seine eigene, daß sich seine Gedanken seltsamen und gewöhnlichen Dingen zuwendeten, obwohl er völlig klar wahrnehme, was um ihn herum vorgehe».[21] Nach der Begegnung mit dem Geist seines Vaters entschließt sich Hamlet, den Verrückten zu spielen, um die Tatsache zu verbergen, daß er seinen Vater durch die Ermordung seines Onkels rächen will: «Ja, von der Tafel der Erinnerung will ich weglöschen alle thörichten Geschichten.»[22]

Als Mariner von seinem Freund erfahren wollte, woher er wisse, daß es sich um den Geist Toogoo Ahoos handle, erwiderte der Prinz: «Du bist vielleicht ein Narr! Wie kann ich dir sagen, *woher* ich es weiß; ich fühlte und wußte es durch eine Art Bewußtsein; meine *Seele* sagte mir, daß es Toogoo Ahoo war.»[23]

Obwohl der Gedanke, seinem Vater auf den Thron zu folgen, ihn vielleicht in höchste Unruhe versetzte, beherrschte sich der junge Prinz Finow sehr. Anders als manche königlichen Prinzen in komplexen Gesellschaften, die mit ihren alternden Vätern immer ungeduldiger wurden und revoltierten, um endlich auf den Thron zu gelangen, blieb Finow II. seinem Vater in enger Freundschaft verbunden, bis dessen Tod ihn auf den Thron des Königreichs hob und eine glatte und auch erfolgreiche Nachfolge ermöglichte. Das Verhältnis junger Heißsporne zu königlicher Autorität ist das Thema eines anderen Stücks von Shakespeare, und wir werden an Prinz Hal erinnert, wenn wir von dem jungen Finow und seinem Freund Hala Api Api lesen. Dieser war zwar ein tapferer Krieger und durchaus kein Feigling, erinnert aber stark an Sir John Falstaff und dessen unklare Stellung zwischen dem alten König und dem jungen Prinzen:

Niemand kannte mehr boshafte Schliche als er, denen meist Angehörige der niederen Stände zum Opfer fielen, und dennoch mochten sie ihn. Wenn irgendein anderer Häuptling sie unterdrückte, flüchteten sie zu Hala Api Api, um Gerechtigkeit zu fordern, und er verteidigte ihre Sache immer so, als wäre es seine eigene, oft unter Lebensgefahr, und dies schien er anscheinend aus reinem Mitleid zu tun. Er weinte über ihren Kummer, den sie ihm vortrugen, und im nächsten Augenblick blitzten seine Augen voller Entrüstung über die Ungerechtigkeit des Unterdrükkers. Er ergriff seine Keule und machte sich auf den Weg, um den Leuten Gerechtigkeit widerfahren zu lassen. Falls er sich selbst einmal einer ähnlichen Übertretung schuldig machte, tat es ihm ebenso leid, und dann leistete er großzügig Wiedergutmachung. Bei anderen Gelegenheiten jedoch blieb sein Geist oft lange in wilder und unregierbarer Verfassung; und wenn der Bericht von seiner Untat dem König (Finow I.) zu Ohren kam ... sagte dieser: ‹Was soll ich mit diesem Hala Api Api tun? Ich glaube, ich muß ihn töten.› Aber Hala Api Api fürchtete weder den Tod, den König noch irgendeine andere Macht. Es gab niemanden, der ihn nicht mochte, und dennoch fürchtete ihn jeder ... Wenn man ihm von einer Schlacht erzählte, sah er aus, als wollte er gleich in den Krieg ziehen. Wenn man ihm eine traurige Geschichte erzählte, strömten ihm die Tränen schneller über die Wangen, als man sie zählen konnte. Wenn man ihm einen guten Witz erzählte, lachte niemand herzlicher als er ... Kaum war der jüngere Finow König geworden, da ließ auch sein Freund Hala Api Api (zum Erstaunen aller) sofort von seinen Späßen ab und hörte auf, andere zu berauben. Als Mr. Mariner ihn nach dem Grund dafür fragte, erwiderte er: ‹Der jetzige König ist ein junger Mann ohne viel Erfahrung, und ich glaube, daß ich ihn nicht dadurch von seiner friedlichen Regierung abbringen darf, indem ich ihm Hindernisse in den Weg lege oder Unruhe schüre. Der alte König besaß große Erfahrung und wußte, wie man Aufruhr unterdrückt: Außerdem kämpfte er gern, und so habe ich meinem Temperament freien Lauf gelassen, ohne über die Folgen nachzudenken; aber ein solches Verhalten könnte jetzt für das Land sehr schlecht sein.›[24]

Die Thronbesteigung des jungen Finow verursachte nicht nur in der Lebensführung Hala Api Apis einen radikalen Wandel, sondern veränderte auf Vavau auch die gesamte politische Lage. Finow II. war entschlossen, eine Kulturrevolution ins Werk zu setzen, die nicht weniger gründlich war als im alten Ägypten der Versuch Echnatons, Religion, Künste und Wertsystem radikal zu verändern. Finow II. wollte den Krieg als Mittel zur

Durchsetzung von Interessen aus dem Leben Vavaus verbannen und alle Energie statt dessen auf friedliche Künste verwenden – auf die Baukunst, die Kultivierung des Landes, die Dichtkunst und die Musik. Mit diesem Ziel vor Augen war er entschlossen, Vavau von den anderen Tonga-Inseln zu isolieren. Die Insel Haapai, auf der jetzt Toobo Toa herrschte, war Vavau tributpflichtig. Kurz nach der Thronbesteigung Finows II. trafen sich Toobo Toa, Finow und dessen Onkel Finow Fiji zu einer kurzen ‹Gipfelkonferenz›, in deren Verlauf Toobo Toa seinen Wunsch ausdrückte, Vavau auch weiterhin tributpflichtig zu bleiben, weil er das Gefühl habe, das werde auch zur Stabilisierung seines Amts beitragen. Finow lehnte das Angebot ab und erklärte Toobo Toa seine Pläne für Vavau. Der Herr von Haapai war mit diesem Vorhaben nicht einverstanden. Es demütigte ihn, daß er den Wünschen eines so jungen Königs nachgeben sollte. Er dachte laut nach und meinte, seine unruhigen Krieger könnten auf dumme Gedanken kommen, wenn sie unbeschäftigt seien, und sogar einen Krieg gegen Vavau vom Zaun brechen oder ihn selbst stürzen wollen. Daher wolle er sich mit aller Kraft Tongatapu zuwenden. Der König von Hihifo (auf Tongatapu) war ein Verbündeter Toobo Toas, und der Staat Hihifo war in jüngster Zeit militärisch so schwach geworden, daß die Möglichkeit einer Niederwerfung durch feindliche Streitkräfte bestand. Toobo Toa erklärte, er werde sofort nach seiner Rückkehr nach Haapai eine Expedition nach Tongatapu anführen, um seinem Verbündeten zu Hilfe zu kommen.[25]

Eine Verbindung zwischen Vavau und Haapai konnte jedoch nicht gelöst werden. Der Tuitonga residierte noch immer auf Vavau, und alle Inseln waren verpflichtet, ihm alljährlich einen Tribut für die *inachi*-Zeremonie zu schicken: «Auf diesen Tribut konnte man nicht verzichten, weil er ein religiöser Akt und notwendig war, um das Wohlwollen der Götter zu erhalten und um Übeln vorzubeugen, welche die Götter sonst auf sie herabbeschwören könnten.»[26]

Schon kurz nach dem Amtsantritt Finows II. ergab sich eine Gelegenheit zur Lösung des Problems. Der Tuitonga starb. Finow entschloß sich, auf weitere Tuitongas zu verzichten und den *inachi*-Zeremonien ein Ende zu machen. Das war eine revolutionäre Tat, nicht weniger, als es Luthers Thesen gewesen waren. Nachdem er erst einmal den Mut dazu aufgebracht hatte, ließen sich die Rechtfertigungsgründe leicht finden: «Es muß festgestellt werden», argumentierte Finow, «daß die Insel Tonga viele Jahre lang ohne die Macht, die Gegenwart und den Einfluß des Tuitonga hat auskommen müssen», und dennoch «nicht weniger durch Gaben des Himmels und der Natur begünstigt gewesen ist als die anderen Inseln, mit Ausnahme der Zerstörung und des Unglücks, die durch menschliche Leidenschaft und Aufruhr ausgelöst worden sind: Und wenn Tonga ohne diesen göttlichen Häuptling existieren konnte, warum dann nicht auch Vavau oder irgendeine andere Insel?»[27]

Die Häuptlinge und *mataboole* waren mit dem König einer Meinung. Das gewöhnliche Volk erhob keine Einwände und freute sich zudem über die Aufhebung der *inachi*-Steuer. Die Tat war vollbracht, ein außergewöhnlicher rationaler Akt, der klar demonstriert, wie weit sich diese komplexe Gesellschaft von der primitiven Welt entfernt hatte, wie sehr es dem menschlichen Geist gelungen war, sich von der Angst vor dem Übernatürlichen zu befreien.

Es war dem Sohn eines mächtigen, mörderischen Vaters gelungen, dessen kriegerisches Wertsystem aufzugeben, entweder weil er fürchtete, sich mit diesem zu messen, oder weil er den Mut hatte, ihn zu übertreffen. Eines von Hamlets Problemen besteht darin, daß er selbst nicht weiß, ob er Philosophie und zivile Interessen dem Wertsystem des Kriegers vorzieht, weil sie in sich besser sind oder weil er nicht den Mut hat, ein großer Kämpfer zu sein. Die Existenz von Hamlets jungem Zeitgenossen Fortinbras erhellt diese Verwirrung in Hamlets Seele. Mariners Beschreibung Finows II. – und dabei muß man die enge Freundschaft der beiden berücksichtigen – läßt erkennen, daß der junge König in den traditionellen militärischen Wertvorstellungen des Königtums leicht hätte brillieren können, wenn ihm danach zumute gewesen wäre. «Sein allgemeines Verhalten war gewinnend: Sein Schritt war fest, männlich und anmutig: Er tat sich in allen athletischen Sportarten hervor, beim Wettlaufen, beim Ringen, Boxen und dem Kämpfen mit der Keule: Er war kühl und couragiert, aber auch friedliebend.»[28]

Er liebte auch die Gerechtigkeit und verbrachte viel Zeit damit, Gerichtsurteile zu fällen und Streitigkeiten zu schlichten. Seine Untertanen trugen ihm gern ihre Kümmernisse vor; denn wenn ein Fall ein oder zwei Tage zum Zusammentragen aller Informationen erforderte, zögerte er nicht, die Entscheidung so lange zu vertagen, bis der gesamte Sachverhalt festgestellt worden war.

> Er mochte Fröhlichkeit und gute Laune: Er war ein höchst anmutiger Tänzer: Er konnte sich für romantische Szenen, Dichtkunst und Gesangsvorträge begeistern: Während der kriegerischen Herrschaft seines Vaters waren diese Künste sehr ins Hintertreffen geraten; aber als sein Sohn an die Macht kam, erweckte er sie zu neuem Leben und lud fast jeden Abend Gruppen von Berufssängern in sein Haus ein. Er pflegte zu sagen, daß der Gesang den Geist der Menschen beflügele und sie miteinander versöhne – daß er sie dazu bringe, ihr Land zu lieben und Verschwörungen zu hassen.[29]

Wenn Finow I. nicht in seinem Haus war, suchte man ihn meist irgendwo in der Öffentlichkeit oder im Haus eines anderen Häuptlings; Finow II. sah man meist in den Häusern der Zimmerleute oder der Kanu-Bauer oder vielleicht irgendwo auf dem Land, wo er die Urbarmachung neuen Bodens überwachte.[30]

Wir wissen nicht, warum das Große Experiment zu Ende ging. Nicht viele Jahre nach der Thronbesteigung des jungen Finow schaffte Mariner die Rückkehr nach England und schrieb dort sein Buch. Wäre er geblieben, hätten wir vermutlich die ganze Geschichte Finows II. kennengelernt. Aber dann wäre das Buch vielleicht niemals geschrieben und veröffentlicht worden, und unser Verständnis für die Vielfalt menschlichen Lebens wäre viel ärmer.

11

Es gibt keine Tabus mehr ...
Die Götter sind eine Lüge [1]

Die ersten Missionare Hawaiis kamen aus den Vereinigten Staaten; sie betraten im März 1820 die Inseln. Im Jahr zuvor war der große König Kamehameha I. gestorben. Die Missionare hofften und gingen wohl auch davon aus, daß sie in ein Land voll wildem Aberglauben und dunkler religiöser Riten kamen, wo sie mit Satan um die Seelen der Menschen ringen konnten. Als sich ihr Schiff *Thaddeus* den Inseln näherte, wurde ein Boot unter dem Befehl von Mr. Hunnewell an Land geschickt, dem ersten Offizier. Er kehrte von dem Landgang zurück und verkündete der verblüfften Bordgesellschaft: «Liholiho ist König; die Tabus sind abgeschafft; die Götzenbilder sind verbrannt, die Tempel sind zerstört. Es hat Krieg gegeben, aber jetzt herrscht Frieden.» [2] Die Hawaiianer waren mit Satan offensichtlich aus eigener Kraft fertig geworden und «boten der Welt» in den Worten James Jarves' «das seltsame Bild einer Nation ohne Religion».[3]

Die entscheidenden Tabus betrafen Frauen und das Essen. Männer und Frauen durften nicht gemeinsam essen. Die Bürde der Einhaltung dieses Tabus fiel beiden Geschlechtern zu. «Der Mann machte erst in einem Ofen mit Lebensmitteln für seine Frau Feuer, und als das getan war, ging er zum Haus *mua* und machte in einem Ofen für sich Feuer.» [4] Ferner waren den Frauen bestimmte Lebensmittel verboten, etwa Schweinefleisch, Bananen und Kokosnüsse.[5] Als der englische Kapitän Vancouver bestimmte europäische Haustiere als Zuchttiere auf die Inseln brachte, warnte er die Hawaiianer, sie dürften die Tiere zehn Jahre lang nicht essen, damit sie sich vermehren können, und daß es Männern wie Frauen erlaubt sein werde, sie zu verzehren, wenn die Zeit der Schlachtreife gekommen sei, «da sie für den allgemeinen Gebrauch und zum Wohl aller Einwohner beiderlei Geschlechts auf die Inseln gebracht worden sind».[6]

Das Verständnis dieses besonderen hawaiianschen Tabusystems erfordert viel mehr historische Daten über die Entwicklung der hawaiischen Gesellschaft, als wir besitzen. Die Geschichte Hawaiis vor der Begegnung mit dem Westen ist uns so gut wie unbekannt; was bleibt, ist hauptsächlich ein Bild der Gesellschaft genau im Moment der Berührung. Daher können wir nicht sagen, warum die Hawaiianer dieses besondere Tabusystem entwickelt haben. Jede Kultur, auch unsere, kennt bestimmte Beschränkungen beim Essen, bei der Sexualität und der Aggression. Wir mögen uns zwar für freizügig halten, essen dennoch nicht jedes eßbare Tier (etwa Hunde und Katzen), obwohl kein Gesetz das verbietet. Die Tatsache, daß hawaiische Frauen einer aggressiven Diskriminierung unterworfen waren, indem man ihnen einige beliebte Lebensmittel vorenthielt, war kein besonderes Merkmal dieser Kultur; viele primitive Gesellschaften haben bestimmte bevorzugte Speisen allen Angehörigen mit Ausnahme erwachsener Männer vorenthalten. Das Tabu des gemeinsamen Essens von Männern und Frauen hat es ebenfalls in vielen Gesellschaften gegeben. Es ist jedoch schwierig zu sagen, welche spezifischen unbewußten Konflikte zwischen Männern und Frauen in Hawaii durch dieses Tabusystem Ausdruck fanden und unterdrückt wurden.

In den frühen Jahren des 19. Jahrhunderts wurde die absolute Geltung dieser Verbote fortlaufend durch die Wechselbeziehung zwischen Hawaiianern sowie amerikanischen und europäischen Seefahrern untergraben. Dennoch wurden während der gesamten Regierungszeit Kamehamehas Übertretungen schwer bestraft. Im ersten Jahrzehnt des Jahrhunderts erwischte man drei Männer, die zusammen mit einigen adligen Frauen Kokosnüsse aßen; die Männer wurden festgenommen und zum Tode verurteilt.[7] Etwa um die gleiche Zeit wurden zwei adlige junge Mädchen beim Essen einer Banane erwischt. Sie waren offensichtlich zu hochgestellt, um wie andere bestraft zu werden; man machte ihren Vormund verantwortlich und tötete ihn durch Ertränken.

Noch 1816 entdeckte der in russischen Diensten stehende Forschungsreisende Otto Kotzebue im Hafen die Leiche einer Frau. Sie war eine Bürgerliche gewesen und wegen Übertretung des Speise-Tabus hingerichtet worden.[8] Noch kurz vor dem Ende der Verbote wurden einem kleinen Mädchen die Augen ausgestochen, weil es eine Banane gegessen hatte.[9]

Vor dem Tod König Kamehamehas 1819 war Kaahumanu seine Hauptgemahlin. Diese Frau von außergewöhnlicher Macht verkündete nicht nur, Kamehameha habe sie dazu ausersehen, gemeinsam mit dem neuen König Liholiho zu regieren, sondern sie stellte sich auch an die Spitze des Kampfes, der mit der endgültigen Abschaffung der Tabus endete: «Aber soweit es mich und mein Volk betrifft... wollen wir von Tabus frei sein. Wir wünschen, daß die Nahrung des Ehemannes und die Nahrung der Ehefrau im selben Ofen gekocht und beiden erlaubt wird, aus derselben Kalebasse zu essen. Wir wollen Schweinefleisch und Bananen und Kokosnüsse essen... und so leben wie die weißen Menschen...»[10]

Sie organisierte die Aufführung eines Schauspiels, bei dem der neue König die Hauptrolle übernehmen sollte. Liholiho fügte sich ihren Anweisungen und machte sich auf den Weg nach Kailua. Aus welchen Gründen auch immer verbrachte er zwei Tage vollkommen betrunken auf dem Wasser. Schließlich schickte Kaahumanu ein großes Doppelkanu zu ihm, das ihn zu dem vorgesehenen Ort bringen sollte. Man hatte ein großes Fest vorbereitet, bei dem wie üblich getrennte Tische für Männer und Frauen aufgestellt worden waren. Am Tisch des Königs saßen auch einige wichtige ausländische Gäste. Bevor er sich setzte, rauchte und trank Liholiho mit einigen adligen Frauen. Als alle Anwesenden saßen, erhob sich der Monarch und ging absichtlich zum Tisch der Frauen hinüber, setzte sich, aß von dem, was auf dem Tisch stand, und ersuchte seine Tischgenossinnen, es ihm gleichzutun.[11] Das Festessen wurde von einer großen Zahl gewöhnlicher Bürger beobachtet, die ängstlich auf die Folgen einer so schrecklichen Tat warteten. Als sich kein Unglück ereignete, begannen sie, entweder durch ihre fortschrittlichen Herzen getrieben oder weil Kaahumanu es ihnen befohlen hatte, fröhlich auszurufen: «Es gibt keine Tabus mehr ... Die Götter sind eine Lüge.»[12]

> Die Wirkung war so, als hätte man aus einem Gewölbe den Eckstein entfernt. Das gesamte Bauwerk der Götzenverehrung und der Tabus stürzte ein wie ein Kartenhaus. Der Hohepriester ging mit gutem Beispiel voran und steckte die Götzenbilder und ihre Heiligtümer in Brand, und man schickte Boten bis nach Kauai, um die Aufhebung der Tabus zu verkünden, was man im Gegensatz zum *ai kapu ai hoa* oder ‹freies Essen› nannte.[13]

Die Anhänger der traditionellen Religion waren jedoch zahlreich und fest entschlossen, für den Glauben ihrer Vorfahren zu kämpfen. Sie erhoben sich in einem bewaffneten Aufstand; in ihren Reihen fanden sich auch mehrere hochgestellte Aristokraten mit militärischen Fähigkeiten. Das neue Establishment war jedoch zu mächtig für sie, so daß eine einzige Schlacht den Streit beendete. Die Revolution war vollbracht.

Die amerikanischen Missionare waren ein entschieden mittelmäßiger Haufen, ganz anders als die Engländer und Franzosen, die sechzig Jahre später nach Buganda kamen. Nach den Begriffen dieser amerikanischen Missionare hatten sie großen Erfolg, weil die Reaktion der Hawaiianer auf die Berührung mit der Außenwelt ihnen den Weg geebnet hatte. Noch nie waren Missionare auf fruchtbarerem Boden gelandet. Die von ihnen mitgebrachte Spielart des Christentums war in moralischer Hinsicht ein Nichts, das seine Energien auf die Kontrolle von Alkohol und Prostitution konzentrierte. Ein Volk mit einer solchen Fähigkeit zur Veränderung des eigenen Lebens hätte etwas Besseres verdient.

Die Revolution von 1819 gegen die alte Religion hatte sich schon vierzig Jahre lang angekündigt. Cook war 1778 in Hawaii gelandet, und von da an besuchten immer mehr Schiffe die Inseln, meist um ihre Vorräte aufzufüllen. Folglich siedelten sich auch immer mehr Europäer und Amerikaner entweder vorübergehend oder ständig dort an. Die westliche Kultur war nichts Fremdes mehr, vor allem unter den Angehörigen des hawaiischen Adels.

Die Speisegesetze wurden von hochgestellten Frauen schon damals flexibel gehandhabt. Kotzebue, der 1816 von der Hinrichtung einer bürgerlichen Frau berichtete, die das Tabu gebrochen hatte, hielt gleichfalls fest, daß männliche und weibliche Aristrokaten an Bord seines Schiffes kamen und gemeinsame Mahlzeiten einnahmen.[14] Der Forschungsreisende Archibald Campbell schrieb:

> Obwohl diese Zeremonien im allgemeinen streng eingehalten werden, haben die Frauen jedoch nur selten Skrupel, sie zu brechen, wenn es insgeheim geschehen kann; sie schwimmen nachts, in der Zeit des Tabus, oft zu den Schiffen hinaus; und mir ist bekannt, daß sie die verbotenen Köstlichkeiten Schweinefleisch und Haifischfleisch gegessen haben. Ich weiß nicht, welche Folgen eine Entdeckung für sie gehabt hätte; aber einmal habe ich beobachtet, wie die Königin gegen die Speisegesetze verstieß, und sie ermahnte mich zu strikter Diskretion und sagte, ihr Leben hänge davon ab.[15]

Auf Tahiti kam es gleichfalls zu einer Lockerung der Speisegesetze. Pomare I. aß schon 1789 gemeinsam mit Frauen, und die Gewohnheit wurde auch von ein oder zwei weiteren Häuptlingen übernommen, obwohl sie keineswegs sofort Allgemeingut wurde.[16]

Es gab einen Präzedenzfall für die Verletzung von Tabus, der nichts mit dem Kontakt zur westlichen Welt zu tun hatte. Nach dem Tod des Königs oder eines hohen Aristokraten genossen die Hawaiianer vorübergehend eine Periode der Anarchie. Bis zur Thronbesteigung des neuen Monarchen war es erlaubt, aggressive Gefühle frei auszuleben, und fast alle sexuellen Verbote blieben in dieser Zeit unbeachtet. Zusätzlich wurden die Speise-Tabus der Frauen aufgehoben – sie aßen Bananen, Kokosnüsse und Schweinefleisch –, und man erlaubte ihnen sogar, geheiligte Stätten zu betreten, was normalerweise verboten war. Nach Meinung eines Beobachters hat Liholiho nichts weiter getan, als den kurzen Zeitraum des ‹freien Essens› fortzusetzen.[17]

Die Hawaiianer drängte es nicht nur von sich aus, alle westlichen Gewohnheiten nachzumachen; in der Frage der Speise-Tabus wurden sie von Europäern und Amerikanern sogar ermutigt:

> Als Kamehameha auf Oahu residierte, lernten viele der Häuptlinge einige Brocken Englisch, und als Liholiho, der Sohn des Königs, Englisch lernen wollte, unternahm es ein Händler (Mr. Marshall, wenn ich mich nicht irre), ihn zu unterrichten. Als Mr. Marshall Liholihos Vertrauen gewonnen hatte und

beim Unterricht Fortschritte feststellte, nahm er die Gelegenheit wahr, ihm etwa folgenden Ratschlag zu geben: «Wenn du lesen gelernt hast, wird das der erste Schritt zu wahrem Wissen sein, mit dessen Hilfe du den Tabus abschwören kannst.»[18]

Ein letzter Faktor, der ohne Zweifel zu den Vorgängen in Hawaii beitrug, war die Nachricht, daß Pomare II. ganz Tahiti zum Christentum bekehrt und die Tabus abgeschafft hatte.[19] Das ereignete sich vier Jahre vor dem Tod Kamehamehas.

Was den ersten Missionaren fast wie ein Wunder vorkam, war in Wahrheit ein einigermaßen vorhersagbarer soziologischer Prozeß. Eine vierzigjährige Berührung mit der westlichen Kultur im Verein mit der besonderen Vitalität einer Gesellschaft, die an Veränderung und Experimente glaubte, führte zur hawaiischen ‹Revolution› von 1819. Es war ein klassischer Beleg für Toynbees These von Herausforderung und Reaktion, und anders als bei vielen anderen Ergebnissen kultureller Kontakte gereichte diese Zeit beiden Kulturen zur Ehre.

III

O schöne neue Welt

Kamrasi, der König von Bunyoro, bei seiner ersten Bibel-Stunde

12

O schöne neue Welt . . .

Ein Liebesgedicht

Ach! Der Hai hat mich gepackt, der große Hai!
Lola-Kea mit den drei Zahnreihen.
Die Schicht Lonos ist verschwunden,
Von dem Hai-Monster zerrissen,
Niuhi mit den feurigen Augen,
Die in der tiefen blauen See brannten.
Ach! und ach!
Wenn der wili-wili-Baum blüht,
Das ist die Zeit, wenn der Hai-Gott beißt.
Ach! Der riesige Hai hat mich gepackt!
O blaue, o dunkle See,
Schaumgekrönte See Kanes!
Welch ein Vergnügen macht mir das Tanzen!
Ach! jetzt von dem Hai-Monster verschlungen![1]

Und hier ein Fragment, das der großen Sappho würdig wäre:

Liebe trägt mich fort wie eine Woge, und ich weine, ich weine,
Ach, der Hai verschlingt mich, der große Hai![2]

Ein Vogel zu sein, ein Fisch zu sein, die Grenzen des menschlichen Daseins zu sprengen – erst in diesem Jahrhundert haben die Menschen diese alte Sehnsucht verwirklicht und fliegen gelernt. Aber ein Fisch zu sein – die Amphoren-Maler des alten Griechenland wußten, daß auf der ganzen Welt nichts so glücklich ist wie ein Delphin. Schiffe kamen dem zwar schon nahe, aber nicht nahe genug. Exekias zeigte in seinem großen Gemälde des Dionys, der allein in seinem Boot ist, daß der Gott, wie frei er auch sein mochte, noch an die Erde gebunden war – nur die das Boot umkreisenden Delphine waren wirklich frei. Die Bewohner des alten Hawaii sind diesem Zustand der Delphine näher gekommen als jedes andere Volk.

Zwanzig oder dreißig Eingeborene, von denen jeder ein langes, schmales, an den Enden gerundetes Brett hält, gehen am Strand ins Wasser. Die erste Welle, der sie begegnen, spült über sie hinweg, und sie lassen sie weiterrollen, stehen dahinter wieder auf und kämpfen sich weiter vor, indem sie aufs Meer hinausschwimmen. Die zweite Welle wird genauso bezwungen wie die erste. Die große Schwierigkeit besteht darin, den richtigen Moment des Untertauchens abzuschätzen; denn wenn er verfehlt wird, wird der Betreffende von der Brandung erfaßt und mit großer Gewalt an den Strand zurückgeworfen. Er muß dann seine ganze Geschicklichkeit aufbieten, um nicht an den Felsen zerschmettert zu werden. Sobald sie durch diese wiederholten Anstrengungen das ruhige Wasser jenseits der Brandung erreicht haben, legen sie sich der Länge nach auf ihr Brett und bereiten sich auf die Rückkehr vor. Da die Brandung aus einer Reihe von Wellen besteht, von denen jede dritte immer viel größer ist als die anderen und den Strand höher überspült, während die anderen sich dazwischen brechen, besteht das erste Ziel der Männer darin, auf die Schaumkrone der größten Welle zu gelangen, von der sie dann mit erstaunlicher Geschwindigkeit auf den Strand zugetrieben werden. Sollten sie irrtümlich auf eine der kleineren Wellen gelangen, die vor Erreichung des Strandes brechen, oder sollten sie es nicht schaffen, ihr Brett auf der Schaumkrone in der richtigen Richtung zu halten, werden sie der Gewalt der nächsten Welle ausgesetzt. Um das zu vermeiden, müssen sie untertauchen und wieder zu ihrem Ausgangspunkt zurück. Wem es gelingt, den Strand zu ereichen, hat die größte Gefahr noch immer vor sich. Die Küste wird durch eine Kette von Felsen geschützt, die nur hier und da eine kleine Öffnung haben. Die Männer müssen ihr Brett durch eine dieser Öffnungen hindurchsteuern oder, falls ihnen dies mißlingt, abspringen und untertauchen, bevor sie die Felsen erreichen, und sich dann, so gut es geht, wieder zurückbegeben. Dies wird jedoch für sehr unehrenhaft gehalten und ist auch mit dem Verlust des Bretts verbunden, was ich mit großem Entsetzen oft selbst gesehen habe; das Brett wird in dem Augenblick zerschmettert, in dem der Inselbewohner abspringt. Die Kühnheit und Geschicklichkeit, mit denen die Männer die schwierigen und gefährlichen Manöver ausführen, sind erstaunlich, und man kann sie nur in den höchsten Tönen loben.[3]

Es ist erfreulich zu erfahren, daß der Konflikt zwischen Surfen und dem Geist des Kapitalismus schon im alten Hawaii existierte. Wenn die Brandung toste, war das Arbeitsethos vergessen. Ein Monat des hawaiischen

Kalenders hieß Ikuwa, was ‹ohrenbetäubend› bedeutet. Es war der Monat der Küstenstürme, des Regens, des Windes und des Donners. Es war auch der Monat der hohen Brandung,

> welche die Männer an die Küste lockt. Denn geschickte Surfer, die sich landeinwärts zu ihren Feldern begeben, werden sofort ihre Arbeit verlassen, wenn sie unterwegs einmal zurückblicken und erkennen, wie die Wellen über den Strand hinwegrollen; sie pflücken reife Bananenblätter, Ti-Blätter und Ingwer, schälen sie, befestigen sie am Hals und stellen sich mit dem Gesicht zum Meer hin und halten ein Stück Zuckerrohr in der Hand. Dann eilen sie nach Hause, holen ihr Brett und gehen. Von Arbeit ist keine Rede mehr ... Mag die Frau Hunger haben, die Kinder, die ganze Familie, dem Familienoberhaupt ist das egal. Er kennt nur den Sport, das ist seine Nahrung. Den ganzen Tag gibt es nichts außer Surfen.[4]

Ach, es gab noch Schlimmeres als die Vernachlässigung der Familie. Die Natur, die kein Vakuum kennt, ließ Zügellosigkeit einreißen, als die harte Arbeit aufgegeben wurde. Auch die Frauen fingen an zu surfen: «Das ist ein schöner Sport; nach unschuldigen Vergnügungen wenden sie sich bösen Lüsten zu; das ist der Lauf der Welt!»[5] Auch wir Amerikaner haben erfahren, daß Surfen und unser puritanisches Erbe unvereinbar sind.

Wenn man sich mit der fortgeschrittenen komplexen Gesellschaft beschäftigt und über sie nachdenkt, fällt die gewaltige Explosion schöpferischer Energie in dieser Kultur auf. Wenn man nach Vergleichsmöglichkeiten sucht, fallen einem sofort die Renaissance und die Bewunderung ein, die man ihren Schöpfern entgegenbringt. Im alten Buganda, in Hawaii und Tahiti kam es jedoch nicht zu einer *Wieder*geburt, sondern zur *Geburt* bestimmter schöpferischer Formen. Es gab nichts, worauf man zurückgreifen konnte; die Menschen nutzten nur die Energie ihres Geistes. Ein etwas angemessener Vergleich wäre vielleicht die Geburt der Lyrik im Griechenland des 7. Jahrhunderts v. Chr. und der Beginn der Tragödie im Athen des 15. Jahrhunderts v. Chr. Wir verdanken den Schöpfern der fortgeschrittenen komplexen Kultur genausoviel wie irgendeinem anderen Volk, das vor uns gelebt hat. Die Baganda und Polynesier gehören natürlich nicht zu unseren direkten Vorfahren; aber ähnliche fortgeschrittene komplexe Gesellschaften müssen schon vor den archaischen Zivilisationen Ägyptens, Mesopotamiens, Kretas und Chinas existiert haben. Wir erkennen unsere Dankesschuld gegenüber den archaischen Zivilisationen an, aber nicht gegenüber den fortgeschrittenen komplexen Gesellschaften, aus denen sie entstanden sind. Es sind reale Menschen, welche diese von uns errichtete theoretische Mauer überbrückt haben, mit denen wir ‹Geschichte› von ‹Vorgeschichte› trennen, und es ist so aufregend wie lehrreich, sie kennenzulernen.

Die gewaltige Explosion schöpferischer Formen war durchaus kein Feind der Ordnung; im Gegenteil, diese beiden Tugenden schienen sich gegenseitig zu verstärken. Die ersten europäischen Besucher Bugandas und Polynesiens waren selbst Tugenden wie Sauberkeit, Ordnung und Effizienz verpflichtet. Wären sie das nicht gewesen, hätten sie vielleicht nie ihre Entdeckungen gemacht und wären nie zurückgekehrt, um über sie zu berichten. In der englischen Marine war die zweite Hälfte des 18. Jahrhunderts ein wichtiger Zeitabschnitt: Er markierte den Sieg über die Krankheiten auf großen Seefahrten. Auch Cook hatte bei der Ernährung und in Fragen der Sauberkeit Neuerungen eingeführt. Und im ‹dunkelsten Afrika› konnte kein Europäer überleben, um über seine Reise zu schreiben, wenn er nicht zuvor sorgfältige Vorsichtsmaßnahmen ergriffen hatte. Er mußte seine Waffen in Ordnung halten, für Lebensmittel sorgen, für Medikamente, wissenschaftliche Instrumente, Handelsgüter, Schreibpapier, Bücher zum Lesen, ja selbst für Stühle, auf denen er sitzen konnte. Stanley beispielsweise transportierte ein in fünf Teile zerlegtes zwölf Meter langes Boot, das zwei Tonnen wog, über Land und ließ es im Victoriasee zu Wasser, fast sechzehnhundert Kilometer von der Küste entfernt.

Die furchtlosen, wohlorganisierten Engländer hatten für die Ordnung der alten Königreiche, denen sie begegneten, nichts als Lob. Stanley äußerte sich überschwenglich, wie er es liebte:

> Dieses Land übt einen einzigartigen Reiz aus. Man würde es wegen seiner hinreißenden, vielfältigen Ansichten lieben, obwohl es eine entsetzliche Wildnis war; es verdankt aber einen großen Teil der Faszination, den es auf die Vorstellungskraft ausübt, dem Bewußtsein, daß in ihm ein gleichermaßen faszinierendes Volk lebt. ‹Wie kommt es›, fragt man sich, ‹daß dieser barbarische, ungebildete und abergläubische Monarch auf dieser Anhöhe baut?› Gewiß nicht zu seinem Schutz, denn er hat den unebenen Boden geglättet und breite Wege angelegt, auf denen man sich nähert, und eine einzige Fackel soll genügen, um alle seine Zäune zu erhellen? Liegt ihm denn etwas an dem Zauber der Aussicht? Hat er auch ein Auge für die Schönheiten der Natur?...
>
> Dieser Mann baut auf einem Hügel, damit er in die Ferne blicken und den majestätischen Anblick seines Landes genießen kann. Er liebt Weiträumigkeit; sein Haus ist ein afrikanischer Palast, geräumig und hoch; große, saubere Höfe umgeben ihn; sein Harem lebt in weitläufigen Räumen, und auch sie sind von Höfen umgeben; selbst für seine Wachen hat er viel

Platz, und auch hier wieder finden wir Höfe, die deren Wohnbezirk umgeben; die Palastzäune sind wiederum von einem breiten Weg umgeben, der von einem Rohrzaun begrenzt wird. Sein Volk, hochgestellte und kleine Leute, tut es ihm in allem nach Kräften nach.[6]

Und Speke macht dem Palast Mutesas das allergrößte Kompliment: Er erinnert ihn an zu Hause. «Der gesamte Abhang und die Seiten des Hügels, auf dem wir standen, waren mit riesigen Grashütten bedeckt, die so hübsch mit Strohdächern gedeckt waren wie eine Vielzahl von Köpfen, die ein Londoner Friseur zurechtgemacht hat, und ganz mit hohen gelben Gräsern umzäunt.»[7] Und: «Das ganze Land bot ein Bild stiller Schönheit...»[8]

In Buganda hinterließen die Straßen den tiefsten Eindruck. Jeder Distriktsgouverneur war verpflichtet, die vier Meter breite Straße von der königlichen Hauptstadt zur Provinzhauptstadt zu unterhalten. Im Fall Buddus bedeutete das eine Strecke von fast hundertsechzig Kilometern. Jedem Provinzgouverneur unterstanden mehrere Sub-Gouverneure, die für den Unterhalt einer nicht ganz so breiten Straße verantwortlich waren, die von ihrem Amtssitz zur Provinzhauptstadt führte. Am meisten beeindruckte Speke die Tatsache, daß anders als bei allen anderen öffentlichen Wegen in Afrika die Straßen in Buganda *gerade* verliefen.[9]

In Hawaii umfaßte der Wohnsitz eines einigermaßen wohlhabenden Mannes sechs getrennte Gebäude: eine Kapelle mit den Statuen der Vorfahren der Familie, die der privaten Verehrung diente; das Speisehaus der Männer, das für Frauen tabu war; das Haus, in dem die Ehefrau lebte; das Speisehaus der Frauen; eine Art Schuppen, in dem die Frauen bei schlechtem Wetter die *kapo*-Rinde gerbten, sowie ein Haus, in dem die Frau während ihrer Menstruation wohnte.[10]

Mehr noch als Buganda waren Tahiti und Hawaii Länder, in denen «jede Aussicht die Seele erfreut». Über die hawaiische Insel Maui schrieb Menzies: «Selbst die abschüssigen Felsklippen waren mit eßbaren Wurzeln bebaut und von einem Wall umgeben; sie wurden durch Aquädukte von dem kleinen Fluß her so kunstvoll bewässert, als hätte der fähigste Ingenieur den Verlauf des Wassers berechnet. Wir konnten den lobenswerten Einfallsreichtum dieser Menschen nur bewundern, die ihren Boden so wirtschaftlich bebauten. Die unermüdliche Arbeit, mit denen diese kleinen Felder in einer so zerklüfteten Landschaft angelegt wurden, die Sorgfalt und Mühe, mit der sie gepflegt, bewässert und in Ordnung gehalten wurden, übertrafen alles, was wir in dieser Hinsicht bislang gesehen hatten.»[11]

Der gepflegten Landschaft entsprach die persönliche Sauberkeit der Menschen voll und ganz. Die Polynesier badeten so gern wie wir; die Baganda ebenfalls, vor allem die Männer, die oft zweimal am Tag badeten. Die Baganda putzten sich sogar die Zähne, wobei sie einen Stab aus Pflanzenfasern verwendeten.[12]

Die Menschen Bugandas unterschieden sich beachtlich von ihren Nachbarn. Sie waren von Kopf bis Fuß bekleidet und schmierten ihre Körper nicht mit Öl oder Fett ein. Sie hatten eine Abscheu vor jeder Veränderung oder Verstümmelung ihrer Körper: Sie tätowierten sich nicht, vergrößerten auch nicht ihre Ohrläppchen und trieben sich auch keine Holzstäbe durch die Lippen; die Männer waren nicht beschnitten, und es gab bei den Baganda auch keine abgefeilten Zähne oder ein rituelles Zähneziehen. Wie wir gesehen haben, wirkte sich diese Ablehnung jeder Verstümmelung des Körpers sehr zuungunsten der Versuche der Araber aus Sansibar aus, die Baganda zum Islam zu bekehren, da für die Araber die Beschneidung Vorbedingung war.

Dieser Stolz auf die Landschaft und auf den eigenen Körper schien auch etwas mit dem Selbstgefühl – oder der Eitelkeit – zu tun zu haben, das mit dem Errichten großer Bauwerke zusammenhängt. Unsere Kultur ist bauwütig, und wir schätzen alte Kulturen, die diese Vorliebe teilten. Unsere geschichtliche Vorstellungskraft wurde lange Zeit mehr durch das alte Ägypten und seine Pyramiden beflügelt als durch das alte Mesopotamien, obwohl der Beitrag dieses Landes zur Entwicklung unserer Zivilisation weit größer gewesen ist. In unserer Kultur erfolgt der erste die Phantasie anregende Kontakt mit archaischen Zivilisationen bei der Lektüre der Bibel, in der dem Aufenthalt der Juden in Ägypten weit größere Bedeutung beigemessen wird als der Tatsache, daß Mesopotamien den literarischen, philosophischen und moralischen Hintergrund geschaffen hat, aus dem sich die Religion des Alten Testaments entwickelte.

Die Bewohner Tahitis und Hawaiis waren große Baumeister. In Hawaii wurden drei verschiedene Arten von steinernen Bauten zur Steigerung der Lebensmittelerzeugung verwendet: Man legte Terrassen an, um Taro-Pflanzen im Wasser anzubauen; Bewässerungsgräben und Aquädukte brachten das Wasser zu den Terrassen und Feldern; Fischteiche mit Süß- und Salzwasser sorgten zu jeder Zeit für frischen Fisch.[13] Auf der Insel Kauai etwa gab es im Waimea-Canyon einen Aquädukt, der Wasser mehr als hundert Meter um einen Felsen herumführte, welcher über einen rasch dahinfließenden Strom hinausragte.

Auf Tahiti und den anderen Gesellschaftsinseln waren die eindrucksvollsten Steinbauten Tempel, sogenannte *marae*. Der typische Stein-*marae* bestand aus einem umschlossenen rechteckigen Hof mit einer Stufenpyramide, die eine der Schmalseiten bildete. Der größte *marae* Tahitis wurde zwischen 1766 und 1768 für Teriirere errichtet, den Erben des Königreichs Papara. Da seine Eltern diesen Tempel als Bestandteil eines Versuchs errichtet hatten, seine politische Hegemonie auf die benachbarten Königreiche und danach auf die ganze Insel auszudehnen, sollte allein schon die schiere Größe des *marae* all jene einschüchtern, die sich diesem politischen Ehrgeiz vielleicht widersetzen mochten. Der Innenhof maß etwa achtzig mal einhundertzehn Meter.[14] Die Stufenpyramide hatte zehn oder elf Stufen und erreichte eine Höhe von fünfzehn Metern. An ihrer Basis maß die Pyramide achtzig mal siebenundzwanzig Meter, und die oberste Ebene war vierundfünfzig mal zwei Meter groß.[15] Dieser Versuch, Prinz Teriirere zu einem großen Monarchen zu machen, scheiterte kläglich, denn die Einigung Tahitis mußte noch bis zur Ankunft christlicher Ideen und christlicher Waffen warten. Man sollte dennoch bedenken, daß Papara nichts weiter war als eines von mehreren tahitianischen Königreichen. Wie eine kleine politische Einheit die ungeheure Zahl von Arbeitskräften zum Bau eines solchen Bauwerks aufbieten konnte – und das auch noch in drei Jahren –, liegt außerhalb unserer Vorstellungskraft, obwohl es keine Frage ist, daß Papara es geschafft hat.

Die Hawaii-Insel Maui hatte etwas vollbracht, dessen sich nicht einmal die großen Straßenbauer Bugandas rühmen konnten – sie hatten eine gepflasterte Straße gebaut, die in einer Länge von gut zweihundertzwanzig Kilometern um die ganze Insel herumführte. Der Bau der Straße wird dem großen König Kihapi'ilani zugeschrieben, der die Insel zu einem Königreich vereinigte und nach heutigen Schätzungen im 16. Jahrhundert gelebt hat. Bei der Ankunft der Europäer war die Straße verfallen, vielleicht ein Hinweis darauf, daß die zentralisierte Monarchie in der Zeit vor 1770 noch stärker gewesen war. In entwicklungsmäßiger Hinsicht schließt das Wachstum zentralisierter Monarchien bei den Einigungsbemühungen durchaus nicht Ebbe und Flut aus, einen Aufbau und dann einen Zusammenbruch eines mächtigen Königtums. Wir wissen, daß es im alten Ägypten etwa zu zwei größeren Perioden des Zusammenbruchs des zentralisierten Staates gekommen ist, die Hunderte von Jahren dauerten, deren Ursachen aber unbekannt sind. Die Monarchien fortgeschrittener komplexer Gesellschaften können ähnlichen Perioden des Zusammenbruchs und der Dezentralisierung unterworfen gewesen sein.

Ebenso eindrucksvoll wie die Steinbauten Polynesiens war der Bau der großen Doppelkanus, die in der Zeit der Wanderung als Transportmittel eingesetzt wurden und mit denen später weite Fahrten unternommen wurden. Eine Strecke von viertausend Kilometern konnte in weniger als einem Monat bewältigt werden. Da ein Segelkanu acht oder neun Knoten lief, konnte eine solche Expedition pro Tag leicht hundertsechzig Kilometer zurücklegen, wenn die Besatzung bei Windstille paddelte.

Einige dieser Kanus waren mehr als dreißig Meter lang und 1,20 bis 1,50 Meter breit. In dieser Zeit der Völkerwanderung machten sich ganze Gruppen von Familien in diesen Booten auf, zusammen mit Schweinen, Hühnern und Hunden; ferner waren Kokosnüsse, Tarofrüchte, Brotfrüchte sowie Bananen zum Pflanzen an Bord; der Proviant reichte für vier bis sechs Wochen. Wasser wurde in Bambusgefäßen oder in Kokosnußflaschen mitgeführt. Kleine Feuer wurden an Bord auf einer Mischung aus Sand, Erde und Steinen entzündet. Fische und Vögel wurden unterwegs gefangen.[16]

Aus der mündlichen Überlieferung wissen wir, daß in solchen Kanus Reisen von mehreren tausend Kilometern unternommen wurden. Die Besiedlung der Osterinsel, Hawaiis und Neuseelands wäre ohne die Existenz dieser Transportmittel nicht möglich gewesen.

Ein Dichterwettstreit von Angesicht zu Angesicht zwischen zwei großen Poeten war eine traditionelle Form früher Dichtkunst. Die Griechen erdachten eine fiktive Konfrontation zwischen den beiden Großmeistern Homer und Hesiod. Auf der Insel Tonga forderte der Dichter Faelpaplangi seinen Widersacher Mamaeaputo heraus, sich einen Gesang auszudenken:

> Bitter zu sein, als wäre es Kava,
> Zu schwimmen, als wär's im Ozean,
> Zu vergehen, als wär's ein Regenbogen,
> Weinend herumzugehen wie ein Katafa-Vogel,
> ... eine Gardenie zum Blühen zu bringen, und mich,
> abgewandt, beschämt, zum Essen zu bringen.[17]

Eine Vielfalt kultureller Formen scheint sich Hand in Hand mit der Komplexität der Politik zu entwickeln; man kann unmöglich sagen, was zuerst da war und das andere ausgelöst hat. Wenn eine Kultur einen bestimmten Grad der Komplexität erreicht, wird geregelter Schulunterricht nötig, um diese Kultur zu erhalten und an die nächsten Generationen weiterzugeben. Schulen, die es in primitiven Kulturen kaum gab, sind ein Kennzeichen aller fortgeschrittenen komplexen Gesellschaften.

Im alten Tahiti wurde Wissensstoff meist durch Gesänge vermittelt. «Die Hauptthemen in den Schulen waren: Geschichte, Heraldik, Geographie, Navigation, Astronomie, Astrologie, Mythologie, Zeit, Zahlen, Jahreszeiten, Genealogie (mit deren Hilfe die Tahitianer die Generationen zählten, die ihre Zeitrechnung markierten), und das Studium von Rätseln und Gleichnissen... war ein beliebter Zeitvertreib.»[18] Wie in allen aristokratischen Gesellschaften wurde vom Hochadel nicht verlangt, in derselben Atmosphäre zu lernen wie das gewöhnliche Volk. Die Könige von Tahiti hielten sich ‹Tanzmeister›, um den Hof in Musik, Tanz und Schauspielkunst zu unterrichten. Sie hielten sich auch bestimmte Priester als Lehrer, die als «*tahu'a parau tumu fenua* bekannt waren, als ‹Fachleute in der Grundkenntnis der Welt›».[19]

Schule bedeutete Lehrer, und Lehrer waren eine Gruppe von Menschen, die ihre gesamte Zeit geistigen Dingen widmeten; es war die Geburtsstunde von Intellektualismus und Intellektuellen. Intellektuelle, das bedeutete esoterisches Lernen, da Intellektuelle ebenso wie andere Erzeuger eines Produkts für den Markt darauf bedacht sind, ihre Ware knapp zu halten – was die Preise hochhält. Aus dem esoterischen Lernen ging die Philosophie hervor. Die polynesischen Maori Neuseelands hatten ein hochentwickeltes Unterrichtssystem zur Vermittlung des traditionellen Wissens entwickelt, obwohl sie politisch weniger entwickelt waren als andere polynesische Gesellschaften. Für die Maori waren die ersten Götter Rangi und Papa, Himmel und Erde, die am Anbeginn der Welt standen. Irgendeinem vorsokratischen Maori-Philosophen gelang dann die Erfindung der Genealogie Rangis und Papas. Erst kam die Entwicklung (wie im Mutterleib); der Entwicklung entsprang das Wachstum, dem Wachstum die Energie; aus der Energie wuchs das Nachdenken hervor; aus dem Nachdenken entstand der Geist; der Geist entwickelte das Verlangen; bis wir schließlich bei Rangi und Papa ankommen.[20]

Griechische Philosophen der Zeit vor Heraklit und Sokrates entwickelten ähnlich abstrakte kosmogonische Entstehungsgeschichten. Und die Beschäftigung mit komplexen Gesellschaften deutet darauf hin, daß eine solche Denkweise nicht nur bei den Griechen, sondern auch bei anderen Völkern gängig war.

Gleichzeitig mit Schulen, Lehrern und Intellektuellen entwickelte sich ein bewußter Umgang mit der Sprache. Sprachliches Selbstbewußtsein ist ein Kennzeichen fortschreitender Zivilisation. Im alten Buganda wurde das reinste Luganda im Bezirk Busiro gesprochen. Dort lebten zahlreiche Prinzessinnen, deren Sprache als kultiviert und verfeinert angesehen wurde; viele Menschen begannen, ihre eigene Rede an der Sprache der Busiro-Prinzessinnen zu messen. Die Bewohner des Bezirks Bulemezi standen in dem Ruf, sich besonders gut auf humorvolle Ausdrücke zu verstehen. Gouverneure und Sub-Gouverneure, die kleinere Hofstaaten unterhielten, luden Leute aus Bulemezi gern zu sich ein, richteten ihnen Festmahle aus und dankten ihnen als Gegenleistung für das Vergnügen mit Geschenken.[21]

Die Bewohner Ruandas, eines Nachbar-Königreichs von Buganda, behaupteten, ihr Hauptehrgeiz richte sich auf Kinder und Kühe; aber wenn man sie fragte warum, bekannten sie, diese Güter seien bloße Mittel zu abstrakteren Zielen. Woran ihnen wirklich etwas liege, seien *amaboko* (Macht) und *ugukomera* (Ruhm).[22]

Diese schöpferischen Sprünge, diese große Revolution bei der Erschaffung von Symbolen, wirkten sich auch auf die religiösen Rituale aus. In fortgeschrittenen komplexen Gesellschaften können wir eine Tiefe des Gebets und der Rituale beobachten, die es in der primitiven Gesellschaft nicht gegeben hat. Die Welt war erfüllter geworden, tiefer, runder, mehrdeutiger, sinnreicher. Ein Aspekt des hawaiischen Erntedankfestes war ein System der Vorhersage über die Aussichten künftiger Ernten. Man füllte ein großes Netz mit Lebensmitteln und schüttelte es, so daß der Inhalt durch die Maschen fiel; je mehr hindurchfiel, desto größer die künftige Ernte. Dieses Netz war erstmals in einer mythischen Zeit großen Hungers vom Himmel gefallen und hatte Lebensmittel über die Erde ausgeschüttet:

KAHUNA (Der Priester)
O tiefblaue See, o Gott Uli!
O Blau der wilden, tosenden See!
Netz des Himmels, o Uli!
Grün sind die Blätter der Felder Gottes.
Das Netz füllt den Himmel – schüttle es.

DAS VOLK
Schüttle die Nahrung Gottes herunter!
Schütte sie aus, o Himmel!
Dies ist eine Zeit der Fülle.
Erde, gib deinen Reichtum her!
Dies ist eine Zeit des Essens.
Leben dem Land!
Leben von Kane,
Kane, dem Gott des Lebens.
Leben von Kanaloa!
Dem wundertätigen Gott.
Leben dem Volk!
Heil Kane vom Wasser des Lebens! Heil!
Leben dem König des Makahiki
(dem Erntedankfest)
Amana.* Es ist frei.

KAHUNA
Frei durch wen?

DAS VOLK
Frei durch Kane.[23]

Wenn der Priester die Worte «Schüttle es» sprach, wurde das Netz geschüttelt, so daß die Lebensmittel durch die Maschen fielen. Nach dem Gebet erhoben sich die Priester und hoben die Hände, während das Volk nur die linke Hand hob und ausrief: «Es ist frei! Es ist frei! Es ist frei!» Bei jedem Ausruf schlugen sie mit der rechten Hand gegen die linke Achselhöhle.[24] Wir dürfen davon ausgehen, daß die Priester sich gut aufs Schütteln verstanden, so daß die Vorhersage für das nächste Jahr von einer

---

* Dieses Wort ist unübersetzbar; es entspricht zum Teil unserem Wort ‹Amen›. Einige der Wortbedeutungen sind: ‹Es ist vorbei›, ‹Es ist beendet›, ‹Es ist frei›, ‹Es ist besiegelt›, ‹Das Tabu ist aufgehoben›, ‹So sei es›.

guten Ernte kündete. Es war ein Ritual des Überflusses und des Optimismus von einer in der primitiven Gesellschaft unbekannten Komplexität.

Aus einer hawaiischen Legende

Als das Volk Kaeweaoho sah, erkannte es sofort seinen verlorenen König, und die Menschen liefen mit Freudentränen zum Meer hinunter, ergriffen das Kanu und trugen es auf den Schultern zum Hof des Palasts, mit dem König und allen Seeleuten darin. Vor dem Palast setzten sie das Kanu ab. Der König begrüßte sie alle mit seinem aloha.[25]

Ein Stück Missionsgeschichte

Als sich die Christianisierung der Gesellschaftsinseln nach mehreren Jahren geringer Fortschritte zu beschleunigen begann, waren die einzelnen Inseln der Gruppe begierig darauf, einen eigenen Missionar zu erhalten, der ihnen das Evangelium bringen würde. Als der Missionar Orsmond auf der Insel Raiatea ankam, hatten die Bewohner ihn so begierig erwartet, daß: ‹... der König, die Häuptlinge und viele Menschen bei meiner Ankunft ins Wasser liefen, mein kleines Boot ergriffen und es mit mir selbst und meiner gesamten Ladung auf den Schultern etwa zweihundert Meter an Land trugen, bis zum königlichen Hof, mit Masten, Segeln und allem Tauwerk; die Träger und die begleitende Menge riefen dabei: ‹Gott segne unseren Lehrer, *Otomoni*!›[26]

Zur Erleichterung kultureller und sozialer Entwicklungen haben die Menschen unter anderem folgenden Mechanismus entwickelt: Zuerst erschaffen sie eine Legende oder einen Mythos, in dem etwas Neues geschieht oder in dem einem Gott oder einem Held eine bestimmte Eigenschaft zugeschrieben wird, die sie anschließend nachmachen. Zunächst erschaffen die Menschen den Mythos von einem gerechten Gott, und dann versuchen sie, selber gerecht zu handeln. Oder sie erfinden einen Mythos, demzufolge Menschenopfer unnötig seien, und danach geben sie die Menschenopfer auf. In Polynesien gab es Heldenlegenden von Männern, die über eine ganze Insel oder die gesamte Inselgruppe herrschten, schon vor der Existenz dieser zentralisierten Macht. Reverend Orsmond, dem die Legende unbekannt war, mag vermutet haben, die Menschen hätten seinen triumphalen Einzug für ihn allein veranstaltet.

Man darf davon ausgehen, daß die Legenden von selbstherrlichen, mächtigen Königen, deren bloßes Wort oder deren bloße Geste für ihre Untertanen Befehlsgewalt hatte, der tatsächlichen Entstehung eines solchen Königtums vorausgingen, obwohl uns definitive Daten darüber fehlen. Es ist viel darüber diskutiert worden, ob der *kabaka* von Buganda ‹göttlich› gewesen sei oder nicht. Außer Zweifel steht aber, daß der König eine *ganz besondere Person* war und daß solche besonderen Personen in den Kulturen vor der Zeit der fortgeschrittenen komplexen Gesellschaften nicht existiert hatten. Der König war nicht nur hinsichtlich seiner Macht etwas Besonderes, hinsichtlich der Furcht seiner Untertanen vor ihm oder wenn es um die unbegrenzten weltlichen Vergnügungen ging, auf die er ein Anrecht hatte; diese polynesischen und afrikanischen Könige sahen sich auch als Individuen. Ihre Macht und ihrePosition machte sie nicht nur einfach grausam, sondern auch erfinderisch, was die Möglichkeiten menschlichen Verhaltens betrifft. Manche von ihnen hatten schöpferische und politische Fähigkeiten. Sie waren das, was wir gern ‹große Männer der Geschichte› nennen, und besaßen, was alle großen Männer besessen haben: ein Gefühl für die eigene Persönlichkeit und ein gesteigertes Selbstbewußtsein, das ihren Leistungen entsprach.

Als Kapitän James Cook eine der Tonga-Inseln besuchte, wurde er von dem regierenden Monarchen, König Finow I., herzlich empfangen. Jeder entdeckte beim anderen die eigenen Fähigkeiten, beide waren befehlsgewohnt, neugierig und besaßen Durchsetzungsvermögen. Bei der formellen Begrüßung versuchte jeder, den anderen an Pomp des Begrüßungszeremoniells zu überbieten. Erst waren Finows Leute an der Reihe; sie musizierten, sangen und tanzten in einer Weise, die, wie Cook widerstrebend zugab, eindrucksvoll war. Der englische Kapitän wollte sich jedoch von seinen Gastgebern nicht übertreffen lassen. «Um ihnen eine günstigere Meinung über englische Vergnügungen zu vermitteln und um ihnen einen vollen Eindruck von unseren überlegenen Fähigkeiten zu geben, befahl ich, Feuerwerkskörper bereitzumachen; nachdem es dunkel geworden war, ließ ich sie in Gegenwart Feenous (Finows), der anderen Häuptlinge und einer riesigen Menschenmenge abfeuern... Unsere Kriegs- und Feuerwerksraketen vor allem erfreuten und erstaunten sie über alle Maßen; und die Waagschale neigte sich jetzt zu unseren Gunsten.»[27]

Finow stand Cook jedoch in nichts nach, und das Feuerwerk «schien sie nur noch zu weiteren Beweisen ihrer außerordentlichen Geschicklichkeit anzustacheln; und kaum war unser Feuerwerk beendet, begann eine Reihe von Tänzen, die Feenou zu unserer Unterhaltung vorführen ließ».[28]

Finows Version der Ereignisse kennen wir nicht; aber schon Cooks Beschreibung macht deutlich, daß der Wettstreit unentschieden endete. Finow I. erinnert uns mit seinen Hochgefühlen, seinem politischen Scharfsinn und seinen einfallsreichen Reaktionen auf Ereignisse sowie seiner Fähigkeit zur Grausamkeit an Heinrich VIII., der mit demselben Gleichmut ein Lied singen oder eine Königin töten konnte. Vorübergehend war der schiffbrüchige William Mariner der einzige Europäer an Finows Hof; aber eines Tages erschien zufällig ein anderer, und bei dieser Gelegenheit gerieten Mariner und Finow in eine Diskussion über das Schreiben und darüber, was es leisten könne. Um Mariner auf die Probe zu stellen, flüsterte Finow ihm Dinge zu, die er niederschreiben mußte; nachdem er sie aufgeschrieben hatte, wurden sie dem zweiten Europäer übergeben, der sie laut vorlesen mußte. Verblüfft über die Genauigkeit dieser Magie, hielt Finow Mariner drei oder vier Stunden mit dem Niederschreiben der Namen von Personen, Orten und Dingen beschäftigt. Diese Unterhaltung fand vor dem gesamten Hofstaat statt, zu dem Männer wie Frauen gehörten, und Finow nutzte die Gelegenheit spielerisch und rücksichtslos, ein paar «Liebesanekdoten» zu flüstern, die aufgeschrieben und anschließend laut vorgelesen wurden, «zur nicht geringen Verwirrung der einen oder anderen anwesenden Dame... was alles aber gutgelaunt aufgenommen wurde».[29] Man fragt sich, welche Alternativen den Frauen blieben, deren kleine erotische Geheimnisse der schelmische König soeben publik gemacht hatte.

Die Könige von Buganda legten ein genauso starkes Selbstgefühl an den Tag und waren allem aufgeschlossen, was das Leben zu bieten hatte. Dazu gehörten auch ein Gefühl für Dramatik und für die eigene Position in jeder Lebenslage. Kabaka Suna, der Vater Mutesas, zeigte ein großes Interesse für alles in der Natur, was ungewöhnlich oder neu war. Alle von der Norm abweichenden Lebewesen, darunter ungewöhnlich gefärbte Tiere, Zwerge und Albinos, wurden in Sunas Palast gebracht. Er hielt sich auch einen Zoo mit gefährlichen Tieren.[30]

Aus dem unentschlossenen, unreifen König Mutesa zur Zeit von Spekes Besuch wurde später der von Stanley porträtierte gebieterische Monarch. Ein Jahr vor Stanleys Ankunft hatte Mutesa nach dem vor der Küste liegenden Sansibar Sendboten geschickt. Bei der Rückkehr von ihrer Mission waren einige Männer in einem Teil des Landes verschwunden, der von einem berüchtigten kriegerischen Häuptling namens Mirambo beherrscht wurde. Mirambo wurde immer mehr zu einem Hemmschuh für den Handel, und es gingen Gerüchte um, Mutesa wolle fünfzigtausend Speere losschicken, um dessen räuberischen Aktivitäten ein Ende zu machen. Mirambo schickte drei Männer zu Mutesas Hof, um zu erklären, daß es zwischen den beiden keinen Grund zum kämpfen gebe, und um den König mit Geschenken zu besänftigen. «So viel Tuch, so viel Draht, rund ein halbes Dutzend Eßteller europäischer Herstellung, ein großes Kaffeetablett aus Messing, ein arabischer Dolch mit silbernem Griff und ein scharlachfarbener Mantel.»[31]

Die Geschenke waren eindrucksvoll, aber Mutesa war kein kleiner Krauter, den man mit Geschenken bestechen konnte. «Grüß Mirambo von mir und sag ihm, daß ich seine Geschenke nicht will, daß ich aber den Kopf seines Mannes haben muß, der meinen Häuptling Singiri vor einem

Jahr erschlagen hat... sonst werde ich ihn mit mehr Waganda (Baganda) zur Strecke bringen, als sein Land Bäume hat. Geh!»[32]

Zwei hawaiische Gebete für das
Schneiden des Schilfrohrs für ein neues Haus

I Schneide die Nabelschnur des Hauses,
  Eines Hauses, das dem Regen und den Elementen widersteht.
  Eines Hauses, in dem ein Mann wohnen kann.
  O Lono, sieh das Haus an,
  Ein Haus in der Gegenwart des Lebensspenders.
  Hüte alle, die darin wohnen,
  Hüte die Besucher, die da kommen mögen,
  Behüte das Leben des Hausherrn.[33]

II Durchtrennt ist die Nabelschnur des Hauses, das Schilf-
   rohr, das den Regen abhält,
   das die bösen Einflüsse des Himmels fernhält,
   Die Regenrinne Haukula-manus *(der personifizierten Sintflut)*
   Schneide jetzt!
   Schneid die Nabelschnur deines Hauses, o Mauli-ola
   (Halbgott der Gesundheit).
   Damit es dem Hausbewohner wohl ergehe.
   Damit der Gast, der das Haus betritt, gesund bleibt,
   Damit die Häuptlinge ein langes Leben haben.
   Gewähre deinem Haus diese Gnaden, o Mauli-ola.
   Zu leben, bis man gebückt umherkriecht, bis man trübäugig wird,
   bis man auf der Matte liegt, bis man in einem Netz herum-
   getragen werden muß.
   Amana. Es ist frei.[34]

In der Entwicklung von Gesellschaft und Kultur geht es ohne die Schaf-fung neuer Symbole und neuer symbolischer Formen keinen Schritt wei-ter. In gewisser Weise bestehen diese Schritte exakt in der Erfindung von Symbolen und symbolischen Formen. (Ich verwende den Begriff ‹symbo-lische Form› wie Ernst Cassirer, um ein komplexes System von Symbolen zu bezeichnen, ein System, das in die Breite und in die Tiefe geht und als Begriff also extensiv auszulegen ist.[35] Die Kreuzigung ist ein Symbol, aber das Christentum ist eine symbolische Form. So verstanden sind auch Kul-tur und Gesellschaft symbolische Formen.) Durch Symbole und symbo-lische Formen erkennen wir die Welt und uns selbst, und durch sie han-deln wir öffentlich und privat. Man kann die komplexe Gesellschaft als eine entwickeltere Form der primitiven Gesellschaft auch anders beschreiben, nämlich indem man sagt, ihre Symbole und symbolischen Formen seien komplexer.

Einige größere Formen der komplexen Gesellschaft, etwa Königtum, Staat, Hierarchie und Arbeitsteilung, verdienen es, in eigenen Kapiteln behandelt zu werden. Hier wollen wir nur einige besondere Symbole betrachten, deren Erschaffung von den neuen schöpferischen Energien zeugt. Auf den Gesellschafts-Inseln war das *niau,* das Blatt des Kokosbaums, ein Symbol der Autorität. Ein König, der Menschen oder Dinge zu sich befahl, eine Versammlung mit anderen Königen oder untergebenen Gouverneuren einberief oder die Vorbereitung eines Krieges verkündete, ließ mit dem Befehl auch ein Kokosblatt übermitteln.[36] In früheren Zeiten wurden vermutlich Lebensmittel geschickt, und das Kokosblatt ist wohl als Erinnerung an die Notwendigkeit geblieben, ein Geschenk zu machen und zu empfangen. Das Blatt milderte den Befehl auch etwas, weil der Befehlshaber durch dessen Übersendung eingestand, daß er nicht einfach Befehle erteilen konnte; es war eine komplizierte Art, ‹bitte› zu sagen. Andererseits verstärkte das Blatt den Befehl noch, weil es dem Wunsch noch eine Dimension der Tradition und des Respekts verlieh. Nicht nur das Amt bat um etwas, sondern auch der König als Mensch.

Nachdem Captain Cook 1778 auf den Hawaii-Inseln gelandet war, brach er zu weiteren Forschungsreisen im Norden auf und kehrte erst fast ein Jahr später zurück. Zwischen dem ersten und dem zweiten Besuch hatten hawaiische Frauen etliche Kinder geboren, das Ergebnis von Affären mit Cooks Männern. Als offenbar wurde, daß Cooks Schiffe wieder in See stechen würden, aber diesmal für immer, und daß die Väter nicht die Absicht hatten, sich auf Hawaii niederzulassen, nahmen die Mütter die getrockneten und konservierten Nabelschnüre der Kinder und quetschten sie in die Fugen der Decksplanken und anderer Stellen des Schiffs, um so eine Art Verbindung zwischen Vätern und Kindern aufrechtzuerhalten.[37]

Die Symbolik des ewigen Feuers, das etwa am Pariser Triumphbogen brennt oder auf dem Grab John F. Kennedys, ist uns vermutlich von komplexen Gesellschaften überliefert worden. In Buganda brannte ein solches Feuer Tag und Nacht, wenn der König sich in der Hauptstadt aufhielt, und wenn er reiste, reiste das Feuer mit ihm. Das Feuer sei, so sagte man, zum erstenmal in der Zeit Kintus angezündet worden, des ersten *kabaka* von Buganda.[38] Beim Tod jedes *kabaka* wurde das Feuer gelöscht.

In Polynesien wurde das Feuer etwas spielerischer eingesetzt und diente nicht der Bestätigung der feierlichen Ewigkeit des Staates. Auf der Hawaii-Insel Kauai wurden nachts auf den im Norden gelegenen Felsen eine Vielzahl von Holzscheiten angezündet; das riesige Feuer wurde dann über die Felswand geschoben, so daß es im Meer versank. Es wurde sehr leichtes Holz verwendet, so daß die Aufwinde für einen langsamen Fall sorgten, was das Gefühl der Magie und des Entzückens noch steigerte.[39]

Es haben so viele primitive Völker eine starke Furcht vor der Dunkelheit gehabt, daß der Wunsch der Menschen in komplexen Gesellschaften, den Tag künstlich zu verlängern, auffällt. Die Polynesier hielten nicht nur politische Versammlungen bei Fackelschein ab, sondern führten auch Schauspiele bei Kunstlicht auf und fischten sogar im Licht von Fackeln. Aus allem, was wir über sie wissen, kann man den Schluß ziehen, daß ihnen nicht nur das Fischen gefiel, sondern das ganze Drum und Dran. Auch Reverend Ellis zeigte sich beeindruckt: «Wenige Szenen bieten ein so auffallendes und einzigartiges Bild wie eine Gruppe von Eingeborenen, die an den flacheren Uferstellen der felsigen Seiten eines Flusses entlanggehen, in einer Hand eine Fackel und in der anderen einen Speer, während die Glut ihrer Fackeln die herabhängenden Äste beleuchtet und sich in dem wirbelnden Wasser des Flusses spiegelt. Die bronzefarbenen und leichtbekleideten Gestalten der Männer, die nur zum Teil erleuchtet sind, treten wie Reliefs hervor; während die ganze Szene einen grellen Gegensatz zu der dunklen und fast mitternächtlichen Düsternis bildet, die jeden anderen Gegenstand einhüllt.»[40]

> Thou, silent form! dost tease us out of thought
> As doth eternity...
>
> John Keats: *Ode on a Grecian Urn*

13

'Ban 'Ban, Ca-Caliban

Jeden Tag werden unschuldige Opfer hingeschlachtet. Eine
Zeitlang nach unserer Ankunft bemerkten wir nichts davon.
Es mag mit Rücksicht auf uns etwas geräuschloser zugegangen
sein, oder aber unsere Unkenntnis der Sprache und der Menschen hat verhindert, daß es uns eher auffiel. Jetzt können wir
das schreckliche Verbrechen mit eigenen Augen sehen. Es ist
auch nicht mehr der König persönlich, der sagt: ‹Geh, töte den
und den.› Jetzt hat jeder Scharfrichter – wir wissen nicht, wie
viele es gibt, aber an jeder vom Königshof wegführenden
Straße steht mindestens einer – Befehl, ohne Gnade jeden festzunehmen und zu töten, der des Weges kommt. Arglose Bauern, die mit Bananen auf dem Kopf vom Land kommen, werden blitzschnell ergriffen und in den Hof des Scharfrichters ge-
zerrt, bis zum nächsten Morgen mit Stäben gefesselt und bei
Tagesanbruch ermordet... Vor allem Männer ohne Freunde
oder mächtige Häuptlinge als Beschützer sind die Opfer. Sie
haben kein Verbrechen begangen und sich nicht einmal der
kleinsten Übertretung schuldig gemacht. Der König läßt jeden
Tag nur zum Vergnügen so viele Menschen von den Scharfrichtern abschlachten... Und der Eigentümer des Schlachthauses
ist gezwungen, seine Opfer zu suchen, wo er nur kann.
  Es ist dunkel, etwa zehn Uhr abends. Alles ist ruhig, die
letzte Trommel, die zu hören war, war die des Scharfrichters auf
der anderen Seite des kleinen Tals, mit der er verkündete, daß
er sein Tagewerk vollbracht hat und am nächsten Morgen das
Blut seiner Opfer vergießen wird. Dann plötzlich ein lauter
Schrei auf der Straße hinter unserem Zaun, dann mehrere Stimmen; wieder ein markerschütternder Schrei, gefolgt von dem
schauerlichen Lachen mehrerer Männer, und dann ist alles still
wie zuvor. ‹Hörst du?› sagt einer unserer Burschen, ‹sie haben
ihm die Kehle durchgeschnitten – he, he, he!› Und auch er lacht
– zeigt das schreckliche bugandische Grinsen, das die Lust an
der Grausamkeit verrät. So ist es.[1]

In Buganda gab es mehrere offizielle Hinrichtungsplätze für Menschenopfer. Einer war Kitinda, ein heiliger Ort auf der Insel Damba, die den Krokodilen geweiht war. Dort wohnte ein Medium, das besessen war; der Mann bewegte den Kopf von einer Seite zur anderen, riß den Mund weit auf und ließ ihn dann wieder zuschnappen. Seine offizielle Funktion war es, Menschen ausfindig zu machen, die eine Rebellion gegen den *kabaka* planten. Solche Motive, ob sie nun zutrafen oder nicht, wurden allen seinen Opfern zugeschrieben. Wer getötet werden sollte, wurde auf die Insel Damba gebracht, erhielt irgendein Gebräu zu trinken und wurde dann ans Ufer gebracht. Dort brach man den Opfern Arme und Beine. Anschließend legte man sie am Ufer in einer Reihe hin. Die Krokodile des Sees erledigten den Rest.[2]

> Ein Mann namens *Mayanja* (wir wissen noch nicht, ob er ein Hexenmeister ist oder nicht) hat dem König geraten, er müsse auf mehreren Hügeln um die Hauptstadt herum Menschen töten lassen, falls er wieder gesund werden wolle. Seit Tagen haben die zwölf oder mehr Scharfrichter, jeder mit seiner Bande von zwanzig oder dreißig Männern, auf den Straßen auf der Lauer gelegen und nach Menschen Ausschau gehalten. Sie fangen ausschließlich *bakopi* ein, gewöhnliche Menschen; Söhne oder Unteroffiziere von Häuptlingen dagegen können sich gewöhnlich mit einer Ziege oder einer Kuh freikaufen, wenn man sie versehentlich einfängt. Vor ein paar Tagen wurden nachts vor unserem eigenen Tor fünf Menschen eingefangen; vor zwei Tagen ging der Scharfrichter *(Sabata)* von gegenüber zu einer anderen Straße, um dort auf Opfer zu warten, da sich schon herumgesprochen hatte, daß er jeden einfängt, der ihm über den Weg läuft. So gingen ihm Menschen in die Falle, die diesen Weg mieden und einen anderen wählten, und am Abend hörten wir, daß Sabata vierzig Männer und dreißig Frauen eingefangen hat. Letzte Nacht hörten wir, daß er einen ähnlichen ‹Fang› gemacht hat... Einigen werden die Kehlen durchschnitten, während andere zu Tode gefoltert werden – man sticht ihnen die Augen aus, schneidet ihnen Nase und Ohren ab, die Sehnen der Arme sowie die Schenkel werden einfach abgeschnitten, zerkleinert und vor ihren Augen geröstet, und am Ende brennen die Unglücklichen wie lebende Fackeln.[3]

Es fällt auf und verlangt nach einer Erklärung, daß diese Art Grausamkeit neben den schöpferischsten, spielerischsten und lebensbejahendsten menschlichen Erfahrungen bestehen konnte – selbst in enger Verbindung und fast unterschiedslos. Diese Wechselwirkung gab es nicht nur in derselben Kultur oder beim selben Menschen, sondern sogar beim selben

Ritual. Bei der Geburt König Pomares II. (dem späteren ersten König eines politisch stabilen, vereinigten Tahiti) schickte sein Vater, wie es Sitte war, zwei Boten in verschiedene Richtungen los, welche die Insel umrunden sollten. Sie sollten die Geburt des Königssohns verkünden und feiern und so die politische Hegemonie des Königs bestätigen. Wenn die Bewohner eines Distrikts die Sendboten durchließen, erkannten sie die politische Oberhoheit des Monarchen an. Sollte sich der König in dieser Hinsicht geirrt haben, verweigerten die Bewohner eines Distrikts dem Boten den freien Durchgang, was zum Krieg führen konnte. Der Ritus sollte sicherstellen, daß das Kind im Mannesalter über all diese Distrikte herrschte. Die Herolde waren fröhlich und bunt gekleidet und trugen schöne Banner mit bestickten Rändern, die sie noch mit den buntesten Federn geschmückt hatten, die sich auftreiben ließen. Bündel schwarzer Federn, die in der Hand getragen wurden, vervollständigten die Ausstattung. Eine große Menschenmenge hatte sich eingefunden, um den Abmarsch der Herolde vom nationalen Tempel in Papaoa zu beobachten, in dem der Prinz geboren worden war. Bevor die Sendboten aufbrachen, wurde ein Mann rituell geschlachtet und dem Gott Oro geweiht.

Die Herolde wanderten in entgegengesetzte Richtungen um die größere Halbinsel Tahitis herum, begegneten sich auf der Landenge zwischen den beiden Halbinseln und machten sich dann zur Umrundung der kleineren auf, wo sie im Tempel von Tautira, der auf der ganzen Insel berühmt war, Oro zu Ehren noch einen Mann töteten. Bei diesem Rundmarsch blieben die Sendboten unbehelligt. Mit ihren erhobenen Bannern, die niemand angetastet hatte, die Gesichter voller Stolz auf das Erreichte, kehrten sie im Triumph zum Tempel ihres Königs zurück.[4]

In Hawaii waren die Tempel der Götter kunstvoller ausgeschmückt als die von Tahiti oder Buganda. Große Statuen, welche die Gottheiten darstellten, wurden an den Berghängen geschnitzt, an denen die höchsten Bäume wuchsen, und zu den Tempeln gebracht. An dem Tag, an dem eine fertiggestellte Statue von ihrem Entstehungsort zum Tempel gebracht wurde, hielt man eine feierliche Zeremonie ab. Die Menschen sammelten große Mengen von Farnen, die sie auf dem Rücken trugen, und füllten die Hände mit den Früchten und Blüten des Bergapfels. Die Wanderung von den Bergen zum Meer, an dem der Tempel stand, erfolgte unter lautem Lärm und Rufen. «Ich gehe dem Sieg entgegen», riefen die Menschen aus. Bei der Ankunft beim Tempel legten die Menschen das Abbild des Gottes aufs Pflaster, bedeckten es mit Blättern und gingen. Jeder, dem sie unterwegs begegneten und der nichts mit den Feierlichkeiten zu tun hatte, wurde auf der Stelle getötet.[5]

Der folgenden Rede an potentielle christliche Konvertiten auf der polynesischen Insel Mangaia können wir entnehmen, wie den möglichen Opfern dieser Massenmorde zumute war:

Junge Leute, seht mich an. Wißt ihr, daß ich einer von denen war, die man Rongo opfern wollte? Diese Ohren und diese Nase sollten abgeschnitten und an jeden Häuptling zum Zeichen seines Amts verteilt werden. Dieser Kopf... ‹sollte ein Beitrag zum Festessen sein›. Man würde meinen Kopf zwar nicht essen; aber bis irgendein anderes geeignetes Opfer dem Kriegsgott dargebracht worden war, war die Bewirtschaftung des Bodens ungesetzlich, man durfte nicht feiern; allein Blutvergießen war die Losung des Tages.

Unsere Familie war der Opferung geweiht, da unser Gott Utakea war... Die meisten meiner Vorfahren sind umgebracht und dann auf dem Altar Rongo dargebracht worden. Ohne ein Menschenopfer konnte die Friedenstrommel nicht geschlagen und auch kein neuer oberster Häuptling ernannt werden.

Zum erstenmal entrann ich mit knapper Not dem Tod, als Maitaka Oberherr von Mangaia wurde, ein oder zwei Tage nach der Schlacht von Rangivra. Ich war damals noch ein Jüngling, und als ich über die Hügel ging, begegnete ich zwei bewaffneten Männern, Putiki und Tavare, die nach einem geeigneten Opfer Ausschau hielten. Putiki packte mich am Arm und sagte zu seinem Begleiter: ‹Der hier wird genügen.› Aber zu meiner großen Freude ließ Tavare mich laufen; er erklärte, ich dürfe nicht sterben, denn ich sei ein enger Verwandter. So gingen die beiden weiter, und ich flüchtete nach Hause, so schnell die Beine mich tragen wollten. Damals dämmerte mir zum erstenmal, daß ich irgendwann ein Menschenopfer sein würde.

Aber die Präsidentschaft *(sic!)* Makitakas stand unter einem unglücklichen Stern. Es gab außer Kerzennüssen und wilden Wurzeln... nichts zu essen. Die Götter waren offenkundig unzufrieden: Es mußte ein neuer ‹Herr über Mangaia› ernannt werden. Pangemiro war der Häuptling, auf den man sich einigte. Damit der Amtswechsel wirksam wurde, mußten dem Gott Rongo neue Opfer dargebracht werden. Ich wurde von Angehörigen des herrschenden Stamms, von dem niemand geopfert werden durfte, sorgfältig versteckt, bis wir hörten, daß Teata erschlagen und auf dem Altar dem Kriegsgott geopfert worden war. Zu dieser Zeit lebte mein Onkel Kariuna... unter dem Schutz Meduatipokis nicht weit von meinem Haus in Veitatei entfernt. Von Gefahr ahnte er nicht das geringste, als er eines Morgens sah, wie der Häuptling Kino in Begleitung einiger Freunde über die Hügel näherkam und... auf das Wohnhaus seines Wächters zuging. Kino bat Meduatipoki, er möge ihm... ‹diese unbedeutende Elritze› da drüben überlassen. Die Zustimmung wurde sofort gegeben, und nach ein paar Minuten war mein armer Onkel schon mit der Keule erschlagen und noch warm zu Rongos blutigem Altar gebracht worden. Als Kino auf ihn zuging, um ihn zu erschlagen, unternahm er keinen Fluchtversuch, denn wohin hätte er sich wenden sollen?

Während der Herrschaft Pangemiros I. lebte ich in Sicherheit, nahm mir eine Frau und wurde Vater. Aber... in der Schlacht von Araeva, dem letzten heidnischen Kampf, kämpfte Teao mit Pangemiro um die weltliche Oberhoheit. Wieder wurde ein Menschenopfer verlangt, und ich zitterte davor, ausgewählt zu werden.

Nach der Schlacht von Butoa lebte ich bei dem Rest der besiegten Partei. Einmal gingen einige von uns zu unserem alten Wohnort Veitatei... Ich besuchte einen betagten Verwandten, der an einem abgeschiedenen Ort lebte. Als Teare mich erblickte, sagte er: ‹Lauf um dein Leben. Da drüben sind Erui und andere, die nur darauf warten, dich zu töten und zu opfern.› Das ließ ich mir von dem alten Mann nicht zweimal sagen; und als ich auf der anderen Seite der Taro-Plantagen angekommen war, sah ich, wie das Mordkommando unzufrieden wegging.

Zehn Tage später erfuhren wir, daß Erui die schöne Mukimaki erschlagen hatte, die junge Frau eines Angehörigen der unterlegenen Seite. Ich wurde zornig auf Erui, der selbst zu den Besiegten gehörte, der sich auf diese gemeine Weise bei den Siegern anbiedern wollte...[6]

Vaitamanas Geschichte von Betrug und Entrinnen hat bemerkenswerte Ähnlichkeit mit den Geschichten der Menschen mit den in Arm eintätowierten Zahlen. Das Wort ‹Holocaust› bedeutet ›ein Gott gefälliges Brandopfer›. Wie seltsam und voller Einsicht, daß dieser Begriff jetzt auf einen anscheinend ‹sinnlosen› Massenmord angewendet wird. Vielleicht hatten die Mangaier und die Nazis den gleichen Alptraum. Ich habe nicht den Wunsch, die Schöpfer der komplexen Gesellschaften mit den Verantwortlichen der deutschen Katastrophe auf eine Stufe zu stellen, aber ich möchte ein solches Opfer – ein solches ‹Säubern der Welt› – mit einem zweiten vergleichen und fragen, warum beide ‹notwendig› waren.

Vaitamana beschließt seine Rede mit einer Erinnerung an eine zweite Form des Opfers: «Aber wäre das Evangelium nicht gewesen, könntet ihr heute mein Gesicht nicht mehr sehen. Jetzt leben wir alle in Frieden, wie es unseren Vorfahren nie möglich war. Sie sehnten sich nach einer Zeit des Friedens und der Fülle, aber sie starben, ohne je solche Privilegien genossen zu haben. Wir wollen uns unserer Gnade glücklich schätzen. Sie strömt durch den Sohn Gottes zu uns, der sich selbst auf Golgatha geopfert hat, um uns vor dem ewigen Tod zu bewahren. Seit mehr als dreißig Jahren diene ich Christus.»[7]

Reverend Ellis erzählt eine ähnliche Geschichte aus Tahiti. In der ersten Zeit der Missionare trat ein junger Mann zum Christentum über und wurde deshalb aus dem Haus seines Vaters verbannt. Seine Verfolger waren mit dieser Strafe noch nicht zufrieden und beschlossen, ihn bei einer bevorstehenden Zeremonie zu opfern. Eine Abordnung suchte ihn in heimtückischer Absicht in seinem Versteck auf und drängte ihn, mit ins Tal hinunterzukommen, weil der Priester oder einige seiner Freunde ihn zu sprechen wünschten. Da der junge Mann ihre Absicht erkannt hatte, erwiderte er: «Ich weiß, daß eine Zeremonie bevorsteht und es dann zu einem Menschenopfer kommen wird – irgend etwas in mir sagt mir, daß *ich dieses Opfer sein soll,* und euer Erscheinen und eure Botschaft bestätigen, daß ich recht habe. Jesus Christus ist mein Hirte, ohne seine Erlaubnis könnt ihr mir nichts tun; ihr dürft vielleicht meinen Körper töten, aber *ich habe keine Angst vor dem Tod!* Meiner Seele kann nichts geschehen; sie ist sicher in den Händen von Jesus Christus, der sie vor euch beschützt.» [8]

Da sie ihn nicht dazu bringen konnten, freiwillig mitzukommen, erschlugen sie ihn mit Keulen, legten seinen Leichnam in den vorgeschriebenen langen Korb aus Kokosblättern, trugen ihn zum Tempel und weihten ihn dem Gott.

Am Ende der Geschichte macht Reverend Ellis eine erstaunliche Bemerkung: Diejenigen, welche die Worte des sterbenden Mannes angehört hatten und Zeugen seiner festen Entschlossenheit gewesen sind, würden für die Religion, zu der er sich bekannt habe, vermutlich empfänglicher werden. Die Kirche werde nach seinem Tod Zulauf erhalten, weil «das Blut der Märtyrer immer der Samen der Kirche gewesen ist . . .» [9] Ellis war keineswegs erschüttert, daß man den jungen Mann zu einem Opfer gemacht hatte, da es sich um ein Opfer für den ‹richtigen› Gott handelte.

In der Religion Ellis' ist der Gott natürlich selbst ein Menschenopfer. Bei allen großen theologischen Debatten des 4. und 5. Jahrhunderts beharrte die orthodoxe Position, die sich auf dem Konzil von Nizäa durchsetzte, nachdrücklich darauf, daß Christus sowohl Mensch wie auch Gott sei, daß er als Mensch am Kreuz gestorben sei, als Mensch Schmerzen erlitten habe, daß sein Leichnam in seiner menschlichen Form gen Himmel gefahren sei. Christus war sowohl ein göttliches *wie* ein Menschenopfer. Vielleicht haben wir alle den gleichen Alptraum wie die Tahitianer und die Nazis, obwohl viele von uns, einzelne und auch ganze Kulturen, gelernt zu haben scheinen, mit diesem Alptraum umzugehen und ihn in der realen Welt nicht mehr auszuleben. Wenn dem so ist, hängt das Opfer Christi eng mit der Fähigkeit zusammen, mit diesem namenlosen Schrecken fertig zu werden. Ein uns unbekannter Tahitianer gab einer kraftvollen Einsicht Ausdruck, als er einmal einen der ersten Missionare befragte. Der Tahitianer wollte wissen, ob Jesus Christus Vater oder Sohn sei und «welcher als Opfer getötet worden sei». Nachdem er die Antwort erhalten hatte, hakte er nach und wollte wissen, «ob es der Grund für die Opferung Jesu Christi gewesen ist, keine Menschenopfer mehr darzubringen». [10]

Selbst wenn man davon ausgeht, daß Christi Leiden und sein Tod als Mensch notwendig waren, damit uns unsere Sünden vergeben werden und wir das ewige Leben erhalten, ist es doch außergewöhnlich, daß Christus uns auf diese Weise hat beistehen wollen. Wer hat aber entschieden, daß dieses Opfer notwendig war? Es bedarf der Erläuterung, warum die Vergebung der Sünde und das ewige Leben keine kostenlosen Geschenke sind, die bereitwillig hergegeben werden. Man könnte die Frage stellen, wer das System erfunden hat, demzufolge solche gottgegebenen Rechte nur um diesen qualvollen Preis zu erstehen sind. Es steht außer Frage, daß der Tahitianer recht hatte: Wir opfern den Göttern keine Menschen mehr, zum Teil weil wir eine Religion erfunden haben, in der der zentrale Gott als Opfer für alle Menschen einen symbolischen Tod erleidet. Aber welches Gesetz der menschlichen Natur legt fest, daß *überhaupt* jemand sterben muß? Es muß in jeder menschlichen Seele eine schreckliche, tiefsitzende Furcht geben, die den moralischen und entwicklungsmäßigen Fortschritt des Menschen an der schrecklichen Frage mißt: Wer stirbt?

Wenn Christus gestorben ist, damit wir das rituelle Töten von Menschen aufgeben konnten, kann es auch sein, daß Menschenopfer in komplexen Gesellschaften der Funktion dienten, noch schlimmere Morde überflüssig zu machen. Es fällt vielen Menschen schwer, den Gedanken zu akzeptieren, daß unsere Gesellschaft – mit all ihrem grenzenlosen Narzißmus, ihrem Rassismus, ihrer Armut, ihren Kriegen und der drohenden Zerstörung der Welt – moralisch und entwicklungsmäßig fortschrittlich sein soll. Die meisten von uns blicken mit einem Pessimismus in die Zukunft, der eine korrekte Einschätzung der Vergangenheit schwierig macht. Um so schwerer fällt es uns dann zu sehen, daß Menschenopfer – bei all ihrer Grausamkeit und Irrationalität – für die Kulturen, denen sie dienten, eine bemerkenswerte Erfindung gewesen sein können, welche die Menschen aus den Fesseln des Sippenverbands und des Kannibalismus befreite und ihnen erlaubte, ihre Energie für große Entwicklungssprünge aufzusparen.

Wenn all dies wahr ist, scheint es ein System von wilder Irrationalität zu sein, das mit Menschenleben verschwenderisch umgeht. Wir fragen uns, ob all dieses Leiden unvermeidlich war. Worauf wir wieder antworten können: War das Leiden Christi *notwendig?* Es ist diese Notwendigkeit des unnötigen Leidens, die wir so gern verstehen möchten.

Dazu müssen wir jedoch zunächst zurückblicken und uns mit Ritualmorden beschäftigen, müssen sehen, wie sie aussahen, wann sie stattfanden, wer die Opfer waren, welchen Funktionen diese Rituale dienten. Zu der großen Frage der Notwendigkeit werden wir später zurückkehren.

In der primitven Gesellschaft hatten Menschenopfer keine Bedeutung.

Es mag zwar einige wenige Beispiele geben – obwohl mir kein einziges bekannt ist –, aber sie waren in keiner primitiven Kultur wichtig. Ritualmorde als geheiligte Akte beginnen erst in komplexen Gesellschaften, erreichen in fortgeschrittenen komplexen Gesellschaften einen wahnwitzigen Höhepunkt und verschwinden dann wieder mit der Entwicklung der archaischen Zivilisation.

Die Archäologie hat enthüllt, daß es im Ägypten der ersten Dynastie, im sehr frühen China und im prädynastischen Sumer* Menschenopfer gegeben hat. Zu dieser Zeit befanden sich diese Gesellschaften im Übergang von der komplexen zur archaischen Zivilisation; danach gab es in diesen Gegenden *keine rituellen Menschentötungen mehr.* Wir haben keine unwiderleglichen Beweise dafür, daß die rituelle Menschentötung im Griechenland der Antike überlebte, obwohl es zahlreiche Mythen über Menschenopfer gibt und auch Gerüchte davon überliefert wurden. Die einzigen unbestrittenen Beweise für solche Opfer aus einer Gesellschaft, die das komplexe Stadium schon überwunden hatte, stammen aus dem alten Phönizien (wo oft Kinder die Opfer waren) und aus Indien und anderen asiatischen Ländern, wo bei der Bestattung der Ehemänner auch die Ehefrauen sterben mußten. Diese Praxis fand erst im 19. Jahrhundert ein Ende.

Ich kann nichts darüber sagen, warum diese Praxis in Indien und Phönizien fortbestand; aber sie war eine Ausnahme, und in keinem dieser beiden Länder wurden viele Menschen auf einmal getötet – wie etwa in Buganda, Dahomey und Benin, wo bis zu fünfhundert Menschen gleichzeitig umgebracht wurden, oder bei den Azteken, wo gelegentlich Tausende getötet wurden. Die rituelle Menschentötung war in komplexen Gesellschaften die charakteristische Form der geheiligten Aggression, und mit den beiden genannten Ausnahmen hat es sie nur *in diesem Stadium der kulturellen Entwicklung* gegeben.

Mehr noch: Als komplexe Gesellschaften sich zu fortgeschrittenen komplexen Gesellschaften entwickelten, wurde das geistliche Leben der Völker zunehmend durch die Menschentötungen beherrscht. Wenn wir etwa die rund zwanzig polynesischen Gesellschaften betrachten, über die wir einigermaßen gesicherte Kenntnisse besitzen, und sie je nach dem Entwicklungsstand der zentralisierten Staatsform einreihen – wie es Irving Goldman[11] und Marshall Sahlins[12] getan haben –, sehen wir, daß Menschenopfer immer wichtiger werden, je höher man in dieser Rangordnung kommt. Sahlins und Goldman setzen beide Tahiti, Hawaii und Tonga an die Spitze dieser Rangordnung, und in genau diesen Gesellschaften spielten rituelle Menschentötungen die größte Rolle. Es steht

---

* Der spektakulärste Fund in Sumer war die Entdeckung von Königsgräbern mit mehr als einhundert Menschenopfern in Ur («der Chaldäer») durch Leonard Woolley.

außer Frage, daß auch im alten Afrika eine bezeichnende Wechselwirkung zwischen dem Grad der politischen Zentralisation und der Bedeutung von Menschenopfern bestand. Mit bedauerlich wenigen Ausnahmen haben in allen Gesellschaften einige Menschen andere getötet; aber die Art des Tötens verändert sich, wenn die Gesellschaft sich von einer Stufe zur nächsten entwickelt. Einerseits könnte man sagen, daß es sich immer um Tötungen handelte, die aus dem gleichen Grund erfolgten; andererseits hat es jedoch den Anschein, daß verschiedene Tötungsarten unterschiedlichen psychologischen Zwecken gedient haben müssen.

Man könnte argumentieren, diese Unterschiede hätten keine moralische Bedeutung, da es nicht darauf ankomme, ob Menschen getötet und ihre Leiber gegessen würden oder ob man sie tötet und ihre Köpfe aufhängt, um eine Hütte zu schmücken, oder ob man sie tötet und dem Gott Oro weiht oder weil sie ‹in dem mächtigsten Staat der Erde› wegen ungenügender medizinischer Versorgung sterben müssen – in allen Fällen sind die Menschen tot. Es mag tatsächlich nicht darauf ankommen, aber man hat erst dann das Recht, sich so zu äußern, wenn man erklären kann, warum Menschen sich in verschiedenen Entwicklungsstadien auf verschiedene Arten umbringen und was das zu bedeuten hat. Es wäre äußerst wertvoll zu wissen, warum die Menschen in der komplexen Gesellschaft das Menschenopfer erfanden und warum sie nach dem Übergang in die fortgeschrittene komplexe Gesellschaft sich so dafür begeistern konnten, und warum sie es aufgaben, nachdem sie den revolutionären Schritt in die archaische Zivilisation vollzogen hatten. Erst wenn wir das verstehen, können wir wissen, ob es ‹darauf ankommt› oder nicht.

Betrachten wir aber den Ritus selbst und einige seiner möglichen Ursprünge.

Angst

Alle Situationen, die das rituelle Töten von Menschen erfordern, sind von ungewöhnlicher Angst durchtränkt. Der König ist krank (wird unser Beschützer verschwinden?); der König stirbt (können wir und der Staat überleben?); ein neuer König besteigt den Thron (wird er es schaffen, alles zusammenzuhalten?); im Land herrscht Hunger (werden wir alle sterben?); es gibt Krieg (werden wir siegen? Werden wir sterben?); der Palast wird geweiht (werden die Götter eine solche Erklärung von Menschen erlauben?); die Vorfahren des Königs sind unglücklich (werden sie das Land verfluchen?); die Götter sind zornig (werden sie uns vertilgen? Können wir ihren Zorn auf jemand anderen lenken?); der Sohn des Königs wird beschnitten (wird die Hoffnung des Landes diesen gefährlichen Übergang überleben?). Die Tatsache, daß ein Menschenopfer von offen zur Schau getragenem sadistischem Vergnügen begleitet sein kann, bedeutet noch nicht, daß dies der einzige Grund für das Opfer ist. Kein rituelles Töten ist *bloßer* Sadismus, obwohl Sadismus eine Rolle dabei spielt. Die Verringerung von Angst oder richtiger die Beherrschung der Angst vor Vernichtung durch eine Reduzierung dieser Furcht auf bloße Angst ist ein Hauptzweck des Ritus.

William Wilson, der Kapitän des Schiffes, das die ersten Missionare in die Südsee brachte, erzählt uns eine Geschichte aus Tonga. Moomooe war schwer krank geworden. Einer seiner Söhne, Colelallo, der in einiger Entfernung lebte, wurde unter dem Vorwand zu seinem Vater gerufen, er müsse die Zeremonie des Abschneidens beider kleiner Finger über sich ergehen lassen, um den Zorn des Gottes Odooa zu besänftigen und die Genesung des Vaters zu bewirken. Die Menschen, die den Vater pflegten, wollten jedoch Colelallos Leben und nicht seine Finger. Colelallo kam an, wurde von seinem älteren Bruder herzlich begrüßt, betrat das Haus, um seinen Vater zu besuchen, und wurde sofort von den Wächtern des Vaters ergriffen, die sich sofort daranmachten, den Sohn zu erwürgen. Obwohl Colelallo um sein Leben kämpfte, unterlag er schließlich, als man drei Männer aus Fiji hereinrief, die derlei schmutzige Arbeit gewohnt waren, sowie Colelallos Schwester. Sie brachten ihn um, damit der Vater am Leben blieb.[13]

Wie irrational es uns auch erscheinen mag, die Menschen glaubten tatsächlich, daß man ein Menschenleben durch ein anderes erlösen könne, daß jemand oder etwas (die Götter, das Schicksal, das Weltall, unbekannte Mächte) ein Menschenleben als Geisel nehmen konnte, es aber wieder freigeben würde, wenn ein anderes Menschenleben dafür hergegeben wurde. Innerhalb bestimmter Grenzen konnte man mit der *Macht* verhandeln. Daß irgend jemand etwas Schreckliches zu erdulden hatte, stand nicht zur Verhandlung; wer der Betreffende sein würde, war Gegenstand des Feilschens: «Ich gebe dir Colelallo, wenn du dich bereit erklärst, seinen Vater zu schonen.» Die *Macht* kannte auch den Wert des Menschenlebens, das sie als Geisel hielt, und konnte das Lösegeld in die Höhe treiben, wenn das Menschenleben wertvoll genug war: «Ein Leben gegen ein anderes, das ist zwar gerecht, aber um den *kabaka* von Buganda zu verschonen, werde ich einhundert oder zweihundert andere Menschen brauchen.» Sie wurden geopfert.[14]

Das System war irrational, seine Logik jedoch erbarmungslos. Wenn es schon möglich war, den *kabaka* durch das Töten von zweihundert Bauern von einer Krankheit zu heilen, würde ihm auch eine gelegentliche prophylaktische Menschentötung eine gute Gesundheit sichern. Einige Jahre, nachdem ein neuer *kabaka* sein Amt angetreten hatte, begab er sich auf eine rituelle Reise zu dem *nankere,* und zwar mit dem Ziel, sein Leben zu verlängern. Der *nankere,* das Oberhaupt des Lungenfisch-Clans, durfte den König ausschließlich bei dieser Gelegenheit sehen. Nachdem man sich auf die Zeit für die Zeremonie geeinigt hatte, wählte der *nankere* einen seiner Söhne aus. Dieser wurde wie ein Prinz beköstigt, gekleidet und behandelt und in einem besonderen Wohnbezirk untergebracht, in dem die Zeremonie stattfinden sollte.

Der *kabaka* verließ die Hauptstadt und machte unterwegs beim Tempel des Gottes Mukasa halt, um seine Kleidung zu wechseln. Vor allem streifte er alle Fußringe ab, die er trug, und vergewisserte sich, daß er nicht aus Versehen andere anlegte. Bei ihrem Zusammentreffen tranken der *nankere* und der *kabaka* gemeinsam Bier. Die Mutter des Königs war bei der Zeremonie anwesend und sah ihren Sohn dabei zum letztenmal. Der *nankere* setzte zu einer feierlichen Ansprache an: Die Mutter des Königs wurde gedrängt, ein neues Haus zu bauen; denn sie dürfe ihren Sohn jetzt nicht mehr sehen, wo er erwachsen geworden sei. Zum *kabaka* sagte er: «Du bist jetzt erwachsen; geh und lebe länger als deine Vorväter.»

Um die Erfüllung der Prophetie zu sichern, brachte man den Sohn des *nankere* herein und übergab ihn dem Monarchen, der ihn seinem Leibwächter überließ. Man brachte ihn hinaus und tötete ihn mit Faustschlägen. Die Rückenmuskeln des Opfers wurden entfernt und zu Fußringen für den König gemacht. Außerdem entnahm man dem Opfer ein Stück Haut und flocht es zu einer Peitsche, die der *kabaka* in seinem Wohnbezirk aufbewahrte, um sie nur bei besonderen Anlässen zu benutzen.[15]

Daß die Mutter des Königs zum letztenmal anwesend war, legt den Schluß nahe, daß dies eine Zeremonie zur Besiegelung der Trennung von der Mutter war und daß solche Trennungen immer von Angst und Ambivalenz begleitet sind. Daß der Sohn des *nankere* sterben mußte, besiegelte den Akt, machte ihn unumkehrbar. Tief im Unbewußten, wo solche Zeremonien geboren werden, ist die Ermordung des Sohns des *nankere* für den *kabaka* ein Hinweis darauf, was ihm vielleicht widerfahren wäre, wenn er sich geweigert hätte, erwachsen zu werden und seine Mutter zu verlassen. Ist es eine Warnung an die Adresse der Mutter, was ihr widerfahren könnte, wenn sie sich (psychologisch gesehen) weigert, ihn gehen zu lassen? Wenn wir von einer Gesellschaft sagen, sie befinde sich in dem Prozeß der Zerstörung des Sippensystems als der Hauptgrundlage politischen Lebens, sagen wir damit abstrakt und theoretisch, daß viele Menschen den Prozeß des Verlassens ihrer Mütter durchlaufen, die sie aufgezogen haben. Es ist eine vertretbare Hypothese, daß rituelle Menschentötungen intim mit der Angst und der Ambivalenz eines solchen Abschiednehmens zusammenhingen und vermutlich auch ein Mittel waren, diese Angst und Ambivalenz zu bewältigen.

Der Tod ist die unwiderrufliche Trennung par excellence, und der Tod des Königs hatte in fortgeschrittenen komplexen Gesellschaften mit einem starken, zentralisierten Königtum unweigerlich eine Vielzahl von Opfern zur Folge. Besonders gern wählte man die Frauen des Königs für den Tod aus, und in Buganda[16] und Dahomey[17] wurden auch zahlreiche

Personen umgebracht, die zu Lebzeiten des Königs zu seiner Umgebung gehört und besondere Ämter innegehabt hatten. In Buganda hatte der Tod der Mutter des *kabaka* rituelle Menschentötungen zur Folge.[18] Der König dieses Landes besuchte während seiner Regierungszeit einmal das Grab seines Vaters[19]; eine gleich wichtige rituelle Funktion wie dieser Besuch war die Einweihung einer neuen Hütte am Grab des Vaters.[20] Dieser letzte Vorgang erforderte nur fünfundneunzig Menschenopfer; der Besuch des Königs am Grab endete mit dem Tod von Hunderten.

Auch wir kennen viele zeremonielle Anlässe, sowohl öffentliche wie private. Zu den privaten gehören die Taufe, die Beschneidung, die Erstkommunion, die Heirat, Beerdigungen und so weiter. Zu den öffentlichen gehören etwa die Amtseinführung eines Regierungschefs, die Einweihung von Bauwerken, Staudämmen und Brücken sowie allgemeine Feiertage. Wenn es sich um eine im Rampenlicht der Öffentlichkeit stehende Person handelt, werden private Zeremonien meist öffentlich – etwa die Beisetzung eines Regierungschefs, die Eheschließung eines königlichen Kindes, eine Geburt in einer königlichen Familie. Auch in fortgeschrittenen komplexen Gesellschaften kam es zu dieser Transformation. In Tahiti beispielsweise waren die Waschung des königlichen Erstgeborenen, die erste öffentliche Präsentation eines königlichen Kindes und die Beschneidung des erstgeborenen Prinzen sämtlich öffentliche Zeremonien.[21]

In fortgeschrittenen komplexen Gesellschaften war jedes öffentliche Zeremoniell von ritueller Menschentötung begleitet. Uns mag das verständlicher erscheinen, wenn wir uns klarmachen, daß *alle* öffentlichen Zeremonien in allen Gesellschaften, auch diejenigen, die bei oberflächlicher Betrachtung ausschließlich erfreulichen Ereignissen zu entstammen scheinen, zu einem guten Teil der Angst entspringen. Mit dem Ritus soll öffentlich nicht nur Freude bekundet, sondern auch die durch die Situation ausgelöste Angst bewältigt werden.

Nehmen wir etwa die Einweihung einer großen Brücke, bei der ein Band durchschnitten wird. Das ist gewiß ein Grund zum Feiern für all diejenigen, die die Brücke gebaut haben, sowie für die Politiker, die die Voraussicht besessen haben, die Erbauer zu unterstützen, und das ist auch in etwa der Inhalt der Ansprachen. Man spürt aber auch einen Unterton der Angst: Wird die Brücke halten? Sollten Menschen es wirklich wagen, solche Bauwerke zu errichten? Werden wir bestraft werden, weil wir zu hoch hinauswollen? In dem tiefen, irrationalen Teil unserer Seele bewahren wir die Ansicht, daß die Mächte des Weltalls unserem stolzen Ehrgeiz feindselig gegenüberstehen und uns deswegen bestrafen werden. In komplexen Gesellschaften wurden Menschen umgebracht und in die Fundamente von Bauwerken eingemauert. Bei der Einweihung von Brücken wird in der Presse und bei Ansprachen immer noch derer gedacht, die beim Bau ihr Leben verloren haben. Nach dem Bau der Verra-

zano Narrows Bridge in New York hielt sich hartnäckig das Gerücht –
durch keinerlei Tatsache untermauert –, daß ein Mann von einem Bauge-
rüst in den noch feuchten Beton des Fundaments gefallen sei, man seine
Leiche nie wiedergefunden habe und er für immer im Herzen der Brücke
ruhen werde. So können Mythen noch das Menschenopfer liefern, das
scheinbar längst aufgegeben worden ist.

Henry liefert eine lange Liste der Anlässe, bei denen in Tahiti Menschen geopfert wurden. Die Mischung aus Feierlichkeit und Angst wird
offenkundig:

> Grundsteinlegung beim Bau eines nationalen Tempels.
> Waschung des königlichen Erstgeborenen.
> Zerreißen der königlichen Flagge.
> Erste Präsentation des königlichen Kindes vor der Allgemein-
> heit.
> Beschneidung des erstgeborenen Prinzen.
> Volljährigkeit des / der erstgeborenen Prinzen.
> Thronbesteigung des Monarchen.
> Perforation von *tapa*-Tuch zur Herstellung eines königlichen
> Federgürtels.
> Das erste Durchstechen des Tuchel mit einer Nadel.
> Fertigstellung des Gürtels.
> Einholung des Kanus mit dem Monarchen oder dem gesetz-
> lichen Thronerben beim ersten Besuch in einem fremden Land.
> Wecken des Schutzgottes vor Beginn einer Schlacht.
> Eröffnung von Feindseligkeiten in Kriegszeiten.
> Ausrüstung eines Kanus mit einem Friedensopfer für Oro.
> Unterstützung eines Königs nach einer Niederlage im Kampf.
> Die Opferung eines ‹Fisches› (eines geopferten Menschen), mit
> der die Freundschaft zwischen zwei Völkern besiegelt werden
> soll.
> Errichtung eines Hauses mit geheiligten Schätzen im Tempel-
> bezirk.[22]

Träume

Sogar der Schlaf, eine der schönsten Unterbrechungen unseres Lebens,
birgt ein hohes Angstpotential. Der orthodoxe Jude steht jeden Morgen
voller Dankbarkeit auf, weil Jehova ihn die Nacht hat überleben lassen.
Das beliebteste Gute-Nacht-Lied für unsere Kinder, «Guten Abend,
Gute Nacht», zeigt deutlich unsere Angst um die Kleinen und zugleich
unsere Aggression ihnen gegenüber: «Morgen früh, wenn Gott will, sind
wir wieder erwacht» – so lautet der dramatische Höhepunkt des Liedes.

Der König von Dahomey, einer zentralisierten, hochentwickelten Monarchie an der Westküste Afrikas, stand jeden Morgen voller Dankbarkeit auf, weil er gut geschlafen hatte. Er tötete jeden Morgen zwei Sklaven, um diese Dankbarkeit zu zeigen. Diesem Akt lag der Gedanke zugrunde, daß die Seelen der Sklaven «seine Dankbarkeit an seine Vorfahren übermittelten, weil diese ihm einen guten Nachtschlaf gewährt und ihm erlaubt hätten, zu einem neuen Tag aufzuwachen».[23] Bei solchen Erklärungen ist Vorsicht geboten: Sie ähneln denjenigen, die uns einreden wollen, daß die Diener und Ehefrauen eines Königs bei dessen Tod umgebracht wurden, um ihm in der nächsten Welt zu dienen. Wenn der *einzige* Zweck des Ritus darin bestand, daß der König von Dahomey seinen Vorfahren danken wollte, hätte jedes andere angemessene Symbol genügt: das Anzünden eines Feuers, das Schlagen einer Trommel, das Läuten einer Glocke oder auch nur das Sprechen eines Gebets. Es mag zwar sein, daß der König seinen Vorfahren Dankbarkeit zeigen wollte; er wollte aber auch jemanden töten, und die Angst vor dem Dunkel der Nacht mag damit mehr zu tun gehabt haben als irgend etwas sonst.

Die allerersten Missionare in Tahiti haben uns diesen Bericht überliefert: «Manemane kam von Opare an und informierte insgeheim die Brüder, Pomere (Pomare I.) habe einen Mann als Opfer getötet... Pomere träumte in der Nacht, sein Gott sei ihm erschienen und habe ihm befohlen, ihm einen Mann zu opfern, sonst werde er zornig. Pomere gehorchte diesem Befehl und stand auf, griff sich den ersten Mann, den er für geeignet hielt, und ermordete ihn, ohne zu zögern.»[24]

Der *kabaka* von Buganda hatte hin und wieder Träume, die zu Menschenopfern führten. Wenn Mutesa von einem bestimmten Menschen träumte, so glaubte er, dieser plane einen Verrat. Es hat ohne Zweifel Nächte gegeben, in denen dies geschah; dieses Vorgehen war auch ein bequemer Weg, eine politische Schuld zu begleichen. Besonders schrecklich war es für den König, wenn er von seinem toten Vater träumte. In einem belegten Fall ließ Mutesa nach einer solchen nächtlichen Vision fünfhundert Menschen hinschlachten.[25]

Wer stirbt?

Nachdem die jungen Schüler der Missionare in Buganda von der Kreuzigung gehört hatten, wollten sie von ihren Lehrern wissen, warum Christus geopfert worden sei – war er so arm gewesen, oder hatte er keine einflußreiche Familie besessen? In der primitiven Gesellschaft gab es noch keine gravierenden Klassenunterschiede. Die Tyrannei der sozialen Klasse und des Status war eine Erfindung der komplexen Gesellschaft, und die Tyrannei sorgte dafür, daß die Leiber der Armen den Löwenanteil lieferten, wenn die Götter zornig waren und mit Menschenfleisch besänftigt wurden. Seitdem ist es immer so gewesen. Wenn eine Person von Stand oder Wohlstand sich im Netz des Baganda-Henkers verfing, genügte es, eine gutaussehende Frau oder eine große Zahl von Rindern hinzugeben, um vom Henker oder dem *kabaka* freigelassen zu werden.[26] Der gewöhnliche Bauer hatte keinerlei Möglichkeit zu entkommen.

Buganda besaß ein Klassensystem, das auf Vermögensunterschieden und unterschiedlicher politischer Macht beruhte, aber es gab keine Paria-Klasse, die einer ungewöhnlichen Verachtung ausgesetzt war, auch keine bestimmte Gruppe von Menschen, unter denen man Menschenopfer auswählte wie etwa in Mangaia. Auf Tahiti waren die Opfer Kriegsgefangene, die man allein für die Opferung am Leben erhielt, oder Menschen von politischer Bedeutung, die den herrschenden Mächten lästig geworden waren, oder Angehörige der niedersten Klasse, die man *manahune* nannte. Hatte man auf Tahiti erst einmal in einer bestimmten Familie ein Opfer ausgewählt, waren die Angehörigen dieser Familie dazu verurteilt, ihr Leben auf die gleiche Weise zu beenden. Wenn eine rituelle Menschentötung bevorstand, flüchteten diese Menschen und versteckten sich, bis die Trommel die Festnahme eines geeigneten Mannes verkündete. Der König schickte dann einen Krieger mit einer Keule los, der von einem Provinzgouverneur wissen wollte: «Hast du eine Kalebasse hier? Hast du hier nicht einen streunenden Hund gesehen?» Der Gouverneur nickte dann in die Richtung des todgeweihten Mannes; der Krieger des Königs erschlug ihn mit seiner Keule und trug ihn weg. «Captain Henry hielt sich einmal bei einem Treffen von Eingeborenen in einem großen Haus auf, wo er einen hinterhältigen Mord dieser Art miterlebte. Auf ein vom Häuptling gegebenes Signal hin, das nur aus einem kaum bemerkbaren Senken des Blicks bestand, wurde ein nichts Böses ahnender armer Mann aus der Mitte der Menge gerissen und fortgetragen...»[27]

Einige fortgeschrittene komplexe Gesellschaften – das ostafrikanische Ruanda beispielsweise – wiesen eine besonders verachtete Gruppe von Menschen mit niedrigem Status aus, die den Unberührbaren Indiens vergleichbar waren. In Ruanda gehörten die Twa einer rassischen Minderheit an, und so ließ sich die Trennung leicht vollziehen; aber es wäre falsch, daraus den Schluß zu ziehen, Rassenunterschiede wären die Ursache dieser Erniedrigung gewesen. Auf der Insel Hawaii wurden die Kauwa, die sich rassisch von den Hawaiianern nicht unterschieden, in bestimmten Gebieten von den Hawaiianern getrennt, und man verachtete sie so sehr, daß nicht einmal hawaiische Bürgerliche mit ihnen verkehren oder sie heiraten durften.

Jeder Nicht-Kauwa, der Kauwa-Territorium betrat, wurde als verunreinigt angesehen und umgebracht. Ein Kauwa durfte nur zum Haus seines Herrn reisen und sonst nirgendwohin; vor Antritt dieser Reise mußte er sein Haupt mit einem großen Tuch bedecken und dann den Blick ständig gesenkt halten. Wenn im Tempel ein Menschenopfer notwendig und kein Verbrecher oder Kriegsgefangener verfügbar war, ging der örtliche Gerichtsdiener zur Grenze des Kauwa-Gebiets und wählte ein Opfer aus, ‹so wie man in einem Hühnerhof ein Huhn aussucht›. Der Kauwa konnte sich der Aufforderung mitzukommen nicht widersetzen.[28]

In allen diesen Gesellschaften wurden gelegentlich auch Menschen von hohem Stand rituell umgebracht. Es wurde bereits der Fall erwähnt, bei dem der König sich der Ausrede des Menschenopfers bediente, um eine politisch unerwünschte Person loszuwerden. Mehr noch, in Hawaii wurden getreue Anhänger des Monarchen und Menschen, die in hohem Ansehen standen, beim Tod des Königs getötet.[29] Im Königreich Bunyoro, dem Nachbarn Bugandas, kam es vor, daß

> der König aufrecht in der Hütte des *Mpango* stand, an der Schwelle der großen Eingangstür, in ein traditionelles Gewand gehüllt; er trug einen großen Umhang aus Baumrinde, über den ein Leopardenfell drapiert war, das ihm über den Rücken und den Nacken hing; sein Kopf war mit Talismanen gekrönt, seine Handgelenke, sein Hals und die Fußgelenke waren mit großen Glaskugeln geschmückt, und in der rechten Hand hielt er seine Lanze. Die Angehörigen des *conde* und alle Edelleute saßen in dem großen Hofraum in einem Halbkreis auf ihren kleinen Bänken; der Leibwächter *Mpango* stand an der rechten Seite des Königs und hielt die tödliche Axt hoch . . . Auf dem Boden stand eine große Tasse . . . Tödlicher Schrecken und Schweigen senkten sich auf die Versammelten.
>
> Der König machte mit dem Kopf ein Zeichen; die großen Männer erhoben sich und näherten sich ihm, wobei sie sich ehrerbietig verbeugten; er berührte einen von ihnen mit der Speerspitze an der Schulter; der Häuptling trat vor und reckte den Hals, die schreckliche Axt sauste herunter; das Blut wurde in der Tasse aufgefangen; der König tauchte einen Finger hinein und sprenkelte etwas Blut auf die Stirn und die Wangen und tat dann bei den großen Männern das gleiche; dann ergriff er die Vase und goß das restliche Blut auf die Trommel und auf den kleinen Sitz . . . Auf ein Zeichen des Königs hin trugen die trauernden Eltern den Leichnam des unglücklichen Kisa fort, den verstorbenen Häuptling des Bezirks Muenghe.[30]

Unsere Kenntnis von den politischen Gegebenheiten in solchen Gesellschaften deutet darauf hin, daß der König nicht die Macht besaß, bei solchen Anlässen die mächtigsten Edelleute umbringen zu lassen. Kisa war vermutlich ein junger Mann, der seine Karriere in der politischen Hierarchie gerade erst begonnen hatte. Er war entbehrlich, und sein Tod würde keine Revolte oder Rache nach sich ziehen. Die Macht zu töten kann jedoch manchem zu Kopf steigen, und die mündlich überlieferten Geschichten Bugandas und Hawaiis sind voll von Königen, die das willkürliche Töten nicht beenden konnten, die darauf beharrten, Menschen von hohem Stand umzubringen, und die schließlich selbst gestürzt und ersetzt wurden. Im Fall dieses besonderen *Mpango*-Rituals vergrößerte es gewiß die Macht des Bunyoro-Königs, daß er eine Person von hohem Rang umbringen lassen konnte. Ein paar kleine Bauern konnte jeder umbringen.

Wer ißt

Gegenüber den großen religiösen Symbolen der Vergangenheit – beispielsweise dem Glauben an den Teufel – sind drei grundlegende Einstellungen möglich. Erstens kann man an das Symbol glauben: daß es einen Teufel gibt, dessen Funktion es ist, Menschen zur Unredlichkeit zu verführen. Zweitens kann man es ablehnen und sich entweder in einer billigenden oder feindseligen Weise ungläubig zeigen: «Ich weiß, daß es keinen Teufel gibt; das Böse, das die Menschen tun, kommt aus ihnen selbst, aber ich kann verstehen, daß Menschen einmal daran glaubten.» Oder: «Das ist alles Unsinn; wie kann ein rational denkender Mensch eine solche Ansicht vertreten?» Es gibt noch eine dritte Einstellung zwischen Glauben und Unglauben, bei der man nicht wirklich glaubt, sondern die Symbolik für kühn und bewegend hält. Thomas Mann schrieb in vorgerücktem Lebensalter seinen Roman «Doktor Faustus» nicht aus einem Glauben an den Teufel heraus, sondern weil die Symbolik des Teufels und die psychologischen Fragen, welche die Faust-Legende aufwirft, für ihn von unmittelbarer Bedeutung waren. Die Faust-Legende sprach Mann auf andere Weise an als etwa die Kreuzigung, obwohl er weder an den Teufel noch an das Opfer Christi glaubte.

Was fangen wir also mit der religiösen Symbolik an, die besagt, daß die Götter zornig seien und sich erst dann wieder besänftigen ließen, wenn ein Mann getötet und ihnen geweiht wird? Man kann den Unglauben zum Ausdruck bringen, indem man die Absurdität der Vorstellung betont: Es gibt keine Götter; und wenn es Götter gäbe, warum sollten sie zornig sein? Können sie nicht alles haben, was sie wollen? Warum sollte der Tod eines unschuldigen Menschen ihnen Erleichterung verschaffen oder ihren Zorn besänftigen?

Die Betonung der rationalen Absurdität dieser Symbolik ist für das Verständnis dessen, warum Menschen einst leidenschaftlich an eine solche Vorstellung glaubten, wenig hilfreich. Der Versuch, der Symbolik Verständnis entgegenzubringen, ist von großer Bedeutung; man muß sie zu sich sprachen lassen, weil solche absurden Assoziationen meiner Ansicht nach auch in unserem Leben noch aktiv sind, vor allem im politischen. Gerade in der Politik sind wir der Meinung, wir handelten aus einer grundlegenden rationalen Verpflichtung heraus, obwohl wir in Wahrheit durch tiefe, unwiderstehliche, irrationale Symbolik dazu getrieben werden, bestimmte Positionen anzustreben. Tatsache ist, daß unsere säkulare Demokratie des 20. Jahrhunderts die Notwendigkeit am Leben erhält, den zornigen Göttern jemanden zu opfern – ob nun ein Regierungschef in Meinungsumfragen vernichtet wird, ob unsere jungen Männer in Kriegen immer wieder rituell umgebracht werden, um die Welt für etwas zu retten, oder ob es sich um die beharrliche, unerbittliche Erniedrigung einer Klasse von Menschen handelt, denen man die Mittel des ‹Strebens nach Glück› beharrlich vorenthält. Selbst wenn wir uns für noch so frei halten, können wir doch stärker in der Hand eines zornigen Gottes sein als je zuvor, und wenn wir das erkannt haben, kann es dazu kommen, daß wir genau das tun, was auch der *kabaka* von Buganda tat – daß wir nämlich den Gott dadurch zu besänftigen suchen, daß wir unseren Impuls ausleben: «Nimm sie und nicht mich!» Wir verhalten uns so, als geriete unser eigenes Leben in Gefahr, wenn es keine Opfer der Gesellschaft mehr gäbe, als wären wir irgendwie sicherer, solange andere Menschen unterdrückt werden.

Der Kosmos ist ein lebensfeindlicher Raum. Diese Aussage ist jedoch nicht gleichzusetzen mit dem Satz, auch die Welt sei ein lebensfeindlicher Ort. Alles Böse dieser Welt – Krankheit, Hunger, Erdbeben, wilde Tiere, andere Menschen, die uns aus Gewinnsucht oder zum Vergnügen umbringen – sind Realitäten und keine Symbole. Der Kosmos ist im religiösen Sinn ein Symbol, das Produkt der Vorstellungskraft von Menschen, und die dort wohnenden Götter und Dämonen sind auch Symbole. Die Menschen hätten sich einen Kosmos nach ihrem Wunsch erschaffen können, aber sie haben es vorgezogen, ihn feindselig zu machen:

> Zur Zeit des Königs Umi opferte dieser in Waipo, als sich aus den Wolken die Stimme seines Gottes Kuahiro vernehmen ließ und nach noch mehr Männern verlangte. Der König opferte weiter, und die Stimme verlangte nach immer mehr Opfern, bis er alle seine Männer bis auf einen erschlagen hatte, den er zunächst nicht opfern wollte, da er einer seiner großen Favoriten war. Der Gott blieb aber hart, und so opferte der König auch diesen Mann, und der Priester und der König selbst waren die beiden einzigen, die von allen überlebt hatten. Mehr als achtzig Opfer, so heißt es, wurden damals den vernehmlichen Forderungen des unersättlichen Gottes in Gehorsam dargebracht.[31]

Auf Tahiti rollte sich der Tempelpriester in ein Bündel Tuch ein und machte den Gott nach, indem er mit schriller, kreischender Stimme sprach: «Ich bin zornig; bringt mir Knaben, tötet den Mann, und mein Zorn wird besänftigt sein...»[32]

Und was machten die Götter mit all diesen Menschenopfern, die auf Verlangen umgebracht wurden? Sie aßen sie natürlich. Ein hawaiischer Mythos besagt, daß die körperlose Zunge des Gottes vom Himmel herabstieg, nachdem die Leichen auf den Altar gelegt worden waren. Die Zunge «senkte sich zitternd auf den Altar herab, von Donner und Blitz begleitet, und nahm alle Opfer mit».[33] Auf der Insel Raiatea, die zu den Gesellschaftsinseln gehört, hängte man Fische und Menschenleiber in den Bäumen um den Tempel herum auf, und der Gott Oro verlangte: «Jetzt eßt von dem langbeinigen Fisch (dem Menschen)... Eßt von den Fischen des Meeres.»[34] Auf den polynesischen Marquesas-Inseln waren die Götter ungeduldig; statt darauf zu warten, daß die Menschen ihren Forderungen nachkamen, ließen sie einen Haken vom Himmel herab und fingen selbst ein Opfer ein, um ihren Appetit zu befriedigen.[35]

Die Riesen und Hexen unserer Märchen sind die Überbleibsel dieser menschenfressenden Götter. Aber obwohl bei uns nur noch solche Geschöpfe Menschen essen, die erfundene Geschichten bevölkern – unsere Götter verschlingen keine Menschen mehr –, gab es in fortgeschrittenen komplexen Gesellschaften Lebewesen, die sich von Menschen ernährten, obwohl die Götter dies nicht mehr taten, nämlich die Menschen selbst. Einige polynesische Völker – die Maori, die Marquesas – praktizierten regelmäßigen Kannibalismus, aber in Hawaii, Tahiti und Tonga, den fortgeschrittensten polynesischen Gesellschaften, gab es das nicht mehr. Obwohl es auf Tahiti gelegentlich vorkam, daß ein Krieger sich einen oder zwei Bissen von einem erschlagenen Feind einverleibte, war dies keine übliche Praxis.[36] In ostafrikanischen Königreichen – in Buganda, Bunyoro, Ankole, Ruanda – wurde keine Menschenfresserei praktiziert. Im allgemeinen kann man sagen, daß es in keiner fortgeschrittenen komplexen Gesellschaft mit einem starken, zentralisierten Königtum regelmäßig ausgeübten Kannibalismus gab. Es ist aber bezeichnend, daß der in diesen Gesellschaften überhaupt noch geübte Kannibalismus stets in Verbindung mit Menschenopfern zu stellen ist.[37]

Die Azteken sind die einzige große Ausnahme: Sie waren die einzige fortgeschrittene Kultur, in der es Kannibalismus gab. Ich vermag keine Einsicht in das Wesen der aztekischen Gesellschaft zu bieten, aber auch hier gab es Kannibalismus nur in enger Verbindung mit ritueller Menschentötung. Menschen wurden erst dann gegessen, nachdem sie den Göttern geweiht worden waren.

«Es wäre sehr zu wünschen, daß dieses irregeleitete Volk eines Tages lernt, das gleiche Entsetzen vor der Ermordung von Menschen zu entwickeln, damit sie ihrem Gott nur noch ein unsichtbares Festmahl bieten, wie sie es jetzt davor haben, sich von Menschenfleisch zu ernähren», schrieb Captain Cook, dieser frühe Anthropologe, über Tahiti. «Und doch haben wir durchaus Grund zu der Annahme, daß es eine Zeit gegeben hat, in der sie Kannibalen waren. Man hat uns gesagt (und wir haben es zum Teil sogar mitangesehen), daß es eine notwendige Zeremonie ist, wenn der Priester bei der Opferung eines armen Teufels diesem das linke Auge aussticht. Der Priester präsentiert dieses Auge dem König, hält es ihm an den Mund, und der König soll ihn öffnen; der König steckt sich das Auge jedoch nicht in den Mund, sondern zieht sich sofort zurück. Das nennen sie ‹den Mann essen› oder ‹Nahrung für den Häuptling›; und vielleicht können wir hier einige Spuren früherer Zeiten beobachten, als der tote Körper noch tatsächlich verspeist wurde.»[38]

Warum das Auge? Ellis nennt einige Beispiele, wie die Menschen Tahitis einander verfluchten. Die Sprache der Aggression kann uns viel darüber verraten, was Menschen wirklich fühlen und sein können, so wie es Freud von Träumen sagte, die ein direkter Weg zum Unbewußten seien. So schimpften sich die Menschen schon seit Jahrhunderten gegenseitig ‹Mutterficker›, bevor Freud den Ödipus-Komplex entdeckt hat. In Tahiti waren Mütter nicht weniger die Objekte und Subjekte verbaler Aggression: «Mögest du als Essen für deine Mutter gebacken werden», und, am bezeichnendsten: «Nimm deinen Augapfel heraus und gib ihn deiner Mutter zu essen.»[39]

Als König Ödipus schließlich die Wahrheit seines tragischen Lebens entdeckt, einschließlich der Tatsache, daß seine Mutter bereit gewesen war, ihn als Säugling töten zu lassen – daß sie gewillt gewesen war, ihn zu opfern –, stürzt er in den Palast, um ihrem Leben ein Ende zu machen. Als er sieht, daß sie sich selbst getötet hat, nimmt er *ihre* Brosche und sticht sich damit die Augen aus. Er opfert seine eigenen Augen. Für sie? Damit sie sie essen kann?

Die orthodoxe psychoanalytische Kritik erklärt die Selbstblendung des Ödipus zu einer symbolischen Kastration; aber wenn man ein solches Symbol wünschte, wären ein Finger oder eine Nase angemessener. Es fällt schwer einzusehen, daß die Augen für den Penis stehen sollen, es sei denn, Ödipus hätte – wie wir alle – seine Mutter zunächst mit den Augen geschändet.

In Tahiti wurde das Menschenopfer symbolisch verspeist: von den Göttern, vom König, von Müttern. Bei bestimmten feierlichen Anlässen wurde dieses symbolische Speisen auf die Gesamtbevölkerung ausgedehnt. Obwohl der Leichnam in überlieferter Zeit nie tatsächlich verspeist wurde, verteilte man Stücke des geopferten Leichnams auf verschiedene Gebiete des Landes. Es scheint keine Frage zu sein, daß sie gegessen werden sollten. Von den Azteken wissen wir, daß sie die geopferten Leiber zerstückelten und die Stücke zum Verzehr verteilten. Auf Tahiti: «Der König hat vor kurzem ein Stück eines menschlichen Leichnams in diesen Bezirk geschickt; es heißt, es stamme von einem der Männer, die jüngst in Eimeo getötet wurden. Soviel wir wissen, hat er es als Bestätigung der Freundschaft zwischen ihm und dem Bezirk übersandt. Die Rateras (Menschen von hohem Rang)... schienen darüber sehr erfreut zu sein und hielten bei dieser Gelegenheit mehrere Versammlungen ab.»[40]

Es ist eine traurige Ironie, daß Cook, der so vorzüglich über die Möglichkeiten des Verzichts auf Ritualmorde geschrieben hat, selbst zu einem Menschenopfer wurde. Cook wurde auf der Insel Hawaii bei einem Scharmützel mit Hawaiianern getötet. Mehrere Tage nach dem Handgemenge wurde zwischen Cooks Leuten und der örtlichen Regierung Frieden geschlossen. Der neue englische Befehlshaber verlangte die Herausgabe von Cooks Leichnam, damit er angemessen beerdigt werden könne. Bestimmte Teile der Leiche wurden zurückgebracht, andere jedoch nicht. Die Hawaiianer hatten einige Teile verbrannt. Der Kopf war dem großen Gouverneur Kahoo-opeon übersandt worden, das Haar Maia-maia und die Beine, Schenkel und Arme Terreeoboo.[41] Diese Körperteile dienten als Trophäen und wurden nicht gegessen. Kopfjäger hatten schon vor langer Zeit entdeckt, daß man aus dem, was man selbst nicht essen darf, eine Trophäe macht.[42]

Wir, die wir öffentliche Hinrichtungen erst vor sehr kurzer Zeit abgeschafft haben, sollten uns darüber klar werden, wie sehr uns noch das psychologische Mandat anhängt, das zu Menschenopfern führt. Die große öffentliche Auseinandersetzung um die Frage der Todesstrafe in den USA ist nichts anderes als eine Diskussion darüber, ob wir dieses Überbleibsel der rituellen Menschentötung aufgeben sollen oder nicht.

Unsere Kultur, unsere Wertvorstellungen und unser Rechtssystem stammen aus England, das früher ebenfalls «einer der dunklen Orte dieser Erde gewesen ist».[43] Zu Beginn des 14. Jahrhunderts machte König Edward II. Sir Hugh Despenser zu seinem Geliebten. Sir Hugh beherrschte nicht nur den König, sondern tyrannisierte auch einen großen Teil des Adels. Als die Adligen von dem König und dessen Favoriten genug hatten, erhoben sie sich und stürzten den Monarchen vom Thron. Despenser wurde zur Hinrichtung bestimmt:

> Nach dem Fest wurde dieser selbe Sir Hugh, der in diesen Kreisen nicht geliebt wurde, vor die Königin und den versammelten Adel gebracht. Man hatte alle seine Untaten aufgeschrieben und las sie ihm jetzt vor, aber er hatte nichts zu entgegnen. So verurteilten ihn die Barone einstimmig, und anschließend wurde die Strafe vollstreckt. Zunächst schleppte man ihn unter dem Klang von Hörnern und Trompeten auf einem Gestell durch alle Straßen Herefords, bis er den Marktplatz der Stadt erreichte, wo sich alle Menschen versammelt hatten. Dann band man ihn an eine lange Leiter, so daß ihn jeder sehen konnte. Man hatte auf dem Platz ein großes Feuer entzündet. Nachdem man ihn festgebunden hatte, wurden zunächst sein Glied und seine Hoden abgeschnitten, weil er ein Häretiker

und ein Sodomit war, und das, so hieß es, sogar mit dem König... Nachdem man ihm die Geschlechtsteile abgeschnitten hatte, warf man sie ins Feuer, und danach wurde ihm das Herz aus dem Körper gerissen und ins Feuer geworfen, weil er ein Verräter mit einem falschen Herzen war, der durch seinen trügerischen Ratschlag und seine Eingebungen den König dazu gebracht hatte, Schande und Unglück über das Königreich zu bringen und die größten Lords Englands zu köpfen...

Nachdem Sir Hugh Despenser in der beschriebenen Weise zerschnitten worden war, wurde sein Kopf abgeschlagen und nach London geschickt. Seinen Körper zerteilte man in vier Teile, die in die nach London vier wichtigsten Städte Englands geschickt wurden.[44]

Froissart sagt uns nicht, was mit diesen Körpervierteln geschehen ist. Wir dürfen davon ausgehen, daß sie im England des 14. Jahrhunderts nicht aufgegessen wurden. Ziel der Verteilung war es, andere am Vergnügen der Rache an Sir Hugh teilhaben zu lassen, so daß alle Teile des Landes den Geschmack der Rache kosten konnten (wenn auch nur symbolisch).

Ich erzähle diese Geschichte vom Ende Hugh Despensers nicht, um zu demonstrieren, daß in moralischer oder entwicklungsmäßiger Hinsicht zwischen dem alten Polynesien und dem mittelalterlichen England kein Unterschied bestanden hätte. Eine Gesellschaft insgesamt kann nicht an *einem* abscheulichen Akt öffentlicher Gewalt gemessen werden, so wie man auch nicht den Schluß ziehen darf – obwohl viele das getan haben –, die Erfahrung der Nazizeit habe bewiesen, daß die gesamte westliche Kultur potentiell wahnsinnig sei. Die englische Gesellschaft des 14. Jahrhunderts muß in ihrer Gesamtheit betrachtet werden, bevor man sagen kann, was dieser bestimmte Vorgang bedeutet hat. Diese Vorfälle werden hier in erster Linie vorgestellt, weil die Behandlung des toten Körpers eine bemerkenswerte Ähnlichkeit mit Vorfällen in Polynesien aufweist und offensichtlich aus den gleichen psychologischen Motiven heraus erfolgt ist. Zweitens ist es bemerkenswert, daß ein ‹zivilisiertes› Land das psychologische Bedürfnis nach Menschenopfern und dessen rituelle Formen so intakt bewahrt hat. Das sollten wir zum Anlaß nehmen zu fragen, ob wir diese Einstellung gegenüber dem feindseligen Kosmos nicht auch in unserer Gesellschaft fortführen, wenn auch eher versteckt, aber dennoch nicht weniger signifikant.

Kehren wir jedoch zu den komplexen Gesellschaften zurück: Es ist wichtig zu unterstreichen, wie eng die rituelle Menschentötung mit dem Königtum zusammenhing. Fast alle Menschenopfer betrafen entweder den König – seine Krönung, seine Gesundheit, seinen Tod – oder wurden von ihm selbst oder mit seiner Billigung angeordnet. In Dahomey beispielsweise war ausdrücklich festgelegt, daß jeder, der einen Menschen ohne Autorisierung durch den Monarchen opferte, dem Ritus selbst zum Opfer fallen mußte.[45]

Da die Könige es in der Hand hatten, Menschenopfer anzuordnen, und im Fall Tahitis sogar verfügen konnten, daß der Leichnam symbolisch aufgegessen wurde, wurden sie in fortgeschrittenen komplexen Gesellschaften gottgleich. Diese gottgleiche Macht war eine der Grundlagen des Königtums. «Das Menschenopfer war in Wahrheit eine so machtvolle Funktion, für die Autorität von Häuptlingen (Königen) offensichtlich so *notwendig,* daß einige Häuptlinge (Könige), die von Europäern gedrängt wurden, diese Praxis aufzugeben, ausriefen: ‹Wenn wir das tun, wird es keine Häuptlinge mehr geben.›»[46]

Mächtige anthropomorphe Götter und allmächtige Könige sind sowohl Erfindungen des menschlichen Geistes wie gemeinsame Produkte des komplexen Zeitalters. Wenn wir von einem allmächtigen König lesen, neigen wir dazu, ihn als ‹gottgleich› zu beschreiben. In fortgeschrittenen komplexen Gesellschaften könnte man mächtige Götter mit dem gleichen Recht als ‹königsgleich› bezeichnen. Die Menschen haben nicht erst die Götter und dann die Monarchen als eine Imitation der Götter erfunden. Die Erschaffung mächtiger Könige wie auch mächtiger Gottheiten war das Ergebnis einer grundlegenderen Erfindung – nämlich dieser Art Macht überhaupt. In der primitiven Gesellschaft hatte kein Mensch oder übernatürliches Wesen die Art Macht, wie sie der Gott Mukasa oder Kabaka Mutesa besaßen. Politische und religiöse Allmacht wurden erst im Zustand der fortgeschrittenen komplexen Gesellschaft zu einem Ideal; in der primitiven Gesellschaft war sie dagegen unvorstellbar. In unserer heutigen Gesellschaft scheint ein verzweifelter Kampf mit dem Ziel stattzufinden, das Ideal der Allmacht aufzugeben und durch eine Weltsicht zu ersetzen, in der zwar die Macht noch einen Platz hat, aber nicht die Allmacht.[47]

In fortgeschrittenen komplexen Gesellschaften scheint die Fähigkeit, einen anderen Menschen rituell zu töten, unglücklicherweise ein notwendiges Attribut und eine unwiderlegliche Bestätigung der höchsten Macht zu sein. Wir wissen nicht genau, warum das so gewesen ist. Diese Vollmacht zum Töten scheint eng mit der Zerstörung und dem Zusammenbruch des Sippensystems verknüpft gewesen zu sein, und es wird nützlich sein, nach einer Erörterung dieser Revolution zu der Frage der Notwendigkeit ritueller Menschentötung zurückzukehren. Es scheint auch einigermaßen sicher zu sein, daß der Ritus des Menschenopfers der letzte Schritt eines langen Prozesses war, der in der primitiven Gesellschaft begann und erst mit der Entstehung der archaischen Zivilisation zu Ende ging: nämlich mit der endgültigen Ablehnung des Kannibalismus.

Der Verzicht auf Kannibalismus

Die symbolischen Bedeutungen des Rituals von Menschenopfern hatten sicherlich etwas mit dem Essen zu tun. In archaischen Zivilisationen wurden rituelle Menschentötungen aufgegeben und durch Tieropfer ersetzt. Die zentralen religiösen Rituale der alten Griechen, Römer, Israeliten und Babylonier schlossen das Töten und in fast allen Fällen auch den Verzehr eines Tiers ein. In Aischylos' *Agamemnon* wirft der Chor Agamemnon vor, statt des üblichen Tiers seine Tochter geopfert zu haben. Der Chor betont das Entsetzliche einer solchen Tat, indem er das Opfer als «ruchlos-widergesetzlich» bezeichnet.[48] *Alles* Opfern hat mit dem Essen zu tun. Sogar die Opferung Christi nehmen wir nicht einfach hin, ohne beim Abendmahl symbolisch von seinem Leib zu kosten.

Viele der sakralen Opfer in fortgeschrittenen komplexen Gesellschaften waren entweder Kriegsgefangene, die man für diesen Zweck aufgespart hatte, oder tote feindliche Krieger, deren Leichen man zum Tempel brachte, um sie dort dem Kriegsgott zu weihen. Kannibalistische Völker dagegen *aßen* die Leichen ihrer toten Feinde. Wenn ein tahitianischer Feldherr den Leichnam eines Feindes zum Tempel bringt, um ihn dem Kriegsgott Oro zu weihen, sagen wir, er praktiziere ein Menschenopfer. Aber was gibt er dafür auf? Der Leichnam hat für ihn keinen Wert, es sei denn als Nahrung, und es ist exakt das Vergnügen, Menschenfleisch zu essen, auf das er verzichtet.

Statt der Menschen ißt Gott. Der Gott ißt, damit die Menschen das Essen von Menschenfleisch aufgeben. Als die großen jüdischen Moralisten die Menschen drängten, der Rache abzuschwören, wollten sie damit nicht die Rache aus der Welt schaffen. Statt dessen versuchten sie, die Menschen zugunsten des Gottes auf die Rache verzichten zu lassen. «Die Rache ist mein», spricht der Herr. Sigmund Freud schreibt: «An der Entwicklung der alten Religionen glaubt man zu erkennen, daß vieles, worauf der Mensch als ‹Frevel› verzichtet hatte, dem Gotte abgetreten und noch im Namen des Gottes erlaubt war, so daß die Überlassung an die Gottheit der Weg war, auf welchem sich der Mensch von der Herrschaft böser, sozialschädlicher Triebe befreite.»[49] Das Menschenopfer war ein Mittel, mit dem sich die Menschheit vom Kannibalismus befreite.

Diese Sequenz Kannibalismus–Menschenopfer–Tieropfer kann uns also etwas darüber verraten, wann im Verlauf der kulturellen Entwicklung jedes einzelne Ritual aufgegeben wird. Das Menschenopfer, das Mittel zur Ablehnung des Kannibalismus, wird selbst abgelehnt, wenn es keine reale Möglichkeit zur Menschenfresserei mehr gibt. Die Menschen wenden sich dem Tieropfer zu, wenn sie sicher sind, nie mehr in den Kannibalismus regredieren zu können, und das Tieropfer geben sie auf, wenn klar ist, daß sie das Menschenopfer für immer aufgegeben haben.

Es ist schwer zu erkennen, wie die optimistische, moralisch-entwicklungsmäßige Ansicht, daß die Menschheit primitivere Formen der Aggressionsbefriedigung nach und nach aufgebe, sich mit der anderen Einsicht in Einklang bringen läßt, daß unser demokratisches Staatssystem die absolute Notwendigkeit von Menschenopfern aufrechterhalte. Im US-amerikanischen Präsidentschaftswahlkampf von 1980 begann ein führender Kandidat bei den Vorwahlkämpfen um dieses mächtige Amt, sich öffentlich zu brüsten, wie man einen Atomkrieg mit der Sowjetunion ‹gewinnen› könne. Wenn man einen solchen Mann fragte, ob er einen Sklaven kaufen und töten würde, um seinen Wahlsieg zu sichern, würde er einen ansehen, als sei man nicht bei Trost, und dennoch schien dieser Mann bereit zu sein, mehr als die Hälfte der Weltbevölkerung für den ‹Sieg› zu opfern. Nur wenige Leute protestierten öffentlich und erklärten, *er* sei verrückt. Wir sind sowohl mehr als auch weniger, als wir zu sein scheinen. Wir sind sowohl wunderbarer als auch schrecklicher, als unser bewußter, rationaler Geist anzuerkennen bereit ist. Nachdem wir dem Menschenopfer abgeschworen haben, praktizieren wir es in einer subtileren, verborgeneren Weise weiter. Man kann unser Menschsein mit diesem großen Widerspruch umschreiben.

14

. . . in dem solche Menschen leben!

Dick fällt der Regen auf die Fläche des Meeres,
Es sind keine Regentropfen, sondern Tränen Oros.[1]

Die Völker komplexer Gesellschaften fanden große Freude daran, durch die Verwendung von Zahlen und Etablierung von Daseinskategorien der Welt eine symbolische Ordnung aufzuerlegen. Wie wir empfanden sie ein Bedürfnis danach, die Fragen ‹Wie groß?›, ‹Wie viele?› zu stellen, und fanden auch Vergnügen daran, sie zu beantworten. In Hawaii und Tonga vermaßen die Menschen Cooks Schiff, wobei einige ihre Arme ausstreckten und überlegten, wie viele Armlängen das Schiff in Länge und Breite wohl messen würde, während andere sogar ein Maßband benutzten, um ihre Berechnungen anzustellen.[2] Die Baganda hatten Freude am Zählen, und in den frühen Tagen ihres Kontakts mit der westlichen Kultur zählten sie als erstes immer die Seiten, wenn sie ein Buch in die Hand bekamen. Ihr *mweso*-Spiel verlangte eine beträchtliche Fähigkeit, mit Zahlen umzugehen.[3] Sowohl Buganda wie Polynesien verfügten über einfache Zahlensysteme, die über die Hunderttausende hinausgingen.

Wie wir gesehen haben, liebten es die Baganda, ihren hierarchischen Rängen Namen zu geben. Das Amt des ersten Assistenten eines Provinzgouverneurs hatte einen Namen, ebenso das des zweiten, dritten und vierten. Sogar die Frauen eines polygamen Mannes hatten Namen, die auf ihre Position hinwiesen: Die erste hieß *kaddulu-bale*, die zweite *kabejja* und die dritte *nassaza*.[4] Hier wie in so vielem anderen neigte die schöpferische Phantasie der Polynesier mehr zur Abstraktion und weniger zu Politik und Hierarchie. Die Hawaiianer hatten den Raum eingeteilt und den Unterteilungen Namen gegeben. Das, was wir direkt über unserem Kopf sehen, ‹wenn wir aufrecht stehen›, nannte man *luna-ae*; *luna-aku* war der Raum darüber; dann kam als nächstes *luna-loa-aku*; es folgten *luna-lilo-aku*, *luna-lilo-loa*, und das Firmament, an dem die Wolken dahinschwebten, hieß *luna-o-ke-oa*; darüber befanden sich die drei Schichten des festen Himmels, *ke-ao-ule*, *la-lani-ul* und *ka-lani-paa*.[5]

In beiden Kulturen gab es ein hochentwickeltes System zur Bestimmung von Tag, Monat und Jahr. Die Himmelsbahn des Mondes bestimmte den Monat; jeder Monat des Jahres hatte einen Namen, und jeder Tag des Monats hatte seine Bezeichnung, die normalerweise mit der jeweiligen Mondphase zusammenhing.[6] In Polynesien hatte man erkannt, daß das Mondjahr nicht mit dem Kalenderjahr identisch ist, das man durch die alljährliche Wiederkehr bestimmter Konstellationen bestimmte. Bei den Polynesiern begann jedes Jahr mit dem Aufgang der Plejaden bei Sonnenuntergang, etwa um den zwanzigsten November herum. In Hawaii war dies der Anfang des ersten Monats, Makalii.

Zwölf Monde sind immer weniger als ein Jahr. Diese Diskrepanz zwischen Mond- und Kalenderjahr wurde von vielen alten Völkern dadurch ausgeglichen, daß sie etwa alle drei Jahre einen dreizehnten Monat hinzufügten. Wir wissen nicht, wie exakt diese Berechnungen in Hawaii und Tahiti gewesen sind; aber das polynesische Volk der Manihiki auf den Cook-Inseln hatte einen Zyklus von neunzehn Jahren, bei dem in den Jahren Drei, Fünf, Acht, Elf, Dreizehn, Sechzehn und Neunzehn ein dreizehnter Lunar-Monat hinzugefügt wurde.[7]

Heute hat es den Anschein, als wäre ein Teil der wissenschaftlichen Informationen, die den archaischen Zivilisationen wie Ägypten und Babylonien zur Verfügung standen, nicht unbedingt von diesen Gesellschaften erfunden worden, als wären sie möglicherweise ein Erbe aus dem fortgeschrittenen komplexen Stadium. Unsere Geschichtsschreibung geht davon aus, daß die Ägypter der frühen Dynastien oder die Sumerer den Kalender erfunden haben, weil wir ihm in diesen Gesellschaften zum erstenmal begegnen. Da jedoch auch die alten Polynesier und Baganda einen einigermaßen genauen Kalender entwickelt hatten, darf man davon ausgehen, daß die dem dynastischen Ägypten und dem großen Stadtstaat Babylonien vorausgehenden Kulturen zu der gleichen Leistung fähig gewesen sind.

Wer von uns noch immer ehrfürchtig die Fähigkeit der Menschen bestaunt, eine Schriftsprache zu entwickeln, kann sich meist nur schwer vorstellen, daß die komplexen Gesellschaften all das, was sie geleistet haben, ohne diese besondere Errungenschaft geschafft haben. Warum man den Beginn der Schriftsprache mit dem Beginn der ‹Zivilisation› gleichsetzt, warum die Erfindung der Schrift zur großen Grenzscheide geworden ist, während die Entdeckung von Wissenschaft, Recht, Staat, Medizin und Dichtkunst nicht dafür gehalten werden, mag zwar ein wichtiges Studiengebiet sein, steht hier aber nicht nur Debatte. In der Beziehung des Menschen zum Schreiben und Lesen muß etwas sein, was uns dazu gebracht hat, diesen Fähigkeiten gottgleiche Qualitäten zuzuschreiben, wenn wir an die geschichtliche Entwicklung denken.

Die besondere Bedeutung, die dem Schreiben beigemessen wird, berücksichtigt nicht die Möglichkeiten der mündlichen Kommunikation oder etwa den Einfallsreichtum von Steuereinnehmern auf der ganzen Welt. Durch mündliche Überlieferung läßt sich ein ungeheures Wissen von einer Generation auf die nächste vererben. Wie wir gesehen haben, verfügten auch Kulturen ohne Schriftsprache über Schulen, Lehrer, Schüler, Lehrpläne, Abschlußprüfungen sowie Spezialisten auf verschiedenen Wissensgebieten. Die Eintreibung von Steuern setzt die Fähigkeit zur Speicherung großer Informationsmengen voraus, was ohne Schrift schwierig ist. Aus den ersten entzifferten Schrifttafeln Griechenlands und den frühesten sumerischen Quellen geht hervor, daß der Empfang von Steuergeldern und die Ausstellung von Quittungen dafür der erste große Ansporn zur Entwicklung einer Schriftsprache gewesen sein müssen. Auf der Hawaii-Insel Kauai wurden Steuerinformationen hauptsächlich von nur einem Mann auf einer siebenhundertfünfundsiebzig Meter langen Leine gespeichert. Auf dieser Leine hatte jeder Bezirk seinen Platz, und es fanden sich sogar Hinweise auf jeden einzelnen Steuerzahler. «Knoten, Ösen und Büschel von verschiedener Gestalt, Größe und Farbe» erleichterten die Unterscheidung zwischen Bezirken und Einzelpersonen; daneben ließen sie aber auch erkennen, auf welche Weise die Steuer bezahlt wurde, ob nun in Gestalt von Schweinen, Hunden, Sandelholz, Taro-Wurzeln oder sonstwie.[8]

In Buganda behalfen sich die Menschen mit einem System geflochtener Knoten aus Bananenfasern, um die einzelnen Tage des Monats auseinanderzuhalten.[9] Der Eintreibung von Steuern in diesem Land ging in jedem Unterdistrikt eine Volkszählung voraus, bei der dem Steuereinnehmer für jedes Haus eine Porzellanschnecke gebracht wurde. Nachdem man die Zahl der Haushalte festgestellt und das gesamte Steueraufkommen berechnet hatte, machten sich die Steuereinnehmer an die Arbeit.[10] Obwohl die Baganda noch immer mit Gütern handelten und damit ihre Steuern bezahlten, war es ihnen gelungen, von anderen Völkern eine angemessene, stabile Form des Geldes zu übernehmen. Porzellanschnecken waren das Tauschmittel, und mit der Zahl von Porzellanschnecken konnten sie den Preis einer Kuh, eines Sklaven oder einer Hacke festsetzen.[11]

Die Beobachtung der Gestirne führte zur Entwicklung der Astronomie. So wissen wir etwa, daß die Hawaiianer mühelos zwischen Planeten und Fixsternen unterscheiden konnten.[12] Sie nutzten dieses Wissen unter anderem bei der Astrologie, diesem leichtgewichtigeren Bruder der Astronomie. Die Kunst der Wahrsagerei fand sich in fortgeschrittenen komplexen Gesellschaften in genauso vielfältiger Form wie in archaischen Zivilisationen. Den Hawaiianern gab die Stellung der Planeten zu den Fixsternen einen Hinweis auf den Erfolg eines geplanten Unternehmens oder auf den Ausgang einer Schlacht und konnte sogar den Tod eines hohen Beamten ankündigen.[13]

Polynesische Seefahrer wußten, daß die Fixsterne von einem bestimmten Punkt am östlichen Horizont aufgehen, einer vorgegebenen Bahn am Himmel folgen, an einem bestimmten Punkt am westlichen Horizont untergehen und am nächsten Abend genau die gleiche Bahn beschreiben.

Den Verlauf der Sterne am Himmel, der durch die Punkte von Aufgang und Untergang begrenzt wird, nannte man *rua* oder ‹Grube› des jeweiligen Sterns. Die Seefahrer wußten, welche Sterne zu jeder einzelnen Grube gehörten, kannten den Verlauf vieler Sterne und konnten mindestens hundertfünfzig Sterne einzeln beim Namen nennen.[14] Die Polynesier wußten, daß der Mond Ebbe und Flut beeinflußt, und bestimmten durch Beobachtung des Mondes den Stand der Tide.[15]

Eines der ersten Bücher, die im frühen 19. Jahrhundert in hawaiischer Sprache erschienen, enthält einige Seiten über die Grundlagen der Astronomie, unter anderem auch die Erkenntnis, daß die Erde sphärisch ist. Diese Behauptung stieß auf ernsthaften Widerstand, aber der Astrologe Hoapili bemerkte: «Halt, verurteilt die fremde Theorie nicht zu vorschnell. Sehen wir sie uns an. Folgendes habe ich schon immer gesehen. Wenn ich weit draußen auf dem Meer bin, um zu fischen, verliere ich erst den Strand aus den Augen, dann die Häuser und Bäume, dann die Hügel und zuletzt die hohen Berge. Bei der Rückkehr tauchen als erste Objekte die hohen Berge auf, dann die Hügel, dann die Bäume und Häuser und zuletzt der Strand. Ich glaube also, daß diese Ausländer recht haben und daß die Erde rund ist.»[16]

Die Beobachtung der im Universum herrschenden Ordnung ist nicht nur für Astronomie und Wissenschaft von praktischem Nutzen; die Regelmäßigkeit und Gewißheit von Ebbe und Flut des Jahres ist die Grundlage einer der großen Metaphern der Welt. Die Menschen, deren Leben am engsten mit Metaphern zu tun hatte – Priester und Dichter –, haben sich der vorhersehbaren Ordnung gegenüber, der Zeit zum Säen und zum Ernten, enorm aufgeschlossen gezeigt. Ordnung ist ein Schutz vor Chaos und Panik; kein Volk macht einen Entwicklungsschritt, bevor es nicht gelernt hat, neue Mittel zum Schutz vor Unordnung und Angst zu entwickeln. Am ersten Abend des ersten Monats im neuen Jahr, der immer der erste Abend des Neumonds war, ließ der König der Hawaii-Inseln vor dem Tempel ein Signal aufstellen, daß das alte Jahr vergangen sei. Am Abend fand vor dem Tempel die Neujahrsfeier statt. Die Menschen hatten sich in zwei Reihen angeordnet; ein Priester mit einem Zweig des *ieie*-Farns in der Hand erhob sich und sagte: «‹Meine Brüder, es ist alles gut; wir sind sicher.›» Dann standen alle auf, «von vorn bis hinten, und ließen laute Freudenrufe hören».[17]

Eine tahitianische Schöpfungsgeschichte

Alles war Dunkelheit, es war beständige, dicke Dunkelheit.
Rumia (Umgestürzt) war der Name dieses Gehäuses von Ta'aroa.
　　Ta'aroa war ganz allein in seinem Gehäuse. Er hatte keinen
Vater, keine Mutter, keinen älteren Bruder, keine Schwester.

Es gab keine Menschen, keine wilden Tiere, keine Vögel, keine Hunde. Aber es gab Ta'aroa, und ihn allein.

Es gab Himmelsraum, es gab Land, es gab den Ozean, es gab Süßwasser.

Aber schließlich gab Ta'aroa seinem Gehäuse einen Stoß, was ein Knacken auslöste, ähnlich dem, wenn man eine Ameise knackt. Dann schlüpfte er hinaus und stand auf seinem Gehäuse, und er blickte auf sein Gehäuse und schaute und entdeckte, daß er allein war. Es gab keinen Laut, alles war Dunkelheit draußen.

Und er rief: «Wer ist da oben, oh?» Keine Stimme. «Wer ist da unten, oh?» Keine Stimme! «Wer ist da drüben, oh?» Keine Stimme. «Wer ist da hinten, oh?» Keine Stimme! Es gab das Echo seiner eigenen Stimme, und das war alles.

Und Ta'aroa rief aus: «Oh, Raum für den Himmel, oh, Raum für Himmelskörper, oh, Raum für Land, der sich hoch in die Höhe und tief nach unten erstreckt!» Dann schwamm er in dem Raum ohne Land. Er schwamm nach oben, weit nach oben und nach unten, weit nach unten; und dann kehrte er in seinem Gehäuse nach Tumu-iti (Kleine Siedlung) in Fa'a-iti (Kleines Tal) zurück, und dort wohnte er in strenger Abgeschiedenheit und dicker Dunkelheit.

Schließlich wurde Ta'aroa jenes Gehäuses überdrüssig, und so schlüpfte er aus einem neuen Gehäuse heraus und stand draußen auf dem alten Gehäuse, (das den Namen) Rumia trug.

Und aus diesem neuen Gehäuse erschuf er die Welt, die Felsschichten und den Erdboden für die Welt. Und Rumia, das Gehäuse, das er zuerst öffnete, wurde zu seinem Haus, zum Himmelsgewölbe der Götter, das ein endlicher Himmel war, der die Welt umschloß, die sich damals bildete.

Dann wohnte Ta'aroa in dem endlichen Himmel in völliger Dunkelheit und wußte nichts von Licht außerhalb, und so wurde er ein junger Mann. Aber dies waren die Personen in ihm, Gedächtnis, Gedanke, standhafter Blick und Beobachtung; diese Menschen kannten das Land. Wer gab dem Jungen seinen Namen Ta'aroa? Er gab ihn sich selbst, Ta'aroa.

Er wuchs heran und wurde erwachsen; aber wie groß war Ta'aroa! Was für Götter waren all die anderen? Sie waren nur geringere, abhängigere Götter!

Durch Ta'aroa existierten alle Dinge. Der Sturm, der Regen, das Meer, sie alle waren in der Mulde seiner Hand.

Aus dem großen Sockel der Erde machte Ta'aroa den Ehemann, und die Felsschichten wurden zur Ehefrau. Haruru-papa (widerhallender Felsen) war der Name dieses Sockels, und er blies ihm seinen Odem ein, der die Essenz seiner selbst war, und gab ihm den Namen Ta'aroa-nui-tumu-tahi (Großer, einzigartiger Sockel). Ta'aroa huldigte Tumu-nui (dem Großen Sockel) als dem König, aber Tumi-iti huldigte ihm als dem König ohne Land.

Und Ta'aroa sagte: «Oh, Tumu-nui, krieche als Ehemann hierher, um diese Frau Papa-raharaha (Felsschicht) zu heiraten.» Als Tumu-nui antwortete, hatte er eine hörbare Stimme: «Ich werde nicht hinüberkriechen, ich bin der Grundstein der Welt.»

Darauf sagte Ta'aroa: «Oh, Papa-ra-ha-raha, krieche hierher, um diesen Mann zu ehelichen, Tumu-nui.» Als der Fels antwortete, hatte er eine wirkliche Stimme: «Ich werde nicht hinüberkriechen, ich bin die Felsschicht für die Erde.»

Weder der eine noch der andere bewegte sich von der Stelle.

Ta'aroa lebte lange Zeit innerhalb des endlichen Himmels (namens) Rumia; er zauberte Götter hervor, und sie wurden ihm in Dunkelheit geboren. Aus diesem Grund hieß der Himmel der Himmel der Götter.

Wenn Ta'aroa in seinem Himmel stand und das Gesicht wandte, um die Dunkelheit zu rufen, dann tat er es, um Götter zu erschaffen. Der Mensch wurde erst viel später erschaffen. Als Ta'aroa den Menschen erschuf, war Tû bei ihm.[18]

Obwohl man die medizinische Praxis in komplexen Gesellschaften nicht als ‹Wissenschaft› bezeichnen kann, ging sie weit über Magie und bloßes praktisches Heilen hinaus. Es hatten sich schon eine medizinische Art zu denken etabliert, ein Vertrauen darauf, daß medizinische Beschwörung wertvoll sein konnte, sowie ein Wunsch, die ärztliche Kunst auf tatsächliche Gegebenheiten zu stützen und nicht auf magisches Wunschdenken. Die Medizin war also dabei, zur Wissenschaft zu werden.

Sowohl in Buganda wie in Polynesien konnte man gebrochene Knochen zusammensetzen und schienen, sogar bei komplizierten Brüchen. Ellis berichtet (obwohl wir den Wahrheitsgehalt seiner Aussage nicht prüfen können), daß es auf den Gesellschaftsinseln erfolgreiche Schädelöffnungen gab, wenn Männer in der Schlacht verwundet worden waren, wobei man die Schale einer Kokosnuß als Ersatz für gebrochene Schädelknochen verwendete. «Es wird berichtet, daß auf der Insel Borabora Menschen leben, bei denen diese Operation durchgeführt worden ist...»[19] Solche Operationen dürften nicht unmöglich gewesen sein; denn wir wissen von beiden Kulturen, daß sie in der Lage waren, Wunden zu vernähen und so zu heilen.

Auf Hawaii waren Symptomatologie und die Klassifikation von Krankheiten höher entwickelt. Aus Legenden wissen wir von zwei großen Ärzten, Vater und Sohn, die mit der Praxis der Leichenöffnung begannen, um festzustellen, woran der Betreffende gestorben war. Der Vater, Puheke, hatte seinen Sohn Palaha angewiesen, nach seinem, Puhekes Tod, genau das zu tun. In dem Priester-Medizinmannorden der *kahuna kapaʼau* wurde Palaha ein berühmter Mann.[20]

Die Behandlung von Krankheiten wurde in Hawaii mit Hilfe der ‹Kieselsteintafel› gelehrt. Man arrangierte Hunderte von Kieselsteinen auf der Erde zur Gestalt eines Mannes. Die Schüler saßen um diese Figur herum, während der Lehrer, der an den Füßen begann und langsam bis zum Kopf vorging, seinen Schülern den Namen – und die Therapie – von fast eintausend Krankheiten beibrachte, die den Körper heimsuchen konnten. Einige dieser ‹Krankheiten› waren bloße Symptombeschreibungen: «ein Wulst... eine Schwellung... ein unbeweglicher Wulst... schwere Krämpfe... trübe Absonderungen...» Wir sollten jedoch nicht vergessen, daß auch in Europa die sogenannte Medizin bis zum 17. Jahrhundert nur in der Beschreibung und der eher zufälligen Behandlung erkennbarer Symptome bestand. Der medizinische Unterricht auf Hawaii ging jedoch über die Verwendung der Kieselsteintafel hinaus: «Dann brachte der Lehrer einen Mann herein, der an vielen Gebrechen litt, und rief seine Schüler nacheinander herein, damit sie die Krankheiten ‹ertasten› konnten, was man *haha* nannte. Wenn die Diagnose *(ike haha)* der Diagnose des Lehrers entsprach, dann wußte dieser, daß der Schüler vom *haha* Kenntnis hatte.»[21]

Es ist tröstlich zu erfahren, daß unsere ambivalente Einstellung zu Ärzten schon in der komplexen Gesellschaft vorhanden war. Es hat den Anschein, als hätten Ärzte *schon immer* zuviel Geld verdient. Manche hatten das Gefühl, daß man die Angehörigen der medizinischen Zunft in Schutz nehmen mußte: «Manche von ihnen versuchten vielleicht, durch Täuschung und durch Lügen zu Reichtum zu kommen, aber es gab auch andere, die es nicht taten; sie hatten wirklich medizinisches Wissen und heilten viele Menschen.»[22]

In psychologischer Hinsicht hat die Wissenschaft den großen Vorteil, daß die Menschen das Gefühl haben, die Dinge unter Kontrolle zu haben, obwohl das nicht der Fall zu sein braucht. Ärzte sind nicht nur deshalb wertvoll, weil sie Krankheiten heilen und das Leben erhalten können, sondern auch, weil sie den Menschen das Gefühl geben, daß da jemand ist, der in einer bedrohlichen Situation etwas unternehmen kann. Angesichts von Hilflosigkeit oder Panik besteht die gesunde Reaktion darin, daß man etwas unternimmt. Menschen in einer medizinisch hoffnungslosen Lage werden zu falschen Medikamenten oder zu Wunderheilern greifen und sich besser fühlen, weil sie aktiv gegen die Bedrohung angehen, obwohl ihr Verstand vielleicht weiß, daß nichts mehr helfen wird. Daß unsere Wissenschaft und unsere Technologie uns ein Gefühl der Kontrolle vermitteln, läßt sich leicht bei der Panik beobachten, die unweigerlich ausbricht, wenn die Technik versagt. So erzeugt etwa ein vorübergehender Stromausfall immer ein irrationales Gefühl großer Gefahr, das sich sofort einstellt, obwohl es in keinem Verhältnis zu den wirklichen Konsequenzen steht. Die Wissenschaft entwickelt sich nicht automatisch; bevor eine Wissenschaft sich entwickeln kann, müssen die Menschen oder eine Gesellschaft den Wunsch nach Kontrolle haben. Was den ersten Besuchern Bugandas und Polynesiens ebenso auffiel wie dem Leser ihrer Berichte, ist das Vergnügen, das die Baganda und die Polynesier auf Gebieten fanden, auf denen sie ein Gefühl der Kontrolle geschaffen hatten, ob nun in der Politik, in der Technik, bei Spielen oder in der Kunst. In der Kunst geht es ebensosehr um Ordnung wie in der Wissenschaft, und die Bewohner komplexer Gesellschaften pflegten die Kunst zum Vergnügen und zum Vergnügen der Kontrolle. Wir tun das gleiche; ein Witz oder ein humorvoller Cartoon über einen furchterregenden Aspekt der weltpolitischen Situation verschafft uns vorübergehend Erleichterung. Das wird die Gefahr, es könnte zu einem Krieg, einer wirtschaftlichen Rezession oder einem politischen Chaos kommen, zwar nicht verringern; aber der Witz wird uns wenigstens vorübergehend das Gefühl geben, wir hätten die Lage in der Hand.

In komplexen Kulturen, in denen es weder Zeitungen noch Zeitschriften gab, wurden die jüngsten Neuigkeiten durch Lieder mit aktuellen Bezügen kommentiert, ebenso die neuesten Gefahren. So kam zur Regierungszeit Kabaka Mawandas die Syphilis nach Buganda. In Kriegen gegen Nachbarstämme wurden einige Frauen, die an der Krankheit litten, gefangengenommen. Sie steckten ihre Eroberer schnell an. Als der König beobachtete, daß die Hände seiner Krieger allmählich weiß wurden, erkundigte er sich nach dem Grund. Man sagte ihm, es liege an der neuen Krankheit. Er befahl seinen Musikern, dieses Lied zu singen:

> Wie kommt es, daß die Syphilis Hände weiß macht?
> Die Syphilis macht wegen ihrer Grausamkeit Hände
> weiß.
> Die Syphilis macht wegen ihrer Wildheit Hände weiß.[23]

Während der Regierungszeit von Kabaka Kamanya wurde das Nachbarland Busoga überfallen, was eine entsetzliche Hungersnot auslöste, bei der viele Menschen umkamen und Dinge aßen, auf die sie normalerweise verzichtet hätten. Die Trompeter des Königs komponierten nach der Rückkehr nach Buganda ein Lied:

> Als Bäume gegessen wurden, da sind wir.
> Es gibt nichts mehr, nur noch Hunger.[24]

Als Mutesa die neue Stadt Banda errichtete, ließ er viele seiner Untertanen ergreifen und als Opfer töten. Hinterher erzählten sich die Leute über einen der getöteten Männer: «Ich habe dem So-und-so gesagt, nicht auf die Straße zu gehen, aber er hat nicht auf mich gehört.» Der König, der davon erfuhr, freute sich über die Furcht, die er ausgelöst hatte, und befahl seinen Musikanten, dieses neue Lied zu singen:

> Ich habe euch gewarnt, aber ihr hörtet nicht auf mich.
> Jetzt hat der Löwe *(Mutesa)* euch verschlungen.[25]

In Hawaii und Tahiti waren solche Lieder mit aktuellen Bezügen nicht weniger häufig. Auf Tahiti stritten sich in den 1820er Jahren zwei Menschen darüber, ob Captain Bligh beim Anlegen in der Bucht von Papara vor fast vierzig Jahren seine Ankerboje verloren habe. Der Streit ging eine Zeitlang ohne Ergebnis weiter, bis derjenige, der den Verlust der Ankerboje vertrat, sich an die Ballade erinnerte, die seinen Standpunkt bestätigte.

> So ein Dieb, und Tareu, der auch ein Dieb war,
> stahlen ... die Boje von Bligh.[26]

Die anscheinend grenzenlose schöpferische Energie durchdrang auch das Gebiet des Sports. In Polynesien gehörten zu fast allen großen religiösen Festen, die inselweit oder in einem ganzen Bezirk stattfanden, wie etwa zu dem Erntedankfest von Makahiki auf Hawaii, auch Box- oder Ringkämpfe, die ein fester Bestandteil solcher Festlichkeiten waren.[27] Ein beim Erntedankfest von Makahiki beliebter Sport war das *holua* oder Schlittenfahren. Auf einem steilen Berghang wurde eine lange Bahn angelegt; erst kamen Felsbrocken, dann legte man Erde darüber, die festgetreten wurde, bis schließlich eine Schicht schlüpfrigen Grases aufgetragen wurde, so daß der Schlitten leicht dahingleiten konnte.[28] Die Schlitten erreichten eine solche Geschwindigkeit, und die Gefahr war so groß, daß die Teilnehmer den Sport als so aufregend empfanden wie ein Surfen an Land. Da die Art der Bahnen die Zahl der Teilnehmer beschränkte, wurde der Sport hauptsächlich von Aristokraten ausgeübt; aber die Zuschauermengen und die Zahl der Wetter, die auf den möglichen Gewinner setzten, waren sehr populär.

Bei den großen Ringkämpfen auf den Gesellschaftsinseln versammelten sich oft fünftausend Menschen auf einer großen Rasenfläche oder auf einem breiten Strandabschnitt. Jeder kleidete sich so schön und so bunt wie nur möglich. Die Luft vibrierte vor Farbe und Erregung. Nach einem Sturz beispielsweise: «Die eine Partei trommelte, tanzte und sang, voller Stolz über den Sieg und im Gefühl der Überlegenheit; während die andere Seite, um den Lärm und die Verwirrung noch zu steigern, sich beim

Lob der Leistung des Unterlegenen gleichermaßen lautstark äußerte oder weil sie dem Gegner des Unterlegenen vorhersagten, sein Triumph werde nur von kurzer Dauer sein.»[29]

Die Ringer eines Bezirks forderten die eines anderen heraus, und es kam vor, daß sich die gesamte Bevölkerung eines Königreichs zusammenfand, um sich das Ergebnis anzusehen. Es kam sogar zu großen Kämpfen zwischen Ringern von verschiedenen Inseln. Diese Wettkämpfe brachten es mit sich, daß der König seinen gesamten Hofstaat mitnehmen mußte, all seine Ringer sowie so viele Menschen, wie sich per Kanu transportieren ließen.

Die Wettkämpfe standen unter der Schirmherrschaft der Götter, und wenn wir lesen, wie sich die Athleten vor dem Kampf in den Tempel zurückzogen, eine Opfergabe darbrachten und um den Sieg flehten, werden wir an die Olympischen und andere Spiele im alten Griechenland erinnert.

Wenn, was oft vorkam, berühmte Ringer beide Seiten vertraten, wurden im vorhinein bestimmte Kämpfe verabredet. Sonst betraten sechs bis zehn Ringer jeder Seite einen Ring von etwa zehn Meter Durchmesser, wobei jeder Ringer nichts außer einem Lendenschurz anhatte und manche von ihnen Arme und Beine mit Öl eingerieben hatten. Die Aufforderung zum Kampf bestand darin, daß die an der Seite des Körpers gewölbte linke Hand kräftig mit der rechten Hand geschlagen wurde. Wenn die Hand den Körper traf, ertönte ein lauter, hohl klingender Laut. Wenn die Herausforderung angenommen worden war, begann der Kampf. Manchmal kämpften nur zwei Ringer, während die anderen zusahen; bei anderen Gelegenheiten kämpften mehrere Ringerpaare gleichzeitig.

Solange der Kampf andauerte, verhielten sich die Zuschauer totenstill. Sobald ein Sieg feststand, gab es einen aufgeregten Schrei, die Trommeln begannen zu sprechen, und die Frauen der Siegerseite sprangen auf und tanzten im Triumph über den gefallenen Ringer. Dessen Seite wiederum ließ das lauteste Geschrei hören, das sie aufbieten konnte, um den Triumph des Gegners zu schmälern. Wer den Gegner zu Fall gebracht hatte, war Sieger, und dazu war jedes Mittel erlaubt. Ellis kannte einen berühmten Ringer namens Mape, der zwar kräftig, aber nicht sehr groß war und sich eines Tages mit einem ungewöhnlich hochgewachsenen Mann im Ring befand. Sie begannen zu kämpfen und trennten sich dann wieder. Mape war klar, daß er mit der üblichen Taktik nicht weiterkommen würde, und ging daher wie beiläufig auf seinen Gegner zu, der die Arme ausstreckte, um wieder mit dem Kampf zu beginnen; dabei senkte er den Kopf, weil Mape deutlich kleiner war als er selbst. Mape stürzte sich auf den überraschten Ringer, rammte seinem nichtsahnenden Gegner den Scheitel gegen die Stirn und «legte ihn flach auf die Erde».

Es nahmen auch hochgestellte Persönlichkeiten an den Ringkämpfen teil. Selbst Frauen rangen, oft sogar gegen Männer: «Man hat gesehen, wie die Schwester der Königin bei einem Ringkampf fast die gleiche Kleidung trug wie die Ringer, daß sie ganz mit Sand bedeckt war und mit einem jungen Häuptling rang, in einem Ring, um den sich Tausende von Menschen versammelt hatten.»

Wenn die großen Kämpfe vorüber waren, kehrten die Ringer in die Tempel zurück und brachten den Göttern junge Bananenbäume dar. Die freudige Erregung wurde durch Rituale in Grenzen gehalten und erlaubte nur ein bestimmtes Maß von Aggressivität. So kehrten die Menschen mit Hilfe der Götter zum Alltag zurück.

Der normale Alltag war etwas für normale Leute. Für manche war es das wichtigste Lebensziel, ein Leben zu führen, das nichts Normales an sich hatte. Für heutige Amerikaner etwa ist das System der Aristokratie alles andere als erstrebenswert, so daß es kaum noch vorstellbar ist, daß die Idee eines aristokratischen Lebens auf einem bestimmten Entwicklungsstand der Gesellschaft eine fortschrittliche Kraft gewesen sein kann. Das aristokratische Leben wirkt in zwei Richtungen: Es hebt den einzelnen über die Masse hinaus und erlaubt es den Menschen, neue Verhaltensideale zu verwirklichen, aber es ist auch exklusiv – nur wenige können es führen. Balzac sagt: «In jedem Zeitalter hat der Adlige sein Bestes getan, um ein Leben zu erfinden, das nur er allein führen kann.»[30] Der Ausschluß der meisten Menschen von dem bestmöglichen Leben ist ein Akt der Tyrannei, aber die Erfindung eines solchen Lebens ist ein schöpferischer Akt.

In der primitiven Gesellschaft gab es keine Aristokratie. Die Erfindung eines aristokratischen Lebensstils – und der Ausschluß der meisten anderen Menschen von diesem Leben – ist eine Leistung der komplexen Gesellschaft. Im Verlauf dieses Buches werde ich die Frage zu beantworten versuchen, *warum* Menschen eine Aristokratie und das aristokratische Leben erfanden; aber wir werden die Antwort nicht einmal annähernd finden, wenn wir vorher nicht erkennen, daß in einem solchen symbolischen Verhalten auch ein befreiendes Element steckt. Man muß sich daran erinnern, daß die schwachbrüstigen Edelleute am Hof Ludwigs XIV. oder die Snobs der britischen Aristokratie die Institution des Adels erbten, als diese schon alt war, und darf auch nicht vergessen, was das Leben nach aristokratischen Idealen etwa für jemanden wie Odysseus bedeutete, als die Welt noch neu war – nämlich Höflichkeit, Respekt gegenüber Fremden, die Vervollkommnung des Körpers durch Leibesübungen, durch eherne Ehrengesetze, eine aufrichtige Neigung zu Musik und Dichtkunst, das Gefühl, daß jeder Edelmann an einem heroischen Leben teilhatte.

Eine der besten Beschreibungen des aristokratischen Lebens in einer fortgeschrittenen komplexen Gesellschaft, die wir kennen, stammt aus Ruanda. Dessen herrschende Klasse, die Tutsi, waren hochgewachsener und hellhäutiger als die von ihnen regierten Bürgerlichen. Es ist wahrscheinlich, aber noch nicht bewiesen, daß sie ein Eroberervolk waren, das irgendwann in der Vergangenheit ins Land gekommen war. Die Tutsi herrschten mit harter und tyrannischer Hand.

Alle jungen Tutsi wurden in den traditionellen Sportarten und den Tänzen unterrichtet, die einem Edelmann anstanden. Auf die Unterweisung in der Dichtkunst wurde große Mühe verwendet, und unter den Adligen herrschte ein harter Wettbewerb um die Anerkennung ihrer dichterischen Anstrengungen. Von allen wurde die Fähigkeit zu einer geistreichen und eloquenten Konversation erwartet. Die Techniken der Kriegskunst sowie militärischer Mut waren ein wesentlicher Bestandteil des Lehrplans.

Junge Tutsi wurden ständig daran erinnert, welches aristokratische Ideal sie anzustreben hatten. Dieses Ideal hatte drei Hauptbestandteile. *Ubutware* war der militärische Mut, die Bereitschaft, bei der Verteidigung des Adels und seiner Privilegien das eigene Leben einzusetzen. *Ubugabo* bezeichnete die männlichen Qualitäten: Vertrauenswürdigkeit, Großzügigkeit gegenüber Freunden, Wohltätigkeit gegen die Armen, Treue in allen persönlichen Beziehungen sowie die Bereitschaft, alle Verantwortlichkeiten auf sich zu nehmen. *Itonde* bedeutete Selbstbeherrschung: «Das Verhalten eines Tutsi sollte immer würdig, höflich, liebenswürdig und eine Spur herablassend sein.»[31] Jede intensive Gefühlsäußerung war verboten, vor allem Zorn. Cato der Ältere oder Scipio der Afrikaner hätten sich in der Tutsi-Gesellschaft vollkommen zu Hause gefühlt; man kann sogar erkennen, wie wenig sich die Ideale der Aristokratie im Verlauf der Zeiten geändert haben, vermutlich weil die Ziele des aristokratischen Lebens in den verschiedenen Gesellschaften sich kaum voneinander unterscheiden.

Die Tutsi waren in militärischen Gruppierungen organisiert, in denen auf Selbstbeherrschung der größte Wert gelegt wurde. Man machte sich über einzelne lustig und provozierte sie auf mancherlei Weise, um sie zum Zorn zu reizen, bis sie es gelernt hatten, ruhig und höflich zu bleiben, egal was ihnen widerfuhr.[32]

Ein durch die Klasse bestimmter Status beruht immer auf der Herkunft: Die Vorfahren bestimmen die gesellschaftliche Stellung. Jedoch ist die Genealogie nur ein Element der viel breiteren symbolischen Ordnung der Welt, die das Geschichtsbewußtsein vermittelt. Und das Geschichtsbewußtsein war in fortgeschrittenen komplexen Gesellschaften bemerkenswert hoch entwickelt.

Jede uns bekannte Gesellschaft hat eine symbolische Beziehung zur Vergangenheit. Es gibt keine Gesellschaft, in der sich nicht zumindest Spuren der Erinnerung an Vorfahren und Ahnen erhalten haben oder eine Erinnerung an jene, die vor uns waren und bestimmte Sitten, Gebräuche oder Werkzeuge entwickelten, ob diese nun mythischer Natur waren oder nicht. Es scheint ein allgemeines menschliches Bedürfnis nach einer Antwort auf die Frage zu geben: Woher kommen wir? Ein Geschichtsbewußtsein ist etwas anderes als dieses allgemeine Gefühl für die Vergangenheit, weil es die Eliminierung aller Mythen und Legenden zum Ziel hat. Die Völker der Erde haben es mit der Entwicklung dieses Geschichtsbewußtseins nicht eilig gehabt, und es hat sich erst nach und nach herausgebildet. Herodot, ‹der Vater der Geschichtsschreibung›, hat uns noch immer viele unglaubliche Geschichten zu erzählen.

Im alten Buganda begann eine Art Geschichtsbewußtsein über das Gefühl für die Vergangenheit zu herrschen, bevor es zu einem Kontakt mit entwickelteren Kulturen gekommen war. Die mündliche Überlieferung bewahrte das Andenken an die gewöhnlichen Ereignisse; sie bewahrte aber auch das Wissen darum, in welcher Regierungszeit eines bestimmten Königs bestimmte Provinzen von Buganda annektiert worden waren, wann der *kabaka* einem Clan ein bestimmtes Gouverneursamt entrissen und unter seine Schirmherrschaft gestellt hatte, wann bestimmte Ämter geschaffen worden waren und warum einige von ihnen bestimmten Clans zustanden, wann bestimmte Sitten und Gebräuche durch ein Edikt des Monarchen angeordnet worden waren.[33] Die Menschen lebten mit der Vergangenheit. Das Oberhaupt eines jeden Clans und auch die Oberhäupter jeder Unterabteilung des Clans übernahmen den Titel des ersten Amtsträgers. «Der Amtsinhaber sprach von vergangenen Ereignissen, als wäre er dabeigewesen, und identifizierte sich so sehr mit dem ursprünglichen Amtsinhaber, daß er sich selbst als Anführer einer Expedition bezeichnete, die vor hundert Jahren stattgefunden hatte, oder als den Vater von Personen, die schon seit langem tot waren.»[34]

Mutesa, so besagte die mündliche Überlieferung, war der dreißigste *kabaka* von Buganda. Danach wäre das Land drei- bis fünfhundert Jahre vor seiner Thronbesteigung gegründet worden. Bis zur Mitte dieses Jahrhunderts hatten sich die Gräber aller Könige, vom Gründer Bugandas, Kintu, bis hin zu Mutesa, erhalten, und es kann sein, daß sie noch heute stehen. Als Roland Oliver den Gräbern im Juni 1958 einen Besuch abstattete, entdeckte er zu seiner Verblüffung, wie vollständig die Erinnerung an die *kabakas* in den Menschen fortlebte. Zwischen Kakiri und Kiziba hielt er einmal an, um nach dem Weg nach Dambwe zu fragen, und dabei fragte man ihn, ob er das Grab Kigalas besuchen wolle[35] – Kigala war der fünfte *kabaka,* der irgendwann um das Jahr 1500 herum gelebt hat. Die Gräber wurden von einem oder zwei Wächtern bewacht; die Bewohner der umliegenden Dörfer hielten die Grabstätten in Ordnung und führten die notwendigen Reparaturen aus. Standfestigkeit und Geschichtsbewußtsein einer solchen Gesellschaft kann man nur bewundern.

Es ist eine zwingende Folge von Santayanas Diktum, daß «diejenigen, die sich nicht an die Vergangenheit erinnern können, dazu verurteilt sind, sie zu wiederholen», daß derjenige, der sich an die Vergangenheit erinnern *kann,* mehr Kontrolle über seine Gegenwart und seine Zukunft hat. Weder Hawaii noch Buganda mußten das gewöhnliche Schicksal ‹primitiver› Völker teilen, die mit der westlichen Welt in Berührung gekommen waren. Dies war jedoch nicht darauf zurückzuführen, daß die erobernden imperialistischen Staaten eine bessere Politik betrieben hätten, sondern es war das Ergebnis der in diesen Gesellschaften ohnehin schon vorhandenen Macht und Flexibilität. Kamehameha, der erste König des vereinigten Hawaii, schuf eine Dynastie von Herrschern, die sich mehr als fünfzig Jahre hielt, und die Einheit des Landes wurde nie zerbrochen. Hundert Jahre nach Cook waren die Inseln noch immer unabhängig; die spätere Unterwerfung unter die Oberhoheit der USA setzte den einzelnen Bürger Hawaiis eher der kapitalistischen als der imperialistischen Ausbeutung aus. Im 20. Jahrhundert lebten die Hawaiianer in einer Welt des 20. Jahrhunderts.

Die Baganda hatten dieses Glück nicht. Kurz nach ihrer ‹Entdeckung› intensivierten die europäischen Mächte, vor allem England, Belgien und Deutschland, ihre imperialistische Außenpolitik. Afrika war eines der Hauptgebiete kolonialistischen Strebens. Zunächst gab es einige Versuche der Deutschen, den britischen Einfluß in Buganda einzudämmen; in der Folgezeit kam es indes zu einer europäischen Einigung, die Buganda den Briten überließ, die sich das Land und die umgebenden Staaten prompt einverleibten. Bugandas Chance zu einer unabhängigen Entwicklung war vertan, als die Engländer das Protektorat Uganda errichteten, zu dem auch viele Buganda umgebende Königreiche, Häuptlingtümer und Stammesgesellschaften gehörten. Infolge ihrer fortgeschrittenen Kultur genossen die Baganda im Protektorat jahrelang eine vorherrschende Stellung; aber als die kulturelle Auflösung und die tragischen innenpolitischen Konflikte das vergrößerte Staatswesen 1971 trafen, waren die Baganda unauflöslich mit dem Schicksal des Staates Uganda verbunden und hatten somit keine Möglichkeit mehr, einen unabhängigen Kurs zu verfolgen.

Die Reaktion von Ländern in früheren Entwicklungsstadien auf die sich rasch verändernde kapitalistisch-demokratisch-technologische Gesellschaft des Westens ist eins der großen Themen der Geschichte des 20. Jahrhunderts. Zu dieser Geschichte gehören Japan, China und Rußland genauso wie Ghana, Indonesien, Brasilien und Iran. Die ursprüngliche Reaktion Bugandas und Polynesiens auf die moderne Welt war bemerkenswert positiv; dafür war das Vorhandensein zentralisierter Königtümer von entscheidender Bedeutung. Als Kamehameha erfuhr, welch große Gewinne man mit dem Verkauf von Sandelholz machen konnte, das es auf Hawaii im Überfluß gab, gab er sich nicht mehr damit zufrieden, es bloß zu fällen und an ausländische Schiffskapitäne statt an chinesische Händler zu verkaufen. Er rüstete ein Schiff unter hawaiischer Flagge aus und schickte zu eigenem Gewinn eine Ladung Holz nach Kanton.[36] Auch Mutesa war nicht bereit, nur darauf zu warten, daß andere zu ihm kamen. Er unternahm mehrere Handelsexpeditionen nach Sansibar, und die Baganda wurden zu großen Händlern. «Wann immer sich eine Handelsmöglichkeit eröffnet, werden sich die Buganda *(sic)* auf den Weg machen», schrieb ein Missionar 1906 nach Hause.[37]

Mutesas Sohn und Nachfolger Mwanga wurde 1897 zum letztenmal besiegt und vom Thron gestürzt; sein einjähriger Sohn wurde zum König ausgerufen. In Wahrheit gab es keinen *kabaka* mehr, aber die politische Stabilität hielt. Eine ganz neue Generation politisch bewußter und tüchtiger Menschen, die von Christen und Moslems ausgebildet und in den Religionskriegen zu einer gemäßigteren Einstellung gekommen waren, hatten eine Reife erreicht, die in jedem anderen ‹unterentwickelten› Land Seltenheitswert besaß. Sechzig Jahre lang regierte diese Oligarchie das Land – unter britischer Kontrolle. «Verwaltungsbeamte, die in diesem Protektorat Erfahrungen gesammelt haben, sind sich darüber einig», schrieb ein hoher Beamter im Jahre 1907, «daß es die beste Methode zur Entwicklung des Landes sei, die Eingeborenen-Regierungen gewähren zu lassen, und daß diese Regierungen in jeder möglichen Weise aufrechterhalten und unterstützt werden sollen...»[38] Die Briten hielten sich weitgehend an diese Empfehlung; die Politiker Bugandas erwiesen sich der Aufgabe gewachsen.

Drei Jahre nach dem Sturz Mwangas verkündeten die Briten ein neues Landbesiedlungsprogramm. «Mit einem Federstrich wurden alle Rechtsansprüche auf Land beseitigt, die entweder auf die Ansprüche von Clan-Oberhäuptern zur Landkontrolle zurückgingen oder auf die Kabaka, der Land bislang nach Gutdünken hatte verteilen können. Dafür wurde jetzt das sogenannte *mailo*-Eigentum eingeführt; und die Oligarchien brauchten nicht lange, um die durch die Verfügung gebotene Gelegenheit zu ergreifen und alles Land zu parzellieren, das jetzt zu ihrer Verfügung stand... und es unter ihre unmittelbaren Anhänger aufzuteilen... da Land jetzt auch noch frei gekauft, verkauft und vererbt werden konnte, kam es in Buganda schon bald in die Hände einer zunehmenden Zahl unabhängiger Bauern.»[39] Buganda wurde zu einem Land mit kleinen und großen Bauernhöfen, die *Afrikanern* gehörten, anders als im benachbarten Kenia, wo die britischen Siedler das Land beherrschten und mit Gewalt und Unterdrückung reagierten, als die Kenianer ihnen das Land streitig machten. Die Baganda blieben mehr Herr ihres eigenen Schicksals als so gut wie jedes andere eingeborene Volk in Afrika.

Christentum, eine Verfeinerung des politischen Systems, kapitalistisches Unternehmertum – in fünfzig Jahren waren die Baganda so weit in die moderne Welt eingedrungen, wie es kaum einer Gesellschaft ohne Schriftsprache in so kurzer Zeit überhaupt gelingen konnte. Trotz ihrer großen Anpassungsfähigkeit hat die moderne Welt sie um ihre Hoffnungen betrogen; in dieser Hinsicht stehen die Baganda jedoch nicht allein.

Eine Königin wird zur Hinrichtung geschleppt

Menschenopfer an Mutesas Hof

15

Trommeln, Grausamkeit
und das Pissen auf den König

Niemand versteht die Beziehung zwischen der Kontrolle der Ausscheidungsfunktion und dem Fortschritt der Zivilisation wirklich. Einige psychoanalytische Autoren wie etwa Karl Abraham[1] und Otto Fenichel[2] geben uns jedoch quälende Hinweise darauf, daß es eine solche Verbindung *gibt;* diese Autoren bestätigen uns dies entweder implizit oder ausdrücklich. Noch tiefer scheint niemand in das Thema einzudringen. Den Abort hat es nicht immer gegeben, ebensowenig den Staat, freiwillige Zusammenschlüsse von Menschen oder das Theater – der Abtritt ist offensichtlich eine menschliche Erfindung. Aber was für eine Art Erfindung? Manche argumentieren, er sei der Beginn der Unterdrückung und habe uns nichts als Übel gebracht. Andere sehen in ihm vielleicht die Grundlage, auf der die Menschheit die doppelte Buchführung errichtet hat, das Bankensystem, das Verwaltungswesen, ein Rechtssystem, das Ethos des Kapitalismus und die Abschaffung der Sklaverei.

Es hat keinen Sinn, die Verbindung zwischen Ausscheidungsfunktionen und Grausamkeit leugnen zu wollen; ob wir nun gekachelte Badezimmer haben oder nicht, wir ‹behandeln Menschen noch immer wie Scheiße›, beschreiben bestimmte Kriegstätigkeiten als ‹Aufräumen› oder ‹Säuberung› (während es in Wahrheit nur darum geht, die Überlebenden umzubringen), wir demütigen Menschen (symbolisch), indem wir sie Scheiße essen lassen, und beschreiben Angehörige der Unterschicht in Begriffen des Schmutzes: Gesindel, Abfall, Müll.

> Der zehnte Februar ging zu Ende. Die Sonne eilte nach Westen
> – ein Schlag der großen Trommel ertönte, tief und feierlich.
>
> Sofort hörten alle Lieder auf, jeder Laut wurde unterdrückt,
> der Marktplatz war leer; jeder kehrte in seine Wohnung zurück;
> die Straßen waren menschenleer, und drei lange Tage blieb alles
> ruhig und still. Nur die langsamen, düsteren, in Intervallen er-
> folgenden Schläge auf die große Trommel kündeten davon, daß
> sie die mysteriösen Riten des *mpango* vollzogen, was die ver-
> ängstigten Einwohner dazu brachte, vor Furcht zu erschauern.
>
> Es wird allgemein geglaubt, daß Bagyendanwa *(die große*

Trommel) auch ohne Schlag ertönen kann, wann immer der zornige Geist Kamrasis mit Menschenopfern besänftigt zu werden wünscht.

Die Periode der rätselhaften Riten war vorüber; die Sonne näherte sich dem Ende ihrer Reise; die große *nuggare* ließ ihre tiefsten Laute hören; Rufe des Schreckens vermischten sich mit Lauten der Ehrfurcht, die von überallher widerhallten, und verbreiteten sich von Dorf zu Dorf, folgten einander wie die Wellen des Meeres; die unglücklichen Passanten, die friedlichen Bauern, wurden ergriffen, mit Stricken gefesselt, worauf man ihnen zum Dankopfer an den Großen Vater die Kehlen durchschnitt.

In Juaya entrichteten zehn unglückliche Geschöpfe den Tribut an diesen Aberglauben mit ihrem Blut.[3]

Grausamkeit ist das große Ausscheidungslaster, und Kontrolle die große Ausscheidungstugend. Die Beziehung zwischen Grausamkeit, Kontrolle und Gesellschaft ist die grundlegende Frage, die hier gestellt wird. Im Verlauf dieser Erörterung wird man jedoch keine Antworten finden; es ist zu hoffen, daß es zu einer hilfreichen Verdeutlichung der Fragen kommen wird. Als die Welt noch jünger war als heute, hatten die Menschen noch weniger Hemmungen, bestimmten Verbindungen Ausdruck zu geben, die wir überhaupt nicht mehr erkennen. Wenn man die komplizierte Verbindung zwischen Kultur und Eingeweiden verstehen will, lohnt es sich mit Sicherheit, eine Gesellschaft zu betrachten, in der bestimmte Menschen bei den Krönungsfeierlichkeiten auf den König urinierten oder gar den Darm auf ihn entleerten.

In vielen Literaturen des ‹heroischen Zeitalters› begegnen wir einer großen archetypischen Szene der Konfrontation eines Königs oder Herrschers mit einem Propheten. Diese Konfrontation, im Alten Testament und in der griechischen Tragödie zur Vollendung entwickelt, symbolisiert einen kosmischen Konflikt zwischen nackter, realer politischer Macht und transzendenten Vorstellungen von Gerechtigkeit und Moral. Die große Konfrontation zwischen Ödipus und Tiresias in *König Ödipus* ist eine der kunstvollsten Darstellungen eines Themas, das, wie es scheint, in der Literatur fortgeschrittener komplexer Gesellschaften zum erstenmal auftaucht. Auch aus Buganda kennen wir eine solche Geschichte, aber der Gegenstand der Konfrontation könnte uns beunruhigen.

Während der Regierungszeit König Sunas, des Vaters von Mutesa, beauftragte der *kabaka* Lumwemo Nakirindisa damit, in einer bestimmten Provinz Steuern zu erheben. Als die Aufgabe erfüllt war, berichteten Lumwemos Männer ihrem Herrn, es gebe in dem Bezirk einen berühmten Propheten namens Kigemuzi. Lumwemo schickte einen Untergebenen, der von dem Propheten ein Orakel über den Ausgang der Steuererhebung erbitten sollte. Der weise Mann gab ohne Zögern eine ausführliche Antwort: «Dein Herr Lumwemo wird einen hervorragenden Bericht über seine Steuererhebung erstellen. Aber sage ihm bitte, daß er nach seiner Rückkehr in die Hauptstadt dem König sagen soll: ‹Warum hinderst du dein Volk daran, in der Hauptstadt den Darm zu entleeren, und warum läßt du andere dafür hinrichten, daß sie angeblich die sogenannten Gesundheitsgesetze verletzt haben? Wo entleerst du selbst den Darm?»[4] Der Prophet Kigemuzi, dieser Vorkämpfer der Freiheit, fügte noch hinzu, daß der König vom Unglück heimgesucht werden würde, falls er dem Volk nicht erlaube, in der Hauptstadt frei den Darm zu entleeren.

Nachdem Lumwemo von den Drohungen des Propheten erfahren hatte, wandte er sich sofort an den *muwemba,* einen hochgestellten Untergebenen des Königs, der den Seher zu sich rief und wissen wollte: «Bist du derjenige gewesen, der diese Worte geäußert hat?» – «Das bin ich», erwiderte der Prophet, wie es Propheten in Tausenden von Geschichten dieser Art erwidert haben. Der *muwemba* ließ Kigemuzi festnehmen und übergab ihn Lumwemo, der ihn in die Hauptstadt bringen ließ.

Nachdem er direkt zum *katikiro* gegangen war, dem Premierminister, berichtete Lumwemo von seiner erfolgreichen Steuererhebung und machte den *katikiro* mit dem durch den Seher Kigemuzi aufgeworfenen Problem bekannt. Der Premierminister wollte sich selbst ein Bild machen und befragte den Propheten, der nach Art der Propheten seine Verkündigungen zu wiederholen liebte: «Warum läßt der König Menschen hinrichten, weil sie in der Hauptstadt den Darm entleeren? Wo entleert er selbst den Darm?»

Der *katikiro* schäumte vor Wut und brachte den Gefangenen zum König. «Gib uns jetzt das gleiche Orakel, das du Lumwemo gegeben hast», verlangte der *kabaka.* Diesmal weigerte sich Kigemuzi jedoch und verkündete, er werde so lange schweigen, wie er Gefangener bleibe. Der *kabaka* war außer sich vor Zorn. Er befahl einem seiner Soldaten, die Lippen des Propheten zu vernähen. Kigemuzi erwiderte, während man ihm die Lippen zunähte, «auch deine Lippen werden vernäht werden».

In diesem Augenblick versetzte einer der empörten Höflinge Kigemuzi einen heftigen Schlag (der Mann, der dies tat, war der Großvater von Apolo Kagwa, dem wir diese Geschichte verdanken und der auch der erste christliche *katikiro* Bugandas war). «Auch du wirst geschlagen werden», drohte der Prophet.

Der Soldat vernähte die Lippen des Propheten, drückte ihm am ganzen Körper mit einem glühend heißen Eisen Brandzeichen auf und brachte ihn ins Gefängnis, wo er die Hinrichtung am nächsten Morgen erwarten sollte.

Aber König Suna mußte so leiden wie König Pentheus, als dieser versuchte, den Gott Bacchus gefangenzuhalten. Ein sintflutartiger Wolkenbruch erfüllte die Nacht mit mehr Donner und Blitz, als man seit Menschengedenken erlebt hatte. Der *kabaka* selbst wurde durch einen Blitzschlag an einem Bein, an der Schulter und an der Wange versengt. Als das Gewitter sich legte, ließ der *katikiro* Kigemuzi vom Fußblock befreien, öffnete ihm den Mund und brachte ihn zum König.

«Habe ich dich nicht gewarnt, daß du auch verbrannt werden würdest? Aber ein Kind zu schlagen heißt nicht, es zu töten; du wirst dich bald erholen.»

So wie wir die Geschichte kennen, hat sie ein enttäuschendes Ende. Kigemuzi gibt dem *kabaka* den Rat, seine Hauptstadt zu verlassen und an einem anderen Ort eine neue zu errichten. Kigemuzi kehrt heim, und vier Tage später folgt König Suna dem Rat des Propheten. Die Geschichte endet, ohne daß wir erfahren, wie die Frage der Ausscheidung in der neuen Hauptstadt geregelt wurde.

Eine seltsame Geschichte, und dennoch... Die letzte und vollständigste der Schriftrollen vom Toten Meer verbot in der Hauptstadt Jerusalem alle Toiletten und untersagte es zudem jedermann, wo immer er sich aufhalten mochte, am Sabbat den Darm zu entleeren. Die Kontrolle des instinktiven Verhaltens war für unsere jüdischen Vorfahren eine wichtige Tugend. In der gleichen Schriftrolle wird auch verkündet, daß jeder, der im «Schatten des Tempels in einem permanenten Zustand der Heiligkeit lebt, ein einsames Leben führen muß». In Jerusalem waren alle sexuellen Beziehungen verboten.[5] Wenn Kontrolle die große mit der Ausscheidung zusammenhängende Tugend ist, dann war für die Juden diese besondere Tugend zu einem Laster geworden.

Die Geschichte von Kabaka Suna und Kigemuzi scheint eine verstümmelte Version von etwas Wichtigem zu sein, was sich während Sunas Regierungszeit tatsächlich ereignet hat. Aus der mündlichen Überlieferung wissen wir, daß es den Menschen in der Regierungszeit dieses *kabaka* verboten war, sich nackt an einem öffentlichen Ort aufzuhalten, und jeder, der nicht mit einem Rindentuch angetroffen wurde, das die Blößen des Körpers bedeckte, wurde schwer bestraft. In ihren Häusern legten manche Baganda zwar auch weiterhin ihre Kleidung ab, aber in der Öffentlichkeit wurde Sittsamkeit durchgesetzt.

Wir wissen auch, daß die Baganda zur Zeit von Spekes Ankunft über Toiletten verfügten, also zur Zeit von Mutesas Herrschaft, obwohl wir nicht wissen, wann diese Einrichtung entstanden ist. Allein die Baganda verfügten über eine solche Erfindung; ihre Nachbarn, selbst politisch hochentwickelte Völker wie die Banyoro, konnten sich sanitärer Einrichtungen dieser Art nicht bedienen. Es kann sein, daß der Abort zur Zeit König Sunas erfunden worden ist; möglicherweise hat es ihn auch schon vorher gegeben, jedoch nur im königlichen Wohnbezirk oder in der Hauptstadt, und daß es Suna gewesen ist, der seine Verwendung im ganzen Land durchgesetzt hat. Wir können auch davon ausgehen, daß das

Verbot der Nacktheit etwa zuerst in Gegenwart des Königs galt, sich erst dann in der Hauptstadt durchsetzte und schließlich auf das ganze Land ausgedehnt wurde.

Sollte Kabaka Suna ein Dekret erlassen haben, daß jeder einen Abort zu bauen habe, dann wären die Steuereinnehmer, die das ganze Land durchstreiften, die gegebenen Vollstrecker dieses Befehls gewesen. Wir können davon ausgehen, daß die Bewohner der Provinzen sich der Veränderung einer uralten Praxis widersetzten. Da er wußte, wie sein Gemeinwesen funktioniert, hätte Suna sein Dekret vermutlich mit irgendeinem religiösen Gebot untermauert; er hätte vielleicht behaupten können, daß ein Gott oder der Geist seines Vaters ihm im Traum erschienen sei und ihm befohlen hätte, daß es so zu geschehen habe, wie es sich tatsächlich auch zugetragen haben kann.

Die uns vorliegende Geschichte kann auch eine verstümmelte Version eines tatsächlichen Konflikts zwischen alten religiösen Vorstellungen von der Freiheit, überall den Darm zu entleeren, wie sie sich in der Person Kigemuzis vertreten finden, und der neuen Reinheit und Kontrolle sein, die von jenem alten Calvin gefordert wurde, Kabaka Suna.

> In den alten Kriegen spielte die Kriegstrommel eine wichtige Rolle, und man erkannte ihr den Rang einer hochgestellten Persönlichkeit zu. Danach kannte man die ganze Expedition unter dem Namen der bei dieser Gelegenheit benutzten großen Kriegstrommel.[6]

Die Mythen und Legenden Polynesiens sind mehr noch als die aus Buganda voller Geschichten über die Bedeutung der Ausscheidungsfunktionen. Der große hawaiische Krieger Lupeakaiowainiha hatte nicht nur eine Kriegskeule, die nur von hundertzwanzig Männern getragen werden konnte, sondern überflutete auch jedesmal das Land, wenn er urinierte.[7] Eine Legende um den König Kanaloa-Kuaana berichtet uns, daß er ein schwacher und armer König war und daß seine alten Priester und betagten Ratgeber nur einen klaren Urin von sich gaben, da sie weder *awa* (das hawaiische Rauschgetränk) trinken noch üppige Nahrungsmittel zu sich nehmen konnten und mit Wasser vorliebnehmen mußten. Da ihre demütigende Position sie quälte und sie in ihrem Zorn den König dafür verantwortlich machten, gingen sie zu ihm und urinierten zum Beweis für ihre Armut. «Was soll ich tun?» fragte Kanaloa-Kuaana, der sich dem Wahrheitsbeweis nicht entziehen konnte. «Erkläre Umi-o-ka-lani den Krieg und mache dir das ganze Königreich untertan.» Und so geschah es, der König eroberte auf Hawaii die Bezirke Kona und Kohala, bewies damit seine Männlichkeit, verlieh dem Urin seiner Priester und Ratgeber wieder Farbe und stellte dabei die gleiche Verbindung zwischen kräftigem Urin und Courage her, wie wir es tun, wenn wir etwa von einem Mann voller Saft und Kraft sagen, «der kann noch im Bogen pissen».[8]

«Solange *Bagyendanwa (die große heilige Trommel)* in Ankole bleibt», sagen die Menschen, «solange wird es dem Land und den Menschen gutgehen.» Die Banyankole halten *Bagyendanwa* nicht für ein Symbol der abstrakten Einheit, sondern für eine reale Macht, die Menschen in Not helfen kann. «*Bagyendanwa* ist wie Mugabe *(der König),* nur größer. Ankole ist das Land *Bagyendanwas,* und wir sind das Volk *Bagyendanwas*: Mugabe ist sein Diener» – so beschreibt ein Munyankole die Macht der Trommel über den König und das Volk.[9]

Das Märchenthema des Helden, der sich mit einem unglücklichen Menschen anfreundet, der dem Helden aus Dankbarkeit die magischen Worte oder die Antworten liefert, die dessen Streben sichern oder die Kräfte des Bösen besiegen, ist uns allen wohlvertraut. Eine hawaiische Version stammt von der Insel Kauai. Die zentralen Gestalten sind der Kepakailiula und ein böser König, der es liebte, umherziehende Helden in Rätsel-Wettstreite zu verwickeln und sie hinzurichten, wenn sie seine Rätsel nicht zu lösen vermochten. Dieser König hatte einen Diener namens Kukaea, dessen einzige Nahrung Kot und Urin des Königs waren. Als Kukaea einmal für den König einen Botengang machte, wurde er von Kepakailiula gereinigt und zum erstenmal mit richtiger Nahrung versorgt.

«Was soll ich dir als Lohn für deine Güte geben? Hier habe ich nun von meiner Geburt bis zum heutigen Tag bei meinem König gelebt und bin gerade um Kauai herumgelaufen, aber niemand hat mir je etwas zu essen gegeben... Ich werde dir die Antwort auf das Rätsel des Königs verraten, denn ich bin der einzige Mensch, der sie kennt. Das Rätsel lautet so...

> Rundherum geflochten
> Geflochten bis zum Boden
> Eine Öffnung lassend.

> Die Männer, die stehen
> Die Männer, die liegen
> Die Männer, die gefaltet sind.

Die Antwort auf den ersten Teil lautet ‹Haus›. Das Haus ist rundherum sowie von oben bis unten geflochten und hat eine Öffnung, die Tür. Die Antwort auf die zweite Hälfte lautet ebenfalls ‹Haus›. Die Holzstäbe stehen, die Bretter werden ausgelegt, und Gras und Schnüre werden gefaltet.»[10]

Das Ende der Geschichte läßt sich leicht erraten: Kepakailiula löst die Rätsel des Königs, richtet den Monarchen hin und setzt sich an dessen Stelle.

Es ist kein reiner Zufall, daß ein Mensch, der Scheiße ißt, die Lösungen von Rätseln kennt. Für die alten Tahitianer und Hawaiianer fand der Vorgang, den wir als Denken bezeichnen, nicht im Kopf, sondern in den Eingeweiden statt. Cook war der erste Außenseiter, dem dies auffiel, und er bezog sich durchaus korrekt auf die Sprache der Bibel, um es zu verstehen: «Sie haben einen Ausdruck, der genau dem Wortlaut der Bibel entspricht, wo wir vom ‹Verlangen der Gedärme› lesen. Sie verwenden ihn bei allen Gelegenheiten, wenn die Leidenschaften ihnen Unbehagen bereiten; da sie als Sitz des Schmerzes von Trauer, angsterfüllter Sehnsucht und anderer Gefühle die Eingeweide benennen; so vermuten sie auch, daß alle Denkvorgänge in den Eingeweiden stattfinden.»[11]

In unserer Kultur unterscheiden wir zwischen Denken und Fühlen. Wir *wissen* nicht nur, daß das Denken im Kopf stattfindet, sondern können auch *fühlen,* daß es dort erfolgt. Was Emotionen betrifft – Furcht, Liebe, Erregung, Haß –, so *wissen* wir, daß wir diese auch im Kopf erfahren, aber wir *fühlen* sie ebensosehr in unseren Körpern. In unserer Alltagssprache verwenden wir Metaphern, um zu beschreiben, wie die Gefühle sich im Körper äußern – im Herzen, in den Eingeweiden und, bei Angelegenheiten von großer Intensität, sogar in den Knochen. Wir leben in einem Zeitalter, das die Erinnerung an das Stadium der psychischen Entwicklung unterdrückt, in dem die Ausscheidungsfunktionen das psychische Leben beherrschen, jenes Stadium, das die Psychoanalyse die anale Phase nennt. Als Jean Piaget, der große Erklärer der Schritte, mit deren Hilfe Kinder in unserer Kultur die Welt zu verstehen lernen, Kleinkinder befragte, wo ihrer Meinung nach das Denken erfolge, antwortete die überwiegende Mehrheit von ihnen: «Mit dem Mund.» Wenn man von der psychoanalytischen Theorie der Phasen der libidinösen Entwicklung ausgeht, kann man keine andere Antwort erwarten.*

Piaget entdeckte jedoch kein Stadium, in dem Kinder das Denken den Eingeweiden oder dem Bauch zuschreiben. «Das zweite Stadium ist an den Eingriffen der Erwachsenen erkenntlich. Das Kind hat gelernt, daß man mit dem Kopf denkt; ...»[13] Von dem aus fortgeschrittenen komplexen Gesellschaften vorliegenden Material wissen wir jedoch, daß ‹das Denken mit den Eingeweiden› eine klar umrissene Periode in der Entwicklung der Kultur gewesen ist. Unsere Bindung an den Verstand hat uns vergessen lassen, was unsere Eingeweide einmal gewußt haben; erst

---

* Als wir in meinem Seminar über den Ursprung des Staates dieses Kapitel diskutierten, gab mir ein Student zwar widerwillig, aber doch humorvoll recht. Er ist Anthropologe und hatte meine ‹psychoanalytisch-entwicklungsmäßige› Sicht des Themas kritisiert. Er sagte mir, das Volk der Tannesen auf der Insel Tanna, melanesische Bauern, die in einer primitiven Gesellschaft lebten, hätten das Gefühl, daß alle Wünsche, Sehnsüchte, Forderungen und Befehle im Mund säßen. Die Tannesen sagen nämlich: «Der Wille eines Menschen ist sein Mund.»[12]

seit kurzem wieder findet sich in unserer Sprache ein Ausdruck dafür, daß man nicht nur im Kopf etwas wissen kann: ‹Ich hab's im Bauch.›

Reverend Ellis hat beobachtet, daß für die Tahitianer «die Gedanken im Körper steckten und nicht im Gehirn; zum Beweis für die Richtigkeit ihrer Meinung führten sie an, daß der Magen oder die Eingeweide durch Sehnsucht, Furcht, Freude, Trauer, Überraschung sowie durch alle starken Gefühle oder Gemütsregungen beeinflußt würden.»[14]

Vancouver scheiterte bei seinen Bemühungen, den Tahitianern diese Vorstellungen vom Denken des Körpers auszureden: «Ich habe zu diesem Thema oft Vorträge gehalten, um sie zu überzeugen, daß alle geistige Tätigkeit im Kopf stattfindet; worauf sie meist lächelten und mir anvertrauten, sie hätten schon oft Männer wieder zu sich kommen sehen, die einen Schädelbruch erlitten und dessen Köpfe auch sonst starke Verletzungen davongetragen hätten; in allen Fällen jedoch, bei denen es zu einer Verletzung der Eingeweide gekommen sei, seien die Betreffenden unweigerlich gestorben.»[15] Wie viele Philosophen nach ihnen wußten schon die Tahitianer, wie man mit eigenen Argumenten die des Gegners abqualifiziert.

Ist die vom Verstand ausgeübte Kontrolle von der Unterdrückung der Eingeweide abhängig? Kontrolle ist gut, Unterdrückung schlecht. Wieviel Kontrolle ist ohne Unterdrückung möglich? Wenn man ein Kind großzieht, fragt man sich ständig, ob man ihm Kontrolle beibringt oder ein Regime der Unterdrückung etabliert. Masturbieren oder nicht, den Darm auf den Fußboden entleeren oder nicht, ob ein Kind einen jüngeren Bruder oder eine jüngere Schwester mit einem stumpfen Gegenstand schlagen darf oder nicht – dies alles sind nicht nur für Kinder und Eltern schicksalhafte Fragen. Unsere Gesellschaft, wie wir sie kennen, ist möglicherweise stärker von der Beantwortung dieser Fragen abhängig, als wir uns eingestehen wollen.

Im alten Buganda neigte man in bezug auf die Ausscheidungsfunktionen eindeutig zu Kontrolle *und* Unterdrückung. Mary D. Salter Ainsworth besuchte in den 60er Jahren das damals schon zum modernen Uganda gehörende Buganda, um die Praxis der Kindererziehung zu studieren, und entdeckte, daß das Stuhltraining schon bei Säuglingen von zweieinhalb bis drei Monaten begann. Dieses Stuhltraining war nicht das Ergebnis westlichen Einflusses, sondern überlieferte Sitte. Die Mütter beobachten das Baby sogar im Schlaf noch sorgfältig; beim ersten Anzeichen des Aufwachens nimmt die Mutter das Kind hoch und hält es in eine hockende Stellung, damit das Bett nicht beschmutzt wird. Nach dem Stillen wird das Kind aus dem Haus gebracht, um die Ecke, und auf ähnliche Weise abgehalten.[16]

Die beobachteten Kinder wurden nicht ausgeschimpft oder bestraft, wenn ihnen etwas mißlang, und sie erlernten das System mit solcher Leichtigkeit, daß «das Alter der Kinder, bei denen das Bettnässen aufgehört hatte, von fünf bis elf Monaten reichte. In diesen Fällen hatten wir die Babys schon untersucht, bevor sie die Selbstkontrolle erlernt hatten.»[17] Hat all dies nun etwas damit zu tun, daß die Baganda zu den ‹Japanern Afrikas› wurden? Besteht eine tatsächliche Verbindung zwischen diesen frühreifen Säuglingen und dem komplexen System aus Politik, Besteuerung, Verwaltung und Kriegführung, mit dessen Hilfe die alten Baganda das Gebiet beherrschten, in dem sie lebten? Diese Fragen sind einer näheren Erörterung wert.

> Die wichtigsten Trommeln waren die königlichen Trommeln...
> es waren insgesamt dreiundneunzig. Zwei waren sehr groß,
> vierzig waren groß und wurden allmählich immer kleiner, und
> einundfünfzig waren klein... Jede Trommel hatte einen eige-
> nen Namen, und jeder Mann, der sie schlug, seine besondere
> Aufgabe.[18]

> Nach den königlichen Trommeln waren die Trommeln der Tem-
> pel die wichtigsten. Sie hatten ihren eigenen Rhythmus, und
> alle enthielten Fetische; man schlug sie zur Zeit des Neumonds
> oder aus Anlaß eines besonderen Festes.[19]

> Zu jedem Häuptlingtum gehörte eine besondere Trommel, und
> sie wurde mit dem Amt dem jeweiligen Häuptling übertragen;
> das war im ganzen Land bekannt und anerkannt.[20]

> Wenn der König einen Mann zum Häuptling machte, nahm die-
> ser einen Vertreter des Königs mit, der seine Trommel schlagen
> mußte, während er sich auf die Übernahme des Häuptlingsamts
> vorbereitete...
> Neben der Trommel, die das Amt des Häuptlings bestätigte,
> besaß jeder Häuptling auch eine eigene, private Trommel, die
> seinem Clan gehörte und die gelegentlich geschlagen wurde,
> um die Dauerhaftigkeit seines Amts zu sichern. Auf dieser
> Trommel wurde der Rhythmus des Clans geschlagen.[21]

Man kann wohl davon ausgehen – obwohl es nicht durch Fakten belegt wird –, daß jede Kontrolle der Ausscheidungsfunktionen, selbst auf der einfachsten Ebene, ein bestimmtes Maß an Unterdrückung erfordert und eine hochentwickelte Kontrolle auch eine hochentwickelte Unterdrükkung voraussetzt. Die Menschen sind nie ganz damit einverstanden, daß einer ihrer Triebe oder eines ihrer Bedürfnisse unterdrückt wird, und werden daher jede Tyrannei über sich ablehnen und unbewußt den Wunsch verspüren, sie abzuschütteln – mit anderen Worten überall dort den Darm entleeren, wo es ihnen paßt. Wenn das der Fall ist, gäbe es eine permanente, unlösbare Ambivalenz, was die Kontrolle der Ausscheidungsfunktionen betrifft: Jeder Mensch wünscht diese Kontrolle, sehnt sich gleichzeitig aber danach, ihr ein Ende zu bereiten.

Die Ambivalenz gegenüber der Kontrolle läßt sich auf vielerlei Art demonstrieren. So haben die Menschen etwa den Humor erschaffen, um mit Situationen von vorübergehender oder permanenter Ambivalenz fertig zu werden. Aggression und Sex, zu denen alle Menschen eine ambivalente Einstellung haben, sind erstrangige Subjekte des Humors, ebenso Badezimmerthemen, vor allem bei Kindern und in anderen Gesellschaften als der unseren. Man könnte die Behauptung wagen, wenn alle Witze über Aggression, Sex und die Kontrolle der Ausscheidung aus dem humoristischen Schatz der Welt gestrichen würden, blieben nur noch zehn bis zwanzig Prozent aller Witze übrig.

Ein symptomatischer Ausdruck der *Unfähigkeit,* mit der Ambivalenz gegenüber der Kontrolle fertig zu werden, ist die Überidentifikation mit dem Kontrolleur und gleichzeitig der Zorn auf ihn, der sich darin äußert, daß man den Stuhl zurückhält. Daß dies im alten Polynesien ein Problem war, wissen wir aus der Tatsache, daß die Medizin-Priester Hawaiis unter anderem mit einer der großen Erfindungen der Menschheit ausgerüstet waren – dem Klistier. Es gibt eine wunderschöne Geschichte, die diese Erfindung einem Priester namens Palaha zuschreibt, der argumentierte, Wasser in einem stehenden Gewässer werde schmutzig, während fließendes Wasser es von Schmutz reinige. Während er über diesen Umstand nachdachte, probierte er das Klistier zunächst an einem Hund aus (hier wirft die medizinische Forschung des 20. Jahrhunderts ihre Schatten voraus), der mit frischen Kräften aus der Behandlung hervorging. Das ermutigte Palaha, das Klistier an seinem kranken und hinfälligen Vater Puheke auszuprobieren (dem Mann, der der Legende zufolge die erste Autopsie durchführte), wo sich natürlich der gleiche wohltätige Effekt einstellte.[22]

Wir sind uns bewußt, daß Menschen in extremer Furcht oder unter Streß die Kontrolle über ihre Eingeweide verlieren. Für die Bewohner Hawaiis war dieses Abwerfen der Kontrolle in bestimmten Situationen ein Zeichen von Glück. «Wenn jemand wegen eines Fehltritts zur Rechenschaft gezogen wurde und das Gefühl hatte, er würde vom König oder vom Königshof verurteilt werden, bemühte er sich unterwegs darum, die Exkremente loszuwerden, weil er wußte, daß man ihn dann für unschuldig erklären würde.»[23]

Große Ambivalenz erzeugt große Widersprüche, und große Widersprüche lassen sich in Symbolen ausdrücken, die *beiden* Seiten des Widerspruchs gleichzeitig Gerechtigkeit widerfahren lassen. Ein Symbol, das etwas gleichzeitig erhöht und erniedrigt, ist ein Ausdruck einer allgegenwärtigen Ambivalenz. Männer haben ihre uralte Ambivalenz gegenüber Frauen durch Schaffung von Symbolen ausgedrückt, die sie sowohl erhöhen wie erniedrigen – die Hure mit dem goldenen Herzen; die gezähnte

Vagina; die ehrgeizige, tüchtige Frau, die ‹zu männlich› ist; die ‹dumme Blondine›; die Frau mit intellektuellen Fähigkeiten, die häßlich und sexuell unterdrückt ist; und Mutti! Über die Kontrolle der Ausscheidungsfunktionen äußern wir uns ähnlich, wenn wir von jemandem im Badezimmer sagen, ‹er sitze auf dem Thron›. Geld, das Gut, das wir uns in dieser Welt am meisten wünschen, bezeichnen wir als schmutzig, und einen Menschen, um dessen Reichtum wir ihn beneiden, bezeichnen wir als ‹stinkreich›. In früheren Zeiten hatten die Angehörigen des europäischen Hochadels Nachtgeschirre aus Gold.

Die alten Könige von Hawaii kannten überhaupt kein Metall, so daß ihnen goldene Nachttöpfe als Symbol nicht zur Verfügung standen; aber sie erhöhten ihre Körperausscheidungen dadurch, daß sie eine besondere Familie benannten, deren Aufgabe es war, sich um die Exkremente des Königs zu kümmern und sie heimlich ans Meer zu bringen, damit niemand sie in seinen Besitz bringen und dazu verwenden konnte, dem König durch Hexerei zu schaden. Wer dieser Pflicht nicht genügte, wurde hingerichtet. «Diese Familie hatte die Stellung durch ewiges Erbrecht inne, sie wurde ihr nie weggenommen. Es war eine Sache des Schamgefühls.»[24]

Manche Menschen in Hawaii beteten Nuru an, einen Gott der Exkremente. Sie mußten sorgfältig darauf achten, daß ihre Fäzes niemals mit Feuer in Berührung kamen.[25] Die Erschaffung einer solchen Gottheit mag unserem unterdrückten Intellekt vorkommen, als treibe man den Gedanken des Polytheismus ein bißchen zu weit.

Diese Trommeln wurden geschlagen, um die Krönung des neuen Königs zu verkünden, um einen Krieg zu erklären, um den Tod eines der Königskinder bekanntzumachen, um bekanntzugeben, wann der König ein neues Haus bezog, sowie bei Neumond.

Wenn die besondere Trommel, Kaula, mit einer neuen Haut bezogen worden war, wurde für die Haut nicht nur eine Kuh getötet, dessen Blut man in die Trommel laufen ließ, sondern man enthauptete auch einen Mann, dessen Blut ebenfalls in die Trommel rann, damit sie, wenn sie geschlagen wurde, dem König neues Leben und neue Kraft verleihen konnte, die dem Leben des erschlagenen Mannes entsprangen.[26]

Beim Thronfolgerecht ist es, wie wir sehen werden, die Trommel, die den Nachfolger zu einem Mugabe macht und die Thronbesteigung besiegelt. Bei einem Thronfolgekrieg geht es um den Besitz der königlichen Trommel, und viele Banyankole behaupten, daß ein ausländischer König automatisch König von Ankole werden würde, wenn es ihm gelänge, die königliche

Trommel in seinen Besitz zu bringen ... Der vielleicht schlüssigste Beweis für die Richtigkeit der Behauptung, daß die *Bagyendanwa* größer sei als der Mugabe, ist die Macht der Trommel, als Zufluchtsort zu dienen. Wenn ein Manyankole vom Mugabe zum Tode verurteilt worden war, konnte er sein Leben retten, wenn es ihm gelang, den Schrein der *Bagyendanwa* zu erreichen und die Trommel zu berühren. Dann tötete man ihn nicht. Der Mugabe vergab ihm; man ließ ihn frei und setzte ihn wieder in seine früheren Rechte ein.[27]

Bagyendanwa ist die Stammestrommel oder der Fetisch der Banyankole. In der Vergangenheit, so heißt es, wurden bei einer Thronbesteigung der Trommel Menschenopfer dargebracht.[28]

So wie wir etwa die Toilette als Thron bezeichnen, hatten die polynesischen Maori Neuseelands der Latrine gleichfalls eine erhöhte Stellung zugesprochen; die Latrine lag oft in der Nähe des Orts, an dem religiöse Zeremonien stattfanden. Bei einem bestimmten Ritus, der ein den religiösen Gelehrten auferlegtes Tabu beendete, gehörte es zum Akt der Reinigung, daß der Betreffende in das horizontale Brett der Latrine biß, während der Priester bestimmte Gesänge anstimmte.[29] Daß jemand in etwas hineinbeißen muß, was mit Fäkalien zu tun hat, bringt uns zu dem, was möglicherweise die fundamentale Ambivalenz gegenüber Exkrementen ist, zu einer Frage, mit der kleine Kinder zu kämpfen haben, wie sich immer wieder beobachten läßt: ob man sie nun essen soll oder nicht. Der Kapitän des Schiffes, das die ersten Missionare nach Tahiti brachte, erfuhr von einer Praxis, «die so abscheulich schmutzig ist, daß man sie kaum glauben kann ... es soll nämlich in Otaheite und Eimeo eine Gesellschaft gegeben haben, bei deren Zusammenkünften immer menschliche Exkremente gegessen wurden, aber dieser Ritus soll von den anderen Eingeborenen Otaheites später unterdrückt worden sein».[30] Es ist natürlich möglich, daß diese Geschichte nicht der Wahrheit entspricht; aber in diesem Fall wäre es legitim zu fragen, warum jemand sie erfunden hat und warum sie von so vielen Menschen (Tahitianern und Europäern) geglaubt wurde.

Bei der Thronbesteigung des Königs hieß es, er habe ‹Uganda gegessen› oder ‹die Trommel gegessen›; der zweite Ausdruck wurde bei der Amtseinführung eines Häuptlings verwendet.[31]

In Nkore heißt es von jedem, der ein wichtiges Amt antritt, er habe ‹die Trommel gegessen›, ob es sich dabei nun um ein niedriges oder hohes Amt handelt.[32]

Ihre intensive Ambivalenz gegenüber den erhöhenden und erniedrigenden Aspekten der menschlichen Ausscheidung haben die Menschen manchmal dadurch gelöst, daß sie sich mit dem identifizieren, was erhöht ist, und andere in die erniedrigte Position verweisen. Diese Methode hat der Menschheit großes Elend gebracht. Der Widerspruch wird dadurch zwar nicht wirklich aufgelöst, aber die Methode funktioniert leider: Sie ermöglicht es denen, die an die Macht gekommen sind, sich besser zu fühlen. Auf der polynesischen Insel Mangaia war der Status des Kriegers der höchste, und die in der Schlacht getöteten Krieger kamen in den höchsten Himmel. Die Legenden sind voll von Geschichten über alte Krieger, die kaum noch laufen können, die man in den Krieg führt, damit sie dort sterben. In diesem Soldatenparadies war es eines der größten Vergnügungen, den Darm auf ‹die da unten› zu entleeren, die in ihrem zweiten Leben nur einen zweitrangigen Status erreicht hatten.[33]

Und in Tahiti präsentierte sich die Ambivalenz gegenüber den Ausscheidungsfunktionen, die Vereinigung von Erhöhung und Erniedrigung – man könnte sogar sagen, Erhöhung *durch* Erniedrigung –, in dem seltsamsten Ritus von allen. Bei den Krönungsfeierlichkeiten des Königs, als dessen erhöhter Status seinen höchsten Punkt erreicht hatte, kam es zu folgendem Ritual: «Der Häuptling oder König empfing, während er auf einer Matte in der Nähe des Gottesbildes ruhte, etwas, was man als die *höchste* Respektbezeugung der Bevölkerung bezeichnete. Dazu gehörten Tänze und Gesten von schockierender Schmutzigkeit, von stärkster Obszönität, Tänze, bei denen splitternackte Männer und Frauen um den König herumtanzten und versuchten, ihn mit verschiedenen Körperteilen zu berühren – dazu gehörten sogar ihr Urin und ihre Exkremente.»[34]

Die Trommel ist eines der großen menschlichen Symbole, und wie alle großen Symbole repräsentiert sie mehr als nur eine menschliche Verhaltensweise. Sie ist in der Lage, einander widerstreitende menschliche Bedürfnisse gleichzeitig zu befriedigen. Die Trommel kann sowohl dem Bedürfnis nach Ordnung wie dem Drang nach Unordnung dienen. Sie ist furchterregend und beruhigend zugleich. Ihr beständiger Schlag – ihr Puls – ist ein Echo der Körperrhythmen, was unser Selbstgefühl bestätigt; und dennoch, besonders nachts, kündet die Trommel von Schrecken. Unsere eigenen Trommeln geben uns Mut; die Trommeln des Feindes machen uns zu Feiglingen. In alten ostafrikanischen Königreichen war der Gebrauch von Trommeln weit verbreitet, um die Menschen in Krisenzeiten zusammenzurufen, die politische Ordnung zu stärken oder das Königtum, die Hierarchie, die Autorität, die

Kontrolle, die Gerechtigkeit und die Gnade. Mit dem anderen Schlag war das Ertönen der Trommel aber auch ein Ruf nach Menschenblut, und zwar nach dem Blut der geopferten Person oder dem des Kriegers.

Die Psychoanalytikerin Melanie Klein, die vieles zur Erhellung der Hintergründe des Drangs nach Grausamkeit beigetragen hat, stellte die Hypothese auf, daß solche Sehnsüchte schon im Säugling der ersten Lebensmonate vorhanden seien. Es ist unmöglich, genau zu erfahren, was ein zwei Monate altes Kind denkt, fühlt oder phantasieren mag; aber jeder, der ein Kleinkind in diesem Alter versorgt hat, weiß, daß es bereits auf Musik reagiert, auf bestimmte rhythmische Muster und auf Vibrationen, die im Körper widerhallen. Man kann wohl davon ausgehen, daß die rhythmische Arbeit des Herzens und der Lungen (sowohl der Mutter wie des Kindes) und die Vibrationen der Stimmbänder, der Ohren sowie der oberen und unteren Höhlungen des Rumpfes einen Mechanismus liefern, mit dem das Kind die gute und die schlechte Fürsorge, die es von der Außenwelt erhält, in sich wahrnehmen kann. Diese Vermutung wird auch durch die Alltagssprache bestätigt, etwa durch den amerikanischen Ausdruck ‹good vibes› (gute Vibrationen), der zu einem Synonym für Wohlbefinden geworden ist. Die Vorstellung, daß der untere Teil des Rumpfes, der die Eingeweide enthält, einen Resonanzboden für den Klang von Trommeln bildet, mag auch erklären, warum Trommeln zu archetypischen Symbolen von sowohl Grausamkeit wie Kontrolle geworden sind, jener großen Umwandlungen der Analität.

In Legenden und Geschichten wird zwischen Ausscheidungsfunktionen und Grausamkeit eine direkte Verbindung hergestellt. In einer Legende aus Hawaii heißt es, daß Kila sich an Mua rächen wollte. Kila brachte ihn mit einem Trick dazu, sich mit dem Gesicht nach unten in ein Kanu zu legen, worauf Kilas Männer Mua festhielten und auf ihn urinierten, bis sein ganzer Körper benäßt war. Zwei Tage lang hielten sie ihn auf diese Weise fest, bis er ertrank.[35] In der hawaiischen Geschichte heißt es, daß Ka-lani-opuu, der die Insel Hawaii bei der Ankunft Cooks regierte, in einer Schlacht eine Niederlage erlitt und seinen Zorn an den Bewohnern einer Gegend ausließ, die er erobert hatte. Er tötete einige von ihnen, bestrafte andere aber dadurch, daß er ihnen in die Augen urinierte.[36]

In Buganda ging der puritanische König Suna so auf Reisen, wie Buganda-Könige immer reisten, nämlich auf den Schultern eines Trägers. Plötzlich, im Lager eines Volkes namens Abakeerere, rutschte der Träger auf einem Fladen Kuhmist aus und hätte um ein Haar den *kabaka* fallen lassen. Da bei einem solchen Zwischenfall immer dem Träger die Schuld gegeben wurde, log er und sagte, es seien menschliche Exkremente gewesen, die den Beinahe-Unfall verursacht hätten. Menschliche Ausscheidungen durften jedoch nicht auf offener Straße herumliegen. Suna glaubte seinem Träger und ließ dreihundert Bakeerere hinrichten.[37]

Die von Kabaka Suna geübte Grausamkeit war in fortgeschrittenen komplexen Gesellschaften durchaus nicht ungewöhnlich. Es gab nicht nur zahlreiche Menschenopfer, sondern auch eine ungeheure Vielzahl von Äußerungen willkürlicher, grundloser Grausamkeit, vor allem bei den Trägern der politischen Macht. Wenn man immer wieder von solcher willkürlicher Brutalität liest, fühlt man sich in die irrsinnige Welt der Roten Königin im Wunderland versetzt; aber hier läßt der Schrei: ‹Runter mit ihrem Kopf› echtes Blut fließen. Grant, der mit Speke reiste, erzählt von einem Offizier Mutesas, der von dem König für einen geleisteten Dienst zur Belohnung einen Sklaven erhielt. Der Mann hatte die Kühnheit und Dummheit, noch mehr zu verlangen. Man schnitt ihn gleich im Thronsaal mit Messern aus Schilfrohr in Stücke. «Seine Gliedmaßen trug man offen fort, während der Rumpf in Tuch gewickelt wurde.»[38] Speke fügt hinzu, daß Mutesa, der von Speke das Schießen gelernt hatte, einmal eine Frau beobachtete, die zur Bestrafung weggeführt wurde, auf sie feuerte und auf der Stelle tötete.[39] Sollten wir der Meinung sein, diese beiden Forschungsreisenden hätten im Fieberwahn phantasiert oder zu Horrorgeschichten geneigt, haben wir da immer noch das Zeugnis des Forschungsreisenden Linant. Mutesa brüstete sich Linant gegenüber einmal, wie gut er zielen könne, «richtete sein Gewehr absichtlich auf eine seiner Dienerinnen und schoß ihr das Gehirn weg».[40]

Dieses willkürliche Leiden bei Hof war so allgegenwärtig, daß einige Häuptlinge und Clans, die ihre Kinder als Pagen in den königlichen Palast entsenden sollten, statt dessen ihre Diener schickten, um das Leben ihrer Kinder zu retten.[41] Dies trotz der Tatsache, daß eine politische Karriere winkte, wenn der *kabaka* mit einem Pagen zufrieden war. Einer der lobpreisenden Namen des *kabaka* war der Spruch: «Er, der mit den Eltern des Mannes, den er tötet, kein Mitleid hat.»[42] Wenn ein Page bei Hofe wegen eines kleineren Vergehens hingerichtet wurde, erwartete man von seinen Eltern, daß sie in den Palast kamen und sich bei dem König bedankten, weil er sich ihres ungehorsamen Sohns entledigt habe; und überdies mußten sie ein anderes Kind mitbringen, um das hingerichtete zu ersetzen.[43]

Einige dieser Geschichten sind so grotesk, daß man sich versucht fühlt, sie gegen den Vorwurf in Schutz zu nehmen, sie seien unwahr und müßten erfunden sein. Aus Hawaii liegt uns jedoch das Zeugnis John Papa Iis vor, der selbst Page Liholihos, des Sohns von Kamehameha, war und später zum zweiten König des vereinigten hawaiischen Staates wurde. Ii, der von sich in der dritten Person spricht, sagt, er «habe den Spucknapf des jungen Häuptlings vor sich hergetragen, sei um ein Haar dem Tod entronnen, als der Deckel des Spucknapfs irgendwie wegrutschte, ihm auf die Knie fiel und wieder hochsprang. Es sei ihm gelungen, den Deckel aufzufangen, und so sei er mit dem Leben davongekommen; denn wäre der Deckel heruntergefallen, wäre sein Schicksal (Hinrichtung) gewesen. So sei er nur kritisiert worden, weil er den Ritus vergessen habe, daß ein Spucknapf stets im Nacken oder hinten auf der Schulter getragen werden mußte, so daß man nie auf den Deckel treten konnte, falls dieser herunterfiel. Der Junge wurde sehr nervös, da die Häuptlinge ihn beobachteten und sich über sein knappes Davonkommen unterhielten. Als die Häuptlinge zu Hause ankamen, erzählten sie einigen Leuten, wie er den Hügel des Todes überschritten habe.»[44]

Die sonnigen, glücklichen Inseln des Pazifik konnten es an Grausamkeit durchaus mit dem dunkelsten Afrika aufnehmen. Die Überlieferung zeigt, daß einige der Chef-Gouverneure Hawaiis unter Kamehameha Menschen töteten, um deren Fleisch als Haifischköder zu verwenden,[45] und daß Finow I. in Anwesenheit William Mariners darum bat – und die Bitte wurde erfüllt –, einer der Gefolgsleute des Königs möge aus der Bramstenge eines Schiffes herausgeschossen werden, bloß weil dieser «ein gewöhnlicher, vulgärer Bursche sei (ein Koch); außerdem seien weder sein Leben noch sein Tod für die Gesellschaft von irgendwelcher Bedeutung».[46]

Wenn wir uns der Grausamkeit in Buganda zuwenden, können wir beobachten, wie eng die Menschen sich in ihrem Leben an die Mythen hielten. Wie es in fortgeschrittenen komplexen Gesellschaften so oft geschah, schienen Mythen und Legenden bestimmte Verhaltensweisen zu rechtfertigen. Wir erzählen Märchen von menschenfressenden Riesen, wissen aber, daß Menschen so etwas heute nicht mehr tun. Wir haben jedoch das Gefühl, daß die in komplexen Gesellschaften lebenden Menschen nicht klar zwischen mythischen und tatsächlichen Verhaltensweisen unterschieden. Die Legende vom Katinvuma-Clan, die Roscoe erzählt hat, klingt nicht unwahrscheinlicher als die willkürlichen Grausamkeiten Mutesas.

Katinvuma sind kleine Samenkörner, die man an einer Halskette trug, bevor es Glaskugeln gab. Einmal spielten ein paar Kinder miteinander, und ein Mädchen schnappte sich plötzlich von einem anderen die Katinvuma-Kugeln, die es am Hals trug, und steckte sie in den Mund. Die kleine Übeltäterin hatte keine Lust, die Kugeln zurückzugeben, und schluckte sie herunter. Die Mütter der beiden Kinder erschienen auf der Bildfläche. Obwohl die Mutter des schuldigen Kindes sich erbot, die Kugeln zu ersetzen, wurde dieses Angebot von der Mutter des Opfers abgelehnt. Sie wollte nur die *gestohlenen* Samenkörner akzeptieren. Den Gesetzen der Vergeltung gemäß wurde das Mädchen, das die Samenkörner heruntergeschluckt hatte, den Eltern des Mädchens übergeben, dem sie weggenommen worden waren. «Sie töteten sie, öffneten den Körper und nahmen die Samenkörner aus dem Magen. Von dieser Zeit an weigerten sich die Angehörigen des ermordeten Kindes, Kugeln zu tragen, und diese wurden zum Totem des Clans.»[47]

Bevor wir den Charakter der Grausamkeit verstehen können, müssen wir uns klarmachen, daß sie bei denen, die zu ihr greifen, eine psychologische Funktion erfüllt; Grausamkeit ist ein Abwehrmechanismus des Ich zur Abwendung der drohenden Vernichtung. Wenn das Ich mit Zerstörung bedroht wird, kann es sich aus Gründen, die zu erklären fast unmöglich ist, seine Existenz nur dadurch behaupten, daß es andere leiden läßt. Wir sprechen dabei selbstverständlich nicht von einem reifen oder gesunden Ich; aber daß es in der Welt noch immer soviel Brutalität gibt, deutet darauf hin, wie selten ein solches gesundes und reifes Ich ist. Daß Grausamkeit eine Form der Abwehr ist, daß sie einer psychischen Funktion dient, erlaubt uns die Erkenntnis, daß sie in enger Beziehung zur Kontrolle steht. Was diese beiden menschlichen Verhaltensweisen im Kopf und in den Eingeweiden zusammenbringt, ist der Umstand, daß beides Methoden sind, mit Panik fertig zu werden. Panik ist das Problem – Grausamkeit und Kontrolle sind ‹Lösungen›.

Erst müssen wir Panik, Furcht, Angst und Schrecken verstehen. Erst wenn wir mehr darüber wissen, was in fortgeschrittenen komplexen Gesellschaften lebende Menschen fürchteten, können wir besser verstehen, auf welche Weise sie Grausamkeit übten. Es scheint mir klar zu sein, daß der Zusammenbruch des Sippensystems in diesen Gesellschaften eine enorme Zunahme der Angst zur Folge hatte, da die Menschen von ihren Angehörigen und der Geborgenheit einer bekannten Struktur getrennt wurden. Der König, die große symbolische Verkörperung des nicht auf den Sippenverband gegründeten Staates, durfte – man erwartete es sogar – die schlimmsten Formen der Grausamkeit ausleben. Er war der Ersatz und hatte die Aufgabe, die Angst der gesamten Gesellschaft zu mildern. Wir werden zu dieser Frage zurückkehren, wenn wir sowohl das Königtum wie das Sippensystem einer näheren Betrachtung unterzogen haben. Im Augenblick mag es genügen, Grausamkeit, Kontrolle, die Eingeweide und die Trommeln in einen Zusammenhang gebracht zu haben.

Kimenya der Zwerg: «Hofnarr» bei Spekes Expedition

Musiker in einem ostafrikanischen Königreich

16

Die Muse des Gesangs:
von Barden, Narren, Rätseln
und der Geburt des Theaters

Ein Bote lud uns jetzt ein, mit dem Gouverneur zu Abend zu essen, und kurz darauf setzten wir uns zu ihm und seinen Freunden an seine gastfreundliche Tafel. Unsere Mahlzeit wurde nicht von dem fröhlichen Klang einer Harfe oder Spiel und Gesang eines wandernden Musikanten begleitet, jedoch durch einen interessanten jugendlichen Barden belebt, der zwölf oder vierzehn Jahre alt war und in dem großen Raum, in dem wir uns versammelt hatten, auf dem Fußboden saß. Während der Mahlzeit besang er in monotonem, aber angenehmem Tonfall die Taten früherer Häuptlinge, der Vorfahren unseres Gastgebers. Seine Finger zupften zwar keine klassische Leier, sondern schlugen auf eine Weise, die seinem Gesang entsprach, eine einfache kleine Trommel, eine wunderschön dekorierte Kalebasse, die oben mit einem Stück Haifischhaut bedeckt war. Der Gouverneur und dessen Freunde waren mit seiner Darbietung offensichtlich zufrieden, und der Junge schien sich durch ihre Billigung belohnt zu fühlen.[1]

Durch diesen sanften Schock des Wiedererkennens fühlte sich der Reverend Ellis, der in den 1820er Jahren durch Hawaii reiste, in das heroische Zeitalter Griechenlands zurückversetzt. Hätte der Barde in der Halle des Gouverneurs begonnen, die traurige Geschichte der Plünderung Trojas zu besingen, wäre die traumhafte Qualität des Erlebnisses vielleicht noch gesteigert worden.

Offizielle Hofsänger und Erzähler finden wir in fast allen komplexen Gesellschaften. Mochten sich die Kulturen Hawaiis, Tahitis und Bugandas in Fragen des Königtums, der Sippe, der Religion und der Weltanschauung auch unterscheiden, so brauchten sie aber alle Dichter, die ihre Vergangenheit sowie Ruhm und Kümmernisse ihrer Gegenwart besingen konnten. In Hawaii gehörten einzelne Barden zum Haushalt der Könige oder der wichtigen Gouverneure. Es gab auch Gruppen von Wandermusikanten, welche die Inseln bereisten, in den Häusern der großen Häuptlinge willkommen geheißen wurden und dort bei öffentlichen Festen ihre

Darbietungen zum besten gaben. In diesen Gesängen wurden zwar auch die vergangenen Ruhmestaten einzelner Adelshäuser besungen; die zustimmendsten Reaktionen lösten jedoch die Lieder aus, die an Ereignisse von nationaler Bedeutung erinnerten. Die Stellung eines Barden war erblich und wurde vom Vater auf den Sohn weitergereicht; manche Gesänge wurden nur von bestimmten Dichterfamilien vorgetragen. Der persönliche Hofsänger des Königs erbte und komponierte Lieder, in denen die Geschichte des Königshauses erzählt wurde. «Welche Mängel diese Darbietungen, die als Kunstwerke angesehen wurden, auch haben mochten, sie hatten dennoch große Wirkung; sie waren höchst melodiös, wurden mit klagendem Grundton oder wilder Begeisterung vorgetragen und lösten große Gefühlsstürme aus.»[2]

Wie Homer waren viele dieser Sänger blind. Von Hawaii wissen wir, daß nur der Barde des verstorbenen Königs sein Augenlicht verloren hatte;[3] aber in Buganda deutet die Überlieferung darauf hin, daß alle Dichter-Sänger geblendet waren. Einige Baganda meinten, das «trage zur Erhöhung der Kunst der Barden bei».[4] Andere wiesen darauf hin, daß ein Barde sich dann durch die schönen Frauen am Hofe weniger in Versuchung führen lassen werde, da er nicht sehen könne. Wie es scheint, hat der Entwicklungsstand einer Gesellschaft keinen Einfluß auf die Tatsache, daß ein großer Entertainer eine starke sexuelle Anziehungskraft ausübt.

Diese Erklärungen, obwohl plausibel, scheinen jedoch nicht angemessen zu sein. In einem Konzert schließen wir die Augen, um die Musik tiefer in uns aufnehmen zu können; manche tun es auf der Couch des Analytikers, damit das irrationale Material an die Oberfläche dringen kann. Der Poet ist eine Art Schamane; er erreicht Orte, die andere nicht finden können. Als Ödipus einen Einblick in den irrationalen Teil seiner Seele erhielt – einen Einblick von übermächtiger Kraft –, blendete er sich selbst. Der Barde in Buganda gab sein Augenlicht auf, damit seine dichterische Gabe größer wurde. Damit sind wir wieder beim Opferplatz.

Die Überlieferung, daß der große Homer blind war, kann mehr sein als nur eine schöpferische Legende. Der archaischen Zivilisation des alten Griechenland ging eine komplexe Gesellschaft voraus. Es kann sein, daß die Poeten dieser Gesellschaft auch auf ihr Augenlicht verzichten mußten. Die Geschichte des blinden Homer kann durchaus ein Schatten jenes Zeitalters gewesen sein.

In einer Gesellschaft ohne Zeitungen, ohne Bücher, Radios, Plattenspieler, Kinos und Fernsehen müssen die Menschen nach der Anwesenheit eines begabten Dichters oder Geschichtenerzählers geradezu gehungert haben. Auf Tahiti, wo es noch nicht zur Blütezeit starker Monarchien gekommen war, reisten solche Künstler von Ort zu Ort und «wurden nicht nur willkommen geheißen, sondern aufgefordert, jederzeit wiederzukommen, wohin sie auch kamen».[5]

In Hawaii war es ähnlich wie bei den Angelsachsen oder Wikingern, wenn ein Barde sich den Hof eines starken Königs aussuchte, um sich dort für immer niederzulassen. Einige dieser Schamanen-Dichter Hawaiis waren so berühmt, daß sich um ihr Andenken Legenden rankten. Einer von ihnen hieß Namaka und lebte in der Generation vor Kamehameha I. Er stammte von der Insel Kauai, wo er sich in «Politik, Rednerkunst, Genealogie, Speerwerfen, der Gestaltung der Erdoberfläche, dem Knochenbrechen, dem Felsenspringen und der Auslegung von Vorzeichen» vervollkommnet hatte.[6] Namaka war entschlossen, einen Herrn und Meister zu finden, dem er sich mit ganzer Kraft zur Verfügung stellen konnte, und wählte Kalaniopu aus Hawaii aus. Er begab sich von Kauai aus auf die Reise und kam erst in Oahu an. Als er hörte, daß ein gewisser Pakuanui ein geschliffener Debattenredner und zudem Experte im Knochenbrechen war, forderte Namaka ihn zu einem geistigen Wettstreit heraus. Es war kein richtiger Kampf, aber ein überwältigender Triumph für Namaka. «Die geistigen Pfeile flogen, brillant wie der Regenbogen, der sich über den *hau*-Bäumen von Kahaukomo wölbt, der seine Farbe dem *ulalena*-Regen leiht, den die *kiowao*-Brise gegen das *pali* weht und das *kawelu*-Gras von Lanihula beugt; rasch wie die Windstöße, welche die Blätter des *lehua*-Schlinggewächses von Malailua bewegen. Sein Wissen kannte keine Grenzen. Er entwand sich dem Griff Pakuanuis wie ein Aal oder schlängelte sich ihm durch die Finger wie ein schlanker *opule*-Fisch; vor einer schwierigen Frage tauchte er weg wie unter einem Schlag, der auf die Nase zielt.»[7]

Der über seine Niederlage erzürnte Pakuanui stieß Namaka mit einer raffinierten Fußbewegung über den Felsen, als sie gerade einen sehr steilen Pfad hinuntergingen. Beobachter sagten, Namaka sei wie ein Habicht geflogen und wie ein Drachen gesegelt, als der Wind sich drehte, und habe sich schließlich im Wipfel eines Baums niedergelassen. Namaka zog nach Maui weiter, wo er von ein paar Felsen hinuntersprang, um auf die Bevölkerung Eindruck zu machen, und reiste dann nach Hawaii weiter.

Als Namaka am Endpunkt seiner Reisen angekommen war, mußte er zu seiner Enttäuschung erfahren, daß sich König Kalaniopu schon unter die Fittiche eines anderen Zauberers aus Kauai begeben hatte. Also fand Namaka in Hinai einen Herrn und Meister, einem Häuptling in Waimea. Er hoffte, daß Hinai ihn später dem König empfehlen werde, wenn er seine Fähigkeiten erst einmal unter Beweis gestellt hatte. Er brachte Hinai daher einige seiner Fähigkeiten bei, vor allem das Felsenspringen, und die Felsen, von denen sie hinuntersprangen, wurden noch Jahre nach Hinais und Namakas Tod den Menschen gezeigt.[8]

Die mündliche Dichtung Hawaiis und die des Westens sind grundverschieden angelegt. Der Arbeit von Milman Parry, Alfred Lord und anderen zufolge hat der Westen immer großes Gewicht auf den Gesang *einzelner* Poeten gelegt. Demgegenüber fällt auf, daß die meisten langen epischen Gedichte Hawaiis von einem Bardenkomitee komponiert wurden. Nachdem sich die Gruppe zusammengesetzt hatte, wurde erst einmal über das Thema diskutiert. Einer der Dichter begann mit der ersten Zeile; die anderen kritisierten und korrigierten ihn, bis man sich auf die endgültige Fassung geeinigt hatte; dann erbot sich ein zweiter Sänger, die zweite Zeile zu liefern. Auf diese Weise entstanden Gedichte von mehreren tausend Zeilen. Der poetische Geist war in dieser Kultur so allgegenwärtig, daß fast jeder als Verseschmied qualifiziert war. Manchmal rief ein hochgestellter Beamter seine wichtigen Untergebenen und fähigsten Krieger zusammen, um ein episches Gedicht verfassen zu lassen; er wählte ein Sujet aus und beauftragte jeden Untergebenen, eine Verszeile vorzubereiten. Die Verse der einzelnen wurden von der ganzen Gruppe kritisiert und verbessert, bis das Epos von allen akzeptiert war.[9]

Die Dichtkunst Hawaiis war enorm komplex und hat sich bislang jeder angemessenen Übersetzung entzogen. Der Dichter Padraic Colum hat einmal bemerkt, daß «jedes hawaiische Gedicht mindestens vier Bedeutungen hat: 1. die scheinbare Bedeutung der Wörter; 2. eine vulgäre Doppeldeutigkeit; 3. einen mythologisch-historisch-topographischen Sinn; und 4. den Kauna oder tief verborgenen Sinn. Ich habe einmal mit offenem Mund dagesessen, als mir ein Gedicht von zwölf oder zwanzig Zeilen nach und nach von einem Gelehrten erklärt wurde, der mir einen Sinngehalt nach dem anderen enthüllte. Dieser Mann wußte etwas von der esoterischen Tradition Hawaiis.»[10]

Die poetische Tradition Hawaiis war fruchtbarer als die Tahitis oder Bugandas. Wie die alten Griechen, mit denen man sie durchaus vergleichen kann, besaßen die Hawaiianer eine große Vielfalt poetischer Formen und hatten das Bedürfnis, ihre Dichtkunst zu systematisieren: Es gab *mele kaua,* Kriegsgesänge; *mele kuihuna,* Genealogien und Gesänge, in denen die Leistungen historischer und legendärer Gestalten gepriesen wurden; *mele kuo,* Lobgesänge; *mele oliole,* lyrische Lieder und Oden; *mele paeaea,* «provokante Lieder vulgärer Art, die wir nicht unbedingt erwähnen müssen»; *mele inou,* Gesänge über eine Sippe sowie Loblieder; *mele ipo,* Liebeslieder; *mele kanikau,* Klage- und Trauerlieder; *mele pule,* Gebete.[11]

Das alte Buganda ähnelte dem alten Rom darin, daß der Staat über alles ging, und auf dem Altar der politischen Macht wurde viel poetische Schöpferkraft geopfert. Die blinden Barden von Buganda sangen meist Loblieder auf den König oder andere hochgestellte Beamte, Kriegslieder, Klagelieder für tote Würdenträger und Krieger, vor allem aber besangen sie die Ahnen des *kabaka.*[12] Die Rezitation dieser genealogischen Texte war ein gefährliches Unterfangen: Ein einziger Fehler konnte für den Barden den Tod bedeuten. In dem alten afrikanischen Königreich Ashanti standen zwei Henker hinter den Dichtern, bereit, jeden Fehler zu bestrafen, der ihnen bei diesen historischen Lobliedern auf die Könige unterlief.[13]

Den Fürsten Hawaiis war die Geschichte ihrer Vorfahren genauso wichtig:

> Die Arbeit, Genealogien zu einem hymnischen Gesang zu verweben, mit dem der Vorfahren einer Familie gedacht wurde, war Aufgabe eines *Haku-mele* oder ‹Gesangsmeisters›, der zum Hofstaat eines Häuptlings gehörte ... Er nahm im Haushalt einen ehrenvollen Platz ein. Er hatte die Pflicht, Gesänge zu komponieren, in denen die Heldentaten der Familie glorifiziert wurden, und überlieferte Taten der Nachwelt zu bewahren, vor allem aber, den Stammbaum mit all seinen Verästelungen festzuhalten. Da die Schrift unbekannt war ... nahm ein solcher Gesangsmeister meist zwei oder drei Kollegen zu Hilfe, um den Feinschliff zu erarbeiten, eine Zeile auswendig zu lernen oder sie um eigene Beiträge zu bitten. Vor allem Stammbäume mußten von mehr als nur einem Rezitator beherrscht werden.[14]

Uns liegen keine Hinweise darüber vor, ob bestimmte Barden die Freiheit hatten, nicht nur dem Monarchen oder dem Adel zu dienen, sondern auch eigene Lieder zu singen. Alles deutet darauf hin, daß sie keine unabhängige Existenz führten. Es war ein Zeitalter epischer und nicht lyrischer Dichtkunst, und in der epischen Dichtung ist schon immer von Königen und Edelleuten gesungen worden. Was wir über komplexe Gesellschaften wissen, legt den Schluß nahe, daß die epische Dichtkunst zur Zeit ihrer Entstehung das gleiche tat. Helden und die Dichtkunst, die ihr Loblied singt, sind die Stützen des Individualismus; die Gleichheit der primitiven Gesellschaft war beiden fremd. Die Individuation vom Sippensystem war eine notwendige Vorbedingung für die Geburt der epischen Dichtkunst.

In einer Beziehung jedoch dienten die Barden der komplexen Gesellschaft den Bedürfnissen der gesamten Gemeinschaft: nämlich im Krieg. Aus Tahiti berichtet uns Ellis folgendes:

> Hauptaufgabe dieser Rautis (Barden) war es, die Truppen dadurch in Kampfbereitschaft zu versetzen, daß sie ihnen von den Heldentaten ihrer Vorväter erzählten, vom Ruhm ihres Stammes oder ihrer Insel, von den kriegerischen Kräften der ihnen wohlgesinnten Götter und von den Interessen, die auf dem Spiel standen. Sie waren in der Ausführung ihrer Pflichten unermüdlich und gingen Tag und Nacht durch das Lager, um die Kampfeslust der Krieger zu steigern. Am Tag der Schlacht marschierten sie mit der Armee zum Angriff, mischten sich ins

Kampfgetümmel und eilten zwischen den Kombattanten hin und her, munterten sie mit der Rezitation von Heldentaten auf oder stachelten sie zu Höchstleistungen der Kühnheit und des Kampfesmuts an.[15]

Die beiden großen Themen der epischen Dichtkunst sind aristokratische Helden und die Kriegskunst: ‹Ich besinge die Waffen und den Mann.› Es ist schon immer so gewesen.

Die Aristokratie steht als Klasse mit den Bürgerlichen als Klasse in Verbindung, so wie Erwachsene mit Kindern oder Eltern mit Kindern. Es liegt etwas Absurdes in der Vorstellung, daß einige Menschen in den Status und die Macht von Erwachsenen hineingeboren werden ohne Rücksicht auf ihre Fähigkeiten, so wie es ebenfalls absurd ist, daß Eltern die Macht von Erwachsenen haben, ob sie nun zur Kindererziehung geeignet sind oder nicht. Ein objektives Korrelat dieser beiden Absurditäten ist der Zwerg – ein Wesen, das erwachsen wird, während es das Aussehen eines Kindes behält; das Gesicht wird älter, obwohl der Körper sich weigert, weiterzuwachsen. Aristokratie und Monarchie haben aus einem menschlichen Bedürfnis heraus, die Wahrheit zu sagen, den Wunsch entwickelt, die Absurdität ihrer eigenen Stellung lächerlich zu machen. Der Zwerg, der Hofnarr und der Dummkopf erschienen gleichzeitig mit dem Fürsten und dem Monarchen sowie deren Machtansprüchen auf der Bildfläche. Der Dummkopf und der Narr sind dazu dagewesen – manchmal auf komische, gelegentlich auch tragische Weise –, die Diskrepanz zwischen ererbtem Erwachsenenstatus und individueller Unfähigkeit zu unterstreichen. Der Narr König Lears und Kapitän Ahabs Kajütenjunge Pip weisen uns mit aller Schärfe auf die katastrophalen Implikationen von Situationen hin, in denen die Mächtigen sich weigern, sich der Lage auf verantwortliche, reife Manier gewachsen zu zeigen.

Solche tragische Einsicht war den ersten Inhabern aristokratischer Macht nicht gegeben, aber sie bedurften tatsächlich des Zwerges, des Hofnarrs und des Dummkopfs. In Tonga gab es zwar keine offiziellen Hofnarren; jedoch übernahmen von Zeit zu Zeit einzelne die Rolle des *fakatakataka* und amüsierten die Edelleute mit ihren Possenspielen. Auf Vavau übernahm ein Mann namens Kahu für den Fürsten dieser Insel diese Rolle. Er machte sich über die Schwächen anderer Menschen lustig und besaß eine große Redefreiheit bei seinen Versuchen, den Fürsten zum Lachen zu bringen. Bei einer Gelegenheit ließ er sich wie ein Schwein zusammenschnüren, das am Spieß geröstet werden soll, und zu einem Festmahl tragen.[16]

Bei seiner Rückkehr aus Buganda kam Speke durch Bunyoro, das von Kamrasi regiert wurde, einem Monarchen, der den Kontakt mit den weißen Forschungsreisenden auf ein Minimum zu beschränken wünschte. Als eine Geste der Freundschaft, aber auch der Distanz, befahl Kamrasi «einen Zwerg namens Kimenya zu uns... Ein kleiner alter Mann, der weniger als neunzig Zentimeter groß war, besuchte uns mit einem Spazierstock, der größer war als er selbst, sprach sein Salaam und setzte sich gelassen hin. Dann stand er auf und tanzte, begann ohne Aufforderung zu singen und bot uns danach seltsame Possenspiele. Schließlich führte er uns den Tambura oder Wechselmarsch vor, wobei er die Wakungu (Spekes Männer) nachmachte und deren Worte wiederholte, und er endete mit einer Forderung nach Simbi oder Porzellanschnecken, indem er bescheiden sagte: ‹Ich bin ein Bettler und möchte Simbi, und wenn ihr nicht fünfhundert entbehren könnt, müßt ihr mir aber mindestens vierhundert geben.›»[17] Das war zwar keine großartige Aufführung, aber man darf nicht vergessen, daß Afrika sehr weit von Piccadilly entfernt liegt.

Das alte ostafrikanische Königreich Ruanda war eine Gesellschaft mit einem starren Klassensystem. Die Aristokratie der Tutsi herrschte tyrannisch über die bürgerlichen Hutu. Am unteren Ende der sozialen Stufenleiter stand die kleine Gruppe des mit den Pygmäen verwandten Volkes der Twa. Sie wurden als Vasallen des Königs angesehen, obwohl viele von ihnen in den Haushalten des Hochadels lebten und dort viele spezialisierte Funktionen übernommen hatten: Sie arbeiteten als Choreographen, Musiker und Possenreißer. Daneben übten sie aber auch – was an die italienische Renaissance erinnert – eine Reihe düsterer Berufe aus wie Mörder, Henker, Folterknechte und beschafften ihren adligen Herren auch junge Mädchen.[18]

Auch wenn Zwerge und Narren sich über die Prätentionen des Adels lustig machen, so betonen sie gleichzeitig die auf ewig untergeordnete Stellung der Bürgerlichen, die dem Adel niemals gleichgestellt sein werden. Ein Bürgerlicher hat etwa die gleiche Chance, ein Edelmann zu werden, wie ein Twa, so groß zu werden wie ein Tutsi. Wie bei so vielen Symbolen im gesellschaftlichen und politischen Leben liegt auch in der Existenz des Zwerges, des Dummkopfes und des Hofnarren ein doppeldeutiger Sinn.

Es gab einmal eine Zeit in der Weltgeschichte, in der Rätsel noch mehr waren als ein Zeitvertreib für Kinder, eine Zeit nämlich, so lehren uns die Geschichten, in der ein Rätselwettstreit zu einer Angelegenheit von Leben und Tod werden konnte. In der altgriechischen Provinz Böotien hatte eine bösartige Sphinx die Stadt Theben mit ihrem Fluch belegt. Sie saß am Stadttor und stellte allen Reisenden ein nicht sehr schwieriges Rätsel – Welches Geschöpf geht am Morgen auf vier Beinen, am Tage auf zwei Beinen und am Abend auf drei Beinen? Zunächst waren alle Reisenden unfähig, die richtige Antwort zu geben, und zahlten dafür mit dem Leben. Ödipus aus Korinth, der von den Göttern zu einem ungewöhnlichen Leben ausersehen worden war, kannte die Antwort: der Mensch. Den Regeln des Wettstreits folgend tötete Ödipus die Sphinx und befreite die Stadt.

Im alten Hawaii galten den Sagen zufolge die gleichen Regeln auch für die legendären Rätselwettbewerbe. Ein getreuer Sohn, der unterwegs ist, den Tod seines Vaters zu rächen, begegnet den Mördern und verwickelt sie in einen wütenden Wettstreit über Wortbedeutungen und Rätsellösungen. Nach einer erschöpfenden Schlacht gewinnt der Sohn. Die Männer wurden hingerichtet und in einem Ofen gekocht. «Die Knochen wurden von allem Fleisch entblößt. So bestrafte er die Männer, die den Tod seines Vaters verursacht hatten.»[19] Man kann vermuten, daß das in einer früheren Version der Geschichte von den Knochen abgelöste Fleisch gegessen wurde, so wie es auch eine frühere thebanische Version gegeben haben kann, in der die Sphinx all jene aufaß, die das Rätsel nicht lösen konnten.

In manchen Legenden aus Hawaii haben die Reisen des Helden keinen bestimmten Zweck, und man trifft sich nur zu Rätselwettbewerben, bei denen es um Leben oder Tod geht – wie bei den Rittern der europäischen Romantik, die durch die Wälder streiften und anderen Rittern begegneten, mit denen sie kämpften – aus bloßem Vergnügen am Kampf.

Am festgesetzten Tag gingen Kepakailiula und sein Freund zum Haus des Königs. Als sie eintraten, sah der König sie an und rief aus: «Der Fremde soll sich hierher setzen.» Sobald sie beide saßen, sagte der König: «Möchte der Fremde sich an dem Spaß beteiligen?» Kepakailiula erwiderte: «Ja.» – «Ich habe zwei Rätsel», sagte der König. «Wenn sie richtig gelöst werden, wird man mich im Ofen kochen. Wenn sie nicht gelöst werden, werdet ihr im Ofen gebacken. Das sind die Bedingungen.» Dann stellte der König die erste Aufgabe.

Geht ganz herum, tretet auf den Boden,
Hört auf, reserviert dabei einen bestimmten Platz.

«Das zweite Rätsel lautet so:»

Die Männer, die stehen
Die Männer, die liegen
Die Männer, die gefaltet sind.

«Dies sind meine Rätsel, und ich wünsche, daß der Fremde das versteht. Wenn du die richtige Antwort gibst, wirst du am Leben bleiben, aber wenn du sie nicht kennst, werde ich dich töten. Ich werde dich im Ofen backen.» Als Kepakailiula sah, daß der Ofen schon erhitzt war, nannte er die Antwort des ersten Rätsels.

«Es ist ein Haus. Es ist rundherum gedeckt, und nur der Eingang bleibt frei.» – «Ja, du hast die richtige Lösung meines Rätsels genannt; das zweite muß aber noch gelöst werden. Wenn es

dir nicht gelingt, werde ich dich töten.» Kepakailiula sah den
Ofen an, und als er sah, daß man die Steine zur Seite warf, löste
er das zweite Rätsel:

> Es ist auch ein Haus.
> Die Stäbe, die stehen.
> Die Bretter, die ausgelegt werden.
> Das Gras, das gefaltet ist.

«Was! Wer hat es dir verraten?» Während der König sich noch
wunderte, wurde er von Kukaea in den Ofen geworfen.[20]

Wir sind mit der Vorstellung vertraut, daß Schwerter, Speere, Steine,
Stäbe, Gewehre und Bomben töten können. Wir können uns nur noch
vage daran erinnern, daß es einmal eine Zeit gegeben hat, in der auch
Worte töten, in der die richtige Beantwortung von Worträtseln einem
Menschen eine unbestrittene Macht geben konnten.

Nicht alle Rätsel hatten so tödliche Folgen. Die Rätsel der Angelsachsen, die einer komplexen Gesellschaft schon sehr nahe gekommen waren,
gehören zu den großen Freuden einer fruchtbaren literarischen Tradition.
Manche dieser Rätsel waren sehr kompliziert und bestanden aus mehr als
fünfundzwanzig Gedichtzeilen. Die Rätsel Hawaiis waren einfacher und
ohne die Komplexität ihrer angelsächsischen Gegenstücke: «Mein Mann
kann nicht zerschnitten werden.» Was ist es? «Ein Schatten.»[21]

Der Rätselwettstreit war in Hawaii nicht die einzige Form des Wortge-
fechts, und auch hier ähneln die Polynesier wieder den alten Griechen in
ihrem Wunsch, alles zu einem Wettbewerb zu machen. Einige große
Wortgefechte von höchster polemischer Schärfe wurden legendär. Die
Könige von Maui und Hawaii wollten einander bei einem Festessen auch
Unterhaltung bieten. Nachdem die Wirkung des Rauschgetränks *awa* allmählich abgeklungen war, fragte der König von Maui seinen Gegenspieler aus Hawaii: «Wer wird dein Nachfolger sein, wenn du einmal bis ins
hohe Alter regiert hast, die Hilfe eines Stocks brauchst und so trübäugig
geworden bist wie eine Ratte?» Als der König von Hawaii auf den Mann
an seiner Seite zeigte, bemerkte der Erbe des Königs von Maui: «Von
kleiner Statur, stämmig und klein, ein Regal, das jeder Hund leicht erreichen kann.» Der Gegenstand dieser Attacke war nicht auf den Mund
gefallen: «Ich mag zwar klein sein, aber ich bin der kleine *maika*-Stein,
der über das Feld rollen und gewinnen kann (ein Hinweis auf ein mit
kleinen Steinen gespieltes Spiel). Ich bin der kleine Zuckerrohrstengel
von Kuhala, (dessen feiner Flaum) die Nase reizen kann.»

Jetzt war der Mann aus Hawaii an der Reihe. Er wollte von dem Mann
aus Maui wissen: «Wer wird dein Nachfolger sein, wenn du schon so lange
regiert hast, daß du nur mit Hilfe eines Stocks gehen kannst, wenn du

trübäugig geworden bist wie eine Ratte und hilflos auf einer Matte zappelst?» Der König von Maui zeigte auf seinen jüngeren Bruder. Jetzt lieferte der kleine, stämmige Erbe aus Hawaii seine Kritik: «Hochgewachsen, dünn, spindeldürr und zu mager. Fällt bei jedem Windstoß um.» Der Erbe aus Maui, der sich jetzt verteidigen mußte, entgegnete: «Ich bin der hochgewachsene Bananenbaum von dem Land in den wilden Bergen, dessen Früchte nicht einmal in einer Woche reifen. Ich bin die lange, tief gründende Wurzel der Berge. Auch wenn der Wind weht, falle ich nicht.»[22] Die Zuhörer durften darauf vertrauen, daß die Zukunft beider Königreiche in sicheren Händen lag.

Auch in Tahiti und im alten Buganda gab es Rätsel. Rätselwettkämpfe scheint es in Buganda aber nicht gegeben zu haben; es finden sich jedenfalls keine Hinweise darauf, und es scheint unwahrscheinlich, daß ein derart aufregendes Ereignis den aufmerksamen Augen Roscoes entgangen sein sollte. In Tahiti kann es solche Wettkämpfe gegeben haben, aber da uns nichts darüber vorliegt, werden wir es nie erfahren.

Alle Informationen über die Geburt des Theaters in komplexen Gesellschaften stammen jedoch aus Polynesien. In Buganda gab es kein eigentliches Theater, obwohl musikalische Darbietungen schon einen hohen Leistungsstand erreicht hatten und obwohl es bestimmte Tanzvorführungen gab – wie in primitiven Gesellschaften. Auch hier scheinen die Polynesier wieder den Griechen ähnlich zu sein und die Baganda den Römern, deren Theater letztlich keine eigene Erfindung war, sondern aus dem Kontakt mit der etruskischen und griechischen Kultur hervorgegangen war.

Wie im alten Griechenland war das polynesische Theater unter religiösen Vorzeichen entstanden. Die schöpferischen Aspekte der religiösen Rituale waren in Buganda weit weniger entwickelt als in der polynesischen Kultur, und dies mag zu der unterschiedlichen Entwicklung des Theaters beigetragen haben.

Manche kulturellen Phänomene – etwa Barden, epische Genealogien, das Königtum sowie Menschenopfer – waren allen fortgeschrittenen komplexen Gesellschaften gemeinsam. Andere Formen hingen von dem Genius der jeweiligen Gesellschaft ab. Die Baganda kannten weder das Theater noch die philosophische Spekulation; in Polynesien war die komplexe, hochentwickelte Verwaltungsmaschinerie unbekannt, die den Baganda soviel Freude machte. Wir als die Erben so vieler kultureller Traditionen halten es für ‹natürlich›, daß Menschen buchstäblich alles tun können; aber es waren Tausende von Jahren kultureller Entwicklung nötig, um zu dieser Einstellung zu gelangen.

Das Theater begann mit dem Tanz. Die alten polynesischen Tänze sind heute völlig verschwunden; daher können wir nichts über ihre Qualität aussagen, aber fast alle der uns vorliegenden Zeugnisse sprechen von der Komplexität, der Verfeinerung und dem Schliff dieser Darbietungen.

Cook, der jeder Art menschlicher Vervollkommnung aufgeschlossen war, schrieb über tonganische Tänzer:

> Sie bildeten den dreifachen Halbkreis, wie es die vorhergehenden Tänzer getan hatten; und eine Person, die am Ende einer Seite des Halbkreises vortrat, begann mit der Wiederholung eines wahrhaft musikalischen Rezitativs, das mit so großer Anmut vorgetragen wurde, daß es unsere gefeiertsten Darbietungen hätte beschämen können. Der Mann an der Spitze der Gegenseite antwortete auf die gleiche Weise. Dies wiederholte sich mehrmals, wobei sich alle auf einer Seite der Antwort der gesamten Gegenseite anschlossen, vom hintersten Halbkreis bis zum vordersten; und sie endeten mit Gesang und Tanz, wie sie begonnen hatten.[23]

Die religiösen Möglichkeiten dieser Darbietungen werden durch die Verwendung illustriert, der man sie auf den Hawaii-Inseln zuführte, nämlich die Sicherung des erfolgreichen Abschlusses einer Schwangerschaft. Wenn die Frau eines hochgestellten Edelmanns im sechsten Monat war, wurde ihr zu Ehren eine Tanzdarbietung arrangiert, und man erzählte Vancouver, das werde noch oft wiederholt, bis das Kind geboren sei.[24] So wächst die Kunst, wenn sie sich mit den Funktionen der Magie verbündet.

Die griechische Tragödie begann als einfache kontrapunktische Form des Wechselgesangs zwischen einer Solostimme und einem Chor. Alles deutet darauf hin, daß der früheste Solopart vom Chorleiter getragen wurde und daß sich daraus erst allmählich der erste richtige Schauspieler entwickelte. In der Folgezeit kamen andere Rollen hinzu; der Chor behielt zwar eine wichtige Funktion, war aber nicht mehr beherrschend. Die zweitälteste griechische Tragödie, die uns überliefert ist, *Die Schutzflehenden* von Aischylos, ist im Grunde ein dramatischer Dialog zwischen dem Chor und einem Schauspieler. Diese einfache Form ist bei Aischylos schon sehr verfeinert und reflektiert die vielen Jahre der Entwicklung, die dem Schreiben dieses Stücks vorausgingen. Von den primitiven Formen des Dramas vor Aischylos ist nichts erhalten geblieben, und wir können daher nur spekulieren.

Reverend William Gill fand in der zweiten Hälfte des 19. Jahrhunderts bei dramatischen Aufführungen eine Vielzahl von Beispielen gerade dieser Solo-Chorform vor. Man kann diese dichterischen Darbietungen zwar nicht ‹Theaterstücke› nennen, aber leicht erkennen, wie diese Form sich zur Tragödie hätte weiterentwickeln können. Diese Darbietungen geben uns eine bemerkenswerte Vorstellung davon, wie das Athener Theater des 6. und 7. Jahrhunderts vor Christus hätte aussehen können.

*Ein Abschiedsgesang bei einem Schilfrohr-Wettbewerb für
Frauen.*
Zu Ehren Vaianas, von ihrem Ehemann Naupata 1824 gedichtet

Solo Wohin ist sie gegangen?
Chor Sie ist zum Avaiki geeilt (dem Ort der Toten),
       Sie verschwand am Rande des Horizonts,
       Wo die Sonne durchschimmert.
       Wir weinen um dich!
Solo Ja, ich werde für immer weinen
       Und für immer nach dir suchen!
Chor Bittere Tränen habe ich um dich vergossen;
       Ich weine um die verlorene Frau meines Herzens.
       Aber ach! Du wirst nicht zurückkehren.
Solo Oh, kehrtest du zurück!
Chor Bleib; kehre in diese Welt zurück!
       Komm wieder in meine Arme!
       Du bist wie ein Zweig, den der Sturm abgerissen hat!
Solo Abgerissen und jetzt in Avaiki –
       Jenem fernen Land, in das du geflohen bist.[25]

Viele dieser dramatischen Gedichte waren Totenklagen, in denen entweder private Trauer bekundet wurde, wie in obigem Beispiel, oder öffentliche Trauer über den Tod einer bedeutenden politischen Persönlichkeit. Hier stellt sich die Frage, ob die griechische Tragödie auch mit solchen Totenklagen begonnen hat. Die tragische Natur des Todes würde bei Tragödien eine Kontinuität der Emotionen sichern; aber mehr noch sind das Mitleid und der Schrecken, die Aristoteles als unsere wichtigsten Gefühle bei der Aufführung einer Tragödie erkannte, genau die Gefühle, mit denen wir vor kurzem gestorbene Menschen betrachten. Wenn die Wahrnehmung des Todes einer der Anfänge der Weisheit ist, könnte die dramatische Totenklage der moralischen Welt der Tragödie eine natürliche Erneuerung bieten.

Nicht alle Dramen Mangaias handelten vom Tod. Manche, wie etwa das folgende, hatten mythische Themen. Das etwa um 1814 entstandene Poem erzählt von der Erfindung des Tätowierens durch die legendäre Gestalt Ina:

Der Gesang der Ina

Musik und Tänzer werden mit einem Ruf aufgefordert zu
beginnen

Hier sind wir, Inas kleine Fische
Bei denen die Tätowierung zuerst durchgeführt wurde.

> Als wir sie auf ihrer Reise trugen.
>
> *Solo* Fahre fort!
>
> *Chor* Auf dem Weg nach Tinirau
> Erfand Ina das Tätowieren.
>
> *Solo* Ah, du den Strand liebender kleiner Fisch!
>
> *Chor* Wann hat Ina diese Linien
> So klar in deinen Körper geschrieben?
>
> *Solo* Als ich, ein kleiner Fisch, sie auf meinem Rücken trug.
>
> *Chor* Tapferer Fisch, der sie zu ihrem Mann trug,
> Damit sie die glückliche Mutter
> Des den Tanz liebenden Karo wurde.[26]

Man beachte, daß die Aufführung aus Musik, Tanz und dramatischer Dichtung bestand – genau wie beim griechischen Drama.

Die folgende, etwa um 1770 entstandene Totenklage belegt den mythologischen Glauben von Mangaia, daß die Geister der Toten von dem Gott Vera erst an der Ostküste der Insel versammelt werden und von ihm dann über unwegsame Felsen und unwegsames Dickicht zum Südteil der Insel geführt werden, wo sie sich alle nach Westen wenden, bis sie die westlichste Spitze der Insel erreichen. Von hier aus bricht die Gruppe zum Land der Schatten auf, das dem Hades der alten Griechen und dem Schiloh der alten Juden ähnelt, wo die toten Geister in einem freud- und schmerzlosen Zustand weiterexistieren. Etwa die Hälfte der Ode – der mittlere Teil – ist hier weggelassen worden.

> *Solo* Lausche, Vera, der Musik des Meeres
> Dort drüben zwergwüchsige Pandamus-Bäume
> Die Wogen überspülen die Felsen.
> Es ist Zeit, Freunde, zum Abschied.
>
> *Chor* Unsere Gewänder sind Trauerweiden und Blumen.
>
> *Solo* Geh hinüber zu den Felsklippen;
> Und warte dort auf günstigen Wind
> Der dich übers Meer tragen wird.
> (Dein Vater) Mitimiti sieht voller Trauer zu
>
> *Chor* Die scheidende Gruppe von dir geführt.
>
> *Solo* Lausche, lieber Vera,
>
> *Chor*   der Musik des Meeres
> Du bist ein unglücklicher Wanderer
> Fast in Iva angekommen –
>
> *Solo*   Ja, in Iva ...
>
> *Solo* Ah! Mitimiti folgt auf dem Fuße
> Verlockt mich zur Umkehr.
> Hier wollen wir haltmachen.
> Es ist Zeit, Freunde, zum Abschied;

Chor Unsere Gewänder sind Trauerweiden und Blumen.
Solo Deine Füße, Vera
　　　　　　Sind von wilden Schlingpflanzen umrankt.
　　　Willst du nach Vavau, der Heimat der Geister?
　　　Über
Solo 　　　　　　die schäumenden Wogen hinweg
Chor 　　　　　　　　　Willst du fahren?
　　　Bahne dir jetzt den Weg durch Haine von Pandamus-
　　　Bäumen,
　　　Dem Lieblingsversteck entleibter Geister;
　　　Nahe dem Ort, an dem der königliche Utakea gelandet
　　　ist,
Solo Ein ebener Strand, vom Meer überspült.
　　　Der Grillengott zirpt und weist dir so den Weg,
　　　Durch das Dickicht zum Strand
　　　Wo die Geister der Toten umherwandern
　　　Bade deine wallenden Locken, Vera.
　　　Gewähre mir ein neues Leben, o Licht des Morgens!
　　　Es ist Zeit, Freunde, zum Abschied;
Chor Unsere Gewänder sind Trauerweiden und Blumen.
Solo Abkömmling der Könige
Chor 　　　　　　　　　　　von Mauke;
　　　Liebling des Schicksals, von einem günstigen Wind
　　　geführt.
　　　Von der Wurzel der Himmel zu diesen Stränden,
　　　bevor du einen langen Abschied nimmst, dreh dich um!
　　　Idol meiner Behausung, verweile ein wenig,
Solo Geschmückt mit den Knospen süß duftender Blumen
　　　Und wohlriechenden Blättern aus Tutuila.
　　　Es ist Zeit, Freunde, zum Abschied;
Chor Unsere Gewänder sind Trauerweiden und Blumen.[27]

Max Müller, ein früher, großer Mythologe, bemerkte nach der Lektüre: «Wir kennen diese mythopoeische Periode bei den arischen und semitischen Rassen, aber wir kennen sie nur aus der Ferne, und wo sollten wir jetzt nach lebenden Mythen und Legenden Ausschau halten, wenn nicht bei denen, die noch immer mythologisch denken und sprechen, die gegenwärtig genau das sind, was die Hindus vor der Sammlung ihrer heiligen Hymnen und die Griechen lange vor den Tagen Homers waren?»[28]

Im größten Teil Polynesiens beherrschte die Komödie das Theater und nicht die Tragödie. Satirische Darstellungen von Gestalten des öffentlichen Lebens einschließlich der mächtigsten Männer erlaubten den einfachen Menschen eine Art humorvoller Rache an den Personen, die sich der Vorteile ihrer Klasse erfreuten. Die *hula ki'i*-Lieder von Hawaii werden als «klatschsüchtig, sarkastisch, ironisch, skandalös, satirisch und beleidigend dargestellt; sie geißeln gesellschaftliche und persönliche Laster nach allen Seiten»[29] – wie die politischen Karikaturen von heute. James Morrison, ein Offizier auf Captain Blighs *Bounty,* hat eine kunstvolle Darbietung auf Tahiti beschrieben:

> Wenn die Frauen sich zurückziehen, um Luft zu holen, nehmen die Musik und die Sänger ihren Platz ein, was keineswegs unangenehm ist, wenn man bemerkt, daß der Vortrag sanft und angenehm ist – gelegentlich nehmen auch einige Schauspieler ihren Platz ein; der Hauptteil davon ist Satire, die sich oft gegen ihre Häuptlinge richtet, und sie versäumen es nie, solche Charaktere bloßzustellen, die ihre Aufmerksamkeit erregen, und obwohl sie ihren Häuptlingen mit großer Freiheit begegnen, ziehen sie nicht deren Mißfallen auf sich, solange sie bei der Wahrheit bleiben – mit dieser Methode tadeln sie sie wegen ihrer öffentlich begangenen Fehler, nachdem sie sie erst dazu gebracht haben, ihre Aufmerksamkeit auf sich zu ziehen – dies geschieht in einer Art Pantomime, bei der sie so gut sind, daß jeder, der den Betreffenden kennt, der hier dargestellt wird, leicht durchschaut, wer hier verspottet werden soll.[30]

In Hawaii wurden schwerwiegende tyrannische Taten des Adels auf der Bühne höhnisch porträtiert. Die Marionette Ki'i-ki'i war «ein energischer kleiner Bursche, ein *ilamuku,* ein Hofmarschall oder Beauftragter des Königs. Er hatte die Pflicht, mit unerbittlicher Strenge die Befehle (der Herrscher) auszuführen, ob sie ihn nun darum baten, ein Stück Taro-Wurzel zu beschlagnahmen, ein Haus in Brand zu stecken oder sich mitten in der Nacht an einen Mann anzuschleichen und diesen im Schlaf zu erschlagen.»[31]

Die Fähigkeit, die Verhaltensweisen und Handlungen von Menschen satirisch darzustellen, hatte sich so frei und so hoch entwickelt, daß auch die frühen europäischen Besucher zum Gegenstand solcher Darbietungen wurden. Eine komische Darstellung seiner Seeleute, die mit ihren kleinen Booten nicht zurechtkamen, der Offiziere, die sich über Übertretungen und Unfähigkeit aufregten, sowie der Seeleute, die übertriebene Furcht vor Maßregelungen an den Tag legten, amüsierte Captain Bligh sehr.[32] Cook war spießiger als Bligh und behauptete, die Komik solcher Szenen nicht zu verstehen: «Man hat uns, unser Schiff und unser Land, oft auf die Bühne gebracht, aber ich weiß nicht, aus welchen Gründen. Ich habe keinen Zweifel, daß es als Kompliment gemeint war...»[33] Cook konnte sich nicht vorstellen, daß jemand die königlich britische Marine auf den Arm nahm.

Die Darsteller griffen oft die neuesten Nachrichten auf, um sie ernsthaft oder komisch zu kommentieren. Als die Schiffe auf Cooks zweiter Reise Tahiti verließen, blieb eine junge Frau, die vermutlich einem der Matrosen zugetan war, an Bord eines Schiffes, als die Expedition sich zunächst nach Raiatéa und dann nach Huahiné auf den Gesellschaftsinseln begab. Auf Huahiné besuchten einige der Seeleute mit der jungen Frau eine dramatische Darbietung. Irgendein Satiriker dieser Gesellschaftsinsel hatte sich entschlossen herauszufinden, ob es nun wahr war oder nicht, daß «schuldige Geschöpfe, die einem Schauspiel beiwohnen, sich durch die Schlauheit der Darbietung so bis ins Mark getroffen fühlen, daß sie ihre Übeltaten sofort gestehen».[34] Die Darbietung zeigte das Schicksal einer jungen Frau, die ihre Heimat verließ, um mit Cooks Männern auf Abenteuer zu gehen. Die nicht sehr wohlwollende Aufnahme durch ihre Freunde bei ihrer Rückkehr wurde detailliert und beißend beschrieben. Die fragliche Frau hatte wie Claudius nicht übel Lust, aus dem Theater zu flüchten; aber ihre europäischen Begleiter überredeten sie, «sich das Stück bis zum Ende anzusehen» und «die Tränen zurückzuhalten, solange es noch lief».[35]

Die gleiche Art Wechselspiel zwischen Schauspielern und Zuhörern – eine Wechselwirkung, der immer das Gefühl des Tabu-Bruchs anhaftet – gab es auch beim *hula ki'i,* einem Marionettenspiel, in Hawaii. In einem *hula* wurden vier attraktive junge Menschen dargestellt, zwei Männer und zwei Frauen. Bei einem Zwischenspiel, das mit dem Stück nichts zu tun hat, zeigt eine der Marionetten auf einen Angehörigen des anderen Geschlechts im Zuschauerraum, sagt aber nichts. «Was willst du?» fragt der Puppenspieler. Die Marionette schweigt, zeigt aber weiter mit fester Hand auf den Zuschauer. Der Puppenspieler fragt dann, als ginge ihm langsam die Absicht auf: «Ah, du meinst den / die So-und-so.» Die Marionette nickt zustimmend. «Soll er / sie zu dir kommen?» Jetzt gerät die Marionette aus dem Häuschen und zeigt durch Kopfnicken und Gesten ihr Entzücken. Zu dieser Zeit lacht natürlich schon das ganze Publikum spöttisch über das Objekt des Scherzes, erfreut darüber, daß die eigene phantasierte sexuelle Verwicklung mit einem leblosen Objekt anonym geblieben ist.[36]

Der erzählerische Teil dieses Marionettenspiels ist uns bemerkenswert vertraut. Unsere Erfahrung mit der *commedia dell'arte* und all ihrer Abkömmlinge hat unsere Reaktion auf die Geschichte vorbereitet, die mit dem prahlerischen Soldaten beginnt, «einem rüden und aufschneiderischen Sohn des Mars, der im Herzen ein Schinder, wenn nicht gar ein Feigling ist»[37], der immer nach einem Kampf Ausschau hält, sich aber mehr auf seine Großtuerei als auf seine Fähigkeit verläßt, seinen Gegner zu besiegen. Er ist ein Prahlhans, aber keineswegs unsympathisch. Sein Name ist Maka-ku.

Sein Gegenspieler Puapuakea ist ein bescheidener Mann, aber «wahrhaft mutig». Nachdem er von Maka-kus Taten gehört hat, fordert Puapuakea ihn zu einem Zweikampf heraus, bei dem sich zeigen soll, wer beherzter ist. Erst werden Speere geworfen, dann kämpft man mit Steinschleudern und wirft schließlich mit Steinen, aber jeder Zweikampf endet unentschieden. Keiner der beiden hat gesiegt.

Da der Wettstreit noch unentschieden ist, wird es Zeit für das hawaiische *lua*-Spiel, so etwas wie der antike griechische Fünfkampf. Dazu gehörten Boxen und Ringen sowie verschiedene, dem japanischen *Ju-Jitsu* ähnliche Sportarten, daneben noch die besonderen hawaiischen Privilegien des «Würgens und Knochenbrechens, des Ausrenkens von Gliedmaßen, des Ausstechens der Augen sowie die Anwendung von Folter und Griffen, die so schändlich sind, daß man sie nicht aussprechen kann».[38] – Eine Sportart, bei der es durchaus keine bloße Redensart war, daß man dem Gegner die Eier zerquetschte. Der Zweikampf blieb lange Zeit unentschieden; aber da am Ende immer die Tugend triumphieren muß, siegt Puapuakeas stiller Mut am Ende.

Unterdessen haben zwei sehr anziehende Schwestern die Taten dieser beiden Helden mitangesehen und sind von heftiger Leidenschaft für sie ergriffen worden. Zum Glück für alle Beteiligten haben die Schwestern sich nicht in denselben Mann verguckt, und es dauert nicht lange, da werden die Vier zu zwei Paaren. «Die beiden Männer hatten ihren Neigungen bis dahin erlaubt, frei und nach Belieben umherzuschweifen; aber von dieser Zeit an wandten sich ihre Herzen ausschließlich diesen beiden zu... und sie führten fortan ein ruhiges Eheleben.»[39] Der archetypischen Komödie folgend, endet auch diese Darbietung mit einer Heirat.

Eine Unterhaltungsform Tahitis scheint unserem Gefühl für Komödie und Tragödie fremd zu sein. Man wählt eine Gruppe heranwachsender Männer aus und mästet sie, bis sie kaum noch laufen können. «Wenn die Mastkur beendet ist, erheben sie sich und reiben ihre Körper ganz mit Kokosnußöl ein; dann befestigen sie Zöpfe aus Palmenblättern auf den Köpfen, die, wenn sie über der Stirn angebracht sind, ihre Gesichter vor der Sonne beschatten, wenn sie sie bescheint. Danach umgürten sie sich noch mit einem langen Stück einheimischen Tuchs von verschiedenen Farben, das über dem Lendenschurz getragen wird.» Dann marschieren sie als Gruppe zum Haus des Edelmanns, wo der Anführer der Gruppe eintritt und dem Fürsten Bericht erstattet. Er nennt die Namen all derer, die gemästet worden sind, nennt jeden beim Namen und auch den Bezirk, aus dem er stammt. Die Objekte der Darstellung ziehen ihre Hüllen aus Rindentuch aus und überreichen sie dem Anführer, der sie wiederum dem Fürsten übergibt, während die Menge, die sich inzwischen draußen versammelt hat, ins Haus stürzt und die bunten Gürtel zerreißt, so daß die jungen Männer nur noch in ihren Lendenschurzen dastehen. Die Zuschauer konnten eine Zeitlang die fettleibigen Körper bewundern; dann wurde von einer anderen Gruppe von Schauspielern eine normale Darbietung mit Musik, Tanz sowie einer pantomimischen Darstellung eines Mannes und seiner eifersüchtigen Frau geboten.[40]

Der Sinn dieser Mastkuren ist schwer zu deuten. Sind sie die Erinnerung an eine Zeit, als fettleibige Menschen gegessen wurden? Sind sie eine Herausforderung des Hungers und der Angst vor dem Verhungern? Oder soll damit verkündet werden: ‹Seht, wie reich und geborgen wir sind, bei uns hört das Essen nie auf?› Auch andere komplexe Gesellschaften kannten solche Mast-Rituale, vor allen in Teilen Afrikas, bei denen sich meist bestimmte Frauen des Königs einer solchen Kur unterziehen mußten. In manchen Gesellschaften wurden die Menschen so fett, daß sie ohne fremde Hilfe nicht laufen konnten. Man hielt das für attraktiv: ein groteskes Abbild des Überflusses.

Eine komische Begebenheit war in Tahiti so beliebt, daß wir von mehreren Teilnehmern an Cooks Expedition davon erfahren. Georg Forster erzählt von einer Farce über einen Mann, dessen Tochter eine Liebesaffäre hat, die der Vater mißbilligt. Der Vater bewacht seine Tochter, wie nicht anders zu erwarten, höchst eifersüchtig; aber die Liebenden schaffen es, sich mitten in der Nacht zu sehen, und der unwillkommene Liebhaber überredet diese polynesische Jessica, mit ihm durchzubrennen. Nach einiger Zeit entspringt dieser Verbindung ein schöner Knabe, aber von nun an weicht das Stück von all seinen Gegenstücken beim westlichen Theater ab – die Geburtswehen der Mutter sowie die Geburt des Kindes werden auf der Bühne gezeigt. Hinter den Tüchern, welche die Geburtswehen der Mutter verbergen, kommt ein erwachsener junger Mann hervor und läuft auf der Bühne herum, wobei er eine Abbildung der Plazenta und eine sehr lange Nabelschnur hinter sich herzieht, während die Hebamme hinter ihrem neuen Schutzbefohlenen herjagt, der es aber immer wieder schafft, sich ihrem Griff zu entwinden. Die Zuhörer jubeln natürlich dem Kind zu, das der Gefangennahme zu entfliehen sucht. Alles findet ein glückliches Ende: «Als der Vater des Mädchens erkennt, wie schlau sein Enkel ist, versöhnt er sich schließlich mit seinem Schwiegersohn.»[41]

Ein zweiter Bericht erscheint in einem von Wales, einem der Offiziere Cooks, geführten Tagebuch:

Die abschließende Darbietung nannten sie *Mydiddee Arramy*. Ich kann das nicht besser übersetzen als *Das Kommen des Kindes*. Der Part der Frau in Geburtswehen wurde von einem großen muskulösen Mann mit einem großen, schwarzen, buschigen Bart übernommen, was schon lächerlich genug war. Er saß mit ausgestreckten Beinen auf dem Boden zwischen den Beinen eines anderen Mannes, der hinter ihm saß und den Rücken des *Mannes in Geburtswehen* fest gegen die eigene Brust drückte. Über beide wurde ein großes weißes Tuch gebreitet, das auf jeder Seite von anderen Männern, die um die beiden Männer herum knieten, fest an den Boden gedrückt wurde. Die Farce ging recht lange so weiter, wobei der Körper ziemlich stark zuckte und sich wand ... bis endlich, nach einer mehr als üblichen gewaltigen Anstrengung, ein großer, tolpatschiger Bursche unter dem Tuch hervorkrabbelte und zu dem Raum zwischen Zuhörern und Schauspielern hinrannte, die *Er*-Mutter tapsig hinterher; der Darsteller der Mutter quetschte seine Brüste zwischen den Fingern und stieß sie dem jungen Mann in den offenen Mund, und ab und zu brachte er die Zuschauer zum Jubeln, indem er sich scheinbar vertat und dem Jungen auf dem Rücken zu trinken geben wollte.[42]

Zeit und Ort waren so beschaffen, daß sich weder Aristophanes noch Aischylos fremd gefühlt hätten.

17

Das heroische Zeitalter

Das ‹heroische Zeitalter› ist ein mehrdeutiger Begriff – die Art Begriff, den Menschen gern verwenden, weil sie davon ausgehen, daß jeder seine Bedeutung kennt. Aber was bedeutet er? Daß Odysseus und Achilles und Barden an Königshöfen die Leier zupfen; daß kleine Gruppen tapferer Krieger sich um einen König scharen, um gemeinsam mit ihm fremde Länder zu erobern und zu sterben; daß bärtige Wikinger mit Stoßzähnen in den Helmen und Eiszapfen an den Bärten herumlaufen? War das heroische Zeitalter eine Zeit, in der die Menschen so handelten wie in den Legenden, oder meint der Begriff eine Zeit, in der die Menschen solche Legenden erzählten und sie für wahr hielten? Haben wir es mit Geschichte oder Literatur oder mit beidem zu tun?

Es war die Jugendzeit der menschlichen Rasse, sagt H. Munro Chadwick in seinem Buch *The Heroic Age*. Das klingt interessant. Man kann zustimmen oder nicht, solange die Begriffe mehrdeutig sind, und dann werden keine unbequemen Fragen gestellt wie etwa: Wann und wo war das? Verhielten sich die Menschen tatsächlich so? Welches Kulturstadium ging diesem heroischen Zeitalter voraus, welches folgte ihm? Es könnte auch sein, daß alles erfunden ist. Vielleicht hat es gar keine große dorische Invasion oder welterschütternde Plünderung Trojas oder gar keinen Abraham aus Sumer gegeben.

Es gibt Autoren, die legendäres Material liebend gern zum ‹Beweis› ihrer Theorien über reale Kulturen verwenden. Sie gehen von der Annahme aus, daß die in den Legenden erscheinende Gesellschaft auch tatsächlich existiert hat. Wenn solche Leute etwa über den Beginn der Aristokratie schreiben und ihren Arbeiten dabei Legenden zugrunde legen, betreiben sie keine Geschichtsschreibung, sondern halten die Kunst der Epik lebendig. Es gibt nur einen Ort, an dem es mit Sicherheit ein heroisches Zeitalter gegeben hat, nämlich in unseren Köpfen.

Und dennoch ist die vom heroischen Zeitalter – trotz all seiner Unklarheit – ausgehende Faszination durchaus echt. Alle barbarischen Völker Europas – Angelsachsen, Kelten, Wikinger – hatten tatsächlich Barden, die in der Empfangshalle ihres Fürsten sangen, einzelne Krieger von größter Tapferkeit sowie kleine Gruppen loyaler Anhänger, die bei der

Verteidigung einer Brücke mit ihrem Herrn in den Tod gingen, und eine große Literatur, die jedoch ausschließlich mündlich überliefert wurde.

Es hat eine Zeit gegeben, in der die Menschen wie die Helden Homers redeten, fühlten, reagierten und handelten. Menschen erschaffen Literatur, um psychologische Bedürfnisse schöpferisch zu befriedigen. Kultur und Gesellschaft werden aus dem gleichen Grund erschaffen. Die Epik ist zum Teil eine authentische Wiedergabe dessen, was tatsächlich passiert ist, und zum Teil eine idealisierte Erinnerung. Die Geschichte von Odysseus am Hof der Phäaker ist keinen Deut bewegender als der Bericht Bartholome Zimbes über Apolo Kagwa am Hof des Königs von Ankole. Zimbe war ein bugandischer Historiker, der Zeuge dieses Besuchs war, aber auch ein Mann, der die *Ilias* gewiß nie gelesen hat.

Nachdem es den Moslems und Christen unter den Baganda gelungen war, Kabaka Mwanga vom Thron zu stürzen (1888), führten die siegreichen religiösen Fraktionen gegeneinander Krieg. Beim ersten Ansturm gelang es den Moslems, die Christen (Protestanten wie Katholiken) aus dem Land zu jagen. Einer der christlichen Anführer war mit dem Gouverneur einer Grenzprovinz des benachbarten Königreichs Ankole befreundet, und dieser Gouverneur bot den Truppen Zuflucht und Asyl. Nach und nach fanden drei- bis vierhundert christliche Soldaten den Weg dorthin. Der König von Ankole hatte nichts gegen die Entscheidung seines Gouverneurs einzuwenden, fürchtete aber die Anwesenheit einer solchen beschäftigungslosen Streitmacht innerhalb seiner Landesgrenzen. Er wünschte auch zu erfahren, was es mit diesen gottesfürchtigen Kriegern auf sich hatte, und lud sie zu sich an den Hof ein.

Nachdem alle sich unter großem Zeremoniell versammelt und gegenseitig neugierig beäugt hatten, stellte der König von Ankole seinen Meisterringer vor und forderte seine Gäste aus Buganda auf, einen Herausforderer zu benennen, der gegen den Stolz des Königs antreten sollte. Der Champion aus Ankole war etwa zwei Meter groß, und kein Muganda war erpicht darauf, sich ihm zu stellen. Jeder dachte voller Unbehagen daran, welche Schande es über die Christen bringen würde, wenn niemand der Aufforderung folgte. Der König von Ankole könnte zu der Überzeugung kommen, er habe Feiglingen Schutz geboten, und sie bitten, woanders Zuflucht zu suchen.

Nach einem fast endlos scheinenden Schweigen trat endlich Apolo Kagwa vor, ein Anführer der protestantischen Fraktion und ein Mann von ungeheurem persönlichen Mut. Er war gut fünfundzwanzig Zentimeter kleiner als sein Gegner. Die Baganda stöhnten innerlich bei dem Gedanken, was mit ihrem geliebten General passieren würde. Kagwa war bewußt, daß das Schicksal seines Volkes und seines Landes von ihm abhing, und ergriff den Champion aus Ankole, hob ihn vom Erdboden hoch und machte Anstalten, ihn auf die Erde zu werfen. Zimbe schreibt:

Als die Leute aus Ankole sahen, daß er dabei war, ihn zu Boden zu werfen, standen sie auf, und etwa zwanzig von ihnen hielten ihn an den Händen fest und verhinderten so, daß er zu Boden geworfen wurde, wobei sie in ihrer Sprache sagten: ‹Ayah-yah-yah – er bringt ihn um.› Sie hielten ihn fest und nahmen ihn schließlich Kagwa Mityana Apolo weg, denn dieser tobte in seiner jugendlichen Kraft wie ein blutrünstiger Büffel, und Kagwa starb an dieser Kraft. Dann erhoben wir Baganda uns und umstellten die Ringermatte, und kein Munyankole wagte es mehr, die Baganda zu einem Ringkampf aufzufordern. Danach waren wir wie die Israeliten beim Kampf des tapferen Riesen Goliath, der soeben von David mit einer Steinschleuder getötet worden war, und alle Israeliten sangen voller Freude mit der Stimme des Sieges, so wie wir es in Ankole taten: wir jubelten ...[1]

Soweit es Kriegführung und andere Formen der Aggression betrifft, enthüllen die verfügbaren Quellen eine auffallende Beziehung zwischen den Ereignissen der epischen Dichtkunst und den tatsächlichen Begebenheiten in fortgeschrittenen komplexen Gesellschaften. In der *Ilias* lesen wir, daß zwei große Krieger nicht sofort aufeinander losgehen, sondern sich erst bis an die Zähne bewaffnet fixieren, Mordlust in den Augen, und voller Gier töten. Zunächst sprechen sie ausgiebig miteinander – prahlen mit ihrer Familie, ihren Beziehungen oder ihrer Vergangenheit oder über ihre Absichten mit ihrem Gegner. Wie literarisch oder ‹unwirklich› dieser Brauch auch scheinen mag, es bleibt die Tatsache, daß im alten, komplexen Tahiti Krieger einander auf genau diese Weise bekämpften:

Wenn ihnen die Angriffstaktik selbst überlassen wurde, marschierten die berühmten Krieger jeder Armee vor die erste Angriffslinie ihrer Seite und setzten sich beim Vormarsch auf die Reihen des Feindes in den Sand oder ins Gras. Dann standen zwei oder drei Männer jeder Seite auf und gingen ein paar Schritte auf ihre Gegner zu, wobei sie sie prahlerisch zum Kampf aufforderten. Wurde die Herausforderung angenommen, was oft äußerst prompt geschah, gingen die Kombattanten mit drohenden Gebärden aufeinander zu.

Die Kämpfer nannten einander oft ihren Namen, die Namen und Heldentaten ihrer Vorfahren, sprachen von ihren Leistungen im Krieg, der Stärke ihrer Waffen und ihrem großen Ruhm, den sie sich dadurch erwerben würden, daß sie den einst von ihnen erschlagenen Feinden noch ihre jetzigen Gegner hinzufügen würden; sie forderten ihre Gegner zum Vormarsch auf, damit sie ihren Göttern, die über ihnen lauerten, geopfert werden könnten. Der Widersacher entgegnete meist im gleichen Ton-

fall und brachte manchmal auch gespieltes Mitleid mit der Einschätzung des Gegners zum Ausdruck. Wenn die Tiraden zu
Ende waren, wurde die *omoreaa*, die Keule der Beleidigung,
oder ein beleidigender Speer emporgehoben, und der Kampf
konnte beginnen. Manchmal war es nur ein Einzelkampf zwischen zwei Männern, der im Niemandsland zwischen beiden
Armeen ausgefochten und von beiden Seiten beobachtet
wurde.[2]

Von Henry wissen wir, daß wenn ein Kämpfer fiel, ein anderer sofort
seinen Platz einnahm. In der Folgezeit erhoben sich immer mehr Männer,
um einen Gegner herauszufordern, bis beide Armeen vollständig in den
Kampf verwickelt waren.[3]

Auch im alten Tonga ähnelte die Kriegführung der der alten Epen
darin, daß die Kämpfer beider Seiten sich oft kannten. Vor der Schlacht
machten sich Krieger von besonderem Ruf Mut, indem sie zu ihrem König liefen, ihre Speere heftig in den Erdboden stießen und verkündeten:
«Dies ist ein Hieb für den So-und-so.»[4] Mariner sagt, daß diese heldenhaften Kämpfer oft die Namen des Mannes annahmen, den sie töten wollten, mit anderen Worten – sie aßen ihre Feinde, bevor diese starben. Zur
Zeit des tonganischen Königs Finow I. und nach der Einführung von Feuerwaffen auf den Inseln nannte sich ein tapferer Krieger, «statt den Namen eines der Gegner anzunehmen, voller Stolz *Fanna Fannooa* (eine
große Kanone) und erklärte, er werde voller Kühnheit zu einer Kanone
hinlaufen und seinen Speer in deren Mündung werfen».[5]

In den heroischen Legenden vieler Völker ist von höchst tapferen Kriegern und von Waffen mit besonderen Namen die Rede. Die Militärge-
schichte der Zulus in Südafrika läßt vermuten, daß viele legendäre Kämpfer und Waffen tatsächlich existiert haben. In einer entscheidenden
Schlacht ihrer Eroberungskriege wurden die Zulus bei der Bewachung
der Hauptfurt über den Fluß von Verbündeten unterstützt. Zu diesen gehörte auch Njikiza Ngcolosi, ein veritabler Ajax, der eine Keule trug, mit
der kein anderer Mann umgehen konnte. Er handhabe sie mit so sprich-
wörtlicher Wirkung, daß viele Feinde der Zulus keinen Sonnenaufgang
mehr erlebten. Zu Ehren dieser Großtat erhielt die Keule den Namen
Nohlola-Mazibuko, ‹Die Wächterin der Furt›, einen Ehrennamen, mit
dem auch ihr Inhaber belegt wurde.[6] Hätten die Truppen Königin Victo-
rias dem heroischen Zeitalter der Zulus kein Ende gemacht, wer weiß,
vielleicht hätte irgendein Homer der Zulus ein Epos über Njikiza Ngcolosi gedichtet.

Ruhm und Kümmernisse eines Kriegshelden waren jedoch nicht einmal nach dem Ende eines Krieges beendet, wie der große griechische
König Agamemnon bestätigt. Von den polynesischen Maori kennen wir
eine wahre Geschichte von einem Häuptling namens Waka Nene, der von

einem Raubzug mit einer Konkubine heimkehrte, die er gefangengenommen hatte. Seine Frau, eine echte Schwester der berühmten Klytämnestra, nahm das neue Entzücken ihres Mannes mit aufs Meer zum Fischen, ließ die Frau am Bug des Kanus sitzen, tötete sie mit einem Tomahawk und warf die Leiche über Bord. Als sie wieder zu Hause war, erzählte sie ihrem Mann, was sie getan hatte, und verkündete, sie werde mit jeder neuen Ehefrau, die er nach Hause bringe, genauso verfahren. «Wie es heißt, war der Häuptling von dieser Zeit an strikt monogam.»[7]

In derselben Maori-Kultur war es Sitte, beim Besuch eines wichtigen Häuptlings in einem Dorf darauf zu achten, daß er es nicht durch das übliche Tor betrat, sondern in Anerkennung seines hohen Rangs und der Ehre, die er dem Dorf antat, nur durch eine besondere Öffnung hereinkommen durfte, indem man einfach einen Teil des Schutzwalls abriß. Best bemerkt dazu: «Hier fühlt man sich sofort an Griechenland und an den Gewinner der Olympischen Spiele erinnert, der die Stadt nicht durch die Stadttore betreten durfte, sondern für den man ebenfalls einen Teil der Stadtmauer niedergerissen hatte.»[8] Wir können uns vorstellen, daß sowohl im alten Griechenland wie in dem alten Neuseeland der Mythos eher da war als der Ritus und daß der Mythos von einem Eroberer erzählte, der entweder ein so mächtiger Krieger war, daß er die Mauern mit eigener Hand einreißen konnte, oder ein so mächtiger Magier, daß seine Magie die Mauern ebenfalls einstürzen lassen konnte. Wie dem auch sei: Das Ritual vermittelte die Illusion, daß zumindest einige Männer über enorme Macht verfügten und ein Recht auf große Ehrerbietung hatten.

In dieser Welt wird nichts Großes ohne den Mut geleistet, alte Vorstellungen über Bord zu werfen und umzuwandeln, und wenn Mut zur Hälfte aus der realistischen Einschätzung der eigenen Kräfte besteht, so besteht die andere Hälfte aus dem magischen Glauben an die eigene Allmacht. Wenn man einen großen Schritt nach vorn machen will, muß man – wie Anthäus mit der Erde – ständig mit der Kraftquelle Berührung halten. Der Held, der stärker als stark ist, größer als groß, schlauer als schlau, ist ein Mann, der die Aufgabe hat, die Illusion zu verwirklichen, entweder in der realen Welt oder im Kopf, da wir an beiden Orten leben. In dem heroischen Zeitalter der fortgeschrittenen komplexen Gesellschaft war es gelegentlich schwierig zu sagen, wo die Legende aufhörte und wo die wirkliche Welt begann. Es war jedoch weder für die Magie noch für den persönlichen Mut wichtig, diese Unterscheidung zu treffen.

Auf der Tonga-Insel Vavau wurde ein König von einer Gruppe von Verschwörern ermordet, die seinen trauernden Häuptlingen gestatteten, seinen Leichnam zu begraben. Nachdem sie einen Kreis um sein Grab gebildet hatten, senkten sie seinen Leichnam ins Grab; dann trat einer der Verschwörer, Chioolooa, «ein großer Krieger und mächtiger Mann», in die Mitte des Kreises, schwang seine Keule, stellte sich neben das Grab und sprach zu den Häuptlingen: «Sollte jemand unter euch sein, der insgeheim Rachegedanken hegt, sollte er sie nicht länger in der Brust begraben und über Pläne für einen künftigen Aufruhr nachdenken, sondern jetzt vortreten und auf der Stelle gegen mich kämpfen, denn wenn er mich tötet, wird er den Tod des Königs rächen. Darum tretet jetzt alle vor und stillt eure Rache an meinem Kopf!» Niemand nahm die Herausforderung an. Die Vavau-Häuptlinge hatten der Rache zwar nicht abgeschworen, aber das Gefühl, daß die sich mit größerer Erfolgsaussicht irgendwann und zu einer unbekannten Zeit besser ins Werk setzen ließe. «Das Grab wurde mit dem Grabstein geschlossen, und die Anwesenden gingen auseinander.»[9]

Eine der bewegendsten Szenen der *Ilias* findet auf den Festungsmauern Trojas zwischen dem todgeweihten Hektor und seiner Frau Andromache statt, nämlich als feststeht, welches Schicksal den jungen Sohn Hektors nach dem Tod seines Vaters erwartet. Er wird bei den allgemeinen Festen von Tisch zu Tisch gehen und um etwas zu essen bitten, weil er keinen Vater hat, der ihn vor der Welt schützt. Ähnlich äußerte sich der tonganische Häuptling Booboonoo, der sich an einer Verschwörung gegen Finow I. beteiligt und verloren hatte: «Er gehe nur deshalb unglücklich in den Tod, weil sein kleiner Sohn ohne Freunde und ohne Schutz in der Welt zurückbleibe; dann rief er aber einen jungen Häuptling namens Talo zu sich in das größere Kanu und flehte diesen um der gemeinsamen Götter willen an, er möge sich mit seinem Kind anfreunden und stets darauf achten, daß ihm weder Kleidung noch Nahrung fehlten, die dem Sohn eines Häuptlings angemessen seien; worauf Talo feierlich versprach, sich mit größter Aufmerksamkeit um ihn zu kümmern, was Booboonoo recht befriedigt aufnahm.»[10]

Das ‹heroische› Material über Kampf, Tod und Rache ist so allgegenwärtig und steht so sehr im Mittelpunkt, daß es erholsam ist, auf eine Ähnlichkeit zwischen komplexer Gesellschaft und Heldendichtung zu stoßen, bei der es nicht um Wettkampf oder Mord geht. Viele der homerischen Helden waren geübte Leierspieler, zum Teil, weil es zum Wesen eines Aristokraten gehörte, diese Kunst zu beherrschen. In Ruanda kultivierten die adligen Tutsi die Kunst des Tanzes und der Versdichtung; unter Adligen auf Tonga hielt man es für «ein Zeichen großer Ignoranz, mit den anmutigen, männlichen und ausdrucksvollen Bewegungen dieses Tanzes nicht vertraut zu sein».[11]

In Hawaii rankten sich so viele Legenden um das Andenken des großen Königs Kamehameha I., daß es oft nicht mehr möglich ist, Dichtung von historischer Wahrheit zu unterscheiden. Schlachten, die tatsächlich stattgefunden hatten, nahm man zum Anlaß für übertriebene Darstellungen:

Kamehameha und Hema gingen den Pfad hinunter, bis sie auf die kleine Lichtung kamen, wo sie den Kriegern Keouas begegneten. Vierzig von ihnen stürzten sich mit ihren Speeren auf Kamehameha, aber sie waren wie nichts für ihn. Er streckte die Hände aus, griff sich die Krieger und brach sie in zwei Teile, einen nach dem anderen, wobei er ständig weiter vorging. So schlachtete Kamehameha die Soldaten hin, bis nur noch zehn übrigblieben, aber dann war er plötzlich erschöpft. Da sagte er seinem Diener: «Bitte, hilf mir jetzt.» Hema stürzte sich sofort ins Kampfgetümmel und tötete die restlichen zehn Männer. An diesem Tag wurde er von Kamehameha zum Häuptling ernannt und aus seiner Stellung als Diener erlöst.[12]

Wichtiger noch als die Frage, ob diese Geschichte zum größten Teil oder nur in Umrissen wahr ist, ist die Frage, ob Kamehameha den unbedingten Willen zur Eroberung der Hauptinseln Hawaiis und die Entschlossenheit, zum ersten Herrscher über den Archipel zu werden, ohne wenigstens einen Anflug von Glauben hätte aufrechterhalten können, daß er ein solcher legendärer Held sei, der fähig ist, von vierzig feindlichen Kriegern dreißig mit eigener Hand zu töten. Hätte es ohne diesen Traum von Heldentum überhaupt irgendeine fortgeschrittene komplexe Gesellschaft gegeben – das Römische Imperium, die katholische Kirche, das Tausendjährige Reich, die Oktoberrevolution oder die Amerikanische Unabhängigkeitserklärung? Würde jemand ein Buch schreiben oder eine Symphonie komponieren oder ein Gemälde malen, wenn er oder sie nicht das Gefühl hätte, das werde zur Unsterblichkeit führen? Vom Gesund-Heldenhaften bis zum paranoiden Größenwahn ist nur ein kleiner Schritt. Das heroische Zeitalter der Seele ist Nährboden für beides.

Schon früh in seinem Eroberungszug auf der Insel Hawaii fand sich Kamehameha einmal während eines Scharmützels plötzlich in einer bedrängten Lage. Sein Fuß verfing sich in einem Lavaloch, und in dieser hilflosen Position ließ ein Fischer, der keinen Speer besaß, sein Paddel krachend auf den Kopf des künftigen Königs niedersausen. Nachdem er die Herrschaft über die ganze Insel erlangt hatte, ließ Kamehameha diesen Fischer zu sich rufen; der Mann gab seinen Angriff zu. Statt ihn hinrichten zu lassen, gelobte der König eine wohltätige Herrschaft, indem er das ‹Gesetz des zersplitterten Paddels› erließ, dessen Zweck es war, unschuldige Menschen auf den öffentlichen Straßen vor Belästigung zu schützen. Es bestimmte, daß alte Menschen und kleine Kinder künftig auf den Straßen friedlich schlafen könnten und nicht um ihre Sicherheit fürchten müßten. Kamehameha unternahm die größten Anstrengungen, um diesen Idealzustand einer bürgerlichen Ordnung durchzusetzen und ihm Geltung zu verschaffen.[13]

Es gibt viele Geschichten über mächtige Könige, die nachts verkleidet durch ihre Hauptstadt streifen. Im Schutz der Dunkelheit tun wir alle, was am Tag verboten ist. Da waren etwa die frommen Sultane der *Ara-*

bischen Nächte, die in der Dunkelheit die wahren Gedanken ihrer Untertanen zu erfahren wünschten, und der wahnsinnige Kaiser Nero, der nachts durch die Straßen Roms schlich und nichtsahnende Opfer prügelte und sogar tötete. Wie man uns überliefert hat, liebte Kamehameha fromme Menschen. Als er und seine Häuptlinge in Kawaihae wohnten, brachen er und Ho'okaukau eines Nachts auf, um ihre Untertanen auszuspionieren. Um Mitternacht stand ein alter Mann auf, um *awa*, das hawaiische Rauschgetränk, zuzubereiten. Als sie das Zerstampfen der Wurzeln hörten, gingen der Häuptling und sein Begleiter näher an das Haus heran. Nach einiger Zeit strich der alte Mann das *awa* durch ein Sieb und goß es in eine Tasse. Dann betete er für die Gesundheit aller Häuptlinge und danach für die Gesundheit aller Häuptlingsfrauen und schließlich für das Leben Kamehamehas, indem er sagte:

> «Laß Kamehameha, den guten König, bis ins hohe Alter leben, bis seine Augenbrauen runzlig sind wie die einer Ratte, bis seine Haut ausgedörrt ist wie das trockene *hola*-Blatt, bis er hilflos daliegt, also laß ihn leben, Gott, und laß auch mich leben.» Dann trank der alte Mann das *awa*. Am Ende seines Gebets fragte Kamehameha: «Hast du dein ganzes *awa* ausgetrunken?» Der alte Mann erwiderte: «Ich habe kein *awa* mehr, nur noch ein paar Tropfen. Gestern abend habe ich das meiste dem Gott geschenkt, und da ich nicht schlafen konnte, bin ich aufgestanden, hab ein wenig zerstoßen und es dann getrunken, ohne etwas dazu zu essen.» Kamehameha sagte: «Ich habe noch etwas *awa*; mein Diener wird dir etwas bringen.» Nachdem sie gegangen waren, sagte er zu seinem Begleiter: «Bring ihm vierzig *awa*-Wurzeln... fünf Thunfische, vierzig *aku*-Fische, vierzig *mamaki*-Rinden und zwanzig schwere Lendenschurze.» Als dem alten Mann diese Dinge überreicht wurden, sagte er: «Es muß Kamehameha gewesen sein, der gestern abend mit seinem Begleiter hier gewesen ist.»[14]

Legenden wie diese Geschichte von Kamehameha befassen sich entweder mit wirklichen Menschen, die heldenhafte Züge annehmen, oder mit Helden, die wirklich gelebt haben – oder auch nicht. Bei vielen Legenden läßt sich nur schwer herausfinden, ob sie auf Wahrheit beruhen. Nur wenn das erzählte Bravourstück gegen die Naturgesetze verstößt, können wir sicher sein, daß es erfunden ist. So mag es im 12. Jahrhundert vor Christus zwar einen großen Krieger namens Achilles gegeben haben – oder auch nicht; aber wir dürfen getrost davon ausgehen, daß seine Pferde nicht sprechen konnten. Während Legenden wahr sein können oder auch nicht, beschäftigen sich Folklore und Mythologie nicht mit realen Situationen oder Menschen. In dem heroischen Zeitalter des Geistes verwi schen sich die Grenzen zwischen legendärem Material, Folklore, Mythologie, wirklichen und phantasierten Helden, magischen Handlungen und ungewöhnlichen, aber durchaus möglichen menschlichen Leistungen und werden so miteinander vermengt, daß man zwischen wirklich und unwirklich nicht mehr unterscheiden kann. Diese Beschaffenheit des Geistes hält sich so hartnäckig, daß hochgebildete Leute einen selbst heute noch ungläubig ansehen, wenn man ihnen sagt, daß es für die Existenz Jesu absolut keinen historischen Beweis gebe; und der Wiener Begründer der ‹wissenschaftlichen› Psychologie hat ein Buch über Moses geschrieben, als wäre es völlig unzweifelhaft, daß Moses tatsächlich gelebt hat.

Wir brauchen das. Die Ziele unseres Ehrgeizes sind zu groß und führen uns zu weit von zu Hause weg, um von den Belohnungen gestützt zu werden, die nur die Realität uns liefern kann. Jene Gesellschaften, die als erste den Versuch unternahmen, das Sippensystem abzuschaffen, haben uns auch die ersten Geschichten von übermenschlichen Helden geschenkt, die ihr Leben auf halbem Weg zwischen den Göttern und den Menschen verbringen.

Folklore und Mythologie Bugandas, Hawaiis und Tahitis sind voller großer Themen, die wir in den mündlichen Literaturen der ganzen Welt wiederfinden. So haben sie das ‹Delilah›-Thema gemeinsam, bei dem ein großer Held erst sein Herz und dann sein Geheimnis an eine Tochter des Feindes verliert und von ihr betrogen wird[15]; ferner den verlorenen Gott, der zunächst zur Erde zurückkehrt, dann aber wegen der Übeltaten der Menschheit wieder entschwindet[16]; den Helden, der aus reiner Güte, ohne einen Gedanken an Belohnung, einigen Tieren oder Vögeln aus ihrer traurigen Lage hilft und seine Belohnung erhält, wenn sie zurückkommen und ihn aus einer unmöglichen Lage befreien.[17]

Auf der Insel Hawaii gab es einmal einen großen König, Imaikalani, «der für seine Kraft und sein Können im Krieg berühmt war … Wenn er einen langen Speer nach links oder nach rechts warf, gab es am Himmel ein Grollen wie beim Donner, und Blitze zuckten, und die Erde grollte wie bei einem Erdbeben…»[18] Aber er war blind. Er hatte zwei Wildenten, die nach seinen Gegnern Ausschau hielten und ihn anwiesen, in welche Richtung er mit seinen Waffen zielen sollte. Niemand konnte sich gegen ihn behaupten.

Der große hawaiische König Liloa reiste eines Tages durch sein Land und entschloß sich, mit einem Bad in einem kühlen Fluß der Hitze des Tages zu entfliehen. Wie es der Zufall wollte, entdeckte er dort eine Frau, deren Schönheit und Anmut seiner königlichen Macht entsprachen. Ihre Umarmung war so befriedigend, daß beide wußten, ein Kind gezeugt zu haben. Er befahl ihr: «Wenn das Kind geboren ist, darfst du ihm einen Namen aus deiner Familie geben, wenn es ein Mädchen wird; sollte es aber ein Junge sein, gib ihm einen Namen aus meiner Familie. Er soll Umi heißen. Ich bin Liloa, und dies sind die Erkennungszeichen für das Kind, wenn es erwachsen ist und mich in Waipio besucht: der Umhang aus Federn, den Anhänger aus Elfenbein, der Helm und der *kauila*-Speer.»[19]

Die Frau war mit einem bürgerlichen Mann verheiratet, der die Wahrheit nicht kannte, das Kind als sein eigenes aufzog und es sogar heftig schlug, wenn es sich ungezogen zeigte. Die Mutter war erzürnt, daß der Sohn eines Königs fortdauernd von einem ‹unbedeutenden, geringen Bürgerlichen› geschlagen werden sollte, und eines Tages sagte sie ihrem Mann die Wahrheit und zeigte ihm zum Beweis der Geschichte die Kennzeichen. Den Stiefvater überkam tiefe Furcht, als ihm aufging, daß er sich der möglichen Rache des Königs ausgesetzt hatte, und von da an mißhandelte er den Jungen nicht mehr.

Kurz darauf bat Umi, der von seiner Herkunft wußte, seine Mutter, ob er seinen wirklichen Vater besuchen dürfe. Sie gab ihm ihre Zustimmung sowie die Erkennungszeichen, die seine Geschichte bekräftigen sollten. Er reiste an den Königshof, brach das Tabu, demzufolge nicht jeder den König aufsuchen durfte, ging direkt zu dem Monarchen hin und setzte sich ihm auf den Schoß. «Wessen Kind bist du?» – «Deins! Ich bin Umi-a-Liloa.» Als er die Erkennungszeichen sah, küßte Liloa seinen Sohn und weinte.

> Er befahl den kahunas (Priestern), sofort *pahu*- und *kaeke*-Trommeln zu holen und den Jungen beschneiden und weihen zu lassen, wie es bei Kindern von Häuptlingen Sitte war. Die Häuptlingstrommel Halalu und die kleineren *kaeke*-Trommeln wurden geschlagen... ‹Für dieses mein Kind habe ich meine Lenden mit Ti-Blättern gegürtet und meine Schultern mit Bananenblättern bedeckt...›

Diese bezaubernde Geschichte vom verlorenen und wiedergefundenen Sohn führt uns zu einem der wichtigsten mythischen Themen der gesamten Kultur, das Otto Rank in seinem Buch *The Myth of the Birth of the Hero* (Der Mythos von der Geburt des Helden) behandelt hat. Es ist im Kern die gleiche Geschichte wie die von Sargon, dem alten König von Sumer und Akkad; von Cyrus, dem Begründer des persischen Reiches; von Romulus, dem mythischen Gründer Roms; von Ödipus von Theben; von Moses und Jesus sowie von vielen anderen in Ost und West. Keine andere Geschichte hat jemals, so scheint es, viele Menschen so tief angesprochen wie diese kunstvolle Kindesmord-Phantasie. In einigen Versionen werden die Eltern eines noch ungeborenen Kindes gewarnt, daß ihnen ein großes Übel widerfahren werde, falls das Kind am Leben bleibt (in den meisten Fällen wird das Kind den Vater töten). Da die Eltern ihr eigenes Leben über das des Kindes stellen, aber unfähig sind, die schreckliche Tat selbst auszuführen, übergeben sie das Kind entweder einem anderen, der es beseitigen soll, oder setzen das Kind den Elementen oder den wilden Tieren aus. Jedoch wird das Kind von irgendeinem anderen (einem Hirten) oder einem Tier (einem Wolf) vor dem Tod gerettet. Hier beginnen die Geschichten voneinander abzuweichen. Der todgeweihte und gerettete Nachwuchs kann anschließend mit dem Vater versöhnt werden (Cyrus), den Vater töten (Ödipus) oder einfach weiterleben, um große Taten zu vollbringen (Romulus).

Ein brillanter Effekt dieser Geschichte besteht darin, daß sie unsere Sympathie für beide Seiten weckt und es uns ermöglicht, uns mit beiden Seiten zu identifizieren – mit den Eltern und mit dem Kind. Wir können die Panik von Ödipus' Eltern nachempfinden, wenn sie die Weissagung empfangen, was geschehen wird, falls das Kind am Leben bleibt. In einem Teil unserer Seele können wir sie nicht dafür verurteilen, was sie getan haben, und tun dies auch nicht. Gleichzeitig fühlen wir mit dem Kind, wollen, daß es am Leben bleibt, und greifen sogar mit Ödipus zum Schwert, wenn er in den Palast stürzt, um sich an der Mutter zu rächen, die ihm sein Leben hatte rauben wollen. Die Geschichte erlaubt uns keinen gefühlsmäßigen Ausweg, keine einfache Entscheidung zwischen grausamen, bösen Eltern und gutem, unschuldigem Kind. Wenn wir uns selbst erkennen wollen, müssen wir verstehen, wie sowohl Eltern wie Kind empfinden.

Die jüdisch-christlichen Versionen der Geschichte stellen einen beachtlichen moralischen Fortschritt dar. In der traditionellen Form wird die Geschichte so erzählt, daß es auf der einen Seite Eltern mit kindesmörderischen Bedürfnissen und auf der anderen Seite das Kind gibt, welches von anderen gerettet wird. In den Fällen von Moses und Jesus wird das Kind jedoch von *anderen* bedroht (Pharao und Herodes), und es ist Aufgabe der *Eltern*, das Kind zu retten. Moses kann nur dadurch gerettet werden, daß er weggegeben wird, um von anderen aufgezogen zu werden; die Geschichte vom Leben Jesu geht sogar noch weiter in Richtung auf eine liebevolle Versöhnung zwischen Eltern und Kindern: Die ganze Familie bricht auf und wandert nach Ägypten, damit das Kind der Vernichtung entgeht. Das Leben des Kindes wird innerhalb seiner eigenen Familie erhalten. Nur der Esel, der vor allem in künstlerischen Darstellungen der Flucht nach Ägypten so häufig vorkommt, erhält die Verbindung mit den alten Sagen aufrecht, in denen ein nicht-menschliches Wesen das Kind rettet.

Viele psychologisch orientierte Literaturanalysen – die psychoanalytische Lesart ist dabei nur eine von mehreren möglichen – stellen zwischen allgemeingültigen Bedürfnissen der menschlichen Psyche und der Existenz bestimmter Grundthemen in der Literatur eine Verbindung her. Ob man nun von Archetypen spricht (Herkules, Odysseus, Eva) oder von grundlegenden Motiven (Aschenputtel, der jüngste Sohn, hilfreiche Tiere), so bestehen die Implikationen dieser Art Analyse darin, daß alle Menschen die gleichen Bedürfnisse hätten, daß das Bedürfnis nach Literatur universal sei und daß die Tatsache, daß Literatur erschaffen und gelesen werde, auf psychologischen Bedürfnissen beruhe. Diese Denkweise muß die Literatur nicht notwendig auf das Psychologische reduzieren oder künstlerisch kreative Leistungen so erklären, wie Freud es tat, nämlich als Projektion unlösbarer neurotischer Probleme nach außen. Eine humanistische Analyse macht die Psychologie nicht nur zu einem Teil der Literatur, sondern beharrt auch darauf, daß die Literatur ein Teil der Psychologie sei. Menschen sind neben anderem auch eine geschichtenerfindende Spezies.

Die universellen psychologischen Bedürfnisse, welche die literarische Schöpferkraft veranlassen, bestimmte grundlegende archetypische Motive aufzugreifen, treiben auch die Gesellschaft dazu, bestimmte soziale Grundmuster und kulturelle Formen zu erschaffen. Der archetypische Herkules existiert in tausend Variationen, weil es ein menschliches Bedürfnis nach dieser besonderen Symbolik gibt. Die Einrichtung des Königtums wurde an tausend Orten erfunden, weil es ein menschliches Bedürfnis nach dieser besonderen Symbolik gab. Die menschliche Gesellschaft ist eine menschliche Schöpfung. Was immer es in der Welt an symbolischen Strukturen gegeben hat, muß zunächst in der menschlichen Psyche existiert haben.

In dem heroischen Zeitalter der Welt erzählten die Menschen nicht nur Geschichten davon, wie die Söhne von Königen ausgesetzt, wiedergefunden und wiederaufgenommen wurden – sie lebten dieses Drama auch tatsächlich in geregelten und institutionalisierten Handlungen aus. In jenem Zeitalter war dieser große Weltmythos kein Mythos. Auf der polynesischen Insel Mangareva wurde der männliche Erbe des Königs gleich nach der Geburt an einen abgelegenen Ort im Gebirge gebracht, wo er seine ersten zwölf Lebensjahre verbrachte. Weitere sechs Jahre wurden an einem anderen Ort in Abgeschiedenheit zugebracht. Wenn das Kind achtzehn war, kehrte es nach Mangareva zurück und übernahm von seinem Vater die rituellen Kennzeichen der Herrschaft; dieser blieb aber weiterhin als Regent und Oberbefehlshaber der Streitkräfte im Amt. Diese Institution war aber nicht auf Mangareva beschränkt, man hat sie auf vielen Inseln des westlichen Polynesien gefunden.[20]

Roscoe erzählt uns folgende Geschichte aus dem Königreich Koki, einem Nachbarstaat Bugandas – eine Variation der Flucht nach Ägypten aus dem 19. Jahrhundert:

> Es ist beim königlichen Clan Sitte, daß das erstgeborene Kind eines Königs ein Mädchen sein soll; sollte ein Knabe geboren werden, wird er nach der Geburt getötet, und die Hebamme sagt, das Kind sei tot zur Welt gekommen. Der gegenwärtige Herrscher ist eine Ausnahme von dieser Sitte; denn er ist das erstgeborene Kind seines Vaters gewesen, entging dem Tod

aber durch die Einführung des Christentums. Im Verlauf ihrer Aufbauarbeit schickte die Kirche Ugandas einen Religionslehrer nach Koki, dem es gelang, Angehörige der höheren Schichten anzusprechen. Unter den frühen Konvertiten war der König Kamswaga; nach seiner Taufe informierte man ihn über die Existenz seines Sohnes, und er erlaubte es, daß man diesen in die Hauptstadt brachte. Man hatte das Kind gleich nach der Geburt aufs Land geschafft und bei einigen der königlichen Hirten untergebracht; dem Vater hatte man die Existenz des Sohns verschwiegen und gesagt, das Kind sei tot geboren worden, wie es der alten Sitte entsprach. Es gibt Belege dafür, daß Prinzen gelegentlich auf diese Weise fortgebracht und versorgt wurden, während für diese Prinzen aber kaum Hoffnung bestand, Nachfolger des Königs zu werden. Es hat jedoch Männer gegeben, die nach dem Tod des Königs vortraten, um den legitimen Anspruch des Prinzen auf den Thron geltend zu machen und zu beweisen. In diesem Fall beseitigte die Einführung des Christentums alle Schwierigkeiten; der Vater erkannte seinen Sohn an und ließ ihn noch zu seinen Lebzeiten in die Hauptstadt zurückkehren.[21]

Wurden Ödipus und Cyrus von demselben Hirten gerettet? Wenn unsere Realitäten in Träumen beginnen, dann sind Mythen genauso real wie alles andere in der Welt. Die Gesellschaft, in der wir leben, ist ebensosehr ein mythischer Traum wie die Sage von König Ödipus. Die Welt ist gut oder böse, liebevoll oder haßerfüllt, ganz nach unserem Belieben. Wir haben sie gestaltet und gestalten sie mit jeder Generation neu. Die großen revolutionären Fortschritte der Gesellschaft kommen erst nach der Erschaffung eines neuen mythischen Traums, der nach Aktualisierung verlangt. Wir bleiben heute in unserer Unfähigkeit und unserem Mittelmaß stecken, weil uns der Glaube an einen neuen Mythos fehlt, der unsere gegenwärtigen Vorstellungen vom Zusammenleben in der menschlichen Gemeinschaft verändern könnte. Es ist an der Zeit, daß wir die Grenzen unserer moralisch wie schöpferisch verarmten Kultur sprengen, die darauf beharrt, das heroische Zeitalter sei *nur* ein Mythos gewesen.

18

Die Ermordung der Unschuldigen

In Zahlen gemessen, war das Mißverhältnis zwischen verschonten und getöteten Kindern wahrhaft schmerzlich. Es ist nicht leicht, genau festzustellen, wie groß das Mißverhältnis war; die ersten Missionare haben es jedoch als ihre Meinung veröffentlicht, daß nicht weniger als zwei Drittel der Kinder von ihren eigenen Eltern ermordet wurden ... Sie beobachteten, daß man oft die ersten drei Kinder tötete; falls Zwillinge zur Welt kamen, wurde nur selten beiden erlaubt, am Leben zu bleiben ... Wir haben eine Reihe von Eltern gekannt, die eigenem Eingeständnis zufolge oder nach den einstimmigen Aussagen ihrer Freunde und Nachbarn vier, sechs, acht oder gar zehn Kinder auf unmenschliche Weise einem vorzeitigen Grab überantwortet haben. Es gibt sogar Berichte, daß noch mehr Kinder umgebracht wurden. Ich bin daher der schmerzlichen und demütigenden Überzeugung, die ich seitdem nur widerstrebend geäußert habe, die mir durch das Zeugnis der Eingeborenen aufgezwungen worden ist, ferner durch den Anteil der Kinder, die von den ersten Missionaren vorgefunden wurden, sowie durch die Bevölkerung bei unserer Ankunft – daß es in den Generationen unmittelbar vor der Niederwerfung des Heidentums zur Ermordung von nicht weniger als zwei Dritteln aller Kinder gekommen ist. Eine Frau, die für unsere Familie häufig die Bettwäsche wusch, hatte selbst auf grausame Weise fünf oder sechs ihrer Kinder umgebracht. Eine andere, die in unserer Nähe wohnte, war die Mutter von acht Kindern gewesen, von denen nur eins verschont worden war.[1]

So schreibt Ellis über Tahiti, und andere Quellen sind mehr als ausreichend, um seine Behauptungen zu bestätigen. Aus Hawaii liegt uns weniger Material vor; aber es besteht kein Zweifel, daß auch dort das Töten von Neugeborenen eine weithin geübte Praxis war.[2] Aus Buganda habe ich nur einen Hinweis, von Roscoe[3], und daher ist es nicht möglich, sich über das allgemeine Vorkommen von Kindesmord eine Meinung zu bilden.

Wenn wir als Angehörige der jüdisch-christlichen Welt zum erstenmal mit Belegen dieser Art menschlichen Verhaltens konfrontiert werden, versuchen wir sofort, die ungeheuerliche Wahrheit des Phänomens zu leugnen. Wir ziehen jede andere mögliche Erklärung für dieses Verhalten von Menschen vor, und viele lassen sich nicht davon abbringen, daß alles möglich sei, nur nicht die Tatsache, daß Eltern aus Aggressivität gegenüber ihren eigenen Kindern handeln. Wir geben nur sehr widerstrebend zu, daß Menschen voller Feindseligkeit an Kinder und Kindererziehung denken können, und viele wollen sich auch nicht die in psychologischer wie biologischer Hinsicht hohen Anforderungen eingestehen, welche die Existenz eines neuen Menschen uns aufbürdet. Wir ziehen vernünftigere Erklärungen vor: daß Kindesmord eine (nachträgliche) Methode der Geburtenkontrolle oder der Bevölkerungskontrolle gewesen sei (vor allem auf einer kleinen Insel). Captain Bligh war überzeugt, daß der Kindesmord nicht sein konnte, was er zu sein schien:

> Das bemerkenswerteste Beispiel für die Barbarei dieser Einrichtung gaben Teppahoo, der Earee (Fürst) des Bezirks Tettaha, und seine Frau Tetteehowdeah, die Schwester von Otow (Pomare I.), eine sehr hochstehende Person. Man erzählte mir, sie hätten acht Kinder gehabt, von denen jedes gleich nach der Geburt umgebracht worden sei. Daß Menschen so gefühllos sein können, daß sie nicht den Wunsch haben, auch nur eines von so vielen Kindern am Leben zu erhalten, erscheint mir unglaubhaft. Näher scheint mir der Schluß zu liegen, daß der Tod dieser Kinder von den Eltern nicht freiwillig hingenommen wurde, sondern daß sie in Übereinstimmung mit irgendeinem barbarischen Aberglauben geopfert wurden, den wir nicht kennen. Diese Vermutung wird durch die Tatsache bestärkt, daß sie als Erben einen Neffen adoptiert haben, dem sie sehr zugetan sind.[4]

Die tiefe Ambivalenz der von Bligh beschriebenen Handlungen – Eltern töten alle eigenen Kinder und adoptieren das Kind anderer – sollte uns darauf aufmerksam machen, daß damit etwas zutiefst Irrationales ausgedrückt wird. Ähnlich gaben auch Eltern in Buganda ihre Kinder weg, um sie von anderen aufziehen zu lassen, und erzogen bei sich die Kinder anderer. Es gibt keine tiefere Ambivalenz als die von Eltern gegenüber ihren eigenen Kindern, obwohl sie nicht unbedingt bewußt gezeigt werden muß.

Das «Malthusische Motiv», wie Ellis sich ausdrückt, zum Kindesmord besitzt zwar eine gewisse Glaubwürdigkeit; aber wir sollten die Tatsache in Rechnung stellen, daß wir es mit Gesellschaften zu tun haben, in denen natürliche Ressourcen im Überfluß vorhanden waren und in denen Land alles andere als knapp war. Diese Menschen lebten gut; über ihnen schwebten weder drohende Hungersnot noch Armut. Interessanterweise sind Menschen von heute bereit, solchen Verhaltensweisen in komplexen Gesellschaften eine rationale Erklärung zugrunde zu legen (sie taten es, um die Bevölkerung auf kleinen Inseln gering zu halten), während wir selbst unfähig sind, rational mit unserem eigenen Bevölkerungsdruck fertig zu werden, selbst dann, wenn er unsere Lebensqualität ruiniert oder, im schlimmsten Fall, uns in einen Atomkrieg zu treiben droht, nur damit wir unsere Energiequellen behalten. Daß die alten Tahitianer die Probleme des Bevölkerungswachstums so ruhig und nüchtern gelöst haben sollen und daß unsere eigene Gesellschaft dazu bis heute unfähig ist, scheint nicht plausibel zu sein.

Wie immer das Motiv sein mag, man kann neugeborene Kinder nicht kalt und rational umbringen. Die Depression, die heutige Frauen befällt, die ein Kind haben abtreiben lassen (ein Jahr nach Abtreibung oder neun Monate nach der Empfängnis), verleiht dieser Vermutung Gewicht. Ellis hatte das Gefühl, daß die auf Geburtenkontrolle hindeutende Erklärung nur eine Rationalisierung sei: «Man hat manchmal ein Malthusisches Motiv herbeigezogen, und man hat sie sagen hören, wenn man allen geborenen Kindern erlaube, am Leben zu bleiben, würde es auf den Inseln nicht genug zu essen geben, um alle zu ernähren. Diese Ansicht wird jedoch nur dann geäußert, wenn andere Methoden zur Verteidigung dieser Praxis versagt haben.»[5]

Eine grundlegende Tatsache spricht gegen die Behauptung, man habe den Kindesmord aus rationalen Gründen praktiziert: In fast allen Fällen, in denen ein Volk regelmäßig und gesetzmäßig Kindesmord praktiziert hat, ist der prozentuale Anteil der getöteten Mädchen weit höher als der der Jungen. Wenn es eine vernünftige Erklärung für die Tötung von Kleinkindern geben soll, dann hätte man dabei nicht zwischen Jungen und Mädchen unterschieden. Hier muß etwas viel Irrationaleres, etwas, was viel tiefer in der Psyche verborgen liegt, angesprochen sein. Das «Geschlecht der Frauen Tahitis war bei ihrer Geburt oft der Grund für ihre Vernichtung: Wenn die Absicht der unnatürlichen Eltern nicht schon vorher gereift war, so genügte schon der Umstand, daß das Neugeborene ein Mädchen war, um ihre Entschlossenheit zu bestärken... Bei unserer Ankunft auf der Insel war das Mißverhältnis in der erwachsenen Bevölkerung unter den Geschlechtern sehr groß. Es kamen wohl vier oder fünf Männer auf eine Frau.»[6] Es ist interessant, daß in der heidnischen Welt des alten Griechenland und des alten Rom der Kindesmord weit verbreitet war und auch hier wieder die Zahl der heranwachsenden Jungen in der Bevölkerung weit größer war als die der Mädchen.*

* John Rowe hat mir gegenüber einmal geäußert, das Fehlen eines solchen Mißverhältnisses zwischen Jungen und Mädchen in Buganda sei darauf zurückzufüh-

Mehr als die Hälfte derer, denen ich diese Tatsachen vorgelegt habe, haben argumentiert, daß das Umbringen eines größeren Prozentanteils von Mädchen eine rationale Methode der Bevölkerungskontrolle gewesen sei. Da Frauen die Kinder austrügen, so lautet das Argument, sei es die wirksamste Methode der Geburtenkontrolle in solchen Gesellschaften, sie zu töten, bevor sie diese Funktion erfüllen könnten. Die effektivste Methode überhaupt wäre zweifellos totale sexuelle Enthaltsamkeit, obwohl man auch diese ‹Lösung› für irrational halten kann, da sie den Menschen das Vergnügen raubt, einem biologischen und psychologischen Trieb zu folgen. Man sollte jedoch nicht übersehen, daß der überproportionale Anteil ermordeter Mädchen einem großen Anteil der erwachsenen Bevölkerung sexuelle Enthaltsamkeit auferlegt. Die meisten uns vorliegenden Quellen über die Folgen des geschlechtsspezifischen Kindesmords deuten auf die ‹unmöglichen› Zahlen bei der verbleibenden Bevölkerung hin, bei der dann drei, vier oder fünf Männer auf jede Frau kommen. Bedeutet dies, daß die überwältigende Mehrheit der Männer in solchen Gesellschaften nie heirateten? Eine frühe Eheschließung bei Frauen und späte Ehen bei Männern könnten das Mißverhältnis zwar ein wenig kompensieren, aber gewiß nicht ausreichend. Wir müssen uns fragen, warum die Männer, die solche Gesellschaften regierten, sich selbst in eine derart ungünstige Lage brachten. Es scheint zweifelhaft, daß sie es aus rationalen Motiven heraus getan haben. Diese Frage muß offenbleiben, bis uns aus primitiven, komplexen und alten Gesellschaften schlüssige Beweise (die wir heute noch nicht haben) darüber vorliegen, wie bei Kindesmord und Eheschließung verfahren wurde.

Meiner Ansicht nach wurde der institutionalisierte Kindesmord zur Befriedigung starker Aggressivitätsgefühle praktiziert, die sich nicht einfach nur gegen Kinder und Frauen richteten, sondern vielleicht grundlegender gegen den gesamten psychologischen Vorgang der Schwangerschaft und des Aufziehens von Kindern, einen Vorgang, der von Frauen bewältigt wird und Kinder erzeugt. Manchen Menschen fällt es sehr schwer zu akzeptieren, daß die große Freude am Sex den Schmerz der Geburt und die schreckliche Belastung der Aufzucht eines neuen Menschen zur Folge hat. Heute verfluchen manche Frauen im Kindbett ihre Männer, die sie dahin gebracht haben, selbst wenn sie ihre Ehemänner lieben und entschlossen sind, die aus dieser Verbindung hervorgegangenen Kinder zu lieben. Man könnte durchaus vermuten, daß die der Geburt folgende Depression, unter der alle frischgebackenen Mütter in einem gewissen Umfang zu leiden haben, mit einem tiefen, irrationalen Konflikt in bezug auf den Kindesmord zu tun hat. Wir hassen den Schlag, den die Realität des

ren, daß man die Frauen vor allem wegen ihrer produktiven Feldarbeit geschätzt habe. Je mehr Frauen ein Mann ‹hatte›, desto mehr Nahrungsmittel standen ihm zur Verfügung.

Geburtsschmerzes und eines neuen menschlichen Wesens, das all unserer Fürsorge bedarf, unserem Narzißmus versetzt. Wenn wir in einer präjüdischen, prä-christlichen Welt lebten, würden wir uns frei fühlen, diesem Zorn durch Tötung des Kindes seinen Lauf zu lassen. Es werden mehr kleine Mädchen als Jungen umgebracht, nicht nur weil Jungen sich einer höheren Wertschätzung erfreuen als Mädchen – was für alle Gesellschaften vor der unsrigen gegolten hat –, sondern auch weil Frauen die Symbole des Kinderkriegens sind. Wie verrückt das alles auch klingen mag, man darf nicht vergessen, daß die Tahitianer, die durchaus kein psychotisches Volk waren, mehr als die Hälfte aller neugeborenen Kinder umbrachten. – Ellis berichtet uns, daß ein Kind, wenn es auch nur einen Tag am Leben bleiben durfte, keine Gefahr mehr lief, umgebracht zu werden.[7] Der Akt richtete sich nicht gegen *das Kind*, sondern gegen *die Idee des Kindes*. Sobald das Kind Wirklichkeit geworden war, war Kindesmord unmöglich.

Die Tötung selbst wurde von der Mutter, dem Vater oder einem nahen Verwandten vollzogen. Manchmal kam es zu Auseinandersetzungen, ob ein Kind am Leben bleiben solle oder nicht. In solchen Fällen waren es unweigerlich die Mütter, die sich für das Leben des Kindes einsetzten, und die Väter sowie dessen Verwandte, die sich für die Tötung aussprachen. In einer Gesellschaft voller Klassenunterschiede spielten Status-Überlegungen auf diesem Feld eine ebenso große Rolle wie auf anderen Gebieten. «Das Band der Ehe wurde aufgelöst, wann immer eine der beiden Parteien dies wünschte; und obwohl es bei den wichtigen Häuptlingen üblich war, daß eine Ehefrau nominal weiter verheiratet blieb, nahmen sich die Ehemänner andere Frauen und die Ehefrauen andere Ehemänner. Die neuen Ehegatten waren meist persönlich sehr anziehende Menschen, die in der Gesellschaft jedoch einen niedrigeren Rang einnahmen. Die Nachkommenschaft aus einer solchen Verbindung wurde fast immer umgebracht, wenn nicht von den Eltern selbst, dann von den ranghöheren Verwandten, damit die Würde der Familie oder ihr Ansehen in der Gesellschaft nicht unter der Verbindung mit Angehörigen einer niederen Klasse litt.»[8]

Die Geschichte von Abraham und Isaak beschäftigt uns so stark, weil sie die großen Themen von Menschenopfer und Kindesmord oder richtiger Sohnesmord zusammenführt. Die Vorstellung, daß die Geburt eines männlichen Kindes irgendwie eine Bedrohung für das Leben des Vaters darstellt, muß denselben verrückten Motiven der Seele entspringen wie die Annahme, daß uns die Opferung anderer Menschen sicherer macht. So vielen Mythen von Preisgabe liegt dieser Gedanke zugrunde: Wenn Ödipus am Leben bleibt, ist das Leben seines Vaters bedroht. In Buganda glaubte man, daß der Vater sterben würde, wenn ein Clan-Oberhaupt einen Sohn bekam. Die Antwort auf diese Bedrohung bestand darin, daß man das erste männliche Kind erdrosselte. Nach diesem Opfer wurde weiteren männlichen Kindern erlaubt, am Leben zu bleiben.[9]

Manche Tempel in Tahiti waren so geheiligt, daß ein fremder Mann, der sich während des Gebets an die Götter dorthin verirrte, sofort ergriffen und auf der Stelle getötet wurde. Sein Leichnam wurde im Tempel begraben. Sollte irgendein nichtsahnender Isaak von zu Hause aufbrechen und seinen Vater zur Zeit der Zelebrierung dieser Riten im Tempel aufsuchen wollen, würde der Vater dem Hohepriester verkünden: «Nimm dieses Kind und erschlage es für die Götter! Siehe, die Ordnung des *marae* (Tempel) wird durch ihn gestört, die Gebete zu den Göttern werden unterbrochen. Er ist mein Sohn, ich habe ihn gezeugt, aber (sein Verlust) darf mich nicht reuen, denn ihm war nicht erlaubt, hierher zur Versammlung der Götter zu kommen.»[10] Wie bei Abrahams Gehorsam gegen Jehova handelte es sich um einen Akt der Frömmigkeit.

Wir sind durch unseren Narzißmus sowie durch biologische Vorstellungen von Anpassungsfähigkeit und vom Überleben der Tüchtigsten zu dem Glauben verleitet worden, daß alles, worüber die menschliche Rasse verfügt und andere Arten nicht, funktionaler, anpassungsfähiger sowie geeignet sei, unsere Überlebenschancen zu vergrößern. Unser Becken erlaubt uns den aufrechten Gang; unser großes Gehirn ermöglicht uns die Erfindung von Waffen; daher vergrößern sich unsere Aussichten zu überleben. All das ist kein logischer Widerspruch zu dem Gedanken, daß in unserer animalischen Natur etwas angelegt ist, was zu Funktionsstörungen führt, unadaptiv ist und unsere Überlebenschancen verringert, einschließlich dessen, was man nur ‹psychologische Impulse› nennt. Man kann den wundervollen biologischen Evolutionsprozeß bewundern, der den ‹Aufstieg des Menschen› programmiert hat, ohne in die narzißtische Falle zu tappen, die Evolution sei ein Szenarium für Perfektion.

Bei den Vorarbeiten zu diesem Buch und beim Schreiben habe ich mir größte Mühe gegeben, emotionslos über das Problem des Kindesmords nachzudenken. Dieser scheint biologisch und psychologisch so sinnlos zu sein, daß man meinen könnte, es gebe keinen Grund dafür. Und doch gibt es einen. Primitive Völker haben ihn praktiziert, ebenso die Völker komplexer Gesellschaften und unsere römischen und griechischen Vorfahren. Über die alten Ägypter, Sumerer und Minoer kann ich in dieser Hinsicht nichts sagen, aber es wäre nicht überraschend, wenn es auch bei ihnen Kindesmord gegeben hätte. Menschen scheinen einen irrationalen biopsychologischen Impuls in sich zu tragen – als wäre irgendein fremdartiges, unangepaßtes wildes Tier in ihnen –, ihre eigene Nachkommenschaft zu vernichten. In gewisser Weise scheint es ein Akt von Großmut zu sein, das Kind am Leben zu lassen. Die Frage, welcher Funktion der Impuls zum Kindesmord dient, die Suche nach einem logischen Grund dafür, daß Menschen diese destruktiven Impulse ausleben, wäre eine völlig falsche Darstellung der Vervollkommnungsfähigkeit unserer Art.

Dieser Impuls ist offenkundig nur ein Teil unseres bio-psychologischen Erbes und nicht einmal der wichtigste. Wäre er der wichtigste Impuls, hätten wir diese Erde schon nach einer oder zwei Generationen verlassen.

Wie viele Kinder kann man töten, ohne das Überleben der Art zu gefährden?

Der Drang zur Vernichtung des neugeborenen Kindes ist eine Bürde gewesen, die Menschen in der Vergangenheit getragen haben und die sie noch heute tragen. In der Geschichte der Entwicklung der westlichen Gesellschaft wurde erst mit dem Aufkommen der alten jüdischen Religion, die im Christentum einen weltweiten Triumph feierte, die Praxis des Kindesmords für ungesetzlich erklärt. Im überwiegenden Teil der menschlichen Geschichte hat es keine moralischen Sanktionen gegen das Umbringen neugeborener Kinder gegeben. Wir betrachten es voller Entsetzen von einem einzigartigen und erst vor kurzem erreichten Aussichtspunkt aus: Es ist erst weniger als zweitausend Jahre her, daß die Preisgabe des Ödipus auf dem Berg Cithaeron der Flucht nach Ägypten Platz machte.

Eine psychologisch primitive Auffassung vom Kindesmord stört noch immer unsere Weltordnung, nämlich in Gestalt der Debatte, ob die Abtreibung nur eine andere Form der Kindestötung sei. Die Frage, ob die Abtreibung eines Fötus und das Töten eines Kindes das gleiche sei, ist eine *psychologische* Frage und keine rechtliche oder intellektuelle. Jeder Mensch beantwortet diese Frage für sich selbst, und zwar auf der Grundlage psychologischer Überlegungen. Im Kern ist die Abtreibung Mord, wenn man sie so sehen will.

Wer die Abtreibung für gesetzmäßig hält, könnte damit möglicherweise innerlich und unbewußt seine Kindesmordimpulse bewältigt haben. Vielleicht sind diejenigen, die gegen die Abtreibung protestieren, nicht in der Lage, sich einzugestehen, daß auch ihre Psyche ein nicht-rationales Element enthält, das ein neugeborenes Kind am liebsten los wäre. Diese Erkenntnis ist so erschreckend, daß diese Menschen ihre Energien darauf verwenden, das Wissen um diese schrecklichen Impulse zu unterdrücken, und das so sehr, daß sie nicht einmal anderen Menschen die Freiheit gestatten wollen, ihrem Gewissen zu folgen. Sie beharren darauf, daß Abtreibung Kindesmord sei, weil ihre Beschäftigung mit dem Kindesmord zwanghaft geworden ist.

Selbst wenn es Menschen gelungen ist, sich in dieser Hinsicht einigermaßen zu befreien, können auch sie nicht rein rational denken. Der Akt der Abtreibung läßt sich nicht vollständig von dem Gefühl trennen, daß man ein Menschenleben beendet, was besonders für die schwangere Frau gilt. Eine Abtreibung bringt man nie so leicht hinter sich wie eine Blinddarmoperation. Wer das behauptet, verkennt Komplexität und Nicht-Rationalität der Psyche.

Man könnte behaupten, sowohl Gesellschaft wie Moral machten auf dialektische Weise Fortschritte. Man könnte sagen, daß es auch beim Kindesmord eine solche Entwicklungslinie gibt. Die Tahitianer brachten mehr als die Hälfte ihrer Neugeborenen um, ohne dabei irgendwelche bewußte Ambivalenz zu empfinden. Es ist schwer zu ermessen, wieviel unbewußte Schuldgefühle mit diesem Akt verbunden waren, da die damalige Gesellschaft dieses Verhalten billigte. Als die jüdisch-christliche Moral dem allgegenwärtigen Kindesmord der heidnischen Welt ein Ende machte, wurde ein großer moralischer Fortschritt institutionalisiert – der Wert des menschlichen Lebens, besonders des Lebens von Kindern, wurde in bislang unbekanntem Maße gesteigert. Dieser große Entwicklungsschritt erfolgte jedoch innerhalb eines moralischen Kontexts, in dem auch die Keuschheit zu einer Tugend erhoben wurde, der eine Verdammung vorehelicher geschlechtlicher Beziehungen (meist für Frauen) sowie das Verbot der Geburtenkontrolle und der Abtreibung brachte: Das waren Garantien dafür, daß die meisten Frauen ihr Leben als Gefangene von Schwangerschaften und Kindererziehung verbrachten. Der gesellschaftliche Fortschritt, der den Kindesmord für ungesetzlich erklärte, brachte auch viel von dem mit sich, was zu einer Dehumanisierung der Welt geführt hat.

Eine Aufhebung dieser Verbote würde jedoch nicht eine Rückkehr zu den tahitianischen Vorstellungen bedeuten, daß ein neugeborenes Kind etwas sei, dessen man sich so leicht entledigen könne wie eines zerbrochenen Tellers. Unser Glaube an die Legitimität der Abtreibung und der Familienplanung erwächst aus der ungeheuren Wertschätzung, die wir den Kindern entgegenbringen, welche wir tatsächlich aufziehen, und wir verdanken diese Einstellung zum Teil jenen großen frühen Christen, die als erste Waisenhäuser einrichteten – eine Institution, die es in der heidnischen Welt nicht gegeben hatte.

Die Aufhebung der Verbote sollte eine Synthese erzeugen, vorausgesetzt, sie bezieht in die neue Position den Fortschritt ein, den das erste Verbot darstellte. Wir machen so langsam und nur auf Umwegen Fortschritte, weil der nicht-rationale Teil dessen, mit dem wir uns auseinandersetzen müssen, eine so ungeheure Kraft hat, und wir werden erst dann zu wahrer Selbsterkenntnis gelangen, wenn wir bereit sind zuzugeben, was für einen verletzlichen, verängstigten und potentiell zerstörerischen Ort wir in uns haben. Die Geschichte des Kindesmords kann uns sehr viel über diesen schrecklichen Ort lehren.

Eine Tanzdarbietung auf Tahiti

Der Empfang Cooks auf Haapai, einer der Tonga-Inseln

19

Männliche Homosexualität und Bisexualität

Über Homosexualität in der primitiven Gesellschaft liegen uns so wenige Zeugnisse vor, daß es fast verdächtig ist: Man fragt sich, ob es die Gesellschaften oder die Chronisten der Zeit waren, die das Wissen um solche menschlichen Bedürfnisse unterdrücken wollten. Obwohl es in der primitiven Gesellschaft ohne Zweifel mehr Homosexualität und Bisexualität gab, als wir wissen (es gibt immer mehr), scheint sie doch nicht sehr verbreitet gewesen zu sein. Selbst die Anthropologen, die sich den sexuellen Aspekten der primitiven Gesellschaft am bereitwilligsten zugewandt haben, haben außergewöhnlich wenig an Daten zusammengetragen. Malinowski widmet der Homosexualität in seinem Buch *Das Geschlechtsleben der Wilden in Nordwest-Melanesien* nur wenige Seiten, und im Sachverzeichnis werden sie unter den Stichworten «Homosexualität wird von den Eingeborenen verachtet» und «unnatürliche Wohnverhältnisse verleiten zu Homosexualität» aufgeführt.[1] Margaret Mead, die die Sexualität in drei Gesellschaften untersucht hat, sagt von zweien der drei: «Homosexualität gab es weder bei den Arapesch noch bei den Mundugumor.»[2] Bei den Plains-Indianern Nordamerikas gab es die wohlbekannte Institution des *berdache*, derzufolge bestimmte Männer sich für das Leben einer Frau entschieden, sich wie Frauen kleideten, Frauenarbeit verrichteten und andere Männer ‹heirateten›. Solche Verhaltensmuster scheinen in der primitiven Gesellschaft jedoch selten gewesen zu sein.

Wie spärlich Berichte über männliche Homoerotik auch sein mögen, so habe ich den statistisch nicht untermauerten Eindruck, daß weibliche Homosexualität und Bisexualität noch seltener waren. In der komplexen Gesellschaft gibt es auch kaum Hinweise auf weibliche Homosexualität, obwohl durchaus die Möglichkeit besteht, daß ich einiges übersehen habe oder diejenigen, die das Material zusammengetragen haben. Daß hier nur von der männlichen Homosexualität die Rede ist, liegt daran, daß es über die weibliche kaum Belege gibt.

Bei der männlichen Homosexualität fällt der Unterschied zwischen primitiven und komplexen Gesellschaften auf. Aus Buganda, Hawaii und Tahiti liegt uns reichhaltiges Quellenmaterial über Homosexualität und Bisexualität vor. Es ist erstaunlich zu erfahren, daß Kamehameha I., der

Begründer des vereinten hawaiischen Staates, Pomare I., der auf Tahiti das gleiche leistete, sowie Mwanga von Buganda, der Sohn des großen Mutesa, sämtlich bisexuell waren. Und auch Mutesa wurde von einem katholischen Missionar beschuldigt, das ‹Laster› zu praktizieren.[3] Diese letzte Behauptung ist nicht bewiesen, aber bei den anderen politischen Führern steht deren Bisexualität außer Frage. Die Offenheit, mit der sie praktiziert wurde, die institutionalisierten Formen, in denen sie kultiviert wurde, und der Umfang, in dem die mächtigsten Männer der Gesellschaft dieses Vergnügen suchten – all das erinnert stark an die alte griechische Gesellschaft.

In Ruanda schickten die herrschenden Tutsi ihre heranwachsenden Söhne an den Königshof, um sie für das aristokratische Leben ausbilden zu lassen. In dieser Zeit waren sie von Frauen isoliert, und man hielt homosexuelle Erfahrungen für normal. Die Tutsi selbst führten die Homoerotik auf den Mangel an heterosexuellen Kontakten zurück.[4] Die wirkliche Frage ist, warum sie überhaupt ein System erfanden, das den jungen Männern keine Alternative zu homosexuellen Experimenten ließ. Im westafrikanischen Dahomey blickte man meist voller Verachtung auf homosexuelle Erfahrungen, mit Ausnahme der Zeit der Hochadoleszenz, als Kontakte zwischen jungen Mädchen und heranwachsenden jungen Männern verboten waren.[5] Man ging davon aus, daß jungen Männern die Masturbation als Ersatz für heterosexuellen Verkehr zu Gebote stand. Einsame Masturbation wurde von den Bewohnern Dahomeys verabscheut, die das Gefühl hatten, das mache einen Mann ‹zu einem Hund›; gegenseitige Masturbation junger Männer jedoch hielt man für normal.[6]

Die Tutsi und die Bewohner Dahomeys hatten andere Sitten als die Baganda und Polynesier. In den beiden erstgenannten Kulturen war ein bestimmtes Entwicklungsstadium bei jungen Leuten der gleichen Altersstufe dem homosexuellen Experimentieren freigegeben. Das scheint ähnlich wie in unserer Gesellschaft zu sein, in der viele junge Leute in der Frühadoleszenz homoerotische Erfahrungen machen, später jedoch zu einem heterosexuellen Leben übergehen. Polynesische Männer blieben jedoch oft das ganze Leben bisexuell, und sexuelle Kontakte von Männern unterschiedlichen Lebensalters waren häufig. Aus Buganda liegt uns weit weniger Material über männliche Bisexualität vor, und es deutet einiges darauf hin, daß die Anwesenheit arabischer Händler im Land einiges dazu beigetragen hat, die homoerotischen Aktivitäten zu fördern und zu rechtfertigen, die Mwanga mit den jungen Pagen am Königshof praktizierte.

Es ist eine offene Frage, ob die Bisexualität hauptsächlich dem Adel vorbehalten war oder nicht. Maquet sagt, daß in Ruanda sowohl Tutsi wie bürgerliche Hutu sich homosexuell betätigten[7], aber Kamakau sagt über Hawaii, daß die einfachen Menschen dort solche Neigungen ablehnten.[8] Die Offiziere englischer Schiffe, die uns ihre Tagebücher hinterlassen haben, verkehrten natürlich mit Angehörigen der Oberschicht und waren hauptsächlich nur an ihnen interessiert. Wenn wir daher lesen, daß «jeder Aree (Edelmann) seinem Rang entsprechend so und so viele Frauen und so und so viele Männer hält... zum Vergnügen für seine Mußestunden»[9], oder daß «Terreeoboo fünf von ihnen hat (männliche sexuelle Gefährten), die Männer von größtem Einfluß sind, daß sogar alle Häuptlinge sie hatten»[10], geht daraus nicht hervor, ob die Bürgerlichen andere sexuelle Präferenzen hatten.

Es ist durchaus möglich, daß homosexuelle Praktiken unter Adligen verbreiteter waren als bei Bauern. Es scheint keine Frage zu sein, daß kulturelle Repression die Ausübung homosexueller Praktiken verringern kann und umgekehrt eine Lockerung der Repression dazu führt, daß mehr Menschen sich dieser sexuellen Spielart zuwenden. Das reiche, erfüllte, phantasievolle Leben, das wir in komplexen Gesellschaften beobachten, war hauptsächlich das Leben der Oberschicht und derjenigen Bürgerlichen, die in enger Verbindung zum Hochadel standen. Bauerntölpel schrieben keine Gedichte, tanzten nicht im Theater und wurden auch keine Wunderheiler. Es wäre nicht überraschend zu erfahren, daß die heterosexuellen Praktiken unter Aristokraten phantasievoller und weniger gehemmt waren als bei Angehörigen der Unterschicht. Das gleiche relative Fehlen von Repression hätte leicht auch zu einer größeren Verbreitung der Homosexualität führen können. Die Angehörigen der Unterschicht verbrachten ihr Leben noch immer innerhalb der enggezogenen Grenzen des Sippensystems, unter Vorzeichen, die dem Ausleben homosexueller Bedürfnisse nicht eben förderlich waren.

Angehörige der Unterschicht lernten rasch, daß jede Art Verlangen zu zügeln sei, während Aristokraten daran gewöhnt waren, alles zu bekommen, was sie wollten, und zudem erzogen worden waren, ihren Begierden nachzugeben, und nicht dazu, sie zu unterdrücken. Karana-tua, der Bruder eines politisch mächtigen Edelmanns in Hawaii, erschien eines Tages an Bord von Cooks Schiff *Resolution* und entdeckte sofort einen hübschen jungen Matrosen, der sein Gefallen erregte. Er bot Cook sechs große Schweine, falls dieser ihm den jungen Mann eine Zeitlang überlassen würde. Cook kam «der seltsamen Verderbtheit dieser Indianer» natürlich nicht entgegen.[11]

Die mythische Vorstellungskraft, die sich gern Fragen der Herkunft zuwendet und erklärt, wie alles einmal entstand, hat in Hawaii einen legendären Ursprung der Homosexualität beschrieben. Der König Liloa, von dem wir nicht wissen, ob es ihn gegeben hat, war ein tüchtiger Krieger, widmete sich religiösen Fragen und regierte lange. Während seiner Amtszeit wurde viel darüber spekuliert, warum ein bestimmter Mann als Favorit in seinen Diensten stand. Niemand konnte sagen, was dieser Mann an sich hatte und den König so sehr anzog. Nach dem Tod Liloas sprachen die Menschen den Liebling des toten Königs offen an:«Warum bist du ein solcher Liebling Liloas gewesen?› Sodomie, lautete die einfache Antwort. Als die Menschen dies hörten, probierten sie es selbst, und so wurde die Praxis der Sodomie allgemein und hielt sich bis zur Zeit Kamehamehas I.»[12]

Nichts deutet darauf hin, daß man die Homosexualität für unnatürlich hielt. Die mythische Vorstellungskraft hält es für notwendig, die Existenz so vieler natürlicher Dinge zu erklären wie etwa der Sonne, des Mondes, der Aggression, des Todes.

Als Institution war die Homosexualität von diesen drei Kulturen in Tahiti am höchsten entwickelt, und Bligh hat uns eine vollständige Beschreibung geliefert:

> Als ich heute morgen Tynah (Pomare I.) und seine Frau besuchte, fand ich bei ihr eine Person, die stark weibliche Züge hatte, obwohl ich sicher war, daß es sich um einen Mann handelte. Dieser Mensch weckte in mir bestimmte Vermutungen, und ich wollte herausfinden, ob sie begründet waren. Als ich Iddeeah (Pomares Frau) fragte, wer er sei, sagte sie ohne zu zögern, er sei ein Freund von ihr und gehöre zu einer Klasse von Menschen namens Mahoo, die auf Otaheite nicht selten sei. Ferner sagte sie, daß die Männer häufig Umgang mit ihm hätten und er so lebte, wie es die Frauen taten, daß er die gleichen Zeremonien einhalte und auch esse wie die Frauen. Das verweiblichte Äußere dieser Person ließ mich vermuten, daß der Mann kastriert war und auch andere unnatürliche und schokkierende Dinge tat, vor allem weil ich der Meinung war, daß diese Dinge in diesem Teil der Welt üblich waren. Ich irrte mich jedoch in allen meinen Annahmen mit Ausnahme der Tatsache, daß diese Personen gleichermaßen abstoßende Dinge taten. Ich war entschlossen, diese Menschen entweder von den ihnen zugeschriebenen Verbrechen reinzuwaschen oder ihre Schuld zu beweisen. Ich bat Tynah, mich ins Bild zu setzen, was er auch tat. Kaum hatte ich meine Fragen gestellt, wurden sie von einem Dutzend anderer und sogar dem Betreffenden selbst ohne Vorbehalt beantwortet, und sie gaben mir folgenden Bericht über die Mahoos.

> Diese Menschen, sagt Tynah, werden schon als Knaben ausgewählt und bei den Frauen untergebracht, wo sie ausschließlich dazu erzogen werden, sich von Männern liebkosen zu lassen. Dieser junge Mann hier nahm seinen Hahow oder Umhang ab, den er trug, um mir den Zusammenhang zu zeigen. Er bot das Erscheinungsbild einer Frau, sein Glied und seine Hoden waren zwischen die Schenkel geklemmt, da die Mahoos die Sitte haben, sie so zu tragen; die Männer, die mit ihm ihr viehi-

sches Vergnügen treiben, befriedigen es zwischen seinen Schenkeln, sind aber sonst keine Sodomiten, da sie dieses Verbrechen strikt leugnen. Als ich seine Geschlechtsteile untersuchte, fand ich sie sehr klein, besonders die Hoden, die nicht größer waren als bei einem fünf- oder sechsjährigen Jungen, zudem sehr weich, als wären sie in einem Zustand des Verfalls oder völliger Unfähigkeit, größer zu sein, so daß er mir in jedem Fall wie ein echter Eunuch erschien, der keine Hoden mehr hat. Die Frauen behandeln ihn wie eine Angehörige ihres Geschlechts, und er hielt alle Verbote ein, die für Frauen gelten, und wird wie eine Frau respektiert und geschätzt.[13]

Bemerkenswerterweise war der Schenkelverkehr, diese ungewöhnliche Paarungsmethode, auch im alten Griechenland eine charakteristische Form des homoerotischen Verhaltens.[14] Es hat den Anschein, als würde die jeweilige kulturelle Entwicklungsstufe nicht nur die Einstellung der Gesellschaft zu Homosexualität und Bisexualität bestimmen (repressiv, neutral, freizügig, ermutigend), sondern sogar auf eine seltsame Art und Weise, die uns noch nicht klar ist, darauf Einfluß haben, welche sexuellen Stellungen vorzuziehen seien.

Es fällt auf, wie sich die Haltung der alten Griechen und der alten Polynesier zur Homosexualität ähneln. In beiden Kulturen gab es zwar Männer, die ein ausschließlich homosexuelles Leben führten, etwa die *mahus* von Tahiti; aber die Männer, die in der Gesellschaft die Macht besaßen, waren bisexuell, wenn ihnen nach homoerotischer Befriedigung zumute war, und nicht ausschließlich homosexuell. Sophokles, Sokrates, Alexander der Große und Alkibiades waren sämtlich bisexuell, ebenso Pomare II. und Kamehameha I. Eine bestimmte Stufe der kulturellen Entwicklung scheint geradezu nach großen Eroberergestalten zu verlangen, die bisexuell sind. Julius Cäsar ist ein anderes Beispiel.

Die jüdisch-christliche Abneigung gegen Homosexualität und Bisexualität sowie deren Unterdrückung gab es in anderen Gesellschaften offensichtlich nicht. Das Wertsystem einer Gesellschaft – und keine Gesellschaft kommt ohne ein solches aus – beurteilt die Homosexualität und entscheidet auf der Grundlage dieses Urteils, ob sie nun unterdrückt, erlaubt oder gefördert werden soll. Diese Entscheidung wird jedoch nicht willkürlich oder zufällig getroffen. Keine Gesellschaft entscheidet ‹einfach so›, daß sie von nun an der Homosexualität gegenüber freizügiger sein werde. Diese Entscheidung – die nie bewußt getroffen wird, obwohl ihre Ergebnisse offen verkündet werden – hängt von vielen anderen Faktoren ab, die in dieser Gesellschaft zur gleichen Zeit und auf der bestimmten Entwicklungsstufe der Gesellschaft stattfinden.

Was die Freizügigkeit gegenüber männlicher Homosexualität betrifft, scheinen zwei Faktoren, die durchaus miteinander zu tun haben, die große Veränderung beim Sprung von primitiver zu komplexer Gesellschaft mitbestimmt zu haben: der Zusammenbruch des Sippensystems sowie die Aufhebung der Repression im allgemeinen und besonders in sexuellen Fragen. Wenn Eltern eine starke Mißbilligung homosexueller Neigungen an den Tag legen, ist es für einen Sohn schwierig, wenn nicht gar unmöglich, zu Hause zu wohnen und diesen Neigungen offen oder auch nur geheim nachzugehen. Die Reaktion kann nur darin bestehen, von der Familie wegzuziehen und in eine große Stadt zu gehen. Was passiert jedoch in einer Gesellschaft, in der es keine Städte gibt, in die man ziehen könnte, wo jemand ständig unter den aufmerksamen Augen von Verwandten lebt? Unter solchen Lebensumständen unterdrücken Menschen ihre homoerotischen Neigungen und führen ein mehr oder weniger heterosexuelles Leben, wobei sie diesem Leben die größtmögliche Befriedigung abgewinnen. Wenn Margaret Mead uns sagt, daß es bei den Arapesch und Mundugumor *keine* Homosexualität gab, müssen wir davon ausgehen, daß eine sehr effektive Repression am Werk war.

In komplexen Gesellschaften verbrachten viele Menschen nicht ihr ganzes Leben im Schatten der Sippe, und die Königshöfe boten eine Möglichkeit, von zu Hause wegzukommen. An diesen Höfen herrschte eine viel größere sexuelle Freiheit als in den meisten primitiven Gesellschaften, sowohl für Homosexuelle wie für Heterosexuelle. Vor allem in Polynesien schien die sexuelle Experimentierfreude an der Tagesordnung zu sein. Wenn sexuelle Repression nachläßt, wenn sexuelle Flexibilität und Experimentierfreude zu geschätzten Werten werden, werden viele Menschen ihre homoerotischen Neigungen offen zeigen, was sie in einer eher unterdrückten Situation niemals tun würden.

Hier wird man natürlich sofort an unsere eigenen kulturellen Gegebenheiten erinnert. Wenn Menschen erst einmal der Tyrannei ihrer Eltern entfliehen, entweder durch Auflösung des Sippensystems oder infolge einer humaneren Kindererziehung, hat das eine endgültige Aufhebung der sexuellen Unterdrückung zur Folge. Dann ergeben sich natürlich sofort einige berechtigte Fragen, etwa die, wie zweischneidig diese Beendigung der Repression war und noch ist: Inwieweit hat die Lockerung der Sexualmoral zu der Zunahme von Pornographie und Vergewaltigungen beigetragen (falls die Zahl der Vergewaltigungen überhaupt zugenommen hat) sowie zum Zusammenbruch der Institution Ehe (falls diese es überhaupt wert war, als solche erhalten zu werden)? In der komplexen Gesellschaft entstanden viele neue gesellschaftliche Phänomene, etwa die Prostitution, die den Wert des menschlichen Lebens nicht gesteigert haben. Zu einem großen Teil war dies das Ergebnis der Auflösung des Sippensystems und der Aufhebung der sexuellen Repression. Es scheint jedoch klar zu sein, daß eine Aufhebung der sexuellen Repression zu vielen Dingen führen kann, und man kann durchaus nicht von allen sagen, daß sie den Menschen bekommen sind. Das ist die Hauptsorge, durch die unsere öffentliche Debatte um ‹Eros und Zivilisation› bestimmt wird. Die grundlegende Frage lautet nicht, ob sexuelle Freiheit nun ausschließlich gut oder ausschließlich schlecht sei, was sie natürlich nicht ist, sondern ob die Lockerung der Repression den Preis wert ist, den die Menschen zu zahlen haben.

Die Wechselwirkung zwischen relativ unterdrückter englischer Kultur und den freizügigen polynesischen Völkern führte um den Beginn des 18. Jahrhunderts herum zu einigen lustigen Vorkommnissen. Der englische Missionar Jefferson schrieb auf Tahiti in sein Tagebuch, einer der Geistlichen habe unfreiwillig einen Akt zwischen zwei Männern mit angesehen, «den es vielleicht nicht einmal in Sodom und Gomorrha gegeben hat». Die Geistlichen hielten gerade Sprachunterricht, an dem auch Paeeta teilnahm, der Häuptling von Hapyano. Als der Unterricht ihn erschöpft hatte, legte sich der Häuptling auf die Matte eines seiner Diener. Da die Stunde damit beendet war, verließen die Geistlichen den Häuptling und dessen Diener und ließen die beiden allein im Zimmer zurück. «Kurz darauf, als er wieder zurückgehen mußte, um etwas zu holen, sah (Bruder Henry) genug, um zu erkennen, daß hier ein höchst ungewöhnlicher und scheußlicher Fall von Bestialität begangen wurde; der Häuptling hatte den ... des anderen im Mund.»[15] Man fragt sich, was für Vorstellungen Bruder Jefferson von Sodom und Gomorrha hatte.

Aber auch die eher weltlich eingestellten Matrosen der Schiffe mußten sich auf ein paar Überraschungen gefaßt machen:

> Wenn ich nun schon auf diese Art Unterhaltung zu sprechen komme, muß ich von einer sehr lustigen Begebenheit erzählen, die sich bei einer ihrer nächtlichen Heivas ereignete. Durch den Klang der Trommel und viele Lichter angelockt, ging ich eines Nachts mit zwei unserer Maaten zum Strand hinunter, um mir eine dieser Darbietungen anzusehen. Wir setzten uns zu einigen unserer Freunde, die wir dort trafen; als einer der Herren, die mich zum Strand begleitet hatten, sich urplötzlich in ein, wie er meinte, tanzendes Mädchen verliebte; er ging zu ihr, schenkte ihr ein paar Glaskugeln und andere Kleinigkeiten und unterbrach ihre Tanzvorführung durch seinen Auftritt. Aber wie groß war seine Überraschung nach dem Ende der Darbietung und nachdem er es geschafft hatte, sie zu überreden, mit ihm an Bord zu gehen, als er herausfand, daß sich dieses vermeintliche junge Mädchen als schmucker junger Mann entpuppte, nachdem das Kostüm gefallen war. Den Otaheiteanern machte dieser Irrtum so viel Spaß, daß sie uns unter Rufen und brüllendem Gelächter zum Strand begleiteten; und ich kann sagen, daß dieses Ereignis in einer ihrer Komödien zu einer hübschen Szene verarbeitet worden ist.[16]

Eines scheint für alle Stufen der kulturellen Entwicklung zuzutreffen: Menschen unterdrücken nur das, wovor sie sich fürchten, und können über bestimmte Dinge nur lachen, wenn sie nicht mehr bedrohlich sind.

20

Glücksspiel, Prostitution,
Exhibitionismus und Ehebruch

Nach meinem Eindruck kann man die primitive Gesellschaft als gehemm-
ter und in sexuellen Fragen unterdrückter bezeichnen als die komplexe
Gesellschaft. Dies bedeutet jedoch nicht, daß die durch den Sippenverband geprägten Gesellschaften starr, unnachgiebig oder konfliktlos gewesen sind. Ehebruch war ein häufig vorkommendes Phänomen; in vielen
primitiven Kulturen war die Vergewaltigung mehr oder weniger erlaubt;
Sexualität wurde in Anwesenheit von Angehörigen beider Geschlechter
und aller Altersgruppen offen diskutiert, und man machte auch Scherze
darüber; Kinder konnten ihren Eltern oft ungehindert bei ihren sexuellen
Aktivitäten zusehen; in vielen primitiven Gesellschaften waren vorehe-
liche sexuelle Beziehungen den Angehörigen beider Geschlechter freigestellt, und bei einigen Gruppen, etwa den von Malinowski beobachteten
Trobriandern[1], war unsere sogenannte sexuelle Latenzzeit eine Phase, in
der die jungen Leute ihre Sexualität frei ausleben konnten; Frauentausch
sowie das Ausleihen von Ehefrauen waren nicht unbekannt; und manche
Völker wie etwa die Bewohner der australischen Wüste hatten die Zeit
eines großen Treffens institutionalisiert, in der sexuelle Freizügigkeit an
der Tagesordnung war.

In allen diesen Fragen verändern sich die sexuellen Praktiken der komplexen Gesellschaft grundlegend. Dabei geht es jedoch nicht so sehr um
die Unterschiede bestimmter Institutionen, sondern um die Tatsache, daß
die komplexe Gesellschaft etwa die Prostitution und den sexuellen Exhibitionismus institutionalisiert hatte, was es in der primitiven Gesellschaft
nicht gab. Ich kann den Unterschied nicht besser als mit dem altmodischen Begriff Laster umschreiben. In der primitiven Gesellschaft gab es
keine Laster, kein Gefühl dafür, daß bestimmte Handlungen ein doppel-
tes Vergnügen bieten: das Vergnügen an der Sache selbst sowie die zusätz-
liche Befriedigung, die der Bruch eines Tabus mit sich bringt, daß man
nämlich etwas Verbotenes getan hat. Das Laster läßt Schuldgefühle und
Scham entstehen, was auch in der Negation zum Ausdruck kommt: Dies
ist kein Laster, weil ich danach weder Scham noch Schuld empfinde. Dekadenz ist ein weiterer Begriff, der mit dem Laster zusammenhängt. Wenn
wir die sexuelle Freizügigkeit bei den australischen Koroborees betrach-

ten, fällt es uns nicht ein, das Wort ‹Dekadenz› zu benutzen; aber wenn das dem Diskuswerfen ähnliche Spiel der hawaiischen Aristokraten, mit dem bestimmt wurde, wie verheiratete Leute an einem bestimmten Abend ihre Partner zu tauschen hatten, nicht dekadent war, darf man nichts dekadent nennen.

Unsere Einstellung zu sogenanntem abweichendem Verhalten hat sich in den letzten fünfundzwanzig Jahren so radikal verändert, daß man heute kaum noch sagen kann, was die Begriffe Laster und Dekadenz uns überhaupt noch sagen können. Was früher einmal ein Laster war und die Sittenpolizei auf den Plan rief, ist heute eine ‹sexuelle Vorliebe›. Vor zwanzig Jahren hätte ich in diesem Buch etwa von pornographischen Skulpturen der Tahitianer gesprochen; heute spricht man von ‹erotischer Kunst›. Alkoholische Getränke, Pornographie, Glücksspiel und Prostitution werden jedoch auch heute noch vom Staat kontrolliert, selbst in den fortgeschrittensten Demokratien. Die Idee des Lasters ist in unserem Rechtssystem noch immer vorhanden, daneben die Verpflichtung des Staates, das Laster in Grenzen zu halten. Und das Laster, falls es das überhaupt gibt, begann in der komplexen Gesellschaft.

Das umfangreichste Quellenmaterial über normales und zwanghaftes Glücksspiel stammt aus Hawaii. Die Hawaiianer wetteten bei jeder Gelegenheit: «Bei Wettrennen, Kanurennen, beim Surfen, Boxen, Ringen, Fingerhakeln, bei Schlittenfahrten, beim Tauziehen…»[2] Wie bei uns konnten die Zuschauer bei sportlichen Darbietungen ihren Spaß noch steigern, indem sie eine Wette eingingen. Wie immer, wenn das Glücksspiel weit verbreitet ist, konnten manche Leute ihren Einsatz nicht im Rahmen ihrer Möglichkeiten halten. Zwanghafte Glücksspieler verloren all ihre Habe, ihre Kleidung, ihre Höfe, ihre Ehefrauen und Kinder. Viele der berühmten Helden der legendären Geschichte Hawaiis waren große Spielernaturen. Große Häuptlinge und kleine Fürsten konnten bei einem der berühmten Glücksspiel-Wettbewerbe sogar ihr ganzes Reich verspielen. Sowohl Tahitianer wie Hawaiianer kannten einen Gott des Glücksspiels.

Ein hawaiischer Mythos erzählt von einem Mann von der kleinen Insel Molokai namens Kane-ia Kama, der sich an dem berühmten Glücksspielort Ka-lua-koi an einem Wettbewerb beteiligt und den ganzen Topf gewinnt. Auf dem Nachhauseweg hat er plötzlich das Gefühl, nicht genug gewonnen zu haben, unterbricht seine Wanderung an einem anderen berühmten Glücksspielort auf Maunaloa und verliert alles, was er hat, mit Ausnahme seines Körpers. Dieser Zyklus von Liebe und Ablehnung hat ihn so erschöpft, daß er in tiefen Schlaf fällt; und in jener Nacht erscheint ihm der Gott Kane-i-kaulana-ula («Kane in der Glut des Sieges») und drängt ihn, beim morgigen Wettbewerb sein Leben einzusetzen, und verspricht ihm den Sieg, falls er ihn, Kane-i-kaulana-ula, zu seinem Gott nehme. Er verspricht es; er spielt; er gewinnt; er schnitzt eine Statue seines neuen Gottes aus dem *nioi*-Baum, den die Gottheit in seiner nächtlichen Vision bestieg.[3]

In der hawaiischen Kultur finden wir keinen Hinweis auf die Gestalt der Dame Fortuna, die das Auf und Ab des politischen Spiels diktiert sowie den Wandel von Hochgefühl und Trauer im menschlichen Leben. Wir finden keine Vorstellung davon, daß das Leben selbst ein großes Glücksspiel sei. Wir sehen nichts weiter als zufälliges Glücksspiel. Obwohl es in den Legenden in heroische Größenordnungen erhoben wird, gibt es keine Verbindung mit dem Kosmos.

Material über Prostitution liegt aus komplexen Gesellschaften kaum vor; das wenige scheint darauf hinzudeuten, daß die professionelle Sexualität wie so vieles andere in diesen Gesellschaften zuerst am Königshof auftauchte. Douglas Oliver, der profundeste Kenner der alten Kultur Tahitis, hat folgendes beobachtet:

> Das Erscheinen der Europäer trieb viele ... Frauen in die Prostitution, aber schon vorher hatten einige führende Häuptlinge junge Frauen in ihrem Haushalt zum Vergnügen hochgestellter Besucher bereitgehalten. Man weiß nicht viel über diese Frauen, aber die Art ihrer Beschäftigung scheint ihre späteren Heiratsmöglichkeiten nicht wesentlich verringert zu haben. Als Lohn erhielten sie vermutlich einen komfortablen Lebensunterhalt und wurden weitgehend von der Arbeit freigestellt, die sonst von den Frauen ihrer sozialen Klasse erwartet wurde.[4]

Die große Eleganz der vergleichenden Methode besteht darin, daß wir unser Bild von Tahiti abrunden können, indem wir uns afrikanische Gesellschaften ansehen, die sich im gleichen Entwicklungsstadium befanden. Damit können wir Olivers Thesen nachprüfen und erweitern. Im traditionellen Dahomey gab es einige «öffentliche Frauen»[5], und in Ruanda gab es einige wenige Frauen am Hof des Königs und an den Höfen hochgestellter Häuptlinge, die als Kurtisanen lebten. Überraschenderweise waren diese Kurtisanen jedoch keine bürgerlichen Hutu, sondern gehörten zur herrschenden Klasse der Tutsi, obwohl sie am unteren Ende der Oberschicht standen. «Sie waren entweder die Töchter von Tutsi-Vasallen des Häuptlings oder Königs, die von den Häuptlingen oder dem König wegen ihrer Schönheit oder als geschiedene Frauen gebeten worden waren, als Dienerinnen an den Hof zu kommen. Sie empfingen kostbare Geschenke und waren oft wohlhabend, manche besaßen sogar eigene Viehherden.»[6] Das vollständigste Material stammt aus Bunyoro, dem Nachbarn und Rivalen Bugandas, und daraus geht mit einiger Klarheit hervor, daß man diese Frauen eher mit dem altmodischen Begriff der Kurtisane belegen kann als mit dem häufigeren Etikett Prostituierte.

Im Hause Kabrega's befinden sich eine Menge Mädchen als Dienerinnen seiner Frauen, welche gewöhnlich gute Tänzerinnen oder durch körperliche Vorzüge ausgezeichnet sind und bei Nacht völlig unbeschränkte Freiheit genießen; man nennt sie «Branga». Sobald ihr Tagewerk vollendet, gehen sie aus, und falls sie von einem Manne angerufen werden, gehen sie mit ihm und bleiben je nach seinem Wunsche 4–5 Tage bei ihm. Oft genug kommt es auch vor, daß sie aus freien Stücken einem ihnen gefallenden Manne folgen und bleiben: der sie Aufnehmende ist gehalten, sich ihren Wünschen zu fügen, für ihr Essen zu sorgen u.s.w. Ihre Belohnung besteht je nach den Umständen des von ihnen Begehrten in Kaurimuscheln, Rindenstoffen, gearbeiteten Häuten, Rindern, selbst Sklaven. Fällt die erwartete Belohnung zu gering aus, so erfolgt ihrerseits stets Berufung an Kabrega, der meist zu ihren Gunsten entscheidet, obgleich er keinerlei Nutzen von ihnen hat. Alles nämlich, was sie erwerben, gehört ihnen, und glückt es einer, recht viel zusammenzubringen, so etabliert sie sich in eigener Seriba, heiratet auch wohl einen Sklaven des Königs. Wird eine schwanger, so gehört das Kind als Sklave dem König: ist es ein Knabe, so wird er später in die Reihen der Pagen (Bagarággara) und erwachsen in die Leibwache eingestellt, immer als Sklave; keinerlei Makel jedoch haftet an ihm ob seiner unehelichen Geburt. Ist das Kind ein Mädchen, so wird es zum Gewerbe der Mutter erzogen, bleibt natürlich auch Sklavin Kabrega's, der mit diesen Frauen in keinerlei persönlichen Contact kommt. Die Institution scheint eine sehr alte zu sein, und Kabrega erzählte mir, daß die ersten solcher Frauen keine Wanyoro gewesen seien.[7]

Die Prostitution ernährt sich von der Trennung von Zuneigung und Sexualität. In der primitiven Gesellschaft hat es diese Trennung nicht gegeben, entweder weil die sexuellen Gefühle noch nicht weit genug entwickkelt waren und sich noch nicht so weit ausgedehnt hatten, um mit der Zuneigung zu Mutter, Vater, Ehefrau und Kindern in Konflikt zu geraten, oder weil Gefühle der Zuneigung noch unterentwickelt waren. Vielleicht trifft beides zu. Der Konflikt, der sich darin äußert, daß es zwei Arten von Frauen gebe, die eine, die man heiratet, und die andere, mit der man vor der Ehe ins Bett geht – in meiner Jugend noch immer ein Schibboleth –, erfordert ein bestimmtes Maß von Ungleichheit bei der Entwicklung von sexuellen und gefühlsmäßigen Bedürfnissen. Für die Psyche des einzelnen und die Kultur insgesamt gilt der Satz, daß diese beiden verwandten, aber doch verschiedenen Triebe sich im gleichen Tempo entwickeln müssen.

Die Frauen sind in den meisten Gesellschaften sexuell weit stärker unterdrückt worden als die Männer, und noch vor kurzem war man der Meinung, Frauen seien zur Trennung von Sex und Gefühlen unfähig, einer Kunst, die Männer dagegen perfekt beherrschten. Frauen, so hieß es, könnten nur mit solchen Männern sexuelle Beziehungen haben, denen sie sehr zugetan seien. Mit der sexuellen Befreiung der Frau haben wir entdeckt, daß junge Frauen sexuelle Erfahrungen genauso freizügig sammeln können wie Männer. Auch viele Frauen sind heute der Meinung, daß es sexuelle Befriedigung auch ohne Beteiligung des Herzens geben kann. Sexuelle ‹Laster› – Pornographie und Besuch von Prostituierten – bleiben zwar noch weitgehend das Monopol der Männer, aber wir kennen immerhin schon den männlichen Go-Go-Tänzer, und in Zukunft kann es auch zu einer gewaltigen Zunahme der männlichen Prostitution kommen. Vielleicht wird dieser Prozeß erst dann beendet sein, wenn Männer ihre Kinder selbst aufziehen. Ein möglicher unerwarteter Nebeneffekt einer solchen Veränderung könnte sein, daß Mädchen ebenso ambivalent und gespalten sind, wenn es um ihre fürsorglichen/nicht fürsorglichen Väter geht, wie es Männern heute noch bei ihren fürsorglichen/nicht fürsorglichen Müttern ergeht. Dann können vielleicht auch die Frauen genausoviel Energie darauf verwenden, Gefühle und Sexualität auseinanderzuhalten, wie es die Männer in der Vergangenheit getan haben.

Das Ende der sexuellen Repression ist nur der erste Schritt einer dialektischen Bewegung und bringt zunächst ebenso viele neue Probleme hervor, wie es löst. Es ist noch eine weitere dialektische Wende notwendig, eine Verneinung der Verneinung, bevor alle menschlichen Möglichkeiten des Vorgangs klar erkennbar werden. Nur die höchste Synthese von Zuneigung und Sexualität wird diesem ganzen Entwicklungsprozeß moralische Geltung verschaffen. Vom Beginn der komplexen Gesellschaft bis gestern haben wir überwiegend im ersten Stadium dieses Prozesses gelebt.

Die Frage der Repression und der durch sie ausgelösten Konflikte hat ebenso wie die Konflikte, welche die Psyche durch Repression zu lösen sucht, direkt etwas mit der Einrichtung öffentlicher sexueller Darbietungen zu tun, ob es dabei nur um Nacktheit geht oder um geschlechtliche Handlungen. Die Nuer etwa spazierten ungeniert mit entblößten Brüsten, Hinterteilen und Genitalien herum. Andere primitive Völker taten das auch; viele jedoch, wenn nicht gar die meisten, taten es nicht, nicht einmal in Klimazonen, in denen man die Kleidung leicht entbehren kann. Man kann Nacktheit nicht mit Primitivität gleichsetzen, aber keine fortgeschrittene Gesellschaft hat eine öffentliche Zurschaustellung der Genitalien geduldet. Wenigstens wir haben die Vorstellung, daß das Verstecken der Sexualität durch Kleidung und ‹Zivilisation› symbolisch gleichzusetzen sind. Aus dem 19. Jahrhundert kennen wir die Vorstellung vom nackten Wilden, und in der Schöpfungsgeschichte wird der Sündenfall von Adam und Eva Gott enthüllt, als er entdeckt, wie sie ihre Genitalien zu verbergen versuchen: «Wer hat dir's gesagt, daß du nackt bist?»[8]

Die Menschen haben ein Verlangen, sich gegenseitig im Zustand der Nacktheit zu betrachten; wenn dieses Verlangen durch das Tragen von Kleidung unterdrückt wird, ist die Sache damit noch nicht ausgestanden. Das Unterdrückte hat die Gabe entwickelt, sich zu rächen. ‹Zivilisierte› Menschen bestehen darauf, daß in der Öffentlichkeit Kleidung getragen wird, und erfinden dann Unterhaltungsformen, bei denen die verbotene Nacktheit enthüllt wird. Auch vor der jüngsten sexuellen Revolution gab es viele respektable Lokale, Nachtclubs oder Tanzsäle, in denen die Menschen zwar nicht unbedingt Nacktes zu sehen bekamen, aber gewiß mehr Fleisch, als sich auf der Straße erblicken ließ. Und heute muß man nicht mehr beweisen, wie mächtig beim Mann der Trieb ist, die Sexualität auf ihren visuellen Aspekt zu reduzieren.

In manchen komplexen Gesellschaften waren Striptease und gewagtere sexuelle Darbietungen etablierte Einrichtungen. Neben den schon erwähnten ritualisierten Darbietungen der Arioi auf Tahiti scheint es zumindest auch auf Tonga und Tahiti vorgekommen zu sein, daß Geschlechtsakte in aller Öffentlichkeit stattfanden. William Anderson sagt auf Cooks letzter Reise, daß die Tonganer «die Glut ihrer gegenseitigen Neigungen vor den Augen vieler Zuschauer abkühlen».[9] Cook berichtet detaillierter über einen Fall auf Tahiti:

> Dieser Tag ging mit einer merkwürdigen Szene am Eingangstor des Forts zu Ende: Dort schlief ein junger Bursche, der mehr als einen Meter achtzig groß war, mit einem kleinen Mädchen von etwa zehn oder zwölf Jahren in aller Öffentlichkeit vor mehreren unserer Leute und einer Reihe von Eingeborenen. Ich erwähne diesen Vorfall, weil er mehr der Sitte als der Lüsternheit zu entspringen schien, denn es waren auch mehrere Frauen anwesend, vor allem Obarea (die Frau Pomare I.) sowie andere Angehörige des Adels, und diese legten keine Spur von Mißbilligung an den Tag, sondern sagten dem Mädchen sogar, wie es seinen Part zu spielen hatte; die Kleine wollte aber trotz ihrer Jugend nichts davon hören.[10]

Wir erfahren nicht, ob dieses Mädchen eine Jungfrau und dies eine Art Initiationsritus oder ob sie die Tochter einer Kurtisane war, die gerade begann, ihre Kunst zu erlernen, oder ob die beiden sich nur aus einer Laune heraus entschlossen hatten, die Langeweile zu vertreiben.

Als Cook zum erstenmal auf Tahiti landete, errichtete er an Land einen provisorischen befestigten Posten, den die Tahitianer aufsuchen konnten, um Handel zu treiben oder Geschenke zu bringen. Einmal erschien eine Abordnung am Eingangstor, deren Besuchszweck Cooks

Männern nicht klar war. Die Tahitianer brachten Geschenke, Bananenbäume, kleinere Pflanzen sowie Rollen von Rindentuch. Die Bäume wurden sofort Mr. Banks übergeben, Cooks Stellvertreter im Fort; die Rin-
denstoffe wurden auf dem Boden ausgebreitet, worauf eine junge Frau
sich auf sie stellte und «mit soviel Unschuld, wie man sich nur vorstellen
kann», sich von der Taille abwärts ihrer Kleidung entledigte und ihre
Nacktheit entblößte. Dann drehte sie sich ein- oder zweimal herum. Mehr
Stoff wurde ausgebreitet; die Entblößungsszene wiederholte sich; die
Stoffe wurden zusammengerollt und Banks übergeben; die beiden
Frauen, welche die Geschenke gebracht hatten, zu denen auch die eine
gehörte, die auf die Stoffe getreten war, umarmten Banks zärtlich, und
damit war die Zeremonie vorüber.[11] Wir wissen nicht, ob dies eine sexuelle Annäherung war oder ob die jungen Frauen sich Banks anboten,
und es ist nicht ausgeschlossen, daß die Engländer die Situation mißver-
standen, da sie um diese Zeit die Landessprache noch nicht kannten.

Die Tahitianer kannten ein Spiel, bei dem junge Mädchen eine Brot-
frucht als Fußball benutzten. Die Belohnung für das siegreiche Mädchen
war «die Freiheit, der umstehenden Menge ihre Nacktheit zu enthüllen,
und dieses Recht ließen sich die Mädchen nie nehmen».[12] Anderson, der
für solche Dinge durchaus ein Auge hatte, berichtet uns von einem Fall
von Exhibitionismus auf Tahiti:

> Am Abend, als sich sehr viele von ihnen (Frauen) versammelt
> hatten, standen sie am Ufer eines kleinen Flusses in der Nähe
> der Mitte der Bucht und führten eine Art Tanz vor, der an über-
> sprudelnde Lebensfreude und Freizügigkeit gemahnte, obwohl
> das vielleicht ihrer Sitte entspricht. Die meisten waren junge
> Frauen, die verschiedene laszive Stellungen vorführten, in die
> Hände klatschten und gelegentlich Verse sprachen, die immer
> wieder neu begannen. In bestimmten Augenblicken schoben
> sie ihre Kleidungsstücke zur Seite und zeigten mit offenkundig
> wenig Schamgefühl jene Körperteile, die von den meisten Na-
> tionen bedeckt zu werden pflegen, aber vor allem eine Frau, an
> Jahren schon etwas vorgerückter, die vor den anderen stand
> und wohl die Lehrerin oder Anregerin der anderen war, hielt
> ihre Kleidung ständig mit einer Hand hochgezogen und tanzte
> mit ungewöhnlicher Lebhaftigkeit und Unverschämtheit, als
> wollte sie in den Zuschauern die lüsternsten Wünsche wecken
> und ihre Schülerinnen dazu auffordern, ihr diese lüsterne Dar-
> bietung gleichzutun. Die Männer scharten sich bereitwillig um
> die Frauen, um ihrer Darbietung zuzusehen, und betrachteten
> die erwähnten Körperteile mit größtem Eifer, wobei sie in eine
> Art Taumel gerieten, der sich nur durch die höchste Freude
> ausdrücken ließ, die sich in ihrem Verhalten verriet.[13]

Wir fragen uns, ob nur die Tahitianer bei diesem Anblick aus dem Häuschen gerieten.

Auf Tahiti entblößten sich auch die Männer bei solchen Darbietungen; aber in diesen Fällen schien es ihnen eher um Groteske und Komik als um Sinnlichkeit gegangen zu sein. Captain Bligh sah einmal, wie drei Männer ihre Glieder verdrehten und in die Länge zogen, wie sie in einer Weise an ihren Hoden und Skrota herumspielten, wie man sich das kaum vorstellen kann. Einer band sich eine Art Schnur um den Penis, so daß dieser stark anschwoll, dann zog er das Glied zu einer Erektion in die Länge. Der zweite schob seine Hoden bis zur Eichel hoch, band alles mit einer Bandage zusammen und zog das ganze Paket gut dreißig Zentimeter bis zum Bauch in die Länge. Der letzte Mann «war noch schrecklicher als die beiden anderen, denn er ergriff den Rand des Skrotums mit beiden Händen und zog es mit solcher Kraft heraus, daß der Penis völlig verschwand und das Skrotum auf schockierende Weise anschwoll».[14] Zu diesem Zeitpunkt hatte Captain Bligh jedoch schon genug und bat die Darsteller aufzuhören. Die anwesenden Tahitianer fanden jedoch großen Spaß an der Darbietung.

Der Wunsch nach einem überlebensgroßen Glied zeigte sich auch in der Kunst. Die erotische Bildhauerkunst sowohl Hawaiis wie Tahitis legte großes Gewicht auf die priapischen Aspekte der menschlichen Anatomie[15], eine weitere Ähnlichkeit Polynesiens mit der heidnischen Welt Griechenlands und Roms. Graphische Abbildungen von Geschlechtsakten finden sich in der Kunst vieler fortgeschrittener komplexer Kulturen. Auch in primitiven Gesellschaften gab es solche Erzeugnisse, aber insgesamt scheint die erotische Kunst doch mehr ein Charakteristikum komplexer Gesellschaften zu sein. Die große Mehrheit der Kunstwerke, die in heutigen Bildbänden unter dem Stichwort ‹primitiv› geführt werden, stammen aus komplexen Kulturen.

Da viele amerikanische Intellektuelle von heute auf bürgerlichen Narzißmus fixiert sind und ich selbst auch ein narzißtisches Interesse daran habe, für die komplexe Gesellschaft so viele ‹Premieren› wie möglich nachzuweisen, ist es erfreulich zu sehen, daß in manchen Teilen des alten Hawaii Schönheitswettbewerbe für Babys die große Mode waren. Kinder von ungewöhnlichem Charme oder gutem Aussehen waren die Lieblinge ihrer Großeltern und wurden zu *paii punahele*, zu ‹Favoriten› gemacht. Sie bekamen die beste Nahrung, die beste Kleidung und die besten Matten, und alle paar Jahre feierte man einen Karneval, damit diese Lieblinge von ihren sie managenden Eltern ausgestellt werden konnten. Vor einer großen Menschenmenge wurde jeder *punahele* zur Schau gestellt, während die Angehörigen der lieben Kleinen Lieder anstimmten, in denen sie die besonderen Vorzüge der Kinder priesen. Die Sieger wurden durch die Lautstärke der Rufe aus dem Publikum ermittelt. Nach dem Ende dieser Kinderschau kam es zu einem großen Fest, an dem jeder teilnahm, und dabei gab es auch verschiedene nicht-sexuelle Tänze. Es war ein Ereignis, bei dem viel gelacht wurde und gute Laune herrschte.[16]

Die von dem Ideal der ehelichen Treue ausgehende Belastung der Psyche zeigte sich in der komplexen Gesellschaft *nicht* zum erstenmal. Ein großer Prozentsatz der primitiven Gesellschaften lebte polygam; in vielen der monogamen Gesellschaften kam es oft zur Scheidung, was zu der gleichen seriellen Monogamie führte, die wir heute um uns sehen. Ehebruch war weit verbreitet, obwohl meist auch ungesetzlich. Manche Gesellschaften erlaubten bestimmte Formen des Ehebruchs: entweder bei gelegentlichen öffentlichen Festen, bei denen sexuelle Freizügigkeit herrschte, oder mit einem System, demzufolge ein Mann das Recht auf drei oder vier verheiratete Frauen neben seiner eigenen hatte. In manchen Kulturen hatten etwa Brüder ein Recht auf die Ehefrauen der anderen.

Die durch die Forderung nach ehelicher Treue ausgelösten Konflikte hängen mit der Belastung zusammen, ein konsequent heterosexuelles Verhalten aufrechterhalten zu müssen. Loyale Monogamie erfordert die Preisgabe allgemeiner sexueller Erregbarkeit, und eiserne Heterosexualität erfordert die Unterdrückung homosexueller Impulse. Manche sexuellen Betätigungsformen haben den Vorteil, daß sie diese beiden Repressionen aufheben. Zwei Männer, die mit derselben Frau ins Bett gehen, wenn auch zu unterschiedlichen Zeiten, und die wissen, daß sie nicht der einzige sind, haben damit auch eine sexuelle Beziehung zueinander. Brüder, die ihre Ehefrauen miteinander teilen, haben auch Sex miteinander. Jede Art von Gruppensex, Ehefrauen- und Ehemännertausch sowie Ehebruch haben einen homosexuellen Unterton.

Einige Quellen deuten darauf hin, daß Brüder auch auf Tahiti mit den Ehefrauen der anderen Brüder sexuell verkehren durften; aber was hier auffällt und anders ist als in der primitiven Gesellschaft, ist die Tatsache, daß die eigene Ehefrau zusehen konnte, wenn ein Mann sich mit einer anderen Frau vergnügte. Auch Captain Bligh sagt, daß es «für die Ehefrau eine normale Sache war, ihrem Mann bei diesen Amouren zu assistieren».[17] Bligh sagt zwar nicht, daß die Frau des Mannes an den Sexspielen teilnahm, aber dies wäre der nächste logische Schritt gewesen. Es wäre auch nicht schockierend zu erfahren, daß bei den sexuell experimentierfreudigen Tahitianern auch flotte Dreier und Vierer stattfanden.

In Hawaii wurden Gelegenheiten zum Ehebruch in großem Umfang organisiert. «*Ume* war ein bei allen Hawaiianern sehr beliebter Zeitvertreib. Es war ein Ehebruch-Spiel», heißt es in einer Quelle. Man baute in der Stadt oder in deren Nähe eine große Einfriedung. Nachts wurde darin ein großer Scheiterhaufen angezündet, die Teilnehmer versammelten sich in einem Kreis um das Feuer und setzten sich auf die Erde. Ein Mann, der den Moderator spielte, erklärte das Fest für eröffnet, worauf ein zweiter, der eine lange, mit Vogelfedern geschmückte Rute trug, den Kreis betrat und ein «fröhliches und laszives» Lied sang. Während er im Kreis seine Runden drehte, tippte er Männern und Frauen abwechselnd auf die Schulter. Diese Paare zogen sich dann in den Schatten zurück. Andere Paare wurden ermittelt, indem man ein Spiel veranstaltete, das unserem Diskus- oder dem Hufeisenwerfen ähnlich ist.[18]

Da es die Aristokratie für unter ihrer Würde hielt, an dem *ume*-Spiel teilzunehmen, entwickelte sie eine eigene Version namens *kilu*, ein Spiel, das nur von Menschen von anerkannt hoher gesellschaftlicher Stellung gespielt werden durfte. Daran nahmen sogar der König und die Königin teil, und zumindest theoretisch ging man davon aus, daß jeder, der die Halle betreten durfte, gleichberechtigt war. Bei diesem Spiel wurde sehr auf Würde geachtet, wie es den Angehörigen des Adels angemessen war. Die Männer saßen an einem Ende der Halle, die Frauen am anderen; der Raum zwischen den Teilnehmern war mit Matten bedeckt. Fünf oder mehr Spieler von jedem Geschlecht wurden auf einmal ausgewählt, und diese setzten sich dann jenseits der mit Matten ausgelegten Fläche hin und sahen einander ins Gesicht, wobei jede Person einen Klotz aus Hartholz vor sich hinstellte. Jeder Spieler hatte auch eine Schüssel vor sich, eine Kokosnuß- schale, die man in eine schnelle Drehung versetzte, so daß sie über die Matte sauste. Wenn die Schale den Holzklotz eines anderen auf der Gegen- seite traf, war der Absender zu einem Kuß berechtigt (wahrscheinlich waren Nasenküsse üblich, obwohl wir das nicht erfahren), eine Buße, die gewöhnlich sofort eingefordert wurde. Zehn Treffer und zehn Küsse be- rechtigten einen Spieler zu dem endgültigen Vergnügen, obwohl die Paare – Adel verpflichtet – die Halle nicht verließen, solange das Spiel noch andauerte, sondern sich erst später am Abend trafen. Man muß erwachsen sein, um Erwachsenenspiele zu spielen – und bis zehn zählen können.

Theoretisch hatte auch der rangniedrigste aristokratische Mann das Recht, bei diesem Spiel die Königin oder eine hochgestellte Häuptlings- frau zu erobern, aber in Wahrheit wurden solche Rechte von dem Sieger gegen ein Stück Land oder andere Besitztümer abgetreten. Es war in einer solchen Situation für einen Mann nicht immer klug, die Frauen als Sieg- preis einzufordern.[19] Trotz äußerster Freizügigkeit verzichtete die Tyran- nei nicht auf ihre privilegierte Stellung.

Wenn heute auch Betätigungen wie Glücksspiel, Prostitution, Exhibi- tionismus-Voyeurismus sowie zwanghafter Ehebruch nicht mehr unter dem Begriff des Lasters zusammengefaßt werden, stellt sich die Frage, warum diese Phänomene im selben Kapitel behandelt werden. Sie sind alle aus der Libido-Fixierung in einem prä-erwachsenen Entwicklungsstand entstanden. Wenn ein Mensch, der sich sonst wie ein Erwachsener verhält, mit Hilfe einer solchen Fixierung Befriedigung sucht, ist ‹Regression› die angemessene Bezeichnung für dieses Verhalten. Hier ist die Libido nicht nur eine Quelle sexueller Energie und ein Mittel zu deren Befriedigung; die libidinöse Energie wird auch als *Bindungsmodus* benutzt.

Das Kind bildet im Lauf seiner Entwicklung eine Vielzahl von Bindungen an ein Elternteil oder an beide Eltern aus, die es versorgen. Traditionell ist die Mutter die wichtigste Bezugsperson und daher das primäre Bindungsobjekt. Die Tatsache, daß die Mutter über mehrere Jahre hinweg das primäre Bindungsobjekt bleibt, heißt jedoch nicht, daß die Natur dieser Bindung gleich bleibt. Alte Bindungen an die Mutter (oder an eine Ersatzmutter oder beide Eltern) werden kontinuierlich durch andersartige Bindungen ersetzt, wenn das Kind sich entwickelt. Wenn das Kind sich aus welchen Gründen auch immer weigert, eine Bindung aufzugeben, die für ein bestimmtes Entwicklungsstadium angemessen war, in den neuen Stadien aber keinem sinnvollen Zweck mehr dient, kommt es zu psychischer Belastung und psychischen Störungen. Verpflichtungen auf alte, nicht mehr nützliche Bindungsformen sind ‹Fixierungen›.

Die Entwicklungsstadien der Libido – orale, anale und genitale Phase – zeigen die primären Bindungsformen in jedem Stadium der psychischen Entwicklung, vermitteln uns aber dennoch nur einen kleinen Teil des Gesamtbilds. Das Kind der oralen Phase ist durch den Mund an die Mutter gebunden; aber das Kind findet auch Vergnügen daran, berührt zu werden, selber zu berühren, daß man ihm etwas vorsingt, daß es selbst singt, daß es gesehen wird, daß es selbst sieht und riecht, und daraus entwickeln sich auch Bindungen. Alle Sinne vermitteln libidinöse Befriedigung und schaffen Bindungen. Wenn die Psyche sich entwickelt, muß das Kind nicht nur manche orale Befriedigung zugunsten einer neuen analen Befriedigung aufgeben, sondern gleichermaßen wichtig ist, daß sich jetzt auch die Art zu sehen, zu hören, zu berühren und zu riechen ebenfalls verändert. Mit diesen Umwandlungen ändern sich auch die Bindungen an die Bezugspersonen, meist also die Eltern. So kann eine Person nicht nur auf die orale oder anale Phase fixiert sein, sondern auch auf irgendeine infantile oder kindliche Stufe des Hörens, Riechens, Berührens oder Sehens. Jemand, der den ganzen Tag mit dem Kopfhörer eines tragbaren Radios am Ohr herumläuft, kann sich nicht von einer Fixierung auf ein bestimmtes Stadium des Hörens befreien. Was er im Radio hört, sind nicht nur die Musik und die Werbespots; er bleibt auch mit einer Bezugsperson in Verbindung, die aus der Zeit seiner Fixierung stammt. Was für andere Lärm ist, ist für diesen Menschen Muttermilch.

Das gleiche gilt für das Sehen. Auf allen Entwicklungsstufen ist das Sehen eine wichtige Art der libidinösen Befriedigung und der psychischen Bindung. Es wäre zu vereinfacht zu sagen, daß wir uns in der oralen Phase am Anblick von Brüsten erfreuen, in der analen Phase am Hinterteil und in der genitalen Phase an den Genitalien. Es gibt jedoch eine enge und komplexe Beziehung zwischen den Stadien der libidinösen Entwicklung und den visuellen Bindungsformen, obwohl das noch von niemandem genau erarbeitet worden ist. Wer es nicht schafft, frühe visuelle Bindungsformen aufzugeben und umzuwandeln, erlebt Fixierungen aus den jeweiligen Entwicklungsstufen. Die Zeitungskioske unserer heutigen westlichen Gesellschaften scheinen in die Welt hinauszuposaunen, daß zumindest der männliche Teil der Kultur eine massive Fixierung auf visuelle Verhaltensweisen erlebt. Ich möchte hier jedoch betonen, daß Menschen sich nicht nur durch die Rückkehr zu einer alten Bindungsweise von bildlich dargestellter Nacktheit angezogen fühlen, sondern ebensosehr durch die sexuelle Reaktion auf die Bilder.

Die psychoanalytische Theorie hat es bis heute nicht geschafft, uns eine Vorstellung davon zu geben, wie die symbolische Rückkehr in alte Zeiten erfolgt. Das Glücksspiel beispielsweise scheint klar auf anale Fixierungen hinzudeuten. Daß Geld und Analität zusammengehören, ist nicht gerade neu. Aber warum gerade Geld? Wie sieht der symbolische Übergang von Analität zu Geld oder Glücksspiel aus? Wenn jemand anal fixiert ist, warum verbringt er dann nicht den größten Teil seiner Zeit im Badezimmer? Wie kommt es, daß ihn der Würfeltisch mit unwiderstehlicher Kraft anzieht? Oral fixierte Menschen müßten, sollte man meinen, ihre Zeit mit dem Trinken von warmer Milch mit Zucker verbringen. Statt dessen holen sich viele ihre orale Befriedigung bei alkoholischen Getränken, die bitter schmecken und bei oberflächlicher Betrachtung sehr weit von Muttermilch entfernt zu sein scheinen. Wir wissen nicht, wie diese symbolische Transformation zu Alkohol erfolgt. Wir wissen nicht, warum einige Menschen mit oralen Fixierungen zuviel essen, während andere an Anorexia nervosa leiden, warum einige Alkoholiker werden und andere Magengeschwüre bekommen. Das Fehlen einer theoretischen Struktur macht es unmöglich zu sagen, wie die symbolischen Formen des Glücksspiels, der Prostitution, von Exhibitionismus-Voyeurismus und Ehebruch zu Fixierungen auf Bindungsformen in Beziehung stehen.

Eins scheint jedoch wahr zu sein: daß alte Formen der Bindung und der Geborgenheit unpraktikabel wurden, als das Sippensystem zusammenbrach, und daß die Psyche in der Regression Kompensation suchte. So wie es heute vorkommen kann, daß ein psychologisch unvorbereiteter junger Mensch – ein Mensch, der noch nicht bereit ist, die Familienbindungen zu verlassen – in einer fremden Stadt zur Universität geht und sich plötzlich in einer Situation mit zuviel Alkohol, Drogen oder Sex wiederfindet, so fühlte sich auch die komplexe Gesellschaft eines Tages psychologisch überfordert und griff bei dem Versuch zur Wiederherstellung des Gleichgewichts zu regressivem Verhalten. Es hat den Anschein, als hätte sich jede Gesellschaft seit dem Zusammenbruch des Sippensystems auf bestimmte Art und Weise in einer solchen Lage befunden.

In einem langsamen und schmerzlichen Prozeß, über Tausende von Jahren hinweg, hat die Gesellschaft versucht, neue Formen der Bindung und der Geborgenheit zu entwickeln, die uns für das verlorene Paradies der Sippe entschädigen können. Wenn dieser Prozeß mißlingt, sind ‹Laster›, ‹Dekadenz› und Regression stets als Notlösungen verfügbar.

IV

Das Sippensystem, der Staat und die Anfänge der Tyrannei

Eine Zeremonie für den Sohn des Königs auf Tongatapu

21

Von der Sippe zum Staat; von der Gruppengesellschaft zur komplexen Gesellschaft

Die revolutionäre politische Leistung der komplexen Gesellschaft war die Erschaffung einer Form des sozialen Zusammenhalts, die nicht auf der Sippe beruhte. Wenn wir uns überlegen, daß die ersten komplexen Gesellschaften vermutlich im Nahen Osten um die Zeit zwischen 10000 und 8000 vor Christus entstanden, bedeutet dies, daß in den vorhergehenden ein oder zwei Millionen Jahren – solange Menschen überhaupt schon in Gesellschaften lebten – die einzige Form des politischen Zusammenhalts und die einzige Kraft, welche die menschliche Gesellschaft zusammenhielt, die politische Ordnung der Sippe war.

Man kann sich nur schwer vorstellen, was für eine ungeheure Veränderung dieser Übergang zu politischen Formen war, die nicht mehr durch die Sippe geprägt waren. Westeuropa hat mehr als dreihundert Jahre gewaltiger sozialer und politischer Umwälzungen – von der puritanischen Revolution um 1640 bis zum Ende des Zweiten Weltkriegs – gebraucht, um die Revolution zu vollenden, die am Ende den Triumph des Bürgertums gebracht hat, den Sieg von Kapitalismus und Demokratie. Westeuropa war der Geburtsort der modernen Demokratie, und trotzdem hat es bis zum Tod Francos im Jahre 1975 gedauert, bis alle westeuropäischen Länder eine demokratische Staatsform besaßen. Um wieviel schwerer ist also die Aufgabe, eine Institution zu verändern, die der Menschheit eine Million Jahre lang gedient hatte.

Sippe im psychologischen und nicht im gesellschaftlichen Sinn ist das Gefühl der Zusammengehörigkeit mit bestimmten Menschen, das aus der Verwandtschaft mit ihnen erwächst. Zu diesem Gefühl der Nähe gehört normalerweise auch Zuneigung, obwohl es auch Feindseligkeit und Ambivalenz gibt. Daß die ursprünglichen Gefühle des Verwandtseins sich auf Mutter, Vater und Geschwister richten und erst danach auf Cousinen, Onkel, Tanten, Großeltern und Schwager ausdehnen, scheint klar genug zu sein. Die Sippe – das ist die Summe aller Gefühle und Handlungen, die mit den Menschen in Verbindung stehen, mit denen man verwandt ist.

Die Beziehungen von Ehemann und Ehefrau sowie von Eltern und Kindern sind die primären Familienbindungen, aber es können auch andere, erweiterte Gefühle der Verwandtschaft von großer Bedeutung sein.

Die Beziehung von Vetter zu Vetter etwa hatte in bestimmten Zeiten der Geschichte eine weit größere Bedeutung als heute. Unsere ‹Kernfamilie›, die den einzelnen auf so allumfassende Weise umschließt, ist das Endprodukt eines langen Entwicklungsprozesses innerhalb der Familie. Unsere gegenwärtige Situation, in der erweiterte Familienbeziehungen vergleichsweise geringe Bedeutung haben, ist in der Weltgeschichte einzigartig.

Heute unterscheiden wir zwischen Familie und Politik; unsere Fähigkeit, diese Unterscheidung zu machen, ist jedoch ein Erbe aus der komplexen Welt. In den primitiven und Gruppengesellschaften, die der komplexen Gesellschaft vorausgingen, gab es diesen Unterschied nicht: Alle Politik war Familienpolitik.

Die Sippe ist für die menschliche Gesellschaft schon immer wichtig gewesen; aber die Natur der Sippe, ihre Beziehung zu anderen Erscheinungen der Gesellschaft und vor allem ihre Verbindung zur Politik, was hier besonders wichtig ist, haben im Verlauf der Geschichte zahllose Wechselfälle erlebt. Die Veränderungen der Sippenbeziehungen waren für die revolutionären Veränderungen von Gruppen zu primitiver Gesellschaft sowie von primitiver zu komplexer Gesellschaft von entscheidender Bedeutung.

In diesem Kapitel wird von der chronologischen Abfolge abgewichen; es beginnt mit der primitiven Gesellschaft als Fixpunkt, kehrt dann zur Gruppengesellschaft zurück und wendet sich dann der komplexen Gesellschaft zu.

Primitive Gesellschaft und Sippensystem

Die revolutionäre Veränderung der menschlichen Beziehungen, welche die Anfänge der primitiven Gesellschaft markierte, war der Ersatz der Sippe durch ein Sippensystem. Während die Gruppengesellschaft noch insgesamt eine durch die Sippe geprägte Gesellschaft war, machte die primitive Gesellschaft aus diesen mit der Sippe zusammenhängenden Verbindungen ein strukturiertes System. Gefühle der Verwandtschaft können zwar stark, aber auch unbestimmt sein, amorph und flexibel. Wurden sie jedoch in einem Sippensystem organisiert, wurden sie starr, unflexibel und strukturiert.

Dieser Gegensatz zwischen Sippe und Sippensystem läßt sich mit Beispielen von heute illustrieren. Mein Schwager ist mit mir natürlich verwandt, und ich bin bereit, ihm in Erweiterung meiner Gefühle gegenüber meiner Frau (wenn er ihr Bruder ist) Zuneigung entgegenzubringen oder meiner Schwester (falls er ihr Ehemann ist). Wenn mein Schwager und ich uns mögen, kann es auch sein, daß wir uns gegenseitig unterstützen – finanziell oder sonstwie –, daß wir uns gegenseitig eine Hilfe geben, die wir keinem ‹Fremden› geben würden. Wenn wir befreundet sind, werden wir aufgrund des verwandtschaftlichen Bandes beide den Wunsch haben, die Freundschaft zu vertiefen. Wenn wir aneinander denken, sind wir uns beide der Verwandtschaft bewußt. Das Gefühl der Verwandtschaft und auch verwandtschaftlicher Hilfe ist lose, flexibel und unstrukturiert. Kein Gesetz schreibt uns vor, wie wir einander behandeln müssen. Es gibt nicht einmal starke gesellschaftliche Zwänge, die uns bestimmte Handlungen vorschreiben: Man würde mir etwa nie die Mitgliedschaft in einem Club verweigern, nur weil ich mich etwa geweigert habe, meinem Schwager Geld zu leihen. Letztlich hängt unsere Beziehung davon ab, welche Einstellung wir zueinander haben, und davon, wie es um die Gefühle der Frau bestellt ist (Ehefrau oder Schwester), die das Bindeglied zwischen uns darstellt – das heißt, die Beziehung hängt von der allgemeinen psychologischen Dynamik der Situation ab. Zwischen mir und meinem Schwager gibt es Verwandtschaft, aber kein Sippensystem.

Zu der Beziehung zwischen meiner Frau und mir gehört nicht nur ein intensives Gefühl der Familienzusammengehörigkeit, sondern es fällt auch in das Sippensystem, weil sie viele unflexible und strukturierte Elemente enthält. Das Gesetz regelt zahlreiche Aspekte des Zusammenlebens von Ehemann und Ehefrau. Es schreibt vor, wen man heiraten darf (indem es nämlich einige Eheschließungen als Inzest verbietet), wie viele Menschen man gleichzeitig heiraten kann, wie alt man sein muß, um heiratsfähig zu sein, welche Art finanzieller Unterstützung nötig ist, wann und wie man sich scheiden lassen kann, wer einen beerbt und so weiter. Neben der Kraft des Gesetzes gibt es noch starke gesellschaftliche Zwänge (wenngleich diese rasch zu verschwinden scheinen), die das Verhalten von Mann und Frau diktieren und ihre Nichtbefolgung mit gesellschaftlicher Ächtung strafen. So ist beispielsweise in den USA einem geschiedenen Politiker erst vor kurzem die Bewerbung um ein hohes Staatsamt gelungen.

In der modernen Welt ist das Sippensystem so eng geworden, daß es nur noch Ehefrauen, Ehemänner und deren Kinder einschließt. Jeder andere – Onkel, Tanten, Cousinen, Schwager aller Art, selbst Geschwister – gehören zwar zur Welt unserer familiären Gefühle, stehen aber außerhalb eines strukturierten Systems.

Die primitive Welt war ein einziges Sippensystem. Es gab keine Schwäger, nur den Ehemann der Schwester und den Bruder der Ehefrau, aber selbst diese Bezeichnungen sind nicht ausreichend. Man muß wissen, ob es sich um den Ehemann der älteren oder der jüngeren Schwester handelt, um den jüngeren oder älteren Bruder der Ehefrau. In vielen primitiven Gesellschaften kam es vor, daß der ältere Bruder den Heiratsvertrag für seine jüngere Schwester aushandelte; das brachte den neuen Ehemann und den älteren Bruder der Ehefrau in eine besondere verwandtschaftliche Beziehung zueinander. Es kann passieren, daß ich dem älteren

Bruder eine bestimmte Dienstleistung schulde und der Ehemann meiner jüngeren Schwester mir die gleiche Dienstleistung schuldet. Wenn die Sitten und Gebräuche der Gesellschaft so aussehen, hängt die Ausführung dieser Dienstleistungen nicht von einer persönlichen Wahlmöglichkeit ab. Sitten und Gebräuche diktieren eine besondere Beziehung, ob wir uns nun mögen oder nicht, und Sitten und Gebräuche sind in der primitiven Gesellschaft so mächtig wie Recht und Gesetz in der unsrigen. Einige primitive Völker mißachteten Sitten und Gebräuche; die meisten taten es nicht. Einige Menschen von heute übertreten das Gesetz, die meisten tun es jedoch nicht. Schwäger waren in der primitiven Welt nicht nur ein Teil der Verwandtschaft, sondern gleichzeitig in ein strukturiertes Sippensystem eingebettet.

Das gleiche galt für Vettern und Cousinen. Für uns sind der Sohn der Schwester der Mutter und die Tochter der Schwester der Mutter sowie der Sohn des Bruders der Mutter und die Tochter des Bruders der Mutter und der Sohn der Schwester des Vaters sowie die Tochter der Schwester des Vaters und schließlich auch der Sohn des Bruders des Vaters und die Tochter des Bruders des Vaters sämtlich Vettern beziehungsweise Cousinen. In der primitiven Gesellschaft konnte es zu jeder dieser acht verschiedenen Kategorien Vettern und Cousinen eine andere Beziehung geben. Die Tochter des Bruders einer Mutter konnte die begehrenswerteste Ehefrau sein, die man sich nur wünschen konnte, während es als Inzest verboten sein konnte, die Tochter des Bruders eines Vaters zu heiraten.

Verwandtschaftliche Beziehungen, die wir kaum noch beachten, hatten in manchen primitiven Gesellschaften politische Bedeutung. Die Ermordung meines Vetters dritten Grades hätte mich etwa verpflichten können, diesen Mord zu rächen. Wenn das leibliche Kind eines Vetters einen Mord begangen hätte, hätte ich verpflichtet sein können, einen Teil des Schadensersatzes an die Hinterbliebenen des ermordeten Mannes zu zahlen.

In der primitiven Gesellschaft war das Sippensystem so allgegenwärtig, daß man sie ohne dessen Erörterung unmöglich beschreiben kann. Evans-Pritchard berichtet über die Nuer am Weißen Nil: «Das Sippensystem leitet sich von der Familie her und ist durch Eheschließung auf einer Reihe von Familien aufgebaut, und es hat unter den Nuern ... eine fast grenzenlose Ausdehnung erreicht, jedenfalls in dem Sinn, daß jedermann auf die eine oder andere Weise und in bestimmtem Umfang von jedem anderen in eine Sippenkategorie eingeordnet und mit einem durch die Sippe bestimmten Begriff angeredet werden kann, der im gewöhnlichen Sprachgebrauch ein Ausdruck der Familienbeziehung ist. In diesem Sinn ist die ganze Gesellschaft eine große Familie.»[1]

Sie war jedoch nicht in dem Sinne eine große Familie, wie es bestimmte europäische Dörfer waren, in denen so gut wie jeder mit irgendeinem anderen Dorfbewohner verwandt war. Die Nuer waren eine große Familie in einem hochstrukturierten und höchst unflexiblen System. Sie wurden nicht nur durch die Sippe – das Familiengefühl –, sondern auch durch das Sippensystem miteinander verbunden. Genau diese Struktur erschuf die primitive Gesellschaft und differenzierte primitive Gesellschaften von den ihnen vorausgegangenen Gruppengesellschaften. Die erste große politische Revolution war das Ergebnis einer *strukturierten* Familie – des Sippensystems.

Das Sippensystem beherrschte sämtliche Formen sozialen Handels in der primitiven Gesellschaft. Während wir ein Wirtschaftssystem besitzen, ein politisches System, ein Rechtssystem, ein Familiensystem, ein Bildungssystem sowie ein religiöses System, gab es in der primitiven Gesellschaft nur das Sippensystem. Wir können in solchen Gesellschaften zwar unter ökonomischen, politischen, rechtlichen und religiösen Handlungen unterscheiden, aber sie alle erfolgten unter dem Vorzeichen des Sippensystems. So gut wie alles, was uns als Politik bekannt ist, fiel unter dessen Autorität.

Eine Gesellschaft ohne starkes Sippensystem – und in dieser Hinsicht sind Gruppengesellschaft und moderne Gesellschaft gleich – unterscheidet nicht nach Verwandtschaftsgrad auf väterlicher und mütterlicher Seite. In unserer heutigen Gesellschaft sind Eheschließungen unter Vettern und Cousinen ersten Grades verboten, aber in den Gruppengesellschaften waren solche Verbindungen unter allen acht Kategorien verboten. So hieß es etwa nicht, die Kinder des Bruders der Mutter könne man heiraten, die Kinder des Bruders des Vaters dagegen nicht. Diese Art Unterscheidung war exakt die Trennungslinie, die von der überwiegenden Mehrheit primitiver Gesellschaften gezogen wurde. Diese einseitige Familienzugehörigkeit, die für politische und andere Zwecke den Vorrang einer familiären Beziehung durch nur einen Elternteil betont, scheint die Essenz eines Sippensystems zu sein.

In den meisten Sippensystemen bemißt sich der Status eines Clans oder der geradlinigen Abstammung entweder nach der väterlichen oder der mütterlichen Linie. Wenn die väterliche Linie entscheidend ist, spricht man von einem patrilinealen Status. Das bedeutet, daß Brüder und Schwestern des Vaters sowie Söhne und Töchter des Bruders des Vaters in der Welt alle die gleiche gesellschaftliche Stellung besitzen. Die Kinder der Schwester des Vaters gehören nicht der gleichen Abstammungslinie und dem gleichen Clan an, dagegen wohl die Schwestern des Vaters, weil diese Schwestern mit Männern anderer Clans verheiratet sind und deren Kinder Clan und Abstammungslinie ihres Vaters annehmen. Diese ‹Cousinen oder Vettern›, wie wir sie nennen würden, unterscheiden sich schon von den ‹Cousinen und Vettern›, die der gleichen Abstammungslinie und dem gleichen Clan angehören. Unter einem solchen patrilinealen System ist die Eheschließung mit der Tochter des Bruders des Vaters meist als inzestuös verboten, weil sie demselben Clan angehört wie man selbst; aber die Tochter des Bruders der Mutter gehört einem anderen Clan an und kann daher geheiratet werden.

Unter einem patrilinealen System gehören die eigene Mutter, deren Brüder und Schwestern, die Kinder ihres Bruders, aber nicht unbedingt die Kinder ihrer Schwester, alle zu einem anderen Clan und zu einer anderen Abstammungslinie als man selbst. Je weiter sich das System verzweigt und auf entferntere Verwandte ausdehnt, desto komplizierter wird es. Im Vergleich mit der Sippe ist das Sippensystem enorm komplex, und diese Komplexität war vielleicht gerade das, was die Menschen von ihm wollten. Wenn Völker sich erst einmal von dem erdrückenden Einfluß einer beherrschenden Familie befreit haben, entwickeln sie oft eine Vorliebe für Systeme. Daß ausgerechnet ein Familiensystem zur allerersten Leidenschaft wurde, ist eine unvermeidliche Ironie des Prozesses.

Der Wohnsitz nach einer Heirat wird in Sippensystemen meist nach starren Gebräuchen geregelt. Einen Wohnsitz bei der Familie des Ehemannes nennen wir ‹patrilokal›, bei der Familie der Frau ‹matrilokal›; sollte er abwechselnd bei beiden Familien genommen werden, sprechen wir von ‹ambilokal›; wird der Wohnsitz bei einem Onkel genommen, ist er ‹avunculokal›. Patrilineale Gesellschaften sind nicht unbedingt patrilokal; es gibt nicht nur patrilineal-matrilokale Gesellschaften, sondern auch matrilineal-patrilokale. Fast allen durch das Sippensystem beherrschten Gesellschaften ist gemeinsam, daß der Wohnsitz nach der Eheschließung nicht der freien Wahl des Ehepaares überlassen ist: In einer patrilokalen Gesellschaft leben *alle* Ehepaare bei den Familien der Ehemänner. Diese Rigidität gehört zur Struktur eines Sippensystems.

Die mangelnde Flexibilität des Systems bindet die Menschen in Situationen mit großem psychologischem Streß ein. In einem patrilokalen System lebt der Ehemann mit seiner Familie und die Ehefrau mit ‹Fremden›. Die damit verbundenen Spannungen unterscheiden sich beachtlich von denen einer matrilokalen Welt, in der die Ehefrau bei ihren Verwandten, der Ehemann aber bei ‹Fremden› lebt. Wie immer die Spannungen beschaffen sein mögen, das Ehepaar hat keine Wahl, es muß mit ihnen leben. Das Sippensystem kannte keine Alternativen.

In der primitiven Welt war alle Politik Sippenpolitik – in allen Fragen also, in denen es um die Gesellschaft als Gesellschaft ging und die über die unmittelbaren Familienangelegenheiten hinausgingen. Zu den grundlegenden Funktionen eines jeden politischen Systems gehört die Definition, welchen Platz eine Person in der sozialen Welt einnimmt. Auf wie komplexe Weise ein Sippensystem dies tut, wird durch die Nuer illustriert.[2] Was Evans-Pritchard, jedoch nicht die Nuer selbst, eine «minimale Abstammungslinie» nennt, besteht aus einem Mann, allen seinen Söhnen, allen Söhnen dieser Söhne sowie allen Söhnen dieser Söhne: vier Generationen. Die jüngsten Angehörigen dieser minimalen Abstammungslinie haben zueinander eine Verwandtschaft, die wir Vettern zweiten Grades nennen würden: Sie haben einen Urgroßvater gemeinsam. Dabei kam es bei den Nuern nicht darauf an, ob der Urvater noch am Leben war, weil diese minimale Abstammungslinie dennoch erhalten blieb. Zu irgendeinem Zeitpunkt jedoch, wenn Generation auf Generation folgt, verändert sich der ursprüngliche Bezugspunkt der Abstammungslinie (das heißt der Urgroßvater der Jüngsten), und die gesamte minimale Abstammungslinien-Struktur wird verschoben. Jeder Nuer gehört zu einer solchen minimalen Abstammungslinie, und seine Stellung in der Welt wird durch diese ‹Staatsbürgerschaft› definiert. Wenn wir in diesem System statt vier Generationen sechs Generationen zurückgehen, so daß die jüngsten Mitglieder, die einen gemeinsamen Urururgroßvater haben, jetzt alle Vettern oder Cousinen vierten Grades sind, dann erhalten wir das, was Evans Pritchard eine «kleinere» Abstammungslinie nennt. Jeder Nuer gehört auch einer solchen kleineren Abstammungslinie an, und sein Platz in der Welt wird auch durch eine solche Mitgliedschaft definiert.

Wenn wir acht Generationen zurückgehen, erhalten wir eine «größere Abstammungslinie», und bei zehn Generationen erhalten wir eine «maximale Abstammungslinie». Anschließend werden mehrere maximale Abstammungslinien zu Gruppen zusammengefaßt, und zwar unter einem tatsächlichen oder erfundenen gemeinsamen Vorfahren, und zu einem Clan gemacht.

Jeder Nuer gehört also gleichzeitig einer minimalen Abstammungslinie an, einer kleineren Abstammungslinie, einer größeren Abstammungslinie, einer maximalen Abstammungslinie sowie einem Clan. Damit hört es jedoch noch nicht auf. Es gibt daneben noch ein System von Dörfern und Stammesteilen, an dessen Spitze der Gesamtstamm steht. Dieses System unterscheidet sich vom Abstammungssystem, hängt aber eng mit dem System der Abstammungslinien zusammen, weil es in jedem Dorf, jedem Stammesteil und jedem Stamm eine vorherrschende Abstammungslinie dieser Teilgruppe gibt, die sich eines besonderen Prestiges erfreut.

Das Zugehörigkeitsgefühl der Nuer macht jedoch nicht an den Stammesgrenzen halt. Alle Nuer besitzen ein gemeinsames Bewußtsein. Sie haben eine homogene Kultur, eine gemeinsame Sprache, keine unteren Schneidezähne und (bei Männern) sechs Schnitte in den Augenbrauen. Sie empfinden sich auch alle als Nuer im Gegensatz zu Angehörigen anderer Völker. Sollten sich zwei Nuer außerhalb des Nuer-Lands begegnen, nehmen sie sofort freundschaftliche Beziehungen auf.

So wird die Stellung eines Nuers in der politischen Welt durch ein höchst kompliziertes Koordinatensystem bestimmt. Das führt zu Unklarheiten und Widersprüchen. Bei bestimmten politischen Handlungen kann meine minimale Abstammungslinie in Opposition zu der mir (in

bezug auf die Sippe) am nächsten stehenden minimalen Abstammungslinie stehen. In der nächsten Woche kann meine minimale Abstammungslinie sich mit dieser anderen minimalen Abstammungslinie verbünden.
Wir können dann als verbündete kleinere Abstammungslinie zusammen-
arbeiten, um gegen eine andere kleinere Abstammungslinie vorzugehen,
die eine andere politische Einstellung vertritt. Irgendwann können sich
auch all die verschiedenen Abstammungslinien eines Clans, die sich bei
verschiedenen Gelegenheiten feindselig gegenübergestanden haben, sich
zu einer Clan-Gruppe zusammenschließen, um einen anderen Clan zu
bekämpfen. Die Stammespolitik, die manchmal völlig andere Ziele verfolgt als die Clan-Politik, sorgt noch für weitere Komplikationen.

Obwohl die Situation so verwirrend ist, bleibt eins immer gleich: Alle
politischen Formen des Denkens und Handelns sind Formen der Sippe,
Familienformen. Die Sprache der Familie, das Familiengefühl, das Bedürfnis nach einem gemeinsamen Vorfahren, das Gefühl, zu einer
Gruppe zu gehören und damit in Opposition zu einer anderen zu stehen –
all dies beherrscht das System. Es gibt nur eins, was die Gesellschaft zusammenhält, nur diese eine große Form des politischen Zusammenhalts,
das Sippensystem. Bei den Nuer gibt es keine nicht durch den Sippenverband bestimmten Formen der Politik. Nur die Sippe erlaubt die Bestimmung der Stellung, die man in der politischen Welt einnimmt.

Das Staatssystem andererseits wird mit der Erschaffung nicht durch
den Sippenverband bestimmter Formen des sozialen Zusammenhalts errichtet. Der Staat ist eine Weiterentwicklung der Sippengesellschaft, eine
Verwandlung dieser Gesellschaft, und trägt noch die Spuren seiner Herkunft. Das bedeutet aber nicht, daß Staatsformen nur eine Abwandlung
von Sippenformen seien. Staatsformen unterscheiden sich qualitativ voneinander. Die Autorität des Königs und die Autorität des Sippensystems
sind zwei völlig verschiedene Dinge. Die Tatsache, daß die staatlich organisierte Gesellschaft nicht auf den Sippenverband gegründet ist, ist ein so
wichtiger Aspekt, daß sie in meinen Augen den Staat definiert: *Der Staat
ist diejenige Form der menschlichen Gesellschaft, in der nicht durch den
Sippenverband bestimmte Formen des sozialen Zusammenhalts ebenso
wichtig oder noch wichtiger sind als durch den Sippenverband bestimmte
Formen.*

In komplexen Gesellschaften sind Sippen- und Nicht-Sippenformen
gleich wichtig, während im modernen Staat Nicht-Sippenformen wichtiger sind als Sippenformen. Diese Definition impliziert, daß durch den
Sippenverband bestimmte Formen des sozialen Zusammenhalts innerhalb der staatlich organisierten Gesellschaft weiterbestehen.

Das Beharrungsvermögen der durch den Sippenverband bestimmten
Formen des sozialen Zusammenhalts wird offenbar, wenn wir unser ge-
genwärtiges Staatssystem untersuchen, das im Nationalismus wurzelt.
Man fragt sich beispielsweise, inwieweit sich die modernen Vorstellungen

von ‹nationaler Ehre› und davon, was zu deren Bewahrung nötig ist, von der durch den Sippenverband geprägten Vorstellung der Rache unterscheidet, die nötig ist, um das einem Sippenangehörigen angetane Unrecht zu rächen. Wenn uns die schlimmsten chauvinistischen Auswüchse des Patriotismus erschrecken, dann zum Teil deswegen, weil wir erkennen, wie sehr unsere Nuer-Vergangenheit noch unser Leben bestimmt.

Bevor wir näher untersuchen, mit welchen Mitteln die primitive Gesellschaft zu einer durch den Staat organisierten Gesellschaft wurde, ist ein Rückblick auf die Ursprünge des Sippensystems hilfreich.

Von der Gruppengesellschaft zur primitiven Gesellschaft

Die Grundhypothese dieses Abschnitts, für die es freilich keine Beweise gibt, besagt, daß es vor der primitiven Gesellschaft eine Form der menschlichen Gesellschaft gab, die aus kleinen, autonomen Gruppen bestand, wobei jede Gruppe als erweiterte Familie handelte. Diese Gruppen wurden in erster Linie durch Sippenverbände zusammengehalten; aber diese Bande waren unstrukturiert, flexibel und formlos – nicht in einem Sippensystem organisiert. Gefühle und nicht geregelte Gefühle hielten die Gruppen zusammen. Da sie im Kern erweiterte Familien waren, können wir nicht einmal feststellen, ob der Begriff ‹Gesellschaft› eine korrekte Kennzeichnung ist. Diese Form der sozialen Gruppierung endete mit der Umwandlung der Sippe in ein Sippensystem und der Schaffung der primitiven Gesellschaft. Ich glaube, daß der allgemeine menschliche Drang nach Individuation, nach Trennung von den nächsten Familienangehörigen, die Neigung, einen größeren Lebensumkreis zu erhalten, als die Familie bieten kann, die Triebkraft hinter diesem revolutionären Prozeß war und der Gruppengesellschaft ein Ende machte. Diese kühne Behauptung sagt jedoch nichts darüber aus, warum bestimmte Völker diesen Schritt machten und andere nicht oder warum einige Völker ihn früher hinter sich brachten als andere.

Das einzige Quellenmaterial, das die Hypothese von der Existenz eines Gruppenstadiums stützen oder widerlegen könnte, stammt von einigen sehr einfachen Gesellschaften, etwa zwei Dutzend, die sich bis ins 19. oder 20. Jahrhundert hinein hielten und von Beobachtern gründlich genug beschrieben worden sind, um uns eine Vorstellung von der Vielfalt ihres gesellschaftlichen Lebens zu geben. Alle hatten zwei Merkmale gemeinsam: Erstens waren diese Menschen Jäger und Sammler, die weder Ackerbau trieben noch Haustiere besaßen; sie aßen, was die Natur ihnen zur Verfügung stellte, und taten nichts, um die Nahrungsmittelzufuhr zu steigern. Zweitens war die grundlegende gesellschaftliche Gruppe ein Verband von Menschen, die gemeinsam umherstreiften und Beziehungen zu anderen Gruppen unterhielten, aber ihre Eigenständigkeit und Größe bewahrten. In manchen Kulturen gehörten 30 bis 60 Menschen solchen Gruppen an, in anderen gab es 50 bis höchstens 150.

Das Fehlen von Landwirtschaft und Haustieren ist kein besonderes Kennzeichen der Gruppengesellschaft. Obwohl der Begriff der ‹neolithischen Revolution› (der Beginn von Landwirtschaft und Domestizierung von Haustieren in der Jungsteinzeit) alle Jäger und Sammler in die ältere Steinzeit versetzt hat[3], eine Zeit technischer wie sozialer Einfachheit, wie man vermutet, besitzen wir zahlreiche Quellen, die darauf hindeuten, daß viele ‹Altsteinzeit›-Völker nicht in Gruppen, sondern in Gesellschaften lebten, die durch das Sippensystem geprägt waren:

> Alle Gesellschaften, in denen die Gruppe das integrierende Element ist, bestehen aus Sammlern und Jägern. Jedoch stehen nicht alle Sammler und Jäger auf der Gruppenstufe. An der Nordwestküste Nordamerikas lebten große Populationen maritimer Völker, deren Umwelt so üppig war, daß sie in komplexen Gemeinden auf Häuptlingtumsstufe lebten. In Kalifornien gab es andere Gesellschaften, die in einem solchen natürlichen Überfluß lebten, daß ihre Gemeinwesen die Gruppenebene überschritten. In der Altsteinzeit muß es also neben den Gruppen noch andere gesellschaftliche Formen gegeben haben.[4]

Überfluß war nicht die einzige Vorbedingung für Jäger und Sammler der primitiven Entwicklungsstufe. Alle Eingeborenenvölker Australiens lebten ohne Landwirtschaft und Haustiere; einige bewohnten Gegenden mit günstigen Umweltbedingungen, was Seßhaftigkeit und eine dichte Besiedlung gestattete; andere lebten in trockenen Gebieten, die nur eine spärliche Besiedlung erlaubten.[5] Jedoch besaßen auch die Bewohner der Wüstengebiete ein komplexes gesellschaftliches Leben im Rahmen eines komplizierten Sippensystems; keines dieser Völker war eine Gruppengesellschaft in dem hier gemeinten Sinn.[6]

Die großen Revolutionen der Menschheitsgeschichte, von denen die Entwicklung von der Gruppen- zur primitiven Gesellschaft die erste war, lassen sich mit Veränderungen in der Technik allein nicht ausreichend erklären. Die Menschen wandelten die Sippengesellschaften in Gesellschaften mit einem Sippensystem um, ohne ihre Werkzeuge zu verändern oder die Umgebung, in der sie lebten. Dem Menschen ist ein mächtiger Trieb zur Weiterentwicklung gegeben. Jede Theorie der sozialen Entwicklung, die diesen Trieb außer acht läßt, wird ihren Zweck verfehlen.

Julian Steward war einer der ersten, der sehr einfache Gesellschaften systematisch untersuchte. Er teilte sie in zwei Kategorien ein: patrilineale und zusammengesetzte Gruppen.[7] Die patrilinealen Gruppen Stewards lebten unter Sippensystemen, welche sich überhaupt nicht von denen großer Gruppen unterschieden, die in primitiven Kulturen lebten. Obwohl sie Jäger und Sammler waren, repräsentieren sie in unseren Vorstellungen das primitive Stadium der Gesellschaft.

Die zusammengesetzten Gruppen Stewards dagegen besaßen keine Ehevorschriften; sie hatten keine festen Gebräuche, wo nach einer Heirat der Wohnsitz zu etablieren war. Sie waren «eher eine Zweckgemeinschaft als eine strukturierte Gesellschaft».[8] Die Sippe hielt die Menschen zwar zusammen, aber es gab kein Sippensystem. Eine solche Gruppe war eigentlich eine große Familie.

Stewards Analyse der zusammengesetzten Gruppen ist von Elman Service[9] kritisiert worden, der aufzuzeigen versucht, daß solche Gruppen nicht den traditionellen Zustand dieser Gesellschaften repräsentieren, sondern etwas über soziale Auflösung, Verfall und Degeneration aussagen, die der Kontakt mit europäischen und amerikanischen Kulturen gebracht habe. Service argumentiert, es seien die katastrophalen Menschenverluste durch neue Krankheiten und andere, subtilere Zerrüttungen der traditionellen Kultur gewesen, welche die zusammengesetzten Gruppen hervorgebracht hätten, und nicht der normale soziale Entwicklungsprozeß.

Selbst wenn wir uns Services Gedankengang vorbehaltlos anschließen, kann man dem Vorhandensein dieser ‹degenerierten› Gruppen, diesen Gesellschaften ohne ein strukturiertes Sippensystem, einige Wahrheit entnehmen. Erstens: Solche Gesellschaften funktionieren. Die Gruppe löst sich nicht nach einer oder nach zwei Generationen auf. Einige hielten sich unter ungünstigen Lebensbedingungen sogar mehr als hundert Jahre. Daher wissen wir, daß ein gesellschaftliches Leben oder zumindest ein erweitertes Familienleben auch ohne ein strukturiertes Sippensystem möglich ist. Das soll nicht heißen, daß es in der natürlichen Entwicklung der Gesellschaft ein solches Stadium gab, aber es deutet auf die Möglichkeit hin.

Zweitens: Service setzt sich nicht mit der Möglichkeit auseinander, daß diese zusammengesetzten Gruppen nicht nur zerfallen und degeneriert sein könnten, sondern auch *regrediert* – nicht lediglich auseinandergefallen, sondern in eine vorhergehende Orientierungsstufe zurückgefallen. Wenn der gewöhnliche Entwicklungsverlauf von Gruppen- zu primitiver Gesellschaft erfolgte, von sippenmäßig bestimmten Formen des sozialen Zusammenhalts zu Formen, die durch das Sippensystem bestimmt wurden, und wenn bestimmte Gesellschaften diesen Schritt erst vor kurzem getan haben, so daß die neue Form noch verletzlich und ungeprüft war, dann ist vorstellbar, daß sie auf einen Kulturschock mit Verzicht auf neue Formen des Zusammenhalts und mit einer Rückkehr zu alten Mustern reagiert haben könnten. Die neue Gesellschaftsordnung fortgeschrittener komplexer Gesellschaften war zerbrechlich; sogar die große archaische Zivilisation Ägyptens fiel zwei größeren Perioden der Auflösung und der Uneinigkeit zum Opfer. Warum soll dies nicht auch bei frühen primitiven Gesellschaften möglich gewesen sein?

Aus der afrikanischen Geschichte wissen wir ferner, daß die Gesellschaft beim Zerfall des zentralisierten Staates in fortgeschrittenen komplexen Gesellschaften nicht zerstört wurde, sondern in die Form regredierte, die dem zentralisierten Staat vorausging: in das Häuptlingtum, in dem die durch den Sippenverband bestimmte Politik eine größere Rolle spielte. Wäre es nicht möglich, daß die zusammengesetzten Gruppen Stewards, obwohl sie das Ergebnis eines kulturellen Traumas waren, uns ein traditionelles und authentisches Stadium der Gesellschaft enthüllen?

Falls diese vermutete Regression tatsächlich stattgefunden hat, könnten bei diesem Vorgang technologische Überlegungen eine entscheidende Rolle gespielt haben. Wenn Gesellschaften aus Jägern und Sammlern nicht im Überfluß leben, können sie kein seßhaftes Leben führen und sind gezwungen, in kleinen Gruppen umherzustreifen. Unter normalen Bedingungen ermöglichen nur Landwirtschaft und Zähmung von Tieren ein seßhaftes Leben und die Bildung großer sozialer Gruppen. Es kann sein, daß kleine, nichtseßhafte Gruppen von Jägern und Sammlern durch einen Kulturschock verwundbarer werden, auch wenn sie das Stadium der primitiven Gesellschaft (eines strukturierten Sippensystems) erreicht haben. Möglicherweise ist dieses neue Entwicklungsstadium bei ihnen noch nicht so verfestigt wie bei einer größeren, etablierten Gesellschaft, die schon viele Formen des auf dem Sippensystem beruhenden Zusammenhalts hat entwickeln können. Auch die geringe Größe der Gruppe selbst könnte dazu beitragen, inwieweit das Sippensystem reifen kann. Wir wissen es zwar nicht, aber es ist auch denkbar, daß einige dieser kleinen Gruppen vor der Berührung mit der westlichen Kultur jahrhundertelang zwischen Gruppen- und primitiver Gesellschaft hin und her wechselten. Wenn soziale Kontakte bei einer Gruppe von Menschen zu einem Trauma führen, neigen wir zu der Annahme, daß die Verhältnisse vor dieser Berührung stabiler waren; jedoch kann auch das genaue Gegenteil der Fall gewesen sein.

Die Erfindung des Sippensystems und die Etablierung der primitiven Gesellschaft – einer der wichtigsten Entwicklungsschritte der Menschheitsgeschichte – sind jedoch nicht der Gegenstand dieses Buches, und ich werde diesen großen Übergang hier auch nicht weiter erörtern. Eine sorgfältige psychokulturelle Analyse dieser Revolution könnte uns jedoch sehr viel über uns selbst und die politische Welt verraten, die unser Leben gestaltet.

Von der primitiven Gesellschaft zum Staat

Wenn man eine Gesellschaft beurteilen will, sind Definition und Standort der *politischen Autorität* von entscheidender Bedeutung. Die Autorität hat ihre Ursprünge in der Familie; politische Autorität entsteht aus der Umwandlung hierarchischer Familienbeziehungen. Jede große Revolution des gesellschaftlichen Lebens enthält eine Umwandlung der Formen politischer Kontrolle und Dominanz.

Die Entwicklungssequenzen – Gruppengesellschaft zu primitiver Gesellschaft zu komplexer Gesellschaft, sowie Sippe zu Sippensystem zu Staat – verraten eine dialektische Bewegung bei der Entwicklung der politischen Macht. Innerhalb der Familie und bei den Gruppengesellschaften, in denen die Sippe das beherrschende Element ist, ist die Autorität persönlich: Mutter, Vater, Tante, Onkel, älterer Bruder, ältere Schwester, Ehemann. In einem solchen System hat die Macht keinen abstrakten Sitz. Eine Person hat Autorität und *ist* zugleich Autorität. Wenn es zur Bildung eines Sippensystems kommt und eine primitive Gesellschaft entstanden ist, konzentriert sich die politische Autorität nicht nur bei einer ausgewählten Gruppe von Einzelpersonen, sondern durchdringt die Gemeinschaft insgesamt. Jeder, der die primitive Gesellschaft aus erster Hand erforschte, hat herausgefunden, daß es hier kein Zentrum oder keine Zentren der politischen Kontrolle gibt. Beobachter, die selbst in einer Gesellschaft aufgewachsen sind, in der die politische Macht in Händen von Einzelpersonen liegt, erwecken bei ihren Beschreibungen der primitiven Gesellschaft mitunter den Eindruck, als hätte es dort überhaupt keine politische Macht gegeben, was offensichtlich nicht der Fall ist. In der primitiven Gesellschaft gehört die Autorität der Gemeinschaft und nicht dem Individuum.

Mit der Entwicklung des Staates kehrt die Macht dialektisch zu der individuellen Basis zurück, auf der sie begonnen hat. Der König wird zum Hauptinstrument der Zerstörung des Sippensystems und der Errichtung des Staates. Das Gefühl der gemeinsamen Macht weicht dem ‹Personenkult›, und die Gestalt des Königs trägt die Last der politischen Ordnung.

Wenn der Staat sich weiterentwickelt und der König allmählich immer größere Gebiete regiert, wenn der Kontakt eines einzelnen mit dieser neuen politischen Ordnung immer bürokratischer wird, wenn der Steuereinnehmer und nicht mehr der König für den Staat zu stehen beginnt, wird die politische Macht für die meisten Menschen wieder unpersönlich; aber diesmal fehlt das Gefühl der gemeinschaftlichen Macht. Dann wird die politische Autorität in vielen Fällen zu Dominanz und die politische Tyrannei zu einer entscheidenden Form des sozialen Zusammenhalts. Der Staat, der einmal als Befreier vom Sippensystem begann, wird zu einem Instrument der Unterdrückung.

In der primitiven Gesellschaft vor der Zeit der Häuptlingtümer war die politische Autorität diffus, unbestimmt, formlos, elastisch, anpassungsfähig und geschmeidig.

> Innerhalb der Hügel- oder Talregion, in der eine maximale Abstammungslinie residierte, gab es keine institutionalisierte politische Autorität... In einer durch eine Abstammungslinie beherrschten Region konnten einzelne Familienoberhäupter, die Wohlstand mit Weisheit vereinten, zu respektierten Meinungsführern werden, sowohl politisch wie rechtlich, aber sie besaßen keine formal anerkannte Autorität. Es gab auch Männer, die auf bestimmten Gebieten zu Autorität gelangten, etwa als Regenmacher und Krieger; jedoch war diese Autorität nicht institutionalisiert und lebte nur so lange, wie der betreffende Mann auf seinem Gebiet Erfolg hatte. Außerhalb des Clans gab es keine politische Autorität, obwohl Ansätze zur Regelung von Streitigkeiten unter Clans vorhanden waren; so konnten beispielsweise die Ältesten eines neutralen Clans intervenieren, wenn sie zu einer der streitenden Parteien in einem Verwandtschaftsverhältnis standen.[10]

In allen menschlichen Situationen gibt es natürliche Führungspersönlichkeiten; aber natürliche Führungsqualitäten und institutionalisierte politische Autorität sind zwei verschiedene Dinge.

Den Nuern kam die Institution der Leopardenfell-Häuptlinge der Institution der politischen Autorität am nächsten. Sie schlichteten bestimmte gesellschaftliche Streitigkeiten. Evans-Pritchard sagt jedoch, daß man ihnen nicht mehr Respekt entgegenbrachte als anderen, und man hielt sie nicht für bedeutende Personen.[11] Da sie nicht die Macht besaßen, ihre Entscheidungen durchzusetzen, waren sie nur Mittler: «Nur wenn beide Parteien den Streit beenden wollen, kann der Häuptling mit Erfolg intervenieren.»[12]

Dieses Fehlen einer zentralisierten politischen Macht, die ihre Entscheidungen auch durchsetzen kann, erlaubte es den Menschen der primitiven Gesellschaft, die Gemeinschaft einfach zu verlassen, wenn sie mit ihrem Leben unzufrieden waren. In unserem heutigen Staatssystem ist die Staatsbürgerschaft nicht freiwillig; man kann zwar den Staat verlassen, in dem man lebt, wenn dieser Staat dies erlaubt, aber nur mit Einwilligung eines anderen Staates. Wenn bei den Nuern eine ganze Gemeinde mit ihren Nachbarn kämpfte und mit dem Ausgang unzufrieden war, hatte sie die Wahl, in einen anderen Bezirk oder zu einem anderen Stamm zu ziehen und dort zu wohnen.[13]

Auch Einzelpersonen stand diese Wahlmöglichkeit offen.

So haben sich die Nuer immer die Freiheit genommen, umher-
zuwandern, wie es ihnen gefällt, und wenn ein Mann unglücklich ist, seine Familie krank, wenn seine Herden schrumpfen,
wenn sein Garten erschöpft ist, falls seine Beziehungen zu
einem seiner Nachbarn unfreundlich sind oder wenn er nur einfach ruhelos ist, zieht er in einen anderen Teil des Landes und
läßt sich bei irgendwelchen Angehörigen seiner Sippe nieder.
Es kommt selten vor, daß ein Mann allein aufbricht; denn Brüder sind eine verschworene Gruppe, vor allem halten sie zusammen, wenn sie Söhne einer Mutter sind. Wenn es zu einem
Streit kommt, bricht oft eine Gruppe von Brüdern von einem
Dorf auf und läßt sich woanders nieder. Die Nuer sagen, meist
brächen sie zum Wohnsitz einer verheirateten Schwester auf,
wo sie sicher sein können, gut aufgenommen zu werden.[14]

Die Baganda waren auch extrem mobil; aber in ihrer Gesellschaft kam es
nur dann zu einem Wohnortwechsel, wenn jemand einem anderen *Häuptling* die Gefolgschaft schwor. Während die Menschen sich in einer staatlich organisierten Gesellschaft von einem lokalisierten Machtzentrum zu
einem anderen bewegen, bewegten sich die Nuer von einer nicht klar
abgegrenzten Autoritätsposition zur anderen.

In der primitiven Gesellschaft gab es einige unklare Positionen politischer Autorität. Die Oberhäupter von Sippenstrukturen wie die Oberhäupter von Abstammungslinien oder Clans besaßen etwa die gleiche
Autorität wie ein Leopardenfell-Häuptling der Nuer; obwohl ein einzelner mit großer persönlicher Macht vorübergehend eine Position mit ungewöhnlicher Autorität erreichen konnte, erlosch diese Autorität mit seinem Tod.

Oberhäupter von Abstammungslinien und Clans handelten politisch
nur auf einer persönlichen Basis.[15] Ihre schwache Autorität mochte sich
auch auf Menschen erstrecken, mit denen sie nicht in Berührung kamen,
aber nur, wenn zwischen dem Oberhaupt und den anderen eine Sippenbeziehung bestand. Diese persönliche und verwandtschaftliche Beziehung
ist so wichtig, daß wir die Anfänge der komplexen Gesellschaft so definieren können: Eine komplexe Gesellschaft entsteht, wenn ein Mensch über
andere zu herrschen beginnt, zu denen er nicht in einer persönlichen oder
verwandtschaftlichen Beziehung steht. *Ein Häuptling ist ein politischer
Führer, der über Menschen herrscht, mit denen er nicht in Berührung
kommt, sowie über Menschen, zu denen er nicht in einem durch die Sippe
bestimmten Verwandtschaftsverhältnis steht.*

Wenn beispielsweise vier Clans, von denen jeder ein eigenes Oberhaupt hat, sich zu einem Stamm zusammenschließen und dieser Stamm
keinen Stammesführer hat, haben wir noch eine primitive Situation vor
uns, selbst wenn eines dieser Clan-Oberhäupter einen bestimmten, durch

das Ritual geprägten Vorrang vor den anderen hat, was oft vorkommt. Solange dieses Oberhaupt als *primus inter pares* nicht über Angehörige anderer Clans herrscht, ist er nach der hier verwendeten Definition noch kein Häuptling. Wenn dieses Clan-Oberhaupt jedoch – auf welche Weise auch immer – mehr wird als ein Erster unter Gleichen und dazu übergeht, auch über Angehörige anderer Clans wirkliche politische Autorität auszuüben, über Menschen, zu denen er in keiner sippenmäßigen Verwandtschaftsbeziehung steht, und über Menschen, denen er nicht persönlich begegnet, dann wird er zu einem Stammeshäuptling, der dabei ist, ein Sippensystem in ein Staatssystem umzuwandeln.

Größe spielt bei diesem ganzen Vorgang eine wichtige Rolle. In einer Bevölkerung von fünfundzwanzigtausend Menschen wird es drei- bis achttausend erwachsene Männer geben. Keine Person mit politischer Autorität kann sich mit so vielen Menschen persönlich befassen. Der Anführer einer politischen Einheit von einer solchen Größe ist jedoch mit Sicherheit ein ‹Häuptling›. Wenn die in einer primitiven Gesellschaft durch das Sippensystem definierten politischen Einheiten größer und größer werden, spalten sie sich in kleinere Einheiten auf, die lokalisierte Zentren der durch die Sippe bestimmten politischen Macht besitzen, die das größere Machtzentrum ersetzen. In der primitiven Gesellschaft sind der Ausdehnung der politischen Ordnung Grenzen gesetzt. Sie wird durch die psychologische Macht der persönlichen Kontakte und der Sippenbeziehungen bestimmt.

Der Beginn der komplexen Gesellschaft – der Beginn von Häuptlingtümern – erfordert eine neue politische Ordnung. Der Gedanke, daß jemand über Menschen herrscht, mit denen er nicht in Berührung kommt und zu denen er nicht in einer durch die Sippe bestimmten Beziehung steht, stellt einen radikalen Bruch mit der Vergangenheit dar, weil er allen Erfahrungen mit der Macht in der Kern- oder der erweiterten Familie widerspricht. In der Familie wird alle Macht von Menschen ausgeübt, die man kennt und mit denen man verwandt ist; kein Fremder nimmt einem etwas weg oder schickt einen in den Krieg. Und obwohl die primitive Gesellschaft eine Welt erschafft, die über die erweiterte Familie hinausgeht, werden die Menschen in jener Welt der durch das Sippensystem bestimmten Politik noch nicht von Leuten regiert, mit denen sie nicht verwandt sind. In der primitiven Gesellschaft hat kein Nicht-Verwandter die Macht über Leben und Tod anderer, es sei denn in Kriegszeiten, wenn Ausländer der Feind sind.

Mit dem Aufkommen des Staates ändert sich das alles, und in der komplexen Gesellschaft entdecken wir die Anfänge der politischen Tyrannei. Die primitive Gesellschaft liefert zwar viele Beispiele dafür, wie grausam Menschen miteinander umgehen können, wie es auch in der Familiensituation möglich ist; aber die Begriffe ‹politische Tyrannei› und ‹politische Unterdrückung› beschreiben nicht, was in diesen Situationen vorgeht.

Wenn das Sippensystem zerbricht, wenn Menschen über Menschen zu herrschen beginnen, die sie nicht kennen und mit denen sie nicht verwandt sind, wird die Gleichheit des politischen Lebens der primitiven Gesellschaft zerstört; einigen Menschen wird die Freiheit genommen; die Zugehörigkeit zu einer sozialen Klasse wird zu einer Waffe der Beherrschung. Das heißt also, daß Menschen erst dann tyrannisch über andere herrschen können, wenn sie sie zu Fremden gemacht haben, daß Menschen leichter Fremde versklaven als ihre eigenen Angehörigen. Wenn die Welt sich ausschließlich aus Verwandten zusammensetzt, gibt es nur wenig Raum für politische Unterdrückung. Die psychologische Kraft, die das Sippensystem zerbricht, könnte die gleiche Kraft sein, welche die Tyrannei erschafft.

Auch in der primitiven Gesellschaft sind nicht alle Menschen gleich. Einige haben mehr Prestige; einigen Abstammungslinien kommt mehr Ehre zu; bestimmte Erstgeborene können einen höheren Rang genießen als andere. Diese Art Ungleichheit soll jedoch nicht unterdrücken. In vielen Fällen sind die Menschen mit mehr Prestige verpflichtet, mehr zu geben, sich mehr um andere zu kümmern. Mit der Erschaffung einer Abstammungslinie, der mehr Ehre zufällt, wird Ehre geschaffen, wird verkündet, daß alle Menschen nicht gewöhnliche Menschen sind. Ähnlich ist es bei der Erschaffung des Helden; einigen Menschen werden gottgleiche Qualitäten zugesprochen. Aus diesem kleinen Riß im Muster der Gleichheit haben sich die großen Klüfte der Ungleichheit und Unterdrückung gebildet, diese Erzübel des politischen Lebens. Der Leopardenfell-Häuptling der Nuer, der nicht die Macht besitzt, andere zu unterdrücken, dessen Hauptaufgabe es ist, das gesellschaftliche Leben leichter zu machen, kann nur *aus bestimmten Abstammungslinien* kommen.[16] Ein Mann, der dies nicht tut, kann niemals ein solcher Häuptling werden, wie weise und stark er sonst auch sein mag.

Ähnlich hat in jedem Nuer-Stamm ein bestimmter Clan einen überlegenen Status.[17] Diese «aristokratischen Abstammungslinien» sind sich ihrer überlegenen Stellung in der Welt bewußt: «Jeder erwachsene Angehörige einer aristokratischen Abstammungslinie gab uns bereitwillig Auskunft über die anderen maximalen und größeren Abstammungslinien seines Clans sowie eine lange Liste seiner Vorfahren, mindestens neun oder zehn, was eine folgerichtige Abstammungslinie vom Gründer des Clans an ergibt; es war jedoch nicht möglich, die gleichen Informationen von Clan-Angehörigen ohne solche Stammesverbindungen zu erhalten.»[18] Bei Evans-Pritchard deutet jedoch nichts darauf hin, daß diese Angehörigen prestigeträchtiger Abstammungslinien wohlhabender waren, mehr Vieh besaßen, mehr Ehefrauen oder bei Stammesentscheidungen mehr zu sagen hatten oder eher in der Lage gewesen wären, andere zu unterdrücken. Sie selbst und ihre Ehre waren ihre einzige Daseinsberechtigung.

«Wie kann man erklären», fragt Evans-Pritchard, «daß bei einem so demokratisch gesinnten Volk, das gleichzeitig so zur Gewalttätigkeit neigt, in jedem Stamm ein bestimmter Clan einen überlegenen Status erhält?» Seine Antwort ist zwar tautologisch, aber dennoch interessant. «Da es keine Stammeshäuptlinge und -räte gibt und auch keine andere Form von Stammesregierung, müssen wir woanders nach dem ordnenden Prinzip suchen, nämlich innerhalb der Struktur, die ihm eine begriffliche Folgerichtigkeit verleiht und ein bestimmtes Maß von aktivem Zusammenhalt, und wir finden es im aristokratischen Status ... In der Abwesenheit eines Häuptlings oder Königs, der einen Stamm symbolisiert, wird dessen Einheit in Begriffen der Abstammung und der Zugehörigkeit zu einem Clan ausgedrückt.» [19] Damit wird jedoch nicht erklärt, warum die Einheit in Begriffen der *Ungleichheit* ausgedrückt wird – daß einige Abstammungslinien irgendwie besser seien als andere. Weil es keinen Häuptling oder König gibt, muß eine anerkannt überlegene gesellschaftliche Einheit deren Platz einnehmen, wenn die Gesellschaft zusammengehalten werden soll, sagt Evans-Pritchard. Ohne Ungleichheit, so sagt man, könne es keine Gesellschaft geben. Diese Behauptung sollte man nicht leicht akzeptieren oder ablehnen.

Der «aristokratische Status» bestimmter Abstammungslinien ist so wichtig, weil er die Grundlage von Häuptlingtum und Königtum ist. Das Oberhaupt einer aristokratischen Abstammungslinie, ein Mann mit außergewöhnlicher persönlicher Macht in Politik und Krieg, ist perfekt geeignet, zu einem Häuptling zu werden – zu einem Mann, der über Angehörige anderer Abstammungslinien und Clans herrscht. In den meisten fortgeschrittenen komplexen Gesellschaften (Buganda war eine Ausnahme) kam der König immer aus einem königlichen Clan. Wir dürfen davon ausgehen, daß die Vorfahren dieser monarchischen Clans den prestigeträchtigen Abstammungslinien der primitiven Gesellschaft entstammten.

Um die Notwendigkeit der Ungleichheit zu erklären, müssen wir zu den Anfängen der Autorität in der Familie zurückkehren. Die Familiensituation mag zwar liebevoll, fürsorglich und wohlwollend sein – aber sie wird niemals durch Gleichheit bestimmt. Wenn wir von der Gleichheit in der primitiven Gesellschaft sprechen, müssen wir uns klarmachen, daß nur von erwachsenen Männern die Rede ist. Zwischen Männern und Frauen gab es keine Gleichheit; im Verhältnis von Eltern und Kindern herrschte eine hierarchische Ordnung. Und bei vielen primitiven Völkern wurde die überlegene Macht des Vaters auf die Söhne ausgedehnt, die nicht als gleichgestellt angesehen wurden, sondern in einer Rangfolge standen, die sich nach ihrer Fähigkeit richtete, die Nachfolge des Vaters anzutreten. Die Dinka waren ein Nachbarstamm der Nuer, die die gleiche politische Entwicklungsstufe erreicht hatten. Sie verstanden das Vorhandensein prestigeträchtiger Abstammungslinien in Familienbegriffen:

Die Dinka bezeichnen bestimmte Unter-Stämme eines Stamms als den ältesten ‹Sohn›, andere als den mittleren ‹Sohn› und andere als den jüngsten ‹Sohn›, so daß die Beziehungen der Unterstämme und ihr Verhältnis zueinander durch das Modell der drei Brüder bestimmt werden. Bei den Dinka wird meist der älteste Sohn einer Familie zum Familienoberhaupt, wenn sein Vater stirbt, und da er seinen Vater und seine agnatischen Vorfahren vertritt, ist man der Meinung, daß er den größten Anteil am Totemgeist seiner Abstammungsgruppe besitzt, das *yath*. Wenn man sich die Organisation eines Stamms nach diesem Muster vorstellt, spricht man von einem Unter-Stamm als vom ‹Unterstamm des Totems› *(wum yath)*, und seine Idealfunktion besteht darin, so für den Stamm zu sorgen wie ein ältester Sohn für die Familie seines verstorbenen Vaters. Wenn es Streit gibt, muß er zwischen anderen ‹Söhnen› Frieden stiften.[20]

Das klingt wie eine Vision von Nächstenliebe, ist in Wahrheit aber eine hierarchische Situation. Fürsorge und Nächstenliebe brauchen einen Geber und einen Nehmer, zwischen denen es zwar Reziprozität, aber keine Gleichheit geben kann. Die Notwendigkeit der Ungleichheit ist ein Erbe, das die Gesellschaft von der Familie übernommen hat. Gesellschaftliche Autorität kann als Derivat der Familienautorität der hierarchischen Natur ihrer Vorgängerin nicht entfliehen und hat in ihrer Anfangszeit auch keinen Grund dazu gesehen. Dies erklärt jedoch noch nicht, warum Unterdrückung und Tyrannei Schritt halten, wenn mit der Erstarkung des Staates die Formen des sozialen Zusammenhalts schwächer werden, daß die Menschen hierarchische Abstufungen und Formen der Beherrschung erfinden, die in einer durch das Sippensystem bestimmten Gesellschaft noch undenkbar waren. So wäre beispielsweise keine durch den Sippenverband geprägte Gesellschaft fähig gewesen, einen Völkermord zu ersinnen oder auszuführen; nur der Staat ist dazu in der Lage. Der normale Staat kann Handlungen begehen, die sich sonst nur eine psychotische Familie erlauben würde.

Obwohl all dies so ist, können wir in komplexen Gesellschaften auch einen Prozeß beobachten, der parallel zu der sich beschleunigenden Unterdrückung verläuft: Auch kulturelle Phänomene expandieren mit großer Explosivkraft und ermöglichen es manchen Menschen, ein reicheres, tieferes und erfüllteres Leben zu führen, als es Menschen vorher je möglich gewesen ist. Wenn man die Spuren der gesellschaftlichen und der kulturellen Entwicklung zurückverfolgen will, muß man beide Dinge sehen. Diese Reise hat das Leben lebenswerter gemacht, aber auch schmerzliche Opfer an menschlichem Glück gefordert. Wenn man nicht beide Entwicklungslinien im Auge behält, entgeht einem die Hälfte der Wahrheit.

22

Die Umwandlung des Sippensystems

Wir können uns nur schwer vorstellen, wie eine Gesellschaft ohne Gesetz, Gerichtshöfe, Berufsrichter, Polizei und zentralisierte politische Macht zur Durchsetzung des inneren Friedens funktionieren kann. Wir fragen uns sofort, was mit Dieben, Vergewaltigern und Mördern geschieht und was alle Menschen davon abhält, mit Eigentum und Leib und Leben anderer nach Belieben zu verfahren. Durch Rückprojektion von unserer eigenen gesellschaftlichen Situation aus können wir zu der Annahme kommen, daß das Leben in einer solchen Gesellschaft zu der Hypothese von Hobbes passen könnte: daß es scheußlich, brutal und kurz gewesen sein muß. Wir stellen uns dabei *unsere* Gesellschaft ohne Gesetz und Polizei vor; aber wir leben in einer Gesellschaft, welche die mächtige Kontrolle des Sippensystems aufgegeben hat, und ohne polizeiliche Gewalt und Recht würde unsere Gesellschaft tatsächlich zu einem anarchischen Staat degenerieren.

Anders als bei uns besaß die primitive Gesellschaft ein mächtiges Sippensystem und ein Konzept der Selbsthilfe in Rechtsfragen, und beides wirkte bei der Aufrechterhaltung von Recht und Ordnung in der Gesellschaft zusammen. Obwohl uns keine Statistiken vorliegen, deutet nichts von dem, was wir von der primitiven Gesellschaft wissen, auf eine höhere Kriminalität hin als bei Gesellschaften auf anderen Stufen der sozialen Entwicklung.

Familiengefühle einerseits, Gerichtshöfe und Recht andererseits scheinen nicht gut zusammenzupassen. Wir empfinden es als besonders bedrückend und/oder fesselnd, wenn es unter Familienangehörigen zu einem Rechtsstreit kommt. Eine Familie sollte, so meinen wir, ihre Probleme aus eigener Kraft lösen können, ohne sich an ‹Fremde› wenden zu müssen. Familienangelegenheiten sollten durch Diskussion erledigt werden und nicht durch Gesetz und Zwangsmaßnahmen. Die primitive Gesellschaft, die als eine große Familie gedacht war, hatte kein Bedürfnis nach einem Überbau aus Gesetz, Richtern und Polizei, um unter Familienangehörigen Frieden zu stiften: «Ein Nuer verkehrt nur mit Menschen, deren Verhalten ihm gegenüber durch ein sippengebundenes Verhaltensmuster bestimmt wird.»[1] Für ihn ist es unmoralisch, mit den Frauen der

Männer aus seinem eigenen Dorf Ehebruch zu begehen, aber nicht mit den Frauen von Angehörigen anderer Dörfer.[2] Seine Beziehung zu den Menschen, denen er täglich begegnet, wird durch ein ungeschriebenes Gesetz bestimmt, das so mächtig ist wie geschriebenes Recht. Trotz dieser Sanktionen begehen einige auch im eigenen Dorf Ehebruch, aber unser heutiges Rechtssystem und unsere Polizei haben der Kriminalität auch noch kein Ende bereiten können.

Die Realität des aggressiven Verhaltens in der primitiven Gesellschaft stimmt nicht immer mit dem Ideal der Familie überein, die ihre Probleme auf friedliche Weise löst, und es kommt in ihr zu zahlreichen Fehden und Mechanismen der Selbsthilfe. Die Angehörigen einer Sippe sollen ihre Probleme und Konflikte selbst lösen; doch in vielen Fällen gelingt ihnen das nicht, und es gibt keine soziale Form, die eine Entscheidung erzwingen kann. Evans-Pritchard berichtet: «Wenn es in einem Dorf zu Differenzen kommt, wird der Fall von den Dorfältesten erörtert, und man einigt sich meist schnell; es wird eine Entschädigung gezahlt oder versprochen, denn alle sind durch Sippenbande und gemeinsame Interessen voneinander abhängig. Streitigkeiten zwischen den Bewohnern benachbarter Dörfer, zwischen denen es viele soziale Kontakte und Bindungen gibt, lassen sich auch durch Vereinbarungen lösen, aber schon weniger leicht...»[3] So sieht die Theorie aus; in der Praxis war es jedoch oft anders: «Ich habe ein Jahr mit Nuern zusammengelebt und nie davon gehört, daß ein Fall vor eine Einzelperson oder eine Art Tribunal gebracht wurde, und außerdem bin ich zu dem Schluß gekommen, daß ein Mann nur selten eine Wiedergutmachung erhält, es sei denn, mit Gewalt oder Drohung mit Gewalt.»[4]

In der primitiven Gesellschaft gibt es keine Verbrechen gegen die Gesellschaft oder den Staat; alle Verbrechen sind persönlich, und die geschädigte Person und deren engste Verwandtschaft sind verpflichtet, den Schaden zu beheben, entweder durch Erlangung einer Entschädigung (mit friedlichen Mitteln oder mit Gewalt) oder durch Schädigung des Täters. Wenn etwa jemand meinen Bruder tötet, müßten ich selbst, meine restlichen Brüder und alle Angehörigen, die wir auftreiben können, gemeinsam den Schuldigen finden und ihn dazu bringen, eine Entschädigung zu zahlen, oder wir müssen ihn oder einen seiner Verwandten schädigen, falls er sich weigert. Gerechtigkeit wird nur durch Selbsthilfe erreicht: «Der Hauptgrund dafür, daß die Menschen eine Entschädigung leisten, ist die Furcht, daß der geschädigte Mann und seine Verwandten zu Gewaltmaßnahmen greifen könnten. Daraus folgt, daß ein Mitglied einer starken Abstammungslinie eine bessere Position hat als jemand, der aus einer schwachen Abstammungslinie kommt.»[5] Ein Angehöriger einer starken Abstammungslinie kann also durchaus einem anderen Schaden zufügen, ohne dafür büßen zu müssen, weil keine Macht ihn dazu zwingen kann.

Ohne Gesetz ist ein Mann nur so stark und sicher wie sein Speer und seine Sippe, und Nuer lernen von Kindesbeinen an, alle Streitigkeiten durch Kampf zu lösen.[6] Zur engeren Verwandtschaft gehören all diejenigen, die unter allen Umständen für einen kämpfen werden. Es wurde zwar nicht ständig gekämpft, aber fast jedes Jahr war jeder Erwachsene in Kämpfe verwickelt, bei denen es Tote gab, entweder bei Kämpfen gegen die benachbarten Dinka oder einen anderen Nuer-Stamm, gelegentlich auch bei persönlichen Streitigkeiten. Dieses Leben war zwar nicht «scheußlich, brutal und kurz», aber ein Garten Eden war es auch nicht.

Wenn der Staat die primitive Gesellschaft ersetzt, wird es seine Aufgabe, Diebe, Vergewaltiger und Mörder zu verfolgen und zu bestrafen; und obwohl der Verbrecher an den Geschädigten oder dessen Nachkommen eine Entschädigung in Geld zahlen muß, muß er auch den Staat entschädigen – in Geld, durch eine Freiheitsstrafe oder mit dem eigenen Leben. Bei der Bestrafung eines Mordes hatte man in Buganda einen Übergangspunkt erreicht: Den Verwandten des Toten war es nicht erlaubt, Privatjustiz zu üben, sondern sie mußten den Täter dem *kabaka* zuführen. Befand man den Mörder für schuldig, wurde er jedoch nicht vom Staat getötet, sondern der *kabaka* übergab ihn den Angehörigen des Toten, die ihn nach Belieben bestrafen konnten.[7] Man erlaubte der Sippe ihre Rache, aber die Justiz war zum Vorrecht des *kabaka* geworden.

Die Systematisierung der Ausdrucksformen von Aggression spielt in der durch das Sippensystem bestimmten Politik eine ungeheuer wichtige Rolle. Zur Bestimmung des eigenen Standorts in der Welt ist die Frage entscheidend, wer gegen wen wann und wie kämpfen darf. Dadurch wird auch der Standort der politischen Autorität bestimmt. «Die einfachste Definition», schreibt Evans-Pritchard über die Nuer, «legt fest, daß ein Stamm die größte Gemeinschaft ist, in der man sich einig ist, daß Streitigkeiten unter seinen Angehörigen durch eine eigene Gerichtsbarkeit geregelt werden sollten und daß sie gegen andere Gemeinschaften der gleichen Art sowie gegen Ausländer zusammenstehen sollte. In diesen beiden Fragen gibt es keine größere politische Gruppe als den Stamm, und alle kleineren politischen Gruppen sind Teile davon.»[8]

Wir wissen schon, daß dieses Konzept der friedlichen Regelung durch Schiedsgerichtsverfahren ein Ideal ist, das sowohl beim Bruch wie bei der Befolgung beobachtet werden kann. Es sollte uns jedoch nicht überraschen, daß die primitive Gesellschaft zum Teil durch ein selten verwirklichtes Ideal zusammengehalten worden sein kann. Das gleiche gilt für unsere und alle anderen Gesellschaften.

Alle Gesellschaften definieren ihre Grenzen: Jeder auf dieser Seite gehört zu ‹uns›; jedermann auf der anderen Seite gehört zu ‹denen›. Es kann zwar sein, daß wir öfter unter ‹uns› kämpfen als mit ‹denen›; aber die Fähigkeit zur Differenzierung scheint wichtig zu sein. Unter den Dinka «ist demnach der Stamm die politische Verteidigungseinheit auf den Weiden der Trockenzeit... In ihrer Theorie ist der Stamm auch die größte Gruppe von Menschen, bei denen es möglich und erwünscht ist, Mordfälle durch Zahlung einer Entschädigung in Vieh zu lösen statt durch Selbsthilfe und Fehden, die nicht nur unvermeidlich, sondern auch eine Ehrensache waren, wenn Angehörige eines anderen Stammes Angehörige der eigenen Sippe getötet hatten. Der Stamm markiert also die Grenzen jeder möglichen Übereinkunft, daß Streitigkeiten friedlich geregelt werden sollten...»[9] ‹Wir› sind alle diejenigen, denen dieses Ideal gemeinsam ist.

Wenn dieses Ideal nicht funktioniert, wenn es innerhalb des Stammes zum Kampf kommt, weil man sich nicht über eine Entschädigung einigen kann, beginnen ‹wir›, untereinander zu kämpfen, was immer kleinere Definitionen des Begriffs ‹wir› erfordert. Wer gegen mich kämpft, wenn wir untereinander kämpfen, steht mir natürlich näher – gehört eher zu meiner Sippe – als diejenigen, die nur bei Stammeskämpfen gegen ‹die› gegen mich kämpfen. All diese Unterscheidungen sind für die Definition der Stellung eines Menschen in der politischen Welt von entscheidender Bedeutung.

Diese Differenzierung zwischen verschiedenen Arten des Kämpfens hat Beobachter der primitiven Gesellschaft dazu gebracht, zwischen ‹Krieg› und ‹Fehde› zu unterscheiden.

> In Lugbara gibt es sechzig oder mehr Gruppen namens *suru* mit durchschnittlich etwa viertausend Menschen, die auf einem Gebiet von etwa vierzig Quadratkilometern leben. Ich nenne sie Stämme. Der Stamm ist die größte Einheit, innerhalb derer die Lösung eines Konflikts durch Diskussion möglich ist. Es kann zwar auch innerhalb eines Stammes zum Ausbruch von Kämpfen kommen, aber der Kampf sollte durch Diskussion beendet werden, und es gibt institutionalisierte Methoden, das zu erreichen. Kämpfe zwischen Stämmen lassen sich so nicht lösen – es gibt zumindest keine Institution, die eine solche Lösung sichern könnte –, und es kann sein, daß zwischen ihnen permanente Feindseligkeit herrscht. Aus diesem Grund bezeichne ich die Kämpfe von Stammesangehörigen untereinander als Fehde und die Kämpfe zwischen Stämmen als Krieg...[10]

Es kann sein, daß die Menschen der primitiven Gesellschaft ebenso zwischen bestimmten Kampfarten unterschieden. Bei den Nuern herrschten bestimmte Konventionen, wenn Stämme gegeneinander kämpften: «Frauen und Kinder wurden nicht belästigt, Hütten und Kuhställe nicht verbrannt, und man nahm keine Gefangenen.»[11] Wenn Nuer jedoch gegen die Dinka kämpften, waren der Aggression keine Grenzen gesetzt. Wenn bei den Dinka Angehörige eines Stammes gegeneinander kämpften, waren zwar Keulen erlaubt, aber keine Speere. Wenn Stämme gegeneinander kämpften, gab es keine Beschränkungen.[12]

Jede Gesellschaft hat unter anderem offensichtlich auch das Ziel, innerhalb einer bestimmten Population für inneren Frieden zu sorgen. Jede Gesellschaft kann mit einer bestimmten Zahl von Verbrechern oder Gesetzesübertretern leben, und die primitive Gesellschaft konnte auch mit einem bestimmten Maß von inneren Fehden und Selbsthilfe leben; aber wenn jeder gegen jeden kämpft, kann keine Gesellschaft Bestand haben. Wir lernen von der primitiven Gesellschaft, deren innerer Zusammenhalt durch Sippenformen gesichert wird, daß *der innere Frieden nur bis zu einer bestimmten Bevölkerungsgröße aufrechterhalten werden kann* und daß selbst in diesem begrenzten Gebiet die Gewalt einzelner und der Sippe (Selbsthilfe) immer eine wichtige Rolle spielt. Zu den Lugbara gehörten fast 250 000 Menschen, aber der innere Frieden ließ sich nur in Untergliederungen von etwa 4000 Seelen aufrechterhalten. Die Dinka zählten jüngst fast eine Million Menschen, aber die Gebiete des inneren Friedens waren genauso klein wie bei den Lugbara. In der primitiven Gesellschaft mit ihrem auf dem Sippenverband gegründeten politischen System war es nicht möglich, eine politische Autorität zu errichten, die für etwa 25 000 Menschen den inneren Frieden hätte sichern können.

Mit der Schaffung des Staates ändert sich all das. Der *kabaka* von Buganda herrschte über eine Million Menschen. Sobald der Staat als solcher geschaffen war, gab es für das Wachstum zentralisierter Gesellschaften keine Grenzen mehr; manche Einzelstaaten von heute haben eine größere Bevölkerung als ganz Afrika. Nachdem man die Kontrollmechanismen des Staates sowie die psychologischen Mittel des inneren Zusammenhalts perfektioniert hatte, waren die geographischen Ausdehnungsmöglichkeiten des Staates enorm, wovon das Römische Weltreich und das Britische Empire Zeugnis ablegen. Ob dieses Wachstum der Möglichkeiten des Staates nun gut oder schlecht oder mehrdeutig ist, wenn es um Fragen des menschlichen Glücks geht, wenn man sie mit den Beschränkungen der primitiven Gesellschaft vergleicht, so stellt es doch eine außerordentliche Leistung dar.

Bei Strafe, Schadensersatz und Rache macht der Staat der Selbsthilfe ein Ende. Der Staat allein bestimmt über Strafe und Strafmaßnahmen. Das hatte Max Weber im Auge, als er dem Staat ein Monopol an legitimer Gewalt in der Gesellschaft zuschrieb[13] – ein einzelner und seine Sippe gehören nicht mehr zum Justizsystem. Die ‹Privatjustiz› faschistischer Banden, in den USA etwa beim Ku-Klux-Klan, ist eine Regression in sippenmäßig bestimmte Formen der Selbsthilfe und der Rache. Das ist auch der Grund dafür, daß Privatjustiz die innere Ordnung des Staates bedrohen kann.

Buganda besaß ein kompliziertes System von Gerichtshöfen mit zahlreichen Appellationsmöglichkeiten vor höheren Gerichten. An der

Spitze dieses Systems standen der *katikiro* und der *kabaka*, die beide das gesamte Königreich repräsentierten (zumindest theoretisch, meistens jedoch auch in Wirklichkeit) und nicht nur eine einzelne Fraktion. Daher konnte jeder von ihnen Rechtsfälle unparteiisch entscheiden, besonders wenn er in der fraglichen Angelegenheit kein privates Interesse hatte. In alltäglichen Fällen machte die Justiz kein allzu gutes Gesicht: Richter wurden oft bestochen, gesellschaftliche und politische Macht spielten eine Rolle, und auch Familienverbindungen erwiesen sich als hilfreich. In Sippengesellschaften funktionierte das Rechtssystem auch nicht reibungslos. In Buganda hatte man ein Justizideal geschaffen, das sich von allem, was vorher war, radikal unterschied, sowie einen Justizapparat, der das neue Ideal durchsetzen sollte. Dieses neue Konzept enthielt den Grundgedanken, daß es auch unter Menschen, die nicht miteinander verwandt sind, Gerechtigkeit geben kann. Es beruhte auf dem politischen Ideal, daß Menschen auch dann in einem Zustand des inneren Friedens miteinander leben können, wenn sie nicht verwandt sind.

Wenn man mit Menschen in Frieden leben kann, mit denen man nicht verwandt ist, und nicht alle Menschen als Feinde ansieht, mit denen man nicht verwandt ist, kann man in psychologischer Hinsicht freier, offener, fortschrittlicher, entwickelter, reifer und weltoffener leben. Trotz seiner psychologischen und moralischen Kosten und trotz der Zunahme von Angst, Menschenopfern und politischer Tyrannei war der Fortschritt von sippenbestimmten Formen des sozialen Zusammenhalts zu nicht durch die Sippe bestimmten Formen ein großer Entwicklungsschritt nach vorn, ein Schritt, der getan werden mußte. Wir mögen uns zwar wünschen, daß es dabei weniger Konflikte gegeben hätte, daß dieser große Fortschritt um einen geringeren Preis hätte erreicht werden können; aber wir dürfen nicht vergessen, daß die Richtung notwendig war.

Eine Million Dinka, die in einer durch den Sippenverband bestimmten Gesellschaft leben, befehden und bekriegen sich ständig. Eine Million Menschen, die sich zu einem Staat organisiert haben, können im Frieden miteinander leben, ohne einander zu bekämpfen. Dies jedoch nicht, wie es scheint, selbst heute noch nicht, ohne andere zu tyrannisieren, und da erhebt sich die Frage, welche Verbindung zwischen der Preisgabe des Sippensystems und dem Beginn der Tyrannei gegen eine andere soziale Klasse besteht. Ist die Klassentyrannei ein Ersatz für die Feindseligkeit, welche die Sippe im eigenen Verband auslebte? Können Familienfehden erst dann aufhören, wenn die Sippe die Aggression gegen ‹andere› lenkt?

Sigmund Freud hat in *Das Unbehagen in der Kultur* von dem «Vorteil eines kleineren Kulturkreises» gesprochen, «daß er dem Trieb einen Ausweg an der Befeindung der Außenstehenden gestattet». Es sei «immer möglich, eine größere Menge von Menschen in Liebe aneinander zu binden, wenn nur andere für die Äußerung der Aggression übrigbleiben».[14] Die Aggression, welche die Gesellschaft zerstören könnte, wird auf äußere Feinde gerichtet, und diese Einigung durch Krieg stabilisiert die Gesellschaft. Diese Einsicht läßt sich noch weiter entwickeln. Gesellschaften als solche richten ihre Aggression nicht nur gegen andere Gesellschaften, sondern auch auf Menschen, die in ihnen leben (arme Menschen, Schwarze, Juden, Sklaven). Die institutionalisierte Aggression gegen eine bestimmte Gruppe von Menschen in der Gesellschaft nenne ich ‹Klassentyrannei›.*

Krieg und Klassentyrannei sind zwei verschiedene Dinge. Man muß sich vergegenwärtigen, daß der Krieg in der primitiven Gesellschaft allgegenwärtig war, daß es so etwas wie Klassentyrannei so gut wie gar nicht gab. Dieser begegnen wir in nennenswertem Umfang erst in frühen komplexen Gesellschaften; zu voller Blüte gelangte sie jedoch erst in fortgeschrittenen komplexen Gesellschaften, und seitdem müssen wir mit ihr leben. Die Anfänge des Krieges jedoch lassen sich nicht ermitteln; er scheint so untrennbar mit der *conditio humana* verbunden zu sein wie Sprache, Religion oder Sexualität. Obwohl die Menschen nie ohne Krieg gelebt haben, finden wir in der primitiven und natürlich auch in der Gruppengesellschaft eine Form der Tyrannei, bevor es jedoch Klassen gab. Wenn die Tyrannei gegen eine soziale Klasse in der komplexen Gesellschaft begann, läßt sich ihre Existenz aber nicht durch irgendeinen unveränderbaren Aspekt der ‹menschlichen Natur› erklären. In fortgeschrittenen komplexen Gesellschaften können wir beobachten, daß eine Form der sozialen Aggression – die beständigen Fehden und die Selbsthilfe der Sippengesellschaften – aufgegeben worden ist und zwei neue Formen entstanden sind, das Menschenopfer und die politische Tyrannei. Man kann vielleicht zu dem Schluß kommen, daß es hier eine Art Handel gegeben hat – daß eine Form der Aggression aufgegeben worden ist, *weil* die anderen entstanden sind, und daß die anderen aufgegeben worden sind, *weil* die eine aufgegeben worden ist. Die Sippe wird auf Fehden nur so lange verzichten, wie sie mit vereinter Kraft eine Gruppe von Opfern unterdrücken kann. Ursprünglich waren Klassentyrannei und Staat untrennbar miteinander verbunden.

Freuds These, daß «die Aggression introjiziert, verinnerlicht» werde, daß «sie gegen das eigene Ich gewendet werde», legt den Schluß nahe, daß diese nach außen gerichtete Aggression die Spuren ihrer Herkunft in sich trägt. In einem Teil der Seele werden die Unterdrückten von den Unterdrückern als Angehörige der Sippe angesehen werden, da sie die Bürde der aufgegebenen Sippenaggression zu tragen haben. Aggression

---

* Ich unterscheide zwischen der Tyrannei gegen Frauen, die sich in der primitiven Gesellschaft findet, und der Tyrannei gegen Männer, die es dort nicht gibt. Diese letzte Form bezeichne ich als ‹Klassentyrannei› oder ‹politische Tyrannei›. In dem Kapitel «Über die Tyrannei» werden die drei Formen der Tyrannei behandelt (gegen Kinder, Frauen, soziale Klasen).

und Zuneigung unter Angehörigen der gleichen Sippe ist ein Paradigma der Ambivalenz, und zu jeder Tyrannei gehört eine seltsame Mischung aus Liebe und Haß.[15]

Auch der Krieg enthält ein Element der Zuneigung, was aus der Tatsache resultiert, daß auch er eine nach außen gerichtete Projektion aggressiver Gefühle ist, die sich ursprünglich auf die unmittelbare Familie und die Sippe gerichtet haben. Kein Mensch hat ein psychologisches Interesse daran, einen völlig fremden Menschen zu töten. Wenn derjenige, den man im Krieg tötet, einen nicht irgendwie an einen Verwandten erinnert, demgegenüber man starke Gefühle der Zuneigung und des Hasses hegt, warum sollte man ihn dann töten?

Die Dinka und die Nuer befanden sich zwar nur gelegentlich, aber doch fortgesetzt miteinander und mit sich selbst im Kriegszustand. Lugbara-Stämme bekämpften einander ebenfalls. Sobald primitive Völker die Grenzen der Sippenbeziehung erreichen, bekämpfen sie auch die Menschen auf der anderen Seite dieser Grenze. Es läßt sich jedoch auch eine andere Reaktion vorstellen. Ausschließlich friedlichen und freundlichen Umgang zu verlangen, hieße die menschliche Psyche wohl zu überfordern; aber Menschen, die nur zu Verwandten Beziehungen unterhalten wollen, hätten sich auch weigern können, mit Nicht-Verwandten *überhaupt* etwas zu tun zu haben. Sie könnten sich auch weigern, Menschen zu bekämpfen, die ihnen nicht von der Familie her bekannt sind. Die primitive Gesellschaft hätte auch aus Gruppen von Stämmen bestehen können, die auf dem Sippensystem aufbauten und sich weigerten, etwas miteinander zu tun zu haben. Daß dies nicht so war, deutet darauf hin, daß Sippenbeziehungen für das politische Leben der primitiven Gesellschaft nicht ausreichten; deren Angehörige brauchten Nicht-Verwandte, wenn auch nur dazu, um sie zu überfallen und zu töten oder um ihnen ihr Vieh, ihre Frauen und Kinder zu rauben.

Im Raub enthüllt sich die Ambivalenz. Die Nuer liebten ihr Vieh beinahe mehr als alles andere in der Welt. Von den Dinka geraubtes Vieh wurde der Herde eines Mannes einverleibt und genauso geliebt wie die eigenen Rinder. Bei Raubzügen erbeutete Dinka-Frauen wurden Ehefrauen und nicht Sklavinnen ihrer neuen Nuer-Herren (obwohl sie nicht den vollen Status besaßen). Von den Nuern geraubte Dinka-Kinder wurden durch Adoption und andere Mittel in das Sippensystem der Nuer integriert, da in dieser Gesellschaft niemand ohne Zugehörigkeit zu einer Sippe leben konnte und da es keine Sklaven gab. Mit anderen Worten: Die Nuer beraubten die Dinka, weil diese nicht ihrer Sippe angehörten, und machten aus der Beute der Raubzüge dann Angehörige ihrer Sippe. Nachdem die Athener im Peloponnesischen Krieg die Insel Melos zerstört und alle erwachsenen Männer getötet hatten, adoptierte der große Athener Führer Alkibiades eins der jungen Mädchen, das mit dem Leben davongekommen war. Haß kommt nur selten allein daher.

Der Krieg spielt also – anders als die Fehde – in der primitiven Gesellschaft eine einzigartige Rolle: Er ist die grundlegende Form der Berührung mit all denen, die nicht zur eigenen Sippe gehören. Der Krieg ist die nicht durch den Sippenverband bestimmte Form der Politik in einer Sippengesellschaft. Er ist daher das perfekte Werkzeug zum Aufbau des Staates. Wenn die komplexe Gesellschaft bis zu dem Punkt herangereift ist, an dem ein wahrer Staat möglich ist, ist nichts ein besserer Katalysator für diese Umwandlung als die Einigung mehrerer Häuptlingtümer unter einem König, wenn gegen andere politische Einheiten Krieg geführt werden soll. Aus der Geschichte der frühen komplexen Gesellschaften wissen wir, daß viele dieser Kriegsbündnisse nur vorübergehend waren und sich nach dem Ende des Krieges rasch wieder auflösten; doch wenn die Zeit der Staatenbildung und der Monarchie herangekommen ist, ist der Krieg die perfekte Hebamme. Viele Staaten des traditionellen Afrika etwa wurden von starken militärischen Führern errichtet, denen es gelang, mehrere Häuptlingtümer zu beherrschen und in eine politische Einheit zu verwandeln.[16]

Der Krieg selbst kann keinen Staat erschaffen. Erst wenn die Gesellschaft sich bis zu dem Punkt entwickelt hat, an dem nicht durch den Sippenverband bestimmte Formen des sozialen Zusammenhalts möglich sind, kann der Krieg bei der Staatengründung helfen. Nuer-Stämme haben einander und die Dinka jahrhundertelang bekämpft, ohne daß es irgend jemandem eingefallen wäre, die Grundlage der Gesellschaft radikal zu verändern. Einige haben geltend gemacht, der *Haupt*mechanismus der Staatsgründung sei die militärische Eroberung[17]; aber kein Nuer wird dadurch ein Baganda, daß er gegen andere kämpft.

Die Formen der Kriegführung hängen von den Formen des politischen Lebens ab, und der Krieg entwickelt sich mit der Gesellschaft. In den frühesten Stadien der Kriegführung sind das Töten und Rauben die einzigen Ziele des Kampfes. Ob die Krieger nun Kannibalen sind, die Menschenfleisch essen wollen, oder Kopfjäger, die die Schädel anderer für religiöse und magische Zwecke brauchen, oder einfach nur Killer und Räuber wie die Nuer, so führt diese Art des Kämpfens jedoch nicht zur Eroberung von Ländern oder Völkern. In dem zweiten Stadium der Kriegführung kann es vorkommen, daß der Feind von seinem Land vertrieben und dieses von den Eroberern besetzt wird, die entweder mehr Land oder bessere Viehweiden und Äcker wollen. Primitive Völker sind zu beiden Arten der Kriegführung fähig, weil bei keiner eine Umwandlung des Sippensystems nötig ist.

Das dritte Stadium der Kriegführung, zu dem die Eroberung eines anderen Volkes gehört, ist eine völlig andere Angelegenheit. Ein Land zu erobern und das besiegte Volk weiterhin darin leben zu lassen, gleichgültig, in welcher Art Versklavung oder Abhängigkeit, erfordert die Vorstellung, daß Menschen, die nicht zur gleichen Sippe gehören, in der gleichen

Gesellschaft zusammenleben können. Selbst wenn man Herr einer Klasse von Sklaven wird, die nicht zur eigenen Sippe gehören, muß man eine Vorstellung von politischem Handeln haben, die den primitiven Völkern fremd war. Das traditionelle Afrika liefert viele Beispiele von Eroberern – etwa das ostafrikanische Ruanda –, in denen ein militaristisches Volk in ein fremdes Gebiet einfiel, dessen Bewohner besiegte und sich selbst als Herrscherkaste etablierte. Die Vorstellung jedoch, daß die Tutsi-Eroberer Ruandas ein einfaches, primitives Volk wie die Nuer gewesen seien, ohne jedes Konzept von nicht durch den Sippenverband bestimmter Politik, bevor sie zum Angriff übergingen, wäre eine grobe Unterschätzung der revolutionären Implikationen der nicht durch den Sippenverband bestimmten Formen des sozialen Zusammenhalts. Bevor ein Nuer-Stamm sich dazu entschließen konnte, ein fremdes Volk zu unterwerfen und dieses in einem Staat zu beherrschen, mußte es *innerhalb* der Nuer-Gesellschaft zu einer grundlegenden Änderung kommen. Die Eroberung Ruandas durch die Tutsi war der letzte Akt eines revolutionären Dramas und nicht dessen einziger Akt.

In entwicklungsmäßiger Hinsicht lautet die große Frage: Was bringt die Baganda und die Tutsi dazu, einen solchen Prozeß in Gang zu bringen? Man fragt sich, warum jemand die geborgene, intim feindselige und vertraute Welt des Sippenverbands verläßt, um sich der kalten, durch den Wettbewerb bestimmten, unvertrauten Welt der nicht durch den Sippenverband bestimmten Politik anzuschließen. Offensichtlich reicht das, was Geborgenheit vermittelt und vertraut ist, nicht aus, um menschliche Bedürfnisse zu befriedigen. Irgend etwas treibt uns. Dieses gleiche Etwas treibt auch die Entwicklung der Gesellschaft voran. Wir können die Erschaffung des Staats erst dann verstehen, wenn wir den menschlichen Trieb zur Überschreitung des Sippenverbands verstehen.

Eine Frau aus Oahu

23

«Wer nie verreist,
lobt die Küche seiner Mutter»[1]

John Papa Ii wuchs in der traditionellen hawaiischen Gesellschaft auf. Noch vor der Geschlechtsreife wurde er dem Schutz seiner Onkel unterstellt und von zu Hause weggeschickt, um dem Kronprinzen Liholiho zu dienen, dem Sohn und künftigen Nachfolger von Kamehameha I.:

Als die Eltern des Jungen einmal die Frage aufwarfen, ob er an den Königshof geschickt werden solle, warnten sie ihn vor den Dingen, die ihm an dem Ort widerfahren könnten, an dem sein älterer Bruder Maoloha gestorben war, weil er ein Vergehen begangen hatte. «Darum mach dich weise», sagten sie. Der Junge entgegnete: «Wie seltsam, daß ihr mich an den Königshof schicken wollt, um dort zu leben, wo mein älterer Bruder gestorben ist. Vielleicht erwartet mich dort das gleiche Schicksal.»

Seine Mutter antwortete: «Ja, das mag so kommen, wenn du dich nicht genau an alles hältst, was wir dir beigebracht haben. Dein Bruder starb, weil er nicht alles beachtete, was wir ihn gelehrt hatten. Deine Onkel, die jetzt am Königshof leben, tun auch nicht, was sie wollen, sondern halten sich an die Anweisungen ihrer Vorgesetzten. Das lehren wir dich auch. Weil wir denen, in deren Haus wir leben, nichts geben können, sind dein Vater und ich übereingekommen, dich nicht mehr hierzubehalten, obwohl du uns geboren bist, obwohl du ein Sohn unserer Lenden bist. Wir wissen, daß du fähig bist, für dich selbst zu sorgen, wenn du dich an unsere Anweisungen hältst. Das hast du uns gezeigt, und daher lasse ich es zu, daß Papa (sein Onkel) ... dich bei einem von ihm ausgesuchten Häuptling unterbringt. Ihm gegenüber mußt du gehorsam sein. So sorgten auch deine Onkel für das Wohlergehen der Häuser ihrer Häuptlinge von der Zeit an, als diese noch arm waren, bis sie wohlhabend wurden. Sie trugen die Armut und die vielen Kümmernisse, die auf ihnen lasteten, mit Geduld. Das sollst du auch tun, wenn du auf uns hörst ...»

Der Junge erkannte an den Worten seiner Mutter, daß sie entschlossen war, ihn an den Hof zu schicken. Er entgegnete nichts, da er es für das beste hielt, sich zu fügen.[2]

Seine Mutter sagte: «Du bist also gekommen? Dein Onkel Kaleiheana ist hiergewesen und wieder verschwunden. Er kam, um dich zum Häuptling zurückzubringen, an den Ort, für den wir dich vorbereitet haben, damit du dort dienst, gehorsam bist und für andere sorgst. Du gehörst nicht zu uns, obwohl wir dich gezeugt haben. Du mußt zum Diener des Häuptlings Liholiho und all der Häuptlinge werden, denen deine Onkel dienen. Handle ihnen und deinem Häuptling gegenüber so, wie du es schon getan hast. Da du damit einverstanden bist, dich meinen Wünschen zu fügen, und so zu handeln, wie dein Vater es dir beigebracht hat, hat man dich an den Königshof befohlen. Wir wissen, daß du alles beachten wirst, was wir dich gelehrt haben.»

Während der Junge mit seiner Mutter sprach, vergaß er die Vergnügungen, für die er sich so sehr interessiert hatte. Vor dem Aufbruch fragte er sie: «Was muß ich tun, wenn ich mich nach dir und meinem Vater sehne, wo wir uns jetzt trennen? Vielleicht werden wir nie mehr zusammenleben.»

Seine Mutter sagte: «Denk nicht an uns. Allein der Häuptling muß dein Vater und deine Mutter sein. Von ihm erhältst du Gemüse, Fleisch, deine Tapa-Kleidung und deine Malos.»

Der Junge fragte: «Darf ich euch nicht manchmal besuchen, wenn ihr so nahe seid wie jetzt?»

«Wenn die rechte Zeit gekommen ist, wird das möglich sein», erwiderte sie, «aber es wäre viel besser für dich, beim Häuptling zu bleiben, ohne an uns zu denken, ob wir nun nahe sind wie jetzt oder weit weg.»

Während sie sprachen, ging die Sonne auf der anderen Seite des Mount Kaala unter, und seine Mutter sagte: «Jetzt ist deine Nacht gekommen.»

«*Homai ka ihu* (umarme mich; wörtlich: gib mir die Nase)», erwiderte der Junge. So endete ihr gemeinsames Leben, und der Junge stand auf und ging zur Residenz des Häuptlings.[3]

Als der Junge sich dem Hale a Lono näherte, sah er vor dem Eingangstor zwei gekreuzte lama-Stäbe. Er wußte, daß er die Tapa-Kleidung, die er trug, vor dem Betreten des Hauses ausziehen mußte, und das tat er auch, obwohl er noch nicht in die Nähe der Häuser gekommen war. Dann ging er zu dem Haus des Verwalters, das außerhalb des eigentlichen Wohnbezirks lag, und fand dort Liholiho, der auf ihn wartete. Als er von den Bewohnern des Hauses erkannt und zum Eintreten aufgefordert worden war, ging er hinein und setzte sich neben die Feuerstelle. Er band sein Tapa zusammen und saß da wie ein Fremder. Der Häuptling und die anderen Bewohner des Hauses behandelten ihn freundlich.

Die Nacht war angebrochen ... und die brennenden Kukui-Nußkerzen sorgten für Licht. Nachdem sie das Essen im Haus der Männer beendet hatten – es war das Haus, das er betreten hatte –, standen der Häuptling und die anderen auf und gingen zu dem Hale a Lono hinüber. Der Junge schloß sich ihnen an und imitierte ihre Art des Gehens, genau wie seine Eltern es ihm gesagt hatten. So begann sein Wissen um das Leben am Königshof.[4]

Aus Tahiti und Hawaii liegt kein Material darüber vor, aus dem hervorginge, wie verbreitet die Sitte war, kleine Kinder von zu Hause wegzuschicken, um sie von anderen aufziehen zu lassen. In Buganda war die Praxis weitverbreitet. Um die Mitte des 20. Jahrhunderts, als die Sitte schon im Aussterben begriffen war, gaben 48 Prozent der Kinder in einer einzigen Schule Bugandas an, sie hätten durchschnittlich zwei Jahre nicht zu Hause zugebracht, sondern im Haushalt anderer Menschen – die meisten im Lebensalter von drei bis fünf Jahren.[5]

Aus Buganda kennen wir viele Fälle, in denen es genauso zuging wie bei John Papa Ii: Man schickte einen Jungen zu Verwandten mit guten politischen Verbindungen, um die Karriere des Jungen in der politischen Welt Bugandas zu fördern. Wenn die mächtigen Verwandten am Königshof Einfluß hatten, schloß sich der Junge der Gruppe der Hofpagen an, unter denen die künftigen Politiker des Staates ausgewählt wurden. Bei den Verwandten konnte es sich um einen Provinzgouverneur handeln oder um jemanden, der einem solchen Gouverneur diente, und dann würde der Junge seine politische Lehrlingszeit in einer der zehn Provinzhauptstädte verbringen. Wenn der Junge der Sohn eines armen *mukopi* (Kleinbauern) war, aber geistige Fähigkeiten an den Tag legte, schickte man ihn in das Haus eines Sub-Gouverneurs oder Sub-Sub-Gouverneurs, in dem die Familie einen Verwandten hatte.

Obwohl die politische Bürokratie Bugandas recht ausgedehnt war, war sie dennoch begrenzt, und diese politischen Lehrstellen erklären noch nicht die außergewöhnlich große Zahl junger Leute, die von zu Hause weggeschickt wurden. Viele Kinder lebten bei den Großeltern, um von ihnen erzogen zu werden. Manchmal ergriffen auch die Großeltern die Initiative und baten ihren Sohn um einen Sprößling, weil sie «ein Kind um sich haben wollten».[6] In anderen Fällen lag den Eltern daran, ein Kind wegzuschicken. In solchen Fällen hatte die Großmutter die erste Wahl, weil man davon ausging, daß sie das Kind am meisten liebte. Wenn keine der Großmütter Neigung zeigte, im Alter eine solche Last auf sich zu nehmen, erhielt ein anderer weiblicher Angehöriger die Ehre, vorzugsweise die Schwester des Vaters oder der Mutter. Und wenn es den Anschein hatte, daß niemand das Kind wollte und die Eltern dennoch den Wunsch hatten, sich von ihm zu trennen, konnten sie es heimlich vor dem Haus irgendeiner Großmutter abliefern, die dann verpflichtet war, das Kind aufzunehmen.[7] Unter bestimmten vereinbarten Bedingungen konnte man das Kind auch zum Bruder des Vaters schicken.[8] Manchmal forderte der Bruder der Mutter ein Kind; er war traditionell dafür verantwortlich, den Heiratsvertrag für seine Schwester auszuhandeln, und dafür hatte er ein Recht auf einige ihrer Kinder, wenn ihm keine Entschädigung in Geld oder in anderer Form gezahlt wurde.[9] Wer den Wunsch hatte, sein Kind von anderen aufziehen zu lassen, hatte offensichtlich mehrere Möglichkeiten dazu.

Nirgends findet sich jedoch der Hinweis, daß Geldmangel dabei auch nur die geringste Rolle gespielt hätte. Selbst bei der von John Papa Ii erzählten Geschichte, in der seine Mutter verkündet, die Eltern hätten «denen, in deren Haus wir leben, nichts zu geben», sind damit nur politische Verbindungen gemeint und nicht etwa Nahrungsmittel und Getränke.

Diese Familientrennungen, die nichts mit den politischen Lehrstellen zu tun hatten, gab es sowohl bei Jungen wie bei Mädchen, obwohl wir nicht wissen, in welchem Verhältnis. Es kam vor, daß die Kinder nur vorübergehend weggegeben wurden und ein Kind nach zwei, drei oder vier Jahren zu seiner eigenen Familie zurückkehrte, aber es konnte auch für ewig sein.[10] Zu einer vorübergehenden Trennung kam es meist, wenn die Kinder zwischen drei und sieben Jahre alt waren.[11]

Abgesehen von den deutlichen politischen Vorteilen für die, die in ein Machtzentrum geschickt wurden, nannten die Baganda selbst mehrere Erklärungen, warum sie ihre Kinder von anderen aufziehen ließen. Wenn etwa der Bruder des Vaters ein Kind bei sich aufnahm, wurde behauptet, er werde strenger sein als der Vater, der zu großer Nachsicht neige.[12] Eine andere Erklärung, mit der behauptet wurde, eine Mutter schicke das Kind weg, damit sie einem neugeborenen Baby ihre volle Aufmerksamkeit widmen könne[13], könnte die Tatsache erklären helfen, daß schon so kleine Kinder von ihren Eltern getrennt wurden. Es wurde noch die weitere Erklärung angeboten: Man schicke die Kinder von zu Hause weg, «‹damit sie ihre Verwandten kennenlernten›; oder als Zeichen des Respekts junger Eltern gegenüber älteren Verwandten».[14] Keine dieser Erklärungen scheint mehr als eine oberflächliche Wahrheit zu enthalten. Die wahren Ursachen lagen viel tiefer.

Diese willkürlichen, schmerzlichen, aggressiven Trennungen waren für das bugandische Kind nicht die erste. Die traditionelle Methode zur Entwöhnung von der Mutterbrust schien nachgerade dazu erschaffen worden zu sein, möglichst traumatisch auszufallen. Man gab sich keine Mühe, das Kind allmählich zu entwöhnen; die Brust wurde dem Kind urplötzlich entzogen, meist wenn das Kind zwei oder drei Jahre alt war, und wenn es weitersaugen wollte, bestäubte man die Brustwarze mit Chili-Pulver, um sie ungenießbar zu machen. Damit waren manche Kinder jedoch nicht abzuschrecken, sie saugten weiter. Die Mutter schmierte die Brust dann mit etwas noch Schlimmerem ein und erzählte dem Kind, es seien Fäkalien, die es krank machen würden.[15]

Nach dieser abrupten Entwöhnung wurde das Kind für zwei Tage aus dem Haus der Mutter entfernt und zu einer der Großmütter gebracht. Das sollte dem Baby helfen, «die Brust zu vergessen». Manchmal wurde das Kind um die Zeit der Entwöhnung auch für immer von der Mutter getrennt, um bei den Großeltern zu leben. Vor dem Abschied wurde dem Kind jedoch erlaubt, die dritte Nacht nach der Entwöhnung bei seiner Mutter zu verbringen.[16]

Bei dem Versuch, diese Formen der Kindererziehung zu begreifen, wäre es ein Fehler, sie bloß auf ihre aggressive Dimension zu reduzieren. Eltern waren ohne Zweifel aggressiv gegenüber den Kindern, bei denen solche Erfahrungen in psychologischer Hinsicht einen großen Tribut forderten. Es gibt humanere Methoden, ein Kind zu entwöhnen, und Gesellschaften aller Entwicklungsstufen haben sanftere Methoden gefunden, das Kind aus dieser oralen Bindung zu lösen. Die Baganda hätten jedoch immer behauptet, sie hätten es zum Wohl des Kindes getan, und in gewisser Weise verhielt es sich auch so. Sie hatten offensichtlich das Gefühl, daß die kindliche Bindung an die Mutter mit Gewalt gelöst werden mußte, vermutlich so, daß das Kind ein selbständigeres, individuierteres Ich entwickeln konnte. Wie bei so vielen Dingen, die sich zwischen der Autorität der Eltern und der Hilflosigkeit von Kindern abspielen, gab es auch bei diesem Vorgang eine Mischung aus Aggression *und* Fürsorge.

Die Motive, die Eltern dazu brachten, Kinder von zu Hause wegzuschicken und von anderen erziehen zu lassen, waren gleichermaßen mehrdeutig. Auch in unserer Gesellschaft schicken manche Eltern ihre Kinder in der Pubertät in Internate, damit sie in den entscheidenden Jahren des Heranwachsens von anderen erzogen werden. In dem Mutterland der USA, in England, beginnt dieser Prozeß, wenn das Kind sieben oder acht Jahre alt ist. Hier gibt man in etwa die gleichen Gründe für dieses Verhalten an wie bei den Baganda: Man wolle dem Kind helfen, sich in der Welt besser zurechtzufinden. Vor allem bei Internaten für Heranwachsende scheint das Bewußtsein vorzuherrschen, daß andere in dieser entscheidend wichtigen Zeit das Kind besser disziplinieren könnten als die Eltern. Jedenfalls teilen die Baganda und Eltern von heute den Wunsch, daß *andere* ihre Kinder erziehen sollen.

Im alten Buganda gab es keine Schulen; es gab keine Schriftsprache, die man den Kindern hätte beibringen können. Als die ersten christlichen Missionare ins Land kamen, war es für sie das allererste, jedem das Lesen und Schreiben beizubringen, der sich interessiert zeigte. Dieser Unterricht war der Hebel, der später das ganze Land aus den Angeln hob. In unserer Gesellschaft überlassen wir es den staatlichen Schulen, die Familienbildung zu durchbrechen und dem Kind beizubringen, wie man sich in einer größeren Welt zurechtfindet. Bei uns kommen die meisten Kinder jeden Tag nach der Schule nach Hause, eine sanftere Methode als in Buganda oder in den Internaten; aber auch so kann der erste Schultag zu einem dauerhaften Trauma werden. Wir können uns vorstellen, was für einen Schock es für einen Fünfjährigen bedeutet, für drei Jahre von zu Hause weggeschickt zu werden.

Auch bei uns ist der Sozialisationsprozeß nicht leicht, obwohl wir in einer Kultur leben, die eine mehrtausendjährige Geschichte mit einer nicht auf den Sippenverband gegründeten Gesellschaft hinter sich hat. Die Baganda hatten keine solche Tradition; sie waren gerade erst dabei, das Sippensystem umzuwandeln. Daß diese Umwandlung von anscheinend unnötiger Gewalttätigkeit begleitet war, kann uns nicht überraschen. Perioden großer revolutionärer Veränderungen sind für die Menschen, die sie durchzustehen haben, niemals leicht. Uns, den Nutznießern dieser Revolution, fällt es leicht zu sagen, man hätte damals etwas humaner vorgehen sollen. Es läßt sich jedoch nur sehr schwer sagen, wieviel Gewalttätigkeit notwendig ist, eine solche Verwandlung zu bewirken.

Obwohl in der Welt von Buganda die Menschen nicht ohne Bindungen lebten, hatte für viele die Beziehung Herr-Untergebener die Bindung an die engste Verwandtschaft ersetzt, die der Grundstein der Sippengesellschaft gewesen war. Ein junger Mann band sich während seiner Jugend oder im frühen Erwachsenenalter an einen Schutzherrn mit politischer Macht. Das konnte etwa der Verwandte sein, zu dem man ihn ursprünglich geschickt hatte, oder der politisch Mächtige, dem dieser Verwandte diente. Eine solche Bindung konnte auch zufällig entstehen, wenn ein mächtiger älterer Mann einen jungen Mann attraktiv und intelligent fand und ihn bat, einer seiner Untergebenen zu werden.

Im Rahmen seiner selbstgesetzten Ziele funktionierte das System. Es brachte junge Männer hervor, die ehrgeiziger, freier und unabhängiger waren, als es in Sippengesellschaften möglich war. Von jungen Männern wurde nicht verlangt, in den Dörfern ihrer Väter oder ihrer Ehefrauen zu leben – das war in einer Sippengesellschaft etwas unerhört Neues. Ein junger Erwachsener konnte ohne Genehmigung oder Zustimmung seines Vaters einen eigenen Hausstand errichten und heiraten.[17] «Anders als in den meisten patrilinealen Gesellschaften Ostafrikas konnte er Rechte auf Land eher durch politische als durch verwandtschaftliche Bindungen erwerben. Auf die gleiche Weise sicherte er sich auch eine Ehefrau, also eher durch seinen Herrn als durch die wirtschaftlichen Zuschüsse seiner

Verwandten väterlicherseits. Er war also ungebundener als die jungen Männer anderer Bantu-Gesellschaften, deren Schicksal völlig von den Ältesten einer örtlichen Abstammungslinie väterlicherseits abhing.»[18]

Wir beschreiben hier einen gesellschaftlichen Prozeß, der bemerkenswerte Ähnlichkeiten mit dem psychologischen Prozeß beim einzelnen aufweist, den Margaret Mahler brillant beschrieben und «Trennung und Individuation» genannt hat. Angehörige komplexer Gesellschaften waren ständig und überall in massive Prozesse sozialer Trennung und Individuation verwickelt. Neue, stabile Formen, die Individuation und Geborgenheit verbanden, gab es noch nicht; es war eine Übergangszeit. Mahlers Arbeit über den einzelnen zufolge ist Angst ein unvermeidliches erstes Ergebnis der Trennung, und bald darauf folgt Zorn. Die durch Trennung und Individuation in der komplexen Gesellschaft erzeugte Angst sowie die Gewalt, die unweigerlich auftrat, wenn der Prozeß nicht reibungslos verlief, waren beide übermäßig. Menschenopfer und politische Tyrannei waren der Preis, den man für die Individuation zahlte. Das Christentum triumphierte in diesen Gesellschaften, weil es eine humanere und liebevollere Methode zeigte, wie man seine Eltern verlassen konnte. Die Liebe Christi war verläßlicher als die Billigung des *kabaka*, der einem schon morgen das Leben nehmen konnte. Das christliche Gemeinschaftsgefühl ersetzte das aufgegebene enge Verwandtschaftsgefühl.

Ein Ergebnis dieser ständigen Familientrennungen in Buganda war, daß die Gesellschaft eine außerordentliche Mobilität an den Tag legte, sowohl was die gesellschaftliche Stellung wie den Wohnort betrifft. Die überwiegende Mehrheit der Bevölkerung – auch im hochentwickelten Buganda – waren Kleinbauern. Viele Menschen – wir wissen nicht, wie hoch ihr Prozentanteil war – lebten noch immer auf Clan-Land und bewirtschafteten es im Namen des Clans. Die Clans waren in Abstammungslinien, Unter-Abstammungslinien und Unter-Unter-Abstammungslinien aufgeteilt, und viele Menschen verbrachten ihr ganzes Leben auf Ländereien einer dieser Unterabteilungen der Sippe. Andere Bauern – möglicherweise eine Mehrheit der Bauernklasse – lösten ihre Bindungen von den Sippen-Ländereien und wurden Untertanen einer Person von politischer Autorität, die ihnen Land zur Verfügung stellte, auf dem sie leben konnten. Es konnte durchaus sein, daß dieser Schutzherr ein Verwandter des Untergebenen war; aber dies war dann ein Bündnis, das auf die Sippenbande zurückging und nicht auf ein Sippensystem, so wie ein mächtiger Politiker in einer Demokratie des 20. Jahrhunderts darauf achtet, daß seine Neffen bei Vater Staat unterkriechen können und ein gutes Gehalt bekommen.

Autoritätspersonen in der politischen Hierarchie wurden ständig hin- und hergeschoben, je nach den Wechselfällen ihres Schicksals oder der allgemeinen politischen Lage. In der politischen Bürokratie war ein drei- bis fünfmaliger Stellungs- und Wohnortwechsel im Leben üblich.[19] Diese

Versetzungen hatten zur Folge, daß viele Menschen umziehen mußten. Wenn beispielsweise ein Sub-Gouverneur einer Provinz zum Gouverneur einer anderen Provinz ernannt wurde, gingen viele seiner ‹Männer› mit – nicht nur die ihm direkt unterstellten Beamten, sondern auch viele Kleinbauern, die entweder mit ihm verwandt waren, sich an ihn gebunden fühlten oder das Gefühl hatten, es sei besser, ihrem Herrn an den Standort seiner neuen, erhöhten Position zu folgen. In dem neuen Amtsbezirk gab man ihnen Land, auf dem sie leben konnten. Nur sehr wenige Angehörige der mittleren und obersten Gesellschaftsschichten starben in den Dörfern, in denen sie zur Welt gekommen waren.

Bemerkenswerter in dieser Hinsicht ist die Tatsache, daß einzelne Bauern die Freiheit hatten, ihren Schutzherrn zu wechseln, wann immer ihnen danach zumute war. Es fand sich immer irgendeine politische Autorität, die bereit war, ihnen Land zu geben und sie unter ihre Fittiche zu nehmen. Ein führender Mann gewann immer Wohlstand und Prestige, wenn er seinem Herrschaftsbereich neue Bauern-Untertanen einverleibte, und büßte vieles davon ein, wenn sie ihn verließen.[20] Wenn die Bevölkerung eines Dorfes sichtbar abnahm, konnte es passieren, daß der Betreffende von seinem Vorgesetzten abgesetzt wurde.[21] Wenn ein Bauer-Untertan dessen Forderungen überzogen fand oder wenn er Streit mit seinen Nachbarn bekam, konnte er sich einen neuen Boß suchen und wegziehen. Er ging einfach zu seinem neuen Vorgesetzten hin und fragte, ob er ‹sein Mann› werden dürfe, schenkte ihm zum Zeichen der Ergebenheit einen Hahn und erhielt ein neues Stück Land. Wenn er seinen Tribut in Form von Bier und Lebensmitteln zahlte, sich für bestimmte Zeit als Krieger und als Arbeitskraft zur Verfügung stellte, hatte er das Recht, auf seinem Land zu bleiben, solange er wünschte, und seine Besitztümer an seine Kinder weiterzuvererben.[22] Infolge der wechselnden Oberherren oder weil so viele einem Herrn zu einer neuen Residenz folgten, zogen viele Bauern in ihrem Leben genausooft um wie Angehörige der Oberschichtfamilien.[23] Da seine Untergebenen die Möglichkeit hatten fortzuziehen, verringerte das die Möglichkeiten des Schutzherrn, sich tyrannisch zu verhalten.

In Buganda war es nicht ungewöhnlich, daß jemand seine Clan-Bindung veränderte, wenn ihm das die Aussicht bot, seine politische Karriere zu fördern. Bestimmte Clans besaßen auf manchen Gebieten größeres Prestige und größere Macht, und wenn jemand ‹seinen Weg machen wollte›, war es von Vorteil, dem angesehensten Clan anzugehören.[24] Diese Mobilität gibt uns einen Hinweis darauf, wie sehr das Sippensystem beim Aufkommen staatlicher Politik schon ausgehöhlt war.

Obwohl das Sippensystem in Auflösung begriffen war, spielte die Sippe in der bugandischen Politik auch weiterhin eine wichtige Rolle, selbst auf höchster Ebene. Die Söhne des *kabaka*, die königlichen Prinzen, nahmen den Clan ihrer Mutter an, da es in Buganda keinen königlichen Clan gab.

Der *kabaka* hatte eine Vielzahl von Ehefrauen; unter seinen Nachkommen waren oft alle Clans vertreten. Jeder Clan bemühte sich, den *kabaka* mit so vielen Ehefrauen wie möglich zu versorgen. Das Prestige des Clans gewann durch eine königliche Verbindung; ein Prinz, der zu Einfluß kam, verteilte Macht an die Angehörigen des Clans seiner Mutter und seines eigenen Clans. Und wenn der *kabaka* starb und der neue Monarch unter seinen Söhnen ausgesucht wurde, spielten die Clan-Verbindungen der Prinzen eine entscheidende Rolle. Wenn ein Prinz um den Thron kämpfen mußte, waren seine Clan-Angehörigen, vor allem die Brüder seiner Mutter, das Rückgrat seiner Gefolgschaft. Wenn politische Machenschaften und nicht Kampf die Wahl entschied, waren es Clan-Mitglieder mit politischem Einfluß auf hoher Ebene, die sich für die Wahl ihres Clan-Mitglieds einsetzten. Wenn der neuen *kabaka* damit begann, die vielen politischen Gefälligkeiten zu verteilen, wie es in seiner Macht stand, erhielten die Mitglieder seines Clans einen beträchtlichen Anteil.

In jeder politischen Konkurrenzsituation braucht man Verbündete, um Erfolg zu haben: Niemand kann es allein schaffen. In einer Gesellschaft, die gerade dabei war, sich vom Sippensystem zu befreien, einer Gesellschaft, in der die Gefühle der Sippenzugehörigkeit noch immer sehr stark waren, waren die Angehörigen des eigenen Clans natürliche Verbündete.

Diese Sippenbindungen machten ihren Einfluß auf allen Ebenen der politischen Hierarchie geltend, und es gab eine erhebliche Wechselwirkung zwischen Sippensystempolitik und staatlicher Politik. Gelegentlich kam es vor, daß der *kabaka* einen Clan-Beamten in ein politisches Amt berief, etwa das eines Sub-Gouverneurs. Der Ernannte verließ die Ländereien seines Clans, um seinen neuen Posten anzutreten; aber alles sprach dafür, daß er viele seiner Clan-Angehörigen mitnahm und daß sie gemeinsam ein neues Clan-Zentrum etablierten.[25]

> Der Muganda verließ sein Elternhaus in früher Jugend, um Erfahrungen zu sammeln und einen mächtigen Patron zu finden. Doch wenn er sich im Leben erst einmal etabliert hatte, neigte er dazu, seine Verwandten dazu zu bewegen, mit ihm zu leben; sie bildeten eine lose Sippengruppe, die unter einem Mann mit politischem Gewicht die beherrschende Kraft eines Dorfes wurde ... So war der Muganda offensichtlich genauso begierig, mit seinen Verwandten zu leben, wie die Angehörigen von Dorfgesellschaften mit gemeinsamen väterlichen Abstammungslinien, aber sein Lebenszyklus war anders. Er war schon früh im Leben gezwungen, von seinen Eltern unabhängig zu werden, oft mit Hilfe der Brüder seines Vaters oder seiner Mutter ... Wenn er einen Posten erhalten hatte, baute er sowohl innerhalb seines Wohnbezirks wie in der Nähe eine Gruppe von Gefolgsleuten auf.[26]

In der rauhen Leistungsgesellschaft der bugandischen Politik mußte man aus der Familie ausbrechen, um Erfolg zu haben; aber wenn der Erfolg sich einmal eingestellt hatte, scharte man die Familie um sich. Je größer der Mann geworden war, desto mehr Familienangehörige konnte er um sich scharen. Die Umwandlung des Sippensystems ist ebenso wie der große Prozeß der Individuation, mit dem er eng zusammenhängt, nie zu Ende. Es ist ein endloser dialektischer Prozeß. Er dauert heute noch an.

24

Der Kabaka und die Clans

In der fortgeschrittenen komplexen Gesellschaft war der König der Staat, und der Staat war auf Kosten des Sippensystems errichtet worden. In solchen Gesellschaften kam es folglich zum grundlegenden politischen Konflikt zwischen einer aufsteigenden Monarchie und einem verfallenden Sippensystem; der Triumph des Königtums über die Sippe initiierte den Prozeß der Staatsbildung.

Wann immer in einer Stammesgesellschaft ein Staat errichtet wird, muß er als Haupthindernis das Sippensystem überwinden. Kwame Nkrumah, der Gründer des Staates Ghana, erklärte, sein Hauptproblem sei «nicht nur die Bekämpfung des Stammesgefühls, sondern auch der afrikanischen Tradition, derzufolge die erste Pflicht eines Mannes die gegenüber seiner Familie sei».[1] In der fortgeschrittenen komplexen Gesellschaft, der noch alle verschiedenen modernen Formen des politischen Zusammenhalts fehlten, konnte nur die Macht der Monarchie die Überwindung des Sippensystems bewirken. Die geschichtlichen Belege, die diese allgemeinen Behauptungen bestätigen und erweitern, stammen hauptsächlich aus Buganda. Vergleichbare Daten aus Polynesien sind zu spärlich.

Eine grundlegende Voraussetzung jeder Gesellschaft ist die Form des Landeigentums, da unmittelbar oder letztlich jeder vom Land lebt. In einer Sippengesellschaft hat niemand Eigentum an Land wie in einer modernen Gesellschaft, in der es dem Besitzer freisteht, es zu verkaufen, zu verschenken oder zu vererben. In der primitiven Gesellschaft hat die Sippe ebensoviel zu sagen wie derjenige, der das Land anbaut, wenn es um Entscheidungen über das Land geht. In der primitiven Gesellschaft hat niemand das Recht, sein Land frei an einen Außenstehenden zu verkaufen. Kein Nuer verkauft Land oder auch nur das Nutzungsrecht daran an arabische Händler, europäische Forschungsreisende oder an einen Dinka. Ein Mann kann sein Land zwar an seine Brüder, Söhne oder Neffen weitergeben – wie es die Sitte der Sippe erlaubt –, aber er kann es nicht aus dem Sippensystem herauslösen. In diesem Sinn hat die Sippe Eigentum am Land, und die Menschen besitzen das Nutzungsrecht daran. Das Fehlen von Privateigentum ist mit der kommunalen Natur der primitiven Gesellschaft vereinbar.

In Buganda besaß keine Einzelperson ein Eigentumsrecht an dem Land, auf dem sie lebte. Der *kabaka* und die Clans waren die einzigen Eigentümer, und die Menschen bauten es nur mit deren Duldung an. Es gab drei Arten von Landbesitz: *bataka*-Land – Clan-Land, das von Clan-Angehörigen bebaut wurde; *saza*-Land – Land, das von den zehn Provinzgouverneuren und ihren politischen Untergebenen kontrolliert wurde, während der *kabaka* der eigentliche Eigentümer war; *batongole*-Land, das der *kabaka* einzelnen *mutongole* zur Nutzung übergab. Diese *batongole*-Lehen waren über sämtliche zehn Provinzen verteilt.[2]

Die Nutzung von *bataka*-Land unterschied sich in keinerlei Hinsicht von der Landnutzung in einer primitiven Gesellschaft. Alle Eigentumswechsel einschließlich der Erbschaft mußten von der Sippe gebilligt werden. Da es in Buganda nur fünfunddreißig bis vierzig Clans gab und jeder Clan zu groß war, um die von einem Sippensystem geforderte persönliche Handhabung aller Angelegenheiten zu gewährleisten, wurden die Clans in kleine Gruppen unterteilt. 1911 konnte Roscoe noch immer fünfhundertsechsundzwanzig verschiedene Clan-Zentren zählen[3]; jedes diente etwa ein- bis zweitausend Menschen, und diese Größe war mit den durch das Sippensystem festgelegten Formen des Landbesitzes vereinbar. Die *bataka*-Form des Landbesitzes herrschte dort vor, wo die Macht des *kabaka* am wenigsten spürbar war:

> Die Macht der Sippenoberhäupter war meist in den Gegenden am größten, die am weitesten vom König entfernt lagen, und dort am geringsten, wo die Kontrolle des Königs sich am stärksten bemerkbar machte. In den letztgenannten Gebieten lagen die meisten Güter des Königs und seiner königlichen Verwandten, und hier wurden den Häuptlingen und anderen Palastfunktionären die meisten Ländereien zur Nutzung überlassen. In diesen Gebieten waren die Clan-Oberhäupter auf die Kontrolle einzelner Dörfer oder Hügelkuppen beschränkt. Weiter vom Palast entfernt lebten die Menschen mehr oder weniger unter der direkten Kontrolle ihrer Sippenoberhäupter, die die ihnen auferlegten politischen Pflichten mit der traditionellen Landkontrolle verbanden, die einem Clan oder einer Abstammungslinie zustand.[4]

Saza-Land war untrennbar mit einem politischen Amt verbunden. Die zehn Provinzen des traditionellen Buganda besaßen alle einen Gouverneur, der dem *kabaka* verantwortlich war und die Kontrolle über alles Land in seiner Provinz ausübte, das nicht den Clans gehörte und kein *batongole*-Land war. Die Kontrolle von *saza*-Land war von oben nach unten hierarchisch organisiert: angefangen bei den *saza*-Gouverneuren über Sub-Gouverneure bis zu Sub-Sub-Gouverneuren, von denen jeder

Untergebene besaß, die den Boden bebauten. In der Anfangszeit des bugandischen Staates war jedes Gouverneursamt das Eigentum eines bestimmten Clans, und als die Macht des *kabaka* sich immer mehr ausdehnte, gelang es ihm, den Clan-Hierarchien das Eigentum an den meisten Gouverneurstümern und an dem von ihnen kontrollierten Land zu entwinden.

Batongole-Land verleibte der *kabaka* sich aus erobertem Territorium ein sowie aus Clan-Land oder *saza*-Land und übergab es seinem persönlichen Stellvertreter. Wenn das Lehen groß genug war, lud der *mutongole* Angehörige seiner Sippe oder andere Kleinbauern ein, sich dort niederzulassen. Diese Lehen wurden Menschen gewährt, die dem *kabaka* einen besonderen Dienst erwiesen hatten, vielleicht im Krieg, oder irgendeinem anderen Untertanen, dem der König eine Ehre erweisen wollte. Viele *batongole*-Lehen fielen an Menschen, deren Funktion es war, den Monarchen über alles, was in der Provinz vorging, auf dem laufenden zu halten, ihn vor Verschwörungen zu warnen, darauf zu achten, daß die Provinzgouverneure ihre Befugnisse nicht überschritten, ihre Steuerzahlungen zurückhielten oder zu mächtig wurden. Die Kontrolle über dieses Land lag direkt in den Händen des *kabaka*, und wenn ein *mutongole* starb, entschied der König, wer das Lehen erben sollte. Oft trat ein Sohn die Nachfolge des *batongole*-Status seines Vaters an, aber nur, wenn es dem *kabaka* gefiel.

Wie wir gesehen haben, hatte ein einzelner Bauer das Recht, sich frei zu bewegen und eine Form von Oberhoheit über das Land gegen eine andere einzutauschen. Wenn er mit der Lage auf seinem eigenen Clan-Land unzufrieden war, konnte er ein Untergebener eines *mutongole*- oder *saza*-Schutzherrn werden; er hatte auch das Recht, sich in anderes *bataka*-Land zu begeben, zu einem Clan oder einer Abstammungslinie, die nicht seine eigene war.[5] Alle drei Arten von Landherren waren darauf bedacht, möglichst viele Bauern zum Anbau des Landes zu finden. «Er konnte aber der Sicherheit seines Landbesitzes und der Freiheit vor Belästigungen und kleinen Reibereien um so sicherer sein, wenn sein Vorgesetzter ein Clan-Mitglied war. Dieses Gefühl ließ manchmal große Teile der Bevölkerung aufbrechen und umziehen, wenn sie als Clan-Mitglieder einem erfolgreichen Mitglied ihres Clans bei seiner Karriere zu immer größeren Häuptlingsämtern folgten.»[6] Solche kleineren Völkerwanderungen beruhten zwar auf dem Gefühl der Sippenzugehörigkeit, erwiesen sich für das Sippensystem jedoch als zerstörerisch, weil sie die Macht der Clans und deren Kontrolle über das Land schwächten. Die Menschen folgten ihrem Sippenangehörigen; aber sein weiteres Schicksal war von seinem Erfolg oder seinem Mißerfolg in der politischen Hierarchie abhängig.

Alle Veränderungen der Form des Landbesitzes trugen zur allgemeinen Erosion der Macht der Clans bei. Manchmal vertrieb der *kabaka* ein

Clan-Oberhaupt von *bataka*-Land und übergab es jemandem, der von ihm ernannt worden war.[7] Er war nicht befugt, *bataka*-Land einer Sippenkörperschaft zu entziehen, um es einer anderen zu übergeben, und «wann immer er dies wagte, beschwerten sich die Menschen, die man ihres rechtmäßigen Häuptlings beraubt hatte und denen man einen anderen aufgezwungen hatte, der nicht zu ihrem Clan gehörte, beim Eingeborenenrat, dem Lukiko, und ließen eines ihrer Clan-Mitglieder zum Häuptling des betreffenden Dorfes ernennen».[8] Die Förmlichkeit des Wiedergutmachungsverfahrens läßt vermuten, daß der *kabaka* häufiger solche Versuche unternahm. Man darf bezweifeln, daß alle danebengingen.

Wenn der *kabaka* mit einem bestimmten Clan-Oberhaupt unzufrieden war, konnte er den Mann absetzen; doch das normale Verfahren sah vor, daß der Clan einen seiner Angehörigen als Nachfolger benannte, obwohl der Kandidat noch durch den *kabaka* bestätigt werden mußte.[9] Der Clan behielt also das Amt, aber der Thron duldete keine persönliche oder politische Opposition.

Die Kontrolle von *batongole*-Land durch den *kabaka* war absolut. Wie viele Generationen einer Familie in einer bestimmten Erde auch begraben sein mochten, der König hatte immer das Recht, jeden Häuptling auszuweisen.[10] Es lag im Interesse seiner autoritären Herrschaft, soviel Land wie möglich unter *batongole*-Status zu bringen, obwohl die Gesamtgröße solchen Landes nur auf Kosten anderer Formen des Landbesitzes erweitert werden konnte. Diese Umwidmungen, eine Form der vom *kabaka* ausgeübten Tyrannei, muß bei all denen großen Zorn erregt haben, die gezwungen wurden, sich mit einem geringeren Status zufriedenzugeben, was ihre Macht verringerte. Die Spannungen, die mit solchen Wechseln verbunden waren, wurden durch ein kompliziertes Ritual gemildert:

> Wenn einer der Unterhäuptlinge oder gar ein Kleinbauer vom König selbst ein Gut oder ein Stück Land zu permanentem persönlichem Gebrauch erhielt, brachte der Empfänger dem König eine Kuh und erhielt von diesem dann einen besonderen Boten mit auf den Weg. Der Bote brachte den Empfänger dann zu seinen Häuptlingen, wobei er bei dem ranghöchsten anfing und bei dem rangniedrigsten endete. Jeder dieser Häuptlinge entsandte einen eigenen Boten, von denen alle anwesend waren, wenn der Bote des Königs den Rindentuchbaum pflanzte. Jeder einzelne dieser Boten oder alle zusammen waren dann Zeugen, wie der Empfänger seinen ewigen Anspruch auf dieses Stück Land geltend machte.[11]

Wir wissen so gut wie nichts darüber, wie diese Männer innerhalb des Sippensystems über diese Angriffe auf ihre Macht dachten, weil fast die gesamte mündliche Überlieferung sich mit dem Thron und dessen Interessen befaßt. Wir wissen zwar, wann Mutesa dekretierte, daß alles Erbrecht an Land, einschließlich des *bataka*-Landes, nicht mehr dem brüderlichen Erbrecht unterliegen, sondern von Söhnen übernommen werden sollte[12]; aber wir wissen nicht, welchen Widerstand die Clan-Oberhäupter dieser radikalen Änderung entgegenbrachten, falls sie sich überhaupt dazu aufraffen konnten. Im 20. Jahrhundert begannen die Clans mit einer eigenen Geschichtsschreibung; doch selbst hier finden wir keinen Hinweis auf die Gefühle der Männer, die mit dem *kabaka* in diesen großen Kampf verwickelt waren.

Einiges Material von den Hawaii-Inseln deutet darauf hin, daß Kamehameha I. beim Aufbau seines Imperiums über das babylonische System verfügte, die Loyalität der Menschen zu ihrer Heimat zu brechen: Er verpflanzte viele Menschen von einer Insel auf eine andere, ein Vorgang, den die Hawaiianer als ‹durcheinanderwirbeln› bezeichneten. Auf Oahu gab es zwei Hügel namens Pu'u-o-Hawaii und Pu'u-o-Maui, auf denen Menschen von Hawaii und Maui begraben lagen, die von dem Monarchen vertrieben worden waren.[13] Die Macht, die stark genug ist, das Sippensystem auseinanderzubrechen, kann sich auch leicht daran gewöhnen, Menschen umherzuschieben, als wären sie Gegenstände. Tyrannei setzt einen Tyrannen voraus.

Die Errichtung dieser zentralisierten, absolutistischen Macht auf Kosten des Sippensystems läßt sich in Buganda detailliert verfolgen. Ursprünglich ‹gehörten› alle zehn *saza*-Gouverneursämter einzelnen Clans, und das bedeutete, daß der Amtsinhaber einem bestimmten Clan angehören mußte. So hieß etwa jeder Mann, der das Amt des Gouverneurs der Provinz Kyadondo innehatte, *kago* und mußte dem Colobus-Affen-Clan angehören.[14]

Diese *saza*-Provinzen sind vermutlich auf zweierlei Art entstanden: einmal durch Eroberung, und dafür haben wir Belege. In der Regierungszeit Kateregas, des vierzehnten *kabaka* nach der mündlichen Überlieferung, schickte der König seinen General Balamaga zur Eroberung der Provinz Gomba im Nachbarstaat Bunyoro aus. Balamaga hatte Erfolg und wurde zum *kitinzi* ernannt – zum Gouverneur der Provinz. Das Amt wurde hundertfünfzig Jahre in seinem Clan weitervererbt.

Andere *saza*-Gouverneursämter entstanden mit Beginn des Staates Buganda. Im traditionellen Afrika ist die Erweiterung von staatsförmig organisierten Gesellschaften wie Baganda oft das Ergebnis der Unterwerfung benachbarter Häuptlingtümer und deren folgender Eingliederung in den zentralisierten Staat. Man kann davon ausgehen, daß einige *saza*-Provinzen in Buganda ursprünglich kleine Staaten waren, die von Häuptlingen regiert wurden, und daß die Häuptlingtümer zu einem bestimmten königlichen Clan jedes Kleinstaats gehörten. Wenn der Staat vom *kabaka* erobert wurde, blieb das Amt des Häuptlings erhalten, wurde aber der Autorität des *kabaka* unterworfen. Da das ursprüngliche Häuptlingtum einem bestimmten Clan zustand, stellte dieser auch die späteren Gouverneure.

Mit der Einführung dieses Arrangements behielten die Bewohner des eroberten Staates vermutlich ein gewisses Maß von Autonomie bei der Wahl ihres Häuptlings, der jetzt zum Gouverneur degradiert war. Als die Macht des *kabaka* zunahm, etablierte er jedoch ein Vetorecht gegen die Ernennung bestimmter Amtsinhaber. Das brachte es im Lauf der Zeit mit sich, daß das Amt des *kago*, des Gouverneurs von Kyadondo, das dem Colobus-Affen-Clan zustand, von den Ältesten des Clan nicht ohne vorherige Konsultation des *kabaka* dem jeweiligen Amtsinhaber entzogen werden konnte. Die Clan-Ältesten durften ohne Genehmigung des Monarchen auch keinen Nachfolger zum *kago* ernennen. Die Macht des Königs wurde allmählich so stark, daß er bei einem Streit mit dem jeweiligen *kago* diesen absetzen konnte. Er bat dann den Clan, einen Nachfolger zu wählen, der ihm genehmer war.[15]

Diese Macht, einer Ernennung zuzustimmen oder sie abzulehnen, war den *kabakas* allmählich nicht mehr genug. Sie wünschten die volle Autorität über diese wichtigsten politischen Ämter. Kabaka Mawanda, der einundzwanzigste König, der Anfang des 18. Jahrhunderts regierte, «war ein furchtloser Krieger, der vor Personen keinen Respekt hatte. Seine Herrschaft wurde durch Angriffskriege gegen seine Nachbarn geprägt, und so kam es, daß er sich lieber mit tapferen Männern seines Schlages anfreundete als mit den traditionellen Häuptlingen, von denen viele sehr alte Männer waren. Er begann seine Herrschaft mit der Entlassung Kagos, des Bezirkshäuptlings von Kyadondo, der dem Colobus-Affen-Clan angehörte, dem dieses Häuptlingsamt seit fünf Generationen zustand. Dieser Vorgang, die Entlassung der bisherigen Amtsinhaber und die Einsetzung von Männern seiner Wahl, wiederholte sich in Kyaggwe, Singo und Bulemezi. Mawanda schuf damit eine Klasse von Häuptlingen, die bezeichnenderweise als *Männer des Königs* bekannt waren, nämlich in dem Sinn, daß ihre politische Zukunft vom Wohlgefallen des Königs abhing.»[16]

Das Endergebnis dieses Prozesses war, daß zur Amtszeit Mwangas nur zwei oder drei (die Quellen gehen hier auseinander) von zehn *saza*-Gouverneursämtern noch immer durch Erbrecht den Clans zustanden.[17] Wir wissen jedoch nicht, warum diese wenigen es geschafft hatten, sich dem Druck des *kabaka* zu widersetzen. Was einmal als tragfähiger Kompromiß zwischen den beiden politischen Grundsätzen des Sippensystems und des Staates begonnen hatte, endete mit dem fast totalen Sieg der absolutistischen Monarchie.

Trotz dieses politischen Prozesses blieben die Wertvorstellungen des Sippensystems tief in der bugandischen Gesellschaft verwurzelt. Wir wissen sogar von mehreren Fällen, bei denen der *kabaka* berechtigt war, ein bestimmtes Amt nach Belieben zu besetzen, es statt dessen aber vorzog, es einem bestimmten Clan zurückzuerstatten. So wurde das *saza*-Gouverneursamt *katambala* von Kabaka Mutebi dem Schafs-Clan zurückgegeben, nachdem es jahrelang von seiner Zustimmung abhängig gewesen war.[18] In fortgeschrittenen komplexen Gesellschaften waren sippenmäßige Formen des sozialen Zusammenhalts noch immer so wichtig wie die nicht durch den Sippenverband bestimmten.

In Tahiti, wo die Entwicklung der Staatlichkeit noch beträchtlich hinter Buganda herhinkte, war das Sippensystem beim Landbesitz noch so mächtig, daß die Autorität des Königs enge Grenzen hatte, selbst im Fall eines Aufstands: «Bei Verrat, Rebellion oder bei der Zurückhaltung von Lieferungen waren einzelne der Verbannung unterworfen, und ihr Eigentum wurde beschlagnahmt. Der König hatte das Vorrecht, den Nachfolger zu benennen, konnte die Ländereien des Verbannten aber nicht für den eigenen Gebrauch in seinen Besitz bringen.»[19] Wir wissen es zwar nicht, können aber davon ausgehen, daß der Nachfolger aus derselben Familie kommen mußte wie der Verbannte, da der Monarch noch nicht mächtig genug war, den Posten mit einem Mann seiner Wahl zu besetzen.

Die Geschichte Bugandas liefert nur bedauerlich spärliche Einblicke in die Konflikte und Spannungen zwischen dem *kabaka* und den Häuptlingen des königlichen Clans in der Anfangszeit des Staates. «Kagwa ... erwähnt dreiundzwanzig Clan-Machthaber *(bataka)*, die es vermieden, sich mit dem *kabaka* zu treffen, weil sie früher auf eigenen Ländereien unabhängig gewesen waren und es daher nicht für nötig hielten, sich mit dem Mann zu treffen, der einmal ihresgleichen gewesen war und sie dann ‹zu einfachen Bauern gemacht hatte› *(bakopi)*. Diese Männer trugen besondere Messingringe und Kopfhelme und wurden in der Hauptstadt von ihren Söhnen und Abgesandten vertreten, bis der Bruch Ende des 19. Jahrhunderts offensichtlich von Mutesa I. gekittet wurde.»[20]

Kagwa liefert eine detaillierte Beschreibung eines dieser ‹Miniatur-*Kabaka*(s)›. Mugalula vom Heuschrecken-Clan nannte sich selbst einen *kabaka* und weigerte sich, dem König von Buganda zu begegnen. Er hielt einen kleinen Hofstaat mit Ritualen, die denen des bugandischen Herrschern ähnlich waren. Sein kupferner Thron war mit Löwen- und Leopardenfellen bezogen. Angehörige verschiedener Clans mußten für ihn bestimmte rituelle Funktionen erfüllen: seinen Thron halten, sein Vieh weiden lassen, seine Trommeln schlagen, seine Kupferspeere halten. Ebenso wie der *kabaka* von Buganda hielt auch er eine Neumond-Zeremonie ab.[21]

Eine vertretbare Hypothese wäre, daß es vor der Bildung des bugandischen Staates mehrere kleine und mehr oder weniger gleichmächtige benachbarte Königreiche gab, die alle der gleichen Kultur angehörten und von denen jedes einen eigenen regierenden *kabaka* hatte. Genau diese Situation lag nämlich in Busoga vor, dem Nachbarland Bugandas, als die Engländer sich das Gebiet unterwarfen. Zu irgendeinem Zeitpunkt hat einer dieser Kleinstaaten in Buganda damit begonnen, vermutlich unter der Herrschaft eines psychologisch mächtigen Monarchen, die umliegenden Staaten zu erobern und zu beherrschen und deren *kabakas* zu *bakopi* zu machen. Bemerkenswert dabei ist, daß diese dreiundzwanzig Miniatur-*kabakas* ihre rituelle Existenz vier- oder fünfhundert Jahre aufrechterhalten konnten – von den Anfängen des Staates bis zur Herrschaft Mutesas.

Obwohl sie beim Kampf um die politische Vorherrschaft auf der Verliererstraße waren, waren die Clans jedoch noch mächtig genug, selbst den großen Mutesa zu demütigen, sogar in seinen reifen Jahren. Der *kabaka* litt an Gonorrhö und war von 1876 bis zu seinem Tod im Jahr 1884 bettlägerig. 1879, als es den medizinischen Anstrengungen von Père Lourdel, Reverend Mackay und einigen Arabern aus Sansibar nicht gelungen war, ihn zu heilen, machten sich die konservativen Kräfte des Landes Mutesas Schwäche zunutze und begannen mit einem Großangriff auf seine Verletzung der Clan-Rechte. Verbündete dieses Kampfes waren die Königinmutter (eine Verteidigerin der traditionellen Wertvorstellungen), die Clan-Hierarchie (die sich von Mutesas zunehmendem Absolutismus bedroht fühlte), die Priester der traditionellen Götter (die Mutesas Flirt mit dem Islam und dem Christentum mißtrauisch beäugten) und die älteren Angehörigen der politischen Hierarchie (die Mutesas ‹Modernisierungstendenzen› ablehnten). Es gab eine natürliche Allianz zwischen den Priestern der traditionellen Götter und den Clans, «da die Schreine der Götter auf Clan-Ländereien errichtet wurden, und die Clan-Oberhäupter ernannten auch die Priester, die diese Schreine hüten sollten: So wurde der Schrein des Gottes Mukasa von den Sesse-Clans unterhalten, der Kibukas von dem Schafs-Clan und der Nendes von dem Pilz-Clan.»[22]

Vor der großen Konfrontation von 1879 hatte Mutesa einige besondere Clan-Rechte verletzt. Erstens hatte er den gegenwärtigen *mugema*, den Provinzgouverneur von Busiro, angegriffen und abgesetzt. Das Amt des *mugema* war seit Anbeginn der Zeit vom Affen-Clan gehalten worden, seit Kabaka Kimera, dem dritten *kabaka* auf der Liste der Könige. Zum Amt des Gouverneurs von Busiro gehörte auch die Aufgabe, die Königsgräber zu bewachen, die in dieser Provinz lagen:

> Mutesa erklärte seinen versammelten Häuptlingen, daß der Mugema in Buganda mit Ehren überhäuft worden sei, seitdem er Kabaka Kimera aus Bunyoro ins Land gebracht habe; man habe ihn den Vater des Kabaka genannt und ihm einen höheren Rang als den anderen Clan-Oberhäuptern zuerkannt. Dessen ungeachtet habe der Mugema nicht einmal die genaue Lage der Königsgräber gekannt, als er, Mutesa, ihn vor kurzem danach gefragt habe, und der Mugema habe versucht, sich damit herauszureden, es gehöre nicht zu den Pflichten eines Mugema,

beim Begräbnis des Kabaka anwesend zu sein. Er müsse daher entlassen werden, und seine Arbeit müsse dem Affen-Clan weggenommen werden, der seine Pflichten verletzt habe. Mutesas Favorit war Tebukoza vom Pangolin-Clan, dem der König die Verwaltungsaufgaben des Mugema in Busiro zusammen mit dem Titel Kyambalango übertrug («Träger des Leoparden-fells» – die königliche Amtstracht). Der neue Mugema nahm das Land am alten Hauptsitz des Mugema in Besitz, und dieser wurde in die Position eines gewöhnlichen Clan-Oberhaupts de-gradiert.[23]

Mutesas zweiter Fehltritt bestand darin, daß er Sekamwa das Amt des *kimbugwe* gab, dem die Bewachung der königlichen Nabelschnur oblag. Sekamwa war ein Mitglied des Bleichböckchen-Clans, und kein Angehö-riger dieses Clans hatte jemals das Amt des *kimbugwe* innegehabt.[24]

Mutesas dritter Fehler war die Verhaftung und Einkerkerung Kabazzis, des Oberhaupts des Ginsterkatzen-Clans, der dem Kult des Gottes Mu-kasa auf den Sesse-Inseln anhing. Kabazzi wurde für schuldig befunden, einem Araber Mädchen geschenkt zu haben, die er zuvor nicht dem *kaba-ka* angeboten hatte. Dessenungeachtet hatte es noch kein König je ge-wagt, ein Oberhaupt des Ginsterkatzen-Clans anzurühren.[25]

Die konservativen Verbündeten stellten Mutesa zur Rede und sagten, seine Vernachlässigung der alten Götter habe ihm die Krankheit einge-bracht, die sich dadurch noch verschlimmert habe, daß er ein Interesse am Christentum gezeigt und es toleriert habe. Es gebe nur eine Heilung für seine Übel: Er müsse Mukasa, den See-Gott, in seinen Palast bitten. Mutesa stimmte zu. Vielleicht konnte er dem politischen Druck einer so mächtigen Allianz nicht widerstehen, vielleicht glaubte er aber auch, der Gott könne ihm helfen. Die Stärke der konservativen Opposition wird durch die Berichte belegt, welche die englischen Missionare in der Haupt-stadt erreichten, daß Mutesa nämlich getötet oder abgesetzt werde, falls er sich weigere, den Befehlen des Gottesorakels zu gehorchen.[26]

Die Priester des Gottes Mukasa waren sich einig darin, was zur Heilung von Mutesas Krankheit notwendig sei: 1. das Amt des *mugema* mußte dem Affen-Clan zurückgegeben werden; 2. das Oberhaupt des Ginster-katzen-Clans mußte aus der Haft entlassen werden; 3. das Amt des *kim-bugwe* mußte dem Pangolin-Clan zurückgegeben werden.[27] Mutesa, der den Gott anrief, hatte keine Wahl, sondern mußte sich dessen Anweisun-gen fügen, und der König ging aus eigenem Antrieb sogar noch weiter, als er sehr zum Kummer der christlichen Missionare verkündete, die Ba-ganda würden jetzt «zur Religion ihrer Väter» zurückkehren.[28] Man darf bezweifeln, daß die Clans diesen Streit mit einem gesunden Mutesa vom Zaun gebrochen hätten. Die Auseinandersetzung endete mit ihrem vor-läufigen Sieg über den *kabaka*, aber dies war der letzte Triumph der

Clans. Das Christentum und der Islam und nicht die Clans waren dazu ausersehen, den *kabaka* zu Fall zu bringen.

Es ist eine offene Frage, ob man es als Tyrannei oder bloß als Parteienstreit bezeichnen soll, daß der *kabaka* den Clans Vorrechte und politische Macht entriß. Wenn zwei Fraktionen der aristokratischen Klasse um die politische Macht und um das Privileg ringen, die Bauern auszubeuten – wie es im England des 15. Jahrhunderts der Fall war –, sind die Strafen, die sie einander zumessen, ein Ergebnis von Parteienstreit und nicht von Tyrannei. Die Bauern leiden unter der Tyrannei, welche Fraktion auch den Sieg davonträgt. Wir wissen nicht genug über die Beziehung von Clan-Hierarchie zu Clan-Angehörigen, um zu entscheiden, ob man diese Hierarchie als Fraktion bezeichnen soll, die mit dem *kabaka* um das Recht kämpfte, die *bakopi* zu unterdrücken (Plural von *mukopi*, Bauer), oder ob Clans, deren Anführer und Angehörige insgesamt eine verschworene Gruppe waren, die die Tyrannei des *kabaka* immer mehr zu spüren bekamen, als er ihnen nach und nach all die Privilegien nahm, die ihnen jahrhundertelang zugestanden hatten. Ich neige der letzten Erklärung zu, einer Interpretation, die dadurch erhärtet wird, daß der *kabaka* bestimmte Clans unnachsichtig verfolgte und daß einige von ihnen einer Art politischen Völkermordes ausgesetzt wurden.

Diese Verfolgungen entsprangen der gleichen Weltsicht, die alle Verfolgungen ausgelöst hat: Man hält ein Volk insgesamt eines Verbrechens für schuldig, das nur von einem oder mehreren Angehörigen dieses Volkes begangen worden ist. Diese Ansicht steht in diametralem Gegensatz zu der rationalen und legalen Vorstellung, daß nur der wirkliche Täter für ein Verbrechen angeklagt werden kann. Sippenhaft ist eine Wertvorstellung der Sippengesellschaft, die auch heute noch höchst lebendig ist. Die Welt wird nie vor den Ungeheuerlichkeiten der Verfolgung und des Völkermords sicher sein, solange dieser besondere Wert der Sippengesellschaft nicht endgültig überwunden ist. Religionskriege, Nationalismus, Nazi-Herrschaft – das sind die düsteren Schatten der Sippengesellschaft, die unser Leben auch heute noch verdunkeln. «Hochverrat in allen seinen Formen unterlag immer der Todesstrafe. Und wann immer ein Häuptling dieses Verbrechens überführt wurde, tötete man ihn, und sein ganzes Volk oder sein ganzer Clan wurden vernichtet, jedoch nicht als Komplizen, sondern einfach nur deshalb, weil sie ein und demselben Clan angehörten wie der Täter.»[29]

Uns liegen keine Belege über die Verfolgung der Clans in der Frühgeschichte Bugandas vor; sie scheint etwa um die gleiche Zeit eingesetzt zu haben, als die *kabakas* ihren Weg zur politischen Macht begannen. Kabaka Kagulu, der viele Jahre lang ein gemäßigter Herrscher gewesen war, wurde plötzlich zum Tyrannen. Er verhaftete seinen Bruder und ließ ihn hinrichten, gab Befehl, daß Menschen, die zu ihm gebracht wurden, auf Nadeln niederknien müßten, er ließ viele Menschen umbringen und befahl sogar die Hinrichtung des *mugema*, des Gouverneurs von Busiro. Nach dieser letztgenannten Tat erhob sich das Land zum Aufstand, tötete den König und setzte seinen Bruder Kikulwe auf den Thorn.[30] Der Tyrann Kagulu war ein Mitglied des Elefanten-Clans gewesen (weil seine Mutter es war), und der neue *kabaka* argumentierte, es gebe nur einen Weg, die scheußlichen Verbrechen seines Bruder vergessen zu machen, nämlich den ganzen Clan zu verfolgen. Es wurde dekretiert, daß kein königlicher Prinz, der von einer Mutter aus dem Elefanten-Clan geboren wurde, jemals den Thron besteigen dürfe.[31] Die Verfolgungen wurden immer schlimmer; drei aufeinanderfolgende *kabakas* hielten es für angebracht, die Verfolgungen fortzusetzen, so daß Angehörige des Elefanten-Clans damit begannen, ihre Mitgliedschaft zu leugnen, und statt dessen behaupteten, zum Zibetkatzen-Clan zu gehören.[32]

Man konnte der Verfolgung entgehen, indem man bei einem anderen Clan Zuflucht suchte. Es war eine weithin geübte Praxis: So versteckte sich der Buschbock-Clan im Affen-Clan; der Leoparden-Clan, der von Kabaka Katerega verfolgt worden war, weil er behauptete, seine Angehörigen gehörten zur königlichen Familie, bildeten einen völlig neuen Clan, den Ginsterkatzen-Clan. Dieser unglückselige Clan wurde von Kabaka Kamanya, dem Großvater Mutesas, fast vollständig vernichtet, und «erst in den 20er Jahren dieses Jahrhunderts, nach der Errichtung der Pax Britannica, gaben Angehörige des Clans ihre wahre Identität zu erkennen».[33]

Es hat den Anschein, als hätte der *kabaka* mit fast jeder Entschuldigung den Mechanismus ‹kollektiver Verantwortlichkeit und Bestrafung› in Bewegung setzen können. Einige Mitglieder des Lungenfisch-Clans hatten sich zu einer Verschwörung zusammengefunden und Kabaka Junju getötet. König Semakokiro beschloß, den gesamten Clan verantwortlich zu machen, und entsandte viele Expeditionen, um die Angehörigen des Clans zu töten und zu berauben.[34] Wie es in allen stark politisierten Gesellschaften vorkommt, erhob Fortuna einen Clan manchmal zu großen Ehren; aber es konnte auch geschehen, daß ein Clan an Prestige verlor. Der Heuschrecken-Clan war schweren Verfolgungen ausgesetzt gewesen; seine Angehörigen hatten bei vielen anderen Clans Zuflucht suchen müssen, als eins seiner Kinder zum *kabaka* gewählt wurde. Dieser führte den Clan wieder zusammen und gab vielen seiner Angehörigen hohe Ämter.[35]

Obwohl diese Verfolgungen zweifellos dazu beitrugen, die psychologische Hegemonie des *kabaka* über die Clans zu etablieren und ihm auch bei seinen Bemühungen halfen, die politische Macht zu erringen, kann man sich des Eindrucks nicht erwehren, daß auch reines Vergnügen an der Grausamkeit viel damit zu tun hatte – Verfolgung und Völkermord um ihrer selbst willen. Es scheint ein allgemeines menschliches Bedürfnis von Mächtigen zu sein, Opfer zu haben. Da dem *kabaka* keine Juden zur Verfügung standen, mußten die Clans herhalten. Wir neigen dazu, Grausamkeit für etwas Irrationales zu halten, während uns das Streben nach politischer Macht vollkommen rational vorkommt. Diese letzte Behauptung läßt sich jedoch in Frage stellen. Der *kabaka*, der die Clans verfolgt, um Rachegelüste zu befriedigen, verhält sich irrational; aber der *kabaka*, der die Clans beherrscht und ihnen ein Recht nach dem anderen wegnimmt, handelt bloß seiner Aufgabe als *kabaka* gemäß. Wie viele Menschen haben sich im Verlauf der Weltgeschichte ohne Vergnügen an der Grausamkeit um politische Macht bemüht – oder ohne dabei zumindest Vergnügen am Machtbewußtsein zu haben, das bei ihrem Ehrgeiz eine wichtige Rolle spielte? Es scheint einige wenige gegeben zu haben, aber ein *kabaka* war nicht darunter.

Trotz aller offenkundigen Grausamkeit zwischen *kabaka* und den Clans gab es auch gute Beziehungen zwischen den beiden Fraktionen – sie waren harmonisch und wohlwollend, aber nicht von Gleichberechtigung geprägt. Die hierarchische Natur der menschlichen Gesellschaft spiegelt die hierarchische Natur der Familie wider. Selbst die liebevollsten Eltern stehen nicht auf der gleichen Stufe wie ihre Kinder. In einer Männergesellschaft hat auch der liebevollste Ehemann Macht über seine Frau. Auch der wohlwollendste *kabaka* stand in der Hierarchie weit über den Clans.

Das Ritual der Aussöhnung in Buganda demonstrierte liebevoll die unterlegene Position der Clans, die an allen Ritualen teilnahmen, in denen der *kabaka* eine Rolle spielte. Jedes rituelle Amt, das mit der Monarchie zu tun hatte, wurde vom Mitglied eines bestimmten Clans ausgeübt. So stellte etwa der Colobus-Affen-Clan den Chefbutler des Königs, den man *bumba* nannte, sowie den für das Trinkwasser des Monarchen zuständigen Mann, *kalinda*. Der *kalinda* wurde beim Tod des *kabaka* umgebracht. Nach der Krönung eines neuen Herrschers schickte dieser das Oberhaupt des Colobus-Affen-Clans zum Gott Mukasa, um der Gottheit die Krönung des Königs zu verkünden. Der Otter-Clan stellte den Diener, der für den königlichen Tabak verantwortlich war.[36]

Ähnlich sollten die Krönungszeremonien bei der Thronbesteigung eines neuen *kabaka* demonstrieren, daß sich die Clans der Macht des Monarchen fügten. Neue Könige wurden «im Clan-Zentrum des Lungenfisch-Clans mit magischer Kraft und einem langen Leben gesegnet. Zum weiteren Ablauf der Prozedur gehörte es, daß sie zu verschiedenen Clan-Zentren im Land reisten, etwa zum *Butaka* der Pilz- und Wildkatzen-Clans, wo sie von dem jeweiligen Clan auf rituelle Weise Ehefrauen erhielten.»[37] Einige Clans fühlten sich ‹geehrt›, daß sie einige der Menschenopfer liefern durften, ohne die keine Krönungszeremonie vollständig war.

Noch vor nicht allzu langer Zeit war es in manchen bürgerlichen Familien üblich, daß ein Kind dem Vater die Hausschuhe brachte, ein anderes die Pfeife und ein drittes die Zeitung. Auch heute noch ist es in manchen bürgerlichen Familien so, daß die Ehefrau das Abendessen zubereitet und die Ehre hat, es ihrem Mann zu servieren, selbst wenn beide Eheleute arbeiten.

In keinem dieser hierarchischen Gegensatzpaare – Vater - Kind; Ehemann - Ehefrau; *kabaka* - Clans – steckt ein echtes Herr-Sklavern-Verhältnis. Von Ehefrau und Kindern wird erwartet, daß sie an der Macht des Ehemannes teilhaben, sich mit ihr identifizieren und stolz auf sie sind. Das gewöhnliche Clan-Mitglied fand – was von ihm auch erwartet wurde – Gefallen an dem mächtigen und schrecklichen Herrscher, der dem Staat vorstand. Indem die Untertanen sich der königlichen Macht fügten, schufen sie sie. Da sie fürchteten, selbst erwachsen zu werden, begaben sie sich unter die Fittiche des Herrschers. Er erkannte seine Rolle als Vater und nicht als Sklavenhalter an, indem er sie auf ritualisierte Weise an seiner Macht teilhaben ließ. Er war *ssaabataka*: Häuptling aller Clans.[38]

Solche Übereinkünfte zwischen Herrschern und Beherrschten sind die Verzweiflung aller Revolutionäre von Tiberius Gracchus bis Lenin gewesen. Die Erste Sozialistische Internationale zerbrach im Ersten Weltkrieg, als die Angehörigen der Arbeiterklasse in jedem Land beschlossen, in den Krieg zu ziehen – sich mit ihren ‹kapitalistischen Unterdrückern› zu verbünden und nicht mit ihren ‹proletarischen Brüdern› in anderen Ländern. Und im 2. Jahrhundert v. Chr. drängte Tiberius Gracchus das einfache Volk mit geringem Erfolg, aus eigener Machtvollkommenheit statt kommissarisch durch die Macht anderer zu leben: «Ihr rühmt euch, Herren der Welt zu sein, besitzt aber nicht einen Fußbreit Land, das ihr euer eigen nennen könnt.»[39] Nur zu wenige Menschen sind bereit, ihr Schicksal selbst in die Hand zu nehmen.

Dieses Urteil ist jedoch wie alle Einschätzungen dieser Art zu hart, vor allem im Hinblick auf die Baganda, die durchaus fähig waren, die Revolutionierung persönlicher und gesellschaftlicher Wertvorstellungen zu bewirken, die das Sippensystem umwandelten. Ohne die charismatische Macht des *kabaka* und die Identifikation der Baganda mit dieser Macht wäre das Sippensystem als gesellschaftliches Prinzip erhalten geblieben, und dann wäre es nicht zu einer bestimmten Art Trennung von der Familie und zur Individuation des Selbst gekommen. Wenn die Baganda sich verpflichtet fühlten, sich unter den Schutz der Macht des *kabaka* zu begeben, dann lag es daran, daß sie sich auf einer sehr gefährlichen Reise befanden. Und wenn der *kabaka* auch immer wieder unter der Last seiner Amtsbrüder in Panik geriet, ist auch das erklärlich.

Die Komplexität des politischen Lebens in Buganda mit seiner komplizierten Mischung aus Sippen- und staatlicher Politik läßt sich am besten am Amt des *mugema* illustrieren, dem Oberhaupt des Affen-Clans und Gouverneur der Provinz Busiro. Dieses Amt wurde im Clan bis zur Errichtung des englischen Protektorats Uganda weitervererbt:

Der *Mugema* besaß drei Autoritätsbereiche. Er war Oberhaupt seines Clans…, und in dieser Eigenschaft führte er den Grauaffen-Clan, der elf größere Abstammungszentren besaß, vier in Buddu, zwei in Kyaddando, zwei in Kyaggwe sowie je eins in Mawokuta, Busujju und Ssingo. Das Oberhaupt des Clans führte bei Beratungen des Clan-Rats den Vorsitz; dieser setzte sich aus den Oberhäuptern aller wichtigen Abstammungslinien des Clans zusammen, und diese Körperschaft regelte Nachfolgestreitigkeiten und ähnliche Dispute, überwachte die Einhaltung der Clan-Regeln in Fragen von Exogamie und Inzest und wählte Jungen und Mädchen des Clans aus, die zum Palast des Kabaka geschickt werden sollten, um dort zu dienen. Der *Mugema* war für das Clan-Zentrum *(butaka)* auf dem Bbira-Hügel zuständig, wo ein Schrein mit dem Kieferknochen Katumbas stand, des ersten *Mugema*. Er war vermutlich auch für die wichtigen Bestattungszeremonien der Clan-Angehörigen und der periodischen Legitimationsriten für Gruppen von Clan-Babys zuständig, aber auch für bestimmte Fruchtbarkeitszeremonien.

Zweitens spielte der *Mugema* bei den nationalen Ritualen von Buganda eine Schlüsselrolle. Katumba, der Urahn, hatte das Häuptlingsamt des *Mugema* und den Titel ‹Vater des Kabaka› für die Dienste erhalten, die er dem Prinzen Kimera erwiesen hatte, der damals in Bunyoro im Exil gelebt hatte und später zum dritten Kabaka von Buganda wurde. Die Person des Mugema war geheiligt. Er leitete die Zeremonie der Thronbesteigung jedes neuen Königs sowie die Beisetzung seiner Vorgänger. Daneben war er noch für die Schreine (*amasiro*) zuständig, die man zu Ehren der toten Könige errichtet hatte, von denen in Busiro neunundzwanzig begraben lagen. Aus diesem Grund war er auch als Erster Minister (*omukulu*) der toten Könige bekannt.

Schließlich war der *Mugema* noch der Gouverneur des Königs über Busiro, und in dieser Eigenschaft sorgte er in diesem Bezirk für Ruhe und Ordnung und überwachte die Eintreibung der königlichen Steuern sowie die Aushebung von Truppen; daneben war er noch der oberste Gerichtsherr von Busiro. Wie alle anderen Häuptlinge oder Amtsinhaber war er direkt für seine persönliche Domäne verantwortlich, in diesem Fall für Bbira, den *butaka*-Hügel des Grauaffen-Clans.[40]

Trotz all der radikalen Veränderungen, die in den einhundert Jahren nach Spekes Ankunft erfolgten, schwand die Macht des *mugema* nicht dahin. Obwohl er nicht mehr Gouverneur von Busiro war, mußten die *kabakas* bis zur Mitte dieses Jahrhunderts sich mit der Gegnerschaft des *mugema* gegen ihre zentralisierte Regierung auseinandersetzen.[41] «Das Clan-Oberhaupt», sagen die Baganda, «ist eine Kakerlake, und die stirbt nicht im Rauch.» [42]

Es ist bemerkenswert, wie lange sich die sippenmäßig bestimmten Formen des sozialen Zusammenhalts halten konnten. In den 1920er Jahren wurde die zur Förderung von Clan-Interessen organisierte *bataka*-Partei zu einer wichtigen Fraktion der staatlichen Politik. Vor nicht einmal zwanzig Jahren entschloß sich der Lungenfisch-Clan, das Andenken an seinen Vorfahren Kabaka Suna II. (1824–1856), den Vater von Mutesa, zu ehren und in der Nähe der Hauptstadt einen großen, konischen Schrein zu errichten, der dort als ritueller Hauptsitz und als Touristenattraktion dienen sollte. Zu den Einweihungsfeierlichkeiten gehörte auch eine Prozession mit zahlreichen Zwillingen. Eine solche rituelle Parade von Zwillingen, ein wichtiger Ritus der traditionellen Religion, hatte es seit Beginn des Jahrhunderts nicht mehr gegeben.[43]

Bei der Überwindung des Sippensystems verschwindet die Sippe jedoch nicht, sondern nimmt nur eine neue Gestalt an. Wenn Menschen getrennt werden und ihre Individuation erfahren, bleiben sie doch Angehörige einer Familie. Die großen Kräfte, die in Buganda das Sippensystem herausforderten und bekämpften – Monarchie, Staatssystem und moderne Religionen –, waren selbst veränderte Formen der Sippe. Es bleibt dem philosophischen Ermessen überlassen zu sagen, wie weit dieser Umwandlungsprozeß fortschreiten muß, bevor man die neuen Formen als nicht durch den Sippenverband geprägt bezeichnen kann. Obwohl ich den Staat in dieser Arbeit als auf nicht durch die Sippe begründete Formen des sozialen Zusammenhalts gebildet definiere, gibt es auch eine andere Ansicht, nämlich die, daß es nicht auf die Sippe gegründete Formen des sozialen Zusammenhalts nicht gebe. Zumindest haben alle Formen des sozialen Zusammenhalts sippenmäßige Formen als Vorfahren gemeinsam. Dies bedeutet jedoch nicht, daß es zwischen grundlegenden und fortgeschrittenen Formen keinen Unterschied gebe, daß sie alle gleich seien. Es ist jedoch eine offene Frage, ob die Kraft, die jede Gesellschaft zusammenhält, sich mit der Bezeichnung ‹nicht sippenmäßig bestimmt› genau umreißen läßt.

Die Monarchie, der Hammer, der das Sippensystem zertrümmerte, war selbst aus Familiengefühlen heraus entstanden. Erstens hält man den König ohne Zweifel für einen Vater seines Volkes – er ist wohlwollend, tyrannisch oder beides. Zweitens ist der legitime Nachfolger des Königs *immer* ein enger Verwandter des Monarchen. Selbst im Rom des 2. Jahrhunderts, als den Kaisern Menschen auf den Thron folgten, die nicht mit ihnen verwandt waren, wurde der Nachfolger noch zu Lebzeiten des Kaisers von diesem adoptiert. Die Frage der legitimen Erbfolge war der Felsen, an dem viele monarchische Systeme zerschellten, und man hat beobachtet, daß sich die Monarchie erst mit der Monogamie und der Primogenitur stabilisieren läßt – nämlich bis außer Frage stand, wer der legitime Nachfolger des Königs war. Es ist zwar möglich, einen König ohne eine Familie zu haben, jedoch unmöglich, ein Königtum (einen König, dem ein König folgt) ohne königliche Familie zu haben. Drittens haben in der gesamten Geschichte des Königtums dynastische Heiraten bei der Errichtung monarchischer Macht eine beträchtliche Rolle gespielt. Die Hegemonie des Hauses Habsburg über Europa im frühen 16. Jahrhundert war das Ergebnis einer Reihe glücklicher Heiraten – und Todesfälle. Im alten Tahiti spielten ehrgeizige dynastische Eheschließungen bei der Errichtung der zentralisierten Macht eine wichtige Rolle und dienten auch den Interessen der Familie Pomare, aus deren Reihen schließlich der Gründer des zentralisierten Staates Tahiti hervorging.[44] Die Monarchie zerstört das Sippensystem, aber die Sippe des Königs ist für das Königtum von entscheidender Bedeutung.

Diese dialektische Ironie war auch bei den modernen Religionen am Werk. Die christlichen und moslemischen Konvertiten Bugandas wurden nur dadurch mächtig genug, den *kabaka* zu stürzen und die politische Hegemonie zu errichten, daß sie fest zusammenstanden. Sie lebten zusammen und waren bereit, gemeinsam zu sterben. Sie kümmerten sich so umeinander, wie Clan-Angehörige es in der primitiven Gesellschaft getan hatten, und nicht auf die flexible, lose, durch den Wettbewerb bestimmte Weise, die sich mit dem Zerfall des Sippensystems herausgebildet hatte. «Mutesa war noch in der Lage gewesen, einen gegen den anderen aufzuhetzen und Habsucht und Ehrgeiz einzelner zu benutzen, um potentiell gefährliche Häuptlingscliquen auseinanderzubrechen. Mwanga fand schon bald heraus, daß die Moslems und Christen als geschlossene militärische und politische Blocks operierten, wobei jeder Block durch die Stärke der gemeinsamen Religion intakt gehalten wurde.»[45] Vieles von dem, was die Anhänger der Religionen zusammenhielt, war neu – eine bewußte Ideologie, Modernisierung, Individualismus –; aber im Kern finden wir die Essenz der Sippe: intensive Bande zu denjenigen, die das gleiche sind wie man selbst, sowie eine gleichermaßen intensive Gegnerschaft gegen all die, die nicht den gleichen Glauben haben.

Wir können hier einen dialektischen Prozeß beobachten, einen stärker werdenden Wechsel zwischen den Polen von Individualismus und Gemeinschaft – eine spiralenförmige Treppe, die immer weiter hinaufführt und zugleich bei den wenigen Kardinalpunkten endet. Nichts ist für die Entwicklung unseres politischen Lebens wichtiger gewesen als dieser kreative Konflikt zwischen Individualismus und Gemeinschaft. Weder die Individualität noch das Gemeinschaftsgefühl reichen allein aus, um menschlichen Bedürfnissen zu genügen. Beide sind enorm schöpferisch; beide sind aber auch mit großen Mängeln behaftet. Die Individuation der komplexen Gesellschaft verleugnete das Gemeinschaftsgefühl der primitiven Gesellschaft. Das Gefühl von Staatlichkeit, der Nationalismus und die intensiven Gefühle der religiösen Zusammengehörigkeit verleugneten dann wiederum den Individualismus. Aber diese Verleugnungen waren Bestandteile eines dialektischen Prozesses, so daß zu der Verleugnung auch die Verinnerlichung dessen gehörte, was zuvor gewesen war. Die Christen und Moslems von Buganda kehrten nach der Erfahrung der Individuation nicht zum Sippensystem zurück. Sie kehrten zu einem verstärkten Gemeinschaftsgefühl zurück, zu dem jedoch auch die vorhergehende Erfahrung des Individualismus gehörte.

Wir befinden uns noch heute auf dieser Treppe. Wir sind am Ende eines der größten Zeitalter des Indiviudalismus angelangt. Was einmal eine progressive Kraft gewesen ist, hat aufgehört, der Menschheit zu dienen. Wir sehnen uns nach der Wiederherstellung des Gemeinschaftsgefühls. Wir sehnen uns wieder einmal danach, in einer Gesellschaft zu leben, die von bewußt moralischen Menschen geliebt werden kann. Wir sind durch eigenes Verschulden einsam und ängstlich geworden. Uns ist die Aufgabe gestellt, dafür zu sorgen, daß die nächste Wendung uns weiterbringt: Individuation und damit verbundene Freiheit dürfen nicht abgelehnt, sondern müssen dialektisch negiert werden – Individuation und Freiheit müssen integrierte Bestandteile des Wunsches nach Wiederherstellung des Gemeinschaftsideals sein.

25

Über die Tyrannei

Frauen, Kinder, Bürgerliche und erniedrigte Klassen sind die Objekte der Tyrannei. In der primitiven Gesellschaft lebten die Männer ihre tyrannischen Neigungen nur gegen Kinder und Frauen aus, da sie in einer klassenlosen Gesellschaft lebten. Die fortgeschrittene komplexe Gesellschaft war das erste Gesellschaftsstadium, das alle Formen tyrannischen Verhaltens praktizierte.

Es gibt milde und harte Tyranneien mit allen Schattierungen. Es gab zwischen verschiedenen komplexen Gesellschaften verschieden schwere Formen der Unterdrückung, so wie die gegen Kinder und Frauen gerichtete Tyrannei nicht in allen primitiven Gesellschaften gleich war.

Offensichtlich gibt es zwischen den verschiedenen Formen der Unterdrückung einen engen Zusammenhang. Es scheint klar zu sein, daß die Unterdrückung von Frauen und Kindern gleichen Ursprungs ist; es scheint gleichermaßen klar zu sein, daß hierarchische Familienbeziehungen das Paradigma sozialer Ungleichheit sind.

Manche Unterschiede in der Ausübung von Tyrannei sind auffällig. Männliche Kinder werden eines Tages Väter werden, unabhängig davon, wie sehr sie von ihren Vätern unterdrückt werden; weibliche Kinder werden eines Tages Mütter werden und damit fähig, ihre Kinder zu unterdrücken; aber Frauen werden niemals Männer werden und Sklaven so gut wie nie Herren. Frauen und Kinder der Aristokratie werden auf eine ganz andere Weise unterdrückt als Angehörige der Unterschicht.

Erst vor kurzem hat man begonnen, eine Theorie der Tyrannei gegen Kinder, Frauen und Klassen zu entwickeln, bei der der gesamte Prozeß in eine entwicklungsmäßige Perspektive gerückt wird und bei der die Beziehungen der drei Arten von Unterdrückung skizziert werden.[1]

Tyrannei ist ein Mißbrauch der Hierarchie. Zwischen Eltern und Kleinkindern ist Gleichheit weder möglich noch erwünscht. Gesellschaftliches Handeln in einer einigermaßen komplexen Gesellschaft erfordert Führungspositionen, die von Natur aus hierarchisch sind. In der Natur der Hierarchie gibt es jedoch nichts, was sie unvermeidlich dazu bringt, zu Tyrannei zu degenerieren, obwohl das in der überwältigenden Mehrheit aller Gesellschaften seit der primitiven der Fall gewesen ist.

Politische Unterdrückung läßt sich leichter ins Werk setzen, wenn es zwischen Herrschern und Unterdrückten rassische oder kulturelle Unterschiede gibt. Die Tyrannei in einem Staat, der durch Eroberung eines Volkes durch ein anderes entstanden ist, wird immer härter sein als die in einem Staat, in dem alle Bewohner die gleiche Sprache sprechen und Kultur und Geschichte gemeinsam haben. Solche Unterschiede sind jedoch eine Vorbedingung der Tyrannei. Die alten Hawaiianer schufen ihre Paria-Klasse; die *bakopi* Bugandas gehörten der gleichen Rasse an wie die politische Elite.

Nachdem die verschiedenen Formen der Tyrannei sich erst einmal entwickelt hatten, sind sie im Verlauf von Tausenden von Jahren bemerkenswert unverändert geblieben. Das kapitalistische Unternehmertum, dem landlose freie Arbeiter dienen, die in Produktionseinheiten arbeiten, die ihnen nicht gehören, war die erste radikal neue Form der Tyrannei seit der komplexen Gesellschaft. Mit dieser einen Ausnahme war alles andere von Anbeginn an da.

Die alltäglichen Formen der Unterdrückung

Ein armer Bauer kam aus der entgegengesetzten Richtung; er trug einige Süßkartoffeln auf dem Kopf, ohne Zweifel Lebensmittel für einen Tag. Auf ein Zeichen der Kadu Lubare hin (der Ersten Ehefrau) stolzierte der diensttuende junge Mann zu dem Bauern hin und befahl ihm, stehenzubleiben und die Kartoffeln herzugeben. Der Mann, dem das nicht gefiel, erhob Einwände, worauf der Bengel seinen Stock auf den Rücken dieses aufsässigen Sklaven niedersausen ließ, der es wagte, seinem Vorgesetzten die Kartoffeln zu verweigern... Ich hatte vor ein paar Tagen gesehen, wie eine ähnliche Gruppe einem kleinen Mädchen begegnet war und ihr in aller Ruhe ihre Kleidung nahm und sie ohne einen Fetzen am Leib weitergehen ließ. Es ist Sitte, daß die Großen und Mächtigen freie Hand haben, andere einfach auf der Straße anzuhalten und ihnen wegzunehmen, was immer sie bei sich haben.[2]

Ich habe gesehen, wie ein wichtiger Häuptling in Woahoo (Oahu) längsseits in seinem Kanu saß, ohne selbst etwas Verkäufliches bei sich zu haben, wie er einen armen Burschen beobachtete, der vielleicht von der anderen Seite der Insel mit seiner ganzen Familie hergepaddelt war und alles Hab und Gut bei sich hatte, etwa zwei oder drei Schweine, ein paar Bananen, einige Stücke Tuch und ein paar Brotfrüchte. Nachdem sie ihre kleine Ladung verkauft und dafür ein paar Eisenstücke und

etwas Schmuck erhalten hatten, Dinge (vor allem das Eisen),
die für sie unschätzbar sind, sprang dieser habgierige und tyrannische Häuptling aus seinem Kanu ins Wasser, schwamm zu
dem armen Mann hinüber und verlangte von ihm die Herausgabe alles dessen, was er besaß...[3]

Ellis berichtet von Tahiti, daß Großzügigkeit und freigebiges Schenken
als die größten Tugenden eines Königs angesehen wurden; aber das hinderte den Monarchen nicht daran, seine Diener zu Raubzügen gegen die
benachbarten Bauern zu entsenden, wenn es dem Hof an Mitteln fehlte,
seine vielen Gefolgsleute und Schmarotzer zu ernähren. Diese Leute zö-
gerten keine Sekunde, jedes Stück Nahrung an sich zu nehmen, das sie
fanden, sogar Schweine. Wenn im Hafen ein Kanu festgebunden war,
luden sie ihre Beute ein und paddelten fröhlich zu ihrem Herrn und Meister zurück. Der Bauer wußte, daß es ratsam war, den Mund zu halten.[4]

In Buganda war es Sitte, daß die Frauen ihre Kinder drei Jahre lang
stillten, und in vielen Fällen enthielten sie sich während dieser Zeit jeden
Geschlechtsverkehrs. Wenn eine Lieblingsfrau des *kabaka* ein Kind geboren hatte, eine Frau, auf deren sexuelle Dienstleistungen der König nur
ungern verzichtet hätte, wurde der Inhaber des *mugema*-Amts dafür verantwortlich gemacht, für das Kind eine Ersatzmutter zu finden. Er ließ
die Landstraßen beobachten, und wenn eine Frau mit einem Kleinkind im
selben Alter und vom Geschlecht des Königskindes auftauchte, ergriff
man sie. Man machte sie zur Amme des Königskinds, und während sie ihr
eigenes Kind mit Kuhmilch ernähren mußte, stillte sie das Kind des Königs und blieb drei Jahre bei ihm. Erst nach dieser Zeit durfte sie zu ihrem
Ehemann zurückkehren. Es wurde als Ehre angesehen, Amme eines
Prinzen zu sein, der sich immer voller Dankbarkeit an ihre Fürsorge erinnerte und seine Ersatzmutter oft mit einem wichtigen Amt betraute.[5]

Die unterschiedliche Behandlung von Bürgerlichen und Adligen wird
durch Hunderte von Fällen belegt. Auf Hawaii kam es einmal zu einem
Speer-Wettkampf zwischen einem Bürgerlichen und dem Sohn eines
Häuptlings. Der Bürgerliche verwundete versehentlich den jungen Edelmann, jedoch nicht ernsthaft. Man packte den Unglücklichen, stach ihm
die Augen aus und richtete ihn zwei Tage später hin.[6] In Tonga war Vergewaltigung nur dann ein Verbrechen, wenn die Frau ranghöher war als der
Mann.[7] Auf Hawaii gab es königliche Beamte, sogenannte *konohiki*, die
für ihre Herren Ländereien verwalteten, sich dafür aber das Recht ausbe-
dungen hatten, die in der Region am häufigsten vorkommende Fischart
ausschließlich für den eigenen Gebrauch zu reservieren. Von den anderen
Fischarten durfte jeder fangen, soviel er wollte.[8] Und in Buganda «mochten Bauern nicht allzulange in der Hauptstadt leben, weil es dort nur wenig zu essen gab und die große Gefahr bestand, ergriffen und getötet zu
werden; sie begaben sich nur dann dorthin, wenn sie eine bestimmte Ar-

beit zu verrichten hatten, und kehrten sofort wieder aufs Land zurück, wenn die Aufgabe erledigt war».[9] Die Erinnerung an diese Tyrannei hat sich lange erhalten. Der folgende Bericht stammt aus den 1960er Jahren:

> Ältere Baganda erklären sich manchmal bereit, Szenen darzustellen, die sie noch aus der Zeit am Hof eines großen Fürsten kennen. Bei einem solchen Theaterstück kriecht der vermeintliche Bauer oder Untergebene über die Veranda des Hauses seines Fürsten und wartet an der Tür, bis man ihn anspricht oder überhaupt zur Kenntnis nimmt. Er kniet nieder, um seinen Vorgesetzten zu begrüßen, und stimmt allem zu, was der andere sagen mag. Der Mann, der den Fürsten spielt, schenkt ihm nur wenig Aufmerksamkeit oder erwidert seinen Gruß nur höchst beiläufig. Er bellt Befehle, die keinen Widerspruch zulassen, der Bauer solle ihm dieses oder jenes holen oder bringen. Die Szene wird mit solcher Lebhaftigkeit gespielt, daß man sich nur schwer vorstellen kann, daß die Schauspieler das autoritäre Verhalten des Fürsten nicht bewundert haben. Die Schmeichelei des Bauern wird meist übertrieben, und das Publikum amüsiert sich sehr über die Versuche des Bauern, sich mit unterwürfigen Lobpreisungen bei dem großen Mann einzuschmeicheln.[10]

Die zahlreichen Stufen auf der Leiter der Tyrannei machten es in manchen Fällen möglich, die dem eigenen Leben drohende Gefahr auf andere abzuwälzen. Als Kabaka Suna II. einmal aus Busiro, wo er die Kieferknochen der früheren *kabakas* hatte dekorieren lassen, den Fluß Katonga überquerte, um in seine Hauptstadt zurückzukehren, befahl er seinen Soldaten, all jene zu töten, die sich noch auf der anderen Seite des Flusses befanden. Unter diesen Unglücklichen war auch ein hochgestellter Beamter, der *mukwenda*. Ein anderer Beamte intervenierte, hielt den dem *mukwenda* zugedachten Speer fest und flehte den Monarchen an, das Leben des *mukwenda* zu schonen. Suna war einverstanden, vorausgesetzt, der *mukwenda* brachte dem *kabaka* sechzig Opfer, um damit sein Leben freizukaufen. Nachdem er in seine Residenz zurückgekehrt war, die Stätte seiner Macht, hielt der *mukwenda* ein großes Fest ab und lud dazu Hunderte von Gästen ein. Fünfzig Rinder waren nötig, um die Menge zu beköstigen. Als diese noch aßen und schwelgten, wurden sechzig der Gäste des *mukwenda* ergriffen, gefesselt und zum *kabaka* geschickt, der sie zu Ehren des Andenkens an seinen Vater hinrichten ließ.[11]

Die hierarchisch-tyrannische Natur der gesellschaftlichen Beziehungen in fortgeschrittenen komplexen Gesellschaften wurde durch die Grußformen zwischen Untergebenen und Vorgesetzten immer wieder neu bestätigt und betont. Wenn in Buganda eine sozial tiefergestellte Person jemandem begegnete, der höher stand, mußte er sich vorbeugen und die Hände auf die Knie legen. Wenn er einen Stock trug, mußte er sich weit vorbeugen und sich dabei mit dem Stock abstützen. Wenn die Rangunterschiede sehr groß waren, mußte der Tieferstehende niederknien, die Beine seines Vorgesetzten ergreifen und ihn mit ‹Herr› oder ‹Meister› anreden.[12] «Kein Untergebener durfte mit nur einer Hand etwas von einem Vorgesetzten annehmen oder ihm übergeben; er war verpflichtet, beide Hände auszustrecken oder den Gegenstand mit einer Hand entgegenzunehmen und die andere Hand so auszustrecken, daß sie den Arm berührte, mit dem der Gegenstand gehalten wurde.»[13] Man hat das Wort *mukopi* (Plural *bakopi*) zwar mit ‹Bauer› übersetzt, aber in Wahrheit bezeichnet es jeden, der keinen erkennbaren gesellschaftlichen Rang hat. Die meisten *bakopi* waren Bauern, aber für einen ranghohen Baganda war auch jeder Fischer oder Rindentuchmacher ebenfalls *mukopi*.[14] In Bunyoro wurde eine höherstehende Person mit ‹mein Meister› oder ‹Herr›, ‹unser Meister› oder ‹Vater› angesprochen. Dieser wiederum antwortete mit ‹mein Kind›. Die rangniedrigere Person stellte sich als ‹dein Sklave oder Diener› oder als ‹dein Kind› vor.[15] In Tonga mußte man den erblichen Häuptling dadurch begrüßen, daß man vor ihm niederkniete und seinen Fuß auf den eigenen Kopf stellte.[16] Auch im Europa des Feudalismus wußte jeder Bürger zu jeder Minute des Tages, wo er auf der Stufenleiter der Tyrannei stand.

In Polynesien wurden bei der Kleidung große Unterschiede gemacht, so daß bestimmte Kleidungs- oder Schmuckstücke nur besonderen, höhergestellten Personen zustanden. Auf Tahiti[17] war das Bogenschießen und auf Tonga[18] ein dem Billard ähnliches Spiel den Aristokraten vorbehalten. Auf Tonga durften nur die Häuptlinge in Süßwasserquellen baden.[19] Auf dieser Insel hatte man auch schon damit begonnen, um des eigenen Vorteils willen andere bei Spielen gewinnen zu lassen. So wurde etwa beim Pfeilwurf, bei dem die Wurfweite über Sieg und Niederlage entschied, der Pfeil des Häuptlings nach dem Aufschlag noch drei Mal weiter gedreht, was den Wurf noch um eine ‹Ehrenweite› verlängerte.[20] In Hawaii gab es sogar bei Eheschließungen große Klassenunterschiede. Im Adel heiratete man mit großen Festen, die den ganzen Tag dauerten und zu denen man Freunde und Verwandte einlud. Bei einfachen Leuten wurde nicht gefeiert; eine solche Heirat war, wie das Sprichwort lautete, «nur ein Kieselstein, den man nach einer Ratte wirft».[21]

Gleichheit vor dem Gesetz war in der Gesellschaft Bugandas zwar ein ungeschriebenes Ideal; aber wie in vielen entwickelteren Kulturen zahlte es sich nicht nur in der Justiz, sondern auch in anderen Fällen aus, wenn man reich war und nicht arm. Prozesse waren kostspielig, was Menschen mit begrenzten Mitteln daran hinderte, sie überhaupt anzustrengen. Es kam zwar vor, daß Mutesa auch ohne Honorar zu Gericht saß, und im allgemeinen fällte er auch gerechte Urteile; aber kein *mukopi* strengte je eine Klage an, die zu dieser Instanz gelangte. Arme Männer verklagten keine reichen Männer, es sei denn in jenen seltenen Fällen, in denen ein Häuptling sich die Sache eines seiner Untergebenen zu eigen machte. Sonst wurde der Betreffende ausgeraubt, wenn nicht gar getötet, wenn er einen solchen Fall vor Gericht brachte.[22] All das bestätigte die Richtigkeit des Zulu-Sprichtworts, das da lautete: «Die Stimme des Armen ist nicht hörbar.»[23]

Obwohl Buganda eine mobile und relativ offene Gesellschaft war, in der viele arme Männer in hohe Ämter aufsteigen konnten, waren es meist die Söhne von Amtsinhabern, die in vorteilhafte politische Positionen berufen wurden.[24] Buganda war ein bürokratischer Staat, und Bürokraten sind nicht der Meinung, daß ihre Söhne genauso tief unten anfangen sollten wie andere.

In komplexen Gesellschaften gab es zwar auch Sklaverei, aber sie war keine wichtige Institution. Es gab keine Sklavenpopulation in Landwirtschaft oder Handwerk. Der in der Gesellschaft erwirtschaftete Mehrwert wurde den einzelnen Bauern durch Steuern, Zwangsarbeit und Tribute entzogen. Diejenigen, die den Boden bearbeiteten, gehörten aber niemandem. Ein kriegerischer Staat wie Buganda besaß zwar auch eine bestimmte Zahl von Sklaven, meist Frauen und Kinder. Die meisten von ihnen arbeiteten im Haushalt, konnten jedoch auch auf die Felder geschickt werden. Die Kinder von Sklaven blieben Sklaven*, so daß die Institution sich ohne frische Beute aus Raubzügen aus sich selbst heraus erneuerte. Sklaven wurden nicht schlecht behandelt, aber sie wurden manchmal an arabische Sklavenhändler verkauft, die sie den schlimmsten Formen der Sklaverei aussetzten.

Die Angehörigen der niedrigeren Kasten Hawaiis nannte man *kauwa*, was man als ‹Sklaven› übersetzt hat; sie scheinen jedoch eher so etwas wie eine Paria-Klasse als sonst etwas gewesen zu sein. Diese *kauwa* mußten nicht nur bestimmte Menschenopfer stellen, sondern «man sonderte sie auch von der restlichen Bevölkerung ab und behandelte sie, als wären sie schmutzige Tiere. Sie durften mit anderen Menschen keinen Umgang pflegen. Man nannte sie ‹Leichen›, das heißt übelriechende Dinge. Es war ihnen nicht erlaubt, außerhalb ihrer Klasse zu heiraten.» Nach der Aufhebung der Tabus in Hawaii und der Verbreitung des Christentums wurden die Beschränkungen, denen diese Gesetzlosen ausgesetzt waren, nach und nach aufgehoben, obwohl es noch viele Generationen lang für jeden ehrbaren Bürger als Greuel galt, jemanden zu heiraten, dessen Vorfahren in früherer Zeit *kauwa* gewesen waren.[25]

---

* C. T. Wilson und Felkin, *Uganda*, S. 186, unterstützen diese Ansicht, obwohl John Rowe (in einem persönlichen Gespräch) versichert hat, daß das Gegenteil wahr sei. Als Beweis für seine Einstellung nennt er die Tatsache, daß es keine permanente Sklavenklasse gab.

Obwohl die mythische Vorstellungskraft des Menschen schon immer die Notwendigkeit empfunden hat zu erklären, wann der Tod in die Welt kam, so wissen wir doch, daß er immer untrennbar mit dem Leben verbunden ist. Steuern dagegen sind erst mit dem Aufkommen der komplexen Gesellschaft unvermeidlich geworden. Primitive Völker kannten nur die Notwendigkeit des Todes.

Im alten Buganda gab es dreierlei Steuern: Zahlungen in Verbindung mit Zwangsarbeit, direkte Steuern und Marktzölle.

Über die Zahlung in Form von Zwangsarbeit äußert sich Roscoe wie folgt:

> Jeder, der sogenannte Staatsarbeit zu leisten hatte, mußte dem Aufseher eine bestimmte Summe in Porzellanschnecken zahlen; zur Regierungszeit König Sunas wurden zehn Schnecken verlangt, später wurde der Betrag auf einhundert erhöht. Wenn der Arbeiter diese Summe nicht besaß, mußte er etwas anderes geben, etwa ein Stück Rindentuch oder eine gleichwertige Menge an Lebensmitteln oder Bier. Er durfte nicht mit der Arbeit beginnen, solange er nicht gezahlt hatte; aber wenn es ihm nicht gelang, innerhalb einer bestimmten Zeit zu zahlen, wurde er mit einer Geldbuße belegt. Wenn er sich die Summe nicht durch Tauschhandel beschaffen oder leihen konnte und den Arbeitsbeginn so weiter verzögerte, nahm man seine Frau oder einen anderen Familienangehörigen als Geisel, bis die notwendige Summe aufgebracht war. Wenn man so eine Ehefrau oder ein Kind festgenommen hatte, mußte das Familienmitglied in der Zeit der Geiselnahme für den Häuptling arbeiten. Diese Sitte galt bei aller Staatsarbeit... [26]

Bei den direkten Steuern setzten der *kabaka*, der *katikiro* und der *kimbugwe* den Zeitpunkt fest, zu dem sie erhoben werden sollten. Die Erhebung der Steuern wurde im Allgemeinen Rat (Lukiko) verkündet, und man benannte einen besonderen Steuereintreiber für jeden Distrikt. Besteuerungsgrundlage war die Zahl der Häuser, und die genaue Summe mußte mit dem Oberhaupt jedes Unterdistrikts ausgehandelt werden und wurde in Form von Porzellanschnecken, Rindentuch, Eisenhacken und Vieh bezahlt. Die gesamte Aktion konnte zwei Monate dauern. Der *kabaka* strich die Hälfte der Steuern ein. Der Rest wurde unter dem *katikiro*, dem *kimbugwe*, der Mutter des Königs und dem Gouverneur der Provinz aufgeteilt, wobei dieser noch mit seinen Sub-Gouverneuren teilen mußte. [27]

In der späteren Zeit des Staates Buganda wurden alle Handelsgüter unter der Aufsicht der politischen Autorität und unter Zugrundelegung der üblichen Marktpreise mit Marktzöllen von zehn Prozent belegt. Wer die Zölle zu umgehen suchte und seine Waren privat verkaufte und nicht auf dem Markt, wurde mit schweren Bußgeldern belegt und mußte überdies hinnehmen, daß die Waren beschlagnahmt wurden, wenn man ihn erwischte.

Neben der direkten Besteuerung wurden einzelne auch zur Zwangsarbeit an öffentlichen Straßen, Gebäuden und Wohnsitzen des *kabaka* herangezogen, ferner zu Arbeiten für die lokalen Gouverneure und Sub-Gouverneure.[28] Über Zwangsarbeit auf dem Land wissen wir aus Buganda nichts, obwohl ein hungriger Fürst auch dort Waren konfiszieren konnte, wenn er es für nötig hielt.

Zum Unterhalt der königlichen Bürokratie war eine große Zahl von Hausangestellten nötig. Entweder lieferten die Raubkriege nicht genügend Nachschub, oder man hatte den Wunsch, Baganda-Jungen und -Mädchen einzusetzen; denn «von Zeit zu Zeit schickte der König besondere Sendboten aus, die Jungen und Mädchen für den königlichen Wohnbezirk besorgen sollten. Jeder Häuptling mußte, je nach Bevölkerungszahl seines Distrikts, eine bestimmte Zahl liefern. Die Sendboten nahmen in einem bestimmten Distrikt eine Volkszählung vor; dabei ermittelten sie die Zahl hauptsächlich durch Befragung einzelner Untertanen. Schließlich regelten sie gemeinsam mit dem Distrikt-Häuptling, wer ein Kind abliefern mußte und wer verschont bleiben sollte. Dann wurden die Jungen und Mädchen zum König gebracht; er behielt so viele, wie er wünschte, und schickte die restlichen zu seiner Mutter, zur Königin oder zum *Katikiro* und zum *Kimbugwe*.»[29]

Zwischen dem *kabaka* und den hochgestellten Angehörigen der politischen Hierarchie sowie unter den letztgenannten und deren Untertanen gab es ein Tributsystem, das man nicht als ‹Besteuerung› bezeichnen kann. Die Häuptlinge brachten ‹Geschenke› an den Königshof, Nahrungsmittel, Tiere und Feuerholz[30], und man kann davon ausgehen, daß die Sub-Gouverneure gegenüber ihren Gouverneuren die gleichen Pflichten hatten. Es läßt sich denken, daß auch Subalterne nicht von dieser Pflicht zum Schenken befreit waren, daß es ein selbstverständlicher Tribut war, der aus den frühesten Anfängen der komplexen Gesellschaft stammte, als es zum erstenmal Häuptlingtümer gab. In frühen Häuptlingtümern gab es keine Steuern; aber die Untertanen brachten dem Häuptling Geschenke, und der wiederum verteilte die Geschenke unter seinen Anhängern. Es ging eher wie in einer Familie und nicht wie in einem Staat zu. Auch in der Familie *muß* man bei bestimmten Anlässen Geschenke machen.

Die Erhebung von Steuern ist nicht unbedingt ein Bestandteil des tyrannischen Systems. Unsere Steuern beispielsweise sorgen dafür, daß es Feuerwehr und Polizei gibt und daß wir vor äußeren Feinden geschützt werden. Im Wohlfahrtsstaat dienen die Steuern dazu, das Volkseinkommen umzuverteilen und von den reicheren auf die ärmeren Bürger zu transferieren. In der komplexen Gesellschaft war das genaue Gegenteil üblich. Steuern und Zwangsarbeit waren die Mittel, mit denen ein großer Teil des wirtschaftlichen Überschusses den Menschen entzogen wurde, die ihn geschaffen hatten, und in die Hände derer gelegt wurde, welche die politische Macht besaßen. Die komplexe Gesellschaft war die erste menschliche Gesellschaft, in der jemand noch essen durfte, der nicht arbeitete.

Quellenmaterial aus Polynesien deutet darauf hin, daß es dort kaum eine Besteuerung wie in Buganda gab. In Polynesien herrschte regelmäßige Zwangsarbeit, was meist bedeutete, daß jemand das Land seines Fürsten bebauen mußte oder das Land von dessen Beauftragtem, dem *konohiki*, oder daß er Land des Königs bearbeiten mußte. Diese Arbeitsverpflichtungen waren so mühselig, daß ein Beobachter Hawaiis im 19. Jahrhundert schätzte, daß der durchschnittliche hawaiische Kleinbauer von den Ergebnissen seiner Arbeit nur ein Drittel behalten durfte, während die restlichen zwei Drittel den verschiedenen Häuptlingen gegeben werden mußten.[31] In diesen frühen Tagen der Monarchie, im ersten Drittel des 19. Jahrhunderts, nannte man die Ländereien, die dem Fürsten gehörten und von seinen Pächtern bearbeitet wurden, *po-a-lima* (Fünfter-Tag)-Ländereien, weil die Pächter sie am Freitag bearbeiteten.[32] Am Freitag arbeiteten sie für ihren Landherrn und am Dienstag für den König. Im Jahre 1840 wurde diese Steuer auf sechsunddreißig Tage pro Jahr für König und Landherrn insgesamt ermäßigt.[33]

Der *konohiki*, der Stellvertreter des Fürsten, hatte im polynesischen System eine direkt tyrannische Stellung inne. Da man nur dann Land erhielt, wenn man für den *konohiki* arbeitete, bedeutete das, daß ein Bauer von Land vertrieben werden konnte, das er jahrelang bebaut hatte, nur weil er irgendwann nicht mehr in der Lage war, diese Arbeit abzuleisten:

> Zur Zeit Kaikeoewas (von 1825 bis 1839 Gouverneur von Kauai) wurde Land vom *konohiki* verteilt und bis 1849 vergeben, als der Anwärter zum Oberaufseher der Schulen bestellt und von der *konohiki*-Arbeit freigestellt wurde. Das Ergebnis war, daß der *konohiki* ihm sein Land wegnahm und es einem anderen Pächter übergab. So hatte Kowelo keine Möglichkeit mehr, sich zu ernähren.[34]

> *Konohiki* forderte die Parzellennummer drei und vier mit der Begründung zurück, der Antragsteller werde allmählich alt, und seine Arbeit an den *konohiki*-Tagen sei nur noch wenig wert.[35]

Bei uns kommt es vor, daß die Elektrizitätswerke alten Menschen den Strom abstellen, weil sie ihre Rechnungen nicht mehr bezahlen können. Wie der *konohiki* haben auch sie ihre Anweisungen. Jede Gesellschaft, die sich zu sehr vom Gefühl der Sippenzugehörigkeit entfernt, ist dieser Art Grausamkeit ausgesetzt.

Die polynesische Gesellschaft war ganz allgemein weniger in Richtung Staatlichkeit fortgeschritten als Buganda, und das muß zu der relativen Freiheit von direkter Besteuerung beigetragen haben. Dieser Entwicklungsstand war auch für die größere Bedeutung von Tributen verantwortlich, jene flexible, formlose und scheinbar freiwillige Art der Besteuerung. Auch hier wieder liefert uns Mariner die klarste Vorstellung davon, wie das Leben wirklich aussah. Er beschreibt, wie auf Tonga, einem relativ zentralisierten Staat, Tribute gegeben wurden:

Der Tribut besteht meist aus Yams-Wurzeln, Matten, Gnatoo, Trockenfisch, lebenden Vögeln etc. Er wird vom Eigentum jedes Mannes erhoben, je nach seiner Leistungsfähigkeit. Die Menge wird manchmal von den Häuptlingen jedes Distrikts festgesetzt, obwohl im allgemeinen durch den Willen jedes einzelnen bestimmt, der sich immer größte Mühe geben wird, so viel zu geben, wie er sich leisten kann, damit der Häuptling sich nicht beleidigt zeigt und ihm alles raubt, was er besitzt. Dieser Tribut wird zweimal im Jahr gezahlt, einmal bei der *inachi*-Zeremonie, der Opferung der ersten Früchte der Jahreszeit an die Götter, etwa Anfang oder Mitte Oktober; und dann wieder zu einer anderen Jahreszeit, wenn es dem tributberechtigten Häuptling paßt. Die Tributzahlung erfolgt meist, wenn irgendein Produkt reichlich vorhanden ist. Der um die Zeit der *inachi*-Zeremonie erhobene Tribut ist allgemein und absolut; was bei der anderen Gelegenheit gezahlt wird, entspricht eher einem Geschenk, ist jedoch durch althergebrachte Sitte so etabliert, daß es im Fall des Ausbleibens kaum weniger als einen Akt der Rebellion darstellen würde. Es ist angemessen, hier darauf hinzuweisen, daß die Praxis des Schenkens an Häuptlinge allgemein und oft geübt wird. Die höherstehenden Häuptlinge machen dem König etwa alle vierzehn Tage ein Geschenk, meist Schweine oder Yamswurzeln. Um die gleiche Zeit erhalten diese Häuptlinge auch Geschenke ihrer Untergebenen, und diese wiederum von den ihnen Unterstellten, und so geht es weiter bis zu den einfachen Leuten hinunter. Das Prinzip, auf dem all dies beruht, ist natürlich Furcht, aber man nennt es Respekt (*ofa*).[36]

Solange der Staat noch in Entstehung begriffen und diese Kombination aus Furcht und Respekt noch nicht verinnerlicht worden ist, können die Subalternen, die sich dem Staat widersetzen wollen, das durch Verweigerung des Tributs zum Ausdruck bringen. Es ist, wie Mariner sagt, ein Akt der Rebellion. Die Zentralgewalt hat keine Alternative, sondern muß zu den Waffen greifen, um die eigensinnige Provinz zu unterwerfen. Die ersten europäischen Besucher, die längere Zeit auf Tahiti verbrachten, waren eine kleine Gruppe spanischer Mönche, denen es allerdings nicht gelang, die Tahitianer zu bekehren. Um diese Zeit war Vehiatua der mächtigste Fürst auf Tahiti, dem es mehr oder weniger gelungen war, die kleinere Halbinsel zu einem Königreich zu machen. Das Tagebuch von Máximo Rodríguez erzählt von einer Gruppe von Tahitianern, die sich weigerten, die erwarteten Lebensmittelgeschenke an Vehiatua zu schikken, der die Aufrührer dann von ihren Ländern vertrieb. Bei einem solchen Stand der Dinge konnte nur eine regelrechte Schlacht zwischen Aufständischen und Zentralregierung den Konflikt lösen.[37] Man kann davon ausgehen, daß diese Art von Steuerrebellion in jedem in Entwicklung befindlichen Staat häufig und überlegene Waffengewalt nötig war, damit die noch unerprobte politische Ordnung überleben konnte. Furcht allein genügte jedoch nicht. Nur wenn die Eroberten bereitwillig das Konzept des Staates akzeptierten, konnte dieser von Dauer sein. Vehiatuas Königreich etwa überlebte seinen Tod nicht.

Das Ethos der Unterordnung

Es ist nicht überraschend, daß diese Gesellschaften in Fragen der Tyrannei und der hierarchischen Natur der Macht selbstbewußt und freimütig waren. Die Völker aller drei Kulturen wußten sehr genau, wer oben stand, wer unten, wer Befehle auszuführen hatte und wer sie erteilte. In Buganda hatten nicht nur einzelne Ämter Namen, sondern es gab auch welche für die Rangstellung bestimmter Ämter. Die Rangbezeichnungen waren: *mumyuka, ssaabaddu, ssabagabo, ssaabawali, musaale, mutuba*. Wenn ein Provinzgouverneur fünf Sub-Gouverneure unter sich hatte, wurden sie je nach Bedeutung eingestuft. Der wichtigste Sub-Gouverneur war *mumyuka*, der nächste *ssaabaddu* und so weiter. Die Königinmutter des *kabaka*, eine Persönlichkeit mit politischer Macht, hatte mehrere Häuptlinge unter sich. Jeder dieser Männer hatte einen bestimmten Rang: *mumyuka, ssaabaddu, ssaabagabo*...[38] Die Hawaiianer waren fast besessen von ihrer genealogischen Rangordnung. So konnte unter Aristokraten keine Ehe geschlossen werden, ohne daß feststand, welcher Partner höher stand als der andere. Der Erstgeborene eines hochrangigen Titels war ein viel wichtigerer Mensch als der Letztgeborene. Wer einen höheren Rang einnahm als ein anderer, wurde in rechtlicher und endgültiger Form von Aha Alii festgelegt (dem Rat der Edlen oder Alii), dem Experten bei der Feststellung der einzelnen Abstammungslinien zur Seite standen.[39]

Auf Hawaii, Tahiti und in Buganda waren die Ethik der Rangordnung sowie die alltägliche Funktionsweise des Statussystems den führenden Männern der Gesellschaft offenbar wichtiger als religiöse Rituale und Götter. Sie waren status-verrückt. «Ein älterer Mann, der heute in Kisozi lebt, gab zu, daß einige der persönlichen Häuptlinge des Mukamba nur über sehr wenige Menschen herrschten; aber er fügte durchaus in Übereinstimmung mit dem Ganda-Ethos hinzu, daß ‹ein Mann immer gern ein paar Leute unter sich hat, auch wenn es nur wenige sind›.»[40] An irgendeiner Stelle mußte diese Status-Pyramide natürlich einen Sockel haben; einige Menschen hatten niemanden mehr unter sich.

Die dieser von den komplexen Gesellschaften erfundenen Ordnung der politischen Macht innewohnende Grausamkeit wurde offen zugegeben. Kinyaro vom Affen-Clan gab dem *kabaka* eine seiner Töchter zur Frau, und als Teil der Zeremonie gab er dem eben erst gekrönten Monarchen den folgenden Rat mit auf den Weg: «Sollte irgend jemand deine Ehre mißachten, töte ihn, denn alle Bauern sind wie Hirse – wer sie mäht, besitzt sie.»[41] Die Hawaiianer sagten es kurz und prägnant: «Ein Häuptling ist ein Hai, der auf dem Land reist.»[42]

Rangfragen kamen auch den christlichen Missionaren auf Tahiti in die Quere. Noch 1826 stieß Reverend Orsmond auf heftige Opposition, weil er ein paar einfache Menschen vor der königlichen Familie in die Kirche aufnahm. Einige der Missionare wurden rundheraus gefragt, «ob die Botschaft des britischen Gottes für die Toutou genauso da sei wie für die Könige und Häuptlinge?»[43]

Versuche, die schlimmsten Mißbräuche des tyrannischen Systems zu mildern, lösten den sofortigen Widerstand der Mächtigen aus. Noch 1840 beklagten sich hawaiische Häuptlinge, nur die traditionellen Sitten und Gebräuche könnten die Ordnung aufrechterhalten. «Was werden sie noch von uns halten, wenn wir ihnen nicht ihr Land wegnehmen können? Sie werden genauso reich sein wie wir.»[44] Die britische Herrschaft in Buganda dauerte so lange, wie sie einigen Ironien der Geschichte unterworfen war. Anfänglich waren die aufgeklärtesten Geister der englischen Kolonialregierung fasziniert von der Politik der Selbstbestimmung der Eingeborenen, welche die örtliche Regierungsgewalt in den Händen starker Häuptlinge beließ: Die Briten hatten nur mit den Häuptlingen zu tun, und diese mit allen anderen. In primitiven Gesellschaften funktionierte dieses System nicht sonderlich gut. Die Engländer konnten dort keine geeigneten Häuptlinge finden und mußten sie erst erschaffen, wobei sie vorgaben, es hätte sie schon immer gegeben. Buganda, das damals ein Bestandteil des Protektorats Uganda wurde, war ein Schaustück der Selbstverwaltung; die Häuptlinge wußten, wie es ist, Häuptling zu sein, und die einfachen Leute wußten, wie man zu gehorchen hat. Im Lauf der Zeit änderten sich die Dinge – in Großbritannien. Nach dem Zweiten Weltkrieg wurde eine Labour-Regierung gewählt. Das Colonial Office entschied, daß Demokratie und nicht Fortführung der Eingeborenenhierarchie die britische Botschaft in Afrika zu sein habe. «Häuptlinge, denen man in den früheren Jahren der britischen Verwaltung beigebracht hatte, durch die Distrikte zu reisen und ihre Untertanen in Fragen der Wohlfahrt und der Bildung zu beraten, hörten 1949 plötzlich, sie sollten sich als neutrale Vorsitzende betrachten, die herausfinden sollten, was ihre Eingeborenen-Räte wünschten. Ein älterer Ganda-Staatsmann hielt das für Unfug und sagte: ‹Ideen kommen nicht von unten nach oben. Befehle gehen von oben nach unten.›»[45]

Das System von Unterordnung, Hierarchie und Tyrannei spiegelte sich in Sprichwörtern, die manchmal instruktiv und manchmal ironisch waren, von denen einige sich aber mit der Natur der Dinge abfanden. Die Baganda sagten: «Der König ist der See.» Einem See ist es egal, wer in ihm ertrinkt: Wer nur selten vorbeikommt, um hier ein Bad zu nehmen, ist genauso gefährdet. Genauso trafen die Steuern des Königs jeden.[46] «Es macht nichts, wenn das Taro am unteren Ende anbrennt», sagten die Hawaiianer, «aber man muß aufpassen, daß es an der Spitze gar wird» – damit wurde schlicht und einfach gesagt, daß man die Wünsche der einfachen Leute ruhig ignorieren könne, man sich aber bei den hohen Häuptlingen etwas mehr Mühe geben müsse.[47]

Die hawaiische Volksweisheit reicht sogar an den griechischen Gedanken der Hybris heran – daß man nicht zuviel erstreben solle, weil das zur Katastrophe führt. In Hawaii mußte man die Tyrannei des Adels fürchten und nicht die Eifersucht der Götter wie in Griechenland: «Bleibe unter den Grasbüscheln und erhebe dich nicht.»[48] «Ein Stein, der hoch oben liegt, kann hinunterrollen, aber ein Stein, der unten liegt, kann nicht rollen.»[49]

Auch hier wieder nahmen die einfachen Menschen eine Art mitleidvoller Rache am Adel, indem sie sprichwörtlich erklärten, es komme nur auf das Volk an, ein Häuptling habe ohne die Unterstützung der Bürgerlichen keinerlei Prestige: «Es ist der Schwanz, der den Drachen fliegen läßt.»[50] Trotzdem war es besser, ein Drache zu sein und kein Schwanz.

Mit der Erfindung der Aristokratie und der Entstehung einer Hochkultur entstand auch die Polarität des verfeinerten Höflings und des Bauerntölpels, was der Situationskomik große Möglichkeiten eröffnete (wie Shakespeare) oder aber tragische Untertöne mit sich brachte (wie bei der versuchten Verführung Zerlinas in Mozarts *Don Giovanni*). In den meisten ostafrikanischen Königreichen wurden Leute vom Lande, die an den Hof kamen, zum Gegenstand von Hohn und Spott. Wer in Hawaii auf der Windseite einer Insel lebte, hielt die Leeseite, wo die Hinterwäldler lebten, die man *kua-aina* nannte, für einen abwertenden Begriff.[51] «Die Höflinge von Hawaii hielten die Bauern für Tölpel, so wie es die Edelleute des mittelalterlichen Europa und später zu allen Zeiten getan haben.»[52] Jetzt war die Zeit auch reif für sexuelle Tyrannei:

> Wenn ein anmaßender Höfling zufällig entdeckte, daß irgendein Clown vom Lande eine schöne Ehefrau hatte, sagte er ihr: «Du kommst jetzt mit mir», und der arme Bauer hatte nicht den Mut, Widerstand zu leisten. Oder wenn eine der Frauen am Hof einem hübschen jungen Mann vom Lande begegnete, an dem sie Gefallen fand, verdrehte sie ihm mit Schmeicheleien den Kopf und versuchte, ihn für sich gewinnen, indem sie sagte: «Warum lebt so ein feiner Mann wie du mit einer Vogelscheuche wie deiner Frau? Du solltest lieber mit mir mitkommen.»[53]

Damals wie heute wurde der so benutzte Mensch ohne Zweifel wieder weggeworfen, wenn er nicht mehr gebraucht wurde. Wir erkennen allmählich, wie die jetzt entstehenden Formen der Unterdrückung uns vertraut vorkommen, sobald die Gleichheit aller erwachsenen Männer der primitiven Gesellschaft zerbrochen war. Tyrannei ist nicht nur böse, sie ist auch langweilig, einfallslos und in ihren Erscheinungsformen von tödlicher Monotonie. Nichts bringt uns den Menschen der komplexen Gesellschaft näher, nichts läßt uns so stark reagieren und das Gefühl haben, daß es ja ganz genau wie bei uns ist, als die Kränkungen, die einfache Menschen von ihren Herren erdulden mußten.

Märchen und Hierarchie

Die Atmosphäre von Sagen und Volksmärchen auf der ganzen Welt ist vom Geist der Hierarchie durchdrungen. So hat die Geschichte von der aussichtslosen Liebe, die Klassengrenzen überwindet, noch heute nichts von ihrer Faszination verloren. In vielen Geschichten geht es um die Rache der Unterdrückten an ihren Unterdrückern. Kinder nehmen es mit ihren Eltern auf – triumphieren gar über sie («Hänsel und Gretel») – oder mit ihren Stiefeltern («Aschenputtel»). Nur selten rächen sich Frauen an Männern, und daß kleine Leute es mit dem Adel aufnehmen, kommt nie vor. Es kann zwar sein, daß einfache Leute in den Märchen tugendhafter sind als hochgestellte Herren und Damen, aber im allgemeinen gehört die Tugend der herrschenden Klasse – und die Macht ohnehin.

Im alten Tahiti findet man all diese Märchenformen mit ihren hierarchischen Unterschieden nicht in grober, archaischer Form, sondern in voller, ausgereifter Blüte. Ihnen fehlt nichts, um in die Sammlung von Grimms Märchen aufgenommen zu werden, außer vielleicht einem Wechsel des Handlungsorts. Henry erzählt eine lange, blumenreiche Geschichte von

Brüdern, die auf der Suche nach einer Prinzessin, die einer von ihnen heiraten soll, zu einer anderen Insel fahren. Die Magd der Prinzessin täuscht sie und macht sie glauben, sie sei die königliche Person, nach der sie suchen. Nach vielen Prüfungen und Abenteuern und nachdem man den jüngsten Bruder auf See aufgegeben und dem Tod preisgegeben hat, wird die falsche Magd entlarvt und der jüngste Bruder gerettet, der dann die wahre Prinzessin entdeckt und ihr Herz gewinnt. Das Ende der Geschichte erlaubt dem jüngeren Bruder seine Rache an den Brüdern, aber die falschzüngige Bürgerliche muß wegen der Übertretung der Klassengrenzen die höchste Strafe auf sich nehmen:

> Die älteren Brüder kamen an und waren erstaunt. Sie hatten ein schlechtes Gewissen, den jüngeren Bruder wohlbehalten wiederzusehen, von dem sie meinten, sie hätten ihn auf dem offenen Meer tot zurückgelassen. Dennoch versuchten sie immer noch, ihren Rivalen durch allerlei Machenschaften loszuwerden. Das mißlang ihnen jedoch, und schließlich gaben ihre Schwestern ihnen den Rat, sich mit der Rolle von Dienern ihres jüngeren Bruders zufriedenzugeben, der die Märchenprinzessin gewonnen hatte und von ihren Eltern zum König Nordtahitis ernannt werden würde. Sie stimmten zu, und schon bald kehrte in der Familie wieder Harmonie ein. Nach angemessener Zeit und unter günstigen Vorzeichen fand die Hochzeit des glücklichen jungen Paars statt.
>
> Hina-te-pipiro, die herzlose Magd, wurde geplagt von Scham und Kummer und starb schließlich nach einem quälenden Gespräch mit ihrer Herrin, wobei sie ihren eigenen Grabgesang sprach:
>
> *Die Wellen des Meeres schlafen nachts nicht, schlafen nicht,*
> *Die mich vorwärtsgetrieben haben. Ich muß meine*
> *Fürstlichen Freier zur Strafe verlassen, ich bin tot.*
>
> Dies war das Letzte, was wir von Hina-te-pipiro hören, die in aller Stille unter den verdorrten Zweigen eines Toa-Baums in Nordtahiti begraben wurde.[54]

In den Geschichten von Liebenden, die sich über die Klassengrenzen hinweg gefunden hatten, gibt es reichlich Kummer:

> Die Prinzessin sollte schon bald einen jungen Prinzen heiraten, den Erben eines benachbarten Königreichs, und obwohl sie keine tiefe Zuneigung zu ihm empfand, hatte man sie dazu erzogen zu glauben, daß eine solche Verbindung höchst angemessen und günstig sei. Aber jetzt, als die Augen des schönen jungen Fräuleins und des eleganten Bergbewohners sich zum er-

stenmal trafen und als sie schüchtern den freundlichen Gruß austauschten (mögest du leben), fühlten sie sich sofort zueinander hingezogen, ein Gefühl, das sie nicht abschütteln konnten.[55]

Das tragische Ende dieses Märchens können wir uns selbst ausmalen.

Sexuelle und familiäre Tyrannei

Zu dem von Häuptlingen dem König gezahlten Tribut, zu den Gegengeschenken des Monarchen an seine Untergebenen und normalerweise zum Tribut, den beherrschte fremde Fürsten an ihre Oberherren schickten, gehörten auch Gegenstände von immateriellem Wert: Frauen. So und so viel Stück Vieh, so und so viele eiserne Hacken, so viele Stück Rindentuch, so viele Porzellanschnecken, so und so viele Frauen. Der *kabaka* hatte drei- bis fünfhundert Frauen. Angesichts solcher Zahlen scheint klar zu sein, daß es um Eigentum geht und nicht um sexuelles Vergnügen oder Abwechslung. Einige Frauen widersetzten sich jedoch. Wenn in Buganda junge Frauen zusammengetrieben wurden, um als Dienerinnen des *kabaka* an den Königshof geschickt zu werden oder anderen, untergeordneten Häuptlingen zu dienen, ritzten die Mütter, die ihre Töchter nicht hergeben wollten, diesen an sichtbarer Stelle im Gesicht häßliche Kratzer ein, womit sie als Ehefrauen für den *kabaka* disqualifiziert waren.[56]

All das scheint es in Polynesien nicht zu geben, weder das Verschenken von Frauen als Tribut noch große Harems für Könige. In Ostafrika war es eine überall anzutreffende Sitte, entweder weil das Königtum schon so weit fortgeschritten war oder wegen des Einflusses aus dem Nahen Osten, dem Harems wohlbekannt waren und in dem mit Frauen Handel getrieben wurde, oder wegen der grundlegenden kulturellen Unterschiede, über die wir gegenwärtig noch nichts wissen.

Der Mann, der wie der folgende Bunyoro-Fürst die Macht besitzt, einem anderen Mann die Frau wegzunehmen, übt eine doppelte Tyrannei aus: «Wenn er von einem jungen Mädchen hörte oder eines erblickte, das ihn anzog, ließ er sie kommen, und nur wenige Eltern konnten einem Fürsten ihre Töchter verweigern. Es kam kaum darauf an, ob das gewünschte Mädchen schon verlobt war oder nicht; er verlangte sie einfach, und wenn der Mann, mit dem sie verlobt war, ein Geschenk erhielt und zudem noch die übliche Heiratsgebühr an die Eltern gezahlt wurde, waren alle Schwierigkeiten aus dem Weg geräumt.»[57]

Wenn in Buganda ein Bauer herausfand, daß sein Häuptling sich in seine Frau verliebt hatte, fürchtete er um sein Leben und machte sofort Pläne, nachts den Distrikt heimlich zu verlassen. Wenn seine Frau nicht mitkommen wollte, ließ er sie zurück.[58] Und in Ruanda, der tyrannischsten dieser Gesellschaften, legten Väter einen wilden Despotismus über ihre Söhne an den Tag, der auch nach der Heirat der Söhne weiterging. Um seinen Sohn zu bestrafen, nahm ein Vater manchmal die Frau seines Sohns mit ins Bett und verweigerte dem Ehemann eine Zeitlang jeden Kontakt mit ihr. Solche Handlungen waren nicht als Inzest verboten.[59] Sigmund Freud spricht in *Totem und Tabu* von dem Vater der Darwinschen Urhorde, der alle Weibchen für sich behält und die heranwachsenden Söhne vertreibt, bis diese sich eines Tages zusammentun und den Vater erschlagen. Sowohl bei den Ruanda wie in Freuds Fabel spielen die Wünsche der beteiligten Frauen in dem Drama nicht die geringste Rolle.

Die väterliche Macht war in Buganda und anderen ostafrikanischen Königreichen so autoritär, daß sich die übertriebensten Vorstellungen von dem viktorianischen Vater als Vergleich geradezu anbieten. «In der Vergangenheit erwartete der Ganda-Vater Ehrerbietung und oft sogar unterwürfige Demut von seiner Frau, den Kindern sowie den anderen Angehörigen des Haushalts... Eine Ehefrau... kniete vor ihrem Ehemann nieder, wenn er von einem Spaziergang oder einer Expedition zurückkehrte, und hielt eine Schüssel Wasser für ihn bereit, in der er seine Füße waschen konnte. Er bekam die besten Lebensmittel, die nach seinen Wünschen zubereitet und für ihn warm gehalten wurden. Manche sagen sogar, daß die Ehefrau normalerweise nicht mit ihrem Mann zusammen aß... Rechtlich war sie eine Minderjährige, da sie nämlich der Kontrolle ihres Vaters, ihres Bruders oder ihres Ehemanns unterstand, wie aus Gerichtsfällen hervorgeht.»[60]

Wenn Kinder zu ihrem Vater kamen, knieten sie nieder, kauerten an der Tür seines Zimmers und sprachen mit hoher, quäkender Stimme, was als Respektsbezeugung gewertet wurde.[61] In Bunyoro setzte sich kein Mann, wie alt er auch sein mochte, in Gegenwart seines Vaters auf einen Stuhl, sondern hockte auf dem Fußboden. Es war ihm verboten, ein Mädchen zu heiraten, das nicht die Billigung seines Vaters fand. Er trug nie ein Kleidungsstück seines Vaters und durfte auch dessen Speer nicht benutzen. Er konnte nicht einmal mit dem Rauchen oder dem Rasieren anfangen, ohne dem Vater ein Geschenk gemacht zu haben.[62]

Es ist eine aufregende Entdeckung, daß die sexuellen Sitten im autoritären Ruanda denen der viktorianischen Familie so sehr entsprachen, daß «es für eine Ehefrau als sehr unpassend galt, beim Liebesspiel und beim Geschlechtsverkehr Vergnügen zu zeigen oder anders als rein passiv zu sein».[63] Das ruft uns die Ermahnungen an die Frauen des viktorianischen Zeitalters ins Gedächtnis, sich während des Geschlechtsverkehrs ja nicht zu bewegen, und erinnert uns auch daran, daß das 19. Jahrhundert in Westeuropa ein großes Zeitalter der Unterdrückung von Frauen, Kindern, Angehörigen der Arbeiterklasse und der Sexualität war und gleichzeitig die Blütezeit des autoritären Vaters. Wir haben es hier offensicht-

ROM

«Mit Tyrannen ist unser soziales Verhältnis...

...gleich Null, oder vielmehr es verkehrt sich in äußerste Zwietracht.»
Cicero: «Drei Bücher von den Pflichten»

Tyrannen hat es immer wieder gegeben; aber immer wieder zeigt die Geschichte auch, daß eine prosperierende Gesellschaft ihre geregelten Freiheiten braucht – die Freiheit des Geistes ebenso wie die des Geldes.

Pfandbrief und Kommunalobligation

**Meistgekaufte deutsche Wertpapiere - hoher
Zinsertrag - bei allen Banken
und Sparkassen**

Verbriefte Sicherheit

lich mit einem Muster kultureller Erscheinungen zu tun, in dem mehrere verschiedene Einstellungen zusammenkommen. Warum und wann es geschieht – im Europa des 19. Jahrhunderts oder im komplexen Ostafrika – und warum es sich dann in etwas anderes verwandelt, das sind noch unbeantwortete theoretische Fragen von höchster Bedeutung.

Das Erbrecht von Bunyoro beinhaltete die Primogenitur, eine Praxis, die allen Vorstellungen von Gleichheit zuwiderläuft und sich für viele jüngere Kinder als nachteilig erwiesen hat. In Bunyoro erbte niemals der älteste Sohn, sondern es wurde nur ein Erbe benannt. Er sollte den Vater ersetzen und dessen autoritäre Gewalt erhalten. Vom Erben wurde gesagt, er ‹werde› zu seinem Vater; die Ehemänner seiner Schwestern redeten ihn nach der Benennung als ‹Schwiegervater› an. Bei seinen Brüdern ersetzte er die Autorität des Vaters, obwohl er mit ihnen zugegebenermaßen nicht gleich hart umsprang.[64]

Hier scheint ein Bedürfnis vorzuliegen, eine bestimmte Vorstellung von Macht zu erhalten, die wir als autoritär und tyrannisch beschreiben würden, nach deren Aufrechterhaltung die Gesellschaft jedoch ein Bedürfnis empfand. Den Vater durch mehrere Erben beerben zu lassen, würde diese Erbschaft in psychologischer Hinsicht offensichtlich verwässern, so wie mehrere Nachfolger eines Königs die königliche Allgewalt teilen und verwässern. Es scheint in der realen Welt ein Bedürfnis nach Verwirklichung einer Vorstellung von Allmacht gegeben zu haben. Die Menschen fühlten sich besser, weil *jemand* allmächtig war, obwohl – und vielleicht auch weil – von ihnen verlangt wurde, sich vor dieser ehrfurchtgebietenden Macht zu demütigen. Gott ist allmächtig. Er hätte die Welt nach Belieben gestalten können. Der tyrannische, autoritäre Calvin sagte, Gott habe die Welt so geschaffen, daß nur eine kleine Zahl von Menschen erlöst werden könnten; der Rest sei zur Verdammnis verurteilt. Die Menschen glaubten an Calvins Gott, so wie die Menschen in Buganda an autoritäre Väter und einen tyrannischen *kabaka* glaubten; die Zukunft gehörte Calvin. Viele Jahre lang litten die Menschen bereitwillig – und widerwillig – unter der Tyrannei von Calvins Gott, bis eine erträglichere Vorstellung den Protestantismus erhellte. Man muß sich fragen, ob der Umweg in die religiöse Tyrannei notwendig war, um die moderne Welt überhaupt zu ermöglichen.

In komplexen Gesellschaften wurden die hierarchischen und tyrannischen Sitten, die das politische und das Familienleben bestimmten, bewußt als verwandte Verhaltensmuster gesehen. Die väterliche Selbstherrschaft wurde durch die politische Tyrannei legitimiert; die politische Unterdrückung wurde durch die Familientyrannei gerechtfertigt. «In diesem Zusammenhang fällt die Parallele zwischen den Beziehungen Kind – Vater, Untertan – Häuptling und Untertan – König auf, so daß man in der Gesellschaft nur ein einziges Autoritätsmuster vorfindet. Ungewöhnlich ist auch die Tatsache, daß die Baganda selbst diese Parallelen so klar erkennen und sie etwa damit zum Ausdruck bringen, daß sie sagen, der Vater sei wie der Kabaka oder die Autorität des Vaters hänge von der des Kabaka ab...»[65]

Als die Briten in den 1960er Jahren den *kabaka* des Landes verwiesen, äußerten die Baganda die Befürchtung, die Familienautorität könne zusammenbrechen.[66] In Bunyoro war man der gleichen Ansicht; die Menschen bestanden darauf, daß der Vater den Haushalt so führte, wie der *mukama* das ganze Land regierte.[67]

Ein scheinbarer Widerspruch und eine seltsame Ironie durchziehen die gesamte kulturelle Situation. Die Menschen sind dabei, sich aus den engen Grenzen des Sippensystems zu befreien. Sie versetzen der Freiheit des einzelnen einen Schlag, indem sie sich der starken Autorität von Vater und *kabaka* unterwerfen. Wir finden hier nicht nur Analogien zu dem Prozeß, den Michael Walzer in seinem Buch «The Revolution of the Saints» beschreibt, sondern fast den gleichen Vorgang. Die Puritaner, sagt Walzer, die Speerspitze einer revolutionären Bewegung, die dem absolutistischen Königtum schließlich ein Ende machte, hätten sich in ihrem privaten und öffentlichen Leben einem autoritären Regime unterworfen, das viel strenger gewesen sei als der königliche Absolutismus, den sie zerstört hätten. Das neue Regime hätte fast jeden Aspekt des öffentlichen und privaten Lebens geregelt und so gut wie keine individuellen Wahlmöglichkeiten gelassen. Das Endergebnis dieses ganzen Prozesses, betont Walzer, sei nicht die permanente Errichtung eines puritanischen Gottesstaates gewesen, sondern die Schaffung der liberalen Gesellschaft, in der wir noch immer leben. Der Puritanismus war in dieser Hinsicht ein Übergangsphänomen. Er war der Mechanismus, der das *ancien régime* zu Fall brachte. Dieses Erreichen eines positiven Ergebnisses durch einen tyrannischen Umweg mag zumindest anfänglich möglich geworden sein, weil die Menschen *freiwillig* Puritaner wurden und nicht auf Befehl des Staates.

Man kann autoritäre Väter und *kabakas* nicht als Übergangsphänomene beschreiben; aber man kann ihre Existenz durchaus als Konsequenz des gestürzten Sippensystems bezeichnen und auch sagen, daß sie den Zusammenbruch des Sippensystems überhaupt erst ermöglicht haben. Nachdem die Puritaner den König getötet hatten, errichteten sie die Diktatur Oliver Cromwells. Nachdem die Baganda das Sippensystem schon zur Hälfte abgeschafft hatten, schufen sie die absolutistische Gewalt von Monarch und Vater. In unserer Gesellschaft kann es vorkommen, daß das männliche Kind, dessen psychologische Trennung von der Mutter tief problematisch ist, sich auf pathologische Weise an autoritäre männliche Gestalten bindet. Die politischen Formen einer solchen Bindung sind autoritär, nationalistisch und kriegerisch. Die endlos lange Geschichte tyrannischer Könige und autoritärer Väter deutet darauf hin, daß die Wunde, die durch die Trennung vom Sippensystem entstanden ist, noch immer nicht ganz verheilt ist. Demokratische Formen – nicht-autoritäre Formen des Zusammenlebens von Menschen in einer Gesellschaft – sind erst dann möglich, wenn ein Volk sich selbst und seine Kinder dazu erzieht, nicht mehr um den Verlust des Sippensystems zu trauern. Solange wir es als ein verlorenes Paradies betrauern, solange wird die Welt noch von autoritären Männern beherrscht werden.

Ich spreche hier vom Sippensystem und nicht von der Sippe. Das Bedürfnis nach Sippenzugehörigkeit werden wir nie überwinden; gegenwärtig leidet unsere Gesellschaft sogar darunter, daß es vielen nicht gelingt, andere Menschen fürsorglich, als Angehörige zu behandeln; aber das Unvermögen, das Sippensystem zu überwinden, kann die Demokratie unmöglich machen, und in vielen Teilen der Welt erleben wir genau das.

Das goldene Kind

Auf der Insel Tahiti gab es eine so einzigartige Praxis, die allen gewöhnlichen Formen von Hierarchie und Tyrannei so entgegengesetzt zu sein scheint – ja sogar perfekt dazu ausersehen scheint, eine direkte Opposition gegen diese Konzepte auszudrücken –, daß ich mich unwillkürlich frage, ob deren Verständnis nicht den Schlüssel zur Aufhellung der ganzen Frage von Unterordnung und Unterdrückung liefern kann. Bei bestimmten Titeln mit hohem Statuswert, zu denen auch der des *arii de hoi* (König) gehörte, gab der Vater seine Titel und Ehren sofort an den ältesten Sohn ab, sobald dieser geboren war. Der Vater behielt natürlich die politische und militärische Macht, aber die ‹Heiligkeit› ging auf den Säugling über. Wenn der Vater ein König war, verzichtete er zugunsten des Kindes auf den Thron und übernahm für den neuen Monarchen die Regentschaft.[68] Das politische Leben blieb von dieser Thronfolge unbeeinflußt; aber die Welt der Rituale, der Mythen und der geheiligten Macht erkannte hier offensichtlich irgendeine seltsame Wahrheit.

Vancouver erzählt uns, wie der gealterte Großvater mit dem Kleinkind Otoo zusammentrifft (dem künftigen Pomare II., dem ersten König des vereinten Tahiti), der Titel und Ehren von seinem Vater übernommen hatte:

> Es wurde kurz angekündigt, daß *Otoo* sich nähere. Bei dieser Gelegenheit war es notwendig, daß der Großvater seinem Enkel eine Huldigung darbrachte. Sofort wurden ein Schwein und ein Bananenblatt herbeigeschafft, der gute alte Mann zog sich bis zur Hüfte aus, und als *Otoo* vor dem Schirmdach erschien, begegnete der gealterte Großvater, dessen Gliedmaßen vor Altersschwäche zitterten, seinem Enkel und erkannte auf Knien seine Unterlegenheit an, indem er ihm dieses Zeichen der Unterwer-

fung entbot; es schien, soweit zu sehen war, mit einer Mischung aus tiefstem Respekt und großväterlicher Fürsorge dargebracht zu werden. Die Zeremonie schien auf den jungen Monarchen kaum Eindruck zu machen; er nahm die demütigende Situation seines Großvaters mit äußerster Indifferenz und Gleichgültigkeit zur Kenntnis.[69]

«... und gingen in das Haus und fanden das Kindlein mit Maria, seiner Mutter, und fielen nieder, und beteten es an und taten ihre Schätze auf und schenkten ihm Gold, Weihrauch und Myrrhe.»[70] In zahlreichen bezaubernden Darstellungen der Anbetung durch die drei Weisen aus dem Morgenland wird liebevoll darauf angespielt, wie das Jesuskind der großen Aufregung nicht achtet – so wie König Otoo.

Wir sollten uns auch daran erinnern, daß in dem großen universalen Mythos von der Geburt des Helden, für den König Ödipus nur ein Beispiel ist, die Geburt des Sohns (immer des ersten) den Tod des Vaters ankündigt.

Warum diese große Umkehrung? Warum demütigen sich Väter, Großväter und Könige vor einem kleinen Jungen, und das in einer Welt, die von Hierarchie und Tyrannei beherrscht wird? Warum gibt es in Gesellschaften, in denen der Kindermord alltäglich ist, in denen Väter jeden Tag ihre neugeborenen Kinder töten, Mythen, in denen es heißt, die Geburt des Sohns werde dem Vater den Tod bringen?

Das Argument, alle Aggression – gegen Kinder, Frauen und Klassen – sei defensiv, scheint manchmal unbestreitbar zu sein. Wenn die Psyche etwas fürchtet, was in den meisten Fällen vermutlich völlig irrational ist, verteidigt sie sich durch Angriff. Die Existenz des Kindes bedroht die Eltern. Rational scheint das zu absurd zu sein, um ernst genommen zu werden; aber der Mythos ist da und muß irgendwo hergekommen sein. Der Mythos vom Kindesmord, daß man den Helden als Säugling in den Bergen aussetzt, weil er dem Vater den Tod bringen werde, sowie die Erhebung des Christuskindes haben einen entscheidenden Aspekt gemein: Bei beiden hat der Säugling ungeheure Macht. Christus ist der kleine Ödipus in gütiger Gestalt.

Wenn Menschen ihre neugeborenen Säuglinge töten, weil sie Angst vor ihnen haben – und das Kapitel über den Kindesmord belegt, wie allgegenwärtig diese Praxis war –, und ihre Kinder tyrannisieren, wenn man sie aus der gleichen Furcht heraus nur widerwillig am Leben läßt, dann ist das goldene Kind eine freudige Vision, ein Gefühl, wie wunderbar die Welt sein könnte, wenn wir aufhören würden, einander zu fürchten, und statt dessen begännen, einander zu lieben. Damit das geschehen kann, muß das Kind auf magische Weise in einen Quell der Güte verwandelt werden. König Herodes befiehlt die Ermordung neugeborener Kinder in Judäa, um den schrecklichen Konsequenzen vorzubeugen, die eines von ihnen der Welt bringen wird. *Wir* wissen, daß das Kind nicht als Zerstörer, sondern als Erlöser angekündigt wurde.

Es trifft vermutlich zu, daß Furcht, Angst und Panik nicht die einzigen Ursachen menschlicher Tyrannei sind; aber es scheint auch wahr zu sein, daß Tyrannei erst dann gemildert wird, wenn Furcht, Angst und Panik sich verringern. Erst wenn sie allmählich verschwinden oder zumindest handhabbar werden, wird die Tyrannei nicht mehr der Modus sein, der das menschliche Zusammenleben in der Gesellschaft bestimmt. Der Zusammenbruch des Sippensystems hat nicht nur die Tyrannei ermöglicht – da jetzt in der gleichen Gesellschaft auch Fremde lebten –, sondern vielleicht sogar notwendig gemacht. Die durch Trennung von der Sippe verursachte Furcht und Angst konnten, wie es scheint, nur durch die Erfindung der Klassenunterdrückung gemeistert werden.

Primitive Gleichheit, Tyrannei, Demokratie

Es führt zu nichts, wenn man argumentiert, es hätte eine bessere, moralischere Methode geben sollen, um vom primitiven bis zu unserem heutigen Stadium zu gelangen, ohne all die schreckliche Tyrannei: Niemand scheint diese Methode gefunden zu haben. Jede Gesellschaft, die das Sippensystem aufgegeben hat, hat politische Formen der Tyrannei erfunden und voll ausgenutzt.

Wie große intellektuelle, moralische und künstlerische Fortschritte das alte Griechenland, das alte Israel, das chinesische Reich, der Prophet Mohammed, das Europa des 12. Jahrhunderts oder die italienische Renaissance auch erreicht haben, keine dieser Kulturen hatte die Absicht, die Tyrannei über Kinder, Frauen und soziale Klassen zu beseitigen. Erst mit dem Aufkommen demokratischer Formen in der Politik wurde die Beseitigung der verschiedenen Formen der Unterdrückung für die Gesellschaft zu einem Ideal und einer Möglichkeit.

Die Menschen haben in der Weltgeschichte nur drei grundlegende Möglichkeiten gehabt, in einer Gesellschaft zusammenzuleben: in primitiver Gleichheit (für männliche Erwachsene); in der Tyrannei (monarchisch, aristokratisch und kapitalistisch); in der Demokratie (politisch, ökonomisch sowie mit sexueller Gleichheit). Die letzte Form ist auf der Bühne der Welt nur ein zarter Säugling – politische Gleichheit findet sich nur an wenigen Orten; um die sexuelle Gleichheit wird gegenwärtig an noch weniger Orten der Welt gerungen; und die wirtschaftliche Gleichheit ist nichts als der Traum einer Handvoll Propheten. Vom ersten Zusammenbruch des Sippensystems bis zum Beginn eines demokratischen Lebens hat politische und wirtschaftliche Tyrannei die Welt regiert. Und das ist in den meisten Ländern der Erde auch heute noch so.

In vielen Teilen der Welt entwickelten sich dann irgendwie und irgendwo tief in der primitiven Gesellschaft die Formen, die es ihr erlaubten, ihre Grenzen zu sprengen und sich in die komplexe Gesellschaft zu verwandeln. Dieser Entwicklungsschritt war in moralischer Hinsicht vielleicht doppeldeutig; er brachte uns die Freiheit vom Sippensystem wie die Tyrannei des *kabaka*. Irgendwie entwickelten sich die Formen – wenn auch nur in einem Teil der Welt, in Westeuropa –, die aus der Tiefe der tyrannischen Gesellschaft heraus ein demokratisches Leben ermöglichten. Dieser Entwicklungsschritt war nicht mehr doppeldeutig; er war moralisch wie entwicklungsmäßig ein Fortschritt. Das deutet darauf hin, daß Moral und Entwicklung irgendwann im tyrannischen Stadium untrennbar miteinander verbunden wurden. Nach diesem kritischen Moment war jeder Entwicklungsfortschritt dazu bestimmt, zu einem moralischen Fortschritt zu werden. Und die nächsten Entwicklungsschritte der Gesellschaft – die Verwirklichung von wirtschaftlicher und sexueller Gleichheit – werden auch in moralischer Hinsicht eine Befreiung mit sich bringen.

Innerhalb der engen Grenzen der primitiven Gesellschaft hätte es nie zu dieser großen Verknüpfung von Moral und Entwicklung kommen können. Die Existenz dieser komplizierten und mehrdeutigen Situation mag es uns nachträglich erlauben, die Entstehung der komplexen Gesellschaft zu begrüßen – obwohl diese Freude auch einen Beigeschmack von Trauer hat.

V

Der Staat als Kunstwerk

Ein nächtlicher Männertanz auf Tonga

26

Das Häuptlingtum

Statt von der Aufrichtung einer despotischen Macht das Verschwinden des Individuums herzuleiten, muß man im Gegenteil darin den ersten Schritt sehen, der auf den Individualismus zu gemacht worden ist. Die Führer sind nämlich die ersten individuellen Persönlichkeiten, die sich aus der sozialen Masse herausgelöst haben. Ihre Sonderstellung, die sie aus den anderen heraushebt, verschafft ihnen eine unterschiedliche Physiognomie und gibt ihnen folglich eine Individualität. Da sie die Gesellschaft beherrschen, sind sie nicht mehr gezwungen, deren Bewegungen zu folgen. Zweifellos haben sie von der Gruppe ihre Macht; aber sobald diese organisiert ist, wird sie autonom und gibt ihnen die Möglichkeit zu einer persönlichen Betätigung. Damit wird eine Quelle der Initiative eröffnet, die es bis dahin nicht gegeben hat. Nun gibt es jemanden, der Neues erzeugen und der sogar in einem gewissen Maß von den Kollektivgebräuchen abweichen kann. Das Gleichgewicht ist gestört.

So schreibt Émile Durkheim über die Entstehung der individuellen Führerschaft aus der Sippengemeinschaft. Doch seine Darstellung bleibt rein deskriptiv und ist nicht analytisch. Er spricht nicht die Frage an, *warum* die individuelle Führerschaft aus der kollektiven Masse erwuchs oder *wie* sie daraus entstand. Die Erschaffung des Staates war ein signifikantes Nebenprodukt der Entwicklung der individuellen politischen Führerschaft. Das Warum und Wie des Individualismus ist auch das Warum und Wie des Staates.

Ich vertrete die Ansicht, daß wir den gesamten Prozeß von Zusammenbruch und Umwandlung des Sippensystems, von der Errichtung des Häuptlingtums und die spätere Erschaffung der Monarchie nicht verstehen können, ohne den mächtigen menschlichen Trieb nach Trennung und Individuation von der Mutter, von den Eltern, von der Sippe als gegeben vorauszusetzen. Auf Menschen angewendet, wirft der Begriff ‹Instinkt› mehr Probleme auf, als er löst; aber wenn wir begreifen wollen, wie Menschen und menschliche Gesellschaften funktionieren und sich von einem Stadium zum nächsten weiterentwickeln, ist der Begriff ‹Trieb› hilfreich und notwendig. Ein mächtiger, allgemeiner menschlicher Trieb nach Individuation ist eine der großen Energiequellen, welche die menschliche Gesellschaft bei ihrem Entwicklungsprozeß vorwärtstreiben.

‹Mächtig› und ‹allgemein› heißt nicht ‹unwiderstehlich›. Selbst die stärksten Triebe können unterdrückt werden, man kann ihnen widerstehen, und nichts deutet darauf hin, daß die mächtigsten Triebe unvermeidlich Erfüllung finden müßten. Nichts deutet darauf hin, daß die Nuer, hätte man sie sich selbst überlassen, nicht eine Million Jahre lang in einer durch das Sippensystem bestimmten Gesellschaft weitergelebt hätten. Unser Verständnis der menschlichen Gesellschaft ist noch nicht tief genug, um erklären zu können, warum die Nuer im Sippensystem befangen blieben, während die Baganda frei genug waren, den Staat zu erschaffen. Eines scheint jedoch klar zu sein: Die Nuer blieben dem Sippensystem nur verhaftet, weil sie den Trieb nach Individuation hemmten, und die Baganda entwickelten den Staat, weil sie seinem Ruf folgten. In der Literatur zeigt sich immer wieder, daß primitive Gesellschaften jeder starken Manifestationen von Individualität tief ablehnend gegenüberstanden: «Obwohl die Kaingáng Macht respektieren, dulden sie kein Anwachsen der Macht; denn diese Intensivierung empfinden sie als zerstörerisch. Dadurch, daß sie die vorrangige Bedeutung der anderen Person betonen und Leistung nicht belohnen können, haben die Kaingáng all jene Prozesse unterdrückt, die zur Konzentration von Macht in der Hand herausragender Individuen führen könnten.»[2] Zwischen den Kaingáng und den fortgeschrittenen komplexen Gesellschaften liegen Welten. In diesen war es die autoritäre Macht des Königs, welche die Gesellschaft zusammenhielt, und diese freute sich über jede individuelle Leistung – beim Sport, in den Künsten, beim Theater, in der Sexualität, in der Politik, im Leben.

Anfänglich hat der Trieb nach Trennung und Individuation – in der Psyche des einzelnen wie im sozialen System – keine moralische Stoßkraft. Es geht in erster Linie darum, die Kraft zur Individuation zu behalten. Die Individuation wird auf Kosten anderer, Trennung durch Nichtachten der Existenz und der Gefühle anderer Menschen erreicht; die Art von Gewissen, die aus uns allen Feiglinge macht, bereitete den Schöpfern der ersten Königreiche wenig Kopfschmerzen. Wenn die Tyrannei anfänglich ein unvermeidlicher Bestandteil des Entwicklungsprozesses war, so lag dies daran, daß die Tyrannei den Interessen von Trennung und Individuation diente. Da wir sowohl Individuation wie Moral schätzen, wäre es uns lieber, es wäre anders gewesen; wenn wir jedoch die Tragik der menschlichen Geschichte verstehen wollen, müssen wir uns diesen Tatsachen stellen. Die Schöpfer der fortgeschrittenen komplexen Gesellschaften wollten eine bestimmte Art von Macht. Wenn moralisches Handeln, bei dem sich Fürsorge für andere zeigte, ihnen diese Macht gab, dann akzeptierten sie die Moral, etwa als Kamehameha dem Mann verzieh, der ihn mit dem Paddel seines Kanus angegriffen hatte. Wenn die

Tyrannei den Menschen die Macht zur Individuation gab, dann war die Tyrannei das richtige. Daß wir an einem anderen Ort angekommen sind – daß die Stadien der gesellschaftlichen Entwicklung uns an den Punkt gebracht haben, an dem moralischer Fortschritt die Hauptenergie zur Fortführung des gesellschaftlichen Entwicklungsprozesses darstellt –, bedeutet nicht, daß es auch zu Beginn so war.

Der fortschrittliche Prozeß, der vom Clan-Oberhaupt zum Monarchen eines zentralisierten Staates führt (den ich in diesem Kapitel kurz umreißen werde), ist ein Prozeß, der die Macht der Person an der Spitze der Gesellschaft verstärkt. Während wir vom Oberhaupt über den Häuptling zum König kommen, herrscht die Person an der Spitze des politischen Systems über immer mehr Menschen, sie geht immer mehr dazu über, Befehle zu erteilen, statt um Rat oder um Konsens zu bitten, und es gelingt dem Führer immer besser, seine Befehle gegen den Widerstand anderer durchzusetzen. Individuen mit größer politischer Macht sind das Endergebnis dieser Reise.

Es wäre ein Irrtum anzunehmen, daß all dies ohne die Zustimmung der Regierten geschieht. Wenn die Angehörigen einer Gesellschaft diese Art autoritärer Macht nicht gewünscht hätten, so wie es die Bewohner der primitiven Gesellschaft nicht taten, wäre der gesamte Vorgang ein totgeborenes Kind gewesen. In einer zentralisierten Monarchie gibt es nur einen König; aber es kann daneben noch Hunderte von Gouverneuren und Sub-Gouverneuren sowie Tausende von kleinen Beamten geben, die mit der Macht verbunden sind, sowie Hunderttausende, die, obwohl selbst zu Trennung und Individuation unfähig, sich mit einem scheinbar allmächtigen Monarchen identifizieren. Selbst jemand auf der niedrigsten Stufe der Leiter wünscht, daß diese Art Macht in der Welt existiert – wenn schon nicht für ihn selbst, dann für andere. Noch Jahre, nachdem der *kabaka* von Buganda zu einem gemäßigten konstitutionellen Monarchen geworden war, zeigten die Baganda gelegentlich eine nostalgische Sehnsucht nach den alten Zeiten, in denen die Menschen noch zitterten, wenn der *kabaka* sprach, und in denen Hunderte in einem einzigen Aufwasch hingeschlachtet wurden. So wie Kleinbürger sich heute im Fernsehen die Serien über die glitzernde Vergangenheit des Hochadels ansehen und sich dabei vorstellen, daß sie selbst, wenn sie damals gelebt hätten, Fürsten und nicht etwa Bauern gewesen wären, so gingen auch die Muganda des 20. Jahrhunderts, die sich nach der alten Zeit der Allmacht des *kabaka* sehnten, davon aus, daß er ein Henker war und kein Opfer.

In Wahrheit besaß der *kabaka* die Macht, doch in der Phantasie konnte jeder ein *kabaka* sein – so wie in der Phantasie heute jeder gern ein Filmstar, ein großer Fußballspieler, ein Rocksänger oder ein Nobelpreisträger wäre. Und sollten wir dazu neigen, die Bedeutung solcher Phantasien herunterzuspielen, so sei angemerkt, daß der Faschismus des 20. Jahrhunderts ohne sie unmöglich gewesen wäre. Der italienische Duce mit seinen Posen, seiner anmaßenden Haltung und seinem Schmollmund lebte die Phantasien vieler Menschen von sexueller und aggressiver Allmacht aus.

Der Trieb nach Trennung und Individuation, der Trieb zur Erschaffung mächtiger Individuen ist genauso stark wie jede andere Kraft, welche die Entwicklung der Gesellschaft vorantreibt. Er kann jedoch nicht allein den Prozeß erklären, der aus den einstigen Jägern und Sammlern die postindustriellen Lebewesen des 20. Jahrhunderts gemacht hat, aber er ist ein wesentlicher Bestandteil dieses Prozesses. In den ersten Monarchien und den ersten Staaten wandelten die ersten allmächtigen Menschen in der Realität und nicht in irgendeiner mythischen Phantasie auf der Erde. Diese von den ersten Königen ausgeübte Macht hatte die Menschheit noch nie erlebt. Sie wurde nicht nur zur Unterdrückung von Menschen geschaffen, sondern auch zu deren Erhöhung. Und alles begann mit dem Erscheinen des ersten einfachen Häuptlings.

Zur Beschreibung des Entwicklungsprozesses von Clan-Oberhaupt zu autoritärem König sind präzise Definitionen nötig. In der anthropologischen Literatur ist nämlich kein Wort derart mißbräuchlich verwendet worden wie der Begriff ‹Häuptling›. Als ein Beispiel (Kursivierung *von mir*):

> In dieser ganzen Region war ein *Häuptling* ... als *Ntemi* bekannt – derjenige, der die Diskussion durch eine Entscheidung beendet. Fast überall, selbst wenn er nur über tausend Untertanen herrschte, konnte der *Häuptling* als ‹göttlicher *König*› bezeichnet werden, als Inhaber besonderer Insignien und eines königlichen Feuers, mit dem alle Feuer des *König*reichs angezündet werden mußten. Überall waren Tod und Beisetzung des *Königs* Gegenstand besonderer Riten. Grundsätzlich konnte der *König* keines natürlichen Todes sterben; er mußte auf ganz besondere Weise beigesetzt werden, normalerweise mit dazugehörigen Menschenopfern. All dies ... hatte das typische *Häuptlingtum* des westlichen Tanganyika mit dem *Häuptlingtum* der Seenregion gemeinsam.[3]

Ein solches Verwirrspiel mit Häuptlingen und Königen könnte einen dazu verführen, es Alice im Wunderland nachzumachen, verzweifelt die Arme auszustrecken und zu verkünden, sie seien sowieso alle nur Personen eines Kartenspiels. Man kann jedoch genau zwischen Häuptlingen und Königen unterscheiden.

Wie schon früher definiert, ist ein Häuptling jemand, der über Menschen herrscht, mit denen er nicht verwandt ist, und/oder über Menschen, denen er nicht täglich begegnet. *Ein König ist also jemand, der über Menschen herrscht, die über andere Menschen herrschen, mit denen sie nicht verwandt sind, und / oder über Menschen, denen sie nicht täglich begegnen.* Man könnte zwar einfach sagen, ein König sei jemand, der über Häuptlinge herrscht; aber ich halte es für richtig, das Wort ‹Häuptling› für einen unabhängigen Herrscher zu reservieren, der keiner Autorität untersteht. Die mächtigen Untergebenen eines Königs kann man als ‹Gouverneure› oder ‹Stellvertreter des Königs› bezeichnen, ohne daß es zu einer Begriffsverwirrung kommt. Maquet hat sich ähnlich geäußert: «Im traditionellen Afrika war die Regierungsform immer monarchisch. An der Spitze jeder politischen Einheit stand ein Häuptling oder König. Wo es die Zahl der Untertanen und die Bevölkerungsdichte dem Monarchen erlaubten, direkt zu herrschen, bezeichnen wir die politische Einheit als Häuptlingtum. Sie ist ein Königreich, wenn der Souverän seine Macht an Beamte delegieren muß, die sie in seinem Namen ausüben.»[4]

Natürlich ist ein Häuptlingtum eine einfachere Gesellschaft als ein Königreich und viel einfacher als ein komplexes Königreich, in dem der Monarch über Hunderte von Stellvertretern und Gouverneuren verfügt. Die Entwicklung von Häuptlingtum zu Königtum war keineswegs leicht, und viele Kulturen waren zwar fähig, den Schritt von primitiver Gesellschaft zu einer von einem Häuptling regierten Gesellschaft zu tun, jedoch unfähig, den Schritt zum Königtum zu vollziehen. Auch hier wieder lautet eine der großen noch unbeantworteten Fragen, warum eine bestimmte Gesellschaft an einem bestimmten Punkt ihre Entwicklung beendet.

Die primitive Gesellschaft kannte einige Menschen mit politischer Macht, die nicht wirklich über andere Menschen herrschten, aber eine Art nicht-autoritärer, flexibler Autorität ausübten, die dem Sippensystem entsprang. Ich nenne sie ‹Clan-Oberhäupter› oder ‹Dorf-Oberhäupter›.

Der Prozeß verläuft hier wie folgt: von Oberhaupt zu Häuptlingtum zu einfachem Königtum zu komplexem Königtum. Nach jedem größeren Schritt gibt es ein Übergangsstadium; so kann man beispielsweise viele Gesellschaften nicht exakt als Häuptlingtümer oder einfache Königreiche bezeichnen, sondern als eine Art Übergangszustand zwischen den beiden. Der vollständige Vorgang verläuft wie folgt: Oberhaupt – Übergang – Häuptlingtum – Übergang – einfaches Königtum – Übergang – komplexes Königtum.

Clan- und Dorf-Oberhaupt

Die Angehörigen jedes Clans lebten auf einem eigenen, bestimmten Teil des Berges und hatten ein eigenes Oberhaupt, das für alle den Clan betreffenden Fragen sowie dessen Beziehungen zu anderen Clans zuständig war. Dieser Mann machte keine Rechte als Herrscher über den Clan geltend, denn er war dessen Vater und nicht dessen König. In Verbindung mit dem Land war seine Macht am größten, und er hatte über alle Streitigkeiten über die Grenzen kultivierter Felder oder über die Verwendung von Clan-Land zu entscheiden. Solche Streitfälle waren jedoch nicht häufig, denn es gab herrenloses Land in solcher Fülle, daß es nur selten zu solchen Disputen kam ... Der Vater des Clans verlangte weder Steuern noch Zinsen, erwartete aber, daß er jedes Jahr nach Beendigung der Ernte einen Krug Bier erhielt.[5]

Flexibel, leicht, unstrukturiert, familiär; Roscoe verwendet das Wort «Vater». In Wahrheit war dieses Oberhaupt eher so etwas wie ein Onkel denn ein Vater. Es gab keine Steuern, keinen Tribut, keine Zwangsarbeit. Und ganz gewiß gab es keine Unterdrückung und keine gesellschaftliche Tyrannei. Es kam vor, daß ein Oberhaupt nur aus einer bestimmten Abstammungslinie des Clans kommen durfte. Oft war er einfach nur das älteste lebende Mitglied dieser Linie. Wenn er ein Clan-Oberhaupt war, präsidierte er nur über Verwandte, beherrschte sie aber nicht; als Dorf-Oberhaupt regierte er nur Menschen, denen er jeden Tag begegnete. Nichts an einer solchen Führungsrolle stand im Gegensatz zu den Wertvorstellungen der Sippe und des Sippensystems. Da die Gesellschaft eine einzige große Familie war, war er einfach das Familienoberhaupt.

In einem wichtigen Punkt jedoch war die Rolle strukturiert und wies auf komplexere Formen der Führung hin: Es war ein permanentes und kein vorübergehendes Amt. In vielen primitiven Gesellschaften wählte man Führer für eine ganz bestimmte Funktion aus, etwa für eine Jagdexpedition oder einen Raubzug, und dann wurden sie wieder abgesetzt. Ein Clan- oder Dorf-Oberhaupt dagegen hielt ein permanentes Amt inne. Väter sind Väter und keine Ausschußvorsitzenden. Unter normalen Umständen wurde das Oberhaupt nur bei seinem Tod abgelöst, so wie eine Familie erst nach dem Tod des Vaters ein neues Oberhaupt erhält. Der Glaube an eine permanente Führungsposition, mochte diese anfänglich auch wohlwollend und mit leichter Hand ausgeübt werden, machte den Weg frei für eine kompliziertere Ausgestaltung der politischen Führung.

Der Übergang von Oberhaupt zu Häuptling

Allen Übergangszuständen der Gesellschaft haftet etwas Atonales, Asymmetrisches, Zufälliges an. Wenn man sich mit ihnen beschäftigt, scheinen diese Gesellschaften irgendwie erfunden und nicht authentisch zu sein. Die Anuak sind ein Nilotenvolk im Sudan. Sie besaßen zwei verschiedene politische Strukturen. Die eine war eine Art Königtum; in der anderen wurde die Führung von Dorfoberhäuptern ausgeübt, die dabei waren, sich zu Häuptlingen zu entwickeln, obwohl der Prozeß durch die Tatsache verzögert wurde, daß die Gesellschaft dieser Entwicklung sehr zwiespältig gegenüberstand und daß daher der größte Teil ihrer politischen Energie darauf verschwendet wurde, die Oberhäupter-Häuptlinge zu stürzen und durch andere zu ersetzen. «Trotz des scheinbar großen Respekts, der einem Dorfoberhaupt gezollt wird, ist seine Macht der Kontrolle des Volkes unterworfen, und wenn er die Unterstützung eines großen Teils seiner Gemeinschaft verliert, kann er durch eine Revolution gestürzt werden, die normalerweise unblutig verläuft, und aus dem Dorf vertrieben werden. Diese Form von Verbannung nennt man *agem*.»[6]

Andererseits behandelten die Dorfbewohner ihn wie einen Häuptling: Er konnte nur Oberhaupt werden, wenn schon sein Vater diese Position innegehabt hatte; sie schenkten ihm Lebensmittel und bearbeiteten sein Land mit der Hacke; er hatte das Recht, einen Bewohner des Dorfs auszuplündern und ihm seine Güter wegzunehmen; er unterhielt ein Spitzelsystem, um sich über etwaige Verschwörungen informiert zu halten; man erwartete von ihm, daß er den ärmeren Dorfbewohnern die Mittel zur Verfügung stellte, die zum Erwerb einer Braut nötig waren. Auf der anderen Seite erhoben sie ihn zu seiner Größe und jagten ihn mit der gleichen Begeisterung aus dem Amt, wie sie einige US-amerikanische Präsidenten in den 70er Jahren erleben mußten.

Wenn einer dieser Oberhaupt-Häuptlinge abgesetzt wurde, gab es immer eine Entschuldigung: Er habe es versäumt, den Dorfbewohnern Lebensmittel zu geben; er habe sich geweigert, seinen Reichtum für die Armen einzusetzen; er habe eine Kuh geschlachtet und nur wenige Menschen zum Essen eingeladen. «Warum haben wir ihn schließlich zum Oberhaupt gemacht, wenn nicht dazu, daß er uns zu essen gibt?»[7] Jedoch war kein Oberhaupt reich genug, um solchen Forderungen nach Verteilung seines Wohlstands gerecht zu werden. Was die Menschen wirklich wollten, war ein Oberhaupt, das die Befugnisse eines Häuptlings hatte; aber das Volk wollte auch die Möglichkeit behalten, ihn aus dem Amt zu jagen und einen anderen Mann an seiner Stelle einzusetzen. Die Intensivierung der Macht zog sie an und stieß sie gleichzeitig ab. Sie hatten diese Art Macht geschaffen, wollten aber gleichzeitig nichts davon wissen.

Häuptlingtümer sind im Kern noch vom Sippensystem geprägte Gesellschaften. Jede genaue Beschreibung würde notgedrungen mehr Raum darauf verwenden müssen, die Funktionen des Sippensystems zu beschreiben, als darauf, das Feld der Häuptlingspolitik zu umreißen. Nach unserer Definition des Staates als einer Gesellschaft, in der nicht-sippenmäßige Formen des sozialen Zusammenhalts genauso wichtig sind wie Sippenformen, ist ein Häuptlingtum noch kein Staat.

Die Macht von Häuptlingen scheint natürlich den aristokratischen Abstammungslinien der primitiven Gesellschaft zu entspringen, wobei die Oberhäupter dieser adeligen Linien normalerweise Clan- und Dorf-Oberhäupter wurden. Die meisten Häuptlingtümer scheinen ihr politisches Leben auf diese Weise begonnen zu haben, und dann, infolge eines historischen Prozesses, über den wir keinerlei Quellenmaterial besitzen, brachten es einige dieser Oberhäupter fertig, eine Herrschaft über einen Clan oder ein Dorf zu etablieren, in denen keine Sippenangehörigen wohnen. Der Häuptling bleibt zwar auch weiterhin Anführer seines eigenen Clans oder Dorfes, mehr oder weniger in der bisherigen Form als Oberhaupt. Über den fremden Clan herrscht er jetzt jedoch als Häuptling. Sein Clan wird folglich zum königlichen Clan des Häuptlingtums; sein Nachfolger im Amt als Clan-Oberhaupt wird auch Nachfolger des ganzen Häuptlingtums. Die Erbfolge des Häuptlingtums wird durch die Regeln bestimmt, die auch festlegen, welche Sippengruppe den Häuptling ernennen darf. Die Machtvorstellungen des Sippensystems bestimmen auch weiterhin die Regierungsform.

In einer solchen Gesellschaft üben Abstammungs-, Clan- und Dorf-Oberhäupter – sämtlich Vertreter des Sippensystems – auch weiterhin die gleiche, relativ machtlose Führungsrolle aus, die schon in der primitiven Gesellschaft existierte. Jetzt sind die Oberhäupter jedoch dem Häuptling verantwortlich, und ein neues Oberhaupt muß von ihm gebilligt werden. Wie der Häuptling auch regieren mag, alle Regierungsgewalt wird durch die verschiedenen Oberhäupter ausgeübt, die zu den entscheidenden Mittlern zwischen Volk und nicht durch den Sippenverband bestimmter politischer Macht werden. Wenn die zentralisierte Macht des Häuptlingtums expandiert, dann nur auf Kosten der Oberhäupter. In Busambira, einem sehr kleinen Häuptlingtum im nordöstlich von Buganda gelegenen Busoga, waren viele der Dorf-Oberhäupter Söhne des Häuptlings.[8] Eine solche Zentralisierung auf Kosten des Sippensystems treibt ein Häuptlingtum in Richtung Monarchie, da die der zentralen politischen Macht unterstellten Würdenträger nicht mehr die nach dem Sippensystem ausgewählten Oberhäupter sind, sondern die Stellvertreter des Königs.

Die Macht eines Häuptlings ist etwas völlig anderes als die eines Dorf-oberhaupts, und man erfindet viele symbolische Formen und Rituale, um die Radikalität dieser Macht zu unterstreichen, selbst in den einfachsten Häuptlingtümern. Im Häuptlingtum von Busambira in Busoga hatte der Herrscher «keinen Stab von Häuptlingen zwischen sich und den Oberhäuptern der Dörfer. Er oder sein *katikiro* verhandelten direkt mit den Oberhäuptern...»[9] Diese politische Einheit war sehr klein (1948 zählte man in diesem Territorium 3894 Einwohner)[10]; und es gab keine irgendwelchen Gouverneuren unterstellten Unterteilungen des Territoriums. Es gab einfach nur den Häuptling und zwölf ihm unterstehende Dörfer. Wie einfach diese politische Struktur auch sein mochte, so reichte die symbolische Dimension der Macht des Häuptlings recht tief. *Kisambira*, wie man den Häuptling nannte, konnte seine Abstammung bis auf Igaga zurückverfolgen, einen legendären Urahn. *Kisambira* wurde als eigentlicher Eigentümer allen Landes im Häuptlingtum angesehen, und seine Stellung war zum Teil geheiligt. «Er besaß Stühle, Speere, Trommeln und andere symbolischen Ausstattungsgegenstände der Herrschaft, die er von seinen Vorfahren geerbt hatte, und man betrachtete ihn als Hauptbindeglied zwischen dem Volk, den königlichen Vorfahren und anderen übernatürlichen Kräften.»[11] Er war in weit stärkerem Maße ein Individuum, als es je ein Clan- oder Dorf-Oberhaupt gewesen war.

Bei den Alur, einem sehr weit nördlich von Buganda lebenden Nilotenvolk, herrschte eine ähnliche Einstellung: «Der Glaube an die übernatürlichen Kräfte der Person eines Häuptlings findet in der Furcht und der Ehrfurcht vor ihm seinen allgemeinen Ausdruck, ebenso aber in dem mäßigenden Einfluß, dem schon die bloße Anwesenheit eines Häuptlings oder des Sohns eines Häuptlings bei der Beendigung von Kämpfen zugeschrieben wird...»[12] Alle Alur-Häuptlinge mußten hervorragende Regenmacher sein, und diese magische Fähigkeit trug stark zu der Ehrfurcht bei, die man ihnen entgegenbrachte. Häuptlinge besaßen auch das Recht, bestimmte Regeln und Tabus zu brechen, was keinem gewöhnlichen Menschen erlaubt war:

> Diese Errichtung von Heiligtümern für die Vorfahren... unter Umgehung der normalen Regeln, stimmt auch mit ihrer Fähigkeit überein, sich in einer Reihe weiterer Zusammenhänge über die Ängste und rituellen Restriktionen zu erheben, die dem gewöhnlichen Alur Beschränkungen auferlegen... Er demonstriert symbolisch die überlegene Kraft seines Charakters, die es ihm ermöglicht, die Regeln zu verhöhnen, welche die anderen Sippenangehörigen einschränkt, ohne daß er die normalen übernatürlichen Konsequenzen fürchten muß.[13]

Diese «normalen übernatürlichen Konsequenzen» sind jedoch letztlich eine menschliche Erfindung, wenn auch eine unbewußte. Menschen erfinden Tabus und automatische Strafen, die bei einem Tabubruch verhängt werden – und dann erfinden sie mächtige Einzelpersonen (Häuptlinge und Könige), deren Aufgabe es unter anderem ist, mit einem Tabubruch zu demonstrieren, wie mächtig sie in Wahrheit sind. In der Phantasie ist jeder ein Tabubrecher, und die Phantasie wird teilweise durch die Identifikation mit dem Häuptling befriedigt, der in der Realität ein Tabubrecher ist. Der Häuptling unterliegt nur relativ wenigen Beschränkungen – er ist der erste Held, den diese Erde erblickt hat.

Die Art politischer Macht, die wir mit Monarchien und dem Staat in Verbindung bringen, nämlich Webers Monopol auf legitime Gewalt, entwickelte sich in Häuptlingtümern nur langsam und allmählich. Die sippenmäßige Selbsthilfe in Rechtsfragen spielte im gesellschaftlichen System auch eine wichtige Rolle, obwohl etwa Alur-Häuptlinge diese Selbsthilfe nur auf wenige Gebiete eingrenzten.[14] Im Gegensatz zu den Verhältnissen bei den benachbarten Lendu, einem primitiven Volk, dem keine übergeordnete Macht die in Schadenersatzfällen oft ausbrechenden Kämpfe verhindern konnte, mischten sich Alur-Häuptlinge in Streitigkeiten ein und beendeten Fehden. Ein Alur-Häuptling konnte benachbarte Häuptlinge zu Hilfe rufen, um Unruhen in seinem Gebiet zu unterdrücken; er konnte auch auf die Krieger seiner königlichen Abstammungslinie zurückgreifen, um Polizeiaktionen durchzuführen. Um die Menschen von Gewalttaten abzuhalten, konnte der Häuptling eine Buße in Form eines Schafs oder einer Ziege verhängen, die der Täter neben der Entschädigung für das Opfer direkt an den Häuptling zahlen mußte.[15]

Die ersten Häuptlinge hatten nicht nur die Macht, Tabus zu brechen, Regen zu machen, den Frieden zu bewahren und sich selbst als heilig anzusehen, sondern konnten auch auf organisiertere, ernsthaftere Art und Weise Krieg führen. Ein Häuptling, dem eine weit größere Bevölkerung unterstand als jedem Dorfoberhaupt etwa, konnte in einer Schlacht weit mehr Krieger ins Feld führen. Mit dem Aufstieg der Häuptlinge wurde die Kriegführung bei den Alur immer zerstörerischer. Gemeinschaften ohne Häuptlinge zogen nach einer Schlacht nicht brennend und plündernd übereinander her, während ein Häuptling sich durchaus zu solchen Aktionen berechtigt fühlte, wenn er einen Clan besiegt hatte, der den Frieden gebrochen hatte.[16] In frühen Häuptlingtümern entdeckte die Welt zum erstenmal, daß Konzentration und Erhöhung von Macht ebenso aufregend wie gefährlich sein kann.

Der Übergang von Häuptlingtum zu einfacher Monarchie

Die einfachste Methode war das Ergebnis der Vereinigung zweier Häuptlingtümer in eine einzige politische Einheit, in der einer der früheren Häuptlinge als König regierte. Unter so überschaubaren Umständen regierte der neue König vermutlich als Häuptling in seinem eigenen Distrikt weiter; es ist unwahrscheinlich, daß er sich so erhaben fühlte, es für nötig zu halten, für sein eigenes Volk einen Gouverneur einzusetzen. Die Vereinigung zweier Häuptlingtümer konnte das Ergebnis einer Eroberung sein, und in diesem Fall wurde der Häuptling des eroberten Gebiets unter Umständen zum Gouverneur degradiert und zum Gehorsam gegenüber dem König verpflichtet. Der Häuptling konnte aber auch abgesetzt und durch einen Gouverneur ersetzt werden, der aus dem eroberten Volk stammte. In seltenen Fällen ernannte der neue König einen Angehörigen seines eigenen Volks zum Gouverneur über das besiegte Häuptlingtum.

Die Vereinigung zweier Häuptlingtümer zu einer einfachen Monarchie mußte nicht unbedingt mit Gewalt erfolgen. In vielen Häuptlingtümern waren benachbarte Häuptlingtümer eng miteinander verwandt: Vater und Sohn, Brüder, Onkel und Neffe. Wenn ein solcher Häuptling ohne einen Erben starb, konnte es vorkommen, daß die Ältesten des Häuptlingtums den verwandten Häuptling aufforderten, über beide Gemeinwesen zu herrschen, vor allem dann, wenn er in dem Ruf stand, besondere militärische, magische oder moralische Fähigkeiten zu besitzen. Der neue König mußte dann für das führerlose Häuptlingtum einen Gouverneur ernennen. In den Fällen, in denen es so friedlich zuging, konnte dies nur mit Zustimmung der Regierten geschehen.

Einfache Königreiche konnte dadurch entstehen, daß ein Häuptlingtum über eine primitive Gesellschaft herrschte, in der es keine Häuptlinge gab. Ein Königreich konnte auch durch Eroberung gesichert werden, indem etwa die organisierten Streitkräfte eines Häuptlings in ein Gebiet eindrangen, in dem nur Clan- oder Dorf-Oberhäupter regierten. Dabei konnte das eroberte Gebiet nur dann dauerhaft gesichert werden, wenn das Gouverneursamt über die neue Provinz durch Abkommen gesichert wurde.

Diese Vereinigungen konnten auch auf friedlichem Weg erfolgen. Aus historisch belegten Quellen der Alur wissen wir, daß ein Volk ohne Häuptling manchmal einen benachbarten Häuptling bat, einen seiner Söhne als Häuptling zu entsenden.[17] Wenn das neue Häuptlingtum sich erst einmal etabliert hatte, bestand eine anerkannte Verbindung zwischen den beiden Häuptlingtümern, und am Ende konnte eine friedliche Vereinigung der beiden Gemeinwesen erfolgen.

Ein einfaches Königtum war von Natur aus instabil. Die Energie, die den Entwicklungsprozeß vorantrieb – und zu mehr Macht bei dem einzelnen Häuptling führte –, erzeugte aber auch die Instabilität, die der Machtkampf des Königs mit seinen Gouverneuren mit sich brachte. Keine Monarchie, auch die einfachste nicht, kann ohne die Einrichtung des Gouverneursamts existieren, da der Gouverneur die vom König verliehene Macht ausübt. Das politische Problem lag nicht darin, daß es keine Leute gegeben hätte, die dem Gouverneur gehorchten: In den meisten Fällen hatten sich die Menschen daran gewöhnt, einem Häuptling gehorsam zu sein, und der Gouverneur war nichts weiter als ein Häuptlingsersatz. Die entscheidende Frage war, was den Gouverneur dazu brachte, sich mit der Rolle eines Untergebenen des Königs zufriedenzugeben. In vielen Fällen lautete die Antwort ‹nichts›, und dann löste sich die Monarchie auf.

Ein großes Königreich ist von Natur aus stabiler als eine einfache Monarchie. Wenn sich ein, zwei oder selbst drei Provinzgouverneure gegen einen König erheben, der zehn Provinzgouverneure unter sich hat, verfügt er immer noch über sieben, acht oder neun Provinzen, mit deren Hilfe er die Rebellion niederschlagen kann. Wenn ein König mit ein oder zwei Gouverneuren sich einem Aufstand gegenübersah, mußte er sie auf einer Basis der Gleichberechtigung bekämpfen, wenn sie ihm die Gefolgschaft aufkündigten. Es war um ein Vielfaches leichter, den aufständischen Gouverneur ziehen zu lassen und wieder ein einfacher Häuptling zu werden.

Rivalitäten zwischen einem König und seinen Söhnen sowie unter den Söhnen – Rivalitäten, die in komplexen Monarchien weiterhin für Spannungen und Instabilität sorgten – konnten sich für einfache Königreiche als katastrophal erweisen. Bei den Alur gibt es fünf belegte Fälle, in denen jüngere Söhne als Nachfolger ihrer Väter ausgewählt wurden, um dem Häuptlingtum von Ukuru vorzustehen, woraufhin die ältesten Söhne von dem Gebiet abfielen, um eigene Häuptlingtümer zu gründen.[18] In der Ukimbu-Region des heutigen Tansania, einer Region, in der Häuptlingtümer und kleine Monarchien einander beständig ablösten, erzeugten die Spannungen zwischen dem Herrscher und seinen Söhnen zahlreiche Risse in der Regierungsform.[19] In dieser Ukimbu-Region spielten die Ratgeber des Häuptling-Königs eine entscheidende Rolle. Erfolglose oder unbeliebte Herrscher wurden von ihnen immer wieder abgesetzt. «Ein Häuptling(-König) erhielt meist einen ersten Hinweis darauf, daß seine Ablösung bevorstand, wenn er den Laut des Geisterhorns hörte, das zu Ehren seines Nachfolgers geblasen wurde.»[20]

Sobald die Idee einer mächtigen, individuierten Person geboren war, sobald die zentralisierte politische Macht der Monarchie verwirklicht war, deutete nichts darauf hin, daß diese Macht das Monpol nur einer Person in jedem Gemeinwesen bleiben würde oder konnte. Vor allem zu Beginn, als die individuierte Macht um ihres eigenen Vorteils willen die Antriebskraft des Entwicklungsprozesses war, gab es so gut wie keine Mechanismen – Gefühle wie Loyalität, Ehre, Gerechtigkeit, Ordnung, Nationalismus und religiöse Absichten –, die wir als Hilfsmittel von Menschen in subalterner Stellung ansehen, um die Oberherrschaft eines Königs anzuerkennen. Die Gesellschaften, die das Häuptlingsstadium überwunden und ein frühes Königtum erreicht hatten, waren von reinem Machtstreben beherrscht und wurden durch Machtkämpfe zerrissen. Diese inneren Fraktionsbildungen führten nicht notwendig zu immer größeren Königsreichen, wenn die erfolgreicheren Gesellschaften über die schwächeren triumphierten. In ebenso vielen Fällen schlugen die Versuche zur Bildung früher Königtümer fehl, und die Gemeinwesen wurden wieder zu den Häuptlingtümern, aus denen sie entstanden waren. Ein Häuptling, der keine Gouverneure brauchte und nur mit Clan-Oberhäuptern zu tun hatte, sah sich weit weniger Herausforderungen seiner Autorität gegenüber, wenn seine Macht erst einmal etabliert war.

Immer dann, wenn sozial instabile Verhältnisse herrschen, etwa beim Übergang von Häuptlingtümern zu einfachen Königtümern, spielt die Persönlichkeit eine überaus wichtige Rolle. Marshall Sahlins hat den zyklischen Prozeß des «Großen Mannes» in Melanesien beschrieben. In dieser Gesellschaft stiegen einige Gestalten von überragender psychologischer Macht zu großen Ehren auf, und die Gesellschaft erlaubte dies und förderte es sogar. Einer dieser «Großen Männer» begann meist damit, daß er sich eine politische Machtbasis schuf, die den ganzen Distrikt beherrschte. Eine Zeitlang sah es aus, als sei er dabei, ein starkes Königtum zu errichten. Dann löste sich jedoch die gesamte Struktur auf, entweder durch Abfall seiner Anhänger, offene Rebellion oder durch den Tod des Häuptling-Königs. Dieser Prozeß war unausweichlich, jedoch machte sich kurz darauf schon der nächste Große Mann an die Arbeit.[21] Wie die Türme aus Bauklötzen, die Kleinkinder in der Vorschule bauen, scheinen auch diese Strukturen zwei Zwecken gedient zu haben: hoch aufzuragen und gestürzt zu werden.

Einfache Königreiche

Die systemimmanente Instabilität der frühesten Königreiche scheint durch mehrere Mittel überwunden worden zu sein: durch die Errichtung eines Königreichs infolge militärischer Eroberung; durch die Verwandlung des Königs von einer Macht in eine Supermacht; durch die Erschaffung einer nicht-aristokratischen Machtstruktur, die ein politisches Gleichgewicht ermöglichte; sowie durch die Erfindung stabilisierender Formen, die dem Gemeinwesen stärker verpflichtet waren als dem Mann.

Im 19. Jahrhundert gab es in der traditionellen Gesellschaft Ukimbu im heutigen Tansania fast fünfzig einfache Königreiche in einem relativ stabilen politischen Umfeld. Viele dieser Königreiche entstanden durch Abfall von einer etablierten Monarchie, die meisten der ursprünglichen Königreiche jedoch infolge militärischer Eroberung.[22] Einem durch Eroberung zustande gekommenen Staat wohnt eine gewisse Stabilität inne; König und Gouverneur stehen einander nicht als fast gleichrangig gegenüber, und wenn der König eine deutliche militärische Überlegenheit besitzt, ist eine Revolte unwahrscheinlich. Ein König, der ein benachbartes Häuptlingtum erobert, mag es für richtig halten, diesen Häuptling in einen dem König verantwortlichen Gouverneur zu verwandeln; er kann sich aber auch dazu entschließen, den regierenden Häuptling abzusetzen und die Ältesten des eroberten Häuptlingtums zu bitten, aus ihren Reihen einen Gouverneur zu benennen. Unter solchen Umständen fällt es einem Monarchen weit leichter, seine Untertanen zu beeindrucken, als wenn zwei Häuptlingtümer zu einem Königreich vereint werden, die mehr oder weniger gleichrangig sind. Bei klaren hierarchischen Strukturen herrscht größere Stabilität.

Wenn sich die psychologische Kluft zwischen dem König und seinen ‹aristokratischen› Untertanen so sehr vertiefte, daß selbst der unerschrockenste ‹Edelmann› vor Furcht zitterte, er könne das Tabu des Herrschers verletzen, erhöhte das die Chancen der Monarchie, zu einer dauerhaften Einrichtung zu werden, enorm. Wenn allein der König die ehrfurchtgebietende Macht besaß, Menschenopfer zu fordern und anzuordnen, war es unwahrscheinlicher, daß irgendein Aristokrat sich stark genug fühlen würde, diese Gewalt herauszufordern und für sich selbst zu beanspruchen. In allen stabilen frühen Monarchien finden wir ein vollentwickeltes System von Symbolen, welche die übermenschlichen Fähigkeiten des Königs betonten. Das soll jedoch nicht heißen, daß symbolische Machtsysteme bewußt errichtet wurden, um das politische Stehvermögen des Monarchen zu stärken: Macht und Allmacht wurden um ihrer selbst willen erstrebt. Die politische Macht war nur ein Teil und nicht das ausschließliche Ziel des Prozesses, übermenschliche Einzelpersonen hervorzubringen.

Viele der traditionellen Königreiche im westlichen Tansania waren extrem klein; manche umfaßten nicht mehr als eintausend Menschen, so daß ein Mann sie mit Hilfe seiner engsten Familie regieren konnte.[23] Obwohl diesen Gemeinwesen enge Grenzen gesetzt waren, war die symbolische Macht des Königs schon voll entwickelt. So konnte beispielsweise niemand Honig sammeln, bevor der König verkündete, die Erntezeit habe begonnen. Von jedem bei der Jagd erlegten Tier mußte der Monarch einen Teil erhalten. Es war keinem Jäger erlaubt, einen Elefanten zu töten, dessen Elfenbein ein königliches Monopol war, oder einen Löwen, ‹den König der Tiere›. Der König verfügte über besondere Arbeitskräfte, deren einzige Aufgabe es war, nach Eisenerz zu suchen. Ferner besaß er ein Monopol im Tuchhandel, und die Tuche wurden von ihm an seine Untertanen verteilt. Als in diesem Gebiet Feuerwaffen eingeführt wurden, durfte außer dem Souverän und seinen unmittelbaren Stellvertretern niemand mit solchen Gütern Handel treiben.[24] Nur der Monarch besaß bestimmte königliche Insignien. So mußte etwa jedes Feuer im gesamten Königreich mit Brennholz von seinem Feuer entzündet werden.[25] Wenn er starb, wurde er so begraben, daß man den Eindruck hatte, als wäre er noch am Leben: Er saß auf einem Stuhl, hielt einen Stab in der Hand und war in ein Leichentuch aus weißem Baumwollstoff gehüllt. Bei den Beerdigungsriten mußten mindestens ein Junge und ein Mädchen umgebracht werden, manchmal mehrere von jedem Geschlecht.[26]

Diese Königreiche trennten zwar Welten von den großartigen zentralisierten Monarchien Buganda, Bunyoro oder Hawaii, aber der Monarch war schon ein ‹göttlicher› Herrscher. Die Formen von Allmacht, die wir normalerweise mit dem Begriff ‹Göttlichkeit› verbinden, waren anfänglich eher die Vorrechte realer, wenn auch erhöhter Menschen als die irgendwelcher übernatürlicher Wesen.

Terror allein kann keine Gesellschaft auf Dauer zusammenhalten. Die Furcht vor der Allmacht des Königs genügte nicht, um ein monarchisches System zu stabilisieren; daneben mußten bestimmte Formen der Stabilität und des sozialen Zusammenhalts entwickelt werden. Gefahr drohte dem Thron von anderen aristokratischen Mitgliedern der Gesellschaft, die sich mächtig genug fühlten, den Monarchen herauszufordern. Frühe Könige fanden schon bald heraus, daß man dieser politischen Drohung begegnen kann, indem man Bürgerliche in Positionen beruft, in denen sie vom Thron abhängig und ihm ergeben sind. Ein bürgerlicher Untertan oder *katikiro* kann keinen königlichen Rang erhalten, kann die grundlegende Autorität des Königs nicht erschüttern. Ein solcher Mensch ist beim Machtkampf mit unzufriedenen Adligen für den Monarchen ein perfekter Bundesgenosse.

Bulamogi war einer der größten Staaten in Busoga; 1948 hatte er etwa neunundvierzigtausend Einwohner, und das traditionelle Königreich dürfte im 19. Jahrhundert höchstens fünfundsiebzigtausend Köpfe gezählt haben. Der König von Bulamogi hatte einen großen Stab von Verwaltungsbeamten, Haushaltsbeamten und Territorialgouverneuren. Er hatte einen *katikiro*, einen Bürgerlichen, der für den königlichen Palast verantwortlich war. Zu dem Königreich gehörte eine Reihe von Provinzen, von denen jede von einem königlichen Prinzen *und* einem bürgerlichen Gouverneur gemeinsam regiert wurde, die beide vom König ernannt worden waren[27]:

Die Verwaltungsbeamten, mit denen der Herrscher in jedem der Königreiche regierte, wurden weder durch patrilineale Sippenzugehörigkeit in bürgerlichen Abstammungslinien bestimmt, noch aus der königlichen Familie rekrutiert. Die führenden Stellvertreter des Herrschers – der Premierminister und die Häuptlinge der einzelnen Bezirke – waren Bürgerliche, die durch persönliche Loyalität an den Herrscher gebunden waren... Im gesamten Königreich besaßen Prinzen – jüngere Angehörige der königlichen Familie – die Kontrolle über Dörfer oder ganze Gruppen von Dörfern, und diese Personen stellten für die übergeordnete Autorität des Herrschers eine potentielle Bedrohung dar... Die Einrichtung des Vasallentums, mit dem der Herrscher Bürgerliche mit administrativen und militärischen Fähigkeiten in Führungspositionen berief und sie so als persönliche Gefolgsleute an sich band, gab dem König ein Verwaltungsinstrument in die Hand, dem er Machtbefugnisse anvertrauen konnte. Da sie nicht den ererbten Rang der Prinzen besaßen, waren sie auch keine potentiellen Usurpatoren. Wenn eine Thronfolge geregelt werden mußte, nahmen auch die Vasallen des vorhergehenden Herrschers zusammen mit den Angehörigen des königlichen Clans an der Wahl eines neuen Herrschers teil und übten so einen uneigennützigen und stabilisierenden Einfluß auf die ehrgeizigen Prinzen aus.[28]

Alle diese Mechanismen zur Manipulation der Machtbalance hätten jedoch ihren Zweck verfehlt, wenn nicht gleichzeitig ein Gefühl des gesellschaftlichen Zusammenhalts geschaffen worden wäre, ein Gefühl – um ihm einen nicht ganz angemessenen Namen zu geben – der Nationalität. Dieses Gefühl war bitter nötig, um den Zusammenhalt des Sippensystems abzulösen, das sich in voller Auflösung befand, und der König stellte es zur Verfügung. In einer Sippensystemgesellschaft spielen die Vorfahren der Abstammungslinie oder des Clans für die Entstehung des sozialen Zusammenhalts eine entscheidende symbolische Rolle. Die Menschen gehören weitgehend deshalb zueinander und zur Gruppe, weil sie alle die gleichen Vorfahren haben. Gemeinsame Vorfahren erlauben die Ausdehnung des Familiengefühls auf viele Menschen, die nicht zur unmittelbaren Verwandtschaft gehören. – Daß in den USA noch heute der Geburtstag George Washingtons feierlich begangen wird, ist ein rituelles Überbleibsel von Ahnenverehrung, das im Interesse des politischen Zusammenhalts aufrechterhalten wird. So trug es auch zur Stabilität früher Monarchien bei, daß die Vorfahren des Königs zu Vorfahren aller wurden:

> In der Struktur des Staates stellte der Grundsatz des zugeschriebenen Rangs eine patrilineale Abstammungsgruppe – nämlich die des Herrschers – über alle anderen. Prinzen besaßen durch Geburt einen höheren Status und eine angeborene Fähigkeit zum Herrschen. Wie die bürgerlichen Abstammungslinien besaßen auch die Prinzen eine gemeinsame Autoritätsstruktur und gemeinsame wirtschaftliche und religiöse Interessen; aber anders als jene ging das Bezugssystem der königlichen Gruppe in Fragen der Autorität, des Eigentums und der Religion über die eigenen Angehörigen hinaus und umfaßte den Staat als Ganzes. Die Autorität des Herrschers als Stellvertreter der königlichen Gruppe erstreckte sich über die Mitglieder aller Clans; die königlichen Vorfahren waren in einem gewissen Sinn ‹nationale› Vorfahren, und die königliche Gruppe hatte durch

den Herrscher ein Interesse an allen dem Staat gehörenden Ländereien sowie deren Produkten. Unter den patrilinealen Abstammungsgruppen war die königliche Gruppe also mehr als ein *primus inter pares*; sie war die strukturelle Manifestation und die symbolische Verkörperung der Einheit des ganzen Staates.[29]

Alle diese Mechanismen – Staatsgründung durch Eroberung, Erhebung des Monarchen zu einer Supermacht, Einsatz von bürgerlichen Verwaltungsbeamten sowie die Einführung von nicht auf das Sippensystem begründeten Formen des sozialen Zusammenhalts – gelangten in komplexen zentralisierten Königreichen zu voller Reife. Diese Formen von Handeln und Ritual waren die Grundbausteine nicht nur der einfachen Monarchien, sondern auch der weit komplexeren Gebilde, die ihnen nachfolgten.

Der Übergang von einfachen zu komplexen Königreichen

Die historischen Quellen scheinen zu zeigen, daß nach der Stabilisierung einfacher Königreiche drei Wege verfolgt werden konnten. Erstens konnte die Politik in einem kleinen Königreich oder in einem ganzen Distrikt oder Land über einen langen Zeitraum hinweg relativ stabil bleiben. Das war augenscheinlich in Busoga der Fall, wo etwa fünfzehn kleine bis mittelgroße Königreiche mit Bevölkerungen von vier- bis fünfzigtausend Menschen über mehrere hundert Jahre hinweg erhalten blieben, ohne daß ein oder zwei Staaten über die anderen herrschten und ohne daß es zu gravierenden Rückbildungen zu Häuptlingtümern kam.[30]

Zweitens konnte es zu periodisch auftretenden Eruptionen kommen, wenn zunächst ein kleines Königreich und dann ein anderes den *Versuch* unternahmen – unter der Führung eines besonders charismatischen Königs –, die Nachbarn zu unterwerfen und mehrere kleine Königreiche in einen komplexen, zentralisierten Staat zu verwandeln. In diesem besonderen Fall schlugen alle solche Versuche fehl. Die komplexen Staaten erwiesen sich alle als vorübergehende Erscheinungen und brachen entweder nach dem Tod des Gründers oder kurz danach zusammen, da es noch keine permanenten Mechanismen zur Kontrolle eines großen Staates gab. Nach dem Zusammenbruch dieser temporären Staaten kehrte jede kleinere politische Einheit zum Status des kleinen Königreichs zurück. Diese Beschreibung paßt genau auf die politischen Gegebenheiten der größeren und der kleineren Halbinsel von Tahiti, und zwar in der Periode, die dem Kontakt mit der Außenwelt vorausging.[31] Und auch auf Tahiti blieben die Bedingungen gleich, bis Pomare II. mit Hilfe christlicher Waffen und der christlichen Religion die ganze Insel eroberte.

Alle diese zum Scheitern verurteilten Versuche zur Schaffung einer zentralisierten Monarchie scheinen durch militärische Eroberungen ausgelöst worden zu sein. Die charismatischen Könige, die diese Versuche unternahmen, waren sämtlich militärische Führer von ungewöhnlichen Fähigkeiten.

Das dritte Szenarium, das stabilen einfachen Monarchien zu Gebote stand, war gegeben, wenn es einem bestimmten Staat gelang, seine Nachbarn zu entmachten und ein permanentes, zentralisiertes Königreich zu errichten. Sowohl Hawaii wie Buganda sind typische Vertreter dieser Art von Staatsgründung. Dieser Prozeß hat meist recht lange Zeit erfordert (der Staat Buganda brauchte zu seiner Entstehung drei- bis vierhundert Jahre), daneben aber auch mehrere charismatische Könige mit überlegenen militärischen Fähigkeiten. Mit dem Aufkommen der Feuerwaffen war es möglich, einen permanenten Staat wie etwa das hawaiische Königreich Kamehamehas in nur einer Generation zu errichten. Es ist fraglich, ob diese Ergebnisse mit traditionellen Waffen möglich gewesen wären; denn es waren gerade die Feuerwaffen, die eine Konzentration militärischer Macht in der Hand eines Staates erlaubten. So ist es beispielsweise sehr fraglich, ob es mit ausschließlich traditionellen Methoden der Kriegführung je einen vereinigten tahitianischen Staat gegeben hätte.

Alle historischen Quellen deuten darauf hin, daß jede komplexe zentralisierte Monarchie auf der Grundlage militärischer Eroberungen errichtet wurde. Kleine Königreiche entstanden als Ergebnis friedlicher Expansion, einer Fusion oder der Zustimmung der Regierten; beim zentralisierten Staat scheint das jedoch nie der Fall gewesen zu sein.

Aylward Shorter hat uns eine Fallstudie über ein Gebiet im westlichen Tansania geliefert, das von kleinen Königreichen beherrscht wurde. Diese Region brachte im 19. Jahrhundert klar umrissene Beispiele für sowohl eruptive, vorübergehende Staatsgründungen wie für den soliden Aufbau einer zentralisierten Monarchie. Shorter nennt alle, die dort regierten, «Häuptlinge», aber nach den hier verwendeten Definitionen waren die meisten von ihnen einfache Könige. In dieser einzigen Region gab es zwischen fünfzig und einhundert verschiedene politische Ordnungen.[32]

Mirambo war ein militärisches Genie, das die neuen Feuerwaffen zur Schaffung eines großen Reiches einsetzte:

Das Militär war seine einzige organisierte Körperschaft. Wenn er ein Häuptlingtum eroberte, brachte er den Herrscher, der ihm Widerstand geleistet hatte, oft um, erklärte sich aber meist damit einverstanden, ihn durch einen anderen Angehörigen seiner Abstammungslinie zu ersetzen. Dieser Häuptling wurde sein Vasall, und Mirambo vertraute seiner Dankbarkeit und baute darauf, daß seine Furcht vor Repressalien seine Loyalität erhalten würde. Wenn es zu einer Rebellion kam, schlug Mirambo blitzschnell zu, bestrafte den Rebellen und ersetzte ihn durch einen anderen Angehörigen seines Hauses. Mirambo hinterließ bei seinem Tod daher keine dauerhafte Organisation, und so begann sein ‹Reich› schon wenige Tage nach seinem Tod im Jahr 1884 auseinanderzufallen.[33]

Nyungu-ya-Mawe war in der gleichen Region von Tansania König und ein Zeitgenosse Mirambos. Was seine militärischen Fähigkeiten angeht, konnte er sich mit diesem Eroberer nicht messen; aber er brachte es immerhin fertig, sich zweiunddreißig von achtunddreißig kleinen Königreichen in Ukimbo zu unterwerfen sowie viele andere in benachbarten Regionen, so daß er allmählich ein Gebiet von fast zweiunddreißigtausend nicht sehr dicht bevölkerten Quadratkilometern beherrschte.[34]

Nyungu war ein bemerkenswerter Staatsmann, der genau wußte, was zur Errichtung eines permanenten Staates nötig ist. Er herrschte nicht mit Hilfe der eroberten Könige, sondern setzte ein Corps von *vatwaale* ein, sechs oder sieben Militärgouverneure, die nur ihm Gehorsam und Loyalität schuldeten. Wenn die geschlagenen Könige nicht schon während der Eroberung umgebracht worden waren, wurden sie zu rituellen Amtsträgern degradiert und nach ihrem Tod oft nicht ersetzt. So brach Nyungu die Macht der kleinen Könige und errichtete einen hierarchischen, weltlichen Staat, in dem die Sippenzusammengehörigkeit nicht mehr das verbindende Element war. Insubordination eines seiner *vatwaale* hatte schwere Strafen zur Folge. Einer der Gouverneure besaß die Kühnheit, sich wieder die politischen und rituellen Funktionen anzueignen, die Nyungu abgeschafft hatte, indem er in einem der von ihm regierten kleinen Königreiche ein bestimmtes Ritual abhielt. Nyungu ließ ihn hinrichten und durch einen anderen ehrgeizigen Befehlshaber ersetzen. Nyungu war der einzige Mensch in dem neuen Königreich, der politische wie geheiligte Macht ausüben durfte.[35] In allen wesentlichen Fragen hat er sich selbst zu einem *kabaka* gemacht.

Und es funktionierte. Anders als die Lebensleistung Mirambos überlebte Nyungus Staat seinen Tod sowie den von zweien seiner Nachfolger, die beide zufällig Frauen waren. Die Europäer hatten jedoch eine größere Macht entwickelt, als Nyungo sich vorstellen konnte. Zehn Jahre nach seinem Tod wurde sein Staat von den Deutschen zerstört.[36]

Obwohl wir uns genötigt fühlen, Nyungus Leistung zu bewundern, vor allem im Vergleich mit dem kurzlebigen Mirambo, war er dennoch wie Alexander, Cäsar und Napoleon vor ihm ein zivilisierter Killer. Die rohe Gewalt, die für die Errichtung komplexer zentralisierter Königreiche notwendig gewesen zu sein scheint, muß mit der allgegenwärtigen Tyrannei in diesen Gesellschaften verwandt gewesen sein. Vielleicht gab es in diesem letzten Stadium der komplexen Gesellschaft soviel Unterdrückung, weil die Menschen, die dieses Stadium geschaffen hatten, sich so gut auf tyrannische Verhaltensweisen verstanden.

Nyungu, Kamehameha, Pomare II., Finow I., Alexander, Cäsar, Iwan der Schreckliche und Wilhelm der Eroberer waren alle Männer eines Schlages: Vernichter von Menschen und Staatengründer. Sie waren keine bloßen Sadisten, die um des Tötens willen andere Menschen umbrachten, ebensowenig Gangster oder Piraten, die nur auf Reichtum und unbegrenzte Macht aus waren, alles an sich zu reißen, was sie sich wünschten; sie waren auch keine Größenwahnsinnigen, in deren Psyche blinder Ehrgeiz alle anderen Überlegungen verdrängt hatte. Ihr wilder Individualismus arbeitete in erheblichem Umfang unter dem Banner eines Ideals: nämlich der Erschaffung eines großen, permanenten Staates. Ihr Ehrgeiz war nicht gerade klein. Wenn man sie jedoch von einem anderen Standpunkt aus betrachtet, *waren* sie Sadisten, Piraten und Größenwahnsinnige, und alle der von ihnen errichteten großen Staaten trugen das Kainsmal der Tyrannei.

In dieser schönen neuen Welt der Politik, die das Sippensystem ersetzte, waren dies die Individuen, die den zentralisierten Staat schufen – große Helden mit einer nur rudimentären Vorstellung von Moral. Ihre Energie trieb die Gesellschaft durch dieses Entwicklungsstadium voran. Sie verkörperten eine Idee, deren Zeit gekommen war. Sie erfanden eine Politik, die der Menschheit Tausende von Jahren gedient, ihr aber gleichzeitig einen schlechten Dienst erwiesen hat.

27

Das Königtum:
der Traum von der Allmacht

Der *kabaka* von Buganda und der König von Bunyoro nahmen beide eine Halbschwester zur Frau, die denselben Vater, aber eine andere Mutter hatten. Dem *kabaka* war es erlaubt, seine leibliche Schwester zu heiraten, aber in Bunyoro war diese Verbindung selbst dem König verboten.[1] Aus Dahomey wurde berichtet, daß «Brüder, Schwestern, Vettern und Cousinen sich der größtmöglichen Libertinage erfreuen, die nur kurz vor dem tatsächlichen Geschlechtsverkehr haltmacht, und sollten sie der königlichen Sippe angehören, hören sie nicht einmal an diesem Punkt auf».[2]

Königlicher Inzest zwischen Brüdern und Schwestern war charakteristisch für die meisten fortgeschrittenen komplexen Gesellschaften und auf den Hawaii-Inseln hochentwickelt. Hier war eine Halbschwester für einen großen Edelmann ein angemessener Ehepartner; die Kinder aus einer solchen Verbindung waren *niau-pio*-Häuptlinge.[3] Die größtmögliche Heiratsintensität war erreicht, wenn zwei *niau-pio*-Kinder aus verschiedenen Familien heirateten und die männlichen und weiblichen Nachkommen aus dieser Verbindung ebenfalls heirateten. Die Kinder dieser letzten, superinzestuösen *pio*-Heirat trugen das größtmögliche Tabu; sie waren «Götter, ein Feuer, eine lodernde Flamme, eine wilde Hitze, nur nachts können solche Kinder mit Menschen sprechen...»[4] Kamehameha III., der von 1825 bis 1854 lebte und ein Neffe des ersten Kamehameha war, heiratete als letzter großer Edelmann Hawaiis seine leibliche Schwester.[5]

‹Allmacht› ist ein zu blasses Wort, um dem Ideal des Königtums in komplexen Gesellschaften voll gerecht zu werden. Es vermittelt nicht genug von dem traumhaften, poetischen Lebensgefühl, dem keinerlei Grenzen oder Restriktionen gesetzt waren, von dem Bewußtsein, in einer Welt zu leben, in der es keine Gesetze der Moral oder gegen Inzest gab, nicht einmal ein Schwerkraftgesetz, in der zwischen Wunsch und Tat kein Schatten bestand, in der es keine Mäßigung und kein Maß gab, kein ‹Realitätsprinzip›, eine Welt, in der der eigene Wunsch für jeden anderen Befehl ist und in der man sich über die Realität erheben kann. Alle Frauen der Welt – mit einer einzigen Ausnahme – sind Freiwild für den sexuellen Appetit; ein Kopfnicken, und jeder andere muß sterben. Nichts ist verboten. Den heftigsten Wutausbrüchen folgen freigebige Beweise der Großzügigkeit. Nichts scheint eine Rolle zu spielen, nur daß alles, was getan wird, in einem Maßstab geschieht, der für einfache Menschen undenkbar ist. Die königlichen Wohngebäude in Tahiti nannte man ‹die Wolken des Himmels›; sein Kanu war ‹der Regenbogen›; Blitze und nicht Fackeln erleuchteten seine Residenz; und wenn er auf den Schultern seiner Träger durch eine Provinz reiste, sagten die Menschen, er fliege von einer Provinz in die andere.[6] Für eine solche allmächtige Person war es nur natürlich, die eigene Schwester zu heiraten.

Die Welt insgesamt ließ sich jedoch nicht unterwerfen, und allmählich zerrann dieser Traum von Allmacht. Der Wille anderer Menschen sorgte dafür, daß der Herrscher aus seinen Träumen gerissen wurde. Söhne, Brüder oder Gouverneure setzten die Könige ab, und abgesehen von solchen Ereignissen zwang der Tod letztlich jeden zum Nachgeben. Tief in diesem Traum von Allmacht und auch in der Ambivalenz um diesen Traum finden wir die Geschichte der ersten großen Monarchien und die Spannungen in diesen Gesellschaften.

Die irrationalen Quellen dieser Art der politischen Führung – und in gewissem Umfang jeder politischen Führung – zeigen sich uns in dem ehernen Gesetz, das in den meisten Fällen galt, daß eine körperliche Unvollkommenheit es jemandem unmöglich machte, König zu werden. Dies traf in Buganda, Bunyoro und Ankole zu, aber auch in den kleineren ostafrikanischen Staaten Buhaya und Buzinza.[7] Wenn die Menschen das Königtum nur aus rationalen Gründen erschaffen hätten – das heißt, um einen starken und effizienten Staat zu errichten –, hätten sie einen außergewöhnlich talentierten Anführer mit einer krummen Nase jeder mediokren Erscheinung von gutem Aussehen vorgezogen; doch dies war nicht der Fall. In diesem Zusammenhang: Wie viele schlechtaussehende Männer sind in diesem Jahrhundert in den USA zum Präsidenten gewählt worden? In Dahomey wurde «das Recht des ältesten Sohns auf Primogenitur... nach dem Tod des letzten Königs... außer Kraft gesetzt, weil einer seiner Zehen infolge eines Unfalls den anderen überlappte; und sein nächstjüngerer Bruder... der, was seine äußere Gestalt betraf, gewiß ‹ein großartig aussehender Mann› ist, wurde statt dessen gewählt.»[8] Noch im alten Byzanz kam es vor, daß ein amtierender Kaiser einem potentiellen Rivalen die Nase abschneiden ließ, da die körperliche Entstellung das Opfer für das Amt disqualifizierte. Die Menschen wollen offenbar nur von solchen Männern geführt werden, die in jeder Beziehung den Anschein der Vollkommenheit erwecken.

Zur Allmacht gehört auch jede Art von Freizügigkeit. Die beiden großen Erscheinungsformen sind Sexualität und Aggression, und von frühen Königen erwartete man, daß sie sich in beiden auszeichneten. Sexuelle Freizügigkeit ist so untrennbar mit der Idee des Königtums verbunden gewesen, daß man zu vielen Zeiten der Geschichte ein fast psychotisches sexuelles Verhalten toleriert und sogar ermutigt hat, wenn die Monarchen in diese Richtung neigten. Es überrascht uns nicht, daß Männer wie Caligula und Heinrich VIII. in fortgeschrittenen komplexen Gesellschaften Vorgänger hatten. Kabaka Kamanya, der Großvater Mutesas, verlangte von den Ehefrauen seiner engsten Untergebenen Geschenke, wenn diese in den Krieg zogen, und bestand auch darauf, die abwesenden Ehemänner in jeder Hinsicht zu ersetzen. «Er hatte auch die Angewohnheit, seine Männer auszuziehen und ihre Genitalien zu betrachten. Wenn er einen Mann entdeckte, der ein bißchen schwach gebaut war, ließ er tadelnde Bemerkungen über die Größe des Geschlechtsteils fallen, dieser Mann werde nie Frauen finden, die ihn lieben könnten. Einem solchen Mann gab er dann etwa zehn Frauen zu Ehefrauen. Einem stark gebauten Mann gab er etwa zwanzig Frauen, aber auch hier wieder ließ er abfällige Bemerkungen über die Größe des Genitals fallen, dieser Mann werde in Mpumudde nie genug Frauen finden, die ihn befriedigen könnten.»[9] Wir können bei einem solchen Verhalten leicht einer unterdrückten Homosexualität auf die Spur kommen; in diesem Zusammenhang ist jedoch interessant, daß der *kabaka*, da er nun einmal der *kabaka* war, die Freiheit hatte, seinen Neigungen zu folgen, wohin ihn diese auch führen mochten, welche Demütigung anderer (Männer und Frauen) das auch mit sich brachte. Wegen solcher Taten warf sein Volk ihn nicht aus dem Amt. Kamanya starb eines natürlichen Todes, und sein Sohn folgte ihm auf den Thron.

Für frühe Könige mochte die absolute sexuelle Freiheit zwar wichtig sein, das vollständig ungehemmte Ausleben aggressiver Neigungen war ihnen jedoch noch weit wichtiger. Ein König war ein König, weil er nach Gutdünken töten konnte. Bei den Tswana-Völkern in Südafrika erhielt der Monarch bei seiner Thronbesteigung einen Speer, eine Axt und eine Keule, und man sagte ihm, er habe «die Macht, zu töten oder am Leben zu lassen».[10] Als König Liholiho von Hawaii auf der Insel Kauai ankam, begrüßte man ihn so: «Hier kommt der Sohn unseres Landes; er allein hat das Recht, uns die Augen auszustechen.»[11] Bugandische Sprichwörter waren voll von lobenden Namen für den *kabaka*, in denen seine zerstörerische Macht gepriesen wurde: «*Mufumbyaganda – nantabalira-basenya*», was bedeutet, daß er wie ein Koch sei, der reichlich Feuerholz habe; er verschwendet es so großzügig, wie es ihm gefällt, ohne an die zu denken, die das Feuerholz herbeischleppen müssen. Genauso kann der *kabaka* nach Belieben Menschen umbringen, ohne den Eltern gegenüber Mitleid zu empfinden.»[12] David Livingstone hielt 1872 in seinem Tagebuch fest: «Einige törichte Spekulationen erinnern an die Vorstellung von einem Muganda, der letzte Nacht sagte, wenn Mtésa nicht ab und zu ein paar Menschen töte, würden seine Untertanen annehmen, er sei tot.»[13] Die Bewohner früher Staaten waren auf ihre Könige offensichtlich genauso stolz wie unsere Armeeführer auf ihre geheiligte ‹Feuerkraft›. Die

Existenz solch explosiver Möglichkeiten gibt Menschen einen Grund zum Leben, obwohl sie in beiden Fällen auch Zerstörung mit sich bringen können. Reverend Felkin, einer der frühen Missionare in Buganda, bemerkt, wie Mutesas Krankheit die Grausamkeiten seiner frühen Regierungszeit gemildert habe und wie sehr seine Häuptlinge seine destruktive Präsenz vermißten. «Ah, wenn Mtesa gesund wäre, gäbe es viele Hinrichtungen.»[14]

Unsere erste Bekanntschaft mit der Idee der Allmacht stammt von den Eigenschaften, die man dem jüdisch-christlichen Gott Jahve zuschreibt. Viele Forscher, die sich mit dem frühen Königtum befassen, verwenden Wörter wie ‹göttlich› oder ‹gottgleich›, um uns die Natur dieser Monarchen verständlich zu machen. Von einem kulturhistorischen Standpunkt aus ist ein solches Vorgehen rückständig. Der Gott Jahve war eine hochentwickelte und sublimierte symbolische Form, einer der Grundsteine, auf denen das allmächtige Königtum der komplexen und archaischen Gesellschaften errichtet wurde. Jahve war so mächtig (ich spreche hier nicht von der moralischen Dimension, sondern von der reinen Macht an sich), weil er *königlich* war. Unser Gott besitzt absolute Macht über Leben und Tod, weil es das Ideal der frühen Könige war, solche Macht zu haben. Wenn Gott die höchste Herrschaft über den Tod besitzt, wenn er derjenige ist, der gibt und nimmt, dann waren seine Vorgänger in diesem schrecklichen Amt die allmächtigen Monarchen der komplexen Gesellschaften, die den archaischen Zivilisationen des Nahen Ostens vorausgingen.

Die Könige der komplexen Gesellschaften waren so allmächtig, daß sie immer wieder ein Vorrecht ausübten, von dem nicht einmal Jahve sicher war, daß es irgendeinem Geschöpfe zustehe, ob nun Mensch oder Gott – das Recht, bei religiösen Ritualen anderen Menschen das Leben zu nehmen. Das Menschenopfer war die höchste Bestätigung der Macht der frühen Könige. Auf der Insel Tahiti *machte* der Ritualmord erst das Königtum. Der Thronerbe war von Geburt an der Gegenstand einer Vielzahl von Ritualen: Beschneidung, Vorstellung in den verschiedenen Distrikten des Königreichs, Volljährigkeit. Bei jeder Gelegenheit wurden eines oder mehrere Menschenopfer zum höheren Ruhm des königlichen Prinzen getötet.[15] «Das Menschenopfer war in Wahrheit eine so machtvolle Institution und für die Autorität des Häuptling offensichtlich so *notwendig*, daß einige Häuptlinge, die von Europäern gedrängt wurden, diese Praxis aufzugeben, entrüstet ausriefen: ‹Wenn wir das tun, wird es keine Häuptlinge mehr geben.»[16] Angesichts der komplizierten Institution des Menschenopfers findet sich in der komplexen Gesellschaft nicht ein einziger Grund für seine Existenz. Das Menschenopfer diente zweifellos vielen Funktionen, aber eines scheint gewiß zu sein: Die Gesellschaft war von der Idee angetan, daß einige Menschen allmächtig werden konnten, und die Praxis des Ritualmords verstärkte diesen Traum.

Eine so extreme Konzentration menschlicher Macht erforderte entsprechend außergewöhnliche Huldigungsrituale beim gewöhnlichen Volk. Die Könige von Hawaii, Buganda und Tahiti reisten immer auf den Schultern menschlicher Träger. Wenn die Herrscher in Hawaii zu bestimmten Tabu-Zeiten umhergingen, warfen sich die Menschen platt auf die Erde, wenn die Könige vorüberkamen, und preßten die Gesichter in die Erde. Tahitianer waren gezwungen, sich bis zur Hüfte zu entblößen, wann immer der König anwesend war.[17] In Buganda mußte sich jeder schneuzen, wenn auch der *kabaka* sich schneuzte; war er erkältet, tat jedermann am Hof so, als wäre er es ebenfalls; wenn der König zu seinem Friseur ging, taten die Höflinge es ihm nach. «Wenn jemand vom König eine Gunstbezeugung erhält, bedankt er sich auf besondere Weise. Er kniet nieder, legt beide Hände zusammen und schwankt dann mit dem Körper vorwärts und rückwärts, wobei seine Hände auf beiden Seiten des Gesichts gehoben und gesenkt werden, während er *Nyanzig* (ich danke) sagt, wonach er Wort und Tat zwanzig- oder dreißigmal wiederholt. Dann läßt er sich plötzlich flach aufs Gesicht fallen und beginnt, mit Händen und Wangen den Boden zu schlagen, wobei der Kopf bei jeder Berührung mit der Erde gedreht wird, erst berührt die eine Wange und dann die andere die Erde, wobei der Betreffende gleichzeitig heftig mit den Beinen schlägt.»[18]

Da der König der Staat war und nur seine Allmacht dieses nicht auf den Sippenverband begründete Gemeinwesen aufrechterhielt, ist es auch nicht überraschend, daß man zwischen der körperlichen Gesundheit des Herrschers und der Stärke des Staates eine symbolische Verbindung herstellte. Dem König von Ruanda war es nicht erlaubt, die Knie zu beugen, da sonst die Gefahr bestand, daß das Territorium des Landes schrumpfte.[19] «Besonders von den Swazi... wissen wir, daß das Wohlergehen der Nation auf mystische Weise mit dem körperlichen Wohlergehen des Häuptlings zusammenhängt und Schaden erleiden wird, wenn er krank wird oder in Trauer ist; von seinem Tod heißt es zudem, ‹er sei ein direkter Angriff auf die Nation...›»[20] Ein alter und kränkelnder Monarch war ein schreckliches Problem für eine Gesellschaft, die von den Symbolen der absoluten Macht abhängig war. In ostafrikanischen Ländern wie Ankole und Bunyoro wurden solche hinfälligen Inhaber der Allmacht vergiftet oder erdrosselt, und woanders vermutlich auch.[21]

In einer demokratischen Gesellschaft verfügen wir über sublimere Methoden, unsere Panik und unseren Zorn zu bewältigen, wenn wir herausfinden, daß wir von Leuten regiert werden, die uns keine Allmacht vorführen können. Erst einmal erzählen wir den Meinungsforschungsinstituten, was für eine miserable Arbeit unsere politische Führung leistet; dann werfen wir diese unfähigen Leute aus dem Amt und lassen eine neue Mannschaft ans Ruder, die uns den gleichen Gipfel absoluter Macht verspricht, den sie aber auf einem anderen Weg erreichen wolle. Wenn jemand bloß behauptet, daß es die Allmacht zur Lösung aller Probleme vielleicht gar nicht gebe, wird er unter Garantie nicht gewählt. Unsere Reise in der großen, sippenlosen Welt ist erschreckender, als wir uns bewußt eingestehen wollen; unbewußt suchen wir beharrlich nach dem allmächtigen Zauber, der uns Geborgenheit gibt. Führung ohne Magie scheint unsere Existenz zu bedrohen.

Die Allmacht der Könige hatte eine enorm wichtige Nebenwirkung: Da sie fähig waren, alles zu tun, was Menschen sich nur in den Kopf setzen können, konnten sie auch weit konzentrierter und gezielter als jeder Mensch zuvor eine bewußte Moral an den Tag legen. Zu den Thronbesteigungsriten des neuen *kabaka* gehörte es, daß der *mugema* verkündete: «Ich bin dein Vater, du bist mein Kind. Durch alle Zeitalter hindurch, von deinem Vorfahren Kimera an, als er von Buganda Besitz ergriff. Mein Kind, betrachte all dein Volk mit Güte, dem Höchsten bis zum Niedrigsten; achte sorgfältig auf dein Land, gib deinem Volk Gerechtigkeit... behandle deine *bataka* (Clans) ehrenhaft... alle deine Männer, die Häuptlinge der Nation, behandle sie alle ehrenhaft.»[22] Bei den Tswana in Südafrika wurde dem neuen Häuptling bedeutet, er müsse «sorgfältig für seinen Stamm sorgen und in ihm Frieden halten; er solle mit fester Hand, aber gerecht und unparteiisch regieren und Angehörige seiner eigenen Sippe nicht begünstigen (‹Wir sehen nicht auf die Person, sondern auf den Fehler›, sagt das Sprichwort); er solle ständig an seinem Ratsplatz erreichbar sein, ‹damit du dein Volk kennenlernst und die Menschen dich kennenlernen›; er solle die Angewohnheiten seiner Kindheit und auch seine Jugendfreunde aufgeben und auf seine Ratgeber hören; er solle die Personen und das Eigentum seiner Untertanen respektieren, ihre Ehefrauen nicht entführen, ihre Töchter nicht verführen und auch nicht das Vieh seiner Untertanen rauben, um sich zu bereichern; er solle Waisen, alte Menschen und Krüppel unterstützen und seinem Volk großzügig zu essen geben... er solle langmütig und geduldig sein...»[23]

Die Thronbesteigungszeremonien, die zur Krönung der hawaiischen Könige gehörten, waren lang und kompliziert und dauerten viele Tage; sie betonten die fürsorglichen, liebevollen, beschützenden Aspekte des Monarchen, der Regen, reiche Ernten, «Segen für die Regierung und Wohlstand für das Land» bringen werde.[24] Waren die hawaiischen Könige erst einmal im Amt bestätigt, hatten sie nach einer blutigen Schlacht die Macht, einen heiligen *kanawai* zu verkünden, bei dem die Kriegsgefangenen vor den König gebracht wurden, worauf er dekretierte, sie seien nicht mehr Sklaven oder potentielle rituelle Opfergaben, sondern hätten die Freiheit zu gehen, wohin es ihnen beliebte. Es sind viele Fälle belegt, daß der König tatsächlich von diesem Vorrecht Gebrauch gemacht hat.[25] Ein allmächtiger König konnte ein solches Dekret erlassen, weil niemand ihn beschuldigen würde, aus Schwäche moralisch gehandelt zu haben.

Diese väterlichen Eigenschaften erinnern uns stark an Jahve. Die komplizierte Mischung aus Allmacht, sporadischer Fürsorge, höchster Moral, willkürlicher persönlicher Justiz und ungeheurem Zorn ist ein archetypisches Symbol von enormer Bedeutung. Daß es mit der Erfahrung eines Kleinkindes gegenüber seinem Vater in einer intensiv patriarchalischen Familie übereinstimmt, scheint mehr als wahrscheinlich zu sein. Daß gerade um die Zeit des Zusammenbruchs des Sippensystems solche symbolischen Konstruktionen notwendig wurden, kann letztlich mit dem ganzen psychischen Prozeß von Trennung und Individuation von der Mutter zusammenhängen sowie mit der Rolle des Vaters in diesem Prozeß.

Der Tod ist die große, unwiderrufliche Trennung, und der Tod ist auch die Antithese des Traums von der Allmacht, welche die Unvermeidlichkeit von Trennungen leugnet. Wie eng der *kabaka* auch an die Ausübung absoluter Macht herankommen mochte, so reichte diese Macht jedoch nie aus, den Tod zu überwinden. Es mag sein, daß die Menschen sich später den Göttern und nicht mehr den Königen zuwandten, um ihre Sehnsucht nach Allmacht zu befriedigen, und zwar zum Teil deshalb, weil Götter nicht sterben. Der verblichene Monarch konnte in dieser Hinsicht nichts bewirken; aber die Hinterbliebenen konnten ihr Bestes tun, um sein Dasein wenigstens symbolisch zu erhalten. Der eigene König, der eigene Vater, der eigene Mentor könnte zwar tot sein und im Grab liegen, aber psychologisch hat man selbst die Wahl, wieviel Leben man ihnen zugestehen will. Die Menschen der komplexen Gesellschaften taten ihr Äußerstes, um das Andenken, die Gegenwart und die Macht ihrer toten Herrscher zu bewahren. Die Tahitianer kannten sich in der Kunst des Einbalsamierens aus, und die Leichname großer Männer wurden ein Jahr lang oder noch länger erhalten. Nachdem die vergänglicheren Teile des Leibes verdunstet waren, wurde der Rest des Leichnams in der Sonne getrocknet. War der Einbalsamierungsvorgang beendet, richtete man den Körper in eine sitzende Position auf, wickelte ihn in Tapa-Tuch, legte ihm einen Umhang um die Schulter und setzte ihm einen Turban auf den Kopf. Die Familie brachte dem Leichnam täglich Blumen, getrocknete Lebensmittel und frisches Obst. «Er wurde angesprochen, als wäre er noch am Leben.»[26]

Plazenta und Nabelschnur hawaiischer Könige wurden an einem geheiligten Ort aufbewahrt, eine Praxis, die wir auch aus Buganda kennen. Die Begräbnisstätten der hawaiischen Monarchen, die besonders gut regiert hatten, wurden zu berühmten heiligen Stätten.[27] Nichts kam jedoch der kontinuierlichen Verehrung toter Könige gleich, die in Buganda geübt wurde. Die Gräber der *kabakas* «wurden zu wahren Miniatur-Nachbildungen der königlichen Hauptstadt... Kieferknochen und persönliche Effekten des toten Monarchen waren in einer großen, konisch geformten Hütte untergebracht, die fast die Dimensionen des Hauses des regierenden Königs erreichte... Die älteren hinterbliebenen Ehefrauen und Beamten der verblichenen Könige nahmen in der Nähe der Grabstätte ihren

Wohnsitz. Wenn die Witwen starben, nahmen fiktive Witwen ihren Platz ein; sehr oft waren es Frauen, die von sich behaupteten, sie seien vom Geist des toten Königs besessen. Wenn die echten Hofbeamten starben, wurden mindestens einer oder zwei der wichtigsten Posten, etwa der des Katikiro und des Kangawo, sofort wieder besetzt, zumeist von direkten Abkömmlingen der ursprünglichen Amtsträger. Im Lauf der Zeit und beständiger Neubauten wurde die Größe des Heiligtums... reduziert, so daß am Ende nur noch zwei Witwen und ein Katikiro in dessen Nähe lebten. Dennoch sind auch die ältesten Heiligtümer erhalten und heute noch (1959) Pilgerstätten für die frommen... (Prinzen): Hier werden die verschiedensten Zeremonien abgehalten...»[28] Die Gräber der dreißig *kabakas*, von Kintu an, dem Gründer des Königreichs, bis zu Mutesa, waren bekannt und erhalten. Alles, was Sterbliche überhaupt tun können, wurde getan, um die *kabakas* unsterblich zu machen.

Der Kindheitstraum

In Zusammenhang mit den ersten Königen gibt es zwei Indizien, die darauf hindeuten, daß der Drang nach Allmacht in der frühen Kindheit entstanden ist: Man verwöhnte diese Könige unmäßig und erlaubte ihnen die zügellosesten Wutanfälle. Zum königlichen Hofstaat gehörten zahlreiche persönliche Diener des Königs, die streng auf die Befriedigung auch der kleinsten seiner Bedürfnisse achteten. Die Nahrung des Königs, der Tabak des Königs, die Milch des Königs, der Nachttopf des Königs, der Speer des Königs – für alle diese Utensilien sorgte ein besonders beauftragter Beamter. Manche Könige wurden sogar im Schlaf überwacht[29]; anderen war es nicht erlaubt, selbst zu essen; sie mußten von Dienern gefüttert werden. All dies läßt den Wunsch aufkommen, den symbolischen Mechanismus der Psyche zu verstehen, der eine solche Verkindlichung in eine Ehre verwandeln kann. Auch in sexuellen Dingen mußte der König sich – anders als Erwachsene – nicht übermäßig anstrengen, um seine Bedürfnisse zu befriedigen: Er brauchte nur einen kleinen Finger zu heben und zu verkünden: «Ich will.» Das ist die Phantasie des Kleinkinds von der uneingeschränkt nachgiebigen Mutter.

Die Wutausbrüche des einundzwanzig Monate alten Kleinkinds waren für die Könige der komplexen Gesellschaft ein Gebot strenger Etikette. Wenn du nicht bekommst, was du haben willst, dann schlage wild um dich. Wenn ein Hohepriester des Gottes Oro sich bei Pomare I. beklagte, ein Onkel Pomares habe mit der Frau des Priesters Ehebruch begangen, setzte der König den Ehebrecher sofort davon in Kenntnis, daß er aus dem Königreich verbannt werde. Pomares Eltern und andere Verwandte, die mit ihrem Sippenangehörigen Mitleid hatten, widersprachen dem Urteil heftig, woraufhin der König so zornig wurde, daß er die Verbannung auf sie alle ausdehnte, einschließlich seiner Mutter und seines Vaters. Mit Tränen in den Augen machten sich die für vogelfrei erklärten Edelleute daran, ihre Habseligkeiten zusammenzupacken. Máximo Rodríguez, der die Geschichte erzählt hat, besuchte die Familie und versprach, er werde sich bei Pomare dafür einsetzen, daß er das Dekret widerrufe; aber die Verwandten bedrängten Rodríguez, keinen Versöhnungsversuch zu unternehmen, da das den König nur noch zorniger machen und vielleicht sogar eine noch stärkere Strafe zur Folge haben werde. Der Christ ließ sich jedoch nicht beirren, und am Ende gelang es ihm, das Herz des Königs zu erweichen; die Verbannung wurde aufgehoben.[30]

Ein großer Teil der himmelschreienden, sadistischen Grausamkeiten in komplexen Gesellschaften war das Ergebnis der Tatsache, daß dem König nicht nur erlaubt war, Wutausbrüche zu haben, sondern daß man dies sogar von ihm erwartete. Vehiatua I., der um 1770 starb, hatte es geschafft, die kleinere Halbinsel von Tahiti zu einem Staat zu machen. Ein ehemaliger Gouverneur namens Mae, der gegen ihn rebellierte, wurde in einer Schlacht besiegt und zum König gebracht. Die Arme der Rebellen waren auf dem Rücken gefesselt. Man schnitt ihm den Skalp ab, stach ihm die Augen aus und verstümmelte seinen Körper noch auf mancherlei andere Weise, während er mit dem Tod rang und die Umstehenden sich über sein Leiden lustig machten. Schließlich trennte man den Kopf vom Rumpf ab, und aus dem Schädel machte man eine Trinkschale, aus der Vehiatua seine Rache kosten konnte, wann immer ihm danach zumute war.[31] So sah das Ende eines Mannes aus, der es gewagt hatte, einem allmächtigen Monarchen in die Quere zu kommen.

Solche Wutausbrüche gab es in der Welt so lange, wie die reale Monarchie existierte. Heinrich II., im 12. Jahrhundert König von England, hatte einen Verwaltungsapparat aufgebaut, der einen modernen Staat überhaupt erst ermöglicht. Wenn er aber nicht seinen Willen durchsetzen konnte, bekam er Tobsuchtsanfälle, warf sich auf den Boden und biß in den Teppich. Er entschuldigte sich, indem er sich mit Jahve gleichsetzte: «Ich bin von Natur ein Sohn des Zorns: Warum sollte ich nicht wüten? Gott selbst wütet, wenn Er zornig ist.»[32] Freuds Erklärung, wie es uns gelingt, bestimmte Verhaltensweisen aufzugeben, indem wir sie Gott oder den Göttern zuschreiben, wurde schon früher zitiert. Die Funktion von Königen scheint darin bestanden zu haben, daß es in der Welt offenbar Menschen geben mußte, die auf nichts verzichten mußten. Diese kindliche Macht, die sie ausübten, brachte anderen unglücklicherweise den Tod.

Der prometheische Kampf

Solange die Götter allmächtig bleiben, werden die Monarchen niemals ganz erwachsen werden. Der allmächtige und moralisch unfehlbare jüdische Gott konnte letztlich von niemandem herausgefordert werden, obwohl Abraham mit ihm einen Handel machte und Moses ihn gelegentlich tadelte. Die Juden haben nie eine Tragödie geschrieben. Die Korruption der griechischen Götter– sie waren Lügner, Ehebrecher, Diebe und Tyrannen – ließ der Menschheit Raum, für sich selbst eine höhere Moral in Anspruch zu nehmen, als die Götter sie an den Tag legten. In der Tragödie zeigt sich diese Konfrontation. Die Allmacht der frühen Könige verlieh ihnen die Fähigkeit, die allmächtigen Ansprüche der Götter herauszufordern, und die Geschichte komplexer Gesellschaften ist voll von Geschichten, wie der König die magischen Ansprüche der Gottheiten herausfordert. Obwohl dies, aus einem Blickwinkel heraus betrachtet, bloß ein Kampf zwischen zwei entgegengesetzten Positionen der Allmacht war, so zeigt sich aus einem anderen Blickwinkel jedermann – auch dem König – die Wahrheit. Der Monarch war nur ein Mensch. Sein Triumph über die allmächtigen, allumfassenden Ansprüche der Götter stellten einen menschlichen Triumph dar; wenigstens ihm war es erlaubt, erwachsen zu werden. Daß der einzige Erwachsene der Gesellschaft sich gleichfalls Wutausbrüchen hingab und ein infantiles und zügelloses Verhalten an den Tag legte, ist eine Doppeldeutigkeit, die ich nicht angemessen erklären kann. Viele Machthaber in Wirtschaft und Politik zeigen noch immer das gleiche widersprüchliche Verhaltensmuster der Dominanz.

Der große Shaka, der die Zulu-Gesellschaft in einer Generation vom Stadium des Häuptlingtums zu einem Imperium leitete, führte einen monumentalen Kampf gegen die vermeintlich göttlichen Hexenmeister. Deren Spezialität war es, Diebe oder Mörder oder Aufständische gegen den König ‹zu erschnüffeln›. Die so Erschnüffelten waren in vielen Fällen vollkommen unschuldig; aber die psychologische Macht dieser Medizinmänner war so groß, daß niemand ihre Entdeckungen in Frage stellen durfte. Shaka, der fest entschlossen war, ihren Würgegriff über die Vorstellungskraft der Kultur zu brechen, richtete es eines Abends so ein, daß seine Hütte unbewacht blieb, und vergoß dann etwas Blut an den Wänden und in der Umgebung des Hauses. Ein solches Verbrechen am Domizil des Königs mußte sofort gesühnt werden. Die einhundertzweiundfünfzig Hexenmeister des Landes beriefen ein großes Treffen ein, an dem dreißigtausend Bürger teilnahmen, und dabei sollten diejenigen, die das Sakrileg begangen hatten, ‹erschnüffelt› werden. Einige Hexenmeister wurden von ihrer Macht so beflügelt, daß sie immer höher griffen und sogar enge Mitarbeiter Shakas als Mittäter an dem Verbrechen bezeichneten. Ein ganzer Tag verging mit der Auffindung der vermeintlich Schuldigen, aber keiner von ihnen wurde sofort hingerichtet. Als die Hexenmeister mit ihrem Auftrieb fertig waren, kehrte sich die Hexenjagd gegen die Hexen: Shaka enthüllte die Wahrheit und verkündete, die Wahrsager seien nutzlos und käuflich; statt ihrer ausersehenen Opfer sollten *sie* hingerichtet werden. Die Massenhinrichtung eines Nachmittags machte der ganzen Rotte falscher Propheten ein Ende.[33]

Mutesa von Buganda lag in beständigem Streit mit den Göttern und ihren Priestern. Mutesas ‹aufgeklärte› Haltung resultierte zum Teil ebenso aus seiner Berührung mit dem Islam und seiner vorübergehenden Konversion wie aus seiner allgemeinen Aufgeschlossenheit gegenüber der ‹Modernisierung› in all ihren Erscheinungsformen. Die Tradition erlaubte es dem *kabaka* von Buganda jedoch auch, den Tempel eines Gottes und dessen Güter um den Tempel herum zu plündern, wenn er sich von diesem Gott belästigt fühlte.[34]

Die bugandische Gesellschaft brachte viele *mandwa* oder Medien hervor, die von sich behaupteten, vom Geist eines toten *kabaka* oder einer anderen hochgestellten Persönlichkeit besessen zu sein. Mutesa wußte genau, daß es so etwas nicht gibt. Er verabredete mit einem jungen Untergebenen, wenn ein Beamter sterben und ein *mandwa* behaupten sollte, von dessen Geist besessen zu sein, solle der Überlebende eine zuvor verabredete Reihe von Fragen stellen. Wenn es dem Medium nicht gelänge, die richtigen Antworten zu geben, würde die ganze Institution diskreditiert werden. Obwohl Mutesa nie Gelegenheit hatte, diesen Trick anzuwenden, soll er 1869 ohnehin befohlen haben, alle *mandwa* festzunehmen und zu enteignen.[35]

Wer die Macht besaß, die Götter zu stürzen, war ein Individuum, wie es noch nie eines gegeben hatte. Wir wissen, daß eine solche Macht meist nicht wohlwollend ausgeübt wurde; aber ein Monarch, der diese Macht besaß, war in der Lage, das zu tun, was ein Häuptling Durkheim zufolge tun konnte: «... der Neues produzieren und der sogar ... von den Kollektivbräuchen abweichen kann.»[36]

Es ist keine Frage, daß einige der neuen Dinge, die ein solcher Führer einführte, die Gesellschaft in Richtung auf größere Rationalität und ein wacheres Gefühl für Moral lenkte. Es gehört zur Zwiespältigkeit der gesellschaftlichen Entwicklung, daß allmächtige Menschen die Gesellschaft in eine Richtung geführt haben, welche die Bedeutung der Allmacht letztlich verringert hat.

Das charismatische Königtum
verändert Sitten und Gebräuche

Nalinya war die Schwester und Ehefrau des *kabaka*. Ihr Name bedeutet «ich werde klettern». In alter Zeit hatte die allgemeine Vorstellung geherrscht, daß ein Haus nicht sehr lange halten würde, wenn eine Frau während seines Baus auf ihm herumkletterte. Vor der Herrschaft Mutesas entschloß sich der damalige *kabaka* eines Tages bei Hofe, diese Behauptung einer Probe zu unterziehen, als die Frage erörtert wurde. Aber die Frauen bei Hofe hatten Angst, auf das Haus zu steigen. Die Schwester-Königin, die damals den Namen *lubaga* trug, meldete sich freiwillig, und der *kabaka* nahm ihr Angebot an. Zehn Jahre vergingen, und das Haus stand immer noch; also berief der *kabaka* ein Treffen seiner Häuptlinge ein, wies auf die Falschheit des Tabus hin und verlieh seiner Schwester in Anerkennung ihrer Tapferkeit den Namen *nalinya*. Danach erhielten alle Schwester-Königinnen des *kabaka* die Namen *lubaga* und *nalinya*.[37]

Die ungeheuren Veränderungen, die Mutesa im Wertsystem der bugandischen Gesellschaft durchsetzte, wurden in erster Linie durch die Berührungen des *kabaka* mit der islamischen und der christlichen Kultur ermöglicht. Es ist eine offene Frage, wie weit Mutesa sein Land hätte modernisieren können, wenn die Gesellschaft isoliert geblieben wäre. Eines scheint jedoch wahr zu sein: daß Mutesa diese Veränderungen überhaupt bewirken konnte, weil er ein allmächtiger Herrscher war. In der modernen Gesellschaft sind wir daran gewöhnt, daß immer wieder neue charismatische Führer auf der politischen Bühne erscheinen; komplexe Gesellschaften waren ohne einen ständigen charismatischen Führer undenkbar. Eine besondere Gabe des charismatischen Führers besteht darin, wie Max Weber gesagt hat, daß er im Wertsystem der Gesellschaft grundlegende Veränderungen durchsetzen kann. Der Abfall von der Gesellschaft des Sippensystems war offensichtlich zu schwierig, um durch ein normales politisches Verfahren erreicht zu werden. Nichts, was einem Ideal der Allmacht nicht zumindest nahekam, konnte eine Million Jahre der menschlichen Geschichte verändern.

Zur Zeit von Spekes Besuch im Jahre 1862 sprach Mutesa schon geringschätzig von den traditionellen Priestern und deren Zeremonien. Er hatte zuvor schon die Sitte aufgehoben, derzufolge der *kabaka* seine Mahlzeiten in absoluter Abgeschiedenheit einnehmen mußte.[38] Im Jahr 1869 gab er Befehl, man solle die Kieferknochen, Schädel und Skelette der toten *kabakas* – die traditionell getrennt begraben wurden – exhumieren und neu bestatten, jedoch sollten alle Knochen eines einzelnen Königs zusammenliegen. Er gab auch Anweisung, bei seinem Tod intakt begraben zu werden, und bei seiner Beerdigung dürfe es keine Menschenopfer geben.[39] Dann verkündete er, niemand dürfe behaupten, der Geist eines toten Königs sei in ihn gefahren, und niemand dürfe den Söhnen Mutesas sagen, der Geist des Königs sei ihm in den Kopf gefahren.[40] Mutesa ging sogar so weit, daß er das traditionelle Erbrecht änderte. Normalerweise wurde ein Bruder oder ein anderer Verwandter aus der gleichen Generation zum Erben eines Verstorbenen eingesetzt; Mutesa setzte fest, daß nur Söhne erben konnten.[41]

In einer Welt von Kindern scheint jeder allmächtig zu sein, der gewillt ist, erwachsen zu sein. Erst im Verlauf der letzten dreihundert Jahre, in denen das demokratische Ideal entstand, ist es mehr als nur einer Handvoll Menschen gelungen, das Recht auf Erwachsensein zu erkämpfen. Die Demokratie erhebt die Forderung, daß viele diese Macht haben sollen, und sie wird so zur Antithese der früheren Idee von der Allmacht. Das Leben ist voller Gefahren und Ängste, wenn es nicht irgendwo eine Allmacht gibt. Die ‹Furcht vor der Freiheit›, von der schon viele gesprochen haben, ist tatsächlich eine tiefe Furcht in der Psyche aller Menschen, daß das Dasein ohne Allmacht nicht möglich sei, daß das demokratische Leben, das dem Traum von der absoluten Macht ein Ende macht, selbst bloß ein Traum sei.

Einst kämpften die Menschen dafür, sich von den engen Beschränkungen des Sippensystems zu befreien. Sie konnten dies nur dadurch erreichen, daß sie einigen wenigen Menschen Allmacht zuschrieben, womit sie ein neues Gefängnis errichteten: das der politischen Tyrannei. Erst in jüngster Zeit haben wir mit der Befreiung aus diesem Kasernendasein begonnen, nur um herauszufinden, daß der Traum von der Allmacht unserem menschlichen Streben das größte Hindernis in den Weg legt. Es ist wichtig, daß wir in diesem schicksalhaften Kampf den großen Widersacher kennen, mit dem wir kämpfen.

28

Das Königtum:
das Versagen der Allmacht

Beim Tod eines Königs von Bunyoro war es Sitte, eine Periode des Inter-regnums und der Anarchie einzuhalten, in der die mächtigsten Söhne des verstorbenen Königs sich bekämpften, bis nur noch einer am Leben war oder nur einer unbesiegt und unumstritten war. Der Überlebende dieses irrsinnigen darwinistischen Auslesevorgangs wurde dann mit einer Viel-falt von Riten als neuer König eingesetzt. Beim abschließenden Reini-gungsritual ging der Erste Minister, der *bamuroga*, zu einem der jungen Prinzen hin, die nicht gekämpft hatten, und verkündete, das Volk habe ihn zum neuen König gewählt. Ob der Junge dem Minister glaubte oder nicht, er hatte keine Wahl, sondern mußte sich ergreifen und auf den Thron setzen lassen. Dann traten der wirkliche König und alle hohen Häuptlinge zu ihm, brachten ihm Geschenke, etwa Kühe, beglück-wünschten ihn und gelobten ihm Treue. Nachdem jeder seine Pflicht-übung absolviert hatte, wandte sich der *bamuroga* an den wirklichen Kö-nig und wollte wissen: «‹Wo ist dein Geschenk für mich?›» Der König entgegnete arrogant, er habe sein Geschenk schon der richtigen Person überreicht. Der *bamuroga* gab ihm einen Stoß an die Schulter und ver-langte: «‹Geh und hol mein Geschenk.›» Der wirkliche Herrscher gab seinen Anhängern Befehl, ihm zu folgen, und verließ den Wohnbezirk voller Zorn, woraufhin der *bamuroga* sich an den Scheinkönig wandte und ihn warnte: «‹Laß uns fliehen; dein Bruder ist gegangen, um eine Armee zu holen.›» Dann nahm er den Jungen in einen Raum hinter dem Thron und erdrosselte ihn dort. «Damit waren die Begräbnisfeierlichkei-ten und die anschließenden Reinigungszeremonien beendet, und nun konnte der neue König seinen Thron in Besitz nehmen und mit dem Re-gieren beginnen.»[1]

Ähnlich bekämpften sich auch in Ankole die königlichen Brüder nach dem Tod des Königs. Sie brachten sich gegenseitig um, um sich in den Besitz der *bagyendanwa* zu bringen, der heiligen Trommel, zu der als Tro-phäe das Königtum gehörte. Bevor der Kampf begann, kam es im könig-lichen Kral zu einem Kampf unter gewöhnlichen Hirten, wonach der Sie-ger zum Scheinkönig gewählt wurde, der bis zum Ende der Anarchie des Interregnums herrschen sollte. Wenn der neue König seine Brüder endgültig besiegt oder getötet und sich in den Besitz der heiligen Trommel gebracht hatte, kehrte er mit seiner Mutter und seiner Schwester in den königlichen Kral zurück und tötete dort den Scheinkönig, bevor er selbst als Monarch inthronisiert wurde.[2]

Den Banyoro gefiel die Idee des Scheinkönigs so gut, daß sie das Bedürfnis verspürten, in jedem Jahr ein ähnliches Ritual abzuhalten. Ein bestimmter Clan mußte einen Kandidaten benennen, der den toten König verkörpern sollte – das heißt den Vater des regierenden Monarchen. Man glaubte, dieser Mann sei die Reinkarnation des verstorbenen Monarchen und dürfe die vorgeschriebene Woche lang den Tempel des alten Königs ‹regieren›. In dieser Zeit erwies man ihm große Ehren; man stellte ihm die Ehefrauen des verstorbenen Königs zu seinem Vergnügen zur Verfügung, und der regierende Monarch ließ ihm großzügig Geschenke bringen, Sklaven und Vieh. Am Ende dieses kurzlebigen Paradieses brachte der *bamuroga* den Scheinkönig in einen Raum an der hinteren Seite des Tempels und erdrosselte ihn.[3]

Es ist nicht leicht herauszufinden, welcher unbewußte Konflikt hier durchgespielt wird. Die Einrichtung des Scheinkönigs war in komplexen Gesellschaften durchaus nicht überall üblich. Belege habe ich nur aus den beiden oben erwähnten Staaten entdeckt; aber ich habe den Verdacht, daß es die Institution des Scheinkönigs auch woanders gegeben hat. So weist etwa der alljährliche Scheinkönig von Bunyoro eine bemerkenswerte Ähnlichkeit mit dem aztekischen Opfer auf, das ein Jahr lang einen Gott verkörpern darf und dann rituell geopfert wird. Sowohl in Bunyoro wie in Ankole war die Institution des Scheinkönigs eng mit dem Erbfolgekrieg des Interregnums unter den königlichen Prinzen verbunden, eine Art Krieg, die es in komplexen Gesellschaften nicht oft gibt. Auch zwischen diesen königlichen Kämpfen und der Einrichtung des Scheinkönigs scheint eine enge Verbindung bestanden zu haben.

Beide kulturellen Phänomene drücken wohl aus, daß das Königtum eine sehr fragile Sache ist, dem ein starkes Element der Unaufrichtigkeit innewohnt, daß es nur überleben kann, wenn wir unsere Zweifel an seiner Wirksamkeit mit Gewalt zerstören. Der Scheinkönig ist nicht nur ein falscher König, sondern macht sich auch über das Königtum lustig; er führt eine Scharade auf und ist selbst die Persiflage eines Königs. Er muß getötet werden, weil er den Prätentionen der Allmacht die Zunge ausstreckt. Er verkündet, daß der Kaiser, alle Kaiser, keine Kleider anhätten, und wird getötet, weil er die Wahrheit sagt.

In Ankole nannte man den Scheinkönig *ekyibumbe*, ein Wort, das mancherlei Bedeutungen hatte. In der Alltagssprache bezeichnet es einen Dummkopf, der immer zum Opfer von Späßen und Tricks wurde. Man bezeichnete mit ihm auch ein «kleines, zahnloses Baby, das beim Tod seines Vaters aus dem Kral entfernt werden muß».[4] Der Scheinkönig wird dann also mit einem Kleinkind gleichgesetzt, der Gnade seiner Mutter überlassen, ohne Hoffnung, beim Kampf gegen die Mutter, die das Baby verschlingen will, vom Vater Hilfe zu erhalten. Der König, der im Erbfolgekrieg seine Brüder getötet hat, tötet auch den *ekyibumbe* und verkündet damit symbolisch: Wir Männer sind keine kleinen, zahnlosen, hilflosen Säuglinge; wir sind starke, mächtige Mörder, allmächtige Könige. So töteten sie auch die Zweifel an ihrem eigenen Anspruch in sich ab. Diese Zweifel waren offenbar so allgegenwärtig, daß zumindest in Bunyoro der Ritus alljährlich erneuert werden mußte.

Die Allmacht des Monarchen war zwar das Ideal, der Glaube daran jedoch so schwach, daß die Glaubwürdigkeit von einem Augenblick auf den anderen dahinschwinden konnte. Dies war vor allem möglich, wenn der König starb. In solchen Momenten handelten viele komplexe Gesellschaften, als wären die bürgerliche Ordnung und die Macht, sie aufrechtzuerhalten, für immer verschwunden. Es kam zu Panik und Anarchie.

Beim Tod des Königs war es, als würde sich mitten in der Welt eine riesige Kluft auftun, als käme es zu einer Zerrüttung der Ordnung, die anscheinend nicht beseitigt werden konnte. Die Menschen verhielten sich, als wäre das Ende der Welt gekommen: Sie gaben sich masochistischer Raserei hin oder ließen sich in sexeller Hinsicht total treiben und gestatteten sich ungehemmte Aggressivität, oder sie gaben den Söhnen des Königs die Aufgabe, sich gegenseitig umzubringen, in der Hoffnung, einer von ihnen werde die Allmacht erben, mit der sich die Ordnung wiederherstellen lasse.

In Tonga kam es zu unglaublicher masochistischer Raserei:

> Da die Beisetzung heute stattfinden sollte, ging Bruder Bowell mit Ambler nach Bunghye, um sich die Zeremonie anzusehen, und entdeckte dort viertausend Personen, die sich um den Platz herum hingesetzt hatten, an dem der *fiatooka* steht. Wenige Augenblicke nach unserer Ankunft hörten wir ein lautes Rufen und in einiger Entfernung auch, wie Muschenschalen geblasen wurden; kurz darauf erschienen etwa hundert Männer, die mit Keulen und Speeren bewaffnet waren und näher kamen. Sie begannen, sich auf die schrecklichste Weise selbst zu schneiden und zu verstümmeln: Viele schlugen sich mit den Keulen heftig auf den Kopf, und diese Schläge, die wir aus einer Entfernung von zehn oder fünfzehn Metern mitansahen, wiederholten sich, bis das Blut in Strömen herablief. Andere stießen sich mit dem Speer durch Schenkel, Arme und Wangen, während sie zugleich mit dem Ausdruck höchster Zuneigung den Namen des Verblichenen riefen. Ein Eingeborener von Feejee, ein ehemaliger Diener des Verstorbenen, schien völlig durchgedreht zu sein; er betrat das Gelände mit Feuer in der Hand, und nachdem er zuvor sein Haar mit Öl eingerieben hatte, steckte er es in

Brand und lief mit seinem brennenden Haar herum ... vier der vordersten Männer hielten Steine, mit denen sie sich die Zähne ausschlugen; diejenigen, welche die Muschelschalen bliesen, schnitten sich damit auch auf schockierende Weise die Köpfe ein ... Ein anderer (Mann), der ein wichtiger Häuptling zu sein schien, handelte, als wäre er völlig von Sinnen; er lief in jede Ecke des Geländes, und in jeder Ecke schlug er sich mit einer Keule auf den Kopf, bis ihm das Blut an den Schultern herabströmte.[5]

Bei den Hawaiianern, einem sexuell freizügigen Volk, kam zu der masochistischen Raserei noch sexuelle Anarchie hinzu. Archibald Campbell berichtet, daß die Menschen sich beim Tod des Bruders von Kamehameha I. die Haare abschnitten, nackt herumliefen, sich die Vorderzähne ausschlugen und sich heiße Steine und brennende Kalebassen ins Gesicht preßten. «Zur selben Zeit kam es zu einer allgemeinen, ich möchte fast sagen totalen öffentlichen Prostitution der Frauen. Nur die Königinnen und die Witwe des Verstorbenen nahmen nicht daran teil.»[6] Als Kamehameha selbst im Jahr 1819 starb, war die Trauer so groß, daß niemand von der sexuellen Anarchie ausgenommen war: «An diesem Tag begingen alle Männer und Frauen, sogar die königliche Familie, Unzucht miteinander.»[7] Und angesichts der engen Verbindung von Speise-Tabus und Sexualität in Hawaii überrascht es uns auch nicht zu erfahren, daß zu einer solchen Zeit «auch verbotene Speisen ohne Hemmungen verschlungen werden, vor allem von Frauen ...»[8]

In einigen afrikanischen Staaten triumphierte der Masochismus über die sexuelle Freizügigkeit. Als die Mutter von Shaka Zulu starb, verkündete der Premierminister des Königs das Trauerdekret: «Da der große Weibliche Elefant mit den kleinen Brüsten – der auf ewig herrschende Geist der Vegetation – gestorben und da anzunehmen war, daß Himmel und Erde sich in der Trauer um ihren Tod vereinigen würden, mußte das Opfer groß sein: Im folgenden Jahr durfte die Erde nicht bebaut werden; es durfte keine Milch getrunken werden, aber da die Kühe gemolken werden mußten, mußte die Milch auf die Erde strömen; und alle Frauen, die im folgenden Jahr schwanger würden, sollten zusammen mit ihren Ehemännern hingerichtet werden.»[9] Beim Tod des Königs von Ruanda kam es gleichfalls zu einer Periode der sexuellen Enthaltsamkeit; sogar Bullen und Kühe, Böcke und Schafe wurden getrennt.[10] Während eines Erbfolgekriegs in Bunyoro hörte alle Bebauung der Felder auf; man durfte nur noch kochen und Feuerholz sammeln, jede andere Arbeit war verboten. Die Bauern hatten zuvor Notvorräte angelegt, zwei bis zweieinhalb Meter tiefe, mit Getreide gefüllte Erdlöcher, um während dieses Interregnums nicht zu verhungern.

All dies ist ein bemerkenswerter Beleg für Freuds Gedanken, daß im

Unbewußten das Ding und sein Gegenteil identisch seien, daß man die gleiche psychische Arbeit leisten kann, indem man etwas übermäßig betreibt oder übermäßig unterdrückt. Man kann den König betrauern und die durch seinen Tod ausgelöste Panik bewältigen, indem man entweder sexuelle Enthaltsamkeit übt oder sich sexuellen Exzessen hingibt.

Weit stärker als die sexuelle Anarchie machte sich die grenzenlose Aggression bemerkbar, die ein Kennzeichen der Anarchie des Interregnums war. Sogar in Buganda, in dem es während des Interregnums meist keinen Bürgerkrieg gab, da das Land die friedliche, ordnungsgemäße Nachfolgeregelung zu hoher Perfektion entwickelt hatte, kam es nach dem Tod des Königs zu einer kurzen Periode, in der es «zu wilder Unordnung kam; es herrschte Anarchie, die Menschen versuchten sich gegenseitig zu berauben, und nur starke Häuptlinge waren sicher. Sogar kleinere Häuptlinge liefen Gefahr, von stärkeren Häuptlingen ausgeplündert zu werden, die in dieser kurzen Zeit des Interregnums alles taten, wonach ihnen zumute war.»[11] Die rasche Inthronisierung eines neuen Königs machte dieser Freizügigkeit ein Ende. Vom Suku-Volk in der Nähe des afrikanischen Kongo liegen uns ähnliche Berichte vor[12], und in Ankole dauerte diese Anarchie während des gesamten Erbfolgekrieges an. Die Hawaiianer, die wohl der Meinung waren, daß der Bruch sexueller sowie Speise-Tabus noch nicht genügte, begleiteten den Tod des Königs oder eines großen Häuptlings mit dem gleichen gesetzlosen und aggressiven Verhalten.[13] Auf Maui brachten die Menschen ihre persönlichen Habseligkeiten in den Wohnbezirk der Missionare, wenn die Königin im Sterben lag, weil sie hofften, dort vor den folgenden Plünderungen sicher zu sein.[14]

In solchen Zeiten scheinen mindestens drei Dinge in der Psyche abzulaufen und zu diesen Orgien der Sexualität und der Aggression zu führen. Erstens ist der grausame Bestrafer der Unordnung, der allmächtige tyrannische Vater, nicht mehr am Leben, und daher kann niemand die Kinder bestrafen, wenn sie gegen Sitte und Gesetz verstoßen. Zweitens kommt es zu einem intensiven Gefühl der Panik, daß der Beschützer des Lebens verschwunden und das Ende der Welt gekommen ist, daß es auf nichts mehr ankommt und es nur eine psychische Lösung gibt, nämlich die Regression in eine Zeit, in der man Forderungen und Realitäten der Welt noch nicht kannte oder über sie nachdachte. Und drittens kann man den Versuch unternehmen, den toten Monarchen zu verinnerlichen, indem man sich mit ihm identifiziert, indem man sich so verhält, wie er sich verhielt – mit vollständiger sexueller und aggressiver Freizügigkeit. Vorübergehend wird so jeder zu einem *kabaka* und macht das Recht geltend, zu töten oder Unzucht zu treiben, wann immer er will.

Es erübrigt sich zu sagen, daß keiner dieser Abwehrmechanismen funktioniert, daß die einzige wirkliche Lösung in der Wiederherstellung der Monarchie besteht. Einige komplexe Gesellschaften schienen den Wunsch gehabt zu haben, diese Wiederherstellung so schwierig und langgezogen wie möglich zu gestalten. Die drei Gesellschaften, die der Hauptgegenstand dieser Arbeit sind, kannten zwar keinen institutionalisierten Bürgerkrieg nach dem Tod eines Herrschers; aber aus Ostafrika wissen wir, daß es in Ruanda[15], Bunyoro[16] und in Ankole[17] solche Kriege gab. In Bunyoro und Ankole waren diese Kämpfe sehr heftig und endeten erst dann, wenn es dem siegreichen Bruder gelungen war, seine Rivalen zu töten – entweder in offener Feldschlacht oder durch Vergiftung oder Mord –, oder wenn er sie ins Exil gezwungen hatte. Das war zwar eine irrsinnige Methode zur Ermittlung des Staatsoberhaupts, aber sie schien zur Wiederherstellung des Gefühls von Allmacht notwendig gewesen zu sein. Nur derjenige, der seine Brüder im schlimmsten Guerillakrieg getötet hatte, wurde für würdig befunden, das Land zu führen. Wenn es uns gelingt, in uns selbst den Ort zu finden, der sich von dieser Denkweise angesprochen fühlt und der ein solches System für einen logischen Weg zur Wahl eines Königs hält, werden wir besser verstehen, warum unser politisches Leben uns bisher soviel Kummer gebracht hat.

Die Allmacht als Routine

Eine Gesellschaft, die ganz oder überwiegend auf der Allmacht des Herrschers basiert, ist von Natur aus instabil. Nur sehr wenige Menschen in der Welt besitzen die Gabe, zu einem Mutesa oder Kamehameha zu werden. Die Nachfolger großer charismatischer Könige sind in den meisten Fällen nichts als gewöhnliche Sterbliche, gleichgültig, auf welche Weise sie auserwählt worden sind. Weit wichtiger ist, daß ein erhabener Zustand charismatischer Allmacht sich nicht ewig aufrechterhalten läßt. Wenn die Allmacht zur Routine und zur Schablone, wenn das Charisma bürokratisiert wird, bekommen immer mehr Menschen das Gefühl, sie hätten ein Recht darauf, an der königlichen Macht teilzuhaben. Das fing bei den Verwandten des Königs an – bei seinen Brüdern, die denselben charismatischen Vater hatten; bei seinen Onkeln, den Brüdern der Allmacht; schließlich bei seinen Söhnen, die mit der Geburt seine göttliche Natur annehmen –, und dann geht es weiter mit mächtigen Adligen, meist den Provinzgouverneuren, die dem König das Recht streitig machen, allein die Allmacht zu repräsentieren. In der Schule bringt man uns bei, die Weltgeschichte bestehe in erster Linie aus Ereignissen wie etwa der Amerikanischen Revolution, Napoleons Invasion Rußlands oder den Eroberungszügen Alexanders des Großen: alles große, charismatische Augenblicke der Geschichte. Die traurige Wahrheit sieht anders aus: Das, was in der Welt geschehen ist, ist meist ein Kampf zwischen verschiedenen Fraktionen des Adels mit dem Ziel gewesen festzustellen, wer die politische Macht erlangt. So kämpften die Kaiser des mittelalterlichen Deutschland gegen den Adel Sachsens, das Haus York gegen das Haus Lancaster, die

Zaren gegen die Bojaren – alle diese Kämpfe belegen, wie wenig allmächtig die Monarchen in Wahrheit waren. Als das Ideal eines allmächtigen Herrschers zur Routine wurde, blieb die menschliche Gesellschaft der Herrschaft politischer Bosse überlassen – ein dürftiger Ersatz. Dies war schon in fortgeschrittenen komplexen Gesellschaften der Fall.

Die langfristige Instabilität früher Monarchien gibt uns einen Hinweis darauf, daß fortgeschrittene komplexe Gesellschaften im Kern ein Übergangsphänomen waren, obwohl es dafür nicht genug Belege gibt. Es hat den Anschein, daß wenn Staaten sich erst einmal bis zu dem Punkt entwickelt hatten, den Buganda oder auch Hawaii erreicht hatten, sie entweder einen weiteren großen Sprung in Richtung auf die archaische Zivilisation machen mußten, wenn man sie sich selbst überließ, oder aber in Häuptlingtümer und einfache Monarchien regredierten; daß es ihnen jedenfalls nicht gelingen konnte, so zu bleiben, wie sie waren. Uns liegt kein Material darüber vor, das den Übergang von der fortgeschrittenen komplexen zur archaischen Gesellschaft erhellen könnte. Keiner der großen komplexen Gesellschaften, die im 18. und 19. Jahrhundert ‹entdeckt› wurden, war es vergönnt, sich aus eigener Kraft weiterzuentwickeln, und das Quellenmaterial über den Beginn der archaischen Zivilisation Ägyptens, Mesopotamiens und Chinas ist archäologischer Natur und nicht geschichtlicher. Es gibt daher keine Möglichkeit, diese Hypothese zu prüfen. Wir wissen, daß bestimmte Formen der Gesellschaft – primitive Kulturen, archaische Zivilisationen, ‹orientalische Monarchien› – mit einer im wesentlichen gleichbleibenden Kultur Tausende von Jahren bestehen konnten. Ich habe das Gefühl, daß dies bei den fortgeschrittenen komplexen Gesellschaften nicht möglich war: erstens weil die Demokratisierung (genauer: die Aristokratisierung) der Allmacht die Autorität des Königtums unterminierte; zweitens weil die Art Energie, die sich in diesen Gesellschaften entwickelte, sowie das Bedürfnis nach Fortschritt und Veränderung und die Fähigkeiten dieser Gesellschaften explosiv waren und eine Kulturrevolution unvermeidlich machten.

Für die Allmacht beginnt der Ärger dort, wo aller Ärger beginnt – in der Familie. Der König lebt nicht ewig, und mehr als einer seiner Söhne fühlte sich berechtigt, seinen allmächtigen Platz einzunehmen. Die Polygamie steigert die Zahl der möglichen Thronbewerber ins Enorme. Speke, einem aufmerksamen Beobachter, war aufgefallen, daß die Konkurrenz der Prinzen untereinander «eine endemische Ursache von Instabilität und Unruhe im ganzen Gebiet war».[18] In Südafrika lautete eine Volksweisheit der Zulu, daß der Monarch mit der Hilfe seiner Brüder und Onkel herrschte, sie aber auch hasse, weil sie nach dem Thron trachteten.[19]

Diese typische Konkurrenz von Familienangehörigen um das Erbe der Allmacht läßt sich anhand der ewigen Rebellionen in den kleinen Königreichen von Busoga demonstrieren. Hier ernannte der König einen oder mehrere seiner Söhne zu Provinzgouverneuren. Ein solcher Prinzgouverneur, der zu seinem Kummer entdecken mußte, daß einer seiner Brüder nach dem Tod des Vaters König geworden war, hatte nicht nur seinen Groll, sondern besaß auch eine Machtbasis in der Provinz. In einer solchen Lage war eine Rebellion fast unvermeidlich. Manchmal gelang es dem neuen Monarchen, die Revolte niederzuschlagen und den zentralisierten Staat wiederherzustellen; der aufrührerische Prinz hatte jedoch die gleiche Chance, seine Unabhängigkeit zu bewahren, was eine Teilung des Gemeinwesens bedeutete. Wie wir in anderen Gesellschaften gesehen haben, bestand eine Lösung dieses unvermeidlichen Konflikts in der Berufung von Bürgerlichen auf wichtige Posten, da die Idee des Königtums heilig genug blieb, um diese Bürgerlichen von Ansprüchen auf den Thron abzuhalten.[20] Es hat ohne Zweifel zur Stabilität des bugandischen Staats beigetragen, daß die königlichen Prinzen niemals in wichtige politische Positionen berufen wurden.

Die Geschichte des Zulu-Reichs bietet uns das Bild eines Bruderzwists, den man fast schon eine Jakobs-Tragödie nennen kann. Der große Shaka Zulu selbst wurde von seinen Halbbrüdern Dingane und Mhlangana erstochen. Nicht lange danach ließ Dingane Mhlangana umbringen und wurde zum Alleinherrscher. Da er um seine Position fürchtete, begann Dingane «mit einer systematischen Vernichtung seiner verbleibenden Familie und seiner Verwandten, er ließ auch alle seine Freunde und ehemaligen Kameraden umbringen, alle Großen der Nation».[21] Einige wenige ließ er am Leben, unter anderem einen unbedeutenden jungen Mann namens Mpande, seinen Halbbruder. Da Dinganes Tyrannei immer stärker wurde, nahm auch Mpandes Popularität immer mehr zu, bis er an einem Punkt angelangt war, an dem er um sein Leben fürchtete. Er flüchtete ins benachbarte Natal. Kurz darauf kehrte er mit mehreren tausend Anhängern zurück, verstärkt durch eine Gruppe von Buren. Dingane wurde in der Schlacht geschlagen und flüchtete nach Swaziland, wo er von Ortsbewohnern getötet wurde. Drei Jahre nach der Thronbesteigung Mpandes ließ er den letzten überlebenden Bruder seiner Generation hinrichten. Der Brudermord richtete sich jetzt gegen die jüngere Generation. Mpandes ältester Sohn und der Sohn seiner Lieblingsfrau wurden zu erbitterten Feinden. Da jeder ein mächtiger Häuptling war und über viele Gefolgsleute gebot, kam es zu einer großen Schlacht. Der älteste Sohn ging siegreich aus dem Kampf hervor, brachte seinen Rivalen sowie fünf andere Brüder um und bestieg nach Mpandes Tod den Thron.[22]

Diese Art Geschichte liest sich nicht mehr wie eine heroische Saga von allmächtigen Königen, sondern eher wie eine Gaunergeschichte über die kleinlichen Rivalitäten aristokratischer Gangster, die sich um der Beute willen gegenseitig umbringen. Nachdem eine bestimmte psychologische und politische Macht überhaupt erst ermöglicht und der große Durchbruch erreicht war, nachdem die Restriktionen des Sippensystems, die das

Selbstbewußtsein des einzelnen einengten, zertrümmert worden waren, konnte eine bestimmte Art menschlichen Abschaums – nämlich solche Leute, deren einzige ‹Tugend› in einem unbändigen Willen zur Macht bestand – zu Führern der Gesellschaft werden. In den Guatemalas und Chiles der Welt sind wir über dieses Stadium noch nicht hinausgekommen.

Die Gesellschaften, die keine Erbfolgekriege kannten, unter ihnen auch Buganda, sahen sich dann dem Problem der Brüder des neuen Königs konfrontiert. Eine drastische Lösung bestand darin, sie nach der Thronbesteigung des neuen Monarchen umbringen zu lassen. Die Venda von Südafrika versuchten es mit einem Kompromiß. Sie töteten alle Söhne des Königs mit Ausnahme der ersten drei schon bei der Geburt, «damit es nicht zu viele wurden und damit sie sich später nicht um das Amt des Häuptlings stritten».[23] In Buganda war es vor kurzem zu einer Neuerung gekommen: Alle Halbbrüder des Königs mit Ausnahme von einem oder zwei wurden umgebracht. Es scheint klar zu sein, daß diese Praxis schon zur Regierungszeit von Mutesas Vater gängig war.[24] Roscoe sagt, daß im Fall Mutesas dessen Mutter sich des Todes der anderen Prinzen vergewissert hatte.[25] Das Quellenmaterial ist zwar nicht vollständig, aber es finden sich Hinweise darauf, daß man einen oder zwei Prinzen für den Fall verschonte, um später das königliche Amt auszufüllen. Es ist unklar, warum diese Praxis in Buganda begann. Möglicherweise hatte es dort in der Vergangenheit Erbfolgekriege gegeben[26], oder die Halbbrüder des Königs hatten sich die Freiheit genommen, nachdem die Allmacht des Königtums zur Routine geworden war, das Recht des Auserwählten auf Herrschaft in Frage zu stellen. Wie dem auch sei: Ein Prinz lebte in Buganda höchst gefährlich.

Mit dem Brudermord-Konflikt ist der ödipale Kampf zwischen Königen und ihren Söhnen eng verwandt. Als sich während der Entwicklung komplexer Gesellschaften der Loslösungs- und Individuationsprozeß fortsetzte, als die vorwiegend prä-ödipale Natur der Politik des Sippenstaates ödipalen Überlegungen Platz machte, wurden heftige Konflikte zwischen Königen und Prinzen zu einem Hauptbestandteil der Politik. Und wie bei der Geschichte des Ödipus waren oft die Väter die ursprünglichen Aggressoren. Da sie einen ödipalen Angriff befürchteten, schlugen sie als erste zu. Sowohl Shaka Zulu wie sein Mörder und Nachfolger Dingane töteten alle ihre Söhne schon bei der Geburt, um der Möglichkeit vorzubeugen, später von ihnen gestürzt zu werden, wenn die Söhne erwachsen waren. Ein Natal-Nguni-König aus derselben Region wie die Zulu ließ alle seine Söhne bis auf zwei umbringen, «damit sie ihn nicht... ermordeten».[27] Die Könige von Buganda hatten einen besonderen Opferplatz namens Benga, wohin man zahlreiche königliche Prinzen brachte, wann immer der *kabaka* von den Göttern gewarnt wurde, einige seiner Söhne planten einen Aufstand.[28] Es dürfte manchmal *tatsächlich* Verschwörungen gegeben haben.

Die Söhne, denen man erlaubt hatte, am Leben zu bleiben, waren jedoch gleichermaßen bereit, gegen ihre Väter vorzugehen. In Buhaya, einem südlich von Buganda gelegenen Land, fielen Prinzen, denen man die Herrschaft über kleine Dörfer anvertraut hatte, immer wieder vom Zentralstaat ab. Dieser Vorgang hielt die Politik in beständiger Unruhe, und die «Legenden aus Buhaya sind voller Geschichten von rebellierenden Söhnen, die sich an ihren Vätern rächen, und von brudermörderischen Kämpfen, die mit der Aufspaltung der Königreiche endeten».[29]

Manchmal führte die Rebellion eines Prinzen zu einer neuen, bleibenden Konstellation. Um die Mitte des 19. Jahrhunderts war das Land Toro ein wichtiges kleines Nachbarkönigreich Bugandas. Es war erst 1830 gegründet worden. Damals hatte Kaboyo, Sohn des Königs von Bunyoro, gegen seinen Vater revoltiert. Er war mit einer Gruppe von Anhängern geflohen und hatte einen großen Teil der königlichen Viehherden mitgenommen. Er ließ sich in Toro nieder, damals eine Provinz Bunyoros. Der Vater entsandte, wie erwartet, eine Strafexpedition; aber es gelang Kaboyo, die Armee zu schlagen, die ihn hatte ermorden sollen. Der von anderen Rebellen auf seinem Territorium bedrängte und durch Invasionen bugandischer Streitkräfte bedrohte Vater schickte Bayoro eine königliche Trommel und andere Insignien zum Zeichen der Versöhnung. Kaboyo «schickte seinem Vater auch weiterhin Geschenke, bis dieser starb; aber bis dahin weigerte er sich, mit dem königlichen Gruß angesprochen zu werden».[30] Toro blieb ein unabhängiger Staat, bis die Europäer die Region eroberten.

Nachdem feststand, daß das Königtum mit den Worten Aristoteles' eins der Güter war, um die man kämpfen konnte, nachdem also der heilige, charismatische, allmächtige Aspekt der Monarchie durch nackte Machtkämpfe innerhalb der königlichen Familie verunreinigt worden war, war es unvermeidlich, daß jeder psychologisch mächtige Aristokrat sich frei fühlen würde, die königliche Autorität herauszufordern. Später machten die Gouverneure, die einem König unterstanden, diesem noch mehr Schwierigkeiten und erwiesen sich als noch größere Bedrohung der Stabilität des Staates als die königlichen Prinzen. Prinzen konnte man wie in Buganda von politischen Ämtern fernhalten, aber kein Staat konnte ohne Gouverneure funktionieren. Viele Gouverneure, die ihrem König nacheiferten, umgaben sich mit einer Aura großer Würde. Vancouver beschreibt den Auftritt eines hawaiischen Provinzgouverneurs namens Tamaahmotoo, der mit «großem Pomp in einer Bucht erschien, gefolgt von einer eindrucksvollen Flotte großer Kanus, die nicht weniger als tausend Personen umfaßte, von denen alle mit einiger Ordnung paddelten». Kamehameha, der Vancouver damals begleitete, beschrieb Tamaahmotoo als «den stolzesten Mann der ganzen Insel».[31] Pomp war eine Sache, aber es bestand die Gefahr, daß dieser Stolz nur zur Konfrontation mit dem König führte.

Kamehameha selbst hatte seine kometenhafte politische Karriere als rebellischer Häuptling gegen den König auf seiner Heimatinsel Hawaii begonnen[32], und nach seinem Tod sah sich sein Sohn Liholiho einer ernst zu nehmenden Opposition der Untergebenen seines Vaters gegenüber. Einer von ihnen zettelte eine Verschwörung mit dem Ziel an, die königliche Macht zu stürzen und alle auf den Inseln lebenden Europäer zu massakrieren.[33] Der Plan schlug fehl, und Liholiho konnte sich nur dadurch auf dem Thron halten, daß er den hochgestellten Politikern erlaubte, das ihnen von Kamehameha gewährte Land zu behalten. Traditionell war auf Hawaii üblich gewesen, daß alle diese Ländereien dem neuen König zufielen, wenn er sein Amt antrat; aber es ist unwahrscheinlich, daß Liholiho sich auf dem Thron hätte halten können, wenn er den Kompromiß verweigert hätte.[34]

Ähnlich hatte in Buganda die Herrschaft eines großen charismatischen Königs – in diesem Fall Mutesas – nicht zur Unterdrückung der Provinzgouverneure geführt, sondern das genau Gegenteil bewirkt: nämlich die Erhebung dieser Untergebenen zu einer so großen psychologischen wie politischen Macht, daß sie sich dem König gleichgestellt fühlten. John Rowe erklärt, warum weder Mutesa noch später Mwanga nach Belieben mit den neuen Religionen umspringen konnten:

> Zunächst einmal waren die beiden Könige – selbst wenn sie es gewünscht hätten – nicht in der Lage, den Missionaren irgendwelche Forderungen zu erfüllen. Sowohl der hinfällige Mutesa wie nach 1884 der jugendliche und unerfahrene Mwanga mußten mit anderen mächtigen Kräften bei Hofe rechnen, welche die Missionare ... als gefährliche Rivalen ansahen. Die älteren Häuptlinge bedienten sich ihrer beträchtlichen neuen Macht ganz bewußt und spielten sich als Herren über ihre Ländereien auf, da ihnen niemand die Macht streitig machte. Sie trieben privaten Handel mit ‹Arabern› aus Sansibar und häuften großen persönlichen Reichtum und Waffen an, wie es noch vor einem Jahrzehnt undenkbar gewesen wäre ...[35]

In einer komplexen Gesellschaft war es für den König äußerst schwierig, diese Miniatur-Monarchen unter Kontrolle zu halten, vor allem dann, wenn ihr Herrschaftsbereich in einiger Entfernung lag. Wenn der Provinzgouverneur in sicherer Entfernung vom Königshof lebte, ignorierte er einfach die königlichen Anweisungen und hörte auf, den regelmäßigen Tribut zu schicken.[36] So bestand der König in den meisten fortgeschrittenen komplexen Gesellschaften darauf, daß die Provinzgouverneure den größten Teil ihrer Zeit am Königshof verbrachten. Kamehameha «berief die Häuptlinge oft zu sich und befahl ihnen, bei ihm zu bleiben. Er hielt sie durch allerlei Maßnahmen davon ab, weit weg im Hinterland zu leben, wo sie es sich eines Tages in den Kopf setzen könnten, Krieger um sich zu sammeln und gegen seine Herrschaft zu konspirieren. Wenn er sah, daß irgendein Häuptling eine gewisse Zahl von Anhängern um sich versammelte, stellte er den Häuptling in Kawaihe oder an einem anderen Ort zur Rede; wenn die Lebensmittelvorräte zur Neige gingen, mußten die Schmarotzer aufs Land zurückkehren, aber der Häuptling wurde immer gut versorgt...»[37] Cook entdeckte auf Tonga den gleichen Mechanismus, wo, wie er sagt, die Neigung zum Revoltieren dadurch entschärft wurde, daß alle wichtigen Gouverneure in Tongatapu residieren mußten.[38] Auch in Buganda waren die Gouverneure verpflichtet, den größten Teil ihrer Zeit am Königshof zu verbringen. Sie durften sich nur entfernen, wenn ihre Dienstpflichten in der Provinz dies erforderten – und das auch nur mit Genehmigung des *kabaka*.[39]

Diese Provinzgouverneure fühlten sich von dem charismatischen, allmächtigen und göttlichen Charakter der Monarchie jedoch durchaus nicht so eingeschüchtert, daß sie nicht in der Lage gewesen wären, diese herauszufordern. Sie fühlten sich sogar *berechtigt*, der königlichen Macht entgegenzutreten und sich alle Attribute dieser Macht anzueignen. Allmacht war kein ausschließliches Vorrecht des Königs mehr. Da sie jetzt auch anderen zur Verfügung stand, degenerierte die übernatürliche Machtstellung des Königs immer mehr. Sie war nicht mehr, was sie einmal gewesen war; wenn ein König herausgefordert wurde, wurde das nicht mehr durch einen übernatürlichen Blitzstrahl gestraft; der Monarch war nicht mehr so heilig, daß schon seine bloße Mißbilligung einen Menschen töten konnte. Indem sie sich fast zu seinesgleichen machten, erhöhten die Gouverneure sich nicht nur, sondern erniedrigten auch den König. Der König ist tot; lang lebe der aristokratische politische Boß.

Dies war natürlich *kein* chronologisch ablaufender historischer Prozeß. Es hat nie ein Zeitalter allmächtiger Könige gegeben, dem ein Zeitalter degradierter Monarchen und mächtiger aristokratischer Gouverneure folgte. Beide Formen der politischen Führung existierten gleichzeitig. Allmächtige Monarchen wurden immer wieder von ihren Brüdern, Söhnen und Gouverneuren herausgefordert. Zwei Arten psychologischer und politischer Macht wurden zur gleichen Zeit geschaffen: einmal die heilige, göttliche, charismatische Allmacht des Königs; zweitens die nackte Gewalt des politischen Bosses. Und wenn jemand nackte politische Gewalt besitzt, braucht er nicht mehr die Zustimmung der Regierten. Einfache Leute kämpften und starben in den Machtkämpfen des Adels, ob sie damit einverstanden waren oder nicht. Einfache Menschen wurden von Adligen unterdrückt, ob sie diese nun bewunderten und sich mit ihnen identifizierten oder nicht.

Der charismatische König vertrat irgendwie noch immer eine moralische und fortschrittliche Kraft, mochte er auch noch so sehr ein sexuell zügelloser und aggressiver Tyrann sein. Er war die Macht, die das Sippensystem zertrümmerte; er war die heroische Gestalt, die auch jedem anderen Menschen das Gefühl gab, magische Kräfte zu besitzen. Er hatte die Vision, die zur Gründung großer politischer Einheiten mit allgemeingültigen und nicht nur örtlich beschränkten Loyalitäten führte. Er schuf das Nationalgefühl, das die begrenztere Sippenzugehörigkeit ersetzte.

Der provinzielle politische Boß dagegen regierte hauptsächlich durch Furcht. Sein Horizont war begrenzt; seine Vision war beschränkt, seine Interessen selbstsüchtig. Seine Zeit auf Erden ist jedoch anders als die der charismatischen Könige noch nicht zu Ende. Er herrscht noch immer über einige mittelamerikanische Staaten und multinationale Konzerne, und auch im bürokratischen Sozialismus der Sowjetunion hat er seine Machtposition noch nicht verloren.

In Wahrheit war kein einziger politischer Herrscher ganz König oder ganz Boß: Jeder wirkliche Herrscher war eine Mischung aus beidem. Terror kann nie die einzige Form des sozialen Zusammenhalts sein; jede auf Dauer angelegte Gesellschaft muß zumindest einigen der Regierten ein Mindestmaß an Zustimmung entlocken. Das war bei den fortgeschrittenen komplexen Gesellschaften der Fall und gilt auch heute noch.

Eines traf und trifft auf beide Machtformen zu, auf die charismatisch-allmächtige wie die allein auf Machtzusammenballung zielende: Die meisten Menschen fühlten und fühlen sich nicht berechtigt, an einer der beiden Erscheinungsformen teilzuhaben. Die Aristokratie nahm gegenüber dem einfachen Volk eine Sonderstellung ein, weil sie die Fähigkeit besaß, den König herauszufordern und für sich selbst ein Stück Macht zu ergattern. Einfache Menschen waren durch das Sippensystem zu sehr gebunden, um sich zu befreien und nicht-sippenmäßige Formen der Macht zu gewinnen. So mußten sie gegenüber den Mächtigen in einer kindlichen Position verharren. Und so kommt es, daß die Angst vor reifer Verantwortung selbst unsere heutigen Demokratien noch belastet. Die meisten Menschen, vor allem die wirtschaftlich Schwachen, haben noch immer nicht das Gefühl, sie seien berechtigt, ihr Schicksal selbst in die Hand zu nehmen. Politische Macht ist etwas, was andere besitzen. Wie Kinder gehen sie nicht zur Wahl und nehmen passiv alles hin, was kommt.

Königtum, Aristokratie und eine bürokratische Oberschicht (wie sie in Buganda existierte) waren die grundlegenden politischen Leistungen der komplexen Gesellschaft. Diese Herrschaftsformen waren so dauerhaft und so exklusiv, daß in Europa erst im 11. und 12. Jahrhundert eine neue Klasse von Menschen auf der Bildfläche erschien, die sich berechtigt fühlte, die Macht zu ergreifen, die sich dafür ausbildete und den Wunsch schließlich in die Tat umsetzte. Die Bischöfe der Kirche einschließlich des Bischofs von Rom und die neuen Stände in den Städten waren die erste wirkliche Herausforderung der monarchischen und aristokratischen Macht. Ihrem Erfolg haben wir die demokratische Gesellschaft zu verdanken.

Es hat den Anschein, als wäre die fortgeschrittene komplexe Gesellschaft eine große Übergangsform der Politik gewesen. Ihre zentrale politische Form – das Königtum, welches das Sippensystem zertrümmerte und verwandelte – konnte ihre großen politischen Probleme nicht aus eigener Kraft lösen. Es mußte noch etwas hinzukommen, bevor eine wahrhaft stabile Gesellschaft entstehen konnte. Die archaischen Zivilisationen Ägyptens, Mesopotamiens und Chinas hielten sich – zwar mit manchen Wechselfällen, aber ohne grundlegende Veränderungen – über Tausende von Jahren. Obwohl es über die Möglichkeiten dieses Buches hinausgeht, die Gründe dafür zu untersuchen, hat es den Anschein, als hätten das Ideal königlicher Güte, eine tiefe Sehnsucht nach Stabilität und Ordnung sowie die Anfänge des Rechtsstaats damit sehr viel zu tun gehabt. Es war notwendig, ein höheres Maß an Abstraktion zu erreichen, vom Besonderen zum Allgemeinen zu kommen – nicht dieser oder jener König sollte herrschen, sondern das Königtum; nicht dieser oder jener Gouverneur, sondern die Regierung; nicht dieses oder jenes Diktum sollte gelten, sondern das Gesetz. Zu diesem Entwicklungsschritt waren die fortgeschrittenen komplexen Gesellschaften, die in ihren Herrschaftsformen befangen blieben, nicht fähig. Aus den komplexen Gesellschaften entstanden jedoch die archaischen Zivilisationen – ein Beweis dafür, daß die komplexen Gemeinwesen das getan hatten, was sie hatten tun sollen: ihre historische Rolle zu erfüllen.

VI

Psyche und Gesellschaft

Ein Boxkampf auf den Tonga-Inseln

29

Versuch einer Theorie der sozialen und kulturellen Entwicklung

In dem überwiegenden Teil der psychoanalytischen und psychologischen Soziologie sowie in einem großen Teil der sozialpsychologischen Forschung finden wir ein gemeinsames Element, nämlich die Annahme, daß es zwischen Psyche und Gesellschaft einen intimen und entscheidenden Zusammenhang gebe. Der einsichtsvollste dieser verschiedenen theoretischen Ansätze erkennt die Tatsache an, daß Psyche und Gesellschaft einer *wechselseitigen Abhängigkeit* unterliegen, daß wir die eine ohne ein Verständnis der anderen nicht begreifen können, da jede die andere bedingt. Die Psyche, obwohl in unserer animalischen biologischen Natur verwurzelt, ist keine Konstante, so daß alle soziale Formen zu Variablen werden. Die menschliche Spezies hat die Gabe und einen Trieb, Symbole zu schaffen, und diese Symbole schlagen sich in sozialen Formen nieder. Man kann die Psyche nicht verstehen, ohne die von ihr verwendeten Symbole zu begreifen. Wenn man nicht erkennt, daß die Gesellschaft das symbolische System, dessen sich die Psyche bedient, in sich trägt und modifiziert, führt das zu einer Art von psychologischem Reduktionismus, der keinerlei Einsicht bringt. Zwischen dem Selbst und der Gesellschaft herrscht ein ständiges Wechselspiel, ein beständiger Wechsel von Geben und Nehmen, eine ständige Modifikation, die aus der Anerkennung der wechselseitigen Bedürfnisse erwächst.

Diese wechselseitige Abhängigkeit zwischen Gesellschaft und Selbst genügt mir jedoch zur Bloßlegung des komplexen Mechanismus der sozialen und kulturellen Entwicklung nicht. Als Modell scheint sie keine Erklärungsmöglichkeit dafür zu bieten, wie Veränderungen in der Gesellschaft mit der Psyche kommunizieren oder wie der auf Entwicklung gerichtete Trieb der Psyche sich letztlich in sozialen Formen manifestiert. Es fehlen die Bindeglieder.

Die theoretischen Einsichtsmöglichkeiten vergrößern sich enorm, wenn man der Dyade Selbst-Gesellschaft die Familie hinzufügt, vor allem wenn man die die Kindererziehung betreffenden Aspekte der Familie betont. In der Triade Familie-Selbst-Gesellschaft machen sich sechs grundlegende Einflüsse bemerkbar: Die Familie und das Selbst reagieren aufeinander, ebenso Familie und Gesellschaft sowie Gesellschaft und Psyche:

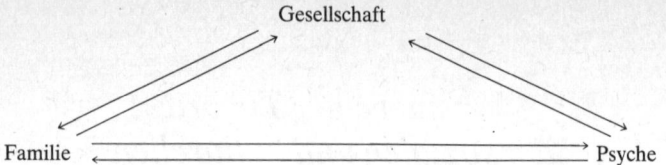

Gesellschaft

Familie   Psyche

Zumindest theoretisch, wenn nicht auch tatsächlich, können wir dieses neue Modell verwenden, um zu erkennen, wie bestimmte Verbindungen in einem Entwicklungssystem hergestellt werden. Wenn eine Gesellschaft, aus welchem Grund auch immer, mit der Auflösung des Sippensystems beginnt, kann sie dekretieren, daß kleine Kinder drei bis fünf Jahre lang von zu Hause weggeschickt werden. Eltern, die eine solche Form aus eigenem Antrieb nicht entwickeln oder billigen, müßten dann ihre kleinen Kinder aus dem Haus geben, weil es so Sitte ist, weil jeder es tut oder weil es ‹gut für das Kind› ist. Ein in dieser Situation aufgezogenes Kind verfügt über eine andere Ausstattung psychologischer Parameter als ein Kind, das in einer durch das Sippensystem geprägten Umwelt groß wird. Ein solches Kind ist eine andere Art Mensch, zu einer anderen Art von Staatsbürgerschaft in einer anderen Art von Gesellschaft erzogen. Als Erwachsener wird ein solcher Mensch seine Kinder nicht nur aus den oben aufgezählten Gründen aus dem Haus schicken; er tut es auch, weil mit ihm so verfahren wurde. Indem wir die Kindererziehung durch die Familie in die Erörterung einführen, erkennen wir deutlicher, wie Veränderungen im Wertsystem der Kultur Veränderungen in der Psyche des sich entwickelnden Kindes bewirken.

Nichts davon erklärt jedoch für sich allein, woher die ursprünglichen Impulse zur Veränderung der Erziehungsmethoden stammen. Sie können ihren Ursprung in der Gesellschaft haben oder auch nicht. Es kann sein, daß sie ihren Ursprung in der Interaktion von Familie und Selbst haben und sich dann als soziale Form etablieren. Solche Fragen der Herkunft lassen sich nur äußerst schwer beantworten. Eines scheint jedoch wahr zu sein, nämlich daß *alle* Impulse zur Veränderung entweder in der Psyche, der Familie oder der Gesellschaft entstehen bzw. in den Reaktionen dieser drei auf die Bedürfnisse und Realitäten der anderen. Ich glaube nicht, daß der theoretische Ansatz an irgendeiner Ecke dieser grundlegenden Triade wertvoller ist als ein Ansatz an den beiden anderen Ecken. Die große Frage nach der Natur der gesellschaftlichen Entwicklung wird letztlich innerhalb dieser triadischen Struktur beantwortet werden müssen, und die Vernachlässigung eines einzigen Aspekts – Gesellschaft, Psyche, Familie – würde zwangsläufig nur zu Teillösungen führen.

Obwohl man innerhalb dieser theoretischen Struktur an jedem Punkt beginnen könnte, werde ich mit dem anfangen, was mich am meisten interessiert: mit der Rolle der Psyche bei der Schaffung und Modifikation sozialer und kultureller Formen. Für einen solchen Ansatz ist eine Theorie der Psyche von entscheidender Bedeutung, eine Psychologie – in meinem Fall eine psychoanalytische Psychologie. Die theoretische Struktur, die uns Freud hinterlassen hat, ist für diese Aufgabe jedoch höchst ungeeignet. Erstens klaffen in Freuds Theorie der Psyche große Lücken – unter anderem geht es dabei um die Frage der prä-ödipalen Entwicklung des Ich, um die Beziehung sexueller und aggressiver Triebe, die Theorie des Narzißmus, die Psychologie der Frau, die Frage der moralischen Triebe sowie die Implikationen für die menschliche Geschichte, die aus der Tatsache erwachsen, daß alle Kleinkinder, Jungen und Mädchen, fast ausschließlich von Frauen aufgezogen werden. Zweitens: Was den Einfluß der Psyche auf die Gesellschaft betrifft, so ist Freuds Beitrag dazu nur stark begrenzt und nur auf der höchsten Ebene der Verallgemeinerung vorhanden. Sein großes Geschenk an uns in dieser Hinsicht war sein Beharren darauf, daß man eine solche Verbindung erkennen könne und müsse, wobei er selbst davon ausging, daß es in der Welt keine wichtigere Frage gebe. Wollte man bei diesem Bemühen, die Gesellschaft zu verstehen, nur die Arbeiten Freuds heranziehen, würde man die Diskussion auf die eher mageren Ergebnisse beschränken, die uns in den siebzig Jahren seit dem Erscheinen von *Totem und Tabu* zugefallen sind.

Eine unseren heutigen Bedürfnissen angemessene Theorie der Gesellschaft und der gesellschaftlichen Entwicklung muß über Freuds Arbeit hinausgehen. Zum Verständnis der Gesellschaft können aber die Einsichten einiger seiner Nachfolger hilfreich sein. Bei dem Versuch, Funktionsweisen und Spannungen der komplexen Gesellschaften zu erklären, habe ich die Arbeiten von Anna Freud und vor allem von Margaret Mahler als besonders nützlich empfunden.

Das Menschenopfer als Abwehrmechanismus

Anna Freud betont in *Das Ich und die Abwehrmechanismen* nicht die Theorie der Triebe oder der Entwicklung, sondern bestimmte gegebene psychische *Mechanismen*. Schon Freud hatte von solchen Mechanismen gesprochen, für die der «Wiederholungszwang» ein Beispiel ist. Dieser Zwang ist unabhängig von den Trieben der Libido und der Aggression; er wird durch gute oder schlechte Fürsorge nicht beeinflußt. Wenn ein Kind eine gute Fürsorge erhält, hat es als Erwachsener den Zwang, die Erfahrung mit seinem eigenen Kind zu wiederholen. Das gleiche geschieht jedoch auch bei unangemessener oder schlechter Fürsorge. Ein psychischer Mechanismus ist eine Konstante der Psyche; man kann nicht fragen, ‹warum› er da ist, obwohl die Frage von Bedeutung ist, wie er funktioniert. Bei der Erforschung solcher Mechanismen ist die erste theoretische Aufgabe rein empirisch: Man muß die Mechanismen finden und definieren. Bei den psychischen Abwehrmechanismen hat Anna Freud genau dies getan. Wenn wir ihre Ergebnisse heranziehen und sie mit einem Verständnis anderer psychischer Mechanismen verbinden, können wir einem Verständnis der Funktion des Menschenopfers im politischen Leben schon recht nahe kommen. Es hätte nie Ritualmorde gegeben, wenn sie nicht irgendwelche menschlichen Bedürfnisse befriedigt hätten. Es wäre hilfreich zu wissen, wie diese Bedürfnisse aussahen – und heute noch aussehen.

Anna Freud geht ausführlich auf den Mechanismus ein, den sie als «Identifizierung mit dem Angreifer» bezeichnet.[1] Wenn das Ich sich einem Angriff von jemandem aus der Außenwelt gegenübersieht, macht es den Versuch, sich durch Identifizierung mit dem Angreifer gegen die Bedrohung zu verteidigen. Das Kind verwandelt sich aus dem Bedrohten in den Bedroher. Bestimmte Phänomene, die bei ehemaligen Konzentrationslagerinsassen beobachtet worden sind, werden durch diesen psychischen Mechanismus erklärt, unter anderem die Erkenntnis, warum einige ·in die Rolle ihrer Henker schlüpften. Auch unter normalen Umständen hat dieser Mechanismus für uns alle große Bedeutung. Die Identifizierung mit dem Angreifer ist ein grundlegendes Mittel, das Kindern bei der Abwehr der gegen sie gerichteten Aggression der Eltern zu Gebote steht. Da die normalen Triebe zur Identifizierung mit den Eltern so mächtig sind, werden sie durch die Identifizierung mit dem Angreifer noch verstärkt und ermöglichen so die Verinnerlichung der negativen Aspekte der Eltern. Solche Verinnerlichungen spielen im Leben der meisten Menschen eine äußerst wichtige Rolle.

Die Identifizierung mit dem Angreifer kann eine gesunde, schützende Reaktion auf Gefahren der realen Welt erzeugen. In diesem Zusammenhang ist die Überlegung interessant, wie viele Menschen ihren Beruf als Mittel gewählt haben, etwas zu bewältigen, wovor sie Angst haben, mit etwas fertig zu werden, durch das sie sich bedroht fühlen.[2] In der folgenden Geschichte geht es um einen kleinen Jungen, Ben, der sich im Krankenhaus einer Operation hat unterziehen müssen, und um seinen kleinen Bruder Joe.

Als Ben am nächsten Tag aus dem Krankenhaus kam, konnte Joe kaum an sich halten: «Hat die Operation weh getan? Hast du Angst gehabt?» Dann fügte er schnell hinzu, er habe keine Lust, sich Bens Narbe anzusehen. Später am selben Tag suchte er sich eine Sammlung von ‹Operationsinstrumenten› zusammen, etwas Papier, Klebeband, eine leere Medizinflasche, eine Nadel, Bindfaden und eine Nagelfeile, die er in ‹Bens Krankenhauskoffer> steckte. Dann zog er sich schnell seinen Bademantel an, verkündete, er sei ein Arzt, und setzte sich in den Koffer, von dem er sagte, er sei sein ‹Krankenhaus› ...

In den nächsten Tagen spielte Joe in seinem ‹Krankenhaus› einen Chirurgen, der seine ‹Patienten› operiert ... Mitunter, wenn ihm das Spielen mit seinen Spielzeugtieren zu langweilig wurde, holte er sich unter seinen willigeren Spielgefährten neue Patienten. Nach dem dritten Tag des Doktorspielens brachte Joe den Mut auf, sich Bens Narbe ansehen zu wollen ... die um diese Zeit nichts weiter war als eine vier Zentimeter lange weiße Linie. Joe bemerkte später, er habe gedacht, die Narbe würde ‹groß› und ‹häßlich› sein. Am nächsten Tag wandte er sich wieder der fieberhaften Chirurgentätigkeit an all seinen Spielzeugtieren zu ...

Am Abend flehte er seine Familienangehörigen an, ihn ‹Doktor Joe› zu nennen, weil er sich entschlossen habe, Kinderchirurg zu werden. Er stellte sich sogar vor, unter dem gleichen Chirurgen zu studieren, der Ben operiert hatte, so daß er zum ‹Chef› des ganzen Krankenhauses werden könnte; denn dann würde er, Joe, entscheiden, wer ‹Patient› zu sein habe, und dann könne er auch verlangen, daß alle Einschnitte ordentlich vernäht werden, damit die Wunden nicht ‹wieder aufbrechen›.[3]

Die meisten Identifikationen mit dem Angreifer verlaufen nicht so erfreulich. Es gibt eine von Anna Freud nicht behandelte Abart dieses Mechanismus, den man ‹Identifizierung mit dem Angreifer, indem man jemand anderen zum Opfer macht›, nennen könnte. Jay war ein Kind mit psychologischen Schwierigkeiten, zu denen auch Ängste gehörten, er selbst oder seine Hände könnten irgendwo eingeklemmt werden. Als Jay seinen Therapeuten ausdrücklich darauf hinwies, seine aus Bauklötzen gebauten Häuser seien ziemlich wackelig, machte dieser Jay darauf aufmerksam, daß er sich vielleicht selbst nicht stark fühle, daß auch er sozusagen ein wenig wackelig sei. Dieser Wortwechsel löste bei Jay eine Flut aggressiver Handlungen aus; er klemmte die Hände von zwei Personen fest, indem er Türen zuwarf, und versuchte auch, den Kopf eines anderen Kindes zwischen zwei Tischen festzuklemmen. «Ich habe das so interpretiert, daß Jay den Versuch machte, sich selbst besser zu fühlen, indem er die Verantwortung für diesen neuen Ärger, für diese schrecklichen Schmerzen übernimmt, indem er anderen Menschen davor Angst einjagte, ihre Hände könnten irgendwo eingeklemmt werden.»[4]

In der Folgezeit wurde Jay von einer realen Gefahr bedroht und reagierte bezeichnend:

Wir lernten schon bald einen Grund für die seit kurzem gesteigerte Angst von Jay kennen. Er fühlte sich von einer Operation bedroht, weil er eine Mandel- und eine Mittelohrentzündung bekommen hatte. Seine Mutter war entschlossen, ihn operieren zu lassen, und verkündete das Vorhaben im Klassenzimmer, obwohl die ganze Angelegenheit allen Anwesenden neu war. Daraufhin fuchtelte Jay wild mit einem Messer herum, mit dem er ein Gesicht in einen Halloween-Kürbis geschnitzt hatte. Ich setzte ihm auseinander, daß er wieder einmal seine eigene Furcht ablenke, indem er andere Menschen ängstlich mache. Aus dem Chirurgen, der Jay bedrohte, war jetzt Jay geworden, der uns mit einem Messer erschreckte.[5]

Die Bedeutung dieser Art Identifizierung mit dem Angreifer im politischen Leben kann gar nicht überschätzt werden. Alle großen Menschenopfer, Hexenjagden, Verfolgungen und Holocausts sind Repliken von Jays Skalpell. Wenn die Notwendigkeit von Opfern allen menschlichen Gesellschaften bis zum heutigen Tag erhalten geblieben ist, kann das nur daran liegen, daß die Mächtigen in der Gesellschaft eine so tief sitzende Furcht in sich tragen, von der sie sich nur Erleichterung verschaffen können, indem sie andere unterdrücken. Ob es nun um die Schrecken von Auschwitz geht oder um die verfeinerte Grausamkeit der Kürzung von Sozialleistungen, so ist der gleiche Mechanismus am Werk, obwohl die Störungen unterschiedlich stark sind: Jemand muß leiden oder sterben, damit ich wieder atmen kann. Der *kabaka* von Buganda hätte verstanden.

Der Psyche steht noch ein anderer Mechanismus zu Gebote, dessen Verständnis uns dabei helfen wird, das ‹Bedürfnis› der komplexen Gesellschaft nach Menschenopfern zu begreifen. Man könnte es etwa so nennen: Man schlägt jemand anderen, um das Unterdrückte in sich selbst zu bekämpfen. Wir alle kennen die klischeehafte Situation des Polizisten, der Homosexuelle in eine Falle lockt und auf der Wache brutal auf sie einprügelt, um so seine eigenen homosexuellen Neigungen zu unterdrücken. Der größte Teil der Feindseligkeit ‹normaler› Menschen und der ‹normalen› Gesellschaft gegenüber der Homosexualität ist so zu deuten. Danach ist die Homosexualität eine Schwäche, die um jeden Preis unterdrückt werden muß. Es ist die Furcht der ‹Starken› vor Impotenz, welche die Gesellschaft dazu bringt, auf den Wehrlosen herumzutrampeln. «Es war zum Beispiel interessant, die Reaktionen Teddys auf das Weinen eines anderen Kindes zu beobachten. Er konnte es einfach nicht ertragen, ein anderes Kind weinen zu hören – es schien eine aggressive Abwehrhaltung zu stimulieren. Ohne provoziert worden zu sein, griff er andere Kinder an.»[6] Manches politische Handeln, vor allem in unserer Zeit des Kalten Krieges, entstammt dem Teil der Psyche, der Angriff für die beste Verteidigung hält. So betrachtet ist ein großer Teil der menschlichen Gesellschaft das Paradies eines Paranoikers gewesen.

Wenn man als Aristokrat in einer Gesellschaft lebt, deren ranghöchste Mitglieder dabei sind, sich aus den Zwängen des Sippensystems zu befreien, und wenn diese Befreiung, was eine notwendige Folge ist, in jedem einzelnen wie auch bei allen Aristokraten eine tiefe Trennungsangst auslöst, wird sich im Innern eine starke Ambivalenz bilden, ob man diesen Fortschritt mitmachen soll oder nicht. Ein Teil der Psyche dieser neuen Führer der Gesellschaft wird ängstlich darauf bedacht sein, sich kopfüber in die gemütliche Geborgenheit der Sippensolidarität zurückzubegeben. Der andere Teil der Psyche wird auf dem Weitermarsch zum Sonnenaufgang des Individualismus und des Staates bestehen und wie gewohnt gegen die Regressionsimpulse anwettern, die im Selbst vorhanden sind: Impotenter Feigling! Kind! Frau! Eine Lösung dieser manchmal unerträglichen Angst und Ambivalenz besteht darin, daß man sich auf der Landstraße einen armen, schwachen Bauern schnappt – einen Mann, der nicht einmal damit begonnen hat, sich aus seinen Sippenbindungen zu lösen, einen Mann, der als Repräsentant all der feigen, kindlichen und femininen Sehnsüchte in einem selbst steht –, ihm die Kehle durchschneidet und ihn den Göttern opfert. Damit tötet man nicht nur die regressiven Leidenschaften in sich selbst; man tötet auch einen Vertreter der anderen – der Sippenfamilie –, die anscheinend darauf aus sind, einen zurückzuziehen. Ein solcher Ritualmord, mit dem sich soviel erreichen läßt, übt eine unwiderstehliche Anziehungskraft aus.

Der Mechanismus der Identifizierung mit dem Angreifer, mit dem man einen anderen zum Opfer macht, hängt von einem noch tieferen psychischen Mechanismus ab: nämlich der Vorstellung, daß in bestimmten Streßsituationen ein Ding das andere ersetzen kann. Die Psyche billigt die Idee, daß eine Person für die andere sterben kann:

> Eine meiner am weitesten zurückliegenden Erinnerungen bezieht sich auf meine Mutter. Sie war schwer krank, seit Monaten im Bett, und ein Dienstbote hatte mir gesagt, sie würde in wenigen Tagen sterben. Ich dürfte vier oder fünf Jahre alt gewesen sein. Mein liebster Besitz war ein kleines braunes Holzpferd, das mit ‹richtigen Haaren› bezogen war ... In meinem Hirn keimte eine seltsame Idee: daß ich auf mein Pferdchen verzichten müsse, damit meine Mutter geheilt würde. Das Vorhaben ließ sich nicht auf einmal verwirklichen. Es fiel mir entsetzlich schwer. Zuerst warf ich das Zaumzeug und den Sattel ins Feuer, wobei ich mir dachte, ‹wenn es nur sehr häßlich aussieht, darf ich es vielleicht behalten›. Ich erinnere mich nicht genau, wie sich die Dinge weiter abgespielt haben; aber ich weiß noch, daß ich am Ende in großer Verzweiflung mein Pferdchen in Stücke

geschnitten habe. Als meine Mutter einige Tage später wieder aufstehen konnte, war ich lange davon überzeugt, mein Opfer habe sie auf geheimnisvolle Weise geheilt.[7]

Der verborgene Zwang im Kind bestand darin, sich selbst zu töten, damit die Mutter leben konnte, was wiederum einen anderen psychischen Mechanismus enthüllt, der vor allem dann, wenn es um Opfer geht, diktatorisch fordert, daß man ein Ding von geringerer Bedeutung für etwas hergeben kann, was viel wertvoller ist. So ist es etwa leichter, die Finger zu opfern, als die ganze Person; das Pferd war das zweitkostbarste Ding, welches das Kind den Göttern des Schicksals opfern konnte. Obwohl dies eine rührende Geschichte von freiwilliger Selbstaufopferung ist, kann der zugrundeliegende psychische Mechanismus – daß ein Mensch statt eines anderen sterben kann – auch leicht den tyrannischen Zielen angsterfüllter Personen mit politischer Macht dienen.

Diese verschiedenen psychischen Mechanismen können uns darüber aufklären, warum Menschenopfer der menschlichen Gesellschaft so leichtfallen; aber für sich genommen können sie noch nicht die Frage beantworten, warum Ritualmorde in fortgeschrittenen komplexen Gesellschaften eine so charakteristische Form der Aggression waren und warum sie mit dem Ende dieses gesellschaftlichen Stadiums aufhörten. Mit dieser Frage hängt auch das Rätsel zusammen, warum sich überhaupt irgendeine Gesellschaft vom Sippensystem trennte, obwohl sie wußte, wie schwierig der Weg sein würde. Wir können diese Frage nicht beantworten, ohne auf das machtvolle Bedürfnis nach Loslösung und Individuation einzugehen, und das wiederum läßt sich ohne die Arbeit Margaret Mahlers nicht bewerkstelligen.

Trennung und Individuation

Keine psychoanalytische Arbeit nach Freud ist in meinen Augen so hilfreich wie die von Margaret Mahler, wenn man die Natur der menschlichen Gesellschaft begreifen will, vor allem in entwicklungsmäßiger Hinsicht. Sie selbst hat die Verbindung zwischen individuellen Entwicklungsmustern und der Gesellschaft insgesamt nie hergestellt, aber auf der Grundlage ihrer Arbeit gelingt einem das ohne Schwierigkeit.

Mahler geht es darum zu beschreiben, wie sich das Selbstwertgefühl in der Psyche entwickelt. Ihre Vorstellung vom «Selbstwertgefühl» ist umfassender als Freuds Idee des Ich, das Freud als das definiert, was nicht Libido, aggressiver Trieb oder Über-Ich (Gewissen) ist. Mahlers Selbstwertgefühl schließt beispielsweise auch libidinöse Triebe ein.

Das Selbstwertgefühl durchläuft Mahler zufolge in den ersten dreißig Lebensmonaten des Kindes drei grundlegende Phasen: die autistische

Phase (von der Geburt an bis zum Alter von vier Wochen), die symbiotische Phase (von einem bis sechs Monaten) und die Phase von Loslösung und Individuation (sechs bis dreißig Monate). Eine fehlende Differenzierung charakterisiere den Beginn der autistischen Phase. In psychologischer Hinsicht kennt das Kind nicht den Unterschied zwischen sich selbst und seiner Mutter, zwischen Mund und Mutterbrust, zwischen seiner Kleidung und seiner Haut, zwischen seinen Impulsen und der Fürsorge anderer. Solche Differenzierungen werden während der autistischen Phase allmählich eingelernt, so daß das Kind, wenn es die symbiotische Phase erreicht, ein Bewußtsein vom Unterschied zwischen sich selbst und der Mutter gewinnt. In der symbiotischen Phase kann es sich jedoch noch kein von der Mutter losgelöstes Dasein vorstellen. Das Kind existiert, und die Mutter existiert; aber in den Augen des Kindes kann keiner von beiden ohne den anderen leben.

Während der dritten Phase wird das Kind zwar nicht von der Mutter unabhängig, aber es löst sich von ihr los und individuiert sich dadurch. Das wesentliche Lernergebnis ist dabei, daß seine eigene Existenz etwas anderes ist als die Existenz der Mutter, die Erkenntnis, daß Kind und Mutter verschiedene Personen sind. So sieht jedenfalls das ideale Entwicklungsmuster aus. Man braucht kaum zu sagen, daß die zentrale Frage für die meisten Menschen darin besteht, wie nahe sie dem Ideal auf dieser trügerischen Reise kommen.

In jeder der drei Phasen – der autistischen, der symbiotischen sowie der Loslösungs- und Individuationsphase – kann es zu einer relativ normalen oder relativ pathologischen Lösung der Probleme kommen, welche die jeweilige Phase aufwirft. Schwere Störungen des Entwicklungsprozesses in der autistischen Phase erzeugen das, was Mahler eine «autistische Psychose» nennt. Störungen in der symbiotischen Phase führen zu einer «symbiotischen Psychose». Störungen in der Loslösungs- und Individuationsphase erzeugen bei dem Kind, das die beiden vorhergehenden Phasen mehr oder weniger erfolgreich hinter sich gebracht hat, eine Neurose von größerer oder geringerer Intensität, je nach Schwere der Störungen.

Ein Verständnis der Loslösungs- und Individuationsphase in all ihrer Komplexität kann zum Verständnis bestimmter Probleme der gesellschaftlichen Entwicklung äußerst hilfreich sein, vor allem bei solchen, die durch die Existenz komplexer Gesellschaften aufgeworfen werden. Zunächst fällt einem auf, daß die Phase selbst extrem lang ist und von den ersten dreißig Lebensmonaten eines Kindes immerhin vierundzwanzig Monate dauert. Es liegt auf der Hand, daß in dieser Zeit viele entscheidende Probleme zu lösen sind.

Obwohl die Reaktion der Eltern auf den Drang des Kindes nach Loslösung von großer Bedeutung ist, geht die Initiative dazu nicht von den Eltern aus. Das Kind – jedes Kind – begibt sich auf diese große Reise, ohne dazu erzogen worden zu sein. Ob das auslösende Moment nun ein

Instinkt ist, ein Trieb, ein Bedürfnis oder eine allen Menschen gemeinsame Neigung, es kommt entscheidend darauf an, daß Loslösung und Individuation für eine gesunde menschliche Entwicklung notwendig sind und dem Kind nur um den Preis einer psychotischen Störung verweigert werden können. Da das Verständnis der gesellschaftlichen Entwicklung das eigentliche Ziel dieser Erörterung ist, muß darauf hingewiesen werden, daß keine Gesellschaft – weder die primitive, die komplexe noch die fortgeschrittene – und kein Volk insgesamt in der symbiotischen Phase steckengeblieben ist. Alle Kulturen haben eine wie auch immer geartete Erfahrung von Loslösung und Individuation gemacht.

Wie universell der Drang des Kindes nach Loslösung und Individuation auch sein mag, von entscheidender Bedeutung ist auch die Reaktion der Gesellschaft und der Eltern, vor allem der Mutter, auf diesen Impuls. Das Kind mag dazu ermutigt oder entmutigt oder aber ermutigt und wieder entmutigt werden, es mag bis zu einem bestimmten Punkt ermutigt und dann heftig entmutigt oder zunächst entmutigt und dann gezwungen werden, bestimmte Schritte zu machen: Jede Kombination menschlicher Reaktionen ist vorstellbar und möglich. Dabei zeigt das Stadium einer Gesellschaft oder die fragliche Gesellschaft selbst ein vom Reaktionsmuster signifikant abweichendes Verhalten. Um nur ein Beispiel zu nennen: In einer Gesellschaft, in der alle Kinder vier Jahre lang gestillt werden, wird ein Kind während der gesamten Loslösungs- und Individuationsphase gestillt und daher eine grundlegend andere Erfahrung machen als ein Kind in einer Gesellschaft, welche die Entwöhnung im Alter von sechs bis zwölf Monaten vorschreibt.

Innerhalb der durch die Gesellschaft bestimmten Verhaltensgrenzen gibt es immer Raum für persönliche Optionen, was die Reaktion auf das Streben des Kindes betrifft. «Andererseits haben wir erst ziemlich spät im Laufe unserer Untersuchung erkannt, daß das emotionale Hineinwachsen der Mutter in ihre Elternschaft, ihre gefühlsmäßige Bereitschaft, das Kleinkind loszulassen – ihm, wie die Vogelmutter es tut, einen sanften Schubs zu geben, es zur Unabhängigkeit zu ermutigen –, außerordentlich hilfreich ist; es könnte sogar eine *conditio sine qua non* normaler (gesunder) Individuation sein.»[8]

Die grundlegende Dynamik des gesamten Loslösungs- und Individuationsprozesses vom Standpunkt des Kindes aus ist Ambivalenz. Einerseits drängt der biopsychologische Prozeß das Kind nach Loslösung und dazu, an der Individuation Vergnügen zu finden; andererseits erzeugt die Loslösung jedoch intensive Angst. Dem Kind ist noch nicht bewußt geworden, daß es aus eigener Kraft mit allem fertig werden kann. Es hat das Gefühl, es würde ohne die Mutter schiefgehen. Die Weigerung weiterzumachen ist jedoch keine reale Option. Es gibt keine Lösung, bis der ganze Prozeß beendet ist. Von einem übergeordneten Blickwinkel aus ist der Prozeß natürlich nie zu Ende. Wir tragen den Trieb, die Angst und die

Ambivalenz das ganze Leben mit uns herum. Für das dreißig Monate alte Kind jedoch ist eine bestimmte grundlegende, wenn auch vorübergehende Aufhebung der intensiven Trennungsangst möglich.

Mahler liefert eine detaillierte Beschreibung der Loslösungs- und Individuationsphase, die sie in vier Subphasen unterteilt: Differenzierung und Entwicklung des Körperschemas (sechs bis zehn Monate); das Üben (zehn bis achtzehn Monate); Wiederannäherung (achtzehn bis einundzwanzig Monate) sowie Konsolidierung der Individualität und die Anfänge der emotionalen Objektkonstanz (zweiundzwanzig bis dreißig Monate).

In der Subphase der Differenzierung geben bestimmte motorische Handlungen, Gesichtsausdruck, Kommunikationslaute sowie die Fähigkeit, auf ein bestimmtes spielerisches Handeln zu reagieren, einen Hinweis darauf, daß das Kind beginnt, sich selbst als ein von der Mutter getrenntes Wesen zu betrachten. Diese Fähigkeiten zu individuiertem Handeln kommen in der Subphase des Übens zu voller Blüte:

> Während dieser kostbaren sechs bis acht Monate (vom 10. oder 12. bis zum 16. oder 18. Lebensmonat) gehört dem Kleinkind die Welt. Die libidinöse Besetzung verschiebt sich im wesentlichen zugunsten des rasch wachsenden autonomen Ichs und seiner Funktionen, und das Kind scheint von seinen Fähigkeiten und der Größe seiner Welt wie berauscht. Der Narzißmus ist auf dem Höhepunkt! Die ersten selbständigen Schritte des Kindes bezeichnen den Beginn der Übungsperiode *par excellence* mit der substantiellen Erweiterung seiner Welt und der Realitätsprüfung ... Das hervorstechende Merkmal dieser Übungsperiode ist die starke narzißtische Besetzung, die das Kind seinen Funktionen, seinem Körper sowie den Objekten und Zielen seiner expandierenden ‹Realität› zukommen läßt ... Bekannte erwachsene Ersatzfiguren aus unserem Setting werden ohne weiteres akzeptiert (im Gegensatz zu dem, was während der nächsten Subphase von Loslösung und Individuation geschieht).
>
> ... Es freut sich über seine Fähigkeiten, ist ständig entzückt über die Entdeckungen, die es in seiner sich erweiternden Welt macht, und gewissermaßen verliebt in die Welt und in seine eigene Größe und Allmacht. Wir könnten die Möglichkeit in Betracht ziehen, daß die gehobene Stimmung dieser Subphase nicht nur mit der Erprobung der Ich-Apparate zusammenhängt, sondern auch mit der übermütigen Flucht aus der Verschmelzung mit der Mutter, der Verschlingung durch sie.[9]

Mahler zitiert Phyllis Greenacre, die von dem Kind in dieser Phase sagt, es habe ein «Liebesverhältnis mit der Welt»[10] – eine Bemerkung, die einem sofort ins Gedächtnis zurückruft, welche anregenden, abenteuerlichen, das Leben erfüllter machenden und offenen menschlichen Tätigkeiten die komplexe Gesellschaft erlaubte. Es ist sogar wahrscheinlich, daß alle Zeiten besonderer Anregung – entweder im persönlichen Leben eines einzelnen oder auf dem größeren Feld des kulturellen Lebens (etwa im Athen des 5. vorchristlichen Jahrhunderts oder im Elisabethanischen England) – auf diese allererste Periode der intensiven und vergnüglichen Erforschung der Welt zurückgreifen.

Die Fähigkeit des Kindes, aus eigener Kraft zu gehen, gewinnt enorme Bedeutung: «Zusammenfassend kann man sagen, daß das Laufen eine große symbolische Bedeutung sowohl für die Mutter als auch für das Kind hat: Es ist, als ob das laufende Kleinkind durch den Erwerb der Fähigkeit zu selbständiger aufrechter Fortbewegung bewiesen hätte, daß es bereits in die Welt unabhängiger menschlicher Wesen entlassen sei.»[11] Hier ist noch einmal daran zu erinnern, daß Angehörige der königlichen Familie Hawaiis wie Bugandas auf eine bestimmte, einzigartige Weise schritten, daß sie eine Art Stolzieren entwickelt hatten, als wollten sie die Aufmerksamkeit aller Menschen auf die Tatsache lenken, der Monarch unternimmt einen Spaziergang. Eine solche Darbietung erinnert uns daran, wie das Kind der Mutter seine neuen motorischen Fähigkeiten vorführt.

Nach dieser intensiv erlebten Periode einer anregenden Individuation macht das Kind seine erste Erfahrung mit dem Schicksal, mit *moira*, erlebt die erste Bestrafung seiner Hybris, gewinnt zum erstenmal die tragische Erkenntnis, daß das Leben keine endlose Folge aufregender Abenteuer sein wird. Das Kind beginnt sich zu fragen, ob der Loslösungsprozeß etwas Gutes sei oder nicht: «Man beobachtet gesteigerte Trennungsangst, die zunächst hauptsächlich aus Furcht vor Objektverlust besteht, was sich aus vielen Verhaltensweisen des Kindes ableiten läßt. An die Stelle der relativen Nichtbeachtung der Mutter, die für die Übungs-Subphase bezeichnend war, tritt nun ein anscheinend konstantes Interesse für den Aufenthaltsort der Mutter sowie ein Verhalten aktiver Annäherung. Mit dem wachsenden *Bewußtwerden* seiner Getrenntheit – das durch seine reifungsmäßig erworbene Fähigkeit, sich physisch von der Mutter zu entfernen, sowie durch die zunehmenden kognitiven Fähigkeiten stimuliert wird – scheint das Kind nun in gesteigertem Maße zu wünschen, daß die Mutter an jeder neuerworbenen Geschicklichkeit und Erfahrung *Anteil* nehme; auch nach der Liebe des Objekts besteht ein starkes Bedürfnis.»[12] Das Kind sieht sich jetzt einem der großen zwiespältigen Gefühle der menschlichen Existenz gegenüber: Die Trennung, die eine notwendige und das Leben bereichernde Erfahrung ist, führt zu einer intensiven Trennungsangst.

Das Kind befindet sich jetzt inmitten der dritten Subphase, die Mahler unglücklicherweise als Phase der Wiederannäherung bezeichnet, obwohl sie sie gelegentlich genauer als ‹Wiederannäherungskrise› bezeichnet. Diese Phase ist der kritische Dreh- und Angelpunkt des gesamten Loslösungs- und Individuationsprozesses: kritisch, weil er auch die Möglichkeiten der Regression eröffnet, der *Zerstörung* alles dessen, was erreicht worden ist:

> In dieser dritten Subphase, der Wiederannäherung, schreitet die Individuation zwar sehr schnell fort, und das Kind übt sie soweit irgend möglich, doch es wird sich auch seiner Getrenntheit immer stärker bewußt und benutzt alle erdenklichen Mechanismen, um sich gegen sein faktisches Getrenntsein von der Mutter zu wehren und es ungeschehen zu machen … d. h. das Kind kann seine Illusion von der elterlichen Omnipotenz nicht länger aufrechterhalten, von der es zeitweise immer noch hofft, daß durch sie der symbiotische *Status quo* wiederhergestellt werden könne …
>
> Das Kleinkind erkennt allmählich, daß seine Liebesobjekte (die Eltern) getrennte Individuen mit eigenen Interessen sind. Allmählich und unter Schmerzen muß es die wahnhafte Vorstellung von seiner eigenen Größe aufgeben, oft indem es die Mutter in dramatische Kämpfe verwickelt – weniger, wie uns schien, den Vater. Diesen Wendepunkt bezeichnen wir als ‹Wiederannäherungskrise›.[13]

An diesem kritischen Punkt muß das Kind nach Anleitung durch die Eltern Ausschau halten. Die Eltern wiederum sind keine frei und selbständig handelnden Personen, sondern unterstehen der Herrschaft des Wertsystems der Gesellschaft, in der sie leben. Menschen in unserer heutigen Gesellschaft, die den Wunsch haben, ihr Kind möge im Leben erfolgreich sein, haben in der Phase der Wiederannäherungskrise keine andere Wahl, als die Türen zur Regression zuzuschlagen und dem Kind in allem Ernst zu verkünden: ‹Vorwärts marsch!› Die primitive, die komplexe und die archaische Kultur haben auf diese Krise vielleicht ganz anders und auf höchst individuelle Weise reagiert, und es kann, wie wir sehen werden, durchaus sein, daß gerade diese Reaktion sie primitiv, komplex oder archaisch bleiben ließ.

Mit zunehmender Trennungsangst spielt das Kind mit dem Gedanken, in die symbiotische Phase zu regredieren, um die Angst zu verringern. Dieser Impuls wiederum führt jedoch zu einer Furcht davor, wieder von der Mutter verschlungen zu werden, so daß sich das Kind zwischen zwei einander widerstreitenden Ängsten gefangen sieht.[14] Diese unvermeidliche intensive Ambivalenz führt bei fast allen achtzehn Monate alten Kindern zu häufigen Wutausbrüchen. «Wir bemerkten viele Anzeichen größerer Verletzlichkeit, ohnmächtiger Wut und Hilflosigkeit.»[15] Das wütende Kind richtet auch intensiven Zorn gegen sich selbst, wütend darüber, daß es den Wunsch erlebt, von der Mutter verschlungen zu bleiben. Der König der komplexen Gesellschaft, der die Bewegung der Loslösung vom Sippensystem anführt, gibt sich zügellosen Wutanfällen hin, wie wir gesehen haben, weil es von ihm erwartet wird. Auch er kämpft gegen die Furcht vor Wiederverschlingung.

Etwa in derselben Altersstufe von achtzehn Monaten erlebt das Kind erneut angsterfüllte Reaktionen auf Fremde, wie sie für das Lebensalter von sieben bis neun Monaten bei den meisten Kindern typisch sind, in der Subphase des Übens jedoch nachlassen.[16]

In der traditionellen Familiensituation macht das Kind den Versuch, die Angst vor Wiederverschlingung durch die Mutter dadurch abzuwenden, daß es sich dem *Vater* zuwendet. Schon während der Subphase des Übens hat die Offenheit des Kindes gegenüber der Umwelt den Vater vollständiger in seine Weltsicht einbezogen.[17] In der Wiederannäherungskrise wird die Beziehung des Kindes zum Vater zu einem bezeichnenden Element der gesamten psychischen Situation:

> Wir glauben, daß das stetige Bild eines Vaters oder eines anderen Mutterersatzes nach dem 18. Lebensmonat oder auch schon früher eine wohltuende Wirkung hat und *vielleicht eine notwendige Vorbedingung ist, um die altersspezifische Überempfindlichkeit des Kleinkindes gegenüber der drohenden Wiederverschlingung durch die Mutter zu neutralisieren und ihr entgegenzuwirken* ...
>
> Wir neigen dazu, uns den Vater während der präödipalen Phase allzu einseitig als kastrierende Gestalt, eine Art böser Mutterimago vorzustellen. Loewald (1951) war unseres Wissens der erste, der betonte: ‹Gegenüber der drohenden Verschlingung durch die Mutter bedeutet die väterliche Position nicht eine weitere Drohung oder Gefahr, sondern kraftvolle Unterstützung.› Wenn ein relativer Mangel an Unterstützung von seiten beider Eltern ... besteht, wird die Wiederverschlingung des Ichs in den Strudel des primären, undifferenzierten symbiotischen Stadiums zur echten Bedrohung.[18]

Wir beginnen zu verstehen, warum gerade der König den Angriff gegen das Sippensystem anführt und zum Bollwerk gegen die Furcht vor Wiederverschlingung durch das Sippensystem wird. Für das Kleinkind ist die Mutter ein allmächtiges Wesen – allmächtig, sorgt für alles, all-beschützend, all-liebend, all-hassend. Wenn das Kind mit der Loslösung und Individuation von der Mutter beginnt, erkennt es, daß sie keine Gottheit ist, sondern ein Mensch. Das ist eine erschreckende Neuigkeit, weil das Kind meint, jetzt ganz allein dazustehen. Die panische Angst, ohne allmächtige Unterstützung leben zu müssen, treibt das Kind in die symbiotische Phase zurück; aber auch hier wieder hält die Furcht vor Wiederverschlingung, vor dem Verlust aller Vorteile der Individuation, das Durchschnittskind vom totalen Rückzug zurück. Eine dieser Entwicklungsphase angemessene Lösung wäre es – die von Mahler nicht erörtert wird –, die alte Allmacht von der Mutter auf den Vater zu übertragen. Er wird jetzt zum allmächtigen Versorger mit allem Lebensnotwendigen, und da er nicht die Mutter ist, stellt er nicht die gleiche Bedrohung durch symbiotische Wiederverschlingung dar. Im Vater sucht das Kind zu entdecken, wonach wir uns alle sehnen: allmächtige Unterstützung ohne die Bedrohung durch symbiotische Regression. Das ist auch der Grund dafür, daß alle Könige, vor allem die fortgeschrittener komplexer Gesellschaften, in denen die Loslösung vom Mutter-Sippensystem erst vor kurzem erfolgt ist, eine allmächtige Haltung annehmen. Das ist auch der Grund, warum die meisten höchsten Gottheiten, vor allem in fortgeschrittenen Religionen, Väter sind.

Bei diesem Vorgang geschieht plötzlich etwas Schreckliches. Auch dies ist wieder eine Erweiterung von Mahlers Gedanken, die sie selbst nicht vollzieht. Der Vater, der König, der Adlige, sie alle erkennen, daß sie jetzt eine tyrannische Macht besitzen, die durch die höchste Drohung gedeckt wird: Tu, was wir sagen, oder du wirst wieder in den Strudel zurückgeworfen werden, durch Wiederverschlingung vernichtet, in der Symbiose ertränkt; wir sind es, und nur wir, die zwischen dir und der Vernichtung deiner Individualität stehen; Mütter werden dich aufessen, wenn du unseren Schutz verläßt. Es ist kein Wunder, daß männliche Tyrannei über Frauen und Männer im menschlichen Leben eine so beherrschende Rolle spielt, nachdem sie erst einmal etabliert worden ist.

Sobald der Vater bei der Lösung der Wiederannäherungskrise eine wichtige Rolle spielt, so Mahler, beginnen Jungen und Mädchen auf verschiedene Weise zu reagieren. Bis zu diesem Zeitpunkt beschreibt Mahler keinen auffälligen Unterschied im Entwicklungsmuster der Geschlechter. Jetzt ändert sich alles. Die Mutter, die mit Wiederverschlingung droht, ist weiblich, und Mädchen sind dazu bestimmt, zu Frauen zu werden. Der Vater, das Bollwerk gegen Regression in die Symbiose, ist männlich, und aus Jungen werden eines Tages Männer. In der traditionellen Familie können Jungen sich daher leichter von der Mutter lösen als Mädchen, die sich bei der Lösung des Problems der Wiederverschlingung weniger auf den Vater verlassen können.[19] Ein Junge und seine Mutter können anfangen, eigene Wege zu gehen, während ein Mädchen und ihre Mutter auf dem gleichen Identifikationsfeld ihre Probleme aufarbeiten müssen, was jedoch mißlingen kann. Meiner Ansicht nach entsteht genau in diesem Moment die männliche Bindung, die uns letztlich die Tyrannei gegen Kinder, Frauen und unterdrückte Klassen beschert. Väter und Söhne schließen sich bei dem Versuch zusammen, Frauen durch Erniedrigung ungefährlich zu machen, da sie die Macht der Mutter zur Wiederverschlingung nicht nur ihrer Individualität, sondern auch ihrer einzigartigen Männlichkeit fürchten. Die von Männern geschaffene Gesellschaft enthüllt diese Absicht.

Diese kühnen Behauptungen sind natürlich nur ein Teil der Wahrheit. Auch bei den traditionellen Methoden der Kindererziehung sind eine humanere Behandlung und menschlichere Lösungen möglich. Es macht einen gewaltigen Unterschied, in welchem *Umfang* das Kind liebevoll behandelt und behutsam durch diesen schwierigen Kurs von Loslösung und Individuation geleitet wird. Die Tatsache, daß wir in der Geschichte den Punkt erreicht haben, an dem viele Menschen – obwohl gewiß noch nicht genug – bereit sind, in einer Gesellschaft ohne Tyrannei zu leben, eine Situation, die es in der Vergangenheit nie gegeben hat, deutet darauf hin, daß mit unserer Kindererziehung etwas Bemerkenswertes geschieht.

Um zu Mahlers Darstellung zurückzukehren: Die vierte Subphase des Loslösungs-Individuationsprozesses heißt ‹Konsolidierung der Individualität und die Anfänge der emotionalen Objektkonstanz›. Die Loslösung wird akzeptiert, der Wiederannäherungskampf läßt erheblich nach, die Bedrohung durch Wiederverschlingung wird bewältigt und verursacht keine Panik mehr, und das Bedürfnis nach Allmacht verringert sich beträchtlich. Alle einigermaßen gesunden Kinder machen in dieser Suphase große Fortschritte, obwohl bei den meisten noch ungelöste Probleme der Wiederannäherungskrise bleiben, die in allen folgenden Krisen im Leben der Psyche wiederauftauchen. Die durch den Loslösungs-Individuationsprozeß erzeugten psychologischen Probleme sind in meinen Augen die wichtigsten, denen sich die Mehrheit aller Menschen bei dem Versuch ausgesetzt sehen, ein geordnetes Leben zu führen. Die durch den Ödipuskomplex ausgelösten psychologischen Schwierigkeiten, denen Freud die Hauptschuld an neurotischen Störungen zuschrieb, sind weit weniger wichtig. Freud sagte, die Fähigkeit zu lieben und zu arbeiten seien die Kennzeichen der seelischen Gesundheit. Ich halte es für eine vernünftige Hypothese, die einer genauen Prüfung wert wäre, daß unsere Schwierigkeiten beim Arbeiten und Lieben viel mehr mit der Ambivalenz um die Loslösung-Individuation zu tun haben als mit dem Ödipuskomplex, daß die Besonderheiten der ödipalen Situation eines Kindes dadurch stark beeinflußt werden, wie das Kind den vorherigen Loslösungs-Individuationsprozeß bewältigt hat.

Alle diese Probleme der psychologischen Entwicklung haben einen tiefen Einfluß auf die Gesellschaft. Sehen wir uns wieder die primitive, die komplexe und die archaische Gesellschaft an. Alle drei durchlaufen autistische und symbiotische Phasen; keine bleibt an diesen Punkten stehen, keine läßt sich als psychotisch charakterisieren. Ebenso scheint mir zuzutreffen, daß alle drei Gesellschaftsformen die ersten beiden Subphasen der Loslösungs-Individuationsphase durchlaufen (obwohl es vermutlich graduelle Unterschiede bei der Verarbeitung dieser Subphasen geben kann). In der Subphase der Wiederannäherungskrise jedoch reagiert jede einzelne Gesellschaft – die primitive, die komplexe, die archaische – auf charakteristisch eigene Weise, und diese Reaktion bestimmt, welche Haltung diese Gesellschaft gegenüber Individuation, Sippe, Regierung, Familie, Religion und dem Leben selbst einnimmt.

In der primitiven Gesellschaft werden die meisten Kinder während der Wiederannäherungs-Subphase (achtzehn bis einundzwanzig Monate) noch immer an der Mutterbrust gestillt, und sehr viele schlafen noch immer bei der Mutter.[20] Eines zumindest schreibt die Gesellschaft vor: wieviel Loslösung und Individuation jedes Kind erreichen darf. Während der Wiederannäherungskrise besitzt die Mutter auch in unserer Gesellschaft die Option, die Ergebnisse der vorhergehenden Subphasen aufzuheben. Die Ambivalenz des Kindes gegenüber weiteren Fortschritten ist offenkundig, und die Mutter nutzt das möglicherweise als Entschuldigung dafür, daß sie zur Regression ermutigt: «In dieser dritten Subphase, der Wiederannäherung, schreitet die Individuation zwar schnell fort, und das Kind übt sie soweit irgend möglich, doch es wird sich auch seiner Getrenntheit immer stärker bewußt und benutzt alle erdenklichen Mechanismen, um sich gegen sein faktisches Getrenntsein von der Mutter zu wehren und es ungeschehen zu machen.»[21] Mit Hilfe des subtilen Mechanismus, daß sie dem Kind nicht gibt, was es braucht, kann die Mutter diesen Drang nach Individuation sabotieren, vor allem in dieser dritten Subphase, in der sich das Kind selbst so ambivalent zeigt: «Doch je weniger emotional verfügbar die Mutter zur Zeit der Wiederannäherung ist, desto beharrlicher, ja verzweifelt, versucht das Kind, um sie zu werben. In manchen Fällen zieht dieser Prozeß so viel von der dem Kind zur Verfügung stehenden Entwicklungsenergie ab, daß als Folge davon nicht genug Energie, nicht genug Libido und nicht genug konstruktive (neutralisierte) Aggression für die Entfaltung der vielen höheren Ich-Funktionen übrigbleiben.»[22]

Ich bin der Meinung, kann dies im Augenblick aber nicht mit Daten belegen, daß diese Art von *Stillstand* und *Aufhebung* genau das ist, was in primitiven Gesellschaften vorgeht. Während der Wiederannäherungskrise konzentriert sich die primitive Gesellschaft auf den ganzen Loslösungs-Individuationsprozeß; sie betont die Trennungsangst, gibt sich einer quasi-symbiotischen Beziehung mit der Mutter hin, nämlich durch eine lange Stillzeit und die Schlaf-Arrangements zwischen Mutter und Kind, unterdrückt Individuation und Individualität und erhält das Sippensystem als die gesellschaftliche Form aufrecht, die ein nicht-individuiertes politisches Leben garantiert. Die Weigerung, den Loslösungs-Individuationsprozeß vollständig zu durchlaufen, führt am Ende zu einer unterentwickelten ödipalen Phase, womit die prä-ödipale Natur der primitiven Gesellschaft erhalten wird: Hier fehlen vollentwickelte anthropomorphe Götter; sie verwendet Scham und das Fehlen von Schuldgefühlen; sie hat zum Gewissen nur eine vage Beziehung; und es gelingt ihr nicht, fortgeschrittene politische Formen zu entwickeln.

Zwischen dem Fremdenhaß der meisten primitiven Völker und der von Mahler im Verlauf der Wiederannäherungskrise immer wieder beobachteten Fremdenangst besteht eine wichtige Wechselbeziehung: «Bei vielen Kindern kam es erneut zu auffallenden Reaktionen auf Fremde. Wie bei früheren derartigen Reaktionen (mit sieben bis neun Monaten) konnten wir eine Mischung aus Angst, Interesse und Neugier beobachten. Nun wandten sich die Kinder häufig verlegen vom Fremden ab, als ob er zu diesem Zeitpunkt eine Bedrohung der bereits wankenden Täuschung oder Illusion der ausschließlichen Einheit mit der Mutter darstellte.»[23] Vor diesen Konflikt und diese Ambivalenz gestellt, schloß die primitive Gesellschaft den Fremden aus und suchte die Wiedervereinigung mit der Mutter. Natürlich nicht vollständig; aber die primitive Gesellschaft erarbeitete einen bezeichnenden Kompromiß, der den Wunsch nach Regression verstärkte und den Drang nach Individuation beeinträchtigte. Welche Abweichung in bezug auf Fremde die komplexe Gesellschaft bevorzugte, kann man in praktisch jedem Tagebuch der ersten Forschungsreisenden nachlesen. Wie radikal anders war da die Rezeption in komplexen Gesellschaften, die überhaupt nicht hätte neugieriger sein können, im Gegensatz zur Einstellung in der primitiven Welt, wo die Menschen verängstigt und feindselig blieben. Mahlers Wiederannäherungskrise ist der große Wendepunkt nicht nur für die Individuen in unserer Gesellschaft, sondern auch für die Geschichte der Gesellschaft selbst.

Die komplexe Gesellschaft verharrt genau in der Mitte der Wiederannäherungskrise. Sie schließt keinen Kompromiß mit der Individuation wie die primitive Gesellschaft, kann die Krise aber auch nicht ganz aufarbeiten und nicht frei bis zur vierten Phase vordringen, der Konsolidierung der Individualität. Auf bestimmten Gebieten, etwa bei der Aufrechterhaltung des ‹Liebesverhältnisses mit der Welt› und der Lösung der Fremdenangst, schafft es die komplexe Gesellschaft, Wiederannäherungsprobleme zu lösen. Auf anderen Gebieten bietet sie jedoch das Bild des einundzwanzig Monate alten Kindes, das bei dem Versuch, die Krise zu lösen, Trennungsangst und Ambivalenz zeigt und aggressiv um sich schlägt.

Die komplexe Gesellschaft bewahrt eine starke Furcht vor Wiederverschlingung, was sich darin zeigt, daß sie ihre Kinder von zu Hause wegschickt, weil dies für sie das einzige bekannte Mittel ist, eine solche Verschlingung zu vermeiden. Im Ritual des Menschenopfers tötet sie, um eine Regression zu vermeiden. In der Gestalt des Königs erschafft sie einen tyrannischen Vater, der sich die Wutausbrüche der Wiederannäherungsphase bewahrt hat und stark genug ist, die Mutter zu töten, falls *sie* auf Wiederverschlingung aus sein sollte. In meinen Augen projiziert das in der Wiederannäherungskrise gefangene Kind seine eigenen Wünsche nach Regression in die Symbiose auf die Mutter. *Sie* wird dann zu derjenigen, die es will, *sie* wird dann zur Ursache der Regression; und wenn das Kind sie unbewußt tötet, ist das ein Weg zur Lösung der unerträglichen Spannungen der Ambivalenz. Es ist zwar richtig, daß nur erwachsene Psychoten diese Phantasie in die Tat umsetzen; aber es gab einmal ein Stadium der menschlichen Gesellschaft, das nicht psychotisch war, sondern sich der Bedrohung ausgesetzt sah, vom Sippensystem wiederverschlungen zu werden, und in dem ihre Menschen zu Tausenden rituell hingeschlachtet wurden.

Anders als die primitive Gesellschaft weigerte sich die komplexe zu regredieren; sie bewahrte sich die während der Subphase des Übens gemachten Fortschritte; sie behielt das durch Loslösung und Individuation Erreichte. Sie zahlte für all dies jedoch einen gewaltigen Preis in Form von Aggression, und es gelang ihr nie, jedenfalls in ihrer charakteristischen Form nicht, sich aus der Wiederannäherungskrise zu befreien. Sie war eine Übergangsform der Gesellschaft, eine große Brücke von der primitiven zur archaischen Gesellschaft.

Die archaische Zivilisation, die Nachfolgerin der komplexen Gesellschaft, erreichte die durch Mahlers vierte Subphase charakterisierte Stabilität: die Konsolidierung der Individualität und die Anfänge der emotionalen Objektkonstanz. Obwohl bestimmte Formen sippenmäßig bestimmten Verhaltens in der archaischen Gesellschaft ohne Zweifel wichtig blieben, war der mühsame Kampf gegen Wiederverschlingung durch das Sippensystem jedoch offensichtlich vorüber. Jetzt war Differenzierung ohne unablässige Aggression möglich geworden; das Menschenopfer wurde abgeschafft. Hochentwickelte religiöse Rituale in bezug auf die Götter wie auf das geheiligte Königtum vermittelten ein von der individuellen Persönlichkeit des Königs unabhängiges Gemeinschaftsgefühl, das die Konzentration auf die Sippe ersetzte. Der Vater-König mußte nicht mehr der Schrecken der ganzen Welt sein. Die Milderung des Königtums und eine angemessene Lösung des gesamten Loslösungs-Individuationsprozesses gab der Psyche die Freiheit, sich ödipalen Überlegungen und der Bildung des Über-Ichs zuzuwenden, welche die ödipale Krise beendet. Die archaische Zivilisation war die erste Stufe der menschlichen Gesellschaft, von der man ohne Zweifel sagen kann, daß sie über die präödipale Stufe hinausgelangte. Archaische Zivilisationen, in denen Recht, Gesetz und der wohlwollende Herrscher zu Idealen wurden, entwickelten sich zu den ersten Gesellschaften, in denen es zu einer Diskrepanz zwischen Ideal und tatsächlichem Verhalten kam. Nach der revolutionären Inbrunst der komplexen Gesellschaften war jetzt eine tiefe psychologische Stabilität erreicht worden. Große menschliche Fortschritte konsolidierten sich. Im Westen wurde tausendjährige Geschichte geschrieben, bevor die revolutionäre Kraft Griechenlands, Roms und Israels die archaische Zivilisation zertrümmerte.

Die Entwicklung der Psyche ist das Paradigma der Entwicklung von Kultur und Gesellschaft. Die Gesellschaft kann sich zwar, vielleicht für immer, dem Drang nach Entwicklung entgegenstemmen; sobald es jedoch zu Fortschritten gekommen ist, hat sie nicht mehr die Freiheit, sich in jeder beliebigen Richtung weiterzubewegen. Keine primitive Gesellschaft entwickelt sich zu einer archaischen oder einer klassischen Zivilisation. Jede primitive Gesellschaft, die sich auf eine Entwicklungsreise begibt, wird zu einer komplexen Gesellschaft. Die Logik dieses Fortschritts ist nicht in erster Linie ökonomisch, wissenschaftlich oder auch nur rational, obwohl diese Qualitäten ein Teil des Prozesses sind; die Logik ist in erster Linie psychologischer Natur. Die Entwicklungsstufen von der primitiven Gesellschaft zum Häuptlingtum zu frühen Monarchien zu komplexen Monarchien zur archaischen Zivilisation sind Projektionen und Vergrößerungen der Entwicklungsstadien der Psyche auf die Gesellschaft als ganze. Die Reise der Psyche durch die verschiedenen Phasen des Loslösungs- und Individuationsprozesses wiederholt sich in der gesellschaftlichen Entwicklung.

Die Tatsache, daß sich jede primitive Gesellschaft von jeder anderen unterscheidet und jede komplexe Gesellschaft eine eigene Individualität besitzt, ist kein Widerspruch zur Existenz bestimmter Entwicklungsgesetze, jedenfalls nicht mehr als die Tatsache, daß jedes Individuum sich von allen anderen Individuen unterscheidet, zur Folge haben müßte, es könne keine medizinische oder psychologische Wissenschaft geben. Alle Theorie – medizinische, psychologische und soziologische – verlangt eine Abstraktion vom Besonderen zum Allgemeinen.

Auf jeder Entwicklungsstufe kann es dazu kommen, daß die Gesellschaft auf weitere grundlegende Veränderungen verzichtet, und eine solche Situation ist nicht notwendig instabil. Nichts von dem, was wir etwa von den Nuern wissen, deutet darauf hin, daß es ihnen nicht hätte gelingen können, eine Million Jahre oder mehr im primitiven Stadium zu verharren, wenn man sie sich selbst überlassen hätte. Bestimmte Stadien der Gesellschaft sind von Natur aus stabiler als andere. Sowohl die primitive Gesellschaft wie die archaische Zivilisation scheinen viel fester verankert zu sein als die komplexe Gesellschaft, die ich als eine ‹Übergangsform› bezeichnet habe. Auch hier scheint die psychische Verbindung entscheidend zu sein. Bestimmte psychische Phasen sind eher Phasen des Übergangs, kritischer und weniger zu einem permanenten Kompromiß fähig als andere. Sowohl die archaische Zivilisation, die sich auf eine vernünftige Lösung des gesamten Loslösungs-Individuationsprozesses einließ, wie die primitive Gesellschaft, die sich entsprechend auf einen stabilen Kompromiß mit Entwicklungstrieben einließ, sind fähig, viel weiter zu gehen als die unfertige, überhitzte komplexe Gesellschaft, die ihr psychisches Leben im Taumel der Wiederannäherungskrise verbringt.

Obwohl es ein Gegenstand für eine separate Studie wäre, scheint mir auch klar zu sein, daß bestimmte spätere Stadien der gesellschaftlichen Entwicklung dem gleichen Muster folgen. Eine Gesellschaft, welche die Latenzzeit zum Paradigma wählt – eine der sanftesten psychologischen Phasen –, muß einen anderen Aspekt erzeugen als eine Gesellschaft, die ödipale Probleme verarbeitet, da die ödipale Periode beim Individuum eine Zeit des Umbruchs ist. Ewige Revolution ist genauso unmöglich wie ein ewiger Ödipuskomplex; in einer solchen Phase kommen Psyche wie Gesellschaft rasch an den Punkt, an dem sie sich nach einem Ende des Aufruhrs sehnen.

Ich postuliere hier keine Identität von psychischen und gesellschaftlichen Phasen. Ein Paradigma ist nicht das Ding selbst. Die Gesellschaft ist nicht die Psyche, obwohl die Gesellschaft, vor allem infolge ihrer Zwänge in Fragen der Kindererziehung, entscheidend darüber bestimmt, welche Art Psyche ihre Angehörigen haben werden. Die Psyche setzt der Gesellschaft auch ihre Grenzen und ist dafür verantwortlich, daß sich die Gesellschaft stufenweise weiterentwickelt. Der Grund dafür, daß die gesellschaftliche Entwicklung von radikalen und revolutionären Umbrüchen geprägt wird und kein langer, beständiger Fortschritt ist, ist darin zu suchen, daß die Psyche sich so weiterentwickelt. Periodischer Aufruhr, periodische Umwälzung und nicht-beständige Weiterentwicklung sind die Kennzeichen der psychischen Entwicklung.

Ein Verständnis der Psyche und ein Begreifen der Gesellschaft sind nicht das gleiche. Die sechsfachen Beziehungen der Triade Psyche – Gesellschaft – Familie lösen einen äußerst komplizierten Mechanismus aus. Unser theoretisches Verständnis der Psyche ist viel weiter entwickelt als unser Verständnis der Funktion der Gesellschaft. Das liegt überwiegend daran, daß die gesellschaftliche Entwicklung komplizierter ist als die der Psyche. Sollten die hier hergestellten Verbindungen stichhaltig sein, sind sie trotzdem nicht mehr als der bloße Anfang einer Theorie.

30

Triebe, Bedürfnisse
und symbolische Umwandlung

Einsicht kann erleichtert oder erschwert werden, je nachdem, welche Begriffe man zur Beschreibung von Phänomenen benutzt. Es macht einen Unterschied, welchen Namen wir diesen biopsychologischen Impulsen geben, die allen Menschen gemeinsam sind. Freud verwendete das Wort *Trieb*, das sich im Englischen am besten mit ‹drive› übersetzen läßt, obwohl man bei vielen Übersetzungen Freuds in Englische, auch bei James Strachey in der Standard-Edition, das Wort ‹instinct› findet. Freud selbst verwendete gelegentlich das Wort *Instinkt*.[1] Die Entscheidung, welcher Begriff verwendet werden soll, hängt von dessen Obertönen ab, den Sinnbedeutungen, die sich aus dem Wort ergeben, und diese können sich im Lauf der Zeit verändern. In der vorliegenden Arbeit scheint mir das Wort ‹Instinkt› auf Menschen nicht anwendbar zu sein. Es weckt zu viele Assoziationen, die uns etwa an den Nestbau von Vögeln oder den Dammbau von Bibern denken lassen, und solche Tätigkeiten lassen sich nicht auf menschliches Handeln übertragen. Ein solches Verfahren scheint mir auch eine zu kühne Abkehr von kulturellen und symbolischen Formen zu sein. Der Begriff Instinkt bezeichnet ein vollständigeres, unflexibleres Rezept zum Handeln, als wir es beim Menschen vorfinden. Man kann sich viel leichter vorstellen, daß ein Trieb etwa durch kulturelle Gegebenheiten modifiziert wird, als sich zu denken, daß ein Instinkt durch etwas verwandelt wird. Bei Fragen der Sexualität und der Aggression scheint der Begriff ‹Trieb› viel genauer zu sein als der Begriff ‹Instinkt›. Der Begriff ‹Trieb› enthält die Komplexität, Zwiespältigkeit und Verfeinerung, die zur Beschreibung von menschlichem Fühlen und Handeln notwendig ist.

Die Nichtverwendung des Wortes ‹Instinkt› bedeutet ein Risiko, die Gefahr, daß wir uns zu sehr auf gesellschaftliche Einflüsse und symbolische Umwandlungen konzentrieren und uns zu weit von den biologischen Grundlagen unserer Psychologie entfernen, und gerade bei Entwicklungsfragen sollten wir uns sorgfältig davor hüten. Bei der Geburt erhalten wir eine bestimmte Zahl von physiologischen ‹Zeitkapseln› mit auf den Lebensweg. Wir sind darauf programmiert, im Alter von vier Wochen zu lächeln, mit fünfzehn Monaten zu gehen, mit zwölf Jahren geschlechtsreif zu werden, mit fünfundvierzig graue Haare zu bekommen und mit fünfundsiebzig an Krebs zu sterben. Das Programm kann durch besondere Umstände bis zu einem gewissen Grad modifiziert werden. Es kann sein, daß ein autistisches Kind niemals lächelt; es kann sein, daß ein symbiotisch psychotisches Kind erst im Alter von fünf Jahren geht; Chemikalien und Zigaretten können uns schon früher an Krebs erkranken lassen – aber nichts davon steht im Widerspruch zu der Tatsache, daß unter normalen Umständen viele künftige biophysiologische Notwendigkeiten schon bei der Geburt in uns angelegt sind.

Die gleiche Art von Programmierung – die jedoch einer weit größeren Modifizierung durch tatsächliche Gegebenheiten unterliegt – bestimmt unsere psychologische Entwicklung. Wir beginnen den Loslösungs- und Individuationsprozeß im Alter von sechs Monaten und erreichen mit achtzehn Monaten die Wiederannäherungskrise; wir bewegen uns in Übereinstimmung mit der psychologischen Zeit von einer libidinösen Phase zur nächsten; wir beginnen die ödipale Phase zu einer bestimmten Zeit und beenden sie zu einer anderen. Die psychologischen ‹Zeitkapseln›, die wir von der Geburt an in uns tragen, bestimmen die *Grenzen* unserer Entwicklung. All das soll jedoch nicht heißen, daß wir keine Freiheit besitzen. Wir sind frei, aber nur innerhalb bestimmter Grenzen.

Es ist sinnvoll, von Trieben statt von Instinkten zu sprechen, vorausgesetzt, wir vergessen nicht die biophysiologische Grundlage der Triebe. Triebe allein bringen jedoch gar nichts hervor. Was ist ein Geschlechtstrieb ohne eine andere Person, die ihn ermutigt, ihn lenkt und befriedigt? Triebe werden nur mit Hilfe anderer Menschen in die Seele integriert. Ohne Modifikation, ohne einen Sitz und einen Namen kann der Trieb nur zu Unordnung führen. Sobald ein Trieb jedoch domestiziert oder humanisiert ist, scheint er nicht mehr wie ein Trieb auszusehen. Sex ist zwar ein Trieb, wie viele zugeben werden, aber wie steht es mit der Liebe? Die Liebe läßt sich wohl eher als ‹Bedürfnis› denn als Trieb beschreiben. In der menschlichen Psyche bleiben Triebe keine Triebe. Triebe – ob aggressive, sexuelle oder entwicklungsmäßige – müssen befriedigt, sublimiert, entwickelt und umgewandelt werden. Wenn das geschieht, sind sie keine Triebe mehr, sondern Bedürfnisse. Der Geschlechtstrieb wird in ein Bedürfnis nach Liebe umgewandelt; der Aggressionstrieb wird zu einem Bedürfnis nach Ordnung sublimiert; der Trieb nach Individuation wandelt sich in die großen Befriedigungen des durch das Ich bestimmten Handelns um.

Wenn wir an die Gesellschaft denken, ist diese Unterscheidung zwischen Trieben und Bedürfnissen bezeichnend. Nehmen wir etwa die Musik. Es hat keine Gesellschaft ohne Musik gegeben, Menschen und Musik sind untrennbar. Diese allgemein menschliche Neigung läßt sich als ein Instinkt nach Musik oder ein Trieb nach Musik beschreiben, obwohl keiner dieser beiden Begriffe die richtige Bedeutung zu treffen scheint. Jedoch scheint richtig zu sein, daß Menschen ein Bedürfnis nach Musik haben. Möglicherweise ist dieses Bedürfnis nach Musik ursprünglich aus dem Geschlechtstrieb hervorgegangen; zum Verständnis der Gesellschaft ist es jedoch nicht notwendig, diese Verbindung herzustellen. Wenn Musik ein allgemeines menschliches Bedürfnis ist, dann ist die Gesellschaft verpflichtet, für seine Befriedigung zu sorgen, obwohl Bedürfnisse sich leichter unterdrücken lassen als Triebe. Zudem gibt es weitere menschliche Bedürfnisse, die denen nach Musik vergleichbar sind. Jede uns bekannte Gesellschaft kennt irgendeine Form von Tanz, Dichtkunst, Epik sowie des Schmückens von Gegenständen oder von Menschen oder beidem, und diese Bedürfnisse können genauso wichtig sein wie das Ausleben von Aggression und die Befriedigung sexueller Impulse.

Es läßt sich nur schwer ausmachen, wie ein universeller menschlicher Geschlechtstrieb, der bei allen Menschen mehr oder weniger gleich ist, die ungeheure Vielfalt von Vorschriften hervorbringen kann, welche die Gesellschaft in bezug auf Ehe, Werbung, Scheidung, Kindererziehung, vorehelicher und außerehelicher sexueller Aktivitäten etc. entwickelt hat. Sexuelle Triebe werden jedoch in Bedürfnisse umgewandelt, die auf diesen Trieben beruhen, und diese Verwandlungen steigern die Zahl der möglichen Befriedigungen ins ungeheure. Bedürfnisse sind weit vielfältiger als die Triebe, denen sie entstammen. Die menschliche Gesellschaft ist so komplex, weil sie im Kern mit menschlichen Bedürfnissen und nicht mit Trieben zu tun hat. Eine sozialpsychologische Analyse, die darauf abzielte, soziale Formen mit Trieben gleichzusetzen, würde nur wenige Einsichten bringen.

Mögen Triebe auch noch so autonom sein, so sind zu ihrer Befriedigung *andere* Menschen erforderlich. Es mag einen Trieb zum Stillen des Hungers geben, aber das Vergnügen am Essen impliziert das Vorhandensein einer anderen Person. Ursprünglich werden alle Triebe und Bedürfnisse innerhalb der Familie befriedigt – oder auch nicht. Eine angemessene Befriedigung führt zur Entwicklung eines breiteren Bedürfnisses nach anderen Menschen – zu einem Bedürfnis nach der menschlichen Gesellschaft. Auch hier wieder scheint das transformierende Wort ‹Bedürfnis› genauer zu sein als die rein biologischen Begriffe ‹Instinkt› und ‹Trieb›. Es hört sich unecht an, wenn wir sagen, wir hätten einen Instinkt für die Gesellschaft oder einen Trieb nach der Gesellschaft, aber das *Bedürfnis* nach einer Gesellschaft scheint unleugbar zu sein.

Bestimmte menschliche Bedürfnisse stehen in offenem Widerspruch zu anderen: Ausleben von Aggression und Befriedigung des Eros; geborgen zu bleiben und erwachsen zu werden; ein tiefes Gemeinschaftsgefühl zu empfinden und Individualität auszuleben. Diese Widersprüche stehen im Mittelpunkt aller großen sozialen Konflikte. Jede menschliche Gesellschaft, wie stabil sie auch sein mag, erlebt innere Konflikte in irgendeiner Form, weil manche menschlichen Bedürfnisse nur dadurch befriedigt werden können, daß man andere unterdrückt. Wenn wir das Vorhandensein allgemeiner menschlicher Bedürfnisse voraussetzen, heißt das noch lange nicht, daß ihre Befriedigung selbstverständlich ist. Die puritanische Gesellschaft unterdrückte das menschliche Bedürfnis nach Musik, Tanz und persönlicher Eitelkeit, um die nicht-narzißtischen Elemente der menschlichen Sexualität zu fördern. Das Christentum des Mittelalters unterdrückte das Bedürfnis nach sexueller Befriedigung, nach Ehe und nach Kindern, um das Bedürfnis nach Ich-Organisation und nach Entwicklung zu fördern. Die Nuer blieben Nuer, weil sie das Bedürfnis nach vollständiger Loslösung und Individuation unterdrückten. Das, was unterdrückt wird, läßt sich zwar im Zaum halten, aber nicht auslöschen; es verschwindet nie. Die menschliche Gesellschaft verändert und entwickelt sich, indem sie auf die Energie des Unterdrückten zurückgreift und diese Energie dazu einsetzt, soziale Formen umzuwandeln. Das Wachstum des Individualismus in den letzten dreihundert Jahren beispielsweise ist nur durch die Unterdrückung des menschlichen Bedürfnisses nach Gemeinschaft erreicht worden, und dieses Zeitalter des Individualismus wird erst dann zu Ende gehen, wenn die Energie des unterdrückten Bedürfnisses nach Gemeinschaft wieder verfügbar gemacht wird. So sieht die Dialektik der Beziehung von Bedürfnissen und Unterdrückung aus.

Symbolische Umwandlung

Es gibt ein menschliches Bedürfnis, das genauso machtvoll ist wie Sex oder Aggression, ein Bedürfnis, das der Psyche nur um den Preis schwerer psychischer Störungen verweigert werden darf, nämlich das Bedürfnis, Symbole zu schaffen und in einer symbolischen Welt zu leben. Mit dem Begriff Cassirers definiert das Bedürfnis die menschliche Spezies: *animal symbolicum*.[2] Wir sind ein Symbole erschaffendes Tier. Die freudianische Psychoanalyse ist zu ihrem Nachteil vor diesem enorm wichtigen und menschlichen Instinkt-Trieb-Bedürfnis zurückgeschreckt, fast als befürchtete sie eine Art Jungscher Wiederverschlingung, eine mystische Umwandlung, sollte sie sich dieser Notwendigkeit stellen. In der psychoanalytischen Theorie berühren nur Träume und Traumarbeit die Welt der Symbole; Ich-Es-Über-Ich leben in einer ‹wissenschaftlichen› Landschaft, in der die Erkenntnis verlorengegangen ist, daß sie selbst Symbole sind und keine Dinge.

Psychische Gesundheit hängt direkt von der Fähigkeit zum Erschaffen von Symbolen ab. In der prä-ödipalen Phase kann das Kind grundlegende Probleme mit der Mutter nur dadurch lösen, daß es die reale Mutter von einer symbolischen trennt. Die Mutter wird in verschiedenen Entwicklungsphasen ‹verinnerlicht›, natürlich nicht dadurch, daß die reale Mutter gegessen wird, sondern durch komplizierte symbolisch-psychische Arbeit. Die Idee der Mutter – das Symbol – muß von der Realität der Mutter getrennt werden, damit die psychische Entwicklung weitergehen kann. Das Mißlingen dieser Unterscheidung führt zur Pathologie.

Ähnlich werden in der ödipalen Phase Probleme nur dadurch gelöst, daß alle Erfahrung auf eine höhere Abstraktionsebene gehoben wird. Jungen müssen lernen, mit der Vaterschaft umzugehen und nicht nur mit ihrem eigenen Vater; Mädchen müssen lernen, auf die gleiche Art und Weise mit der Mutterschaft fertig zu werden. Das männliche Kind hat nicht die Aufgabe, seinen realen Vater zu töten und mit seiner realen Mutter zu schlafen; psychische Arbeit dieser Art ist unmöglich. Die ganze Erfahrung spielt sich auf einer symbolischen Ebene ab, auf der kein echtes Blut fließt. Der Junge tötet ‹den Vater› und schläft mit ‹der Mutter›. Wenn die ödipale Phase beendet ist, hat der Junge ‹den Vater› verinnerlicht. Wenn er dabei nur mit seinem realen Vater zu tun hätte, einem realen Vater mit einem realen Namen und einem realen Gesicht, wäre die Aufgabe unlösbar.

Wenn wir erst einmal beobachten können, daß das Kind die Fähigkeit – die Notwendigkeit – besitzt, die beiden wichtigsten ‹Objekte› in der Welt zu symbolisieren, Mutter und Vater, erkennen wir, daß sich die ganze Familiensituation sogar noch weiter verallgemeinern und symbolisieren läßt. Die Gesellschaft ist das Ergebnis dieser Fähigkeit und dieser Notwendigkeit. Soziales Handeln ist zu einem großen Teil der Versuch, psychologische Probleme der Familie auf einer höheren Abstraktionsebene zu verarbeiten. Die Fähigkeit, zu dieser höheren Ebene zu gelangen, ist ein Maßstab der psychischen Gesundheit. Ohne die Gesellschaft könnte die Bürde der menschlichen Pathologie sich als unerträglich erweisen.

Zu der Gabe der Erschaffung von Symbolen gehört auch die Fähigkeit, symbolische Umwandlungen zu schaffen, und für die kulturelle und gesellschaftliche Entwicklung ist nichts wichtiger. Um nur ein Beispiel zu nehmen: Der Staat ist in diesem Buch als die Form der Gesellschaft definiert worden, in der nicht-sippenmäßige Formen des sozialen Zusammenhalts genauso wichtig sind wie sippenmäßige Formen; von einem anderen Standpunkt aus jedoch gibt es keine nicht-sippenmäßigen Formen des sozialen Zusammenhalts. Alle solche Formen basieren auf der Sippe und stammen von der Sippe her. Die Kraft, die auch in unserer supermodernen postindustriellen Gesellschaft den Staat zusammenhält, hängt noch immer eng mit dem Zusammenhalt der Sippe zusammen. Patriotismus, Nationalgefühl, Liebe zum eigenen Land sind auch in den modernsten Gesellschaften des 20. Jahrhunderts wichtige Formen des sozialen Zusammenhalts; und dennoch sind alle diese Gefühle eine direkte Umwandlung der Vorstellungen von Sippe. Staatliche Formen des sozialen Zusammenhalts sind sippenmäßige Formen und zugleich *nicht-sippenmäßige* Formen. Sie sind symbolische Umwandlungen der Sippe, aber ein

Ding und seine symbolische Form sind nicht identisch. Im Staat kommt es nur deshalb zu fundamentalen Spannungen, weil das, was ihn zusammenhält, gleichzeitig sippenmäßig und nicht-sippenmäßig bestimmt ist.

Ähnlich ist auch das Königtum eine symbolische Umwandlung bestimmter Beziehungen in der Familie; aber der König ist *nicht* mein Vater, mag er sich auch noch so sehr wie mein Vater verhalten. Ein König ist ein symbolischer Vater, und die schweren Spannungen im Königtum resultieren weitgehend aus der Tatsache, daß der König zugleich Vater und kein Vater ist.

Solche Umwandlungen sind für jede Entwicklung nötig, soziale wie persönliche, und solche symbolischen Metamorphosen sind notwendig, wenn bestimmte primitive Handlungsweisen aufgegeben werden sollen. Das Menschenopfer wird erst dann aufgegeben, wenn es durch das Tieropfer ersetzt worden ist. Es wird zwar noch getötet, es fließt noch Blut, die rituelle Erregung ist noch da – aber es wird kein Mensch getötet. Das Menschenopfer, ursprünglich ein symbolisches Handeln, gibt sich selbst für weitere symbolische Umwandlungen her.

Wenn man die menschliche Gesellschaft betrachtet, gibt es wenigstens einen Grund zum Optimismus: Die Möglichkeiten zur Umwandlung scheinen grenzenlos zu sein. Jede große soziale Form, auch die Riesenstaaten der modernen Welt, ist das Produkt vieler symbolischer Umwandlungen. Jeder Staat, wie hochentwickelt oder kompliziert er auch sein mag, hat seinen Ursprung in der komplexen Gesellschaft und trägt auch in seiner fortgeschrittenen Form noch die Merkmale seiner Herkunft. Man kann keinen Staat oder die in ihm herrschenden Spannungen ohne die Erkenntnis verstehen, daß die staatliche Form der Politik nie das Problem gelöst hat, daß sie ihre Herkunft dem Zusammenbruch und der Umwandlung des Sippensystems verdankt. Auch der modernste Staat verlangt Sippenloyalitäten, auch wenn er allen seinen Bürgern die sippenmäßige Gleichheit verweigert. Ein noch weiter umgewandeltes Gefühl der Sippe, das Gleichheit und Eros betont, scheint auch heute noch das einzige Mittel gegen die Tyrannei zu sein.

Es ist ein Kennzeichen von Symbolen und symbolischen Formen, daß sie an Macht gewinnen, wenn sie immer mehr Stadien der psychologischen Entwicklung umfassen. Die mächtigsten Symbole gehören nicht bloß zu einer psychischen Phase und damit zu nur einem psychischen Konflikt, sondern zu vielen solchen Phasen. So ist etwa die Schlange für viele Menschen ein machtvolles Symbol. Die Psychoanalyse, die das Schwergewicht auf genitale und ödipale Fragen legt und die prägenitale Symbolik vernachlässigt, hat den phallischen Aspekt der Schlangen-Symbolik betont und alle anderen Deutungen ausgeschlossen. Dabei hat die Schlange natürlich auch deutliche orale und anale Bezugspunkte: oral, weil sie mit dem Mund tötet; sie beißt einen buchstäblich zu Tode. Wenn Klytämnestra in der *Orestie* des Aischylos erzählt, sie habe eine Schlange (das Symbol für ihren Sohn und möglichen künftigen Mörder Orest) geboren und an ihrem Busen genährt[3], werden die oral-aggressiven Aspekte des Bildes klar. Und anale Bezüge sind gegeben, weil die Schlange so sehr den Fäkalien gleicht, die unseren Körper verlassen und die in unserer Vorstellung so lebendig sind und sich schlängeln können. Die große Bedeutung des symbolischen Bildes der Schlange liegt darin, daß es alle diese psychischen Gegebenheiten auf einmal umfassen kann.[4]

Ähnlich operiert jede große symbolische Form – ob nun religiöser, politischer oder künstlerischer Natur – gleichzeitig auf einer ödipalen und einer prä-ödipalen Ebene. Die Geschichte von Christus und seinem Vater ist ein großangelegter Versuch zur Bewältigung ödipaler Probleme, aber die Geschichte von Christus hat auch auf einer prä-ödipalen Ebene machtvolle Funktionen. Menschenopfer, der Kannibalismus des Abendmahls, die verschiedenen Heiligen Marias – bei allen geht es um grundlegende prä-ödipale Fragen. Die Geschichte von König Ödipus selbst ist weit mehr als nur eine ödipale Erzählung. Ödipus erkennt, daß er als Kind der Gegenstand kindesmörderischer Neigungen seines Vaters und seiner Mutter gewesen ist und nur auf wundersame Weise gerettet wurde. Als Ödipus schließlich in den Palast stürmt, um seine Mutter zu töten, finden wir keine leichte Antwort auf die Frage, warum er das tut. Wir können nicht sagen, er tue es, weil sie seine Mutter-Ehefrau geworden ist oder weil er einfach den Wunsch hat, sich für den geplanten Kindesmord zu rächen, oder weil er sich von der schrecklichen kindlichen Verführung durch seine Mutter befreien möchte, welche die Loslösung unmöglich macht. Er tut es aus allen genannten Gründen. Und wenn er sich am Ende mit ihrer Brosche die Augen aussticht, wäre es verfehlt, diese Handlung als ‹Selbstkastration› zu bezeichnen, da uns dann all die anderen symbolischen Aspekte dieser quälenden Geschichte entgehen.

Die gleiche komplexe Symbolik ist auf einer sozialen Ebene am Werk. Der König der fortgeschrittenen komplexen Gesellschaften ist gleichzeitig der große allmächtige ödipale Vater und das zu Wutanfällen neigende Kleinkind. Mütterchen Rußland wird von einem tyrannischen, patriarchalischen Zaren regiert. Der moderne Staat verlangt von uns, daß wir männlichen Autoritätsgestalten gehorchen, aber auch, daß wir mit ihnen an Exzessen prä-ödipaler paranoider Ängste teilnehmen.

Kein großes Symbol der Welt ist Ausdruck nur eines Phänomens. Wir brauchen Symbole, die die persönliche wie die gesellschaftliche Entwicklung erleichtern, um eine Vielzahl von Konflikten zu lösen.

Dialektische Entwicklung

Die soziale und kulturelle Entwicklung schreitet dialektisch fort, jedoch nicht aus irgendeinem dunklen metaphysischen Grund. Die erste große Entwicklungserfahrung der Psyche – der Loslösungs- und Individuationsprozeß insgesamt – setzt dieses dialektische Vorgehen voraus. Die Erfahrung von Loslösung und Individuation liefert ein Paradigma für alle anderen Entwicklungsprozesse, sowohl persönliche wie soziale.

So, wie der Begriff ‹dialektisch› hier verwendet wird, umfaßt er eine Vorstellung von Fortschritt und Entwicklung, die nach dem Muster These–Antithese–Synthese verläuft. Die Antithese ist eine Negation der These, aber diese Negation kann wiederum nur durch die Synthese negiert werden. Die Negation der Negation erzeugt eine neue These, von der aus der gesamte Prozeß wieder von vorn beginnen kann. Dabei ist entscheidend wichtig, daß die Synthese These und Antithese einschließt wie auch etwas Zusätzliches, was über beide separaten Begriffe hinausgeht. Die Synthese zerstört nicht, was vorher war, sondern *wandelt* es in etwas Neues *um*.

Mahlers Beschreibung des Loslösungs- und Individuationsprozesses umreißt die dialektische Natur dieses Vorgangs. Das Kind und seine Mutter in der symbiotischen Phase sind die These. Wenn das Kind sich in den Subphasen der Differenzierung des Übens loszulösen beginnt, nimmt es gegenüber der Symbiose eine antithetische Haltung ein. Diese Antithese kann sich jedoch nicht bis in alle Unendlichkeit entwickeln, und es kommt die Zeit zur Schaffung einer Synthese, die das Kind und seine Mutter in einer engen, aber nicht symbiotischen Beziehung einschließen wird. Wenn dieser Vorgang erfolgreich ist, wird die neue Synthese aus Mutter und Kind alle Fortschritte von Individuation und Loslösung verinnerlichen, die in der antithetischen Phase erreicht worden sind. Die letzte Subphase – Konsolidierung der Individualität und die Anfänge der emotionalen Objektkonstanz – stellt eine neue These dar, einen Ort relativer Stabilität, an dem jede künftige Entwicklung beginnen wird.

Für die Psyche nimmt jede große und kritische Entwicklungserfahrung diese Form an, einschließlich der ödipalen Phase und der Schwierigkeiten der Adoleszenz. Eine mehr oder weniger stabile Situation wird durch psychologische Erdbeben und Sturmfluten gestört. Die Aggression, die erforderlich ist, um die stabile These zu zerstören, nimmt rasch zu. Eine Zeit der Irrationalität und des Aufruhrs markiert die Periode der Antithese, und am Ende entsteht eine neue Synthese, eine Synthese, die jetzt alle Entwicklungsfortschritte der Zeit des Aufruhrs verinnerlicht. Ein Grund dafür, daß es so schwierig ist, Mensch zu sein, liegt darin, daß wir keinen leichteren Weg kennen, erwachsen zu werden.

Das gleiche dialektische Muster läßt sich auch in Ritualfragen beobachten, vor allem bei jenen Übergangsriten, die Arnold van Gennep beschrieben hat.[5] Van Gennep zeigt, daß alle Übergangsriten (Geburt, Initiation, Eheschließung, Tod) in drei grundlegende Phasen erfolgen: *«Trennungsriten, Schwellen- bzw. Umwandlungsriten und Angliederungsriten».*[6] Die dialektische Natur dieses Prozesses und seine Nähe zu Mahlers Subphasen scheint klar zu sein – eine stabile Situation endet mit einem Akt der Loslösung, und nach einer Zeit des Aufruhrs kommt es zu einer neuen stabilen Synthese.

Jede gesellschaftliche Entwicklung folgt diesem Muster. Die Bewegung von der primitiven zur komplexen zur archaischen Gesellschaft ist ein dialektischer Prozeß von These, Antithese, Synthese. Die komplexe Gesellschaft war die Antithese, welche die stabile These der primitiven Gesellschaft zerstörte, die zu mehr Gewalt und Aggression führte und schließlich einer neuen, stabilen Form der menschlichen Gesellschaft wich, die es nicht mehr nötig hatte, das übertrieben aggressive Verhalten der komplexen Welt an den Tag zu legen, die nicht mehr das Bild einer zerbrechlichen, wahnsinnigen Kultur bot. Die primitive Welt war für immer und unwiderruflich umgewandelt. Dieses Drama spielte sich auf einer ungeheuren sozialen Bühne ab und wiederholte das in der Psyche des Individuums angelegte dialektische Muster.

Jeder Entwicklungsfortschritt erzeugt Spannungen. Die unzusammenhängende antithetische Phase, ohne die es keinen Fortschritt gibt, ist von Natur aus eine Situation gesteigerter Angst. Alte Formen der Stabilität, der Sicherheit und der relativen Freiheit von Angst werden zerstört; die neue Phase der Synthese kommt nicht über Nacht, sondern kann erst dann etabliert werden, wenn die antithetische Phase beendet ist. Eine Gesellschaft, die sich inmitten einer ersten Negation befindet, kann ihren Angehörigen niemals ein tiefes Gefühl von Ruhe und Ordnung vermitteln. Die Phase der Antithese in der dialektischen Bewegung ist immer ein Übergang. Die Spannungen, die wir in den Kulturen fortgeschrittener komplexer Gesellschaften spüren, deuten darauf hin, daß ihre Arbeit in erster Linie negativ war, obwohl viele positive Dinge erreicht wurden – die Zerstörung und Umwandlung der primitiven Gesellschaft und ihr Basieren auf dem Sippensystem.

Solche Konflikte gab es jedoch nicht nur in frühen Gesellschaften. Die gesteigerte Angst als Folge eines Entwicklungsfortschritts ist auch für die Spannungen in der demokratischen Gesellschaft verantwortlich. Demokratie ist nur als Ergebnis einer weiteren Schwächung der Sippenbande möglich, einschließlich einer geringeren Abhängigkeit vom Vater-König. Die Demokratie ist das von fundamentalen Sippenbanden unabhängigste politische System, das Menschen je erdacht haben, und das hat eine ungewöhnliche Angst, eine Paranoia sowie ein Bedürfnis zur Folge, Aggression nach außen, auf die Welt zu richten. Einige Beobachter haben auf den engen Zusammenhang von Imperialismus und demokratischer Gesellschaft hingewiesen. Die erste große Demokratie der Welt, das antike

Athen, entwickelte sich zu einem tyrannischen, imperialistischen Unterdrücker anderer griechischer Staaten; das England des 19. Jahrhunderts brachte einen der allerersten demokratischen Staaten hervor, aber auch imperiale Größe; und die Vereinigten Staaten haben in den letzten fünfunddreißig Jahren zur Genüge bewiesen, daß Demokratie und Imperialismus durchaus nicht unvereinbar sein müssen.

Die Zerbrechlichkeit, der sich alle aufmerksamen Beobachter unseres demokratischen Lebens bewußt sind, das Gefühl, daß demokratische Politik für die meisten Menschen eine fast unerträgliche Bürde ist und daß die demokratische Gesellschaft immer gegen die Sehnsucht ankämpft, sich in das Sippenparadies von *Ein Volk, ein Reich, ein Führer* zu stürzen, all dies resultiert aus der Tatsache, daß es den Menschen außerordentlich schwerfällt, ohne dem Sippensystem entlehnte Hilfestellungen zu leben oder zumindest ohne einen allmächtigen Herrscher, der unsere Ängste mildern und uns Geborgenheit vermitteln kann. Die ‹Furcht vor Freiheit› ist eine Trennungsangst, die durch die Lockerung der Sippenbande verursacht wird.

Ohne die Sippe können wir uns offenbar nur auf unseren Individualismus verlassen. Es herrscht eine fundamentale Spannung zwischen Individualismus einerseits und Sippe oder Gemeinschaftsgefühl (das selbst eine Umwandlung der Sippe ist) andererseits. Eine Gesellschaft, die Erscheinungsformen der Individualität nach Kräften unterdrückt, bleibt primitiv; eine Gesellschaft, die das Gemeinschaftsgefühl so weit unterdrückt, wie es in unserer heutigen Gesellschaft geschieht, läuft Gefahr zusammenzubrechen. Wir verdanken die moderne Welt, ihre Größe und auch ihre Fähigkeit zur Zerstörung der Welt der Verherrlichung von Loslösung und Individuation und dem bewußten Ausschluß anderer grundlegender menschlicher Bedürfnisse. Da wir eine Wiederverschlingung durch alte Sippenbande fürchten, haben wir das Gemeinschaftsgefühl so verkümmern lassen, daß wir nicht mehr wissen, ob wir es schnell oder effektiv genug zu neuem Leben erwecken können, um die Zukunft zu ermöglichen. In den Vereinigten Staaten sind wir fast an dem Punkt angekommen, an dem wir das Gefühl, zu einer Gemeinschaft zu gehören, nur dann empfinden können, wenn wir uns zum Kampf gegen einen ‹gemeinsamen› Feind zusammenfinden, entweder in einem Kalten oder einem Heißen Krieg.

Der gewaltige Drang nach Individualismus im Westen begann im 12. Jahrhundert und gelangte in der Reformation zu voller Blüte – eine Bewegung, die uns den Kapitalismus, den Liberalismus, die Demokratie und die Herrschaft von Wissenschaft und Technologie beschert hat. Er war eine antithetische Negation der gemischten christlichen Gesellschaft des Mittelalters. In seiner übersteigerten Form schuf der Individualismus ein Ideal der individuierten Person, die fast vollständig ohne Gemeinschaftsgefühl auskommen konnte und fast kein Gefühl von Verpflichtung gegenüber den anderen Angehörigen der Gesellschaft empfand – es war ein pathologischer Individualismus. Der nächste große Entwicklungsfortschritt, die nächste dialektische Bewegung, wird diese Negation sicher wieder negieren und eine neue Synthese hervorbringen, die das Gemeinschaftsgefühl wiederherstellen wird, ohne uns ins Mittelalter regredieren zu lassen oder alle legitimen Fortschritte der Freiheit aufzugeben, die drei Jahrhunderte eines intensiven Individualismus uns gebracht haben.

Solche Spekulationen könnten reines Wunschdenken sein, wäre da nicht die Tatsache, daß wir alle schon einmal dort gewesen sind. Mahlers letzte Phase des Loslösungs- und Individuationsprozesses sind die Konsolidierung der Individualität und die Anfänge der emotionalen Objektkonstanz. ‹Objektkonstanz› ist der psychoanalytische, ‹wissenschaftliche› Begriff für die Fähigkeit, jemanden zu lieben.

Entwicklungsphasen und radikale Sprünge

Zu der Vorstellung, daß die gesellschaftliche Entwicklung in klar umrissenen Phasen verläuft – primitiv, komplex, archaisch; feudalistisch, kapitalistisch, sozialistisch –, gehört auch die Annahme, daß ein Wechsel von einer grundlegenden Phase zur nächsten einen Quantensprung erfordert, eine radikale Umwandlung des Wertsystems sowie eine Revolution in Kultur und Gesellschaft. Damit ist eine Entwicklung in Phasen durchaus nicht ausgeschlossen; solche Veränderungen sind sogar notwendig, um die Gesellschaft an den Punkt zu bringen, an dem solche Quantensprünge überhaupt möglich sind. Der Spätkapitalismus ist natürlich etwas völlig anderes als der Frühkapitalismus, so wie sich die fortgeschrittenen komplexen Gesellschaften von den frühen komplexen Gesellschaften der Häuptlingtümer unterscheiden; aber es gibt einen bestimmten symbolischen Zusammenhalt, der uns dazu zwingt, den frühen wie den späten Kapitalismus ‹Kapitalismus› zu nennen und Häuptlingtümer wie fortgeschrittene Monarchien als ‹komplexe Gesellschaften› zu bezeichnen. In der Kunst können wir das gleiche Phänomen beobachten. Sowohl früh- wie spätromanische Skulpturen verdienen den Namen ‹romanisch›. Zu irgendeinem Zeitpunkt jedoch wird die Romanik mit einem revolutionären Sprung nach vorn in die Gotik umgewandelt; es ist zu einem radikalen Bruch mit der Vergangenheit gekommen. Um die Geburtsstunde der neuen Form mag es Übergangsformen geben, wie etwa die Reliefs an der Westseite der Kathedrale von Chartres zeigen, die sich sowohl als letzte Formen der romanischen wie als erste Formen der gotischen Skulptur deuten lassen. Ähnlich können wir uns die Frage stellen, ob die Gesellschaft der Azteken zur Zeit der spanischen Conquista als späte komplexe oder frühe archaische Gesellschaft bezeichnet werden sollte.

Diese Quantensprünge von einer grundlegenden Phase zur nächsten erfordern eine Energie, die bei einer eher graduellen Evolution innerhalb von Phasen nicht erforderlich ist. In jeder Grundphase der Gesellschaft sind Veränderungen möglich, aber nur innerhalb eines Grundrahmens aus Wertvorstellungen und Weltsichten. Die primitive Gesellschaft kann vom Jagen und Sammeln zur Landwirtschaft übergehen oder von einer Hirtenexistenz zu einer landwirtschaftlichen Existenz kommen; sie kann aber auch von matrilinealen zu patrilinealen Abstammungslinien kommen oder das Konzept der Altersgruppen erfinden oder die Religion verändern – sie kann all dies tun und trotzdem eine primitive Gesellschaft bleiben, vorausgesetzt, sie wandelt das Sippensystem nicht um. Wenn sie jedoch damit anfängt, die sippenmäßige Basis der Herrschaftsform anzutasten, ist eine Revolution der Wertvorstellungen in Gang gekommen. Etwas, was eine enorme Macht besitzt, hält eine fundamentale Form zusammen; es ist fast unmöglich, sie zu zerbrechen. Aus der Geschichte wissen wir jedoch, daß solche fundamentalen Formen des Zusammenhalts viele Male umgewandelt worden sind. Es muß irgendwo eine Energie geben, die sich dem Gedanken des Stillstands widersetzt und fähig ist, den Widerstand gegen grundlegende Veränderungen zu überwinden. Wir werden noch darauf eingehen, was für eine Energie das sein könnte.

Zu der Vorstellung von Entwicklungsphasen gehört die Annahme, daß ihr Fortschritt einer bestimmten Logik unterliegt und es unmöglich ist, eine Phase zu überspringen. Ob wir nun von biologischer Evolution oder sozialer Entwicklung sprechen, bleibt doch die gleiche eiserne Logik am Werk. Einstein bemerkte einmal, Gott würfele nicht mit dem Weltall. Die Gesellschaft schafft die Entwicklung von der primitiven zur archaischen oder von der archaischen zur kapitalistischen Gesellschaft nicht mit einem einzigen Schritt, ebensowenig wie der biologische Evolutionsprozeß von Reptilien bis zum *Homo sapiens* ohne den vollen Verlauf der Säugetierevolution möglich gewesen wäre. Woher bei der sozialen und kulturellen Entwicklung die Logik stammt, welche die besondere Ordnung der Entwicklungsfortschritte diktiert, ist eine Frage von höchster theoretischer Bedeutung, die ich nur stellen und in Ansätzen beantworten kann.

Neben dem biologischen und dem sozialen Gebiet gibt es nur noch eines, auf dem sich klare Entwicklungsphasen erkennen lassen, nämlich die Entwicklung der Psyche. Und hier entdecken wir die gleichen Mechanismen: graduelle Veränderungen innerhalb von Phasen, die zu den ungewöhnlichen Energieausbrüchen führen, welche zur Erreichung einer neuen Phase notwendig sind, und in vielen Fällen auch eine Intensivierung des aggressiven Verhaltens an bestimmten kritischen Punkten der Entwicklung. Die Latenzphase beispielsweise ist eine sechs oder sieben Jahre lange Phase zwischen der ödipalen Phase und der Pubertät. Das zehnjährige Kind ist in psychologischer Hinsicht keineswegs mit dem sechsjährigen identisch; aber man kann von beiden sagen, daß sie sich noch in der Latenzphase befinden. Der Sprung zur Adoleszenz erfordert die Freisetzung ungeheurer psychischer Energie, damit die Latenzform überwunden und eine Periode des inneren Aufruhrs und des Wachstums erreicht werden kann. Ein ähnlich kritischer Energieschub verkündet das Ende der Adoleszenz und den Beginn des jungen Erwachsenseins. Wie bei der biologischen und der sozialen Entwicklung kann man auch in der psychischen Entwicklung keine Phase überspringen. Kein Latenzkind wird zum jungen Erwachsenen, ohne vorher die Adoleszenz durchgemacht zu haben, wie angenehm ein Wechsel der notwendigen Reihenfolge auch wäre.

Wenn wir bezüglich der psychologischen Entwicklung die gleiche Frage stellen wie bei der sozialen Entwicklung – was bestimmt die unvermeidliche Logik des Fortschritts von einer Phase zur nächsten? –, werden wir vielleicht entdecken, daß allein die innere Struktur entscheidet. Die Entwicklung der Psyche besitzt eine Autonomie, die wir bei der Entwicklung der Gesellschaft nicht finden. Zwar üben soziale Kräfte einen profunden Einfluß auf die Entwicklung der Psyche aus, aber die Adoleszenz beispielsweise ist in allen Kulturen keineswegs gleich: Was wird aus der weiblichen Adoleszenz in einer Kultur, die ihre Mädchen mit dreizehn verheiratet? Ein siebzehnjähriges Mädchen in einer solchen Gesellschaft hat eine völlig andere psychologische Entwicklung hinter sich als ein gleichaltriges Mädchen in unserer. Das bedeutet jedoch nicht, daß sich die grundlegende psychologische Struktur ändern ließe. Verzerrungen sind möglich; Repression ist wahrscheinlich; es kann auch sein, daß die Entwicklung abgekürzt wird – aber die Grundstruktur bleibt erhalten. Bei der biophysiologischen Entwicklung ist es genauso. Man kann mit Hilfe psychologischer Mechanismen ein Kind vom Gehen abhalten; das bedeutet jedoch nicht, daß es im grundlegenden biophysiologischen Entwicklungsmuster eine Änderung gegeben hat. Es bedeutet nur, daß dieses Muster der Verzerrung und der Hemmung Methoden unterliegt, die nicht physiologischer Natur sind. Ähnlich kann auch die primitive Gesellschaft die Triebe nach Loslösung und Individuation unterdrücken; das bedeutet jedoch nicht, daß diese Triebe in der Psyche der Menschen dieser Gesellschaften nicht mehr vorhanden sind oder daß die Menschen der primitiven Gesellschaft eine andere Psyche haben als Menschen in komplexeren Gesellschaften. Eine Psyche, in der grundlegende menschliche Bedürfnisse unterdrückt werden, ist noch immer eine Psyche.

Ich möchte für die Struktur der Psyche eine primäre Autonomie postulieren, die über ihren *möglichen* Entwicklungsfortschritt entscheidet, und vorschlagen, daß die Struktur der sozialen Entwicklung nicht die gleiche Autonomie besitzt. Ihre Struktur ist von etwas abhängig, was nicht sozial ist, was die Psyche selbst ist. Das führt uns zu der zuvor gemachten kategorischen Feststellung zurück: Die Entwicklung der Psyche ist das Paradigma der Entwicklung von Gesellschaft und Kultur.

Eine Beobachtung verleiht dieser Grundhypothese entscheidendes Gewicht – nämlich die Tatsache, daß bestimmte Erscheinungsformen sozialer Aggression und von Sexualität für bestimmte Entwicklungsphasen der Gesellschaft charakteristisch sind. Kannibalismus und Menschenopfer beispielsweise finden wir nicht in allen Stadien der Gesellschaft, obwohl sie dort, wo es sie gab, von entscheidender Bedeutung waren. Ich kann keine politischen oder ökonomischen Gründe dafür finden, daß die Gesellschaft Kannibalismus und Menschenopfer erfindet und dann wieder aufgibt. Aus dem Studium der Psyche wissen wir jedoch, daß bestimmte Ausdrucksformen der Aggression für verschiedene psychische Phasen charakteristisch sind. Wenn die Psyche eine Phase erfolgreich zurückgelegt hat, läßt sie diese besondere Form der Suche nach aggressiver Befriedigung zurück, obwohl Spuren erhalten bleiben. Bei der Psyche stellen wir uns nicht die Frage, warum orale Aggression für die orale Phase typisch sei: Es liegt in ihrer Natur, so zu sein. Wenn wir uns dagegen die Gesellschaft ansehen, sind wir gezwungen zu fragen, warum das so ist. Warum ist der Kannibalismus in allen Gesellschaften, die der archaischen folgen, kein legitimes soziales Phänomen mehr? Warum beginnen Menschenopfer in komplexen Gesellschaften und hören mit diesem Stadium der gesellschaftlichen Entwicklung auf?

Die Gesellschaft leiht ihre Stadien und Charakteristika dieser Stadien von der Psyche. So wie die Psyche sich weiterentwickelt und dabei bestimmte Aggressionsformen umwandelt und aufgibt, so entwickelt sich auch die Gesellschaft weiter, auf eine zwar ähnliche, aber keineswegs identische Weise. Daß diese beiden Entwicklungsmuster völlig verschieden sind, daß ein Verständnis der Psyche nur der Anfang und keineswegs das Ende eines Verhältnisses der Gesellschaft ist, daß sich soziale und kulturelle Entwicklungen weit schwieriger beschreiben lassen als psychisches Wachstum, ist, wie ich hoffe, durch dieses Buch genügend verdeutlicht worden. Daß wir dem gesellschaftlichen Leben eine zweitrangige und keine primäre Autonomie zuschreiben, bedeutet nicht, daß die Gesellschaft auf die Psyche reduziert wird.

Struktur und Energie

In theoretischer Hinsicht läßt sich das Problem, wie der Entwicklungsprozeß der Gesellschaft zu verstehen sei, in zwei separate Gebiete aufspalten: Struktur und Energie. Obwohl Fragen von Struktur und Energie in einem System immer miteinander zusammenhängen, besitzen beide eine gewisse Autonomie. So ist es zum Beispiel möglich, daß die gleiche Struktur zwei verschiedene Energiequellen besitzt. So kann man etwa das Heizsystem eines Hauses von Heizöl-Heißluft auf Erdgas-Heizluft umstellen, was einen kompletten Austausch der Energiequelle bei einer geringen Veränderung der Struktur erfordert; man kann aber auch das Erdöl als Energiequelle beibehalten und die Struktur von Heißluft auf Heißwasser umstellen. Wenn wir die Gesellschaft betrachten, vor allem ihre Beziehung zur Psyche, muß man zwischen Struktur und Energie unterscheiden, zwischen der Gestalt sozialer Phänomene und den Kräften, welche die soziale Veränderung vorantreiben.

Was die strukturellen Elemente der gesellschaftlichen Entwicklung betrifft, so ist die erste Aufgabe empirisch. Man muß die Stadien auf der Grundlage historischen Quellenmaterials beschreiben. Primitiv, komplex, archaisch sowie feudalistisch, kapitalistisch, sozialistisch – das sind zwei solche empirische Beschreibungen. Wissenschaftliche Beweise lassen sich bei dieser Aufgabe nicht finden, weil selbst eine so einfach erscheinende empirische Arbeit immer durch theoretische Überlegungen bestimmt wird. Wenn die Meinungen darüber, wie die Stadien aussehen, auseinandergehen, liegt das meist an unterschiedlichen historischen Betrachtungsweisen. Es kann auch sein, daß Menschen sich über die Existenz einer bestimmten Sequenz von Stadien einig sind – Feudalismus, Kapitalismus, Sozialismus – und dennoch völlig andere Ansichten darüber haben, warum die Bewegung von einem Stadium zum nächsten erfolgt ist.

Wenn die theoretische Unterscheidung zwischen Struktur und Energie einmal getroffen ist, wird einem rasch klar, daß diese nicht ausreicht. Die Gesellschaft ist, anders als ein Heizsystem, kein totes Ding: sie ist ein organisches Wesen mit einem Eigenleben. Alle sozialen Strukturen brauchen allein zu ihrer *Erhaltung* eine bestimmte Energie, und diese Energie ist anders als die Energiequellen, welche die Möglichkeit einer radikalen *Veränderung* des Systems eröffnen. Die Energie, die das System verändert, nenne ich ‹Entwicklungsenergie›, und die Energie, die das System aufrechterhält, nenne ich ‹strukturelle Energie›. Funktionalistische und strukturalistische Gesellschaftstheorien haben sich ausschließlich mit dieser letzten Energie befaßt. Da sie die Entwicklungsenergie ignorieren, haben diese Theorien die Gesellschaft beschrieben, als würde sie sich nie verändern und nie revolutionäre Entwicklungssprünge machen. Einige Befürworter funktionalistischer und strukturalistischer Ansätze können sogar auf eine Weise über die Gesellschaft schreiben, die den Verdacht nahelegt, sie hätten die Mechanismen sozialer Veränderungen gar nicht begriffen. So schreibt etwa A. A. Radcliffe-Brown: «Um solchen Vermutungen (bezüglich historischer Veränderungen) ein gewisses Mindestmaß an Wahrscheinlichkeit zu verleihen, müßten wir Gesetze der gesellschaftlichen Entwicklung kennen, die wir nicht besitzen und die wir, *wie ich meine, auch nie erhalten werden*.»[7]

In ihrem Streben nach Überleben sind Gesellschaften gezwungen, sich zu verändern, aber diese Modifikationen werden von struktureller Energie und nicht von Entwicklungsenergie gespeist. Unser System der Industrieproduktion ist vom Erdöl abhängig, und da dieser Rohstoff immer knapper wird, muß jede Industriegesellschaft ihr Verhalten ändern, was sie alle nicht getan hätten, falls Erdöl auch künftig im Überfluß verfügbar wäre. Die für solche Veränderungen nötige Energie ist rein strukturell. Die Gesundheit einer Gesellschaft wird dadurch bestimmt – und sie vergrößert damit auch ihre Überlebenschancen –, inwieweit es ihr gelingt, in Krisenzeiten auf strukturelle Energie zurückzugreifen.

Karl Marx machte in seiner Analyse der kapitalistischen Gesellschaft den großangelegten theoretischen Versuch nachzuweisen, daß strukturelle wie Entwicklungsenergien (obwohl er diese Begriffe nicht benutzte) zum Zusammenbruch des kapitalistischen Systems führen müssen. *Das Kapital* war ein wahrhaft prometheischer Versuch zu zeigen, daß die kapitalistische Gesellschaft, bedingt durch ihre bloße Struktur und die Natur ihrer Versuche zu überleben, ihrer eigenen Auflösung entgegentreibt. Das kapitalistische System hat jedoch eine weit größere strukturelle Energie und eine größere Fähigkeit zum Überleben gezeigt, als Marx ihm je zugetraut hat. Es kann sogar sein, daß das System nur auf den unerbittlichen Ruf entwicklungsmäßiger Triebe reagiert, die zu diesem Zeitpunkt der Geschichte unauflöslich mit moralischen Überlegungen verbunden sind, welche die aggressive Grundlage des Systems klar erkennen und nach einer Umwandlung und Sublimierung dieser Aggression verlangen.

Entwicklungsenergie als Ursache ist der eigentliche Gegenstand dieses Buches, das aber auch ein Nachdenken über und die mögliche Erkenntnis der Energie erleichtern soll, die den gesamten menschlichen Entwicklungsprozeß vorwärtstreibt, jener «Kraft, die durch den grünen Brennstoff die Blume treibt».[8] Letztlich stellt sich eine Frage: Warum begibt sich irgendein primitives Volk überhaupt auf die Reise, die der primitiven Gesellschaft letztlich ein Ende macht?

Wenn wir primitive Gesellschaften einer näheren Betrachtung unterziehen, scheint es in ihren ökonomischen, politischen oder sozialen (Sippen-)Systemen nichts zu geben, was zu den von Marx so genannten «inneren Widersprüchen» führt, die radikale Veränderungen erforderlich machen. Was die ökonomische Lebensfähigkeit angeht, haben jüngste Forschungen den Beweis für die bemerkenswerte Fähigkeit primitiver Kulturen erbracht, sich mit allem Notwendigen zu versorgen. Es hat zwar immer Perioden extremer Trockenheit oder Krankheiten gegeben, welche die Rinderherden dezimierten, aber solche Störungen der natürlichen Umwelt haben alle Gesellschaften erleiden müssen. Der Mythos vom primitiven Menschen, der sich tagtäglich gegen die beständige Bedrohung durch Hunger durchsetzen mußte und diesen Kampf oft verlor, läßt sich nicht mehr aufrechterhalten. Man hat sogar entdeckt, daß die Buschmänner der Kalahari-Wüste in Afrika, einer der lebensfeindlichsten Regionen der Welt, höchstens sechzig Prozent ihrer Tage mit dem Sammeln und Jagen von Nahrung verbracht haben. Bis vor kurzem ging man noch davon aus, daß sie eine ständig bedrohte Existenz führten. Die Buschmänner können sich sogar den Luxus leisten, daß die Männer ihre gesamte produktive Zeit bei der Jagd zubringen, die nicht mehr als fünfundzwanzig Prozent des gesamten Kalorienbedarfs der Gruppe deckt.[9] Solche und ähnliche Entdeckungen haben Marshall Sahlins zu der halbironischen Bemerkung veranlaßt, Jäger und Sammler seien «die allererste Überflußgesellschaft» gewesen.[10] Es scheint klar zu sein, daß drohender Hunger die menschliche Gesellschaft nicht auf den Weg brachte, der später zu komplexen Monarchien führte.

Ähnlich erhält man auch bei Fragen, die das gesellschaftliche System und die Politik berühren, aus dem Quellenmaterial über primitive Gesellschaften einen unmißverständlichen Eindruck von der tiefen *Stabilität* der Systeme. So läßt beispielsweise nichts, was wir über die Nuer oder die australischen Stämme wissen, den Schluß zu, daß sie im wesentlichen nicht auch nach einer Million Jahren so bleiben würden wie zuvor, wenn man sie sich selbst überlassen hätte. Meines Wissens hat noch niemand, der über die Ursprünge des Staates geschrieben hat, auf irgendwelche unversöhnlichen Widersprüche in Politik oder gesellschaftlichem Leben der primitiven Gesellschaft hingewiesen, die einen entwicklungsmäßigen Fortschritt erzwungen hätten. Theoretisch kommen alle diese Arbeiten allenfalls zu dem Schluß, daß sich einige wenige Menschen den wirtschaftlichen Mehrwert aneignen und daß es diese Wenigen sind, welche die politische Unterdrückung und den Staat erschaffen. Was in der Natur der primitiven Gesellschaft diese letzte Entwicklung ermöglicht, wie eine egalitäre Gesellschaft zu den Anfängen der Tyrannei führen kann, hat meines Wissens noch niemand erschöpfend erklärt. Noch niemand hat die große Frage beantwortet, was in der Natur des Sippensystems dazu geführt hat, daß es unhaltbar wurde.

Die primitive Gesellschaft erhält sich nur durch Unterdrückung eines grundlegenden menschlichen Triebes nach Loslösung und Individuation. Sie entfremdet sich damit der *conditio humana*. Es läßt sich nicht leugnen, daß sich diese Entfremdung in mehr oder weniger permanentem Zustand erhalten kann; aber es gibt im Sippensystem einen tiefen Widerspruch, der auf der Verleugnung eines grundlegenden Triebs beruht. Die Situation ist potentiell explosiv, obwohl es in den meisten primitiven Gesellschaften nie zur Explosion kam. Warum es zu einer solchen Explosion kam, wenn sie sich ereignete, warum bestimmte primitive Kulturen die Umwandlung zur komplexen Gesellschaft begannen und andere nicht – solche Fragen lassen sich auch heute noch nicht beantworten.

Eine mögliche Erklärung könnte sein, daß der große Widerspruch und die schwere Spannung in der primitiven Gesellschaft nicht ökonomischer, politischer oder sozialer Natur waren, sondern psychologischer. Die treibende Macht der Weltgeschichte ist die Kraft der Psyche, die darum kämpft, ihre entwicklungsmäßige Bestimmung zu vollenden. Dieser

Kampf ist im Kern ein innerer Kampf gegen die Energie der Unterdrükkung. Diese beiden großen Elemente von Entwicklungstrieb und Unterdrückung, die sich in ewigem Kriegszustand befinden, beherrschen das politische Leben heute noch genauso wie in den Tagen, als der erste einsame Häuptling aus der Welt des Sippensystems hervorging. Wir würden unsere jetzige Lage weit besser verstehen, wenn uns die Antworten auf zwei Fragen über unsere Gesellschaft bekannt wären: Welche menschlichen Triebe und Bedürfnisse befriedigt sie? Und welche Bedürfnise und Triebe unterdrückt sie? Wie leben heute am Schnittpunkt dieser beiden Fragen.

Ein Blick auf Huahiné, den großen Hafen von Tahiti

Ein Tempel auf Tongatapu

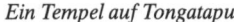

Anmerkungen

Cherubino und die Gräfin

1 Nach einer Geschichte in James Miti, «A Short History of Buganda, Bunyoro, Busoga, Toro and Ankole», übersetzt von G. K. Rock, unveröffentlichtes Manuskript, o. J., Exemplar der Columbia University Library, S. 198–203.

Eine Einführung

1 Frankfort, *Adventure.*
2 Nachdruck in Bellah, *Beyond Belief.*
3 Fried, *Evolution*; Service, *Primitive*; Service, *Origins*; Claessen and Skalnick, *Early State.*

1. Die Perle Afrikas

1 Low, *Modern History,* S. 13.
2 Kottack, «Ecological Variables», S. 355.
3 Rowe, «Revolution», S. 30–31.

2. Leben und Zeit von Premierminister Mukasa, Teil I.

1 Rowe, «Revolution», S. 139.
2 Stanley, *Dark Continent,* S. 386.
3 Ebenda, S. 387.
4 Rowe, «Revolution», S. 140.
5 Stanley, *Dark Continent,* S. 388–89.
6 Ebenda, S. 392.
7 Rowe, «Revolution», S. 141.
8 Ebenda, S. 142.
9 Ebenda.
10 Ebenda, S. 146.
11 Stanley, *Dark Continent,* S. 390–93.

3. Leben und Zeit von Premierminister Mukasa, Teil II.

1 Rowe, «Revolution», S. 148.
2 Ebenda, S. 149.
3 Ebenda, S. 151.

4 Ebenda, S. 152.
5 Ebenda, S. 128–30.
6 Ebenda, S. 155–57.
7 Ebenda, S. 184–85.
8 Faupel, *Holocaust,* S. 77–78.
9 Ebenda, S. 81–82.
10 Ebenda, S. 128.

4. Das Blut der Märtyrer, Teil I: Mutesa.

1 Vanzetti in Rodman, *Modern Poetry,* S. 192–93.
2 Gray, «Mutesa», S. 22–23.
3 Ebenda, S. 26–27.
4 Low, *Modern History,* S. 21–22.
5 Oded, *Islam,* S. 66.
6 Gray, «Mutesa», S. 27.
7 Oded, *Islam,* S. 72.
8 Katumba and Welbourn, «Martyrs», S. 153.
9 Ebenda, S. 154.
10 Mukasa, «Simuda Nyuma», S. 19–20.
11 Ebenda.
12 Katumba and Welbourn, «Martyrs», S. 151.
13 Mukasa, «Simuda Nyuma», S. 22–23.
14 Rowe, «Revolution», S. 113.

5. Das Blut der Märtyrer, Teil II: Mwanga.

1 Ashe, *Two Kings,* S. 218–19.
2 Ebenda, S. 219.
3 Thoonen, *Black Martyrs,* S. 182.
4 Ii, *History,* S. 24.
5 Ebenda, S. 24–26.
6 Thoonen, *Black Martyrs,* S. 50–51.
7 E. W. Smith, *African Ideas,* S. 54.
8 Ellis, *Researches,* II: 187–88.
9 Faupel, *Holocaust,* S. 205.
10 Tyerman and Bennet, *Journal,* II: 176.
11 Ebenda, S. 177.

12 Ashe, *Two Kings,* S. 225.
13 Ebenda, S. 226.
14 Ellis, *Researches,* IV: 390.
15 Dibble, *History,* S. 326.
16 Ebenda.
17 Jarves, *History,* S. 140.
18 Miti, «Short History», S. 269.
19 Faupel, *Holocaust,* S. 194.
20 Matthäus-Evangelium, Kapitel 10, Vers 37.
21 Ashe, *Chronicles,* S. 82.
22 Miti, «Short History», S. 274.
23 John Rowe, persönliches Gespräch.
24 Alexander, *Hawaiian People,* S. 189–90.
25 Faupel, *Holocaust,* S. 195–96.
26 R. Oliver, *Missionary,* S. 185.
27 Daws, *Shoal,* S. 98.
28 D. A. Low in Harlow and Chilver, *History,* S. 116.
29 L. A. Fallers, «Despotism», S. 27.
30 Zimbe, «Buganda», S. 241.
31 D. Oliver, *Tahitian Society,* S. 1349.
32 Richards in L. A. Fallers, *King's Men,* S. 308.
33 Thoonen, *Black Martyrs,* S. 72.
34 Tyerman and Bennet, *Journal,* II: 164–65.
35 Thoonen, *Black Martyrs,* S. 210–11.
36 Sagan, *Lust,* S. 87.
37 Ebenda, durchgehend.
38 Ebenda, S. 89–95.

6. *Leben und Zeit von Premierminister Mukasa, Teil III.*

1 Faupel, *Holocaust,* S. III.
2 Ebenda, S. 112.
3 Ebenda.
4 Ebenda, S. 114.
5 Ebenda, S. 123–24.
6 Ebenda, S. 137.
7 Ebenda, S. 140.
8 Ebenda, S. 142.
9 Thoonen, *Black Martyrs,* S. 218.
10 Faupel, *Holocaust,* S. 183.
11 Ebenda, S. 157.
12 Ebenda.
13 Ebenda, S. 162.
14 Ebenda.
15 Ebenda.
16 Ebenda, S. 203.
17 Low, *1875–1900,* S. 8.
18 Kiwanuka, *History,* S. 207.
19 Ebenda, S. 208.

20 Gray, «Three Kings», S. 25.
21 Ebenda, S. 27.
22 Ebenda, S. 36.
23 Ebenda.

7. *Die Schönheiten Tongas.*

1 Alle Angaben in diesem Kapitel sind von Mariner, *Account,* S. 275–76.

8. *Die verzauberten Inseln.*

1 Goldman, *Polynesian Society,* durchgehend.
2 Historische Quellen bei D. Oliver, *Tahitian Society.*
3 Historische Quellen bei Kuykendall, *Hawaiian Kingdom.*

9. *Die Arioi.*

1 D. Oliver, *Tahitian Society,* S. 919.
2 Ebenda, S. 916.
3 Ebenda, S. 923.
4 Ebenda, S. 923–24.
5 Ebenda, S. 925.
6 Ebenda.
7 Ebenda, S. 914.
8 Ebenda, S. 936.
9 Ebenda, S. 937.
10 Ebenda, S. 927.
11 Bligh, *Log,* I: 391.
12 Ellis, *Researches,* I: 232–33.
13 D. Oliver, *Tahitian Society,* S. 938.
14 Ebenda, S. 939.
15 Forster, *Voyage,* S. 414.
16 Beaglehole, *Endeavour,* S. clxxxviii.
17 Rank, *Hero,* S. 20.
18 Oliver, *Tahitian Society,* S. 939–40.

10. *Finow, Vater und Sohn.*

1 Mariner, *Account,* S. 71.
2 Ebenda, S. 71–72.
3 Ebenda, S. 74.
4 Ebenda.
5 Ebenda.
6 Ebenda, S. 74–75.
7 Ebenda, S. 77.
8 Ebenda, S. 255.
9 Ebenda, S. 129.
10 Homer, *Ilias,* XXIV. Gesang, Zeilen 664–666.
11 Mariner, *Account,* S. 187.
12 Ebenda, S. 125.
13 Ebenda, S. 160.
14 Ebenda, S. 161.
15 Ebenda, S. 161–62.

16 Ebenda.
17 Ebenda, S. 459.
18 Ebenda.
19 Ebenda, S. 460.
20 Ebenda, S. 113.
21 Ebenda, S. 89.
22 Shakespeare, *Hamlet*, I. Akt,
   V. Szene.
23 Mariner, *Account*, S. 89.
24 Ebenda, S. 300–301
25 Ebenda, S. 267–68.
26 Ebenda, S. 268.
27 Ebenda, S. 275.
28 Ebenda, S. 294.
29 Ebenda.
30 Ebenda, S. 260.

11. *«Es gibt keine Tabus mehr... Die Götter sind eine Lüge.»*

1 Bryan, *Ancient*, S. 68.
2 Alexander, *Hawaiian People*, S. 174.
3 Ebenda, S. 172.
4 Malo, *Antiquities*, S. 27.
5 Sahlins, «Captain Cook», S. 24.
6 Vancouver, *Voyage*, III: 53.
7 Ii, *History*, S. 35.
8 Daws, *Shoal*, S. 58.
9 Alexander, *History*, S. 49.
10 Sahlins, «Captain Cook», S. 24.
11 Jarves, *History*, S. 109.
12 Bryan, *Ancient*, S. 68.
13 Handy, *Revolution*, S. 26–27.
14 Daws, *Shoal*, S. 58.
15 Campbell, *Voyage*, S. 131–32.
16 Ferdon, *Tahiti*, S. 304.
17 Kamakau, *Chiefs*, S. 222.
18 Dibble, *History*, S. 124.
19 Kuykendall, *Hawaiian Kingdom*,
   S. 67.

12. *O schöne neue Welt...*

1 Emerson, *Literature*, S. 222.
2 Ebenda, S. 234.
3 Cook, *Voyage*, III: 146–47.
4 Beckwith, *Kepelino's*, S. 94.
5 Ebenda.
6 Stanley, *Dark Continent*, S. 201–202.
7 Speke, *Journal*, S. 234.
8 Ebenda, S. 224.
9 Ebenda.
10 Handy, *Civilization*, S. 72.
11 Menzies, *Hawaii Nei*, S. 442.
12 Roscoe, *Baganda*, S. 442.
13 Handy and Handy, *Planters*, S. 25–26.

14 Goldman, *Society*, S. 177.
15 J. Wilson, *Voyage*, S. 207.
16 Bryan, *Ancient*, S. 43.
17 Gifford, *Tongan Society*, S. 155.
18 Henry, *Tahiti*, S. 154.
19 D. Oliver, *Tahitian Society*, S. 865.
20 Best, *Maori*, I: 92.
21 Kagwa, *Customs*, S. 163.
22 Maquet, *Inequality*, S. 79–80.
23 Handy, *Religion*, S. 303–304.
24 Ebenda.
25 Rice, *Legends*, S. 26.
26 Tyerman and Bennet, *Journal*, I: 129.
27 Cook, *Voyage*, I: 249.
28 Ebenda.
29 Mariner, *Account*, S. 96.
30 Rowe, «Revolution», S. 39.
31 Stanley, *Dark Continent*, S. 396.
32 Ebenda.
33 Handy and Pukui, *Family System*,
   S. 113.
34 Handy, *Religion*, S. 294.
35 Cassirer, *Was ist der Mensch*,
   durchgehend
36 Ellis, *Researches*, III: 122–23.
37 Marshall Sahlins, persönliches Gespräch.
38 Roscoe, *Baganda*, S. 202–203.
39 Fornander, *Collection*, V: 142n.
40 Ellis, *Researches*, I: 150.

13. *'Ban 'Ban, Ca-Caliban*

1 Harrison, *Mackay*, S. 182.
2 Roscoe, *Baganda*, S. 334–35.
3 Harrison, *Mackay*, S. 182.
4 Henry, *Tahiti*, S. 186.
5 Malo, *Antiquities*, S. 166.
6 Gill, *Jottings*, S. 124–27.
7 Ebenda.
8 Ellis, *Researches*, II: 128–29.
9 Ebenda.
10 London Missionary Society, *Transactions (1806)*, S. 352.
11 Goldman, *Society*, durchgehend.
12 Sahlins, *Stratification*, durchgehend.
13 J. Wilson, *Voyage*, S. 239–40.
14 Casati, *Equatoria*, II: 50; Harrison,
   Mackay, S. 182.
15 Roscoe, *Baganda*, S. 210–11.
16 Ebenda, S. 106.
17 Herskovits, *Dahomey*, II: 31.
18 Roscoe, *Baganda*, S. 114.
19 Ebenda, S. 112.
20 Thoonen, *Black Martyrs*, S. 53.
21 Henry, *Tahiti*, S. 197–98.

22 Ebenda.
23 Herskovits, *Dahomey*, I: 100.
24 London Missionary Society, *Transactions* (1804), S. 6.
25 Felkin, «Notes», S. 741.
26 Roscoe, *Baganda*, S. 322.
27 Henry, *Tahiti*, S. 196–97.
28 Handy and Pukui, *Family System*, S. 204–205.
29 Menzies, *Hawaii*, S. 172.
30 Casati, *Equatoria*, II: 33–34.
31 Ellis, *Journal*, S. 201–202.
32 Wilson, *Voyage*, S. 167.
33 Kamakau, *Chiefs*, S. 194.
34 Handy, *Religion*, S. 194.
35 Ebenda.
36 Ellis, *Researches*, I: 310.
37 Sagan, *Cannibalism*, Kapitel 4.
38 Cook, *Voyage*, II: 43–44.
39 Ellis, *Researches*, I: 130.
40 London Missionary Society, *Transactions* (1806), S. 323.
41 Cook, *Voyage*, III: 78.
42 Sagan, *Cannibalism*, Kapitel 3.
43 J. Conrad, *Darkness*, S. 493.
44 Froissart, *Chronicles*, S. 44.
45 Herskovits, *Dahomey*, II: 53.
46 D. Oliver, *Tahitian Society*, S. 1059.
47 Sagan, «Religion», S. 113–15.
48 Aischylos, *Agamemnon*, Zeile 151.
49 S. Freud, *Zwangshandlungen und Religionsübungen (1907)*, S. 21.

14. . . . in dem solche Menschen leben!

1 Ellis, *Researches*, I: 199.
2 Beaglehole, *Resolution and Discovery*, S. 1154.
3 C. T. Wilson and Felkin, *Uganda*, S. 226.
4 Miti, «Short History», S. 1057.
5 Malo, *Antiquities*, S. 7.
6 Beckwith, *Kepelino's*, S. 80.
7 Handy, *Civilization*, S. 250.
8 Tyerman and Bennet, *Journal*, II: 71.
9 Roscoe, *Baganda*, S. 42.
10 Ebenda, S. 244.
11 Kagwa, *Customs*, S. 94.
12 K. Emory in Handy, *Civilization*, S. 242.
13 Dibble, *History*, S. 90.
14 K. Emory in Handy, *Civilization*, S. 242.
15 Dibble, *History*, S. 91.

16 Ebenda, S. 92.
17 Fornander, *Collection*, VI: 34.
18 Henry, *Tahiti*, S. 236–38.
19 Ellis, *Researches*, III: 43.
20 Kamakau, *People*, S. III–12.
21 Ebenda, S. 108–109.
22 Ebenda, S. 138–39.
23 Kagwa, *Customs*, S. 141.
24 Ebenda, S. 142.
25 Ebenda, S. 146.
26 Ellis, *Researches*, I: 203.
27 Malo, *Antiquities*, S. 148.
28 Ebenda, S. 224.
29 Dieses Zitat sowie der Bericht über die Ringkämpfe finden sich bei Ellis, *Researches*, I: 204–208.
30 Goldman, *Society*, Überschrift.
31 Maquet, *Inequality*, S. 117–18.
32 Ebenda.
33 Kagwa, *Customs*, durchgehend.
34 Roscoe, *Baganda*, S. 136.
35 R. Oliver, «Royal Tombs», S. 125–26.
36 Jarves, *History*, S. 104.
37 C. Ehrlich in Harlow and Chilver, *History*, S. 414.
38 Low, *Modern History*, S. 232.
39 Ebenda, S. 44–45.

15. Trommeln, Grausamkeit und das Pissen auf den König

1 Abraham, *Gesammelte Schriften*, durchgehend.
2 Fenichel, *Hysterien und Zwangsneurosen*, durchgehend.
3 Casati, *Equatoria*, II: 32–33.
4 Dieses und andere Zitate über den Propheten Kigemuzi finden sich bei Kagwa, *Kings*, S. 118–119.
5 UPI, 19. Februar 1979.
6 Cunningham, *Uganda*, S. 61.
7 Fornander, *Collection*, V: 138.
8 Kamakau, *Chiefs*, S. 46.
9 K. Oberg in Fortes and Evans-Pritchard, *Systems*, S. 151.
10 Fornander, *Collection*, IV: 514.
11 Cook, *Voyage*, II: 52.
12 Lindstrom, «Wisdom», S. 23.
13 Piaget, *Weltbild*, S. 44.
14 Ellis, *Researches*, II: 423.
15 Vancouver, *Voyage*, I: 121–22.
16 Ainsworth, *Infancy*, S. 77–82.
17 Ebenda, S. 82.
18 Roscoe, *Baganda*, S. 25.
19 Ebenda, S. 28.

20 Ebenda, S. 29.
21 Ebenda, S. 30.
22 Kamakau, *People,* S. III–12.
23 Fornander, *Collection,* VI: 100.
24 Beckwith, *Kepelino's,* S. 130.
25 Beckwith, *Mythology,* S. 84.
26 Roscoe, *Baganda,* S. 27–28.
27 K. Oberg in Fortes and Evans-Pritchard, *Systems,* S. 156–57.
28 Ebenda, S. 151.
29 Best, *Maori,* I-79.
30 Wilson, *Voyage,* S. 361.
31 Roscoe, *Baganda,* S. 188.
32 Karugire, *Nkore,* S. 101.
33 Gill, *Myths,* S. 164.
34 D. Oliver, *Tahitian Society,* S. 1022.
35 Fornander, *Collection,* IV: 166.
36 Kamakau, *Chiefs,* S. 91.
37 Kagwa, *Kings,* S. 117.
38 Grant, *Africa,* S. 230.
39 Speke, *Journal,* S. 312.
40 Long, *Africa,* S. 325.
41 L. A. Fallers, *King's Men,* S. 176.
42 A. Richards, in ebenda, S. 278.
43 Ebenda, S. 263.
44 Ii, *History,* S. 59.
45 Kamakau, *Chiefs,* S. 232.
46 Mariner, *Account,* S. 63.
47 Roscoe, *Baganda,* S. 158.

16. Die Muse des Gesangs: von Barden, Narren, Rätseln und der Geburt des Theaters

1 Ellis, *Researches,* IV: 106–107.
2 Ebenda, S. 462.
3 Ebenda.
4 Ashe, *Two Kings,* S. 107.
5 D. Oliver, *Tahitian Society,* S. 864.
6 Kamakau, *Chiefs,* S. III.
7 Ebenda.
8 Ebenda, S. 112.
9 Handy, *Civilization,* S. 173–74.
10 Ebenda, S. 174.
11 Ebenda, S. 177–78.
12 C. I. Wilson and Felkin, *Uganda,* S. 214.
13 Chadwick and Chadwick, *Literature,* S. 576.
14 Hommon, «Formation», S. 104.
15 Ellis, *Researches,* I: 287.
16 Gifford, *Tongan Society,* S. 126.
17 Speke, *Journal,* S. 433.
18 Codere, «Power», S. 56.
19 Fornander, *Collection,* IV: 594.

20 Ebenda, S. 514.
21 Handy, *Civilization,* S. 219.
22 Kamakau, *Chiefs,* S. 54.
23 Cook, *Voyage,* I: 254.
24 Vancouver, *Voyage,* III: 77.
25 Gill, *Myths,* S. 179–80.
26 Ebenda, S. 95–96.
27 Ebenda, S. 194–99.
28 Ebenda, S. vi.
29 Emerson, *Literature,* S. 94.
30 D. Oliver, *Tahitian Society,* S. 340.
31 Emerson, *Literature,* S. 94.
32 Bligh, *Log,* I: 426.
33 Beaglehole, *Resolution and Adventure,* S. 421.
34 Shakespeare, *Hamlet,* II. Akt, 2. Szene.
35 Beaglehole, *Resolution and Adventure,* S. 413.
36 Emerson, *Literature,* S. 93.
37 Ebenda.
38 Ebenda.
39 Ebenda.
40 Corney, *Quest,* II: 330.
41 D. Oliver, *Tahitian Society,* S. 342.
42 Beaglehole, *Resolution and Adventure,* S. 842–43.

17. Das heroische Zeitalter

1 Zimbe, «Buganda», S. 231.
2 D. Oliver, *Tahitian Society,* S. 394.
3 Henry, *Tahiti,* S. 304–305.
4 Mariner, *Account,* S. 80.
5 Ebenda, S. 113.
6 Ritter, *Shaka,* S. 122.
7 Best, *Maori,* I: 449.
8 Ebenda, S. 378.
9 Mariner, *Account,* S. 110–11.
10 Ebenda, S. 185.
11 Ebenda, S. 430.
12 Fornander, *Collection,* V: 470.
13 Handy, *Revolution,* S. 25.
14 Kamakau, *Chiefs,* S. 182.
15 Stanley, *Dark Continent,* S. 350–51.
16 Ebenda, S. 351–58.
17 C. T. Wilson and Felkin, *Uganda,* S. 220–21.
18 Fornander, *Collection,* IV: 226.
19 Die Geschichte von Liloa und alle anderen Zitate finden sich bei Kamakau, *Chiefs,* S. 2–7.
20 Williamson, *Systems,* III: 203–204.
21 Roscoe, *Twenty-five Years,* S. 219–20.

18. Die Ermordung der Unschuldigen

1 Ellis, *Researches,* I: 251–52.
2 Kamakau, *Chiefs,* S. 234.
3 Roscoe, *Baganda,* S. 54.
4 Bligh, *Voyage,* S. 79.
5 Ellis, *Researches,* I: 257.
6 Ebenda, S. 257–58.
7 Ebenda, S. 255.
8 Ebenda, S. 255–56.
9 Roscoe, *Baganda,* S. 54.
10 D. Oliver, *Tahitian Society,* S. 707.

19. Männliche Homosexualität und Bisexualität

1 Malinowski, *Geschlechtsleben,* S. 447.
2 Mead, *Geschlecht und Temperament.*
3 Faupel, *Holocaust,* S. 5.
4 Maquet, *Inequality,* S. 77.
5 Herskovits, *Dahomey,* S. 288.
6 Ebenda, S. 289.
7 Maquet, *Inequality,* S. 77.
8 Kamakau, *Chiefs,* S. 234.
9 Beaglehole, *Resolution and Discovery,* S. 596.
10 Ebenda, S. 624.
11 Ebenda, S. 1226.
12 Malo, *Antiquities,* S. 256.
13 D. Oliver, *Tahitian Society,* S. 369.
14 Dover, *Homosexualität,* durchgehend.
15 D. Oliver, *Tahitian Society,* S. 371.
16 Ebenda, S. 370.

20. Glücksspiel, Prostitution, Exhibitionismus und Ehebruch

1 Malinowsky, *Geschlechtsleben,* S. 52 ff.
2 Ii, *History,* S. 67.
3 Beckwith, *Mythology,* S. III.
4 D. Oliver, *Tahitian Society,* S. 863.
5 Herskovits, *Dahomey,* S. 268 n.
6 Maquet, *Inequality,* S. 78.
7 Schweinfurth, *Emin-Pascha,* S. 85.
8 1. Buch Mose, Kap. 3, Vers 11.
9 Beaglehole, *Resolution and Discovery,* S. 945.
10 Beaglehole, *Endeavour,* S. 93–94.
11 Ebenda, S. 93.
12 Beaglehole, *Resolution and Discovery,* S. 1063.
13 D. Oliver, *Tahitian Society,* S. 336.
14 Ebenda, S. 339.
15 Ebenda, S. 368–69; Beaglehole, *Resolution and Adventure,* S. 1185.

16 Handy and Pukui, *Family System,* S. 101.
17 Bligh, *Log,* II: 78.
18 Malo, *Antiquities,* S. 214.
19 Ebenda, S. 217.

21. Von der Sippe zum Staat; von der Gruppengesellschaft zur komplexen Gesellschaft

1 Evans-Pritchard, *Kinship,* S. 178.
2 Die allgemeine Beschreibung über die Nuer findet sich in Evans-Pritchard, *Nuer,* durchgehend.
3 Childe, *History,* durchgehend.
4 Service, *Primitive,* S. 47.
5 Ebenda, S. 49.
6 Spencer and Gillen, *Arunta,* durchgehend.
7 Service, *Primitive,* S. 46–98.
8 Service, *Primitive,* S. 47.
9 Ebenda, S. 72–98.
10 Richards, *Chiefs,* S. 284.
11 Evans-Pritchard, *Nuer,* S. 173.
12 Ebenda, S. 174.
13 Ebenda, S. 209.
14 Ebenda, S. 210.
15 Ebenda, S. 183; Lienhardt, *Divinity,* S. 8.
16 Evans-Pritchard, *Nuer,* S. 173.
17 Ebenda, S. 235.
18 Ebenda, S. 245.
19 Ebenda, S. 235–36.
20 Lienhardt, «Western-Dinka», S. 120.

22. Die Umwandlung des Sippensystems

1 Evans-Pritchard, *Nuer,* S. 183.
2 Ebenda, S. 166.
3 Ebenda, S. 169.
4 Ebenda, S. 162.
5 Ebenda, S. 169.
6 Ebenda, S. 151.
7 Mair, *Government,* S. 59.
8 Fortes and Evans-Pritchard, *Systems,* S. 278.
9 Lienhardt, «Western Dinka», S. 118.
10 D. Tait in Middleton and Tait, *Tribes,* S. 207.
11 Evans-Pritchard, *Nuer,* S. 121.
12 Lienhardt, «Western Dinka», S. 116.
13 Gerth and Mills, *Weber,* S. 334.
14 S. Freud, *Unbehagen,* S. 242–43.
15 Sagan, *Cannibalism,* durchgehend.

16 Shorter, *Chiefship,* durchgehend; Schapera, *Government,* durchgehend.

17 Oppenheimer, *Der Staat*, durchgehend.

23. *«Wer nie verreist, lobt die Küche seiner Mutter»*

1 Mukasa, «Simuda Nyuma», S. 53.
2 Ii, *History,* S. 22.
3 Ebenda, S. 56.
4 Ebenda, S. 58.
5 A. Richards in L. A. Fallers, *King's Men,* S. 260.
6 Mair, *African People,* S. 60.
7 Ainsworth, *Infancy,* S. 417.
8 Mair, *African People,* S. 60.
9 Ebenda, S. 61–62.
10 Richards, *Village,* S. 19–20.
11 A. Richards in L. A. Fallers, *King's Men,* S. 260.
12 Mair, *African People,* S. 60.
13 Ainsworth, *Infancy,* S. 417.
14 Richards, *Village,* S. 19–20.
15 Ainsworth, *Infancy,* S. 403.
16 Ebenda, S. 416–17.
17 Mair, *African People,* S. 69.
18 Richards, *Village,* S. 20.
19 Ebenda, S. 19–21.
20 M. C. Fallers, *Bantu,* S. 35–36.
21 Mair, *African People,* S. 158–59.
22 M. C. Fallers, *Bantu,* S. 35–36.
23 Richards, *Village,* S. 19–21.
24 Thoonen, *Black Martyrs,* S. 48.
25 M. C. Fallers, *Bantu,* S. 36.
26 Richards, *Village,* S. 20–21.

24. *Der Kabaka und die Clans*

1 Bozeman, *Conflict,* S. 25.
2 Roscoe and Kagwa, «Enquiry», durchgehend.
3 Richards, «Mechanisms», S. 176.
4 Mukwaya, *Tenure,* S. 10.
5 L. A. Fallers, *King's Men,* S. 88.
6 Ebenda, S. 89.
7 Roscoe and Kagwa, «Enquiry», S. 101.
8 Miti, «Short History», S. 60–61.
9 Ebenda.
10 Roscoe and Kagwa, «Enquiry», S. 19.
11 Mukwaya, *Tenure,* S. 12–13.
12 Southwold, «Succession», S. 100.
13 Kelly, «Tenure», S. 78.
14 Kiwanuka, *History,* S. 110.

15 Roscoe and Kagwa, «Enquiry», S. 15.
16 Kiwanuka, *History,* S. 110.
17 Roscoe and Kagwa, «Enquiry», S. 6–8; Cox, «Growth», S. 158.
18 Rowe, «Revolution», S. 25–26.
19 D. Oliver, *Tahitian Society,* S. 1065.
20 Richards, *Chiefs,* S. 46.
21 Kagwa, «Clans», S. 13–14.
22 Wright, *Buganda,* S. 4.
23 Ebenda, S. 4–5.
24 Ebenda.
25 Ebenda, S. 5–6; Miti, «Short History», S. 197–98.
26 Wright, *Buganda,* S. 5–6.
27 Ebenda; Miti, «Short History», S. 197–98.
28 Wright, *Buganda,* S. 5–6.
29 Miti, «History», S. 61.
30 Kagwa, «Clans», S. 29–30.
31 Ebenda, S. 30.
32 Kiwanuka, *History,* S. 72.
33 Ebenda, S. 55.
34 Miti, «History», S. 38–39.
35 L. A. Fallers, *King's Men,* S. 172.
36 Roscoe, *Baganda,* S. 142–44.
37 Richards, *Village,* S. 35.
38 L. A. Fallers, *King's Men,* S. 19.
39 Cochrane, *Christianity,* S. 18.
40 Richards, *Village,* S. 29–30.
41 L. A. Fallers, *King's Men,* S. 151.
42 Wright, *Buganda,* S. 4.
43 Ray, «Kingship», S. 67.
44 D. Oliver, *Tahitian Society,* S. 1186–88.
45 Rowe, «Revolution», S. 188.

25. *Über die Tyrannei*

1 Chodorow, *Das Erbe der Mütter;* Dinnerstein, *Das Arrangement der Geschlechter;* DeMause, *Kindheit.*
2 Ashe, *Two Kings,* S. 65–66.
3 Hommon, «Formation», S. 154.
4 Ellis, *Reasearches,* III: 128–29.
5 Roscoe, *Baganda,* S. 53.
6 Jarves, *History,* S. 87.
7 Mariner, *Account,* S. 364.
8 Handy, *Civilization,* S. 80.
9 Roscoe, *Baganda,* S. 246–47.
10 A. Richards in L. A. Fallers, *King's Men,* S. 270–71.
11 Kagwa, *Kings,* S. 133–34.
12 Felkin, «Notes», S. 710.
13 Roscoe, *Baganda,* S. 44.

14 L. A. Fallers, *King's Men*, S. 68.
15 Beattie, *State*, S. 8.
16 Gifford, *Tongan Society*, S. 118.
17 D. Oliver, *Tahitian Society*, S. 785.
18 Gifford, *Tongan Society*, S. 117.
19 Ebenda.
20 Ebenda, S. 126.
21 Beckwith, *Kepelino's*, S. 166.
22 Harrison, *Mackay*, S. 188.
23 Schapera, *Government*, S. 60.
24 Roscoe, *Baganda*, S. 12–13.
25 Beckwith, *Kepelino's*, S. 142–44.
26 Roscoe, *Baganda*, S. 241–42.
27 Ebenda, S. 244–45.
28 Ebenda, S. 241–43, 369.
29 Ebenda, S. 245–46.
30 Ebenda, S. 206.
31 Hobbs, *Hawaii*, S. 11.
32 Handy and Handy, *Planters*, S. 52–53.
33 Alexander, «Land Titles», S. 108.
34 Earle, «Hierarchies», S. 156.
35 Ebenda, S. 157.
36 Mariner, *Account*, S. 157 n.–58 n.
37 Corney, *Quest*, III: 27.
38 M. C. Fallers, *Bantu*, S. 63–64.
39 Handy and Pukui, *Family System*,
S. 196–97.
40 Richards, *Village*, S. 57.
41 Kagwa, *Customs*, S. 15.
42 Handy and Pukui, *Family System*,
S. 199.
43 D. Oliver, *Tahitian Society*, S. 789–90.
44 Kuykendall, *Hawaiian Kingdom*,
S. 274.
45 Richards in L. A. Fallers, *King's Men*,
S. 314.
46 Roscoe, *Baganda*, S. 490.
47 Handy and Pukui, *Family System*,
S. 203.
48 Ebenda, S. 195.
49 Ebenda, S. 204.
50 Ebenda, S. 203.
51 Hommon, «Formation», S. 72.
52 Handy and Handy, *Planters*, S. 19.
53 Malo, *Antiquities*, S. 67.
54 Henry, *Tahiti*, S. 615.
55 Ebenda, S. 628–29.
56 Roscoe, *Baganda*, S. 81.
57 Roscoe, *Banyoro*, S. 170.
58 Roscoe, *Baganda*, S. 263–64.
59 Maquet, *Inequality*, S. 43.
60 A. Richards in L. A. Fallers, *King's
Men*, S. 259.
61 Ebenda.
62 Beattie, *Bunyoro*, S. 51–52.

63 Maquet, *Inequality*, S. 77.
64 Beattie, *Bunyoro*, S. 52.
65 Richards in L. A. Fallers, *King's Men*,
S. 296.
66 Ebenda.
67 Beattie, *Bunyoro*, S. 51.
68 Williamson, *Systems*, III: 195.
69 Vancouver, *Voyage*, I: 109.
70 Matthäus-Evangelium, Kapitel 2, Vers
11.

26. Häuptlingtum

1 Durkheim, *Teilung*, S. 236.
2 Henry, *Jungle*, S. 108.
3 R. Oliver in R. Oliver and Matthew,
History, S. 191–92.
4 Maquet, *Herrschafts- und Gesellschaftsstrukturen*.
5 Roscoe, *Bagesu*, S. 54.
6 Evans-Pritchard, *Anuak*, S. 43.
7 Ebenda, S. 44.
8 L. A. Fallers, *Bureaucracy*, S. 138.
9 Ebenda, S. 99.
10 Ebenda.
11 Ebenda, S. 138.
12 Southall, *Alur*, S. 91.
13 Ebenda, S. 108.
14 Ebenda, S. 144.
15 Ebenda, S. 198–99.
16 Ebenda, S. 146.
17 Ebenda, durchgehend.
18 Ebenda, S. 33.
19 Shorter, *Chiefship*, S. 151.
20 Ebenda, S. 121.
21 Sahlins, «Poor Man», durchgehend.
22 Shorter, *Chiefship*, S. 223.
23 R. Oliver in R. Oliver and Matthew,
History, S. 191–92.
24 Shorter, *Chiefship*, S. 135–37.
25 R. Oliver in R. Oliver and Matthew,
History, S. 191.
26 Shorter, *Chiefship*, S. 110.
27 L. A. Fallers, *Bureaucracy*, S. 99.
28 L. A. Fallers, *Inequality*, S. 47–48.
29 L. A. Fallers, *Bureaucracy*,
S. 126–127.
30 Ebenda, durchgehend.
31 D. Oliver, *Tahitian Society*, S. 1232.
32 Shorter, «Embryo», S. 49–50.
33 Ebenda.
34 Ebenda.
35 Ebenda.
36 Ebenda.

27. Das Königtum: der Traum von der Allmacht

1 Roscoe, *Baganda,* S. 84; Roscoe, *Twenty-five Years,* S. 80–81; Roscoe, *Banyoro,* S. 136–37.
2 Herskovits, *Dahomey,* I: 53.
3 Malo, *Antiquities,* S. 54–55.
4 Beckwith, *Kepelino's,* S. 195.
5 Handy, *Revolution,* S. 4.
6 Ellis, *Researches,* III: 113–14.
7 Richards, *Chiefs,* S. 37–38.
8 Herskovits, *Dahomey,* II: 30.
9 Kagwa, *Kings,* S. 108.
10 Schapera, *Government,* S. 102–103.
11 Kamakau, *Chiefs,* S. 252.
12 Mukasa, «Rule», S. 136.
13 Livingstone, *Journals,* S. 450.
14 Felkin, «Notes», S. 740.
15 Henry, *Tahiti,* S. 188.
16 D. Oliver, *Tahitian Society,* S. 1059–60.
17 Ellis, *Researches,* III: 105.
18 Felkin, «Notes», S. 711.
19 Maquet, *Inequality,* S. 125.
20 Schapera, *Government,* S. 107–108.
21 Richards, *Chiefs,* S. 37–38.
22 Mair, *African People,* S. 180–81.
23 Schapera, *Government,* S. 138.
24 Malo, *Antiquities,* S. 176.
25 Kamakau, *People,* S. 17.
26 Henry, *Tahiti,* S. 296.
27 Kamakau, *People,* S. 3.
28 R. Oliver, «Royal Tombs», S. 125–26.
29 Malo, *Antiquities,* S. 59.
30 Corney, *Quest,* III: 201–202.
31 D. Oliver, *Tahitian Society,* S. 1175.
32 Heer, *Mittelalter.*
33 Ritter, *Shaka,* S. 241 ff.
34 Roscoe, *Baganda,* S. 273.
35 Rowe, «Revolution», S. 70.
36 Durkheim, *Soziale Arbeit,* S. 236.
37 Mukasa, «Rule», S. 139.
38 Rowe, «Revolution», S. 68.
39 Cunningham, *Uganda,* S. 226–28.
40 Roscoe and Kagwa, «Enquiry», S. 52.
41 Kagwa, *Customs,* S. 110.

28. Das Königtum: das Versagen der Allmacht

1 Roscoe, *Soul,* S. 202–203.
2 Oberg, «Ankole», S. 158–59.
3 Roscoe, *Soul,* S. 200.
4 Oberg, «Ankole», S. 158–59.
5 J. Wilson, *Voyage,* S. 242–43.
6 Campbell, *Voyage,* S. 98–99.
7 A. C. Conrad, *Marin,* S. 230.
8 Kelly, *Freycinet,* S. 78.
9 Ritter, *Shaka,* S. 313.
10 Maquet, *Inequality,* S. 79–80.
11 Roscoe, *Baganda,* S. 103–104.
12 I. Kopytoff in Gibbs, *Africa,* S. 460.
13 Kelly, *Freycinet,* S. 78.
14 Ellis, *Researches,* IV: 177.
15 Maquet, *Inequality,* S. 125.
16 Roscoe, *Soul,* S. 140.
17 Oberg, «Ankole», S. 158–59.
18 L. A. Fallers, *Bureaucracy,* S. 233.
19 Gluckman in Fortes and Evans-Pritchard, *Systems,* S. 35.
20 L. A. Fallers, *Bureaucracy,* S. 134–36.
21 Schapera, *Government,* S. 158–59.
22 Ebenda.
23 Ebenda, S. 171.
24 Richards, *Chiefs,* S. 47.
25 Roscoe, *Baganda,* S. 99.
26 Richards, *Chiefs,* S. 47.
27 Schapera, *Government,* S. 174.
28 Roscoe, *Baganda,* S. 336.
29 J. Fontaine and A. Richards in Richards, *Chiefs,* S. 178.
30 Richards, *Chiefs,* S. 132.
31 Vancouver, *Voyage,* III: 35.
32 Alexander, *Hawaiian People,* S. 118–19.
33 Kelly, *Freycinet,* S. 20.
34 Ebenda, S. III.
35 Rowe, «Introduction», S. XI.
36 Mariner, *Account,* S. 77 n.
37 Kamakau, *Chiefs,* S. 178.
38 Cook, *Voyage,* I: 411–12.
39 Roscoe, *Baganda,* S. 237–38.

29. Versuch einer Theorie der sozialen und kulturellen Entwicklung

1 A. Freud, *Das Ich und die Abwehrmechanismen,* S. 85 ff.
2 Rachel Sagan, persönliches Gespräch.
3 Moore, «Surgery», S. 537–38.
4 Kliman, «Nursery», S. 490.
5 Ebenda, S. 500–501.
6 Mahler, Pine und Bergman, *Psychische Geburt,* S. 127–28.
7 Piaget, *Weltbild,* S. 119.
8 Mahler, Pine und Bergman, *Psychische Geburt,* S. 105.
9 Ebenda, S. 94.
10 Ebenda, S. 93.
11 Ebenda, S. 98.

12 Ebenda, S. 101.
13 Ebenda, S. 104.
14 Mahler, *Symbiose.*
15 Mahler, Pine und Bergman, *Psychi-sche Geburt,* S. 122.
16 Ebenda, S. 122.
17 Ebenda.
18 Mahler, *Symbiose,* S. 146 (kursiv vom Autor).
19 Mahler, Pine und Bergman, *Psychi-sche Geburt.*
20 Whiting and Child, *Personality,* durch-gehend.
21 Mahler, Pine und Bergman, *Psychi-sche Geburt,* S. 104.
22 Ebenda, S. 105.
23 Ebenda, S. 122.

30. Triebe, Bedürfnisse und symbolische Umwandlung

1 Strachey, *Sigmund Freud.*
2 Cassirer, *Was ist der Mensch*, S. 28.
3 Aischylos, *Orestie II,* Zeilen 527–34.
4 Rachel Sagan, persönliches Gespräch.
5 Van Gennep, *Übergangsriten,* durch-gehend.
6 Ebenda, S. 21.
7 Radcliffe-Brown, *Structure,* S. 50.
8 D. Thomas, *Writings,* poem 2.
9 Elizabeth Marshall Thomas, persön-liches Gespräch.
10 Sahlins, *Economics,* Kapitel 1.

Literaturverzeichnis

Abraham, K., *Gesammelte Schriften,* 2 Bde., Fischer Taschenbuch Verlag, Frankfurt 1982.
Adams, H., *Memoirs of Arii Taimai e Marama of Eimeo,* Scholar's Facsimiles and Reprints, New York 1947.
Ainsworth, M.; *Infancy in Uganda,* Johns Hopkins Press, Baltimore 1967.
Aischylos, *Agamemnon,* Philipp Reclam Jun., Stuttgart 1985.
Alexander, W. D., *A Brief History of the Hawaiian People,* American Book Company, New York 1891.
Alexander, W. D., «A Brief History of Land Titles in the Hawaiian Kingdom», *Hawaiian Almanac and Annual,* S. 105–24, 1891.
Ashe, R. P., *Two Kings of Uganda,* Sampson Low, Marston, Searle and Rivington, London 1890.
Ashe, R. P., *Chronicles of Uganda,* Randolph and Company, New York 1895.

Baker S., *Ismailia,* Harper and Brothers, New York 1875.
Beaglehole, J. C., *The Journals of Captain James Cook on His Voyages of Discovery,* Volume I: *The Voyage of the Endeavour 1768–1771,* Cambridge University Press, Cambridge 1955.
Beaglehole, J. C., *The Journals of Captain James Cook on His Voyages of Discovery,* Volume II: *The Voyage of the Resolution and Adventure, 1772–1775,* Cambridge University Press, Cambridge 1961.
Beaglehole, J. C., *The Journals of Captain Cook on His Voyages of Discovery,* Volume III: *The Voyage of the Resolution and Discovery, 1776–1780,* Cambridge University Press, Cambridge 1967.
Beattie, J., *Bunyoro: An African Kingdom,* Holt, Rinehart and Winston, New York 1960.
Beattie, J., *The Nyoro State,* The Clarendon Press, Oxford 1971.
Beckwith, M. W., *Kepelino's Traditions of Hawaii,* Bernice P. Bishop Museum, Bulletin 95, Honolulu 1932.
Beckwith, M. W., *Hawaiian Mythology,* Yale University Press, New Haven 1940.
Bellah, R. N., *Beyond Belief,* Harper and Row, New York 1970.
Bendix, R., *Max Weber – Das Werk,* R. Piper & Co. Verlag, o. J.
Best, E., *The Maori,* 2 Bde., Harry H. Tombs, Wellington, N. Z., 1924.
Bligh, W., *A Voyage to the South Sea...,* George Nicol, London 1792.
Bligh, W., *The Log of the Bounty,* 2 Bde., Golden Cockerel Press, London o. J.
Bovis, M. de, *État de la société taitienne à l'arrivée des Européens,* Die französische Regierung, Papeete 1909.
Bozeman, A., *Conflict in Africa,* Princeton University, Princeton 1976.
Bryan, E. H., *Ancient Hawaiian Life,* Advertiser Publishing Company, Honolulu 1938.

Campbell, A., *A Voyage Round the World from 1806 to 1812*, Van Winkle, Wiley and Company, New York 1817.

Casati, G., *Ten Years in Equatoria*, 2 Bde., Frederick Warne and Company, London 1891.

Cassirer, E., *Was ist der Mensch? Versuch einer Philosophie der menschlichen Kultur*, Kohlhammer, Stuttgart 1960.

Chadwick, H. M., *The Heroic Age*, Cambridge University Press, Cambridge 1912.

Chadwick, H. M. and Chadwick, N. K., *The Growth of Literature*, Volume III, The University Press, Cambridge 1968.

Childe, V. G., *Waht Happened in History*, Penguin Books, Baltimore 1946.

Chodorow, N., *Das Erbe der Mütter*, Verlag Frauenoffensive, München 1985.

Claessen, Henri and Skalnik, Peter, *The Early State*, Mouton Publishers, Den Haag 1978.

Cochrane, C. N., *Christanity and Classical Culture*, Oxford University Press, New York 1977.

Codere, H., «Power in Ruanda», *Anthropologica*, 2. Reihe, IV: 45–85, 1962.

Cohen, D., *The Traditional History of Busoga*, The University Press, Oxford 1972.

Cohen, R. and Middleton, J., *From Tribe to Nation in Africa*, Chandler Publishing Company, Scranton, Pa. 1970.

Conrad, A. C., *The Letters and Journal of Francisco de Paula Marin*, University Press of Hawaii, Honolulu 1973.

Conrad, J., *The Heart of Darkness* aus *The Portable Conrad*, Viking Press, New York 1947.

Cook, J., *A Voyage to the Pacific Ocean . . . for Making Discoveries in the Northern Hemisphere*, 3 Bde., W. and A. Strahan, London 1784.

Corney, B. G., *The Quest and Occupation of Tahiti by Emissaries of Spain*, Volume II, Cambridge University Press, London 1915.

Corney, B. G., *The Quest and Occupation of Tahiti by Emissaries of Spain*, Volume III, Cambridge University Press, London 1919.

Cox, A. H., «The Growth and Expansion of Buganda», *Uganda Journal* XIV: 153–59, 1950.

Cunningham, J. F., *Uganda and Its Peoples*, Hutchinson and Company, London 1905.

Danielsson, B., *Love in the South Seas*, George Allen, London 1956.

Davidson, B., *A History of East and Central Africa*, Doubleday, Garden City 1969.

Davies, J., *The History of the Tahitian Mission 1799–1830*, Cambridge University Press, Cambridge 1961.

Daws, G., *Shoal of Time*, Macmillan, New York 1968.

DeMause, L., *Über die Geschichte der Kindheit*, Suhrkamp Verlag, Frankfurt 1979.

Dibble, S., *A History of the Sandwich Islands*, Thomas G. Thrum, Honolulu 1909.

Dinnerstein, D., *Das Arrangement der Geschlechter*, Deutsche Verlags-Anstalt, Stuttgart 1979.

Dover, K. J., *Homosexualität in der griechischen Antike*, Verlag C. H. Beck, München 1983.

Durkheim, É., *Über die Teilung der sozialen Arbeit*, Suhrkamp Verlag, Frankfurt 1977.

Earle, T. K., «Control Hierarchies in the Traditional Irrigation Economy of Halelea District, Kauai, Hawaii», unveröffentlichte Dissertation der University of Michigan 1973.

Ellis, W., *Journal of a Tour Around Hawaai, the Largest of the Sandwich Islands*, Crocker and Brewster, Boston 1825.

Ellis, W., *Polynesian Researches*, 4 Bde., Charles E. Tuttle Company, Rutland, Vt. 1969.

Emerson, N. B., *Unwritten Literature of Hawaii*, Charles E. Tuttle Company, Rutland, Vt. 1965.

Emory, K., *Stone Remains in the Society Islands*, Bernice P. Bishop Museum, Bulletin 116, Honolulu 1933.

Evans-Pritchard, E. E., «The Nuer of the Southern Sudan» aus *African Political Systems,* Hrsg. M. Fortes und E. E. Evans-Pritchard, Oxford University Press, London 1940.
Evans-Pritchard, E. E., *The Nuer,* The University Press, Oxford 1940.
Evans-Pritchard, E. E., *The Political System of the Anuak of the Anglo-Egyptian Sudan,* Percy Lund, Humphries and Company, London 1940.
Evans-Pritchard, E. E., *Kinship and Marriage Among the Nuer,* Clarendon Press, Oxford 1951.
Evans-Pritchard, E. E., *Nuer Religion,* Clarendon Press, Oxford 1956.

Fallers, L. A., «Despotism, Status Culture and Social Mobility in an African Kingdom», *Comparative Studies in Society and History* II: 11–32, 1959–60.
Fallers, L. A., *The King's Men,* Oxford University Press, London 1964.
Fallers, L. A., *Bantu Bureaucracy,* University of Chicago Press, Chicago 1965.
Fallers, L. A., *Inequality: Social Stratification Reconsidered,* University of Chicago Press, Chicago 1973.
Fallers, M. C., *The Eastern Lacustrine Bantu,* International African Institute, London 1960.
Faupel, J. F., *African Holocaust,* P. J. Kenedy and Sons, New York 1962.
Felkin, R., «Notes on the Waganda Tribe», *Proceedings of The Royal Society of Edinburgh,* Band XXXIII, S. 699–770, 1886.
Fenichel, O., *Hysterien und Zwangsneurosen,* Wissenschaftliche Buchgesellschaft, Darmstadt 1982.
Ferdon, E. N., *Early Tahiti as the Explorers Saw It, 1767–1797,* The University of Arizona Press, Tucson 1981.
Fornander, A., *Fornander Collection of Hawaiian Antiquities and Folk-Lore,* Volume IV, Bishop Museum Press, Honolulu 1916.
Fornander, A., *Fornander Collection of Hawaiian Antiquities and Folk-Lore,* Volume V, Bishop Museum Press, Honolulu 1918–19.
Fornander, A., *Fornander Collection of Hawaiian Antiquities and Folk-Lore,* Volume VI, Bishop Museum Press, Honolulu 1919–20.
Fornander, A., *An Account of the Polynesian Race,* Charles E. Tuttle Company, Rutland, Vt. 1969.
Forster, G., *A Voyage Round the World, in His Britannic Majesty's Sloop, Resolution...,* Akademie-Verlag, Berlin 1968.
Fortes, M. and Evans-Pritchard, E. E., *African Political Systems,* Oxford University Press, London 1940.
Frankfort, H., *The Intellectual Adventure of Ancient Man,* University of Chicago Press, Chicago 1946.
Freud, A., *Das Ich und die Abwehrmechanismen,* Fischer Taschenbuch Verlag, Frankfurt 1984.
Freud, S., «Das Unbehagen in der Kultur» (1930) in *Kulturtheoretische Schriften,* S. Fischer Verlag, Frankfurt 1986.
Freud, S., «Zwangshandlungen und Religionsübungen» (1907), in *Zwang, Paranoia und Perversion,* S. Fischer Verlag, Studienausgabe, Bd. VII, Frankfurt 1980.
Fried, Morton H., *The Evolution of Political Society,* Random House, New York 1967.
Froissart, *Chronicles,* Übers. und Hrsg. Geoffrey Brereton, Penguin Books, Baltimore 1968.

Gennep, A. van, *Übergangsriten,* Campus Verlag, Frankfurt/New York o. J.
Gerth, H. H. and Mills, C. W., *From Max Weber,* Oxford University Press, New York 1958.
Gibbs, J., *Peoples of Africa,* Holt, Rinehart and Winston, New York 1965.
Gifford, E. W., *Tongan society,* Bernice P. Bishop Museum, Bulletin 61, Honolulu 1929.
Gill, W., *Myths and Songs from the South Pacific,* Henry S. King and Company 1876.

Gill, W., *Jottings from the Pacific*, American Tract Society, New York o. J.

Goldman, I., *Ancient Polynesian Society*, University of Chicago Press, Chicago 1970.

Golovin, W. M., *Chapters on Hawaii... from Voyage Arount the World... 1817, 1818, and 1819*, University of Hawaii Press, Honolulu 1974.

Grant, J. A., *A Walk Across Africa*, William Blackwood and Sons, London 1864.

Gray, J. M., «Mutesa of Buganda», *Uganda Journal* I: 22–50, 1934.

Gray, J. M., «Ahmed Bin Ibrahim – the First Arab to Reach Buganda», *Uganda Journal* XI: 80–97, 1947.

Gray, J. M., «The Year of the Three Kings of Buganda», *Uganda Journal* XIV: 15–52, 1950.

Handy, E., *Polynesian Religion*, Bernice P. Bishop Museum, Bulletin 34, Honolulu 1927.

Handy, E. and Pukui, M., *The Polynesian Family System in Ka-U, Hawaii*, The Polynesian Society, Wellington, N. Z. 1958.

Handy, E. S. C., *Cultural Revolution in Hawaii*, Institute of Pacific Relations, American Council 1931.

Handy, E. S. C., *Ancient Hawaiian Civilization*, Kamehameha Schools, Honolulu 1933.

Handy, E. S. C., *History and Culture in the Society Islands*, Krause Reprint Company, New York 1971.

Handy, E. S. C., and Handy, E. G., *Native Planters in Old Hawaii*, Bernice P. Bishop Museum, Bulletin 233, Honolulu 1972.

Harlow, V. and Chilver, E., *History of East Africa*, Volume II, The University Press, Oxford 1965.

Harrison, J., *A. A. Mackay*, Armstrong and Son, New York 1895.

Hattersley, C. W., *The Baganda at Home*, Religious Tract Society, London 1908.

Heer, F., *Mittelalter*, Kindler, Zürich 1964.

Henry, J., *Jungle People*, J. J. Augustin, Richmond 1941.

Henry, T., *Ancient Tahiti*, Bernice P. Bishop Museum, Honolulu 1928.

Herskovits, M., *Dahomey*, 2 Bde., J. J. Augustin, New York 1938.

Hobbs, J., *Hawaii: A Pageant of the Soil*, Stanford University, Palo Alto 1935.

Homer, *Die Ilias*, Wilhelm Goldmann Verlag, München 1980.

Hommon, R. J., «The Formation of Primitive States in Pre-Contact Hawaii», unveröffentlichte Dissertation zum Dr. phil. der University of Arizona, 1976.

Huffman, R., *Nuer Customs and Folk-Lore*, Frank Cass and Company, London 1970.

Ii, J. P., *Fragments of Hawaiian History*, Bishop Museum Press, Honolulu 1959.

Jarves, J. J., *History of the Hawaiian Islands*, Charles Edwin Hitchcock, Honolulu 1847.

Kagwa, Sir Apolo, *The Customs of the Baganda*, übers. v. Ernest Kalibala, Hrsg. May Mandelbaum (Edel), AMS Press, New York 1969.

Kagwa, Sir Apolo, *The Kings of Buganda*, übers. und hrsg. v. M. S. M. Kiwanuka, East African Publishing House, Nairobi 1971.

Kagwa, Sir Apolo, «Ekitabo Kye Bika Bya Baganda: The Book of the Ganda Clans», unveröffentlichtes Manuskript der Columbia University Library, o. J.

Kamakau, S., *Ruling Chiefs of Hawaii*, The Kamehameha Schools Press, Honolulu 1961.

Kamakau, S., *Ka Po'e Kahiko: The People of Old*, Bernice P. Bishop Museum, Special Publication 51, Honolulu 1964.

Karugire, S., *A History of the Kingdom of Nkore in Western Uganda*, The University Press, Oxford 1971.

Katumba, A. und Welbourn, F. B., «Muslim Martyrs of Buganda», *Uganda Journal* XXVIII: 151–63, 1964.

Kelly, M., «Changes in Land Tenure in Hawaii 1778–1850», unveröffentlichte M.-A.-Arbeit, University of Hawaii 1956.

Kelly, M., *Louis Claude de Sausles de Freycinet: Hawaii in 1819,* Bernice P. Bishop Museum, Honolulu 1978.

Kiwanuka, M., «The Evolution of Chiefship in Buganda c. 1400–1900», *Journals of Asian and African Studies* IV: 172–85, 1969.

Kiwanuka, M., *A History of Buganda,* African Publishing Corporation, New York 1972.

Kliman, G. W., «Analyst in the Nursery», in: *The Psychoanalytic Study of the Child* 30: 477–510, 1975.

Kottack, C., «Ecological Variables in the Origin and Evolution of African States: The Bugandan Example», *Comparative Studies in Society and History* XIV: 351–80, 1972.

Kuykendall, R. S., *The Hawaiian Kingdom 1778–1854,* University of Hawaii Press, Honolulu 1947.

Lee, I., *Bligh's Second Voyage to the South Sea,* Longmans, Green and Company, London 1920.

Lemarchand, R., *Rwanda and Burundi,* Praeger, New York 1970.

Lewis, H. S., *A Galla Monarchy,* University of Wisconsin Press, Madison 1965.

Lienhardt, G., «The Western Dinka», aus *Tribes Without Rulers,* Hrsg. J. Middleton und D. Tait, Routledge and Kegan Paul, London 1958.

Lienhardt, G., *Divinity and Experience,* Clarendon Press, London 1961.

Lindstrom, M., «Achieving Wisdom: Knowledge and Politics on Tanna (Vanuatu)», unveröffentlichte Dissertation, University of California, Berkeley 1981.

Livingstone, D., *The Last Journey of David Livingstone,* Hrsg. H. Waller, Harper and Brothers, New York 1875.

London Missionary Society, *Transactions of the London Missionary Society,* Volume I: *1795–1802,* Bye and Law, London 1804.

London Missionary Society, *Transactions of the London Missionary Society in the Years 1803, 1804, 1805, 1806,* kein Verlag, London 1806.

London Missionary Society, *Transactions of the London Missionary Society, 1818–1820,* London o. J.

Long, C. C., *Central Africa,* Harper and Brothers, New York 1877.

Low, D. A., «Converts and Martyrs in Buganda», aus *Christianity in Tropical Africa,* Hrsg. C. G. Baeta, The University Press, Oxford 1968.

Low, D. A., *Buganda in Modern History,* University of California Press, Berkeley 1971.

Low, D. A., *Religion and Society in Buganda 1875–1900,* Kegan Paul Trench Tribner and Company, London o. J.

Low, D. A. and Pratt, R. C., *Buganda and British Overrule 1900–1955,* Oxford University Press, London 1960.

Lowie, R. H., *The Origin of the State,* Russel and Russel, New York 1962.

MacLeod, W. C., *The Origin of the State,* kein Verlag, Philadelphia 1924.

Mahler, M. S., *Symbiose und Individuation,* Klett-Cotta, Stuttgart 1986.

Mahler, M. S., Pine, F., Bergman, A., *Die psychische Geburt des Menschen,* Fischer Taschenbuch Verlag, Frankfurt 1980.

Mair, L. P., *An African People in the Twentieth Century,* George Routledge and Sons, London 1934.

Mair, L. P., «Clientship in East Africa», *Cahiers d'Études Africaines* II: 315–25, 1961.

Mair, L. P., *Primitive Government,* Penguin Books, Baltimore 1962.

Malinowski, B., *Das Geschlechtsleben der Wilden von Nordwest-Melanesien,* Syndikat, Frankfurt 1983.

Malo, D., *Hawaiian Antiquities,* Bishop Museum Press, Honolulu 1971.

Maquet, J. J., *The Premise of Inequality in Ruanda,* Oxford University Press, London 1961.

Maquet, J. J., *Herrschafts- und Gesellschaftsstrukturen in Afrika,* Kindler Verlag, München 1971.

Mariner, W., *An Account of the Natives of the Tonga Islands,* Hrsg. John Martin, Charles Ewer, Boston 1820.

Mead, M., «Jugend und Sexualität in primitiven Gesellschaften», Bd. 3: *Geschlecht und Temperament in drei primitiven Gesellschaften,* deutscher taschenbuch verlag, München 1970.

Menzies, A., *Hawaii Nei, 128 Years Ago,* kein Verlag, Honolulu 1920.

Middleton, J. and Tait, D., *Tribes without Rulers,* Routledge and Kegan Paul, London 1958.

Miti, James, «A Short History of Buganda, Bunyoro, Busoga, Toro and Ankole», übersetzt von G. K. Rock, unveröffentliches Manuskript, Exemplar der Columbia University Library, o. J.

Moore, W. T., «The Impact of Surgery on Boys», *The Psychoanalytic Study of the Child* 30: 529–48, 1975.

Mukasa, H., «The Rule of the Kings of Buganda», *Uganda Journal* X: 136–43, 1975.

Mukasa, H., «Simuda Nyuma (Ebiro by Mutesa)», übersetzt von John Rowe, unveröffentlichtes Manuskript. Exemplar der Columbia University Library, o. J.

Mukwaya, A. B., *Land Tenure in Buganda,* The Eagle Press, Kampala 1953.

Nsimbi, M. B., «Village Life and Customs in Buganda», *Uganda Journal* XX: 27–36, 1956.

Nyakatura, J., *Anatomy of an African Kingdom,* Anchor Books, Garden City, New York 1973.

Oberg, K., «The Kingdom of Ankole in Uganda», aus *African Political Systems,* Hrsg. M. Fortes und E. E. Evans-Pritchard, S. 121–62, Oxford University Press, London 1940.

Oded, A., *Islam in Uganda,* John Wiley and Sons, New York 1974.

Oliver, D., *Ancient Tahitian Society,* University Press of Hawaii, Honolulu 1974.

Oliver, R., «The Royal Tombs of Buganda», *Uganda Journal* XXIII: 124–33, 1959.

Oliver, R., *The Missionary Factor on East Africa,* Longmans, Green and Company, London 1966.

Oliver, R. and Matthew, G., Hrsg., *History of East Africa,* Volume I, The University Press, Oxford 1963.

Oppenheimer, F., *Der Staat,* System der Soziologie, Bd. 2, Fischer, Jena 1926.

Piaget, J., *Das Weltbild des Kindes,* Klett-Cotta im Ullstein Taschenbuch, Berlin 1980.

Radcliffe-Brown, A. A., *Structure and Function in Primitive Society,* The Free Press, New York 1965.

Radcliffe-Brown, A. A. und Forde, D., Hrsg., *African Systems of Kinship and Marriage,* Oxford University Press, London 1950.

Rank, O., *The Myth of the Birth of the Hero,* Vintage Books, New York 1969.

Ray, B., «Death, Kingship, and Royal Ancestors in Buganda», aus *Religious Encounters with Death,* Hrsg. F. Reynolds und E. Waugh, Pennsylvania State University Press, University Park 1977.

Rice, W. H., *Hawaiian Legends,* Kraus Reprint Company, New York 1971.

Richards, A. I., «Social Mechanisms for the Transfer of Political Rights in Some African Tribes», *Journal of the Royal Anthropological Institute* 90: 175–90, 1960.

Richards, A. I., *East African Chiefs,* Faber and Faber, London 1960.

Richards, A. I., «African Kings and Their Royal Relatives», *Journal of the Royal Anthropological Institute* 91: 135–50, 1961.

Richards, A. I., *The Changing Structure of a Ganda Village,* East African Publishing House, Nairobi 1966.

Ritter, E. A., *Shaka Zulu,* G. P. Putnam's Sons, New York 1950.

Rodman, S., *A New Anthology of Modern Poetry,* The Modern Library, New York 1938.

444

Roscoe, J., «Kibuka, the War God of the Baganda», *Man* VII: 161–66, 1907.
Roscoe, J., *The Soul of Central Africa,* Cassell and Company, London 1922.
Roscoe, J., *The Bakitara or Banyoro,* At the University Press, Cambridge 1923.
Roscoe, J., *The Bagesu,* At the University Press, Cambridge 1924.
Roscoe, J., *The Baganda,* Frank Cass and Company, London 1965.
Roscoe, J., *Twenty-five Years in East Africa,* Negro Universities Press, New York 1969.
Roscoe, J. and Kagwa, Apolo, «Enquiry into Native Land Tenure in the Uganda Protektorate», unveröffentlichtes Manuskript. Exemplar der Yale University Law Library of original on Oxford Library, o. J.
Rowe, J., «Mika Sematimba», *Uganda Journal* XXVIII: 179–99, 1964.
Rowe, J., «Revolution in Buganda 1856–1900. Part One: The Reign of Kabaka Mukabya Mutesa 1856–1884», unveröffentlichte Disssertation zum Dr. phil., University of Wisconsin 1966.
Rowe, J., *Lugard at Kampala,* Longmans of Uganda, Kampala 1969.
Rowe, J., «Intruduction», aus *Two Kings of Uganda,* von R. P. Ashe, 2. Ausgabe, Frank Cass, London 1970.
Rowe, J., «The Patterns of Political Administration in Precolonial Buganda», aus *African Themes: Northwestern University Studies in Honor of Gwendolen M. Carter,* Hrsg. I. Abu-Lughod, Northwestern University Press, Evanston 1975.
Rutter, O., *The Journal of James Morrison,* Golden Cockerel Press, London 1935.

Sagan, E., *Cannibalism: Human Aggression and Cultural Form,* Harper and Row, New York 1974.
Sagan, E., *The Lust to Annihilate: A Psyhoanalytic Study of Violence in Ancient Greek Culture,* Psychohistory Press, New York 1979.
Sagan, E., «Religion and Magic: A Developmental View», aus *Religous Change and Continuity,* Hrsg. H. Johnson, Jossey-Bass, San Francisco 1979.
Sahlins, M., *Social Stratification in Polynesia,* University of Washington Press, Seattle 1958.
Sahlins, M., «Poor Man, Rich Man, Big-Man, Chief: Political Types in Melanesia and Polynesia», *Comparative Studies in Society and History* V: 285–303, 1962–63.
Sahlins, M., *Stone Age Economics,* Aldine Publishing Company, Chicago 1972.
Sahlins, M., «The Apotheosis of Captain Cook», unveröffentlichtes Manuskript, o. J.
Schapera, I., *Government and Politics in Tribal Societies,* Watts, London 1956.
Schmidt, P., «An Investigation of Early and Late Iron Age Cultures Through Oral Tradition and Archaeology...», unveröffentlichte Dissertation zum Dr. phil., Northwestern University, 1974.
Schweinfurth, G., *Emin-Pascha: Eine Sammlung von Reisebriefen und Berichten Dr. Emin-Pascha's aus den ehemals ägyptischen Aequatorialprovinzen und deren Grenzländern,* F. A. Brockhaus, Leipzig 1888.
Service, E. R., *Primitive Social Organization,* Random House, New York 1962.
Service, E. R., *Ursprünge des Staates und der Zivilisation. Der Prozeß der kulturellen Evolution,* Suhrkamp Verlag, Frankfurt 1977.
Shorter, A., *Chiefship in Western Tanzania,* Clarendon Press, Oxford 1972.
Shorter, A., «Interlacustrine Chieftainship in Embryo?», *Tanzania Notes and Records,* Nr. 72, S. 37–50, 1973.
Smith, E. W., *African Ideas of God,* Edinburgh House Press, London 1950.
Smith, M. G., *Government in Zazzau, 1800–1950,* Oxford University Press, London 1960.
Southall, A., *Alur Society,* W. Heffer and Sons, Cambridge 1956.
Southwold, M., «The Ganda of Uganda», aus *Peoples of Africa,* Hrsg. J. Gibbs, Holt, Rinehart and Winston, New York 1965.
Southwold, M., «Succession to the Throne in Buganda», aus *Succession to High Office,* Hrsg. J. Goody, Cambridge University Press, Cambridge 1966.

Speke, J., *Journal of the Discovery of the Source of the Nile*, Dutton, New York 1969.

Spencer, B. and Gillen, F. J., *The Arunta*, The Macmillan Company, London 1927.

Stanley, H. M., *Through the Dark Continent*, Volume I, Harper and Brothers, New York 1878.

Strachey, J., *Sigmund Freud – Eine Skizze seines Lebens und Denkens*, in: Sigmund Freud, «Vorlesungen zur Einführung in die Psychoanalyse», Fischer Taschenbuch Verlag, Studienausgabe Bd. I, Frankfurt 1982.

Taylor, J. V., *The Growth of the Church in Buganda*, SMC Press, London 1958.

Thomas, D., *Selected Writings*, New Directions, New York 1946.

Thomas, H. B., and Scott, R., *Uganda*, The University Press, Oxford 1935.

Thoonen, J., *Black Martyrs*, Sheed and Ward, London 1941.

Thornton, R., «The Kibuga, the Traditional Capital of the Baganda», unveröffentlichte Dissertation zum M. A., University of Chicago, Department of Anthropology, 1974.

Twaddle, M., «The Muslim Revolution in Buganda», *African Affairs*, Nr. 71, S. 54–72, 1972.

Tyerman, D. and Bennet, G., *Journal of Voyages and Travels, Compiled by James Montgomery*, 2 Bde., Crocker and Brewster, Boston 1922.

United Press International: Meldung vom 19. Februar 1979 aus Berkeley, Kalifornien, zitiert in *The Record* (Hackensack, New Jersey).

Vancouver, G., *Voyage of Discovery to the North Pacific Ocean and Round the World*, 3 Bde., DaCapo Press, New York 1967.

Vansina, J., «A Comparison of African Kingdoms», *Africa* XXXII: 324–35, 1962.

Vansina, J., *Kingdoms of the Savanna*, University of Wisconsin Press, Madison 1966.

Walter, E. V., *Terror and Resistance*, The University Press, Oxford 1969.

Walzer, M., *The Revolution of the Saints*, Atheneum, New York 1969.

Westervelt, W. D., *Legends of Ma-ui, a Demi God*, The Hawaiian Gazette Company, Honolulu 1910.

Whiting, J. W. M. and Child, I. S., *Child Training and Personality*, Yale University Press, New Haven 1953.

Williamson, R. W., *Religous and Cosmic Beliefs of Central Polynesia*, Cambridge University Press, Cambridge 1933.

Williamson, R. W., *The Social and Political Systems of Central Polynesia*, 3 Bde., Anthropological Publications, Niederlande 1967.

Wilson, C. T. and Felkin, R. W., *Uganda and the Egyptian Soudan*, Sampson Low, Marstan, Searle and Rivington, London 1882.

Wilson, W., *A Missionary Voyage to the Southern Pacific Ocean*, T. Chapman, London 1799.

Wright, M., *Buganda in the Heroic Age*, Oxford University Press, London 1971.

Wrigley, C. C., «Kimera», *Uganda Journal* XXIII: 38–43, 1959.

Zimbe, Bartolomayo Musoke, «Buganda and Kings, Being a Translation of ‹Buganda Ne Kabaka›», übersetzt von Simon Musoke, unveröffentlichtes Manuskript. Exemplar der Columbia University Library, o. J.

Zu den Abbildungen:

Die Illustrationen von Hawaii und Tahiti sind entnommen: *Captain James Cook's Third Voyage*. Atlas edition, mit Stichen von Weber.
Die Abbildungen von Afrika sind entnommen: *Central Africa: Naked Truths of Naked People* von Colonel C. Chaillé Long (New York 1877), mit Skizzen von Colonel Long, und *Journal of the Discovery of the Source of the Nile* von John Hanning Speke (Edinburgh/London 1864), mit Zeichnungen von Captain Grant.